编写说明

证券律师业务是律师业务中的高端业务,掌握证券律师业务是广大律师争相追逐的职业目标。证券行业是高端的金领行业,从事证券业务也是广大学子梦寐以求的就业首选。然而,证券法又是一门高级、精深的法律门类,不是一般法律人所能掌握的。专业的证券法将一般的法律人挡在了证券法律业务的门外。正是因为证券法的高门槛,才保证了证券法律从业者的高收入。

然而,随着我国直接融资体系的扩张和资本市场的发展,迫切需要证券法律队伍的壮大。为了帮助广大的法律人学习好、掌握好证券法,吃透法条的含义,笔者欣然应约,编著了本书——《证券法一本通》。

本书的特色是:

第一,在《证券法》相关条文下列出了重要的法律(如《公司法》《证券投资基金法》)的全文。因为这两部法律与《证券法》的关系太密切了,一个条文都不能少。

第二,在《证券法》相关条文下列出了证监会的几乎所有的重要行政规章。并不是证监会的所有规范性文件都是行政规章。证监会的行政规章是以"证监会令"的形式颁布的,通常冠以"办法"字样。证监会的行政规章是证监会从事证券监管的除法律和行政法规以外的最重要的依据,必须认真学习和透彻掌握。

第三,在《证券法》相关条文下列出了虽不面面俱到但却比较实用的规范性文件的部分条文。证监会发布的除行政规章外的规范性文件太多、太长,为帮助广大读者尽快掌握证券实务,本书仅列出最直接、最有用的部分条文。

第四,在《证券法》相关条文下列出了为数不多的仅有的几部司法解释和"会议纪要",以便读者掌握裁判规则。

第五,在《证券法》相关条文下列出了几乎所有的最高人民法院公报案例,尽管其数量不多,但对于掌握《证券法》在实践中的司法运行却非常重要。

第六,在《证券法》相关条文下列出了较多的司法判例。几乎每一位民庭法官都能够运用《合同法》进行裁判,但能够运用《证券法》进行裁判的法官却凤毛麟角。由于不懂《证券法》,实际上很多裁判都判错了。为了帮助广大法官掌握《证券法》,笔者在中国裁判文书网上收集了几乎所有的运用《证券法》进行裁判的司法判例,并将其进行精选后,在《证券法》相关条文下列出,以案说法。相信读者在读了这些司法判例后,对《证券法》的理解更透彻。也借此希望广大法官能够学会运用《证券法》正确判案。

第七,在《证券法》相关条文下列出了较为典型的证监会行政处罚案例。证监会的执法是《证券法》实施的最重要的途径,通过这些典型行政处罚案例,读者能形象地理解《证券法》条文的具体含义,更准确地了解证监会的执法尺度。

当然,精选出这些案例,并不表明笔者完全赞同执法者和司法者对《证券法》的所有理解和解释。其实,个别案例的裁判或处罚也有颇值得商榷的地方。但了解执法者和司法者对《证券法》的理解和解释,对于我们建立对《证券法》实施的预期大有助益。至于纠正不合适的裁判和处罚,是学术研究的任务,而不是本书的任务。

感谢法律出版社学术对外出版分社孙东育社长、屈瑶编辑的支持和细致编校工作,感谢中央财经大学法学院硕士生张龄方同学帮助整理了本书的附件——法律法规和案例目录。

尽管编者研究、实践《证券法》的历史将近20年,参与过不少疑难证券案例的论证,也较为深入地参与了《证券法》的修改过程,对《证券法》应该属于比较了解了,但当编者编完此书后,尤其是认真阅读了相关的司法裁判后,感觉对《证券法》的认识也加深了。没想到《证券法》的某些条文(如第一条"立法目的"、第三条"三公原则"等)竟然有如此神奇的运用!

希望读者——无论是《证券法》的"新兵",还是《证券法》的"老兵",在读了、用了本书后,都能有新的收获!

邢会强

2018年6月7日

证券法一本通

中华人民共和国证券法总成

邢会强　编著

法律出版社
LAW PRESS·CHINA

目　　录

中华人民共和国证券法

中华人民共和国证券法

（1998年12月29日第九届全国人民代表大会常务委员会第六次会议通过　根据2004年8月28日第十届全国人民代表大会常务委员会第十一次会议《关于修改〈中华人民共和国证券法〉的决定》第一次修正　2005年10月27日第十届全国人民代表大会常务委员会第十八次会议修订　根据2013年6月29日第十二届全国人民代表大会常务委员会第三次会议《关于修改〈中华人民共和国文物保护法〉等十二部法律的决定》第二次修正　根据2014年8月31日第十二届全国人民代表大会常务委员会第十次会议《关于修改〈中华人民共和国保险法〉等五部法律的决定》第三次修正）

目　录

第一章 总 则

第一条 【立法目的】为了规范证券发行和交易行为,保护投资者的合法权益,维护社会经济秩序和社会公共利益,促进社会主义市场经济的发展,制定本法。

相关裁判摘要

“朱乔春与中国证券监督管理委员会一审行政判决书”[北京市第一中级人民法院行政判决书(2017)京01行初235号]认为,证券监管并不直接对个别投资者所涉及的权利冲突和市场纠纷进行考量和处理,其保护的投资者合法权益,应当且仅应当是所有不特定证券投资者的集合性权益。相关裁判摘要如下:

证券监管机关应当且仅应当为整个证券市场之秩序及所有投资者之共同利益而依法全面履行其监管职责。根据《中华人民共和国证券法》第一条的规定,证券监管机关履行监管职责,毋庸置疑具有保护投资者合法权益的功能,此亦为证券监管的核心功能之一。但证券监管并不直接对个别投资者所涉及的权利冲突和市场纠纷进行考量和处理,其保护的投资者合法权益,应当且仅应当是所有不特定证券投资者的集合性权益。证券监管机关通过对证券市场依法实施有效的监管,维护有序的市场秩序,保障所有的投资者能够公平地参与市场竞争,从而实现对所有投资者共同权益的平等保护。证券监管机关不负有基于个别举报投诉而启动行政调查程序的法定义务。因此,个别投资者并不具有要求证券监管机关为其个人利益而履行监管职责的请求权。个别投资者与其他市场主体之间的具体权利冲突和纠纷,则应当通过相应的法律救济途径予以解决。

行政机关履行法定职责,其首要任务在于维护公共利益。为此,行政机关需要对多元利益进行综合考量和权衡,并在此基础上合理配置和使用行政资源,以确保其监管职责能够得以全面有效的行使,公共利益能够得到有效的保护。不特定相关公众基于行政机关对行政管理秩序的维护而客观上获得的利益,属于“公共利益的片断”,即所谓“反射利益”,尚不足以构成行政复议法上所指的合法权益。只有当行政机关不仅有为不特定相关公众的共同利益，更有为特定的个人利益而启动行政程序的法定义务时，行政机关履行职责才具有保护个人合法权益的功能，特定主体方有资格基于个人利益而请求行政机关履行职责。

朱乔春基于个别投资者的地位，通过行政复议途径要求证券监管机关履行监管职责所保护的利益仅为“反射利益”，尚不构成行政复议法所保护的合法权益，其不具有通过行政复议途径要求重庆证监局履行监管职责的请求权。

“朱乔春与中国证券监督管理委员会二审行政判决书”[北京市高级人民法院行政判决书(2017)京行终4337号]认为，个人投资者的利益不是证券市场整体秩序及不特定投资者集合性权益。相关裁判摘要如下：

本案中，朱乔春基于个别投资者的地位，要求证券监管机关履行监管职责所保护的利益，并非证券监管实体法律规范在保护证券市场整体秩序及不特定投资者集合性权益基础上，要求证券监管机关给予特别考虑、尊重和保护的权利和利益，故不构成行政复议法第二条所规定的得以获得行政复议申请人资格的合法权益。据此，被诉复议决定认定朱乔春与重庆证监局的核查处理行为不具有法律上的利害关系，并无不当。

第二条 【调整对象与适用范围】 在中华人民共和国境内，股票、公司债券和国务院依法认定的其他证券的发行和交易，适用本法；本法未规定的，适用《中华人民共和国公司法》和其他法律、行政法规的规定。

政府债券、证券投资基金份额的上市交易，适用本法；其他法律、行政法规另有规定的，适用其规定。

证券衍生品种发行、交易的管理办法，由国务院依照本法的原则规定。

相关法律条文

《中华人民共和国公司法》(2018年10月26日第四次修正并实施)

第一章 总 则

第一条 为了规范公司的组织和行为，保护公司、股东和债权人的合法权益，维护社会经济秩序，促进社会主义市场经济的发展，制定本法。

第二条 本法所称公司是指依照本法在中国境内设立的有限责任公司和股份有限公司。

第三条 公司是企业法人，有独立的法人财产，享有法人财产权。公司以其全部财产对公司的债务承担责任。

有限责任公司的股东以其认缴的出资额为限对公司承担责任；股份有限公司的股东以其认购的股份为限对公司承担责任。

第四条 公司股东依法享有资产收益、参与重大决策和选择管理者等权利。

第五条 公司从事经营活动，必须遵守法律、行政法规，遵守社会公德、商业道德，诚实守信，接受政府和社会公众的监督，承担社会责任。

公司的合法权益受法律保护，不受侵犯。

第六条 设立公司，应当依法向公司登记机关申请设立登记。符合本法规定的设立条件的，由公司登记机关分别登记为有限责任公司或者股份有限公司；不符合本法规定的设立条件的，不得登记为有限责任公司或者股份有限公司。

法律、行政法规规定设立公司必须报经批准的，应当在公司登记前依法办理批准手续。

公众可以向公司登记机关申请查询公司登记事项，公司登记机关应当提供查询服务。

第七条 依法设立的公司，由公司登记机关发给公司营业执照。公司营业执照签发日期为公司成立日期。

公司营业执照应当载明公司的名称、住所、注册资本、经营范围、法定代表人姓名等事项。

公司营业执照记载的事项发生变更的，公司应当依法办理变更登记，由公司登记机关换发营业执照。

第八条 依照本法设立的有限责任公司，必须在公司名称中标明有限责任公司或者有限公司字样。

依照本法设立的股份有限公司，必须在公司名称中标明股份有限公司或者股份公司字样。

第九条 有限责任公司变更为股份有限公司，应当符合本法规定的股份有限公司的条件。股份有限公司变更为有限责任公司，应当符合本法规定的有限责任公司的条件。

有限责任公司变更为股份有限公司的，或者股份有限公司变更为有限责任公司的，公司变更前的债权、债务由变更后的公司承继。

第十条　公司以其主要办事机构所在地为住所。

第十一条　设立公司必须依法制定公司章程。公司章程对公司、股东、董事、监事、高级管理人员具有约束力。

第十二条　公司的经营范围由公司章程规定，并依法登记。公司可以修改公司章程，改变经营范围，但是应当办理变更登记。

公司的经营范围中属于法律、行政法规规定须经批准的项目，应当依法经过批准。

第十三条　公司法定代表人依照公司章程的规定，由董事长、执行董事或者经理担任，并依法登记。公司法定代表人变更，应当办理变更登记。

第十四条　公司可以设立分公司。设立分公司，应当向公司登记机关申请登记，领取营业执照。分公司不具有法人资格，其民事责任由公司承担。

公司可以设立子公司，子公司具有法人资格，依法独立承担民事责任。

第十五条　公司可以向其他企业投资；但是，除法律另有规定外，不得成为对所投资企业的债务承担连带责任的出资人。

第十六条　公司向其他企业投资或者为他人提供担保，依照公司章程的规定，由董事会或者股东会、股东会决议；公司章程对投资或者担保的总额及单项投资或者担保的数额有限额规定的，不得超过规定的限额。

公司为公司股东或者实际控制人提供担保的，必须经股东会或者股东大会决议。

前款规定的股东或者受前款规定的实际控制人支配的股东，不得参加前款规定事项的表决。该项表决由出席会议的其他股东所持表决权的过半数通过。

第十七条　公司必须保护职工的合法权益，依法与职工签订劳动合同，参加社会保险，加强劳动保护，实现安全生产。

公司应当采用多种形式，加强公司职工的职业教育和岗位培训，提高职工素质。

第十八条　公司职工依照《中华人民共和国工会法》组织工会，开展工会活动,维护职工合法权益。公司应当为本公司工会提供必要的活动条件。公司工会代表职工就职工的劳动报酬、工作时间、福利、保险和劳动安全卫生等事项依法与公司签订集体合同。

公司依照宪法和有关法律的规定,通过职工代表大会或者其他形式,实行民主管理。

公司研究决定改制以及经营方面的重大问题、制定重要的规章制度时,应当听取公司工会的意见,并通过职工代表大会或者其他形式听取职工的意见和建议。

第十九条 在公司中,根据中国共产党章程的规定,设立中国共产党的组织,开展党的活动。公司应当为党组织的活动提供必要条件。

第二十条 公司股东应当遵守法律、行政法规和公司章程,依法行使股东权利,不得滥用股东权利损害公司或者其他股东的利益;不得滥用公司法人独立地位和股东有限责任损害公司债权人的利益。

公司股东滥用股东权利给公司或者其他股东造成损失的,应当依法承担赔偿责任。

公司股东滥用公司法人独立地位和股东有限责任,逃避债务,严重损害公司债权人利益的,应当对公司债务承担连带责任。

第二十一条 公司的控股股东、实际控制人、董事、监事、高级管理人员不得利用其关联关系损害公司利益。

违反前款规定,给公司造成损失的,应当承担赔偿责任。

第二十二条 公司股东会或者股东大会、董事会的决议内容违反法律、行政法规的无效。

股东会或者股东大会、董事会的会议召集程序、表决方式违反法律、行政法规或者公司章程,或者决议内容违反公司章程的,股东可以自决议作出之日起六十日内,请求人民法院撤销。

股东依照前款规定提起诉讼的,人民法院可以应公司的请求,要求股东提供相应担保。

公司根据股东会或者股东大会、董事会决议已办理变更登记的,人民法院宣告该决议无效或者撤销该决议后,公司应当向公司登记机关申请撤销变更登记。

第二章 有限责任公司的设立和组织机构

第一节 设 立

第二十三条 设立有限责任公司,应当具备下列条件:

(一)股东符合法定人数;

(二)有符合公司章程规定的全体股东认缴的出资额;

(三)股东共同制定公司章程;

(四)有公司名称,建立符合有限责任公司要求的组织机构;

(五)有公司住所。

第二十四条 有限责任公司由五十个以下股东出资设立。

第二十五条 有限责任公司章程应当载明下列事项:

(一)公司名称和住所;

(二)公司经营范围;

(三)公司注册资本;

(四)股东的姓名或者名称;

(五)股东的出资方式、出资额和出资时间;

(六)公司的机构及其产生办法、职权、议事规则;

(七)公司法定代表人;

(八)股东会会议认为需要规定的其他事项。

股东应当在公司章程上签名、盖章。

第二十六条 有限责任公司的注册资本为在公司登记机关登记的全体股东认缴的出资额。

法律、行政法规以及国务院决定对有限责任公司注册资本实缴、注册资本最低限额另有规定的,从其规定。

第二十七条 股东可以用货币出资,也可以用实物、知识产权、土地使用权等可以用货币估价并可以依法转让的非货币财产作价出资;但是,法律、行政法规规定不得作为出资的财产除外。

对作为出资的非货币财产应当评估作价,核实财产,不得高估或者低估作价。法律、行政法规对评估作价有规定的,从其规定。

第二十八条 股东应当按期足额缴纳公司章程中规定的各自所认缴的出资额。股东以货币出资的,应当将货币出资足额存入有限责任公司在银行开设的账户;以非货币财产出资的,应当依法办理其财产权的转移手续。

股东不按照前款规定缴纳出资的,除应当向公司足额缴纳外,还应当向已按期足额缴纳出资的股东承担违约责任。

第二十九条 股东认足公司章程规定的出资后,由全体股东指定的代表或者共同委托的代理人向公司登记机关报送公司登记申请书、公司章程等文件，申请设立登记。

第三十条 有限责任公司成立后，发现作为设立公司出资的非货币财产的实际价额显著低于公司章程所定价额的，应当由交付该出资的股东补足其差额；公司设立时的其他股东承担连带责任。

第三十一条 有限责任公司成立后，应当向股东签发出资证明书。

出资证明书应当载明下列事项：

（一）公司名称；

（二）公司成立日期；

（三）公司注册资本；

（四）股东的姓名或者名称、缴纳的出资额和出资日期；

（五）出资证明书的编号和核发日期。

出资证明书由公司盖章。

第三十二条 有限责任公司应当置备股东名册，记载下列事项：

（一）股东的姓名或者名称及住所；

（二）股东的出资额；

（三）出资证明书编号。

记载于股东名册的股东，可以依股东名册主张行使股东权利。

公司应当将股东的姓名或者名称向公司登记机关登记；登记事项发生变更的，应当办理变更登记。未经登记或者变更登记的，不得对抗第三人。

第三十三条 股东有权查阅、复制公司章程、股东会会议记录、董事会会议决议、监事会会议决议和财务会计报告。

股东可以要求查阅公司会计账簿。股东要求查阅公司会计账簿的，应当向公司提出书面请求，说明目的。公司有合理根据认为股东查阅会计账簿有不正当目的，可能损害公司合法利益的，可以拒绝提供查阅，并应当自股东提出书面请求之日起十五日内书面答复股东并说明理由。公司拒绝提供查阅的，股东可以请求人民法院要求公司提供查阅。

第三十四条 股东按照实缴的出资比例分取红利；公司新增资本时，股东有权优先按照实缴的出资比例认缴出资。但是，全体股东约定不按照出资比例分取红利或者不按照出资比例优先认缴出资的除外。

第三十五条 公司成立后，股东不得抽逃出资。

第二节　组织机构

第三十六条　有限责任公司股东会由全体股东组成。股东会是公司的权力机构，依照本法行使职权。

第三十七条　股东会行使下列职权：

（一）决定公司的经营方针和投资计划；

（二）选举和更换非由职工代表担任的董事、监事，决定有关董事、监事的报酬事项；

（三）审议批准董事会的报告；

（四）审议批准监事会或者监事的报告；

（五）审议批准公司的年度财务预算方案、决算方案；

（六）审议批准公司的利润分配方案和弥补亏损方案；

（七）对公司增加或者减少注册资本作出决议；

（八）对发行公司债券作出决议；

（九）对公司合并、分立、解散、清算或者变更公司形式作出决议；

（十）修改公司章程；

（十一）公司章程规定的其他职权。

对前款所列事项股东以书面形式一致表示同意的，可以不召开股东会会议，直接作出决定，并由全体股东在决定文件上签名、盖章。

第三十八条　首次股东会会议由出资最多的股东召集和主持，依照本法规定行使职权。

第三十九条　股东会会议分为定期会议和临时会议。

定期会议应当依照公司章程的规定按时召开。代表十分之一以上表决权的股东，三分之一以上的董事，监事会或者不设监事会的公司的监事提议召开临时会议的，应当召开临时会议。

第四十条　有限责任公司设立董事会的，股东会会议由董事会召集，董事长主持；董事长不能履行职务或者不履行职务的，由副董事长主持；副董事长不能履行职务或者不履行职务的，由半数以上董事共同推举一名董事主持。

有限责任公司不设董事会的，股东会会议由执行董事召集和主持。

董事会或者执行董事不能履行或者不履行召集股东会会议职责的，由监事会或者不设监事会的公司的监事召集和主持；监事会或者监事不召集和主持的，代表十分之一以上表决权的股东可以自行召集和主持。

第四十一条 召开股东会会议，应当于会议召开十五日前通知全体股东；但是，公司章程另有规定或者全体股东另有约定的除外。

股东会应当对所议事项的决定作成会议记录，出席会议的股东应当在会议记录上签名。

第四十二条 股东会会议由股东按照出资比例行使表决权；但是，公司章程另有规定的除外。

第四十三条 股东会的议事方式和表决程序，除本法有规定的外，由公司章程规定。

股东会会议作出修改公司章程、增加或者减少注册资本的决议，以及公司合并、分立、解散或者变更公司形式的决议，必须经代表三分之二以上表决权的股东通过。

第四十四条 有限责任公司设董事会，其成员为三人至十三人；但是，本法第五十条另有规定的除外。

两个以上的国有企业或者两个以上的其他国有投资主体投资设立的有限责任公司，其董事会成员中应当有公司职工代表；其他有限责任公司董事会成员中可以有公司职工代表。董事会中的职工代表由公司职工通过职工代表大会、职工大会或者其他形式民主选举产生。

董事会设董事长一人，可以设副董事长。董事长、副董事长的产生办法由公司章程规定。

第四十五条 董事任期由公司章程规定，但每届任期不得超过三年。董事任期届满，连选可以连任。

董事任期届满未及时改选，或者董事在任期内辞职导致董事会成员低于法定人数的，在改选出的董事就任前，原董事仍应当依照法律、行政法规和公司章程的规定，履行董事职务。

第四十六条 董事会对股东会负责，行使下列职权：

（一）召集股东会会议，并向股东会报告工作；

（二）执行股东会的决议；

（三）决定公司的经营计划和投资方案；

（四）制订公司的年度财务预算方案、决算方案；

（五）制订公司的利润分配方案和弥补亏损方案；

（六）制订公司增加或者减少注册资本以及发行公司债券的方案；

（七）制订公司合并、分立、解散或者变更公司形式的方案；

（八）决定公司内部管理机构的设置；

（九）决定聘任或者解聘公司经理及其报酬事项，并根据经理的提名决定聘任或者解聘公司副经理、财务负责人及其报酬事项；

（十）制定公司的基本管理制度；

（十一）公司章程规定的其他职权。

第四十七条 董事会会议由董事长召集和主持；董事长不能履行职务或者不履行职务的，由副董事长召集和主持；副董事长不能履行职务或者不履行职务的，由半数以上董事共同推举一名董事召集和主持。

第四十八条 董事会的议事方式和表决程序，除本法有规定的外，由公司章程规定。

董事会应当对所议事项的决定作成会议记录，出席会议的董事应当在会议记录上签名。

董事会决议的表决，实行一人一票。

第四十九条 有限责任公司可以设经理，由董事会决定聘任或者解聘。经理对董事会负责，行使下列职权：

（一）主持公司的生产经营管理工作，组织实施董事会决议；

（二）组织实施公司年度经营计划和投资方案；

（三）拟订公司内部管理机构设置方案；

（四）拟订公司的基本管理制度；

（五）制定公司的具体规章；

（六）提请聘任或者解聘公司副经理、财务负责人；

（七）决定聘任或者解聘除应由董事会决定聘任或者解聘以外的负责管理人员；

（八）董事会授予的其他职权。

公司章程对经理职权另有规定的，从其规定。

经理列席董事会会议。

第五十条 股东人数较少或者规模较小的有限责任公司，可以设一名执行董事，不设董事会。执行董事可以兼任公司经理。

执行董事的职权由公司章程规定。

第五十一条 有限责任公司设监事会，其成员不得少于三人。股东人数较少或者规模较小的有限责任公司，可以设一至二名监事，不设监事会。

监事会应当包括股东代表和适当比例的公司职工代表，其中职工代表的比例不得低于三分之一，具体比例由公司章程规定。监事会中的职工代表由公司职工通过职工代表大会、职工大会或者其他形式民主选举产生。

监事会设主席一人，由全体监事过半数选举产生。监事会主席召集和主持监事会会议；监事会主席不能履行职务或者不履行职务的，由半数以上监事共同推举一名监事召集和主持监事会会议。

董事、高级管理人员不得兼任监事。

第五十二条 监事的任期每届为三年。监事任期届满，连选可以连任。

监事任期届满未及时改选，或者监事在任期内辞职导致监事会成员低于法定人数的，在改选出的监事就任前，原监事仍应当依照法律、行政法规和公司章程的规定，履行监事职务。

第五十三条 监事会、不设监事会的公司的监事行使下列职权：

（一）检查公司财务；

（二）对董事、高级管理人员执行公司职务的行为进行监督，对违反法律、行政法规、公司章程或者股东会决议的董事、高级管理人员提出罢免的建议；

（三）当董事、高级管理人员的行为损害公司的利益时，要求董事、高级管理人员予以纠正；

（四）提议召开临时股东会会议，在董事会不履行本法规定的召集和主持股东会会议职责时召集和主持股东会会议；

（五）向股东会会议提出提案；

（六）依照本法第一百五十一条的规定，对董事、高级管理人员提起诉讼；

（七）公司章程规定的其他职权。

第五十四条 监事可以列席董事会会议，并对董事会决议事项提出质询或者建议。

监事会、不设监事会的公司的监事发现公司经营情况异常，可以进行调查；必要时，可以聘请会计师事务所等协助其工作，费用由公司承担。

第五十五条 监事会每年度至少召开一次会议，监事可以提议召开临时监事会会议。

监事会的议事方式和表决程序，除本法有规定的外，由公司章程规定。

监事会决议应当经半数以上监事通过。

监事会应当对所议事项的决定作成会议记录，出席会议的监事应当在会议记录上签名。

第五十六条 监事会、不设监事会的公司的监事行使职权所必需的费用，由公司承担。

第三节 一人有限责任公司的特别规定

第五十七条 一人有限责任公司的设立和组织机构，适用本节规定；本节没有规定的，适用本章第一节、第二节的规定。

本法所称一人有限责任公司，是指只有一个自然人股东或者一个法人股东的有限责任公司。

第五十八条 一个自然人只能投资设立一个一人有限责任公司。该一人有限责任公司不能投资设立新的一人有限责任公司。

第五十九条 一人有限责任公司应当在公司登记中注明自然人独资或者法人独资，并在公司营业执照中载明。

第六十条 一人有限责任公司章程由股东制定。

第六十一条 一人有限责任公司不设股东会。股东作出本法第三十七条 第一款所列决定时，应当采用书面形式，并由股东签名后置备于公司。

第六十二条 一人有限责任公司应当在每一会计年度终了时编制财务会计报告，并经会计师事务所审计。

第六十三条 一人有限责任公司的股东不能证明公司财产独立于股东自己的财产的，应当对公司债务承担连带责任。

第四节 国有独资公司的特别规定

第六十四条 国有独资公司的设立和组织机构，适用本节规定；本节没有规定的，适用本章第一节、第二节的规定。

本法所称国有独资公司，是指国家单独出资、由国务院或者地方人民政府授权本级人民政府国有资产监督管理机构履行出资人职责的有限责任公司。

第六十五条 国有独资公司章程由国有资产监督管理机构制定，或者由董事会制订报国有资产监督管理机构批准。

第六十六条 国有独资公司不设股东会，由国有资产监督管理机构行使股东会职权。国有资产监督管理机构可以授权公司董事会行使股东会的部分职权，决定公司的重大事项，但公司的合并、分立、解散、增加或者减少注册资本和发行公司债券，必须由国有资产监督管理机构决定;其中,重要的国有独资公司合并、分立、解散、申请破产的,应当由国有资产监督管理机构审核后,报本级人民政府批准。

前款所称重要的国有独资公司,按照国务院的规定确定。

第六十七条 国有独资公司设董事会,依照本法第四十六条、第六十六条的规定行使职权。董事每届任期不得超过三年。董事会成员中应当有公司职工代表。

董事会成员由国有资产监督管理机构委派;但是,董事会成员中的职工代表由公司职工代表大会选举产生。

董事会设董事长一人,可以设副董事长。董事长、副董事长由国有资产监督管理机构从董事会成员中指定。

第六十八条 国有独资公司设经理,由董事会聘任或者解聘。经理依照本法第四十九条规定行使职权。经国有资产监督管理机构同意,董事会成员可以兼任经理。

第六十九条 国有独资公司的董事长、副董事长、董事、高级管理人员,未经国有资产监督管理机构同意,不得在其他有限责任公司、股份有限公司或者其他经济组织兼职。

第七十条 国有独资公司监事会成员不得少于五人,其中职工代表的比例不得低于三分之一,具体比例由公司章程规定。

监事会成员由国有资产监督管理机构委派;但是,监事会成员中的职工代表由公司职工代表大会选举产生。监事会主席由国有资产监督管理机构从监事会成员中指定。

监事会行使本法第五十三条第(一)项至第(三)项规定的职权和国务院规定的其他职权。

第三章 有限责任公司的股权转让

第七十一条 有限责任公司的股东之间可以相互转让其全部或者部分股权。

股东向股东以外的人转让股权,应当经其他股东过半数同意。股东应就其股权转让事项书面通知其他股东征求同意,其他股东自接到书面通知之日起满三十日未答复的,视为同意转让。其他股东半数以上不同意转让的,不同意的股东应当购买该转让的股权;不购买的,视为同意转让。

经股东同意转让的股权,在同等条件下,其他股东有优先购买权。两个以上股东主张行使优先购买权的,协商确定各自的购买比例;协商不成的，按照转让时各自的出资比例行使优先购买权。

公司章程对股权转让另有规定的，从其规定。

第七十二条　人民法院依照法律规定的强制执行程序转让股东的股权时，应当通知公司及全体股东，其他股东在同等条件下有优先购买权。其他股东自人民法院通知之日起满二十日不行使优先购买权的，视为放弃优先购买权。

第七十三条　依照本法第七十一条、第七十二条转让股权后，公司应当注销原股东的出资证明书，向新股东签发出资证明书，并相应修改公司章程和股东名册中有关股东及其出资额的记载。对公司章程的该项修改不需再由股东会表决。

第七十四条　有下列情形之一的，对股东会该项决议投反对票的股东可以请求公司按照合理的价格收购其股权：

（一）公司连续五年不向股东分配利润，而公司该五年连续盈利，并且符合本法规定的分配利润条件的；

（二）公司合并、分立、转让主要财产的；

（三）公司章程规定的营业期限届满或者章程规定的其他解散事由出现，股东会会议通过决议修改章程使公司存续的。

自股东会会议决议通过之日起六十日内，股东与公司不能达成股权收购协议的，股东可以自股东会会议决议通过之日起九十日内向人民法院提起诉讼。

第七十五条　自然人股东死亡后，其合法继承人可以继承股东资格；但是，公司章程另有规定的除外。

第四章　股份有限公司的设立和组织机构

第一节　设　　立

第七十六条　设立股份有限公司，应当具备下列条件：

（一）发起人符合法定人数；

（二）有符合公司章程规定的全体发起人认购的股本总额或者募集的实收股本总额；

（三）股份发行、筹办事项符合法律规定；

（四）发起人制订公司章程，采用募集方式设立的经创立大会通过；

（五）有公司名称，建立符合股份有限公司要求的组织机构；

（六）有公司住所。

第七十七条　股份有限公司的设立，可以采取发起设立或者募集设立的方式。

发起设立,是指由发起人认购公司应发行的全部股份而设立公司。

募集设立,是指由发起人认购公司应发行股份的一部分,其余股份向社会公开募集或者向特定对象募集而设立公司。

第七十八条 设立股份有限公司,应当有二人以上二百人以下为发起人,其中须有半数以上的发起人在中国境内有住所。

第七十九条 股份有限公司发起人承担公司筹办事务。

发起人应当签订发起人协议,明确各自在公司设立过程中的权利和义务。

第八十条 股份有限公司采取发起设立方式设立的,注册资本为在公司登记机关登记的全体发起人认购的股本总额。在发起人认购的股份缴足前,不得向他人募集股份。

股份有限公司采取募集方式设立的,注册资本为在公司登记机关登记的实收股本总额。

法律、行政法规以及国务院决定对股份有限公司注册资本实缴、注册资本最低限额另有规定的,从其规定。

第八十一条 股份有限公司章程应当载明下列事项:

(一)公司名称和住所;

(二)公司经营范围;

(三)公司设立方式;

(四)公司股份总数、每股金额和注册资本;

(五)发起人的姓名或者名称、认购的股份数、出资方式和出资时间;

(六)董事会的组成、职权和议事规则;

(七)公司法定代表人;

(八)监事会的组成、职权和议事规则;

(九)公司利润分配办法;

(十)公司的解散事由与清算办法;

(十一)公司的通知和公告办法;

(十二)股东大会会议认为需要规定的其他事项。

第八十二条 发起人的出资方式,适用本法第二十七条的规定。

第八十三条 以发起设立方式设立股份有限公司的,发起人应当书面认足公司章程规定其认购的股份,并按照公司章程规定缴纳出资。以非货币财产出资的,应当依法办理其财产权的转移手续。

发起人不依照前款规定缴纳出资的，应当按照发起人协议承担违约责任。

发起人认足公司章程规定的出资后，应当选举董事会和监事会，由董事会向公司登记机关报送公司章程以及法律、行政法规规定的其他文件，申请设立登记。

第八十四条 以募集设立方式设立股份有限公司的，发起人认购的股份不得少于公司股份总数的百分之三十五；但是，法律、行政法规另有规定的，从其规定。

第八十五条 发起人向社会公开募集股份，必须公告招股说明书，并制作认股书。认股书应当载明本法第八十六条所列事项，由认股人填写认购股数、金额、住所，并签名、盖章。认股人按照所认购股数缴纳股款。

第八十六条 招股说明书应当附有发起人制订的公司章程，并载明下列事项：

（一）发起人认购的股份数；

（二）每股的票面金额和发行价格；

（三）无记名股票的发行总数；

（四）募集资金的用途；

（五）认股人的权利、义务；

（六）本次募股的起止期限及逾期未募足时认股人可以撤回所认股份的说明。

第八十七条 发起人向社会公开募集股份，应当由依法设立的证券公司承销，签订承销协议。

第八十八条 发起人向社会公开募集股份，应当同银行签订代收股款协议。

代收股款的银行应当按照协议代收和保存股款，向缴纳股款的认股人出具收款单据，并负有向有关部门出具收款证明的义务。

第八十九条 发行股份的股款缴足后，必须经依法设立的验资机构验资并出具证明。发起人应当自股款缴足之日起三十日内主持召开公司创立大会。创立大会由发起人、认股人组成。

发行的股份超过招股说明书规定的截止期限尚未募足的，或者发行股份的股款缴足后，发起人在三十日内未召开创立大会的，认股人可以按照所缴股款并加算银行同期存款利息，要求发起人返还。

第九十条 发起人应当在创立大会召开十五日前将会议日期通知各认股人或者予以公告。创立大会应有代表股份总数过半数的发起人、认股人出席,方可举行。

创立大会行使下列职权:

(一)审议发起人关于公司筹办情况的报告;

(二)通过公司章程;

(三)选举董事会成员;

(四)选举监事会成员;

(五)对公司的设立费用进行审核;

(六)对发起人用于抵作股款的财产的作价进行审核;

(七)发生不可抗力或者经营条件发生重大变化直接影响公司设立的,可以作出不设立公司的决议。

创立大会对前款所列事项作出决议,必须经出席会议的认股人所持表决权过半数通过。

第九十一条 发起人、认股人缴纳股款或者交付抵作股款的出资后,除未按期募足股份、发起人未按期召开创立大会或者创立大会决议不设立公司的情形外,不得抽回其股本。

第九十二条 董事会应于创立大会结束后三十日内,向公司登记机关报送下列文件,申请设立登记:

(一)公司登记申请书;

(二)创立大会的会议记录;

(三)公司章程;

(四)验资证明;

(五)法定代表人、董事、监事的任职文件及其身份证明;

(六)发起人的法人资格证明或者自然人身份证明;

(七)公司住所证明。

以募集方式设立股份有限公司公开发行股票的,还应当向公司登记机关报送国务院证券监督管理机构的核准文件。

第九十三条 股份有限公司成立后,发起人未按照公司章程的规定缴足出资的,应当补缴;其他发起人承担连带责任。股份有限公司成立后,发现作为设立公司出资的非货币财产的实际价额显著低于公司章程所定价额的,应当由交付该出资的发起人补足其差额;其他发起人承担连带责任。

第九十四条 股份有限公司的发起人应当承担下列责任：

（一）公司不能成立时，对设立行为所产生的债务和费用负连带责任；

（二）公司不能成立时，对认股人已缴纳的股款，负返还股款并加算银行同期存款利息的连带责任；

（三）在公司设立过程中，由于发起人的过失致使公司利益受到损害的，应当对公司承担赔偿责任。

第九十五条 有限责任公司变更为股份有限公司时，折合的实收股本总额不得高于公司净资产额。有限责任公司变更为股份有限公司，为增加资本公开发行股份时，应当依法办理。

第九十六条 股份有限公司应当将公司章程、股东名册、公司债券存根、股东大会会议记录、董事会会议记录、监事会会议记录、财务会计报告置备于本公司。

第九十七条 股东有权查阅公司章程、股东名册、公司债券存根、股东大会会议记录、董事会会议决议、监事会会议决议、财务会计报告，对公司的经营提出建议或者质询。

第二节 股东大会

第九十八条 股份有限公司股东大会由全体股东组成。股东大会是公司的权力机构，依照本法行使职权。

第九十九条 本法第三十七条第一款关于有限责任公司股东会职权的规定，适用于股份有限公司股东大会。

第一百条 股东大会应当每年召开一次年会。有下列情形之一的，应当在两个月内召开临时股东大会：

（一）董事人数不足本法规定人数或者公司章程所定人数的三分之二时；

（二）公司未弥补的亏损达实收股本总额三分之一时；

（三）单独或者合计持有公司百分之十以上股份的股东请求时；

（四）董事会认为必要时；

（五）监事会提议召开时；

（六）公司章程规定的其他情形。

第一百零一条 股东大会会议由董事会召集，董事长主持；董事长不能履行职务或者不履行职务的，由副董事长主持；副董事长不能履行职务或者不履行职务的，由半数以上董事共同推举一名董事主持。

董事会不能履行或者不履行召集股东大会会议职责的，监事会应当及时召集和主持;监事会不召集和主持的,连续九十日以上单独或者合计持有公司百分之十以上股份的股东可以自行召集和主持。

第一百零二条 召开股东大会会议,应当将会议召开的时间、地点和审议的事项于会议召开二十日前通知各股东;临时股东大会应当于会议召开十五日前通知各股东;发行无记名股票的,应当于会议召开三十日前公告会议召开的时间、地点和审议事项。

单独或者合计持有公司百分之三以上股份的股东,可以在股东大会召开十日前提出临时提案并书面提交董事会;董事会应当在收到提案后二日内通知其他股东,并将该临时提案提交股东大会审议。临时提案的内容应当属于股东大会职权范围,并有明确议题和具体决议事项。

股东大会不得对前两款通知中未列明的事项作出决议。

无记名股票持有人出席股东大会会议的,应当于会议召开五日前至股东大会闭会时将股票交存于公司。

第一百零三条 股东出席股东大会会议,所持每一股份有一表决权。但是,公司持有的本公司股份没有表决权。

股东大会作出决议,必须经出席会议的股东所持表决权过半数通过。但是,股东大会作出修改公司章程、增加或者减少注册资本的决议,以及公司合并、分立、解散或者变更公司形式的决议,必须经出席会议的股东所持表决权的三分之二以上通过。

第一百零四条 本法和公司章程规定公司转让、受让重大资产或者对外提供担保等事项必须经股东大会作出决议的,董事会应当及时召集股东大会会议,由股东大会就上述事项进行表决。

第一百零五条 股东大会选举董事、监事,可以依照公司章程的规定或者股东大会的决议,实行累积投票制。

本法所称累积投票制,是指股东大会选举董事或者监事时,每一股份拥有与应选董事或者监事人数相同的表决权,股东拥有的表决权可以集中使用。

第一百零六条 股东可以委托代理人出席股东大会会议,代理人应当向公司提交股东授权委托书,并在授权范围内行使表决权。

第一百零七条 股东大会应当对所议事项的决定作成会议记录,主持人、出席会议的董事应当在会议记录上签名。会议记录应当与出席股东的签名册及代理出席的委托书一并保存。

第三节 董事会、经理

第一百零八条 股份有限公司设董事会，其成员为五人至十九人。

董事会成员中可以有公司职工代表。董事会中的职工代表由公司职工通过职工代表大会、职工大会或者其他形式民主选举产生。

本法第四十五条关于有限责任公司董事任期的规定，适用于股份有限公司董事。

本法第四十六条关于有限责任公司董事会职权的规定，适用于股份有限公司董事会。

第一百零九条 董事会设董事长一人，可以设副董事长。董事长和副董事长由董事会以全体董事的过半数选举产生。

董事长召集和主持董事会会议，检查董事会决议的实施情况。副董事长协助董事长工作，董事长不能履行职务或者不履行职务的，由副董事长履行职务；副董事长不能履行职务或者不履行职务的，由半数以上董事共同推举一名董事履行职务。

第一百一十条 董事会每年度至少召开两次会议，每次会议应当于会议召开十日前通知全体董事和监事。

代表十分之一以上表决权的股东、三分之一以上董事或者监事会，可以提议召开董事会临时会议。董事长应当自接到提议后十日内，召集和主持董事会会议。

董事会召开临时会议，可以另定召集董事会的通知方式和通知时限。

第一百一十一条 董事会会议应有过半数的董事出席方可举行。董事会作出决议，必须经全体董事的过半数通过。

董事会决议的表决，实行一人一票。

第一百一十二条 董事会会议，应由董事本人出席；董事因故不能出席，可以书面委托其他董事代为出席，委托书中应载明授权范围。

董事会应当对会议所议事项的决定作成会议记录，出席会议的董事应当在会议记录上签名。

董事应当对董事会的决议承担责任。董事会的决议违反法律、行政法规或者公司章程、股东大会决议，致使公司遭受严重损失的，参与决议的董事对公司负赔偿责任。但经证明在表决时曾表明异议并记载于会议记录的，该董事可以免除责任。

第一百一十三条 股份有限公司设经理，由董事会决定聘任或者解聘。

本法第四十九条关于有限责任公司经理职权的规定，适用于股份有限公司经理。

第一百一十四条 公司董事会可以决定由董事会成员兼任经理。

第一百一十五条 公司不得直接或者通过子公司向董事、监事、高级管理人员提供借款。

第一百一十六条 公司应当定期向股东披露董事、监事、高级管理人员从公司获得报酬的情况。

第四节 监 事 会

第一百一十七条 股份有限公司设监事会，其成员不得少于三人。

监事会应当包括股东代表和适当比例的公司职工代表，其中职工代表的比例不得低于三分之一，具体比例由公司章程规定。监事会中的职工代表由公司职工通过职工代表大会、职工大会或者其他形式民主选举产生。

监事会设主席一人，可以设副主席。监事会主席和副主席由全体监事过半数选举产生。监事会主席召集和主持监事会会议；监事会主席不能履行职务或者不履行职务的，由监事会副主席召集和主持监事会会议；

监事会副主席不能履行职务或者不履行职务的，由半数以上监事共同推举一名监事召集和主持监事会会议。

董事、高级管理人员不得兼任监事。

本法第五十二条关于有限责任公司监事任期的规定，适用于股份有限公司监事。

第一百一十八条 本法第五十三条、第五十四条关于有限责任公司监事会职权的规定，适用于股份有限公司监事会。

监事会行使职权所必需的费用，由公司承担。

第一百一十九条 监事会每六个月至少召开一次会议。监事可以提议召开临时监事会会议。

监事会的议事方式和表决程序，除本法有规定的外，由公司章程规定。

监事会决议应当经半数以上监事通过。

监事会应当对所议事项的决定作成会议记录，出席会议的监事应当在会议记录上签名。

第五节 上市公司组织机构的特别规定

第一百二十条 本法所称上市公司，是指其股票在证券交易所上市交易的股份有限公司。

第一百二十一条 上市公司在一年内购买、出售重大资产或者担保金额超过公司资产总额百分之三十的，应当由股东大会作出决议，并经出席会议的股东所持表决权的三分之二以上通过。

第一百二十二条 上市公司设独立董事，具体办法由国务院规定。

第一百二十三条 上市公司设董事会秘书，负责公司股东大会和董事会会议的筹备、文件保管以及公司股东资料的管理，办理信息披露事务等事宜。

第一百二十四条 上市公司董事与董事会会议决议事项所涉及的企业有关联关系的，不得对该项决议行使表决权，也不得代理其他董事行使表决权。该董事会会议由过半数的无关联关系董事出席即可举行，董事会会议所作决议须经无关联关系董事过半数通过。出席董事会的无关联关系董事人数不足三人的，应将该事项提交上市公司股东大会审议。

第五章 股份有限公司的股份发行和转让

第一节 股份发行

第一百二十五条 股份有限公司的资本划分为股份，每一股的金额相等。

公司的股份采取股票的形式。股票是公司签发的证明股东所持股份的凭证。

第一百二十六条 股份的发行，实行公平、公正的原则，同种类的每一股份应当具有同等权利。

同次发行的同种类股票，每股的发行条件和价格应当相同；任何单位或者个人所认购的股份，每股应当支付相同价额。

第一百二十七条 股票发行价格可以按票面金额，也可以超过票面金额，但不得低于票面金额。

第一百二十八条 股票采用纸面形式或者国务院证券监督管理机构规定的其他形式。

股票应当载明下列主要事项：

（一）公司名称；

（二）公司成立日期；

（三）股票种类、票面金额及代表的股份数；

（四）股票的编号。

股票由法定代表人签名,公司盖章。

发起人的股票,应当标明发起人股票字样。

第一百二十九条 公司发行的股票,可以为记名股票,也可以为无记名股票。公司向发起人、法人发行的股票,应当为记名股票,并应当记载该发起人、法人的名称或者姓名,不得另立户名或者以代表人姓名记名。

第一百三十条 公司发行记名股票的,应当置备股东名册,记载下列事项:

(一)股东的姓名或者名称及住所;

(二)各股东所持股份数;

(三)各股东所持股票的编号;

(四)各股东取得股份的日期。

发行无记名股票的,公司应当记载其股票数量、编号及发行日期。

第一百三十一条 国务院可以对公司发行本法规定以外的其他种类的股份,另行作出规定。

第一百三十二条 股份有限公司成立后,即向股东正式交付股票。公司成立前不得向股东交付股票。

第一百三十三条 公司发行新股,股东大会应当对下列事项作出决议:

(一)新股种类及数额;

(二)新股发行价格;

(三)新股发行的起止日期;

(四)向原有股东发行新股的种类及数额。

第一百三十四条 公司经国务院证券监督管理机构核准公开发行新股时,必须公告新股招股说明书和财务会计报告,并制作认股书。

本法第八十七条、第八十八条的规定适用于公司公开发行新股。

第一百三十五条 公司发行新股,可以根据公司经营情况和财务状况,确定其作价方案。

第一百三十六条 公司发行新股募足股款后,必须向公司登记机关办理变更登记,并公告。

第二节 股份转让

第一百三十七条 股东持有的股份可以依法转让。

第一百三十八条 股东转让其股份,应当在依法设立的证券交易场所进行或者按照国务院规定的其他方式进行。

第一百三十九条 记名股票，由股东以背书方式或者法律、行政法规规定的其他方式转让；转让后由公司将受让人的姓名或者名称及住所记载于股东名册。

股东大会召开前二十日内或者公司决定分配股利的基准日前五日内，不得进行前款规定的股东名册的变更登记。但是，法律对上市公司股东名册变更登记另有规定的，从其规定。

第一百四十条 无记名股票的转让，由股东将该股票交付给受让人后即发生转让的效力。

第一百四十一条 发起人持有的本公司股份，自公司成立之日起一年内不得转让。公司公开发行股份前已发行的股份，自公司股票在证券交易所上市交易之日起一年内不得转让。

公司董事、监事、高级管理人员应当向公司申报所持有的本公司的股份及其变动情况，在任职期间每年转让的股份不得超过其所持有本公司股份总数的百分之二十五；所持本公司股份自公司股票上市交易之日起一年内不得转让。上述人员离职后半年内，不得转让其所持有的本公司股份。公司章程可以对公司董事、监事、高级管理人员转让其所持有的本公司股份作出其他限制性规定。

第一百四十二条 公司不得收购本公司股份。但是，有下列情形之一的除外：

（一）减少公司注册资本；

（二）与持有本公司股份的其他公司合并；

（三）将股份用于员工持股计划或者股权激励；

（四）股东因对股东大会作出的公司合并、分立决议持异议，要求公司收购其股份；

（五）将股份用于转换上市公司发行的可转换为股票的公司债券；

（六）上市公司为维护公司价值及股东权益所必需。

公司因前款第（一）项、第（二）项规定的情形收购本公司股份的，应当经股东大会决议；公司因前款第（三）项、第（五）项、第（六）项规定的情形收购本公司股份的，可以依照公司章程的规定或者股东大会的授权，经三分之二以上董事出席的董事会会议决议。

公司依照本条第一款规定收购本公司股份后，属于第（一）项情形的，应当自收购之日起十日内注销；属于第（二）项、第（四）项情形的，应当在六个月内转让或者注销；属于第（三）项、第（五）项、第（六）项情形的，公司合计持有的本公司股份数不得超过本公司已发行股份总额的百分之十，并应当在三年内转让或者注销。

上市公司收购本公司股份的，应当依照《中华人民共和国证券法》的规定履行信息披露义务。上市公司因本条第一款第(三)项、第(五)项、第(六)项规定的情形收购本公司股份的，应当通过公开的集中交易方式进行。

公司不得接受本公司的股票作为质押权的标的。

第一百四十三条 记名股票被盗、遗失或者灭失，股东可以依照《中华人民共和国民事诉讼法》规定的公示催告程序，请求人民法院宣告该股票失效。人民法院宣告该股票失效后，股东可以向公司申请补发股票。

第一百四十四条 上市公司的股票，依照有关法律、行政法规及证券交易所交易规则上市交易。

第一百四十五条 上市公司必须依照法律、行政法规的规定，公开其财务状况、经营情况及重大诉讼，在每会计年度内半年公布一次财务会计报告。

第六章 公司董事、监事、高级管理人员的资格和义务

第一百四十六条 有下列情形之一的，不得担任公司的董事、监事、高级管理人员：

(一)无民事行为能力或者限制民事行为能力；

(二)因贪污、贿赂、侵占财产、挪用财产或者破坏社会主义市场经济秩序，被判处刑罚，执行期满未逾五年，或者因犯罪被剥夺政治权利，执行期满未逾五年；

(三)担任破产清算的公司、企业的董事或者厂长、经理，对该公司、企业的破产负有个人责任的，自该公司、企业破产清算完结之日起未逾三年；

(四)担任因违法被吊销营业执照、责令关闭的公司、企业的法定代表人，并负有个人责任的，自该公司、企业被吊销营业执照之日起未逾三年；

(五)个人所负数额较大的债务到期未清偿。

公司违反前款规定选举、委派董事、监事或者聘任高级管理人员的，该选举、委派或者聘任无效。

董事、监事、高级管理人员在任职期间出现本条第一款所列情形的，公司应当解除其职务。

第一百四十七条 董事、监事、高级管理人员应当遵守法律、行政法规和公司章程，对公司负有忠实义务和勤勉义务。

董事、监事、高级管理人员不得利用职权收受贿赂或者其他非法收入，不得侵占公司的财产。

第一百四十八条 董事、高级管理人员不得有下列行为：

(一)挪用公司资金；

(二)将公司资金以其个人名义或者以其他个人名义开立账户存储；

（三）违反公司章程的规定，未经股东会、股东大会或者董事会同意，将公司资金借贷给他人或者以公司财产为他人提供担保；

（四）违反公司章程的规定或者未经股东会、股东大会同意，与本公司订立合同或者进行交易；

（五）未经股东会或者股东大会同意，利用职务便利为自己或者他人谋取属于公司的商业机会，自营或者为他人经营与所任职公司同类的业务；

（六）接受他人与公司交易的佣金归为己有；

（七）擅自披露公司秘密；

（八）违反对公司忠实义务的其他行为。

董事、高级管理人员违反前款规定所得的收入应当归公司所有。

第一百四十九条　董事、监事、高级管理人员执行公司职务时违反法律、行政法规或者公司章程的规定，给公司造成损失的，应当承担赔偿责任。

第一百五十条　股东会或者股东大会要求董事、监事、高级管理人员列席会议的，董事、监事、高级管理人员应当列席并接受股东的质询。

董事、高级管理人员应当如实向监事会或者不设监事会的有限责任公司的监事提供有关情况和资料，不得妨碍监事会或者监事行使职权。

第一百五十一条　董事、高级管理人员有本法第一百四十九条规定的情形的，有限责任公司的股东、股份有限公司连续一百八十日以上单独或者合计持有公司百分之一以上股份的股东，可以书面请求监事会或者不设监事会的有限责任公司的监事向人民法院提起诉讼；监事有本法第一百四十九条规定的情形的，前述股东可以书面请求董事会或者不设董事会的有限责任公司的执行董事向人民法院提起诉讼。

监事会、不设监事会的有限责任公司的监事，或者董事会、执行董事收到前款规定的股东书面请求后拒绝提起诉讼，或者自收到请求之日起三十日内未提起诉讼，或者情况紧急、不立即提起诉讼将会使公司利益受到难以弥补的损害的，前款规定的股东有权为了公司的利益以自己的名义直接向人民法院提起诉讼。

他人侵犯公司合法权益，给公司造成损失的，本条第一款规定的股东可以依照前两款的规定向人民法院提起诉讼。

第一百五十二条　董事、高级管理人员违反法律、行政法规或者公司章程的规定，损害股东利益的，股东可以向人民法院提起诉讼。

第七章 公司债券

第一百五十三条 本法所称公司债券，是指公司依照法定程序发行、约定在一定期限还本付息的有价证券。

公司发行公司债券应当符合《中华人民共和国证券法》规定的发行条件。

第一百五十四条 发行公司债券的申请经国务院授权的部门核准后，应当公告公司债券募集办法。

公司债券募集办法中应当载明下列主要事项：

（一）公司名称；

（二）债券募集资金的用途；

（三）债券总额和债券的票面金额；

（四）债券利率的确定方式；

（五）还本付息的期限和方式；

（六）债券担保情况；

（七）债券的发行价格、发行的起止日期；

（八）公司净资产额；

（九）已发行的尚未到期的公司债券总额；

（十）公司债券的承销机构。

第一百五十五条 公司以实物券方式发行公司债券的，必须在债券上载明公司名称、债券票面金额、利率、偿还期限等事项，并由法定代表人签名，公司盖章。

第一百五十六条 公司债券，可以为记名债券，也可以为无记名债券。

第一百五十七条 公司发行公司债券应当置备公司债券存根簿。

发行记名公司债券的，应当在公司债券存根簿上载明下列事项：

（一）债券持有人的姓名或者名称及住所；

（二）债券持有人取得债券的日期及债券的编号；

（三）债券总额，债券的票面金额、利率、还本付息的期限和方式；

（四）债券的发行日期。

发行无记名公司债券的，应当在公司债券存根簿上载明债券总额、利率、偿还期限和方式、发行日期及债券的编号。

第一百五十八条 记名公司债券的登记结算机构应当建立债券登记、存管、付息、兑付等相关制度。

第一百五十九条 公司债券可以转让，转让价格由转让人与受让人约定。公司债券在证券交易所上市交易的，按照证券交易所的交易规则转让。

第一百六十条 记名公司债券，由债券持有人以背书方式或者法律、行政法规规定的其他方式转让；转让后由公司将受让人的姓名或者名称及住所记载于公司债券存根簿。无记名公司债券的转让，由债券持有人将该债券交付给受让人后即发生转让的效力。

第一百六十一条 上市公司经股东大会决议可以发行可转换为股票的公司债券，并在公司债券募集办法中规定具体的转换办法。上市公司发行可转换为股票的公司债券，应当报国务院证券监督管理机构核准。

发行可转换为股票的公司债券，应当在债券上标明可转换公司债券字样，并在公司债券存根簿上载明可转换公司债券的数额。

第一百六十二条 发行可转换为股票的公司债券的，公司应当按照其转换办法向债券持有人换发股票，但债券持有人对转换股票或者不转换股票有选择权。

第八章 公司财务、会计

第一百六十三条 公司应当依照法律、行政法规和国务院财政部门的规定建立本公司的财务、会计制度。

第一百六十四条 公司应当在每一会计年度终了时编制财务会计报告，并依法经会计师事务所审计。

财务会计报告应当依照法律、行政法规和国务院财政部门的规定制作。

第一百六十五条 有限责任公司应当依照公司章程规定的期限将财务会计报告送交各股东。

股份有限公司的财务会计报告应当在召开股东大会年会的二十日前置备于本公司，供股东查阅；公开发行股票的股份有限公司必须公告其财务会计报告。

第一百六十六条 公司分配当年税后利润时，应当提取利润的10%列入公司法定公积金。公司法定公积金累计额为公司注册资本的50%以上的，可以不再提取。

公司的法定公积金不足以弥补以前年度亏损的，在依照前款规定提取法定公积金之前，应当先用当年利润弥补亏损。

公司从税后利润中提取法定公积金后，经股东会或者股东大会决议，还可以从税后利润中提取任意公积金。

公司弥补亏损和提取公积金后所余税后利润，有限责任公司依照本法第三十四条的规定分配；股份有限公司按照股东持有的股份比例分配，但股份有限公司章程规定不按持股比例分配的除外。

股东会、股东大会或者董事会违反前款规定，在公司弥补亏损和提取法定公积金之前向股东分配利润的，股东必须将违反规定分配的利润退还公司。公司持有的本公司股份不得分配利润。

第一百六十七条 股份有限公司以超过股票票面金额的发行价格发行股份所得的溢价款以及国务院财政部门规定列入资本公积金的其他收入，应当列为公司资本公积金。

第一百六十八条 公司的公积金用于弥补公司的亏损、扩大公司生产经营或者转为增加公司资本。但是，资本公积金不得用于弥补公司的亏损。

法定公积金转为资本时，所留存的该项公积金不得少于转增前公司注册资本的百分之二十五。

第一百六十九条 公司聘用、解聘承办公司审计业务的会计师事务所，依照公司章程的规定，由股东会、股东大会或者董事会决定。

公司股东会、股东大会或者董事会就解聘会计师事务所进行表决时，应当允许会计师事务所陈述意见。

第一百七十条 公司应当向聘用的会计师事务所提供真实、完整的会计凭证、会计账簿、财务会计报告及其他会计资料，不得拒绝、隐匿、谎报。

第一百七十一条 公司除法定的会计账簿外，不得另立会计账簿。

对公司资产，不得以任何个人名义开立账户存储。

第九章 公司合并、分立、增资、减资

第一百七十二条 公司合并可以采取吸收合并或者新设合并。

一个公司吸收其他公司为吸收合并，被吸收的公司解散。两个以上公司合并设立一个新的公司为新设合并，合并各方解散。

第一百七十三条 公司合并，应当由合并各方签订合并协议，并编制资产负债表及财产清单。公司应当自作出合并决议之日起十日内通知债权人，并于三十日内在报纸上公告。债权人自接到通知书之日起三十日内，未接到通知书的自公告之日起四十五日内，可以要求公司清

偿债务或者提供相应的担保。

第一百七十四条　公司合并时，合并各方的债权、债务，应当由合并后存续的公司或者新设的公司承继。

第一百七十五条　公司分立，其财产作相应的分割。

公司分立，应当编制资产负债表及财产清单。公司应当自作出分立决议之日起十日内通知债权人，并于三十日内在报纸上公告。

第一百七十六条　公司分立前的债务由分立后的公司承担连带责任。但是，公司在分立前与债权人就债务清偿达成的书面协议另有约定的除外。

第一百七十七条　公司需要减少注册资本时，必须编制资产负债表及财产清单。

公司应当自作出减少注册资本决议之日起十日内通知债权人，并于三十日内在报纸上公告。债权人自接到通知书之日起三十日内，未接到通知书的自公告之日起四十五日内，有权要求公司清偿债务或者提供相应的担保。

第一百七十八条　有限责任公司增加注册资本时，股东认缴新增资本的出资，依照本法设立有限责任公司缴纳出资的有关规定执行。

股份有限公司为增加注册资本发行新股时，股东认购新股，依照本法设立股份有限公司缴纳股款的有关规定执行。

第一百七十九条　公司合并或者分立，登记事项发生变更的，应当依法向公司登记机关办理变更登记；公司解散的，应当依法办理公司注销登记；设立新公司的，应当依法办理公司设立登记。

公司增加或者减少注册资本，应当依法向公司登记机关办理变更登记。

第十章　公司解散和清算

第一百八十条　公司因下列原因解散：

（一）公司章程规定的营业期限届满或者公司章程规定的其他解散事由出现；

（二）股东会或者股东大会决议解散；

（三）因公司合并或者分立需要解散；

（四）依法被吊销营业执照、责令关闭或者被撤销；

（五）人民法院依照本法第一百八十二条的规定予以解散。

第一百八十一条　公司有本法第一百八十条第（一）项情形的，

可以通过修改公司章程而存续。

依照前款规定修改公司章程，有限责任公司须经持有三分之二以上表决权的股东通过，股份有限公司须经出席股东大会会议的股东所持表决权的三分之二以上通过。

第一百八十二条 公司经营管理发生严重困难，继续存续会使股东利益受到重大损失，通过其他途径不能解决的，持有公司全部股东表决权百分之十以上的股东，可以请求人民法院解散公司。

第一百八十三条 公司因本法第一百八十条第(一)项、第(二)项、第(四)项、第(五)项规定而解散的，应当在解散事由出现之日起十五日内成立清算组，开始清算。有限责任公司的清算组由股东组成，股份有限公司的清算组由董事或者股东大会确定的人员组成。逾期不成立清算组进行清算的，债权人可以申请人民法院指定有关人员组成清算组进行清算。人民法院应当受理该申请，并及时组织清算组进行清算。

第一百八十四条 清算组在清算期间行使下列职权：

(一)清理公司财产，分别编制资产负债表和财产清单；

(二)通知、公告债权人；

(三)处理与清算有关的公司未了结的业务；

(四)清缴所欠税款以及清算过程中产生的税款；

(五)清理债权、债务；

(六)处理公司清偿债务后的剩余财产；

(七)代表公司参与民事诉讼活动。

第一百八十五条 清算组应当自成立之日起十日内通知债权人，并于六十日内在报纸上公告。债权人应当自接到通知书之日起三十日内，未接到通知书的自公告之日起四十五日内，向清算组申报其债权债权人申报债权，应当说明债权的有关事项，并提供证明材料。清算组应当对债权进行登记。

在申报债权期间，清算组不得对债权人进行清偿。

第一百八十六条 清算组在清理公司财产、编制资产负债表和财产清单后，应当制定清算方案，并报股东会、股东大会或者人民法院确认。

公司财产在分别支付清算费用、职工的工资、社会保险费用和法定补偿金，缴纳所欠税款，清偿公司债务后的剩余财产，有限责任公司按照股东的出资比例分配，股份有限公司按照股东持有的股份比例分配。

清算期间，公司存续，但不得开展与清算无关的经营活动。公司财产在未依照前款规定清偿前，不得分配给股东。

第一百八十七条 清算组在清理公司财产、编制资产负债表和财产清单后，发现公司财产不足清偿债务的，应当依法向人民法院申请宣告破产。

公司经人民法院裁定宣告破产后，清算组应当将清算事务移交给人民法院。

第一百八十八条 公司清算结束后，清算组应当制作清算报告，报股东会、股东大会或者人民法院确认，并报送公司登记机关，申请注销公司登记，公告公司终止。

第一百八十九条 清算组成员应当忠于职守，依法履行清算义务。

清算组成员不得利用职权收受贿赂或者其他非法收入，不得侵占公司财产。

清算组成员因故意或者重大过失给公司或者债权人造成损失的，应当承担赔偿责任。

第一百九十条 公司被依法宣告破产的，依照有关企业破产的法律实施破产清算。

第十一章 外国公司的分支机构

第一百九十一条 本法所称外国公司是指依照外国法律在中国境外设立的公司。

第一百九十二条 外国公司在中国境内设立分支机构，必须向中国主管机关提出申请，并提交其公司章程、所属国的公司登记证书等有关文件，经批准后，向公司登记机关依法办理登记，领取营业执照。

外国公司分支机构的审批办法由国务院另行规定。

第一百九十三条 外国公司在中国境内设立分支机构，必须在中国境内指定负责该分支机构的代表人或者代理人，并向该分支机构拨付与其所从事的经营活动相适应的资金。

对外国公司分支机构的经营资金需要规定最低限额的，由国务院另行规定。

第一百九十四条 外国公司的分支机构应当在其名称中标明该外国公司的国籍及责任形式。

外国公司的分支机构应当在本机构中置备该外国公司章程。

第一百九十五条 外国公司在中国境内设立的分支机构不具有中

国法人资格。

外国公司对其分支机构在中国境内进行经营活动承担民事责任。

第一百九十六条 经批准设立的外国公司分支机构，在中国境内从事业务活动，必须遵守中国的法律，不得损害中国的社会公共利益，其合法权益受中国法律保护。

第一百九十七条 外国公司撤销其在中国境内的分支机构时，必须依法清偿债务，依照本法有关公司清算程序的规定进行清算。未清偿债务之前，不得将其分支机构的财产移至中国境外。

第十二章 法律责任

第一百九十八条 违反本法规定，虚报注册资本、提交虚假材料或者采取其他欺诈手段隐瞒重要事实取得公司登记的，由公司登记机关责令改正，对虚报注册资本的公司，处以虚报注册资本金额百分之五以上百分之十五以下的罚款；对提交虚假材料或者采取其他欺诈手段隐瞒重要事实的公司，处以五万元以上五十万元以下的罚款；情节严重的，撤销公司登记或者吊销营业执照。

第一百九十九条 公司的发起人、股东虚假出资，未交付或者未按期交付作为出资的货币或者非货币财产的，由公司登记机关责令改正，处以虚假出资金额百分之五以上百分之十五以下的罚款。

第二百条 公司的发起人、股东在公司成立后，抽逃其出资的，由公司登记机关责令改正，处以所抽逃出资金额百分之五以上百分之十五以下的罚款。

第二百零一条 公司违反本法规定，在法定的会计账簿以外另立会计账簿的，由县级以上人民政府财政部门责令改正，处以五万元以上五十万元以下的罚款。

第二百零二条 公司在依法向有关主管部门提供的财务会计报告等材料上作虚假记载或者隐瞒重要事实的，由有关主管部门对直接负责的主管人员和其他直接责任人员处以三万元以上三十万元以下的罚款。

第二百零三条 公司不依照本法规定提取法定公积金的，由县级以上人民政府财政部门责令如数补足应当提取的金额，可以对公司处以二十万元以下的罚款。

第二百零四条 公司在合并、分立、减少注册资本或者进行清算时，不依照本法规定通知或者公告债权人的，由公司登记机关责令改正，对公司处以一万元以上十万元以下的罚款。

公司在进行清算时，隐匿财产，对资产负债表或者财产清单作虚假记载或者在未清偿债务前分配公司财产的，由公司登记机关责令改正，对公司处以隐匿财产或者未清偿债务前分配公司财产金额百分之五以上百分之十以下的罚款；对直接负责的主管人员和其他直接责任人员处以一万元以上十万元以下的罚款。

第二百零五条 公司在清算期间开展与清算无关的经营活动的，由公司登记机关予以警告，没收违法所得。

第二百零六条 清算组不依照本法规定向公司登记机关报送清算报告，或者报送清算报告隐瞒重要事实或者有重大遗漏的，由公司登记机关责令改正。

清算组成员利用职权徇私舞弊、谋取非法收入或者侵占公司财产的，由公司登记机关责令退还公司财产，没收违法所得，并可以处以违法所得一倍以上五倍以下的罚款。

第二百零七条 承担资产评估、验资或者验证的机构提供虚假材料的，由公司登记机关没收违法所得，处以违法所得一倍以上五倍以下的罚款，并可以由有关主管部门依法责令该机构停业、吊销直接责任人员的资格证书，吊销营业执照。

承担资产评估、验资或者验证的机构因过失提供有重大遗漏的报告的，由公司登记机关责令改正，情节较重的，处以所得收入一倍以上五倍以下的罚款，并可以由有关主管部门依法责令该机构停业、吊销直接责任人员的资格证书，吊销营业执照。

承担资产评估、验资或者验证的机构因其出具的评估结果、验资或者验证证明不实，给公司债权人造成损失的，除能够证明自己没有过错的外，在其评估或者证明不实的金额范围内承担赔偿责任。

第二百零八条 公司登记机关对不符合本法规定条件的登记申请予以登记，或者对符合本法规定条件的登记申请不予登记的，对直接负责的主管人员和其他直接责任人员，依法给予行政处分。

第二百零九条 公司登记机关的上级部门强令公司登记机关对不符合本法规定条件的登记申请予以登记，或者对符合本法规定条件的登记申请不予登记的，或者对违法登记进行包庇的，对直接负责的主管人员和其他直接责任人员依法给予行政处分。

第二百一十条 未依法登记为有限责任公司或者股份有限公司，而冒用有限责任公司或者股份有限公司名义的，或者未依法登记为有限责任公司或者股份有限公司的分公司，而冒用有限责任公司或者股份有限公司的分公司名义的，由公司登记机关责令改正或者予以取缔，可以并处十万元以下的罚款。

第二百一十一条 公司成立后无正当理由超过六个月未开业的，或者开业后自行停业连续六个月以上的，可以由公司登记机关吊销营业执照。

公司登记事项发生变更时，未依照本法规定办理有关变更登记的，由公司登记机关责令限期登记；逾期不登记的，处以一万元以上十万元以下的罚款。

第二百一十二条 外国公司违反本法规定，擅自在中国境内设立分支机构的，由公司登记机关责令改正或者关闭，可以并处五万元以上二十万元以下的罚款。

第二百一十三条 利用公司名义从事危害国家安全、社会公共利益的严重违法行为的，吊销营业执照。

第二百一十四条 公司违反本法规定，应当承担民事赔偿责任和缴纳罚款、罚金的，其财产不足以支付时，先承担民事赔偿责任。

第二百一十五条 违反本法规定，构成犯罪的，依法追究刑事责任。

第十三章 附 则

第二百一十六条 本法下列用语的含义：

（一）高级管理人员，是指公司的经理、副经理、财务负责人，上市公司董事会秘书和公司章程规定的其他人员。

（二）控股股东，是指其出资额占有限责任公司资本总额百分之五十以上或者其持有的股份占股份有限公司股本总额百分之五十以上的股东；出资额或者持有股份的比例虽然不足百分之五十，但依其出资额或者持有的股份所享有的表决权已足以对股东会、股东大会的决议产生重大影响的股东。

（三）实际控制人，是指虽不是公司的股东，但通过投资关系、协议或者其他安排，能够实际支配公司行为的人。

（四）关联关系，是指公司控股股东、实际控制人、董事、监事、高级管理人员与其直接或者间接控制的企业之间的关系，以及可能导致公司利益转移的其他关系。但是，国家控股的企业之间不仅因为同受国家控股而具有关联关系。

第二百一十七条　外商投资的有限责任公司和股份有限公司适用本法；有关外商投资的法律另有规定的，适用其规定。

第二百一十八条　本法自2006年1月1日起施行。

《中华人民共和国证券投资基金法》(2015年4月24日修订)

第一章　总　　则

第一条　为了规范证券投资基金活动，保护投资人及相关当事人的合法权益，促进证券投资基金和资本市场的健康发展，制定本法。

第二条　在中华人民共和国境内，公开或者非公开募集资金设立证券投资基金(以下简称基金)，由基金管理人管理，基金托管人托管，为基金份额持有人的利益，进行证券投资活动，适用本法；本法未规定的，适用《中华人民共和国信托法》、《中华人民共和国证券法》和其他有关法律、行政法规的规定。

第三条　基金管理人、基金托管人和基金份额持有人的权利、义务，依照本法在基金合同中约定。

基金管理人、基金托管人依照本法和基金合同的约定，履行受托职责。

通过公开募集方式设立的基金(以下简称公开募集基金)的基金份额持有人按其所持基金份额享受收益和承担风险，通过非公开募集方式设立的基金(以下简称非公开募集基金)的收益分配和风险承担由基金合同约定。

第四条　从事证券投资基金活动，应当遵循自愿、公平、诚实信用的原则，不得损害国家利益和社会公共利益。

第五条　基金财产的债务由基金财产本身承担，基金份额持有人以其出资为限对基金财产的债务承担责任。但基金合同依照本法另有约定的，从其约定。

基金财产独立于基金管理人、基金托管人的固有财产。基金管理人、基金托管人不得将基金财产归入其固有财产。

基金管理人、基金托管人因基金财产的管理、运用或者其他情形而取得的财产和收益，归入基金财产。

基金管理人、基金托管人因依法解散、被依法撤销或者被依法宣告破产等原因进行清算的，基金财产不属于其清算财产。

第六条　基金财产的债权，不得与基金管理人、基金托管人固有财产的债务相抵销；不同基金财产的债权债务，不得相互抵销。

第七条 非因基金财产本身承担的债务,不得对基金财产强制执行。

第八条 基金财产投资的相关税收,由基金份额持有人承担,基金管理人或者其他扣缴义务人按照国家有关税收征收的规定代扣代缴。

第九条 基金管理人、基金托管人管理、运用基金财产,基金服务机构从事基金服务活动,应当恪尽职守,履行诚实信用、谨慎勤勉的义务。

基金管理人运用基金财产进行证券投资,应当遵守审慎经营规则,制定科学合理的投资策略和风险管理制度,有效防范和控制风险。

基金从业人员应当具备基金从业资格,遵守法律、行政法规,恪守职业道德和行为规范。

第十条 基金管理人、基金托管人和基金服务机构,应当依照本法成立证券投资基金行业协会(以下简称基金行业协会),进行行业自律,协调行业关系,提供行业服务,促进行业发展。

第十一条 国务院证券监督管理机构依法对证券投资基金活动实施监督管理;其派出机构依照授权履行职责。

第二章 基金管理人

第十二条 基金管理人由依法设立的公司或者合伙企业担任。

公开募集基金的基金管理人,由基金管理公司或者经国务院证券监督管理机构按照规定核准的其他机构担任。

第十三条 设立管理公开募集基金的基金管理公司,应当具备下列条件,并经国务院证券监督管理机构批准:

(一)有符合本法和《中华人民共和国公司法》规定的章程;

(二)注册资本不低于一亿元人民币,且必须为实缴货币资本;

(三)主要股东应当具有经营金融业务或者管理金融机构的良好业绩、良好的财务状况和社会信誉,资产规模达到国务院规定的标准,最近三年没有违法记录;

(四)取得基金从业资格的人员达到法定人数;

(五)董事、监事、高级管理人员具备相应的任职条件;

(六)有符合要求的营业场所、安全防范设施和与基金管理业务有关的其他设施;

(七)有良好的内部治理结构、完善的内部稽核监控制度、风险控制制度;

（八）法律、行政法规规定的和经国务院批准的国务院证券监督管理机构规定的其他条件。

第十四条 国务院证券监督管理机构应当自受理基金管理公司设立申请之日起六个月内依照本法第十三条规定的条件和审慎监管原则进行审查，作出批准或者不予批准的决定，并通知申请人；不予批准的，应当说明理由。

基金管理公司变更持有百分之五以上股权的股东，变更公司的实际控制人，或者变更其他重大事项，应当报经国务院证券监督管理机构批准。国务院证券监督管理机构应当自受理申请之日起六十日内作出批准或者不予批准的决定，并通知申请人；不予批准的，应当说明理由。

第十五条 有下列情形之一的，不得担任公开募集基金的基金管理人的董事、监事、高级管理人员和其他从业人员：

（一）因犯有贪污贿赂、渎职、侵犯财产罪或者破坏社会主义市场经济秩序罪，被判处刑罚的；

（二）对所任职的公司、企业因经营不善破产清算或者因违法被吊销营业执照负有个人责任的董事、监事、厂长、高级管理人员，自该公司、企业破产清算终结或者被吊销营业执照之日起未逾五年的；

（三）个人所负债务数额较大，到期未清偿的；

（四）因违法行为被开除的基金管理人、基金托管人、证券交易所、证券公司、证券登记结算机构、期货交易所、期货公司及其他机构的从业人员和国家机关工作人员；

（五）因违法行为被吊销执业证书或者被取消资格的律师、注册会计师和资产评估机构、验证机构的从业人员、投资咨询从业人员；

（六）法律、行政法规规定不得从事基金业务的其他人员。

第十六条 公开募集基金的基金管理人的董事、监事和高级管理人员，应当熟悉证券投资方面的法律、行政法规，具有三年以上与其所任职务相关的工作经历；高级管理人员还应当具备基金从业资格。

第十七条 公开募集基金的基金管理人的董事、监事、高级管理人员和其他从业人员，其本人、配偶、利害关系人进行证券投资，应当事先向基金管理人申报，并不得与基金份额持有人发生利益冲突。

公开募集基金的基金管理人应当建立前款规定人员进行证券投资的申报、登记、审查、处置等管理制度，并报国务院证券监督管理机构备案。

第十八条 公开募集基金的基金管理人的董事、监事、高级管理人员和其他从业人员,不得担任基金托管人或者其他基金管理人的任何职务,不得从事损害基金财产和基金份额持有人利益的证券交易及其他活动。

第十九条 公开募集基金的基金管理人应当履行下列职责:

(一)依法募集资金,办理基金份额的发售和登记事宜;

(二)办理基金备案手续;

(三)对所管理的不同基金财产分别管理、分别记账,进行证券投资;

(四)按照基金合同的约定确定基金收益分配方案,及时向基金份额持有人分配收益;

(五)进行基金会计核算并编制基金财务会计报告;

(六)编制中期和年度基金报告;

(七)计算并公告基金资产净值,确定基金份额申购、赎回价格;

(八)办理与基金财产管理业务活动有关的信息披露事项;

(九)按照规定召集基金份额持有人大会;

(十)保存基金财产管理业务活动的记录、账册、报表和其他相关资料;

(十一)以基金管理人名义,代表基金份额持有人利益行使诉讼权利或者实施其他法律行为;

(十二)国务院证券监督管理机构规定的其他职责。

第二十条 公开募集基金的基金管理人及其董事、监事、高级管理人员和其他从业人员不得有下列行为:

(一)将其固有财产或者他人财产混同于基金财产从事证券投资;

(二)不公平地对待其管理的不同基金财产;

(三)利用基金财产或者职务之便为基金份额持有人以外的人牟取利益;

(四)向基金份额持有人违规承诺收益或者承担损失;

(五)侵占、挪用基金财产;

(六)泄露因职务便利获取的未公开信息、利用该信息从事或者明示、暗示他人从事相关的交易活动;

(七)玩忽职守,不按照规定履行职责;

(八)法律、行政法规和国务院证券监督管理机构规定禁止的其他行为。

第二十一条 公开募集基金的基金管理人应当建立良好的内部治理结构，明确股东会、董事会、监事会和高级管理人员的职责权限，确保基金管理人独立运作。

公开募集基金的基金管理人可以实行专业人士持股计划，建立长效激励约束机制。

公开募集基金的基金管理人的股东、董事、监事和高级管理人员在行使权利或者履行职责时，应当遵循基金份额持有人利益优先的原则。

第二十二条 公开募集基金的基金管理人应当从管理基金的报酬中计提风险准备金。

公开募集基金的基金管理人因违法违规、违反基金合同等原因给基金财产或者基金份额持有人合法权益造成损失，应当承担赔偿责任的，可以优先使用风险准备金予以赔偿。

第二十三条 公开募集基金的基金管理人的股东、实际控制人应当按照国务院证券监督管理机构的规定及时履行重大事项报告义务，并不得有下列行为：

（一）虚假出资或者抽逃出资；

（二）未依法经股东会或者董事会决议擅自干预基金管理人的基金经营活动；

（三）要求基金管理人利用基金财产为自己或者他人牟取利益，损害基金份额持有人利益；

（四）国务院证券监督管理机构规定禁止的其他行为。

公开募集基金的基金管理人的股东、实际控制人有前款行为或者股东不再符合法定条件的，国务院证券监督管理机构应当责令其限期改正，并可视情节责令其转让所持有或者控制的基金管理人的股权。

在前款规定的股东、实际控制人按照要求改正违法行为、转让所持有或者控制的基金管理人的股权前，国务院证券监督管理机构可以限制有关股东行使股东权利。

第二十四条 公开募集基金的基金管理人违法违规，或者其内部治理结构、稽核监控和风险控制管理不符合规定的，国务院证券监督管理机构应当责令其限期改正；逾期未改正，或者其行为严重危及该基金管理人的稳健运行、损害基金份额持有人合法权益的，国务院证券监督管理机构可以区别情形，对其采取下列措施：

（一）限制业务活动，责令暂停部分或者全部业务；

（二）限制分配红利，限制向董事、监事、高级管理人员支付报酬、提供福利；

（三）限制转让固有财产或者在固有财产上设定其他权利；

（四）责令更换董事、监事、高级管理人员或者限制其权利；

（五）责令有关股东转让股权或者限制有关股东行使股东权利。

公开募集基金的基金管理人整改后，应当向国务院证券监督管理机构提交报告。国务院证券监督管理机构经验收，符合有关要求的，应当自验收完毕之日起三日内解除对其采取的有关措施。

第二十五条 公开募集基金的基金管理人的董事、监事、高级管理人员未能勤勉尽责，致使基金管理人存在重大违法违规行为或者重大风险的，国务院证券监督管理机构可以责令更换。

第二十六条 公开募集基金的基金管理人违法经营或者出现重大风险，严重危害证券市场秩序、损害基金份额持有人利益的，国务院证券监督管理机构可以对该基金管理人采取责令停业整顿、指定其他机构托管、接管、取消基金管理资格或者撤销等监管措施。

第二十七条 在公开募集基金的基金管理人被责令停业整顿、被依法指定托管、接管或者清算期间，或者出现重大风险时，经国务院证券监督管理机构批准，可以对该基金管理人直接负责的董事、监事、高级管理人员和其他直接责任人员采取下列措施：

（一）通知出境管理机关依法阻止其出境；

（二）申请司法机关禁止其转移、转让或者以其他方式处分财产，或者在财产上设定其他权利。

第二十八条 有下列情形之一的，公开募集基金的基金管理人职责终止：

（一）被依法取消基金管理资格；

（二）被基金份额持有人大会解任；

（三）依法解散、被依法撤销或者被依法宣告破产；

（四）基金合同约定的其他情形。

第二十九条 公开募集基金的基金管理人职责终止的，基金份额持有人大会应当在六个月内选任新基金管理人；新基金管理人产生前，由国务院证券监督管理机构指定临时基金管理人。

公开募集基金的基金管理人职责终止的，应当妥善保管基金管理业务资料，及时办理基金管理业务的移交手续，新基金管理人或者临时基金管理人应当及时接收。

第三十条 公开募集基金的基金管理人职责终止的，应当按照规定聘请会计师事务所对基金财产进行审计，并将审计结果予以公告，同时报国务院证券监督管理机构备案。

第三十一条 对非公开募集基金的基金管理人进行规范的具体办法，由国务院金融监督管理机构依照本章的原则制定。

第三章 基金托管人

第三十二条 基金托管人由依法设立的商业银行或者其他金融机构担任。

商业银行担任基金托管人的，由国务院证券监督管理机构会同国务院银行业监督管理机构核准；其他金融机构担任基金托管人的，由国务院证券监督管理机构核准。

第三十三条 担任基金托管人，应当具备下列条件：

（一）净资产和风险控制指标符合有关规定；

（二）设有专门的基金托管部门；

（三）取得基金从业资格的专职人员达到法定人数；

（四）有安全保管基金财产的条件；

（五）有安全高效的清算、交割系统；

（六）有符合要求的营业场所、安全防范设施和与基金托管业务有关的其他设施；

（七）有完善的内部稽核监控制度和风险控制制度；

（八）法律、行政法规规定的和经国务院批准的国务院证券监督管理机构、国务院银行业监督管理机构规定的其他条件。

第三十四条 本法第十五条、第十七条、第十八条的规定，适用于基金托管人的专门基金托管部门的高级管理人员和其他从业人员。

本法第十六条的规定，适用于基金托管人的专门基金托管部门的高级管理人员。

第三十五条 基金托管人与基金管理人不得为同一机构，不得相互出资或者持有股份。

第三十六条 基金托管人应当履行下列职责：

（一）安全保管基金财产；

（二）按照规定开设基金财产的资金账户和证券账户；

（三）对所托管的不同基金财产分别设置账户，确保基金财产的完整与独立；

（四）保存基金托管业务活动的记录、账册、报表和其他相关资料；

（五）按照基金合同的约定，根据基金管理人的投资指令，及时办理清算、交割事宜；

（六）办理与基金托管业务活动有关的信息披露事项；

（七）对基金财务会计报告、中期和年度基金报告出具意见；

（八）复核、审查基金管理人计算的基金资产净值和基金份额申购、赎回价格；

（九）按照规定召集基金份额持有人大会；

（十）按照规定监督基金管理人的投资运作；

（十一）国务院证券监督管理机构规定的其他职责。

第三十七条 基金托管人发现基金管理人的投资指令违反法律、行政法规和其他有关规定，或者违反基金合同约定的，应当拒绝执行，立即通知基金管理人，并及时向国务院证券监督管理机构报告。

基金托管人发现基金管理人依据交易程序已经生效的投资指令违反法律、行政法规和其他有关规定，或者违反基金合同约定的，应当立即通知基金管理人，并及时向国务院证券监督管理机构报告。

第三十八条 本法第二十条、第二十二条的规定，适用于基金托管人。

第三十九条 基金托管人不再具备本法规定的条件，或者未能勤勉尽责，在履行本法规定的职责时存在重大失误的，国务院证券监督管理机构、国务院银行业监督管理机构应当责令其改正；逾期未改正，或者其行为严重影响所托管基金的稳健运行、损害基金份额持有人利益的，国务院证券监督管理机构、国务院银行业监督管理机构可以区别情形，对其采取下列措施：

（一）限制业务活动，责令暂停办理新的基金托管业务；

（二）责令更换负有责任的专门基金托管部门的高级管理人员。

基金托管人整改后，应当向国务院证券监督管理机构、国务院银行业监督管理机构提交报告；经验收，符合有关要求的，应当自验收完毕之日起三日内解除对其采取的有关措施。

第四十条 国务院证券监督管理机构、国务院银行业监督管理机构对有下列情形之一的基金托管人，可以取消其基金托管资格：

（一）连续三年没有开展基金托管业务的；

（二）违反本法规定，情节严重的；

(三)法律、行政法规规定的其他情形。

第四十一条 有下列情形之一的,基金托管人职责终止:

(一)被依法取消基金托管资格;

(二)被基金份额持有人大会解任;

(三)依法解散、被依法撤销或者被依法宣告破产;

(四)基金合同约定的其他情形。

第四十二条 基金托管人职责终止的,基金份额持有人大会应当在六个月内选任新基金托管人;新基金托管人产生前,由国务院证券监督管理机构指定临时基金托管人。

基金托管人职责终止的,应当妥善保管基金财产和基金托管业务资料,及时办理基金财产和基金托管业务的移交手续,新基金托管人或者临时基金托管人应当及时接收。

第四十三条 基金托管人职责终止的,应当按照规定聘请会计师事务所对基金财产进行审计,并将审计结果予以公告,同时报国务院证券监督管理机构备案。

第四章 基金的运作方式和组织

第四十四条 基金合同应当约定基金的运作方式。

第四十五条 基金的运作方式可以采用封闭式、开放式或者其他方式。

采用封闭式运作方式的基金(以下简称封闭式基金),是指基金份额总额在基金合同期限内固定不变,基金份额持有人不得申请赎回的基金;采用开放式运作方式的基金(以下简称开放式基金),是指基金份额总额不固定,基金份额可以在基金合同约定的时间和场所申购或者赎回的基金。

采用其他运作方式的基金的基金份额发售、交易、申购、赎回的办法,由国务院证券监督管理机构另行规定。

第四十六条 基金份额持有人享有下列权利:

(一)分享基金财产收益;

(二)参与分配清算后的剩余基金财产;

(三)依法转让或者申请赎回其持有的基金份额;

(四)按照规定要求召开基金份额持有人大会或者召集基金份额持有人大会;

(五)对基金份额持有人大会审议事项行使表决权;

（六）对基金管理人、基金托管人、基金服务机构损害其合法权益的行为依法提起诉讼；

（七）基金合同约定的其他权利。

公开募集基金的基金份额持有人有权查阅或者复制公开披露的基金信息资料；非公开募集基金的基金份额持有人对涉及自身利益的情况，有权查阅基金的财务会计账簿等财务资料。

第四十七条 基金份额持有人大会由全体基金份额持有人组成，行使下列职权：

（一）决定基金扩募或者延长基金合同期限；

（二）决定修改基金合同的重要内容或者提前终止基金合同；

（三）决定更换基金管理人、基金托管人；

（四）决定调整基金管理人、基金托管人的报酬标准；

（五）基金合同约定的其他职权。

第四十八条 按照基金合同约定，基金份额持有人大会可以设立日常机构，行使下列职权：

（一）召集基金份额持有人大会；

（二）提请更换基金管理人、基金托管人；

（三）监督基金管理人的投资运作、基金托管人的托管活动；

（四）提请调整基金管理人、基金托管人的报酬标准；

（五）基金合同约定的其他职权。

前款规定的日常机构，由基金份额持有人大会选举产生的人员组成；其议事规则，由基金合同约定。

第四十九条 基金份额持有人大会及其日常机构不得直接参与或者干涉基金的投资管理活动。

第五章 基金的公开募集

第五十条 公开募集基金，应当经国务院证券监督管理机构注册。未经注册，不得公开或者变相公开募集基金。

前款所称公开募集基金，包括向不特定对象募集资金、向特定对象募集资金累计超过二百人，以及法律、行政法规规定的其他情形。

公开募集基金应当由基金管理人管理，基金托管人托管。

第五十一条 注册公开募集基金，由拟任基金管理人向国务院证券监督管理机构提交下列文件：

（一）申请报告；

（二）基金合同草案；

（三）基金托管协议草案；

（四）招募说明书草案；

（五）律师事务所出具的法律意见书；

（六）国务院证券监督管理机构规定提交的其他文件。

第五十二条 公开募集基金的基金合同应当包括下列内容：

（一）募集基金的目的和基金名称；

（二）基金管理人、基金托管人的名称和住所；

（三）基金的运作方式；

（四）封闭式基金的基金份额总额和基金合同期限，或者开放式基金的最低募集份额总额；

（五）确定基金份额发售日期、价格和费用的原则；

（六）基金份额持有人、基金管理人和基金托管人的权利、义务；

（七）基金份额持有人大会召集、议事及表决的程序和规则；

（八）基金份额发售、交易、申购、赎回的程序、时间、地点、费用计算方式，以及给付赎回款项的时间和方式；

（九）基金收益分配原则、执行方式；

（十）基金管理人、基金托管人报酬的提取、支付方式与比例；

（十一）与基金财产管理、运用有关的其他费用的提取、支付方式；

（十二）基金财产的投资方向和投资限制；

（十三）基金资产净值的计算方法和公告方式；

（十四）基金募集未达到法定要求的处理方式；

（十五）基金合同解除和终止的事由、程序以及基金财产清算方式；

（十六）争议解决方式；

（十七）当事人约定的其他事项。

第五十三条 公开募集基金的基金招募说明书应当包括下列内容：

（一）基金募集申请的准予注册文件名称和注册日期；

（二）基金管理人、基金托管人的基本情况；

（三）基金合同和基金托管协议的内容摘要；

（四）基金份额的发售日期、价格、费用和期限；

（五）基金份额的发售方式、发售机构及登记机构名称；

（六）出具法律意见书的律师事务所和审计基金财产的会计师事务所的名称和住所；

（七）基金管理人、基金托管人报酬及其他有关费用的提取、支付方式与比例；

（八）风险警示内容；

（九）国务院证券监督管理机构规定的其他内容。

第五十四条 国务院证券监督管理机构应当自受理公开募集基金的募集注册申请之日起六个月内依照法律、行政法规及国务院证券监督管理机构的规定进行审查，作出注册或者不予注册的决定，并通知申请人；不予注册的，应当说明理由。

第五十五条 基金募集申请经注册后，方可发售基金份额。

基金份额的发售，由基金管理人或者其委托的基金销售机构办理。

第五十六条 基金管理人应当在基金份额发售的三日前公布招募说明书、基金合同及其他有关文件。

前款规定的文件应当真实、准确、完整。

对基金募集所进行的宣传推介活动，应当符合有关法律、行政法规的规定，不得有本法第七十七条所列行为。

第五十七条 基金管理人应当自收到准予注册文件之日起六个月内进行基金募集。超过六个月开始募集，原注册的事项未发生实质性变化的，应当报国务院证券监督管理机构备案；发生实质性变化的，应当向国务院证券监督管理机构重新提交注册申请。

基金募集不得超过国务院证券监督管理机构准予注册的基金募集期限。基金募集期限自基金份额发售之日起计算。

第五十八条 基金募集期限届满，封闭式基金募集的基金份额总额达到准予注册规模的百分之八十以上，开放式基金募集的基金份额总额超过准予注册的最低募集份额总额，并且基金份额持有人人数符合国务院证券监督管理机构规定的，基金管理人应当自募集期限届满之日起十日内聘请法定验资机构验资，自收到验资报告之日起十日内，向国务院证券监督管理机构提交验资报告，办理基金备案手续，并予以公告。

第五十九条 基金募集期间募集的资金应当存入专门账户，在基金募集行为结束前，任何人不得动用。

第六十条 投资人交纳认购的基金份额的款项时，基金合同成立；基金管理人依照本法第五十八条的规定向国务院证券监督管理机构办理基金备案手续，基金合同生效。

基金募集期限届满，不能满足本法第五十八条规定的条件的，基金管理人应当承担下列责任：

（一）以其固有财产承担因募集行为而产生的债务和费用；

（二）在基金募集期限届满后三十日内返还投资人已交纳的款项，并加计银行同期存款利息。

第六章　公开募集基金的基金份额的交易、申购与赎回

第六十一条　申请基金份额上市交易，基金管理人应当向证券交易所提出申请，证券交易所依法审核同意的，双方应当签订上市协议。

第六十二条　基金份额上市交易，应当符合下列条件：

（一）基金的募集符合本法规定；

（二）基金合同期限为五年以上；

（三）基金募集金额不低于二亿元人民币；

（四）基金份额持有人不少于一千人；

（五）基金份额上市交易规则规定的其他条件。

第六十三条　基金份额上市交易规则由证券交易所制定，报国务院证券监督管理机构批准。

第六十四条　基金份额上市交易后，有下列情形之一的，由证券交易所终止其上市交易，并报国务院证券监督管理机构备案：

（一）不再具备本法第六十二条规定的上市交易条件；

（二）基金合同期限届满；

（三）基金份额持有人大会决定提前终止上市交易；

（四）基金合同约定的或者基金份额上市交易规则规定的终止上市交易的其他情形。

第六十五条　开放式基金的基金份额的申购、赎回、登记，由基金管理人或者其委托的基金服务机构办理。

第六十六条　基金管理人应当在每个工作日办理基金份额的申购、赎回业务；基金合同另有约定的，从其约定。

投资人交付申购款项，申购成立；基金份额登记机构确认基金份额时，申购生效。

基金份额持有人递交赎回申请，赎回成立；基金份额登记机构确认赎回时，赎回生效。

第六十七条 基金管理人应当按时支付赎回款项，但是下列情形除外：

（一）因不可抗力导致基金管理人不能支付赎回款项；

（二）证券交易场所依法决定临时停市，导致基金管理人无法计算当日基金资产净值；

（三）基金合同约定的其他特殊情形。

发生上述情形之一的，基金管理人应当在当日报国务院证券监督管理机构备案。

本条第一款规定的情形消失后，基金管理人应当及时支付赎回款项。

第六十八条 开放式基金应当保持足够的现金或者政府债券，以备支付基金份额持有人的赎回款项。基金财产中应当保持的现金或者政府债券的具体比例，由国务院证券监督管理机构规定。

第六十九条 基金份额的申购、赎回价格，依据申购、赎回日基金份额净值加、减有关费用计算。

第七十条 基金份额净值计价出现错误时，基金管理人应当立即纠正，并采取合理的措施防止损失进一步扩大。计价错误达到基金份额净值百分之零点五时，基金管理人应当公告，并报国务院证券监督管理机构备案。

因基金份额净值计价错误造成基金份额持有人损失的，基金份额持有人有权要求基金管理人、基金托管人予以赔偿。

第七章 公开募集基金的投资与信息披露

第七十一条 基金管理人运用基金财产进行证券投资，除国务院证券监督管理机构另有规定外，应当采用资产组合的方式。

资产组合的具体方式和投资比例，依照本法和国务院证券监督管理机构的规定在基金合同中约定。

第七十二条 基金财产应当用于下列投资：

（一）上市交易的股票、债券；

（二）国务院证券监督管理机构规定的其他证券及其衍生品种。

第七十三条 基金财产不得用于下列投资或者活动：

（一）承销证券；

（二）违反规定向他人贷款或者提供担保；

（三）从事承担无限责任的投资；

（四）买卖其他基金份额，但是国务院证券监督管理机构另有规定的除外；

（五）向基金管理人、基金托管人出资；

（六）从事内幕交易、操纵证券交易价格及其他不正当的证券交易活动；

（七）法律、行政法规和国务院证券监督管理机构规定禁止的其他活动。

运用基金财产买卖基金管理人、基金托管人及其控股股东、实际控制人或者与其有其他重大利害关系的公司发行的证券或承销期内承销的证券，或者从事其他重大关联交易的，应当遵循基金份额持有人利益优先的原则，防范利益冲突，符合国务院证券监督管理机构的规定，并履行信息披露义务。

第七十四条 基金管理人、基金托管人和其他基金信息披露义务人应当依法披露基金信息，并保证所披露信息的真实性、准确性和完整性。

第七十五条 基金信息披露义务人应当确保应予披露的基金信息在国务院证券监督管理机构规定时间内披露，并保证投资人能够按照基金合同约定的时间和方式查阅或者复制公开披露的信息资料。

第七十六条 公开披露的基金信息包括：

（一）基金招募说明书、基金合同、基金托管协议；

（二）基金募集情况；

（三）基金份额上市交易公告书；

（四）基金资产净值、基金份额净值；

（五）基金份额申购、赎回价格；

（六）基金财产的资产组合季度报告、财务会计报告及中期和年度基金报告；

（七）临时报告；

（八）基金份额持有人大会决议；

（九）基金管理人、基金托管人的专门基金托管部门的重大人事变动；

（十）涉及基金财产、基金管理业务、基金托管业务的诉讼或者仲裁；

（十一）国务院证券监督管理机构规定应予披露的其他信息。

第七十七条 公开披露基金信息，不得有下列行为：

（一）虚假记载、误导性陈述或者重大遗漏；

（二）对证券投资业绩进行预测；

（三）违规承诺收益或者承担损失；

（四）诋毁其他基金管理人、基金托管人或者基金销售机构；

（五）法律、行政法规和国务院证券监督管理机构规定禁止的其他行为。

第八章 公开募集基金的基金合同的变更、终止与基金财产清算

第七十八条 按照基金合同的约定或者基金份额持有人大会的决议，基金可以转换运作方式或者与其他基金合并。

第七十九条 封闭式基金扩募或者延长基金合同期限，应当符合下列条件，并报国务院证券监督管理机构备案：

（一）基金运营业绩良好；

（二）基金管理人最近二年内没有因违法违规行为受到行政处罚或者刑事处罚；

（三）基金份额持有人大会决议通过；

（四）本法规定的其他条件。

第八十条 有下列情形之一的，基金合同终止：

（一）基金合同期限届满而未延期；

（二）基金份额持有人大会决定终止；

（三）基金管理人、基金托管人职责终止，在六个月内没有新基金管理人、新基金托管人承接；

（四）基金合同约定的其他情形。

第八十一条 基金合同终止时，基金管理人应当组织清算组对基金财产进行清算。

清算组由基金管理人、基金托管人以及相关的中介服务机构组成。

清算组作出的清算报告经会计师事务所审计，律师事务所出具法律意见书后，报国务院证券监督管理机构备案并公告。

第八十二条 清算后的剩余基金财产，应当按照基金份额持有人所持份额比例进行分配。

第九章 公开募集基金的基金份额持有人权利行使

第八十三条 基金份额持有人大会由基金管理人召集。基金份额持有人大会设立日常机构的，由该日常机构召集；该日常机构未召集的，由基金管理人召集。基金管理人未按规定召集或者不能召集的，由基金托管人召集。

代表基金份额百分之十以上的基金份额持有人就同一事项要求召开基金份额持有人大会，而基金份额持有人大会的日常机构、基金管理人、基金托管人都不召集的，代表基金份额百分之十以上的基金份额持有人有权自行召集，并报国务院证券监督管理机构备案。

第八十四条 召开基金份额持有人大会，召集人应当至少提前三十日公告基金份额持有人大会的召开时间、会议形式、审议事项、议事程序和表决方式等事项。

基金份额持有人大会不得就未经公告的事项进行表决。

第八十五条 基金份额持有人大会可以采取现场方式召开，也可以采取通讯等方式召开。

每一基金份额具有一票表决权，基金份额持有人可以委托代理人出席基金份额持有人大会并行使表决权。

第八十六条 基金份额持有人大会应当有代表二分之一以上基金份额的持有人参加，方可召开。

参加基金份额持有人大会的持有人的基金份额低于前款规定比例的，召集人可以在原公告的基金份额持有人大会召开时间的三个月以后、六个月以内，就原定审议事项重新召集基金份额持有人大会。重新召集的基金份额持有人大会应当有代表三分之一以上基金份额的持有人参加，方可召开。

基金份额持有人大会就审议事项作出决定，应当经参加大会的基金份额持有人所持表决权的二分之一以上通过；但是，转换基金的运作方式、更换基金管理人或者基金托管人、提前终止基金合同、与其他基金合并，应当经参加大会的基金份额持有人所持表决权的三分之二以上通过。

基金份额持有人大会决定的事项，应当依法报国务院证券监督管理机构备案，并予以公告。

第十章 非公开募集基金

第八十七条 非公开募集基金应当向合格投资者募集,合格投资者累计不得超过二百人。

前款所称合格投资者,是指达到规定资产规模或者收入水平,并且具备相应的风险识别能力和风险承担能力、其基金份额认购金额不低于规定限额的单位和个人。

合格投资者的具体标准由国务院证券监督管理机构规定。

第八十八条 除基金合同另有约定外,非公开募集基金应当由基金托管人托管。

第八十九条 担任非公开募集基金的基金管理人,应当按照规定向基金行业协会履行登记手续,报送基本情况。

第九十条 未经登记,任何单位或者个人不得使用“基金”或者“基金管理”字样或者近似名称进行证券投资活动;但是,法律、行政法规另有规定的除外。

第九十一条 非公开募集基金,不得向合格投资者之外的单位和个人募集资金,不得通过报刊、电台、电视台、互联网等公众传播媒体或者讲座、报告会、分析会等方式向不特定对象宣传推介。

第九十二条 非公开募集基金,应当制定并签订基金合同。基金合同应当包括下列内容:

(一)基金份额持有人、基金管理人、基金托管人的权利、义务;

(二)基金的运作方式;

(三)基金的出资方式、数额和认缴期限;

(四)基金的投资范围、投资策略和投资限制;

(五)基金收益分配原则、执行方式;

(六)基金承担的有关费用;

(七)基金信息提供的内容、方式;

(八)基金份额的认购、赎回或者转让的程序和方式;

(九)基金合同变更、解除和终止的事由、程序;

(十)基金财产清算方式;

(十一)当事人约定的其他事项。

基金份额持有人转让基金份额的,应当符合本法第八十七条、第九十一条的规定。

第九十三条　按照基金合同约定，非公开募集基金可以由部分基金份额持有人作为基金管理人负责基金的投资管理活动，并在基金财产不足以清偿其债务时对基金财产的债务承担无限连带责任。

前款规定的非公开募集基金，其基金合同还应载明：

（一）承担无限连带责任的基金份额持有人和其他基金份额持有人的姓名或者名称、住所；

（二）承担无限连带责任的基金份额持有人的除名条件和更换程序；

（三）基金份额持有人增加、退出的条件、程序以及相关责任；

（四）承担无限连带责任的基金份额持有人和其他基金份额持有人的转换程序。

第九十四条　非公开募集基金募集完毕，基金管理人应当向基金行业协会备案。对募集的资金总额或者基金份额持有人的人数达到规定标准的基金，基金行业协会应当向国务院证券监督管理机构报告。

非公开募集基金财产的证券投资，包括买卖公开发行的股份有限公司股票、债券、基金份额，以及国务院证券监督管理机构规定的其他证券及其衍生品种。

第九十五条　基金管理人、基金托管人应当按照基金合同的约定，向基金份额持有人提供基金信息。

第九十六条　专门从事非公开募集基金管理业务的基金管理人，其股东、高级管理人员、经营期限、管理的基金资产规模等符合规定条件的，经国务院证券监督管理机构核准，可以从事公开募集基金管理业务。

第十一章　基金服务机构

第九十七条　从事公开募集基金的销售、销售支付、份额登记、估值、投资顾问、评价、信息技术系统服务等基金服务业务的机构，应当按照国务院证券监督管理机构的规定进行注册或者备案。

第九十八条　基金销售机构应当向投资人充分揭示投资风险，并根据投资人的风险承担能力销售不同风险等级的基金产品。

第九十九条　基金销售支付机构应当按照规定办理基金销售结算资金的划付，确保基金销售结算资金安全、及时划付。

第一百条 基金销售结算资金、基金份额独立于基金销售机构、基金销售支付机构或者基金份额登记机构的自有财产。基金销售机构、基金销售支付机构或者基金份额登记机构破产或者清算时，基金销售结算资金、基金份额不属于其破产财产或者清算财产。非因投资人本身的债务或者法律规定的其他情形，不得查封、冻结、扣划或者强制执行基金销售结算资金、基金份额。

基金销售机构、基金销售支付机构、基金份额登记机构应当确保基金销售结算资金、基金份额的安全、独立，禁止任何单位或者个人以任何形式挪用基金销售结算资金、基金份额。

第一百零一条 基金管理人可以委托基金服务机构代为办理基金的份额登记、核算、估值、投资顾问等事项，基金托管人可以委托基金服务机构代为办理基金的核算、估值、复核等事项，但基金管理人、基金托管人依法应当承担的责任不因委托而免除。

第一百零二条 基金份额登记机构以电子介质登记的数据，是基金份额持有人权利归属的根据。基金份额持有人以基金份额出质的，质权自基金份额登记机构办理出质登记时设立。

基金份额登记机构应当妥善保存登记数据，并将基金份额持有人名称、身份信息及基金份额明细等数据备份至国务院证券监督管理机构认定的机构。其保存期限自基金账户销户之日起不得少于二十年。

基金份额登记机构应当保证登记数据的真实、准确、完整，不得隐匿、伪造、篡改或者毁损。

第一百零三条 基金投资顾问机构及其从业人员提供基金投资顾问服务，应当具有合理的依据，对其服务能力和经营业绩进行如实陈述，不得以任何方式承诺或者保证投资收益，不得损害服务对象的合法权益。

第一百零四条 基金评价机构及其从业人员应当客观公正，按照依法制定的业务规则开展基金评价业务，禁止误导投资人，防范可能发生的利益冲突。

第一百零五条 基金管理人、基金托管人、基金服务机构的信息技术系统，应当符合规定的要求。国务院证券监督管理机构可以要求信息技术系统服务机构提供该信息技术系统的相关资料。

第一百零六条　律师事务所、会计师事务所接受基金管理人、基金托管人的委托，为有关基金业务活动出具法律意见书、审计报告、内部控制评价报告等文件，应当勤勉尽责，对所依据的文件资料内容的真实性、准确性、完整性进行核查和验证。其制作、出具的文件有虚假记载、误导性陈述或者重大遗漏，给他人财产造成损失的，应当与委托人承担连带赔偿责任。

第一百零七条　基金服务机构应当勤勉尽责、恪尽职守，建立应急等风险管理制度和灾难备份系统，不得泄露与基金份额持有人、基金投资运作相关的非公开信息。

第十二章　基金行业协会

第一百零八条　基金行业协会是证券投资基金行业的自律性组织，是社会团体法人。

基金管理人、基金托管人应当加入基金行业协会，基金服务机构可以加入基金行业协会。

第一百零九条　基金行业协会的权力机构为全体会员组成的会员大会。

基金行业协会设理事会。理事会成员依章程的规定由选举产生。

第一百一十条　基金行业协会章程由会员大会制定，并报国务院证券监督管理机构备案。

第一百一十一条　基金行业协会履行下列职责：

（一）教育和组织会员遵守有关证券投资的法律、行政法规，维护投资人合法权益；

（二）依法维护会员的合法权益，反映会员的建议和要求；

（三）制定和实施行业自律规则，监督、检查会员及其从业人员的执业行为，对违反自律规则和协会章程的，按照规定给予纪律处分；

（四）制定行业执业标准和业务规范，组织基金从业人员的从业考试、资质管理和业务培训；

（五）提供会员服务，组织行业交流，推动行业创新，开展行业宣传和投资人教育活动；

（六）对会员之间、会员与客户之间发生的基金业务纠纷进行调解；

（七）依法办理非公开募集基金的登记、备案；

（八）协会章程规定的其他职责。

第十三章 监督管理

第一百一十二条 国务院证券监督管理机构依法履行下列职责：

（一）制定有关证券投资基金活动监督管理的规章、规则，并行使审批、核准或者注册权；

（二）办理基金备案；

（三）对基金管理人、基金托管人及其他机构从事证券投资基金活动进行监督管理，对违法行为进行查处，并予以公告；

（四）制定基金从业人员的资格标准和行为准则，并监督实施；

（五）监督检查基金信息的披露情况；

（六）指导和监督基金行业协会的活动；

（七）法律、行政法规规定的其他职责。

第一百一十三条 国务院证券监督管理机构依法履行职责，有权采取下列措施：

（一）对基金管理人、基金托管人、基金服务机构进行现场检查，并要求其报送有关的业务资料；

（二）进入涉嫌违法行为发生场所调查取证；

（三）询问当事人和与被调查事件有关的单位和个人，要求其对与被调查事件有关的事项作出说明；

（四）查阅、复制与被调查事件有关的财产权登记、通讯记录等资料；

（五）查阅、复制当事人和与被调查事件有关的单位和个人的证券交易记录、登记过户记录、财务会计资料及其他相关文件和资料；对可能被转移、隐匿或者毁损的文件和资料，可以予以封存；

（六）查询当事人和与被调查事件有关的单位和个人的资金账户、证券账户和银行账户；对有证据证明已经或者可能转移或者隐匿违法资金、证券等涉案财产或者隐匿、伪造、毁损重要证据的，经国务院证券监督管理机构主要负责人批准，可以冻结或者查封；

（七）在调查操纵证券市场、内幕交易等重大证券违法行为时，经国务院证券监督管理机构主要负责人批准，可以限制被调查事件当事人的证券买卖，但限制的期限不得超过十五个交易日；案情复杂的，可以延长十五个交易日。

第一百一十四条 国务院证券监督管理机构工作人员依法履行职责,进行调查或者检查时,不得少于二人,并应当出示合法证件;对调查或者检查中知悉的商业秘密负有保密的义务。

第一百一十五条 国务院证券监督管理机构工作人员应当忠于职守,依法办事,公正廉洁,接受监督,不得利用职务牟取私利。

第一百一十六条 国务院证券监督管理机构依法履行职责时,被调查、检查的单位和个人应当配合,如实提供有关文件和资料,不得拒绝、阻碍和隐瞒。

第一百一十七条 国务院证券监督管理机构依法履行职责,发现违法行为涉嫌犯罪的,应当将案件移送司法机关处理。

第一百一十八条 国务院证券监督管理机构工作人员在任职期间,或者离职后在《中华人民共和国公务员法》规定的期限内,不得在被监管的机构中担任职务。

第十四章 法律责任

第一百一十九条 违反本法规定,未经批准擅自设立基金管理公司或者未经核准从事公开募集基金管理业务的,由证券监督管理机构予以取缔或者责令改正,没收违法所得,并处违法所得一倍以上五倍以下罚款;没有违法所得或者违法所得不足一百万元的,并处十万元以上一百万元以下罚款。对直接负责的主管人员和其他直接责任人员给予警告,并处三万元以上三十万元以下罚款。

基金管理公司违反本法规定,擅自变更持有百分之五以上股权的股东、实际控制人或者其他重大事项的,责令改正,没收违法所得,并处违法所得一倍以上五倍以下罚款;没有违法所得或者违法所得不足五十万元的,并处五万元以上五十万元以下罚款。对直接负责的主管人员给予警告,并处三万元以上十万元以下罚款。

第一百二十条 基金管理人的董事、监事、高级管理人员和其他从业人员,基金托管人的专门基金托管部门的高级管理人员和其他从业人员,未按照本法第十七条第一款规定申报的,责令改正,处三万元以上十万元以下罚款。

基金管理人、基金托管人违反本法第十七条第二款规定的,责令改正,处十万元以上一百万元以下罚款;对直接负责的主管人员和其他直接责任人员给予警告,暂停或者撤销基金从业资格,并处三万元以上三十万元以下罚款。

第一百二十一条 基金管理人的董事、监事、高级管理人员和其他从业人员，基金托管人的专门基金托管部门的高级管理人员和其他从业人员违反本法第十八条规定的，责令改正，没收违法所得，并处违法所得一倍以上五倍以下罚款；没有违法所得或者违法所得不足一百万元的，并处十万元以上一百万元以下罚款；情节严重的，撤销基金从业资格。

第一百二十二条 基金管理人、基金托管人违反本法规定，未对基金财产实行分别管理或者分账保管，责令改正，处五万元以上五十万元以下罚款；对直接负责的主管人员和其他直接责任人员给予警告，暂停或者撤销基金从业资格，并处三万元以上三十万元以下罚款。

第一百二十三条 基金管理人、基金托管人及其董事、监事、高级管理人员和其他从业人员有本法第二十条所列行为之一的，责令改正，没收违法所得，并处违法所得一倍以上五倍以下罚款；没有违法所得或者违法所得不足一百万元的，并处十万元以上一百万元以下罚款；基金管理人、基金托管人有上述行为的，还应当对其直接负责的主管人员和其他直接责任人员给予警告，暂停或者撤销基金从业资格，并处三万元以上三十万元以下罚款。

基金管理人、基金托管人及其董事、监事、高级管理人员和其他从业人员侵占、挪用基金财产而取得的财产和收益，归入基金财产。但是，法律、行政法规另有规定的，依照其规定。

第一百二十四条 基金管理人的股东、实际控制人违反本法第二十三条规定的，责令改正，没收违法所得，并处违法所得一倍以上五倍以下罚款；没有违法所得或者违法所得不足一百万元的，并处十万元以上一百万元以下罚款；对直接负责的主管人员和其他直接责任人员给予警告，暂停或者撤销基金或证券从业资格，并处三万元以上三十万元以下罚款。

第一百二十五条 未经核准，擅自从事基金托管业务的，责令停止，没收违法所得，并处违法所得一倍以上五倍以下罚款；没有违法所得或者违法所得不足一百万元的，并处十万元以上一百万元以下罚款；对直接负责的主管人员和其他直接责任人员给予警告，并处三万元以上三十万元以下罚款。

第一百二十六条 基金管理人、基金托管人违反本法规定，相互出资或者持有股份的，责令改正，可以处十万元以下罚款。

第一百二十七条　违反本法规定，擅自公开或者变相公开募集基金的，责令停止，返还所募资金和加计的银行同期存款利息，没收违法所得，并处所募资金金额百分之一以上百分之五以下罚款。对直接负责的主管人员和其他直接责任人员给予警告，并处五万元以上五十万元以下罚款。

第一百二十八条　违反本法第五十九条规定，动用募集的资金的，责令返还，没收违法所得，并处违法所得一倍以上五倍以下罚款；没有违法所得或者违法所得不足五十万元的，并处五万元以上五十万元以下罚款；对直接负责的主管人员和其他直接责任人员给予警告，并处三万元以上三十万元以下罚款。

第一百二十九条　基金管理人、基金托管人有本法第七十三条第一款第一项至第五项和第七项所列行为之一，或者违反本法第七十三条第二款规定的，责令改正，处十万元以上一百万元以下罚款；对直接负责的主管人员和其他直接责任人员给予警告，暂停或者撤销基金从业资格，并处三万元以上三十万元以下罚款。

基金管理人、基金托管人有前款行为，运用基金财产而取得的财产和收益，归入基金财产。但是，法律、行政法规另有规定的，依照其规定。

第一百三十条　基金管理人、基金托管人有本法第七十三条第一款第六项规定行为的，除依照《中华人民共和国证券法》的有关规定处罚外，对直接负责的主管人员和其他直接责任人员暂停或者撤销基金从业资格。

第一百三十一条　基金信息披露义务人不依法披露基金信息或者披露的信息有虚假记载、误导性陈述或者重大遗漏的，责令改正，没收违法所得，并处十万元以上一百万元以下罚款；对直接负责的主管人员和其他直接责任人员给予警告，暂停或者撤销基金从业资格，并处三万元以上三十万元以下罚款。

第一百三十二条　基金管理人或者基金托管人不按照规定召集基金份额持有人大会的，责令改正，可以处五万元以下罚款；对直接负责的主管人员和其他直接责任人员给予警告，暂停或者撤销基金从业资格。

第一百三十三条　违反本法规定，未经登记，使用“基金”或者“基金管理”字样或者近似名称进行证券投资活动的，没收违法所得，并处违法所得一倍以上五倍以下罚款；没有违法所得或者违法所得不足一百万元的，并处十万元以上一百万元以下罚款。对直接负责的主管人员和其他直接责任人员给予警告，并处三万元以上三十万元以下罚款。

第一百三十四条 违反本法规定，非公开募集基金募集完毕，基金管理人未备案的，处十万元以上三十万元以下罚款。对直接负责的主管人员和其他直接责任人员给予警告，并处三万元以上十万元以下罚款。

第一百三十五条 违反本法规定，向合格投资者之外的单位或者个人非公开募集资金或者转让基金份额的，没收违法所得，并处违法所得一倍以上五倍以下罚款；没有违法所得或者违法所得不足一百万元的，并处十万元以上一百万元以下罚款。对直接负责的主管人员和其他直接责任人员给予警告，并处三万元以上三十万元以下罚款。

相关规范性文件条文

《国务院办公厅转发证监会关于开展创新企业境内发行股票或存托凭证试点若干意见的通知》（国办发〔2018〕21号）

试点企业可根据相关规定和自身实际，选择申请发行股票或存托凭证上市。允许试点红筹企业按程序在境内资本市场发行存托凭证上市；具备股票发行上市条件的试点红筹企业可申请在境内发行股票上市；境内注册的试点企业可申请在境内发行股票上市。本意见所称存托凭证，是指由存托人签发、以境外证券为基础在中国境内发行、代表境外基础证券权益的证券。

试点企业在境内发行的股票或存托凭证均应在境内证券交易所上市交易，并在中国证券登记结算有限责任公司集中登记存管、结算。试点企业募集的资金可以人民币形式或购汇汇出境外，也可留存境内使用。试点企业募集资金的使用、存托凭证分红派息等应符合我国外资、外汇管理等相关规定。

证监会根据证券法等法律法规规定，依照现行股票发行核准程序，核准试点红筹企业在境内公开发行股票；原则上依照股票发行核准程序，由发行审核委员会依法审核试点红筹企业存托凭证发行申请。

试点企业在境内的股票或存托凭证相关发行、上市和交易等行为，均纳入现行证券法规范范围。证监会依据证券法和本意见及相关规定实施监管，并与试点红筹企业上市地等相关国家或地区证券监督管理机构建立监管合作机制，实施跨境监管。

《地方政府一般债券发行管理暂行办法》(财库〔2015〕64号,2015年3月12日起实施)对地方政府一般债券发行做了规定:

第二条 地方政府一般债券(以下简称一般债券)是指省、自治区、直辖市政府(含经省级政府批准自办债券发行的计划单列市政府)为没有收益的公益性项目发行的、约定一定期限内主要以一般公共预算收入还本付息的政府债券。

一般债券采用记账式固定利率附息形式。

第三条 省、自治区、直辖市依照国务院下达的限额举借的债务,列入本级预算调整方案,报本级人民代表大会常务委员会批准。债券资金收支列入一般公共预算管理。

第四条 一般债券期限为1年、3年、5年、7年和10年,由各地根据资金需求和债券市场状况等因素合理确定,但单一期限债券的发行规模不得超过一般债券当年发行规模的30%。

第五条 一般债券由各地按照市场化原则自发自还,遵循公开、公平、公正的原则,发行和偿还主体为地方政府。

第六条 各地按照有关规定开展一般债券信用评级,择优选择信用评级机构,与信用评级机构签署信用评级协议,明确双方权利和义务。

第七条 信用评级机构按照独立、客观、公正的原则开展信用评级工作,遵守信用评级规定与业务规范,及时发布信用评级报告。

第八条 各地应及时披露一般债券基本信息、财政经济运行及债务情况等。

第十条 各地组建一般债券承销团,承销团成员应当是在中国境内依法成立的金融机构,具有债券承销业务资格,资本充足率、偿付能力或者净资本状况等指标达到监管标准。

第十三条 一般债券发行利率采用承销、招标等方式确定。采用承销或招标方式的,发行利率在承销或招标日前1至5个工作日相同待偿期记账式国债的平均收益率之上确定。

承销是指地方政府与主承销商商定债券承销利率(或利率区间),要求各承销商(包括主承销商)在规定时间报送债券承销额(或承销利率及承销额),按市场化原则确定债券发行利率及各承销商债券承销额的发债机制。

招标是指地方政府通过财政部国债发行招投标系统或其他电子招

标系统，要求各承销商在规定时间报送债券投标额及投标利率，按利率从低到高原则确定债券发行利率及各承销商债券中标额的发债机制。

第十七条 各地应当在一般债券发行定价结束后，通过中国债券信息网和本地区门户网站等媒体，及时公布债券发行结果。

第十八条 一般债券应当在中央国债登记结算有限责任公司办理总登记托管，在国家规定的证券登记结算机构办理分登记托管。一般债券发行结束后，符合条件的应按有关规定及时在全国银行间债券市场、证券交易所债券市场等上市交易。

第二十条 各地应切实履行偿债责任，及时支付债券本息、发行费等资金，维护政府信誉。

第二十一条 登记结算机构、承销机构、信用评级机构等专业机构和人员应当勤勉尽责，严格遵守职业规范和相关规则。对弄虚作假、存在违法违规行为的，列入负面名单并向社会公示。涉嫌犯罪的，移送司法机关处理。

第二十三条 各地应将本地区一般债券发行安排、信用评级、信息披露、承销团组建、发行兑付等有关规定及时报财政部备案。一般债券发行兑付过程中出现重大事项及时向财政部报告。一般债券每次发行工作完成后，应在15个工作日内将债券发行情况向财政部及财政部驻当地财政监察专员办事处报告；全年发行工作完成后，应在20个工作日内将年度发行情况向财政部及财政部驻当地财政监察专员办事处报告。

第三条 【三公原则】证券的发行、交易活动，必须实行公开、公平、公正的原则。

相关行政法规条文

《期货交易管理条例》

第三条 从事期货交易活动，应当遵循公开、公平、公正和诚实信用的原则。禁止欺诈、内幕交易和操纵期货交易价格等违法行为。

相关行政规章条文

《证券期货投资者适当性管理办法》（中国证券监督管理委员会令第130号，自2017年7月1日起施行）

第一条 为了规范证券期货投资者适当性管理，维护投资者合法权益,根据《证券法》《证券投资基金法》《证券公司监督管理条例》《期货交易管理条例》及其他相关法律、行政法规,制定本办法。

第二条 向投资者销售公开或者非公开发行的证券、公开或者非公开募集的证券投资基金和股权投资基金(包括创业投资基金,以下简称基金)、公开或者非公开转让的期货及其他衍生产品,或者为投资者提供相关业务服务的,适用本办法。

第三条 向投资者销售证券期货产品或者提供证券期货服务的机构(以下简称经营机构)应当遵守法律、行政法规、本办法及其他有关规定,在销售产品或者提供服务的过程中,勤勉尽责,审慎履职,全面了解投资者情况,深入调查分析产品或者服务信息,科学有效评估,充分揭示风险,基于投资者的不同风险承受能力以及产品或者服务的不同风险等级等因素,提出明确的适当性匹配意见,将适当的产品或者服务销售或者提供给适合的投资者,并对违法违规行为承担法律责任。

第四条 投资者应当在了解产品或者服务情况,听取经营机构适当性意见的基础上,根据自身能力审慎决策,独立承担投资风险。

经营机构的适当性匹配意见不表明其对产品或者服务的风险和收益做出实质性判断或者保证。

第五条 中国证券监督管理委员会(以下简称中国证监会)及其派出机构依照法律、行政法规、本办法及其他相关规定,对经营机构履行适当性义务进行监督管理。

证券期货交易场所、登记结算机构及中国证券业协会、中国期货业协会、中国证券投资基金业协会(以下统称行业协会)等自律组织对经营机构履行适当性义务进行自律管理。

第六条 经营机构向投资者销售产品或者提供服务时,应当了解投资者的下列信息:

(一)自然人的姓名、住址、职业、年龄、联系方式,法人或者其他组织的名称、注册地址、办公地址、性质、资质及经营范围等基本信息;

(二)收入来源和数额、资产、债务等财务状况;

(三)投资相关的学习、工作经历及投资经验;

(四)投资期限、品种、期望收益等投资目标;

(五)风险偏好及可承受的损失;

(六)诚信记录;

(七)实际控制投资者的自然人和交易的实际受益人;

（八）法律法规、自律规则规定的投资者准入要求相关信息；

（九）其他必要信息。

第七条 投资者分为普通投资者与专业投资者。普通投资者在信息告知、风险警示、适当性匹配等方面享有特别保护。

第八条 符合下列条件之一的是专业投资者：

（一）经有关金融监管部门批准设立的金融机构，包括证券公司、期货公司、基金管理公司及其子公司、商业银行、保险公司、信托公司、财务公司等；经行业协会备案或者登记的证券公司子公司、期货公司子公司、私募基金管理人。

（二）上述机构面向投资者发行的理财产品，包括但不限于证券公司资产管理产品、基金管理公司及其子公司产品、期货公司资产管理产品、银行理财产品、保险产品、信托产品、经行业协会备案的私募基金。

（三）社会保障基金、企业年金等养老基金，慈善基金等社会公益基金，合格境外机构投资者（QFII）、人民币合格境外机构投资者（RQFII）。

（四）同时符合下列条件的法人或者其他组织：

1. 最近1年末净资产不低于2000万元；

2. 最近1年末金融资产不低于1000万元；

3. 具有2年以上证券、基金、期货、黄金、外汇等投资经历。

（五）同时符合下列条件的自然人：

1. 金融资产不低于500万元，或者最近3年个人年均收入不低于50万元；

2. 具有2年以上证券、基金、期货、黄金、外汇等投资经历，或者具有2年以上金融产品设计、投资、风险管理及相关工作经历，或者属于本条第（一）项规定的专业投资者的高级管理人员、获得职业资格认证的从事金融相关业务的注册会计师和律师。

前款所称金融资产，是指银行存款、股票、债券、基金份额、资产管理计划、银行理财产品、信托计划、保险产品、期货及其他衍生产品等。

第九条 经营机构可以根据专业投资者的业务资格、投资实力、投资经历等因素，对专业投资者进行细化分类和管理。

第十条 专业投资者之外的投资者为普通投资者。

经营机构应当按照有效维护投资者合法权益的要求，综合考虑收入来源、资产状况、债务、投资知识和经验、风险偏好、诚信状况等因素，确定普通投资者的风险承受能力，对其进行细化分类和管理。

第十一条　普通投资者和专业投资者在一定条件下可以互相转化。

符合本办法第八条第(四)、(五)项规定的专业投资者，可以书面告知经营机构选择成为普通投资者，经营机构应当对其履行相应的适当性义务。

符合下列条件之一的普通投资者可以申请转化成为专业投资者，但经营机构有权自主决定是否同意其转化：

(一)最近1年末净资产不低于1000万元，最近1年末金融资产不低于500万元，且具有1年以上证券、基金、期货、黄金、外汇等投资经历的除专业投资者外的法人或其他组织；

(二)金融资产不低于300万元或者最近3年个人年均收入不低于30万元，且具有1年以上证券、基金、期货、黄金、外汇等投资经历或者1年以上金融产品设计、投资、风险管理及相关工作经历的自然人投资者。

第十二条　普通投资者申请成为专业投资者应当以书面形式向经营机构提出申请并确认自主承担可能产生的风险和后果，提供相关证明材料。

经营机构应当通过追加了解信息、投资知识测试或者模拟交易等方式对投资者进行谨慎评估，确认其符合前条要求，说明对不同类别投资者履行适当性义务的差别，警示可能承担的投资风险，告知申请的审查结果及其理由。

第十三条　经营机构应当告知投资者，其根据本办法第六条规定所提供的信息发生重要变化、可能影响分类的，应及时告知经营机构。经营机构应当建立投资者评估数据库并及时更新，充分使用已了解信息和已有评估结果，避免重复采集，提高评估效率。

第十四条　中国证监会、自律组织在针对特定市场、产品或者服务制定规则时，可以考虑风险性、复杂性以及投资者的认知难度等因素，从资产规模、收入水平、风险识别能力和风险承担能力、投资认购最低金额等方面，规定投资者准入要求。投资者准入要求包含资产指标的，应当规定投资者在购买产品或者接受服务前一定时期内符合该指标。

现有市场、产品或者服务规定投资者准入要求的，应当符合前款规定。

第十五条 经营机构应当了解所销售产品或者所提供服务的信息，根据风险特征和程度，对销售的产品或者提供的服务划分风险等级。

第十六条 划分产品或者服务风险等级时应当综合考虑以下因素：

（一）流动性；

（二）到期时限；

（三）杠杆情况；

（四）结构复杂性；

（五）投资单位产品或者相关服务的最低金额；

（六）投资方向和投资范围；

（七）募集方式；

（八）发行人等相关主体的信用状况；

（九）同类产品或者服务过往业绩；

（十）其他因素。

涉及投资组合的产品或者服务，应当按照产品或者服务整体风险等级进行评估。

第十七条 产品或者服务存在下列因素的，应当审慎评估其风险等级：

（一）存在本金损失的可能性，因杠杆交易等因素容易导致本金大部分或者全部损失的产品或者服务；

（二）产品或者服务的流动变现能力，因无公开交易市场、参与投资者少等因素导致难以在短期内以合理价格顺利变现的产品或者服务；

（三）产品或者服务的可理解性，因结构复杂、不易估值等因素导致普通人难以理解其条款和特征的产品或者服务；

（四）产品或者服务的募集方式，涉及面广、影响力大的公募产品或者相关服务；

（五）产品或者服务的跨境因素，存在市场差异、适用境外法律等情形的跨境发行或者交易的产品或者服务；

（六）自律组织认定的高风险产品或者服务；

（七）其他有可能构成投资风险的因素。

第十八条 经营机构应当根据产品或者服务的不同风险等级，对其适合销售产品或者提供服务的投资者类型作出判断，根据投资者的不同分类，对其适合购买的产品或者接受的服务作出判断。

第十九条 经营机构告知投资者不适合购买相关产品或者接受相关服务后，投资者主动要求购买风险等级高于其风险承受能力的产品或者接受相关服务的，经营机构在确认其不属于风险承受能力最低类别的投资者后，应当就产品或者服务风险高于其承受能力进行特别的书面风险警示，投资者仍坚持购买的，可以向其销售相关产品或者提供相关服务。

第二十条 经营机构向普通投资者销售高风险产品或者提供相关服务，应当履行特别的注意义务，包括制定专门的工作程序，追加了解相关信息，告知特别的风险点，给予普通投资者更多的考虑时间，或者增加回访频次等。

第二十一条 经营机构应当根据投资者和产品或者服务的信息变化情况，主动调整投资者分类、产品或者服务分级以及适当性匹配意见，并告知投资者上述情况。

第二十二条 禁止经营机构进行下列销售产品或者提供服务的活动：

（一）向不符合准入要求的投资者销售产品或者提供服务；

（二）向投资者就不确定事项提供确定性的判断，或者告知投资者有可能使其误认为具有确定性的意见；

（三）向普通投资者主动推介风险等级高于其风险承受能力的产品或者服务；

（四）向普通投资者主动推介不符合其投资目标的产品或者服务；

（五）向风险承受能力最低类别的投资者销售或者提供风险等级高于其风险承受能力的产品或者服务；

（六）其他违背适当性要求，损害投资者合法权益的行为。

第二十三条 经营机构向普通投资者销售产品或者提供服务前，应当告知下列信息：

（一）可能直接导致本金亏损的事项；

（二）可能直接导致超过原始本金损失的事项；

（三）因经营机构的业务或者财产状况变化，可能导致本金或者原始本金亏损的事项；

（四）因经营机构的业务或者财产状况变化，影响客户判断的重要事由；

（五）限制销售对象权利行使期限或者可解除合同期限等全部限制内容；

（六）本办法第二十九条规定的适当性匹配意见。

第二十四条 经营机构对投资者进行告知、警示，内容应当真实、准确、完整，不存在虚假记载、误导性陈述或者重大遗漏，语言应当通俗易懂；告知、警示应当采用书面形式送达投资者，并由其确认已充分理解和接受。

第二十五条 经营机构通过营业网点向普通投资者进行本办法第十二条、第二十条、第二十一条和第二十三条规定的告知、警示，应当全过程录音或者录像；通过互联网等非现场方式进行的，经营机构应当完善配套留痕安排，由普通投资者通过符合法律、行政法规要求的电子方式进行确认。

第二十六条 经营机构委托其他机构销售本机构发行的产品或者提供服务，应当审慎选择受托方，确认受托方具备代销相关产品或者提供服务的资格和落实相应适当性义务要求的能力，应当制定并告知代销方所委托产品或者提供服务的适当性管理标准和要求，代销方应当严格执行，但法律、行政法规、中国证监会其他规章另有规定的除外。

第二十七条 经营机构代销其他机构发行的产品或者提供相关服务，应当在合同中约定要求委托方提供的信息，包括本办法第十六条、第十七条规定的产品或者服务分级考虑因素等，自行对该信息进行调查核实，并履行投资者评估、适当性匹配等适当性义务。委托方不提供规定的信息、提供信息不完整的，经营机构应当拒绝代销产品或者提供服务。

第二十八条 对在委托销售中违反适当性义务的行为，委托销售机构和受托销售机构应当依法承担相应法律责任，并在委托销售合同中予以明确。

第二十九条 经营机构应当制定适当性内部管理制度，明确投资者分类、产品或者服务分级、适当性匹配的具体依据、方法、流程等，严格按照内部管理制度进行分类、分级，定期汇总分类、分级结果，并对每名投资者提出匹配意见。

经营机构应当制定并严格落实与适当性内部管理有关的限制不匹配销售行为、客户回访检查、评估与销售隔离等风控制度，以及培训考核、执业规范、监督问责等制度机制，不得采取鼓励不适当销售的考核激励措施，确保从业人员切实履行适当性义务。

第三十条 经营机构应当每半年开展一次适当性自查，形成自查报告。发现违反本办法规定的问题，应当及时处理并主动报告住所地中国证监会派出机构。

第三十一条 鼓励经营机构将投资者分类政策、产品或者服务分级政策、自查报告在公司网站或者指定网站进行披露。

第三十二条 经营机构应当按照相关规定妥善保存其履行适当性义务的相关信息资料，防止泄露或者被不当利用，接受中国证监会及其派出机构和自律组织的检查。对匹配方案、告知警示资料、录音录像资料、自查报告等的保存期限不得少于20年。

第三十三条 投资者购买产品或者接受服务，按规定需要提供信息的，所提供的信息应当真实、准确、完整。投资者根据本办法第六条规定所提供的信息发生重要变化、可能影响其分类的，应当及时告知经营机构。

投资者不按照规定提供相关信息，提供信息不真实、不准确、不完整的，应当依法承担相应法律责任，经营机构应当告知其后果，并拒绝向其销售产品或者提供服务。

第三十四条 经营机构应当妥善处理适当性相关的纠纷，与投资者协商解决争议，采取必要措施支持和配合投资者提出的调解。经营机构履行适当性义务存在过错并造成投资者损失的，应当依法承担相应法律责任。

经营机构与普通投资者发生纠纷的，经营机构应当提供相关资料，证明其已向投资者履行相应义务。

第三十五条 中国证监会及其派出机构在监管中应当审核或者关注产品或者服务的适当性安排，对适当性制度落实情况进行检查，督促经营机构严格落实适当性义务，强化适当性管理。

第三十六条 证券期货交易场所应当制定完善本市场相关产品或者服务的适当性管理自律规则。

行业协会应当制定完善会员落实适当性管理要求的自律规则，制定并定期更新本行业的产品或者服务风险等级名录以及本办法第十九条、第二十二条规定的风险承受能力最低的投资者类别，供经营机构参考。经营机构评估相关产品或者服务的风险等级不得低于名录规定的风险等级。

证券期货交易场所、行业协会应当督促、引导会员履行适当性义务，对备案产品或者相关服务应当重点关注高风险产品或者服务的适当性安排。

第三十七条 经营机构违反本办法规定的，中国证监会及其派出机构可以对经营机构及其直接负责的主管人员和其他直接责任人员，采取责令改正、监管谈话、出具警示函、责令参加培训等监督管理措施。

第三十八条 证券公司、期货公司违反本办法规定，存在较大风险或者风险隐患的，中国证监会及其派出机构可以按照《证券公司监督管理条例》第七十条、《期货交易管理条例》第五十五条的规定，采取监督管理措施。

第三十九条 违反本办法第六条、第十八条、第十九条、第二十条、第二十一条、第二十二条第（三）项至第（六）项、第二十三条、第二十四条、第三十三条规定的，按照《证券投资基金法》第一百三十七条、《证券公司监督管理条例》第八十四条、《期货交易管理条例》第六十七条予以处理。

第四十条 违反本办法第二十二条第（一）项至第（二）项、第二十六条、第二十七条规定的，按照《证券投资基金法》第一百三十五条、《证券公司监督管理条例》第八十三条、《期货交易管理条例》第六十六条予以处理。

第四十一条 经营机构有下列情形之一的，给予警告，并处以3万元以下罚款；对直接负责的主管人员和其他直接责任人员，给予警告，并处以3万元以下罚款：

（一）违反本办法第十条，未按规定对普通投资者进行细化分类和管理的；

（二）违反本办法第十一条、第十二条，未按规定进行投资者类别转化的；

（三）违反本办法第十三条，未建立或者更新投资者评估数据库的；

（四）违反本办法第十五条，未按规定了解所销售产品或者所提供服务信息或者履行分级义务的；

（五）违反本办法第十六条、第十七条，未按规定划分产品或者服务风险等级的；

（六）违反本办法第二十五条，未按规定录音录像或者采取配套留痕安排的；

（七）违反本办法第二十九条，未按规定制定或者落实适当性内部管理制度和相关制度机制的；

（八）违反本办法第三十条，未按规定开展适当性自查的；

（九）违反本办法第三十二条，未按规定妥善保存相关信息资料的；

（十）违反本办法第六条、第十八条至第二十四条、第二十六条、第二十七条、第三十三条规定，未构成《证券投资基金法》第一百三十五条、第一百三十七条，《证券公司监督管理条例》第八十三条、第八十四条，《期货交易管理条例》第六十六条、第六十七条规定情形的。

第四十二条 经营机构从业人员违反相关法律法规和本办法规定，情节严重的，中国证监会可以依法采取市场禁入的措施。

第四十三条 本办法自2017年7月1日起施行。

相关裁判摘要

2010年第3期《中华人民共和国最高人民法院公报》刊登的**“申银万国证券股份有限公司诉上海国宏置业有限公司财产权属纠纷案”**的判决认为，根据《证券法》公开、公平、公正的交易原则以及上市公司信息公开的有关规定，对上市公司信息披露的要求，关系到社会公众对上市公司的信赖以及证券市场的交易安全和秩序。相关裁判摘要如下：

上诉人申银万国与一审被告国宏公司之间所存在的应是股权转让关系，申银万国关于其与国宏公司实际是股权代持关系的主张，证据不足，不予采信。系争股权转让协议真实合法，应属有效，系争法人股已依法变更至国宏公司名下，则不能归属申银万国所有。国宏公司没有依约履行支付股权对价的义务，申银万国可向其主张要求支付股权转让对价的债权。

即使按上诉人申银万国所称其与一审被告国宏公司存在实际的代持股权关系，申银万国要求确认系争法人股归其所有的主张，依法亦不能予以支持。因为，申银万国与国宏公司签订股权转让协议后已在中登公司办理了股权转让的变更登记手续，故系争股权已移转于受让人国宏公司名下，即股权变动已发生法律效力。根据我国《公司法》和《证券法》的相关规定，公司股权转让应办理变更登记手续，以取得对外的公示效力，否则不得对抗第三人。该规定遵循的是商法的外观主义原则，立法目的在于维护商事交易安全。该种对抗性登记所具有的公示力对第三人而言，第三人有权信赖登记事项的真实性。同时，根据《证券法》公开、公平、公正的交易原则以及上市公司信息公开的有关规定,对上市公司信息披露的要求,关系到社会公众对上市公司的信赖以及证券市场的交易安全和秩序。因此,上海九百作为上市公司,其股东持有股权和变动的情况必须以具有公示效力的登记为据。申银万国称其为了规避证监会有关规定而通过关联企业国宏公司隐名持有股权,并要求确认已登记在国宏公司名下的股权实际为其所有,显然不符合上述相关法律规定,也有违《公司法》所规定的诚实信用原则。现国宏公司被法院执行的债务达亿元之多,而其名下系争股权市值仅3000余万元,远不足以支付对外债务。故国宏公司的债权人基于中登公司登记而申请法院查封执行国宏公司名下系争股权的信赖利益,应依法予以保护。因此,即使如申银万国所称有实际的代持股权关系存在,系争股权也不能归申银万国所有。

第四条 【平等、自愿、有偿、诚实信用原则】证券发行、交易活动的当事人具有平等的法律地位,应当遵守自愿、有偿、诚实信用的原则。

相关行政规章条文

《证券期货市场诚信监督管理办法》(中国证券监督管理委员会令第139号,自2018年7月1日起施行)

第一章 总 则

第一条 为了加强证券期货市场诚信建设,保护投资者合法权益,维护证券期货市场秩序,促进证券期货市场健康稳定发展,根据有关法律、行政法规,制定本办法。

第二条 中国证券监督管理委员会(以下简称中国证监会)建立全国统一的证券期货市场诚信档案数据库(以下简称诚信档案),记录证券期货市场诚信信息。

第三条 记入诚信档案的诚信信息的界定、采集与管理,诚信信息的公开、查询,诚信约束、激励与引导等,适用本办法。

第四条 公民(自然人)、法人或者其他组织从事证券期货市场活动,应当诚实信用,遵守法律、行政法规、规章和依法制定的自律规则,禁止欺诈、内幕交易、操纵市场以及其他损害投资者合法权益的不诚实信用行为。

第五条 中国证监会鼓励、支持诚实信用的公民、法人或者其他组织从事证券期货市场活动，实施诚信约束、激励与引导。

第六条 中国证监会可以和国务院其他部门、地方人民政府、国家司法机关、行业组织、境外证券期货监管机构建立诚信监管合作机制，实施诚信信息共享，推动健全社会信用体系。

第二章 诚信信息的采集和管理

第七条 下列从事证券期货市场活动的公民、法人或者其他组织的诚信信息，记入诚信档案：

（一）证券业从业人员、期货从业人员和基金从业人员；

（二）证券期货市场投资者、交易者；

（三）证券发行人、上市公司、全国中小企业股份转让系统挂牌公司、区域性股权市场挂牌转让证券的企业及其董事、监事、高级管理人员、主要股东、实际控制人；

（四）区域性股权市场的运营机构及其董事、监事和高级管理人员，为区域性股权市场办理账户开立、资金存放、登记结算等业务的机构；

（五）证券公司、期货公司、基金管理人、债券受托管理人、债券发行担保人及其董事、监事、高级管理人员、主要股东和实际控制人或者执行事务合伙人，合格境外机构投资者、合格境内机构投资者及其主要投资管理人员，境外证券类机构驻华代表机构及其总代表、首席代表；

（六）会计师事务所、律师事务所、保荐机构、财务顾问机构、资产评估机构、投资咨询机构、信用评级机构、基金服务机构、期货合约交割仓库以及期货合约标的物质量检验检疫机构等证券期货服务机构及其相关从业人员；

（七）为证券期货业务提供存管、托管业务的商业银行或者其他金融机构，及其存管、托管部门的高级管理人员；

（八）为证券期货业提供信息技术服务或者软硬件产品的供应商；

（九）为发行人、上市公司、全国中小企业股份转让系统挂牌公司提供投资者关系管理及其他公关服务的服务机构及其人员；

（十）证券期货传播媒介机构、人员；

（十一）以不正当手段干扰中国证监会及其派出机构监管执法工作的人员；

（十二）其他有与证券期货市场活动相关的违法失信行为的公民、法人或者其他组织。

第八条 本办法所称诚信信息包括：

（一）公民的姓名、性别、国籍、身份证件号码，法人或者其他组织的名称、住所、统一社会信用代码等基本信息；

（二）中国证监会、国务院其他主管部门等其他省部级及以上单位和证券期货交易场所、证券期货市场行业协会、证券登记结算机构等全国性证券期货市场行业组织（以下简称证券期货市场行业组织）作出的表彰、奖励、评比，以及信用评级机构、诚信评估机构作出的信用评级、诚信评估；

（三）中国证监会及其派出机构作出的行政许可决定；

（四）发行人、上市公司、全国中小企业股份转让系统挂牌公司及其主要股东、实际控制人，董事、监事和高级管理人员，重大资产重组交易各方，及收购人所作的公开承诺的未履行或者未如期履行、正在履行、已如期履行等情况；

（五）中国证监会及其派出机构作出的行政处罚、市场禁入决定和采取的监督管理措施；

（六）证券期货市场行业组织实施的纪律处分措施和法律、行政法规、规章规定的管理措施；

（七）因涉嫌证券期货违法被中国证监会及其派出机构调查及采取强制措施；

（八）到期拒不执行中国证监会及其派出机构生效行政处罚决定及监督管理措施，因拒不配合中国证监会及其派出机构监督检查、调查被有关机关作出行政处罚或者处理决定，以及拒不履行已达成的证券期货纠纷调解协议；

（九）债券发行人未按期兑付本息等违约行为、担保人未按约定履行担保责任；

（十）因涉嫌证券期货犯罪被中国证监会及其派出机构移送公安机关、人民检察院处理；

（十一）以不正当手段干扰中国证监会及其派出机构监管执法工作，被予以行政处罚、纪律处分，或者因情节较轻，未受到处罚处理，但被纪律检查或者行政监察机构认定的信息；

（十二）因证券期货犯罪或者其他犯罪被人民法院判处刑罚；

（十三）因证券期货侵权、违约行为被人民法院判决承担较大民事赔偿责任；

（十四）因违法开展经营活动被银行、保险、财政、税收、环保、工商、海关等相关主管部门予以行政处罚；

（十五）因非法开设证券期货交易场所或者组织证券期货交易被地方政府行政处罚或者采取清理整顿措施；

（十六）因违法失信行为被证券公司、期货公司、基金管理人、证券期货服务机构以及证券期货市场行业组织开除；

（十七）融资融券、转融通、证券质押式回购、约定式购回、期货交易等信用交易中的违约失信信息；

（十八）违背诚实信用原则的其他行为信息。

第九条　诚信档案不得采集公民的宗教信仰、基因、指纹、血型、疾病和病史信息以及法律、行政法规规定禁止采集的其他信息。

第十条　本办法第八条第（二）项所列公民、法人或者其他组织所受表彰、奖励、评比和信用评级、诚信评估信息，由其自行向中国证监会及其派出机构申报，记入诚信档案。

公民、法人或者其他组织按规定向中国证监会及其派出机构申报前款规定以外的其他诚信信息，记入诚信档案。

公民、法人或者其他组织申报的诚信信息应当真实、准确、完整。

第十一条　本办法第八条第（一）项、第（三）项至第（十一）项诚信信息，由中国证监会及其派出机构、证券期货市场行业组织依其职责采集并记入诚信档案；第（十六）项、第（十七）项诚信信息，由相关证券期货市场行业组织、证券期货经营机构采集并记入诚信档案；其他诚信信息由中国证监会及其派出机构通过政府信息公开、信用信息共享等途径采集并记入诚信档案。

第十二条　记入诚信档案的诚信信息所对应的决定或者行为经法定程序撤销、变更的，中国证监会及其派出机构相应删除、修改该诚信信息。

第十三条　本办法第八条规定的违法失信信息，在诚信档案中的效力期限为3年，但因证券期货违法行为被行政处罚、市场禁入、刑事处罚和判决承担较大侵权、违约民事赔偿责任的信息，其效力期限为5年。

法律、行政法规或者中国证监会规章对违法失信信息的效力期限另有规定的，国务院其他主管部门对其产生的违法失信信息的效力期限另有规定的，从其规定。

前款所规定的效力期限,自对违法失信行为的处理决定执行完毕之日起算。

超过效力期限的违法失信信息,不再进行诚信信息公开,并不再接受诚信信息申请查询,公民、法人或者其他组织根据本办法第十七条申请查询自己信息的除外。

第三章 诚信信息的公开与查询

第十四条 本办法第八条第(二)、(三)、(四)、(六)项信息和第(五)项的行政处罚、市场禁入信息依法向社会公开。

中国证监会在其网站建立证券期货市场违法失信信息公开查询平台,社会公众可通过该平台查询本办法第八条第(五)项行政处罚、市场禁入决定信息,第(六)项信息等违法失信信息。

第十五条 中国证监会对有下列严重违法失信情形的市场主体,在证券期货市场违法失信信息公开查询平台进行专项公示:

(一)因操纵市场、内幕交易、欺诈发行、虚假披露信息、非法从事证券期货业务、利用未公开信息交易以及编造、传播虚假信息被中国证监会及其派出机构作出行政处罚;

(二)被中国证监会及其派出机构采取市场禁入措施;

(三)因证券期货犯罪被人民法院判处刑罚;

(四)因拒不配合中国证监会及其派出机构监督检查、调查被有关机关作出行政处罚或者处理决定;

(五)到期拒不执行中国证监会及其派出机构生效行政处罚决定;

(六)严重侵害投资者合法权益、市场反应强烈的其他严重违法失信情形。

严重违法失信主体的专项公示期为一年,自公示之日起算。

第十六条 除本办法第十四条、第十五条规定之外的诚信信息,公民、法人或者其他组织可以根据本办法规定向中国证监会及其派出机构申请查询。

第十七条 公民、法人或者其他组织提出诚信信息查询申请,符合以下条件之一的,中国证监会及其派出机构予以办理:

(一)公民、法人或者其他组织申请查询自己的诚信信息的;

(二)发行人、上市公司申请查询拟任董事、监事、高级管理人员的诚信信息的;

(三)发行人、上市公司申请查询拟参与本公司并购、重组的公民、法人或者其他组织的诚信信息的;

(四)发行人、上市公司申请查询拟委托的证券公司、证券服务机构及其相关从业人员的诚信信息的;

(五)证券公司、债券受托管理人、证券服务机构申请查询其所提供专业服务的发行人、上市公司及其董事、监事、高级管理人员、控股股东和实际控制人以及债券发行担保人的诚信信息的;

(六)证券公司、期货公司、基金管理人、证券期货服务机构申请查询已聘任或者拟聘任的董事、监事、高级管理人员或者其他从业人员的诚信信息的;

(七)中国证监会规定的其他条件。

第十八条 公民、法人或者其他组织提出诚信信息查询申请,应当如实提供如下材料:

(一)查询申请书;

(二)身份证明文件;

(三)办理本办法第十七条第(二)项至第(六)项查询申请的,查询申请书应经查询对象签字或者盖章同意,或者有查询对象的其他书面同意文件。

第十九条 公民、法人或者其他组织提出的查询申请,符合条件,材料齐备的,中国证监会及其派出机构自收到查询申请之日起5个工作日内反馈。

第二十条 公民、法人或者其他组织申请查询的诚信信息属于国家秘密,其他公民、法人或者其他组织的商业秘密及个人隐私的,中国证监会及其派出机构不予查询,但应当在答复中说明。

第二十一条 记入诚信档案的公民、法人或者其他组织,认为其诚信信息具有本办法第十二条规定的应予删除、修改情形的,或者具有其他重大、明显错误的,可以向中国证监会及其派出机构申请更正。

中国证监会及其派出机构收到公民、法人或者其他组织的信息更正申请后,应当在15个工作日内进行处理,并将处理结果告知申请人。确有本办法第十二条规定的应予删除、修改情形的,或者其他重大、明显错误情形的,应予更正。

第二十二条 公民、法人或者其他组织通过申请查询获取诚信信息的,不得泄露或者提供他人使用,不得进行以营利为目的的使用、加工或者处理，不得用于其他非法目的。

第四章 诚信约束、激励与引导

第二十三条 中国证监会建立发行人、上市公司、全国中小企业股份转让系统挂牌公司、证券公司、期货公司、基金管理人、证券期货服务机构、证券期货基金从业人员等主要市场主体的诚信积分制度，实行诚信分类监督管理。

诚信积分和诚信分类监督管理具体办法另行制定。

第二十四条 向中国证监会及其派出机构申请行政许可，申请人以及申请事项涉及的有关当事人应当书面承诺其所提交的申请材料真实、准确、完整，并诚信合法地参与证券期货市场活动。

第二十五条 中国证监会及其派出机构审查行政许可申请，应当查阅申请人以及申请事项所涉及的有关当事人的诚信档案，对其诚信状况进行审查。

证券期货市场行业组织在履行登记、备案、注册、会员批准等工作职责时，应当按照前款规定办理。

第二十六条 中国证监会及其派出机构审查行政许可申请，发现申请人以及有关当事人有本办法第八条第（四）项中的未履行或者未如期履行承诺信息，或者第（五）项至第（十七）项规定的违法失信信息的，可以要求申请人或者受申请人委托为行政许可申请提供证券期货服务的有关机构提供书面反馈意见。

书面反馈意见应就如下事项进行说明：

（一）诚信信息所涉及相关事实的基本情况；

（二）有关部门所作决定、处理的执行及其他后续情况，并提供证明材料；

（三）有关证券期货服务机构关于诚信信息对行政许可事项是否构成影响的分析。

申请人或者有关证券期货服务机构应在规定期限内提交书面反馈意见。

第二十七条 申请人或者有关证券期货服务机构的书面反馈意见不明确，有关分析、说明不充分的，中国证监会及其派出机构可以直接或者委托有关机构对有关事项进行核查。

第二十八条 根据本办法第二十六条、第二十七条提供书面反馈意见或者进行核查的时间，不计入行政许可法定期限。

第二十九条 行政许可申请人以及申请事项所涉及的有关当事人有本办法第八条第(四)项中的未履行或者未如期履行承诺信息，或者第(五)项至第(十七)项规定的违法失信信息之一，属于法定不予许可条件范围的，中国证监会及其派出机构应当依法作出不予许可的决定。

申请人以及申请事项所涉及的有关当事人的诚信信息虽不属于法定不予许可条件范围，但有关法律、行政法规和规章对行政许可法定条件提出诚实信用要求、作出原则性规定或者设定授权性条款的，中国证监会及其派出机构可以综合考虑诚信状况等相关因素，审慎审查申请人提出的行政许可申请事项。

第三十条 业务创新试点申请人有本办法第八条第(四)项中的未履行或者未如期履行承诺信息，或者第(五)项至第(十七)项规定的违法失信信息之一的，中国证监会及其派出机构、证券期货市场行业组织可以暂缓或者不予安排，但申请人能证明该违法失信信息与业务创新明显无关的除外。

第三十一条 中国证监会及其派出机构审查行政许可，对符合以下条件的，在受理后，即时进行审查：

(一)近三年没有违反证券期货法律、行政法规和中国证监会规定的失信记录；

(二)近三年没有因违法开展经营活动被银行、保险、税收、环保、海关等相关主管部门予以行政处罚；

(三)没有因证券期货犯罪或者其他犯罪被人民法院判处刑罚。

中国证监会及其派出机构审查行政许可，可以在同等条件下对诚信积分较高的申请人优先审查。

第三十二条 中国证监会及其派出机构、证券期货市场行业组织在业务创新试点安排中，可以在法律、行政法规规定的范围内，对于同等条件下诚信状况较好的申请人予以优先安排。

第三十三条 中国证监会及其派出机构在对公民、法人或者其他组织进行行政处罚、实施市场禁入和采取监督管理措施中，应当查阅当事人的诚信档案，在综合考虑当事人违法行为的性质、情节、损害投资者合法权益程度和当事人诚信状况等因素的基础上，依法作出处理。

第三十四条 中国证监会及其派出机构在开展监督检查等日常监管工作中，应当查阅被监管机构的诚信档案，根据被监管机构的诚信状况，有针对性地进行现场检查和非现场检查，或者适当调整、安排现场检查的对象、频率和内容。

第三十五条 证券登记结算机构、证券公司、期货公司等机构在为投资者、客户开立证券、期货相关账户时,应当查询投资者、客户的诚信档案,按照规定办理相关账户开立事宜。

第三十六条 证券公司在办理客户证券质押式回购、约定式购回以及融资融券业务申请时,可以查阅客户的诚信档案,根据申请人的诚信状况,决定是否予以办理,或者确定和调整授信额度。

证券金融公司在开展转融通业务时,可以查阅证券公司的诚信档案,根据证券公司的诚信状况,决定是否对其进行转融通,或者确定和调整授信额度。

第三十七条 发行人、上市公司、全国中小企业股份转让系统挂牌公司、证券公司、期货公司、基金管理人、证券期货服务机构拟聘任董事、监事、高级管理人员以及从业人员的,应当查询拟聘任人员的诚信档案,并将其诚信状况作为决定是否聘任的依据。

第三十八条 证券公司、证券服务机构受托为发行人、上市公司、全国中小企业股份转让系统挂牌公司等提供证券服务的,应当查询委托人的诚信档案,并将其诚信状况作为决定是否接受委托、确定收费标准的依据。

第三十九条 公民、法人或者其他组织公开发布证券期货市场评论信息,所述事实内容与实际情况不相符合的,或者存在其他显著误导公众情形的,中国证监会及其派出机构可以对其出具诚信关注函,记入诚信档案,并可将有关情况向其所在工作单位、所属主管部门或者行业自律组织通报。

证券期货投资咨询机构及其人员公开发布证券期货市场评论信息违反规定的,依照有关规定处理、处罚。

公民、法人或者其他组织利用公开发布证券期货市场评论信息进行操纵市场等违法行为的,依法予以处罚;构成犯罪的,由司法机关依法追究刑事责任。

第四十条 证券期货市场行业组织应当教育和鼓励其成员以及从业人员遵守法律,诚实信用。对遵守法律、诚实信用的成员以及从业人员,可以给予表彰、奖励。

中国证监会鼓励证券期货市场行业组织等建立证券期货市场诚信评估制度,组织开展对有关行业和市场主体的诚信状况评估,并将评估结果予以公示。

中国证券业协会、中国期货业协会、中国上市公司协会、中国证券投资基金业协会建立年度诚信会员制度。具体办法由相关协会制定，报中国证监会备案。

第四十一条 上市公司、全国中小企业股份转让系统挂牌公司、证券公司、期货公司、基金管理人和证券期货服务机构等应当不断完善内部诚信监督、约束制度机制，提高诚信水平。

中国证监会及其派出机构对前款规定机构的内部诚信监督、约束制度机制建设情况进行检查、指导，并可以将检查情况在行业和辖区内进行通报。

第四十二条 对有本办法第八条第(四)项中的未履行或者未如期履行承诺信息，或者第(五)项至第(十七)项规定的违法失信信息的公民，中国证监会及其派出机构、证券期货市场行业组织可以不聘任其担任下列职务：

(一)中国证监会股票发行审核委员会委员；

(二)中国证监会上市公司并购重组审核委员会委员；

(三)中国证监会及其派出机构、证券期货市场行业组织成立的负有审核、监督、核查、咨询职责的其他组织的成员。

第四十三条 中国证监会与国务院其他部门、地方人民政府、国家司法机关和有关组织建立对证券期货市场参与主体的失信联合惩戒和守信联合激励制度机制，提供证券期货市场主体的相关诚信信息，依法实施联合惩戒、激励。

第五章 监督与管理

第四十四条 中国证监会诚信监督管理机构履行下列职责：

(一)界定、组织采集证券期货市场诚信信息；

(二)建立、管理诚信档案，组织、督促诚信信息的记入；

(三)组织办理诚信信息的公开、查询和共享；

(四)建立、协调实施诚信监督、约束与激励机制；

(五)中国证监会规定的其他诚信监督管理与服务职责。

第四十五条 中国证监会各派出机构负责接收、办理公民、法人或者其他组织根据本办法规定提出的诚信信息记入申报、诚信信息查询申请、诚信信息更正申请等事项。

第四十六条 中国证监会及其派出机构、证券期货市场行业组织，未按照本办法规定及时、真实、准确、完整地记入诚信信息，造成不良后果的，按照有关规定对相关责任人员进行行政处分；情节严重的，依法追究法律责任。

第四十七条 违反本办法第十条、第十八条、第二十二条、第三十五条、第三十七条、第三十八条规定的，中国证监会及其派出机构可以采取责令改正、监管谈话、出具警示函、责令公开说明、在一定期限内不予接受其诚信信息申报和查询申请等监督管理措施；情节严重的，依法追究法律责任。

第六章 附 则

第四十八条 中国证监会及其派出机构办理诚信信息查询，除可以收取打印、复制、装订、邮寄成本费用外，不得收取其他费用。

第四十九条 证券期货市场行业组织在履行自律管理职责中，查询诚信档案，实施诚信约束、激励的，参照本办法有关规定执行。

第五十条 本办法自2018年7月1日起施行。《证券期货市场诚信监督管理暂行办法》（证监会令第106号）同时废止。

相关裁判摘要

“魏纪中与北京金棕榈影视广告有限公司证券纠纷一审民事判决书”［北京市朝阳区人民法院民事判决书（2017）京0105民初32172号］即依照本条作出了判决。相关裁判摘要如下：

原告魏纪中与被告北京金棕榈影视广告有限公司（以下简称金棕榈影视公司）、第三人国信证券股份有限公司北京朝阳北路证券营业部（以下简称国信证券朝阳北路营业部）证券纠纷一案，本院立案后，依法适用普通程序公开开庭进行了审理。

根据当事人的陈述和经审查确认的证据，本院认定事实如下：1998年3月11日，魏纪中在上海证券交易所开立股东编号为×××的股票账户。魏纪中称，金棕榈影视公司为了申购新股，向魏纪中借用账户，魏纪中同意将账户挂在金棕榈影视公司资金账户下，金棕榈影视公司的资金账户为×××，姓名为棕榈影视。国信证券朝阳北路营业部提供的客户姓名为“棕榈影视”的资金账户关联了三个证券账户：证券账号为×××，股东姓名为魏纪中；证券账号为×××，股东姓名为魏纪中；证券账号为×××，股东姓名为杨先锋。魏纪中提交的《国信证券股票明细对账单》显示，×××资金账户关联的魏纪中的证券账户只有一只“中体产业”的证券。

魏纪中称,1998年魏纪中作为上市公司中体产业集团有限公司的高管直接认购了公司股份并支付价款,中体产业集团有限公司向证监会发出通知收到钱款,确认魏纪中股东身份。国信证券朝阳北路营业部称1998年4月16日,中体产业集团有限公司所有原始股东通过工商银行存入700万元资金。

庭审中,国信证券朝阳北路营业部向本院提交了中国证监会于2007年8月7日发布的《关于做好证券公司客户交易结算资金第三方存管有关账户规范工作的通知》、中国证券登记结算有限责任公司于2007年8月14日发布的《关于进一步规范账户管理工作的通知》、中国证券登记结算有限责任公司发布的《不合格账户规范业务操作指引(第1-3号)》。

《关于做好证券公司客户交易结算资金第三方存管有关账户规范工作的通知》规定:合格账户是指开户资料真实、准确、完整,投资者身份真实,资产权属关系清晰,证券账户与资金账户实名对应,符合账户相关规定的账户。不符合上述条件的账户为不合格账户。对不合格账户,要求证券公司视不同情况逐步采取限制转托管(转指定)、限制存取款、限制买入证券等控制措施。对于未按期规范的不合格账户要另库存放,中止交易,完全符合合格账户条件后,方可恢复使用。对于资产余额为零的不合格账户,要按有关规定在登记结算公司办理注销手续。

《关于进一步规范账户管理工作的通知》规定:合格账户是指开户资料真实、准确、完整,投资者身份真实,资产权属关系清晰,证券账户与资金账户实名对应,符合账户相关规定的账户。不符合上述条件的账户为不合格账户,不合格账户具体可分为身份不对应、身份虚假、代理关系不规范、资料不规范以及其他不合格账户等类型。证券公司应结合实际情况,逐步对不合格账户采取限制转托管(专指定)、限制存取款、限制买入证券等控制措施。

《不合格账户规范业务操作指引(第1号)》载明:身份不对应的不合格A股账户是指资金账户名称、有效身份证件号与关联的A股账户在登记结算系统中注册的名称、有效身份证件号不一致,包括一个资金账户对应一个不同名称或有效身份证件号的A股账户,也包括一个资金账户,对应多个不同名称或有效身份证件号的A股账户。对于身份不对应的不合格A股账户,如果其中存在与资金账户实名对应的A股账户,投资者可以保留。其余A股账户,如无余额应直接注销,如有余额应采取措施督促投资者清空证券余额后予以注销。

《不合格账户规范业务操作指引(第3号)》载明:不能通过修改补充资料规范为合格账户的,投资者须向证券公司提交不合格账户内资产权属证明材料,该证明材料应就账户内资产权属作出实质性判定或认定。证券公司核实投资者资产权属相关情况与证明材料后,再按规定办理资产清算与账户注销等账户规范手续。不合格账户内资产权属证明材料,应为下列材料之一:法院判决书、调解书;公证机构公证书;仲裁机构裁决书、调解书;依法足以确认资产归属的其他证明材料。经证券公司核实属不合格账户但可以通过补齐资料或修改账户信息规范为合格账户的,证券公司督促投资者按要求补齐资料或修改账户信息后,向本公司申报解除单独管理。属不合格账户,且不能通过修改补充资料规范为合格账户的,证券公司应核实投资者资产权属后,向本公司申报解除该账户证券卖出限制,并承诺在投资者清空证券后及时办理该账户注销手续。

魏纪中提交了《国信证券股票明细对账单》《股份变动与现金分红列表》和中体产业集团有限公司年利润分配与涉及股份变动的公告,以证明账户余额内股份余额43,173股、历年分红总额18,205.42元归其所有。国信证券朝阳北路营业部认可上述证据的真实性。

本院认为,根据本院查明的情况,金棕榈影视公司的资金账户×××关联了证券账号为×××、股东姓名为魏纪中的账户,该证券证户的资金来源于中体产业集团有限公司的原始股东,现魏纪中要求确认棕榈影视名下资金账户×××关联的魏纪中的证券账户归其所有,本院予以确认。魏纪中提交了初步证据证明资金账户×××中的现金18,205.42元为其所有,国信证券朝阳北路营业部对此未有异议,金棕榈影视公司经本院合法传唤,无正当理由拒不到庭应诉,视为其放弃答辩和质证的权利,本院对魏纪中的该项请求亦予以支持。金棕榈影视公司应将魏纪中的证券账户和对应现金返还魏纪中,国信证券朝阳北路营业部应予以协助。

综上,依照《中华人民共和国证券法》第四条、《中华人民共和国民事诉讼法》第一百四十四条之规定,判决如下:一、确认被告北京金棕榈影视广告有限公司的"棕榈影视"名下×××的资金账户关联的证券账号为×××、股东姓名为魏纪中的证券账户为原告魏纪中所有;二、确认被告北京金棕榈影视广告有限公司的"棕榈影视"名下×××的资金账户下的18,205.42元现金为原告魏纪中所有。

第五条 【守法原则、反欺诈原则】 证券的发行、交易活动，必须遵守法律、行政法规；禁止欺诈、内幕交易和操纵证券市场的行为。

相关裁判摘要

“陈烈生与华泰证券股份有限公司苏州现代大道证券营业部证券认购纠纷案”[苏州工业园区人民法院民事判决书(2017)苏0591民初4292号] 即依照《中华人民共和国证券法》第四条、第五条作出了判决。相关裁判摘要如下：

本院经审查认定事实如下：2015年7月14日，原告陈烈生在被告华泰证券处开立户号为666×××28的普通账户。2016年12月13日，原告与被告签订《融资融券业务合同》、《华泰证券、民生银行客户信用交易资金第三方存管协议书》，在被告处开立户号为921100××××40的信用账户。《融资融券业务合同》中甲方陈烈生的联系信息表中的通知方式载明，电话通知为固定电话、移动电话、手机短信通知均为186××××3456，乙方华泰证券交易系统通知信息见乙方交易系统。合同还约定，普通账户是对甲方开立的普通证券账户和普通资金账户的统称，信用账户是指对甲方开立的信用证券账户和信用资金账户的统称；甲方承诺随时关注信用资金账户可用资金余额，同意乙方根据本合同约定，定期或不定期直接从其信用资金账户扣划融资利息、融券费用、证券交易手续费及其它相关费用。同时，关注因此导致的维持担保比例变化，如其维持担保比例不足，则及时补足担保物，否则自行承担一切责任；甲方承诺有义务随时通过本合同约定的方式关注并了解自身信用账户情况、乙方通知、公告等所有可能或已经对甲方权益产生影响的信息或资料，如因甲方自身原因导致无法及时了解、知悉及获得相关信息或资料，造成的一切后果由甲方自行承担；甲方进行融资融券交易，应已开立普通证券账户。经乙方资质审查及征信调查，甲方符合开展融资融券交易要求的，乙方通知其签订本合同，开立融资融券相关信用账户。原告于2016年12月14日将普通账户的三联商社6800股、鼎龙股份19500股、东方财富26000股作为担保品转至该融资融券信用账户，该融资融券信用账户下的证券交易包括：2016年12月15日买入亿阳信通2万股、卖出三联商社3000股，2016年12月15日卖出亿阳信通2万股，2016年12月19日买入东方财富1万股、1万股、6500股，2016年12月22日卖出东方财富1万股。

2017年4月12日,原告通过手机号186××××3456注册并下载的被告方财富通手机APP交易软件“打新神器”,以信用账户申购深圳证券交易所(以下简称深交所)创业板网上发行浙江正元智慧科技股份有限公司A股股票,于2017年4月14日中签500股,原告于2017年4月14日12时24分转入普通账户6500元,因原告信用账户余额不足,仅成功认购该股40股,其余460股视为放弃认购。对上述原、被告无争议的事实,本院予以确认。

本案的争议焦点在于原告方未能在2017年4月14日前将认购资金足额存入被告方通知的信用账户致460股正元智慧被视为放弃认购,能否向被告主张损失及具体损失数额。

原告认为,原告并不清楚开通的融资融券信用账户系普通账户中的单独账户,原告之前中签新股均是将认购资金转入该普通账户,被告未明确通知原告将所中新股款项打入融资融券信用账户,存在服务过失,应当承担过错责任。被告可在4月17日17时上报前协调将普通账户款项转至融资融券信用账户,但原告于2017年4月17日与被告沟通协调未达成一致。若被告尽到义务,应通知原告将款项从普通账户转入信用账户,但被告并未如此操作。转账当日,被告客户经理电话通知时亦未提醒将款项应当转入融资融券信用账户。原告主张的损失赔偿系按购买价格和卖出价格或获利价格的净额,为15,847元。

被告认为,原告在中签正元智慧股票前,在融资融券信用账户中曾进行多次股票买卖交易,其应当知晓已开立信用账户。通过其手机APP演示,财富通软件中可以查询申购股票所用账户,其在申购新股时应当知晓其此次申购新股为信用账户。被告已通过多种方式明确告知原告交款至信用账户,客户经理还电话通知原告,但原告表示较忙后即挂断电话。原告称被告可自行协商将普通账户款项转至信用账户的意见,与深交所交易规则不符。原告在2017年4月14日缴款至普通账户后,因未缴款至信用账户,被告在此后仍然发送缴款通知,充分说明原告未缴款至信用账户系原告自身过失,原告主张的损失数额并无事实依据。被告为证明上述主张,提交向原告发送的财富通软件信息截屏3条,手机短信通知3条(发送时间均为2014年4月14日8时34分、10时31分、13时30分),以证明2017年4月14日,被告以短信方式通知原告中签缴款信息,并告知需缴款至信用账户。

原告对该上述信息经质证认为,财富通发送时间与其提交的收到信息时间一致，真实性予以认可，但与原告收到的财富通信息内容不一致；对手机短信，手机上并无该信息，应当收到该信息，但不清楚为何未保存，该信息亦未提醒应缴款至信用账户。

综合原、被告质证意见，本院认为，原告于2017年4月12日申购新股正元智慧，并确认在2017年4月14日12时24分转入普通账户的6500元即为该中签股票的认购资金，说明在该时间前原告已收到被告方发送的中签通知，已知晓申购正元智慧股票中签、需准备认购资金的情况。被告提交的财富通系统通知及手机短信通知中，均明确提到中签股票缴款截止时间及缴款账户为信用账户，虽财富通软件因超过20天信息已覆盖无法核对，但该手机短信在原告手机中亦无留存，对为何未留存的原因，原告表示短信应当收到，但内容不清楚、未查看，亦不知何原因该短信未保存，故应推定被告方发送的手机短信通知内容原告已收到。对原告辩称在此次中签前均不知其已开通信用账户的意见，与其之前在信用账户下多次进行股票买入卖出等交易情况不符，原告在中签该股票前就应当知晓其已开通了信用账户，对原告该意见不予采纳。同时，原告用于申购的财富通软件对申购的股票详情包括申购时间、价格、数量、账户等亦有查询项可查，并不存在因被告原因致其对中签股票申购账户无法得知详情的情况。

根据《证券公司融资融券业务管理办法》，证券公司与客户签订融资融券业务合同后，应当根据客户的申请，按照证券登记结算机构的规定，为其开立实名信用证券账户。客户信用证券账户与其普通证券账户的开户人姓名或者名称应当一致。证券公司与客户签订融资融券业务合同后，应当通知商业银行根据客户申请，为其开立实名信用资金账户。客户信用资金账户是证券公司客户信用交易担保资金账户的二级账户，用于记载客户交存的担保资金的明细数据。根据《深圳市场首次公开发行股票网上发行实施细则》的规定，原告作为投资者，可以根据其持有市值对应的网上可申购额度，使用所持深圳市场证券账户在T日申购在深交所发行的新股；投资者申购新股中签后，应根据中签结果履行资金交收义务，确保其资金账户在T+2日日终有足额的新股认购资金，投资者认购资金不足的，不足部分视为放弃认购，由此产生的后果及相关法律责任，由投资者自行承担；T+1日，中国结算深圳分公司于当日收市后向各参与申购的结算参与人发送中签数据，结算参与人应据此要求投资者准备认购资金；T+2日日终，中签的投资者应确保其资金账户有足额的新股认购资金，不足部分视为放弃认购。结算参与人应于T+3日8:30－15:00，通过D－COM系统将其放弃认购的部分向中国结算深圳分公司申报。对于因投资者资金不足而全部或部分放弃认购的情况，结算参与人(包括证券公司及托管人等)应当认真核验，并在T+3日15时前如实向中国结算深圳分公司申报。结算参与人对投资者放弃认购情况未认真核验而发生错报、漏报、申报不及时的，由此产生的后果及相关法律责任，由该结算参与人承担。本案中，被告已举证证明其在投资人申购新股过程中遵守了规定的交易流程，不存在违规行为，且按投资者留下的联系方式通知投资者中签及须准备认购资金，在原告缴纳认购资金至普通账户后，仍向原告发送缴款信息，原告以其不清楚交易规则、不清楚中签股票缴纳资金具体账户、按交易惯例将资金存入普通账户，其放弃申购而被告获利、被告应当通知其将普通账户资金转至信用账户为由，主张被告存在过失承担过错责任，赔偿其预期可得利益损失，并无依据。原告在收到被告通知缴款信息后未能及时查看核对，致其申购的信用账户在按交易规则规定的14日日终认购资金不足，不足部分被视为放弃认购，由此产生的后果及相关法律责任，应当由投资者原告自行承担。综上，对原告的诉讼请求，本院不予支持。

综上，依据《中华人民共和国合同法》第六十条、第一百零七条，《中华人民共和国证券法》第四条、第五条，《中华人民共和国民事诉讼法》第六十四条第一款之规定，判决如下：驳回原告陈烈生的诉讼请求。

第六条 【分业原则】证券业和银行业、信托业、保险业实行分业经营、分业管理，证券公司与银行、信托、保险业务机构分别设立。国家另有规定的除外。

相关法律条文

《中华人民共和国银行业监督管理法》(2006年10月31日修正)

第二条 国务院银行业监督管理机构负责对全国银行业金融机构及其业务活动监督管理的工作。

本法所称银行业金融机构，是指在中华人民共和国境内设立的商业银行、城市信用合作社、农村信用合作社等吸收公众存款的金融机构以及政策性银行。

对在中华人民共和国境内设立的金融资产管理公司、信托投资公司、财务公司、金融租赁公司以及经国务院银行业监督管理机构批准设立的其他金融机构的监督管理,适用本法对银行业金融机构监督管理的规定。

国务院银行业监督管理机构依照本法有关规定,对经其批准在境外设立的金融机构以及前二款金融机构在境外的业务活动实施监督管理。

《中华人民共和国保险法》(2015 年 4 月 24 日修订)

第八条 保险业和银行业、证券业、信托业实行分业经营、分业管理,保险公司与银行、证券、信托业务机构分别设立。国家另有规定的除外。

第九条 国务院保险监督管理机构依法对保险业实施监督管理。

国务院保险监督管理机构根据履行职责的需要设立派出机构。派出机构按照国务院保险监督管理机构的授权履行监督管理职责。

相关裁判摘要

"中国建设银行股份公司陕西省分行与西安市莲湖区农村信用合作联社委托理财合同纠纷二审民事判决书"[陕西省高级人民法院民事判决书(2014)陕民二终字第 00085 号]认为,建行陕西分行违反了《中华人民共和国证券法》第六条,属于违法经营。相关裁判摘要如下:

开信西安营业部原为建行城中支行小寨证券营业部。国家为进一步深化金融体制改革,整顿金融秩序,加强廉政建设,1995 年 5 月 25 日,国务院以"国发(1995)11 号"文转发中国人民银行《关于中国工商银行等四家银行与所属信托投资公司脱钩意见的通知》,即银证分离。据此规定,1996 年 11 月 6 日,建行城中支行与开信公司签订《证券营业部转让合同》,约定建行城中支行以 950 万元将其所有的小寨营业部转让给开信公司。建行城中支行为规避国家强制性规定,继续拥有和经营、小寨营业部,获取非法利益,同日又与开信公司签订了《补充协议》,约定建行小寨营业部挂靠在开信公司名下,所有权不转移,还是建行所有并派人全权负责经营管理,自负盈亏。《证券营业部转让合同》中规定的有关营业部、开信公司的全部责任、权利、义务一并由建行城中支行承接。为应付央行审批和工商登记,双方又约定开信公司按转让合同应付的 950 万元资金,随后由建行城中支行提供资金给开信公司,开信公司再返还给建行城中支行。依据转让合同，建行小寨营业部通过了中国人民银行西安市分行的批准并进行了工商登记，更名为开信西安营业部。此后，建行城中支行以开信西安营业部的名义继续拥有和经营该营业部。1999年，在《中华人民共和国证券法》即将实施前，建行陕西分行意识到其继续拥有和经营开信西安营业部将违反法律规定，于6月22日，以开信西安营业部名义与海南赛格签订《证券部转让协议》，约定将开信西安营业部转让给海南赛格，转让款1500万元。6月30日，海南赛格向建行陕西分行指定的账户支付了1500万元的转让款。因开信公司对此转让有异议，不予配合，经协商，最终以海南赛格给付开信公司300万元成交，1999年12月18日，海南赛格与开信公司签订了《证券营业部转让合同》。后双方的转让协议因未得到证监会批准而未能生效。在建行陕西分行经营开信西安营业部期间，由于违规经营，出现重大风险，为此，建总行就解决开信西安营业部的重大风险问题发函向证监会请示，证监会在2002年4月24日以证监函(2002)62号致建总行的复函中明确指出，开信西安营业部尚未与建行西安分行城中支行脱钩，建行城中支行对该证券营业部的经营仍负有责任。由中国建设银行总行恢复对开信西安营业部进行监管并履行风险清理责任。根据证监会的指示，建行陕西分行对开信西安营业部进行了全面整顿，并承担了被该部挪用的5500余万元股民保证金的归还责任。2002年7月17日，建总行致函证监会称其已对开信西安营业部进行了全面监管，履行了风险清理，债权债务完全剥离，拟将开信西安营业部转让给德恒公司。2002年7月11日，开信公司清算组、德恒公司、建行陕西分行签订三方协议，协议约定开信西安营业部是经证监会批准成立且属建行陕西分行所有不具有独立法人资格的证券交易机构，建行陕西分行以500万元将该证券部转让给德恒公司，转让款汇入建行陕西分行指定账户。原营业部的任何民事行为、负债(包括或有负债)、亏损等遗留问题均由建行陕西分行处理。建行陕西分行保证该营业部无任何无记录负债，建行陕西分行承诺，对营业部或与营业部有关的正在进行或可能发生的诉讼、仲裁或行政处罚，均由建行陕西分行负责处理。开信公司清算组受建行陕西分行委托与德恒公司签订《营业部转让协议》，该协议约定的义务应当由建行陕西分行履行。开信公司清算组承诺按照证监会有关规定，协助有关过户手续，并承诺按照清算期间的有关政策法规协助建行陕西分行处理营业部遗留问题。2002年

7月13日，开信公司清算组与德恒公司签订《证券营业部转让协议》。

综上，上诉人（原审被告）中国建设银行股份有限公司陕西省分行依法应当对开信西安营业部的债务承担责任。首先，自1996年起至2002年，开信西安营业部形式上属于开信公司，实际仍归建行所有和经营，建行不仅从开信西安营业部收取上缴的利润，还为开信西安营业部承担债务。而开信公司自始至终未参与过开信西安营业部的经营管理，更未进行过任何投资，亦未收取过收益。因此，开信西安营业部仍然属建行所有。上诉人的行为违反了国务院"国发（1995）11号"文转发中国人民银行《关于中国工商银行等四家银行与所属信托投资公司脱钩意见的通知》中"银行应按意见要求在机构、资金、财务、业务、人事、行政等方面与所属信托投资公司彻底脱钩，不再保持隶属或挂靠关系，施行分业管理"和《中华人民共和国证券法》第六条"证券业和银行业、信托业、保险业分业经营、分业管理。证券公司与银行、信托、保险业务机构分别设立"的强制性规定；也违反了《中华人民共和国民法通则》第四十二条"企业法人应当在核准登记的经营范围内从事经营"、第四十九条"企业法人有下列情形之一的，除法人承担责任外，对法定代表人可以给予行政处分、罚款，构成犯罪的，依法追究刑事责任：（一）超出登记机关核准的经营范围从事非法经营的……"、《中华人民共和国公司法》（1999年12月25日修正版）第十一条第二款"公司的经营范围由公司章程规定，并依法登记。公司的经营范围中属于法律、行政法规限制的项目，应当依法经过批准"的规定，属违法经营。开信西安营业部是经证监会批准成立且属建行陕西分行所有而不具有独立法人资格的证券交易机构，故上诉人建行陕西分行依法应当对开信西安营业部的债务承担法律责任。其次，国家行政监管部门要求上诉人对开信西安营业部的债务承担民事清偿责任。由于上诉人的违法经营，致使开信西安营业部出现重大风险，证监会责成建行陕西分行全面接管西安营业部，并履行风险清理责任。依据证监会的指示和上诉人对证监会的承诺，上诉人亦应对开信西安营业部承担民事清偿责任。最后，依据上诉人对多方的承诺，其理应兑现其承诺。按照证监会的文件要求，上诉人应当将开信西安营业部此前的全部债权债务清偿后方可转让，但其只清偿了其中部分债务，隐瞒了被上诉人的债务。对此，依据三方协议中上诉人对开信西安营业部的全部债务承担责任的承诺，该营业部所负被上诉人的债务仍然应由上诉人承担。

第七条 【证券监管体制】国务院证券监督管理机构依法对全国证券市场实行集中统一监督管理。

国务院证券监督管理机构根据需要可以设立派出机构，按照授权履行监督管理职责。

相关规范性文件条文

《中国证监会派出机构监管职责规定》(自2015年12月1日起施行)

第一章 总 则

第一条 为了明确中国证券监督管理委员会派出机构(以下简称派出机构)监管职责，完善证券期货监管，根据《中华人民共和国证券法》、《中华人民共和国证券投资基金法》、《期货交易管理条例》、《证券公司监督管理条例》、《证券公司风险处置条例》等法律、行政法规，制定本规定。

第二条 派出机构受中国证券监督管理委员会(以下简称中国证监会)垂直领导，依法以自己的名义履行监管职责。

第三条 派出机构负责证券期货市场一线监管工作，切实维护资本市场公开、公平、公正，维护投资者特别是中小投资者合法权益，防范和依法处置辖区市场风险，促进辖区资本市场稳定健康发展。

第四条 派出机构监管职责的确立和履行，遵循职权法定、依法授权、权责统一、公开透明、公平公正的原则。

派出机构履行的监管职责，除法律、行政法规明确规定外，由中国证监会规章授权。

监管职责事项涉及中国证监会职能部门、派出机构、证券期货交易场所、证券登记结算机构、行业协会等的协调配合，需要做出具体安排的，由中国证监会制定工作规程。

第五条 派出机构按照规定履行下列监管职责：

(一)对辖区有关市场主体实施日常监管；

(二)防范和处置辖区有关市场风险；

(三)对证券期货违法违规行为实施调查、作出行政处罚；

(四)证券期货投资者教育和保护；

(五)法律、行政法规规定和中国证监会授权的其他职责。

第六条 派出机构在其职责范围内，按照中国证监会规定建立健全与证券期货交易场所、证券登记结算机构、行业协会等自律组织、相关会管单位及其他派出机构之间的信息共享和监管合作机制。

第七条 派出机构应当与辖区地方人民政府相关部门、其他金融监管机构的派出机构建立健全监管协作机制，构建综合监管体系，优化监管执法环境，促进辖区资本市场规范运行和健康发展，协同做好区域内金融风险防范和处置工作。

第二章 日常监管

第八条 派出机构负责根据法律、行政法规规定以及中国证监会的授权实施行政许可事项。

派出机构进行初步审查、中国证监会复审并作出决定的行政许可，由派出机构按照规定受理，出具初步审查意见。

中国证监会相关职能部门办理行政许可，需要派出机构检查、核查相关事项或者出具监管意见的，派出机构应当提供协助。

第九条 派出机构负责对下列市场主体实施检查：

（一）证券发行人、上市公司、非上市公众公司及其控股股东、实际控制人、收购人等信息披露义务人；

（二）证券公司、公募基金管理人、期货公司及其子公司、分支机构，以及其控股股东、实际控制人；

（三）公司债券受托管理人、公募基金托管人、客户交易结算资金存管银行等机构；

（四）公募基金销售、销售支付、份额登记、估值、投资顾问、评价等服务机构；

（五）私募基金管理人、私募基金托管人及其他相关私募基金服务机构；

（六）证券期货投资咨询机构及其分支机构；

（七）从事证券期货业务的会计师事务所、资产评估机构、资信评级机构、律师事务所及其分支机构；

（八）从事证券期货业务的财务顾问机构；

（九）股权众筹融资服务机构、融资者等股权众筹融资活动相关主体；

（十）证券期货业信息技术系统服务机构；

（十一）境外证券类机构驻华代表机构；

（十二）法律、行政法规和中国证监会规定的其他市场主体。

第十条 检查的事项可以包括市场主体的信息披露、治理情况、内部控制、经营规范、执业活动等，具体检查事项由派出机构依照法律、行政法规和中国证监会规定予以确定。

市场主体取得行政许可或者按照规定进行备案，依法应当持续符合法定条件的，派出机构按规定对其持续符合法定条件的情况进行检查。

第十一条 派出机构根据中国证监会制定的有关检查办法和规程，结合辖区实际情况，制定具体检查方案，对本规定第九条所列市场主体实施检查。

第十二条 派出机构负责按照规定接收第九条所列市场主体依法报送的业务、财务等备案、报告材料，进行审阅分析。

第十三条 派出机构实施检查或者其他日常监管活动，发现有违反法律、行政法规和规章规定情形的，或者发现重大风险和问题的，应当依法采取监管措施、进行立案查处或者移送司法机关及其他相关部门；没有处理权限的，应当及时报告中国证监会或者按照规定转送其他职能部门、单位。

第三章 风险防范与处置

第十四条 派出机构应当根据市场风险防范的需要，结合辖区实际情况，按照规定以风险和问题为导向开展市场信息的搜集和分析工作，加强对市场的动态监测监控，督促市场主体提高防范和化解风险的能力。

第十五条 派出机构负责按照规定对证券公司、公募基金管理人、期货公司的风险指标实施监管。

派出机构根据审慎监管原则，要求证券公司、公募基金管理人、期货公司按照规定编制并报送风险监管报表。

第十六条 证券公司、公募基金管理人、期货公司的风险管理指标达到预警标准的，或者不符合规定标准的，派出机构按照规定采取相关措施。

第十七条 派出机构负责督促辖区证券公司、公募基金管理人、期货公司、证券期货服务机构等落实行业信息安全管理规定、技术标准，及时、完整、准确地向监管部门报送规定的数据，开展信息安全应急演练。

派出机构负责对信息安全应急演练情况进行核查，并按照规定调查处理信息安全事件。

第十八条 派出机构负责对中国证券投资者保护基金公司、中国期货市场监控中心、有关行业协会等机构发出的相关预警信息所涉事宜进行核查；发现问题的，及时采取相应的措施，督促有关市场主体整改，保障客户交易结算资金、客户保证金的安全。

第十九条 证券公司、公募基金管理人、期货公司违法经营或者出现重大风险，严重危害证券市场秩序、损害投资者利益的，派出机构可以依法对该机构及其直接负责的董事、监事、高级管理人员、其他直接责任人员采取相关措施。

派出机构负责与地方人民政府相关部门建立证券公司、公募基金管理人、期货公司以及私募基金管理人风险处置的协作机制。

第二十条 派出机构负责持续跟踪了解可能被强制退市的上市公司情况，按照规定制定上市公司风险应急处置预案。

派出机构负责与证券交易场所、地方人民政府相关部门建立信息通报、共享机制，对于可能被强制退市的上市公司，应当提前将有关情况报告地方人民政府。

派出机构负责配合地方人民政府相关部门对辖区上市公司实施托管，处置有关上市公司风险，建立健全上市公司退市工作协调机制。

第二十一条 派出机构负责协助、配合地方人民政府相关部门开展非上市公众公司风险处置工作。

第二十二条 派出机构按照规定负责公司债券违约事件的处置工作。

第二十三条 派出机构负责配合地方人民政府相关部门开展辖区各类交易场所清理整顿工作，推动建立健全相关交易场所长效管理机制。

派出机构负责与地方人民政府相关部门建立区域性股权市场监管协作机制，与其互通互报与区域性股权市场有关的信息，对地方人民政府相关部门开展区域性股权市场监管工作进行业务指导、协调和监督，对可能出现的金融风险进行预警提示和处置督导。

第二十四条 派出机构负责完善和强化外部协作机制，支持地方人民政府在有关非法证券期货活动案件查处和善后处理中发挥主导作用。

地方人民政府相关部门开展打击非法证券期货活动需要协助、配合的，派出机构可以协助、配合。派出机构应当按照规定及时移送发现的案件线索，并根据公安、司法机关等的请求，出具有关非法证券期货活动案件性质认定意见或者提供政策解释。

派出机构负责对辖区媒体有关非法证券期货活动信息收集、整理，并及时协调处理。

第四章 案件调查与行政处罚

第二十五条 派出机构负责对辖区内证券期货违法违规案件以及中国证监会相关职能部门交办的案件或者事项进行调查。

前款所称中国证监会相关职能部门交办的案件或者事项，包括中国证监会相关职能部门交办的境外机构请求协助调查的案件或事项。

第二十六条 派出机构负责办理中国证监会稽查总队、中国证监会证券监管专员办事处以及其他派出机构等请求协助调查的事项。

第二十七条 对达到刑事案件立案追诉标准的案件，派出机构应当按照规定自行或者报中国证监会向公安机关履行移送程序。

第二十八条 案件调查过程中，依法采取冻结、查封、限制被调查事件当事人证券买卖等强制措施的，派出机构按照规定负责实施。

第二十九条 派出机构负责本单位立案调查的证券期货违法违规案件的审理工作，依法对证券期货违法违规当事人实施行政处罚。但是，按照规定由其他派出机构或者中国证监会相关职能部门负责审理的除外。

派出机构可以按照规定审理中国证监会交办的其他派出机构立案调查的案件以及中国证监会相关职能部门负责调查的案件。

第三十条 派出机构对有关案件作出行政处罚决定的，由该派出机构负责行政处罚执行工作，按规定送达法律文书，督促被处罚对象履行行政处罚决定，依法申请并配合人民法院做好行政处罚强制执行工作。

第三十一条 派出机构负责按照规定做好中国证监会、其他派出机构所委托的行政处罚案件法律文书送达、处罚执行等相关工作。

第五章 投资者教育与保护

第三十二条 派出机构负责督促辖区证券期货经营机构落实投资者适当性管理制度。

派出机构应当宣传和推动辖区市场主体完善基础设施和各项制度，优化投资回报机制，畅通与投资者沟通渠道，保障中小投资者的知情权，便利中小投资者行使参与权和监督权。

第三十三条 派出机构负责在辖区组织开展投资者教育活动，督促、引导辖区上市公司、非上市公众公司、证券期货经营机构等市场主体开展投资者教育工作。

派出机构负责在中国证监会统一部署下，联合地方人民政府相关部门、教育机构、新闻媒体等单位，推动将投资者教育纳入国民教育体系，做好资本市场知识普及工作。

第三十四条 派出机构负责建立常态化投资者意见征求机制，按照规定组织或配合开展辖区证券期货投资者调查和权益评估评价，及时了解、分析投资者状况和政策制度的实施效果。

第三十五条 派出机构负责建立辖区中小投资者合法权益保障检查制度，按照本规定第二章的要求组织或配合开展投资者保护专项检查和日常检查。

第三十六条 派出机构负责建立健全投诉处理登记备案管理制度，督促有关辖区市场主体落实投资者投诉处理首要责任。

派出机构负责按照中国证监会的统一部署，支持辖区自律组织等发挥纠纷调解作用，并与辖区司法机关、仲裁、调解等组织加强联系，推动建立完善多元化纠纷解决机制。

第六章 其他职责

第三十七条 派出机构负责支持、配合资本市场全面深化改革以及创新业务试点工作，开展辖区资本市场深化改革和创新业务研究。

第三十八条 派出机构负责按照规定开展辖区证券期货市场统计调查工作。

第三十九条 派出机构负责按照资本市场诚信建设统一规划部署，做好辖区资本市场诚信信息管理、诚信激励约束、失信联合惩戒、诚信宣传教育等诚信建设工作。

第四十条 派出机构负责按照规定做好辖区内信访、举报事项处理工作。

第四十一条 派出机构负责依法主动公开或者依申请公开有关监管信息。

第四十二条 派出机构负责组织开展以证券期货法律、行政法规和规章、规范性文件为重点的法制宣传活动。

第四十三条 派出机构负责以本单位为被申请人的行政复议答复工作、以本单位为被告的行政诉讼应诉工作。

派出机构负责协助中国证监会办理辖区内行政复议申请人及第三人的行政复议法律文书送达、执行工作；协助中国证监会做好涉及本单位工作的以中国证监会为被告的行政诉讼案件应诉工作。

第四十四条 派出机构负责向中国证监会报告发生在辖区以及由辖区司法机关、仲裁机构管辖的行政诉讼、证券期货民事赔偿、证券期货犯罪等与证券期货市场相关的重大行政、民事、刑事典型案件。

第四十五条 派出机构负责协助、配合地方人民政府相关部门、其他国务院金融监督管理机构的派出机构,按照规定开展地方金融改革、反洗钱监管及其他相关工作。

第四十六条 派出机构应当在监管职责范围内与辖区司法机关及其他国家机关建立监管协助机制,依法处理涉及辖区司法机关来访、来函等协助执法事项。

派出机构负责与辖区公安机关建立、完善行政执法与刑事司法衔接协作配合机制,按照规定向公安机关通报证券期货违法犯罪线索,商请公安机关配合开展调查工作。

除前两款规定的职责外,派出机构可以对辖区其他行政执法机关、司法机关等提出的与派出机构监管职责有关的证券期货法律问题提供咨询。

第四十七条 派出机构应当建立健全与辖区新闻媒体管理部门的日常监测和协作监管机制,通报证券期货类节目和产品广告有关情况,配合做好参与广播电视证券节目的机构和人员资质审查和证券信息类产品广告的管理工作。

派出机构负责监测本派出机构和辖区市场相关的舆情信息,并视情况开展后续处理。

第四十八条 派出机构依照法律、行政法规对辖区证券期货行业协会等行业自律组织进行指导和监督。

第七章 附　则

第四十九条 本规定所称派出机构,是指中国证监会派驻各省、自治区、直辖市和计划单列市监管局。

中国证监会证券监管专员办事处的职责,另行制定。

第五十条 本规定所称证券期货经营机构,包括证券公司、公募基金管理人、期货公司及其子公司、分支机构,私募基金管理人、证券期货投资咨询机构以及其他经营证券期货相关业务的机构。

第五十一条 本规定自 2015 年 12 月 1 日起施行。中国证监会《关于印发〈派出机构监管工作职责〉的通知》(证监发〔2003〕86 号)同时废止。

第八条　【自律性管理】在国家对证券发行、交易活动实行集中统一监督管理的前提下，依法设立证券业协会，实行自律性管理。

第九条　【审计监督】国家审计机关依法对证券交易所、证券公司、证券登记结算机构、证券监督管理机构进行审计监督。

第二章　证 券 发 行

第十条　【公开发行证券的定义】公开发行证券，必须符合法律、行政法规规定的条件，并依法报经国务院证券监督管理机构或者国务院授权的部门核准；未经依法核准，任何单位和个人不得公开发行证券。

有下列情形之一的，为公开发行：

（一）向不特定对象发行证券的；

（二）向特定对象发行证券累计超过二百人的；

（三）法律、行政法规规定的其他发行行为。

非公开发行证券，不得采用广告、公开劝诱和变相公开方式。

相关行政法规条文

《国务院办公厅关于严厉打击非法发行股票和非法经营证券业务有关问题的通知》（国办发〔2006〕99号）在“明确政策界限，依法进行监管”部分，又提出了“变相公开发行股票”的概念，并对公开方式进行了解释：

（一）严禁擅自公开发行股票。向不特定对象发行股票或向特定对象发行股票后股东累计超过200人的，为公开发行，应依法报经证监会核准。未经核准擅自发行的，属于非法发行股票。

（二）严禁变相公开发行股票。向特定对象发行股票后股东累计不超过200人的，为非公开发行。非公开发行股票及其股权转让，不得采用广告、公告、广播、电话、传真、信函、推介会、说明会、网络、短信、公开劝诱等公开方式或变相公开方式向社会公众发行。严禁任何公司股东自行或委托他人以公开方式向社会公众转让股票。向特定对象转让股票，未依法报经证监会核准的，转让后，公司股东累计不得超过200人。

第十一条 【保荐制度】 发行人申请公开发行股票、可转换为股票的公司债券，依法采取承销方式的，或者公开发行法律、行政法规规定实行保荐制度的其他证券的，应当聘请具有保荐资格的机构担任保荐人。

保荐人应当遵守业务规则和行业规范，诚实守信，勤勉尽责，对发行人的申请文件和信息披露资料进行审慎核查，督导发行人规范运作。

保荐人的资格及其管理办法由国务院证券监督管理机构规定。

相关行政规章条文

《证券发行上市保荐业务管理办法》(2017年12月7日修订)

第一章 总 则

第一条 为了规范证券发行上市保荐业务，提高上市公司质量和证券公司执业水平，保护投资者的合法权益，促进证券市场健康发展，根据《证券法》、《国务院对确需保留的行政审批项目设定行政许可的决定》(国务院令第412号)等有关法律、行政法规，制定本办法。

第二条 发行人应当就下列事项聘请具有保荐机构资格的证券公司履行保荐职责：

(一)首次公开发行股票并上市；

(二)上市公司发行新股、可转换公司债券；

(三)中国证券监督管理委员会(以下简称"中国证监会")认定的其他情形。

第三条 证券公司从事证券发行上市保荐业务，应依照本办法规定向中国证监会申请保荐机构资格。保荐机构履行保荐职责，应当指定依照本办法规定取得保荐代表人资格的个人具体负责保荐工作。

未经中国证监会核准，任何机构和个人不得从事保荐业务。

第四条 保荐机构及其保荐代表人应当遵守法律、行政法规和中国证监会的相关规定，恪守业务规则和行业规范，诚实守信，勤勉尽责，尽职推荐发行人证券发行上市，持续督导发行人履行规范运作、信守承诺、信息披露等义务。

保荐机构及其保荐代表人不得通过从事保荐业务谋取任何不正当利益。

第五条 保荐代表人应当遵守职业道德准则，珍视和维护保荐代表人职业声誉，保持应有的职业谨慎，保持和提高专业胜任能力。

保荐代表人应当维护发行人的合法利益，对从事保荐业务过程中获知的发行人信息保密。保荐代表人应当恪守独立履行职责的原则，不因迎合发行人或者满足发行人的不当要求而丧失客观、公正的立场，不得唆使、协助或者参与发行人及证券服务机构实施非法的或者具有欺诈性的行为。

保荐代表人及其配偶不得以任何名义或者方式持有发行人的股份。

第六条 同次发行的证券，其发行保荐和上市保荐应当由同一保荐机构承担。保荐机构依法对发行人申请文件、证券发行募集文件进行核查，向中国证监会、证券交易所出具保荐意见。保荐机构应当保证所出具的文件真实、准确、完整。

证券发行规模达到一定数量的，可以采用联合保荐，但参与联合保荐的保荐机构不得超过2家。

证券发行的主承销商可以由该保荐机构担任，也可以由其他具有保荐机构资格的证券公司与该保荐机构共同担任。

第七条 发行人及其董事、监事、高级管理人员，为证券发行上市制作、出具有关文件的律师事务所、会计师事务所、资产评估机构等证券服务机构及其签字人员，应当依照法律、行政法规和中国证监会的规定，配合保荐机构及其保荐代表人履行保荐职责，并承担相应的责任。

保荐机构及其保荐代表人履行保荐职责，不能减轻或者免除发行人及其董事、监事、高级管理人员、证券服务机构及其签字人员的责任。

第八条 中国证监会依法对保荐机构及其保荐代表人进行监督管理。

中国证券业协会对保荐机构及其保荐代表人进行自律管理。

第二章 保荐机构和保荐代表人的资格管理

第九条 证券公司申请保荐机构资格，应当具备下列条件：

（一）注册资本不低于人民币1亿元，净资本不低于人民币5000万元；

（二）具有完善的公司治理和内部控制制度，风险控制指标符合相关规定；

（三）保荐业务部门具有健全的业务规程、内部风险评估和控制系统，内部机构设置合理，具备相应的研究能力、销售能力等后台支持；

（四）具有良好的保荐业务团队且专业结构合理，从业人员不少于35人，其中最近3年从事保荐相关业务的人员不少于20人；

（五）符合保荐代表人资格条件的从业人员不少于4人；

（六）最近3年内未因重大违法违规行为受到行政处罚；

（七）中国证监会规定的其他条件。

第十条 证券公司申请保荐机构资格，应当向中国证监会提交下列材料：

（一）申请报告；

（二）股东（大）会和董事会关于申请保荐机构资格的决议；

（三）公司设立批准文件；

（四）营业执照复印件；

（五）公司治理和公司内部控制制度及执行情况的说明；

（六）董事、监事、高级管理人员和主要股东情况的说明；

（七）内部风险评估和控制系统及执行情况的说明；

（八）保荐业务尽职调查制度、辅导制度、内部核查制度、持续督导制度、持续培训制度和保荐工作底稿制度的建立情况；

（九）符合规定的最近1年度净资本计算表、风险资本准备计算表和风险控制指标监管报表；

（十）保荐业务部门机构设置、分工及人员配置情况的说明；

（十一）研究、销售等后台支持部门的情况说明；

（十二）保荐业务负责人、内核负责人、保荐业务部门负责人和内核小组成员名单及其简历；

（十三）证券公司指定联络人的说明；

（十四）证券公司对申请文件真实性、准确性、完整性承担责任的承诺函，并应由其全体董事签字；

（十五）中国证监会要求的其他材料。

第十一条 个人申请保荐代表人资格，应当具备下列条件：

（一）具备3年以上保荐相关业务经历；

（二）最近3年内在本办法第二条规定的境内证券发行项目中担任过项目协办人；

（三）参加中国证监会认可的保荐代表人胜任能力考试且成绩合格有效；

（四）诚实守信，品行良好，无不良诚信记录，最近3年未受到中国证监会的行政处罚；

（五）未负有数额较大到期未清偿的债务；

（六）中国证券业协会规定的其他条件。

第十二条　证券公司和个人应当保证申请文件真实、准确、完整。申请期间，申请文件内容发生重大变化的，应当自变化之日起2个工作日内向中国证监会提交更新资料。

第十三条　中国证监会依法受理、审查申请文件。对保荐机构资格的申请，自受理之日起45个工作日内做出核准或者不予核准的书面决定。

第十四条　证券公司取得保荐机构资格后，应当持续符合本办法第九条规定的条件。保荐机构因重大违法违规行为受到行政处罚的，中国证监会撤销其保荐机构资格；不再具备第九条规定其他条件的，中国证监会可责令其限期整改，逾期仍然不符合要求的，中国证监会撤销其保荐机构资格。

第十五条　中国证监会依法对保荐机构进行注册登记管理。

第十六条　保荐机构的注册登记事项包括：

（一）保荐机构名称、成立时间、注册资本、注册地址、主要办公地址和法定代表人；

（二）保荐机构的主要股东情况；

（三）保荐机构的董事、监事和高级管理人员情况；

（四）保荐机构的保荐业务负责人、内核负责人情况；

（五）保荐机构的保荐业务部门负责人情况；

（六）保荐机构的保荐业务部门机构设置、分工及人员配置情况；

（七）保荐机构的执业情况；

（八）中国证监会要求的其他事项。

第十七条　保荐机构注册登记事项发生变化的，保荐机构应当自变化之日起5个工作日内向中国证监会书面报告，由中国证监会予以变更登记。

第十八条　保荐机构应当于每年4月份向中国证监会报送年度执业报告。年度执业报告应当包括以下内容：

（一）保荐机构、保荐代表人年度执业情况的说明；

（二）保荐机构对保荐代表人尽职调查工作日志检查情况的说明；

（三）保荐机构对保荐代表人的年度考核、评定情况；

（四）保荐机构、保荐代表人其他重大事项的说明；

（五）保荐机构对年度执业报告真实性、准确性、完整性承担责任的承诺函，并应由其法定代表人签字；

（六）中国证监会要求的其他事项。

第三章 保荐职责

第十九条 保荐机构应当尽职推荐发行人证券发行上市。

发行人证券上市后，保荐机构应当持续督导发行人履行规范运作、信守承诺、信息披露等义务。

第二十条 保荐机构推荐发行人证券发行上市，应当遵循诚实守信、勤勉尽责的原则，按照中国证监会对保荐机构尽职调查工作的要求，对发行人进行全面调查，充分了解发行人的经营状况及其面临的风险和问题。

第二十一条 保荐机构在推荐发行人首次公开发行股票并上市前，应当对发行人进行辅导，对发行人的董事、监事和高级管理人员、持有5%以上股份的股东和实际控制人（或者其法定代表人）进行系统的法规知识、证券市场知识培训，使其全面掌握发行上市、规范运作等方面的有关法律法规和规则，知悉信息披露和履行承诺等方面的责任和义务，树立进入证券市场的诚信意识、自律意识和法制意识。

第二十二条 保荐机构辅导工作完成后，应由发行人所在地的中国证监会派出机构进行辅导验收。

第二十三条 保荐机构应当与发行人签订保荐协议，明确双方的权利和义务，按照行业规范协商确定履行保荐职责的相关费用。

保荐协议签订后，保荐机构应在5个工作日内报发行人所在地的中国证监会派出机构备案。

第二十四条 保荐机构应当确信发行人符合法律、行政法规和中国证监会的有关规定，方推荐其证券发行上市。

保荐机构决定推荐发行人证券发行上市的，可以根据发行人的委托，组织编制申请文件并出具推荐文件。

第二十五条 对发行人申请文件、证券发行募集文件中有证券服务机构及其签字人员出具专业意见的内容，保荐机构应当结合尽职调查过程中获得的信息对其进行审慎核查，对发行人提供的资料和披露的内容进行独立判断。

保荐机构所作的判断与证券服务机构的专业意见存在重大差异的，

应当对有关事项进行调查、复核，并可聘请其他证券服务机构提供专业服务。

第二十六条　对发行人申请文件、证券发行募集文件中无证券服务机构及其签字人员专业意见支持的内容，保荐机构应当获得充分的尽职调查证据，在对各种证据进行综合分析的基础上对发行人提供的资料和披露的内容进行独立判断，并有充分理由确信所作的判断与发行人申请文件、证券发行募集文件的内容不存在实质性差异。

第二十七条　保荐机构推荐发行人发行证券，应当向中国证监会提交发行保荐书、保荐代表人专项授权书以及中国证监会要求的其他与保荐业务有关的文件。发行保荐书应当包括下列内容：

（一）逐项说明本次发行是否符合《公司法》、《证券法》规定的发行条件和程序；

（二）逐项说明本次发行是否符合中国证监会的有关规定，并载明得出每项结论的查证过程及事实依据；

（三）发行人存在的主要风险；

（四）对发行人发展前景的评价；

（五）保荐机构内部审核程序简介及内核意见；

（六）保荐机构与发行人的关联关系；

（七）相关承诺事项；

（八）中国证监会要求的其他事项。

第二十八条　保荐机构推荐发行人证券上市，应当向证券交易所提交上市保荐书以及证券交易所要求的其他与保荐业务有关的文件，并报中国证监会备案。上市保荐书应当包括下列内容：

（一）逐项说明本次证券上市是否符合《公司法》、《证券法》及证券交易所规定的上市条件；

（二）对发行人证券上市后持续督导工作的具体安排；

（三）保荐机构与发行人的关联关系；

（四）相关承诺事项；

（五）中国证监会或者证券交易所要求的其他事项。

第二十九条　在发行保荐书和上市保荐书中，保荐机构应当就下列事项做出承诺：

（一）有充分理由确信发行人符合法律法规及中国证监会有关证券发行上市的相关规定；

（二）有充分理由确信发行人申请文件和信息披露资料不存在虚假记载、误导性陈述或者重大遗漏；

（三）有充分理由确信发行人及其董事在申请文件和信息披露资料中表达意见的依据充分合理；

（四）有充分理由确信申请文件和信息披露资料与证券服务机构发表的意见不存在实质性差异；

（五）保证所指定的保荐代表人及本保荐机构的相关人员已勤勉尽责，对发行人申请文件和信息披露资料进行了尽职调查、审慎核查；

（六）保证保荐书、与履行保荐职责有关的其他文件不存在虚假记载、误导性陈述或者重大遗漏；

（七）保证对发行人提供的专业服务和出具的专业意见符合法律、行政法规、中国证监会的规定和行业规范；

（八）自愿接受中国证监会依照本办法采取的监管措施；

（九）中国证监会规定的其他事项。

第三十条 保荐机构提交发行保荐书后，应当配合中国证监会的审核，并承担下列工作：

（一）组织发行人及证券服务机构对中国证监会的意见进行答复；

（二）按照中国证监会的要求对涉及本次证券发行上市的特定事项进行尽职调查或者核查；

（三）指定保荐代表人与中国证监会职能部门进行专业沟通，保荐代表人在发行审核委员会会议上接受委员质询；

（四）中国证监会规定的其他工作。

第三十一条 保荐机构应当针对发行人的具体情况，确定证券发行上市后持续督导的内容，督导发行人履行有关上市公司规范运作、信守承诺和信息披露等义务，审阅信息披露文件及向中国证监会、证券交易所提交的其他文件，并承担下列工作：

（一）督导发行人有效执行并完善防止控股股东、实际控制人、其他关联方违规占用发行人资源的制度；

（二）督导发行人有效执行并完善防止其董事、监事、高级管理人员利用职务之便损害发行人利益的内控制度；

（三）督导发行人有效执行并完善保障关联交易公允性和合规性的制度，并对关联交易发表意见；

（四）持续关注发行人募集资金的专户存储、投资项目的实施等承诺事项；

（五）持续关注发行人为他人提供担保等事项，并发表意见；

（六）中国证监会、证券交易所规定及保荐协议约定的其他工作。

第三十二条 首次公开发行股票并在主板上市的，持续督导的期间为证券上市当年剩余时间及其后2个完整会计年度；主板上市公司发行新股、可转换公司债券的，持续督导的期间为证券上市当年剩余时间及其后1个完整会计年度。

首次公开发行股票并在创业板上市的，持续督导的期间为证券上市当年剩余时间及其后3个完整会计年度；创业板上市公司发行新股、可转换公司债券的，持续督导的期间为证券上市当年剩余时间及其后2个完整会计年度。

首次公开发行股票并在创业板上市的，持续督导期内保荐机构应当自发行人披露年度报告、中期报告之日起15个工作日内在中国证监会指定网站披露跟踪报告，对本办法第三十五条所涉及的事项，进行分析并发表独立意见。发行人临时报告披露的信息涉及募集资金、关联交易、委托理财、为他人提供担保等重大事项的，保荐机构应当自临时报告披露之日起10个工作日内进行分析并在中国证监会指定网站发表独立意见。

持续督导的期间自证券上市之日起计算。

第三十三条 持续督导期届满，如有尚未完结的保荐工作，保荐机构应当继续完成。

保荐机构在履行保荐职责期间未勤勉尽责的，其责任不因持续督导期届满而免除或者终止。

第四章 保荐业务规程

第三十四条 保荐机构应当建立健全保荐工作的内部控制体系，切实保证保荐业务负责人、内核负责人、保荐业务部门负责人、保荐代表人、项目协办人及其他保荐业务相关人员勤勉尽责，严格控制风险，提高保荐业务整体质量。

第三十五条 保荐机构应当建立健全证券发行上市的尽职调查制度、辅导制度、对发行上市申请文件的内部核查制度、对发行人证券上市后的持续督导制度。

第三十六条 保荐机构应当建立健全对保荐代表人及其他保荐业务相关人员的持续培训制度。

第三十七条 保荐机构应当建立健全工作底稿制度，为每一项目建立独立的保荐工作底稿。

保荐代表人必须为其具体负责的每一项目建立尽职调查工作日志，作为保荐工作底稿的一部分存档备查；保荐机构应当定期对尽职调查工作日志进行检查。

保荐工作底稿应当真实、准确、完整地反映整个保荐工作的全过程，保存期不少于10年。

第三十八条 保荐机构的保荐业务负责人、内核负责人负责监督、执行保荐业务各项制度并承担相应的责任。

第三十九条 保荐机构及其控股股东、实际控制人、重要关联方持有发行人的股份合计超过7%，或者发行人持有、控制保荐机构的股份超过7%的，保荐机构在推荐发行人证券发行上市时，应联合1家无关联保荐机构共同履行保荐职责，且该无关联保荐机构为第一保荐机构。

第四十条 刊登证券发行募集文件前终止保荐协议的，保荐机构和发行人应当自终止之日起5个工作日内分别向中国证监会报告，说明原因。

第四十一条 刊登证券发行募集文件以后直至持续督导工作结束，保荐机构和发行人不得终止保荐协议，但存在合理理由的情形除外。发行人因再次申请发行证券另行聘请保荐机构、保荐机构被中国证监会撤销保荐机构资格的，应当终止保荐协议。

终止保荐协议的，保荐机构和发行人应当自终止之日起5个工作日内向中国证监会、证券交易所报告，说明原因。

第四十二条 持续督导期间，保荐机构被撤销保荐机构资格的，发行人应当在1个月内另行聘请保荐机构，未在规定期限内另行聘请的，中国证监会可以为其指定保荐机构。

第四十三条 另行聘请的保荐机构应当完成原保荐机构未完成的持续督导工作。

因原保荐机构被撤销保荐机构资格而另行聘请保荐机构的，另行聘请的保荐机构持续督导的时间不得少于1个完整的会计年度。

另行聘请的保荐机构应当自保荐协议签订之日起开展保荐工作并承担相应的责任。原保荐机构在履行保荐职责期间未勤勉尽责的，其责任不因保荐机构的更换而免除或者终止。

第四十四条 保荐机构应当指定2名保荐代表人具体负责1家发行人的保荐工作，出具由法定代表人签字的专项授权书，并确保保荐机构有关部门和人员有效分工协作。保荐机构可以指定1名项目协办人。

第四十五条 证券发行后，保荐机构不得更换保荐代表人，但因保荐代表人离职或者被撤销保荐代表人资格的，应当更换保荐代表人。

保荐机构更换保荐代表人的，应当通知发行人，并在5个工作日内向中国证监会、证券交易所报告，说明原因。原保荐代表人在具体负责保荐工作期间未勤勉尽责的，其责任不因保荐代表人的更换而免除或者终止。

第四十六条 保荐机构法定代表人、保荐业务负责人、内核负责人、保荐代表人和项目协办人应当在发行保荐书上签字，保荐机构法定代表人、保荐代表人应同时在证券发行募集文件上签字。

第四十七条 保荐机构应将履行保荐职责时发表的意见及时告知发行人，同时在保荐工作底稿中保存，并可依照本办法规定公开发表声明、向中国证监会或者证券交易所报告。

第四十八条 持续督导工作结束后，保荐机构应当在发行人公告年度报告之日起的10个工作日内向中国证监会、证券交易所报送保荐总结报告书。保荐机构法定代表人和保荐代表人应当在保荐总结报告书上签字。

保荐总结报告书应当包括下列内容：

（一）发行人的基本情况；

（二）保荐工作概述；

（三）履行保荐职责期间发生的重大事项及处理情况；

（四）对发行人配合保荐工作情况的说明及评价；

（五）对证券服务机构参与证券发行上市相关工作情况的说明及评价；

（六）中国证监会要求的其他事项。

第四十九条 保荐代表人及其他保荐业务相关人员属于内幕信息的知情人员，应当遵守法律、行政法规和中国证监会的规定，不得利用内幕信息直接或者间接为保荐机构、本人或者他人谋取不正当利益。

第五章 保荐业务协调

第五十条 保荐机构及其保荐代表人履行保荐职责可对发行人行使下列权利：

（一）要求发行人按照本办法规定和保荐协议约定的方式，及时通报信息；

（二）定期或者不定期对发行人进行回访，查阅保荐工作需要的发行人材料；

（三）列席发行人的股东大会、董事会和监事会；

（四）对发行人的信息披露文件及向中国证监会、证券交易所提交的其他文件进行事前审阅；

（五）对有关部门关注的发行人相关事项进行核查，必要时可聘请相关证券服务机构配合；

（六）按照中国证监会、证券交易所信息披露规定，对发行人违法违规的事项发表公开声明；

（七）中国证监会规定或者保荐协议约定的其他权利。

第五十一条 发行人有下列情形之一的，应当及时通知或者咨询保荐机构，并将相关文件送交保荐机构：

（一）变更募集资金及投资项目等承诺事项；

（二）发生关联交易、为他人提供担保等事项；

（三）履行信息披露义务或者向中国证监会、证券交易所报告有关事项；

（四）发生违法违规行为或者其他重大事项；

（五）中国证监会规定或者保荐协议约定的其他事项。

第五十二条 证券发行前，发行人不配合保荐机构履行保荐职责的，保荐机构应当发表保留意见，并在发行保荐书中予以说明；情节严重的，应当不予保荐，已保荐的应当撤销保荐。

第五十三条 证券发行后，保荐机构有充分理由确信发行人可能存在违法违规行为以及其他不当行为的，应当督促发行人做出说明并限期纠正；情节严重的，应当向中国证监会、证券交易所报告。

第五十四条 保荐机构应当组织协调证券服务机构及其签字人员参与证券发行上市的相关工作。

发行人为证券发行上市聘用的会计师事务所、律师事务所、资产评估机构以及其他证券服务机构，保荐机构有充分理由认为其专业能力存在明显缺陷的，可以向发行人建议更换。

第五十五条 保荐机构对证券服务机构及其签字人员出具的专业意见存有疑义的，应当主动与证券服务机构进行协商，并可要求其做出解释或者出具依据。

第五十六条 保荐机构有充分理由确信证券服务机构及其签字人员出具的专业意见可能存在虚假记载、误导性陈述或重大遗漏等违法违规情形或者其他不当情形的，应当及时发表意见；情节严重的，应当向中国证监会、证券交易所报告。

第五十七条 证券服务机构及其签字人员应当保持专业独立性，对保荐机构提出的疑义或者意见进行审慎的复核判断，并向保荐机构、发行人及时发表意见。

第六章 监管措施和法律责任

第五十八条 中国证监会可以对保荐机构及其保荐代表人从事保荐业务的情况进行定期或者不定期现场检查，保荐机构及其保荐代表人应当积极配合检查，如实提供有关资料，不得拒绝、阻挠、逃避检查，不得谎报、隐匿、销毁相关证据材料。

第五十九条 中国证监会对保荐机构及其相关人员进行持续动态的跟踪管理，记录其业务资格、执业情况、违法违规行为、其他不良行为以及对其采取的监管措施等。保荐信用记录向社会公布。

第六十条 自保荐机构向中国证监会提交保荐文件之日起，保荐机构及其保荐代表人承担相应的责任。

第六十一条 保荐机构资格申请文件存在虚假记载、误导性陈述或者重大遗漏的，中国证监会不予核准；已核准的，撤销其保荐机构资格。

第六十二条 保荐机构、保荐代表人、保荐业务负责人和内核负责人违反本办法，未诚实守信、勤勉尽责地履行相关义务的，中国证监会责令改正，并对其采取监管谈话、重点关注、责令进行业务学习、出具警示函、责令公开说明、认定为不适当人选等监管措施；依法应给予行政处罚的，依照有关规定进行处罚；情节严重涉嫌犯罪的，依法移送司法机关，追究其刑事责任。

第六十三条 保荐机构出现下列情形之一的，中国证监会自确认之日起暂停其保荐机构资格3个月；情节严重的，暂停其保荐机构资格

6个月，并可以责令保荐机构更换保荐业务负责人、内核负责人；情节特别严重的，撤销其保荐机构资格：

（一）向中国证监会、证券交易所提交的与保荐工作相关的文件存在虚假记载、误导性陈述或者重大遗漏；

（二）内部控制制度未有效执行；

（三）尽职调查制度、内部核查制度、持续督导制度、保荐工作底稿制度未有效执行；

（四）保荐工作底稿存在虚假记载、误导性陈述或者重大遗漏；

（五）唆使、协助或者参与发行人及证券服务机构提供存在虚假记载、误导性陈述或者重大遗漏的文件；

（六）唆使、协助或者参与发行人干扰中国证监会及其发行审核委员会的审核工作；

（七）通过从事保荐业务谋取不正当利益；

（八）严重违反诚实守信、勤勉尽责义务的其他情形。

第六十四条 保荐代表人出现下列情形之一的，中国证监会可根据情节轻重，自确认之日起3个月到12个月内不受理相关保荐代表人具体负责的推荐；情节特别严重的，撤销其保荐代表人资格：

（一）尽职调查工作日志缺失或者遗漏、隐瞒重要问题；

（二）未完成或者未参加辅导工作；

（三）未参加持续督导工作，或者持续督导工作未勤勉尽责；

（四）因保荐业务或其具体负责保荐工作的发行人在保荐期间内受到证券交易所、中国证券业协会公开谴责；

（五）唆使、协助或者参与发行人干扰中国证监会及其发行审核委员会的审核工作；

（六）严重违反诚实守信、勤勉尽责义务的其他情形。

第六十五条 保荐代表人出现下列情形之一的，中国证监会撤销其保荐代表人资格；情节严重的，对其采取证券市场禁入的措施：

（一）在与保荐工作相关文件上签字推荐发行人证券发行上市，但未参加尽职调查工作，或者尽职调查工作不彻底、不充分，明显不符合业务规则和行业规范；

（二）通过从事保荐业务谋取不正当利益；

（三）本人及其配偶持有发行人的股份；

（四）唆使、协助或者参与发行人及证券服务机构提供存在虚假记载、误导性陈述或者重大遗漏的文件；

（五）参与组织编制的与保荐工作相关文件存在虚假记载、误导性陈述或者重大遗漏。

第六十六条 保荐机构、保荐代表人因保荐业务涉嫌违法违规处于立案调查期间的，中国证监会暂不受理该保荐机构的推荐；暂不受理相关保荐代表人具体负责的推荐。

第六十七条 发行人出现下列情形之一的，中国证监会自确认之日起暂停保荐机构的保荐机构资格3个月，撤销相关人员的保荐代表人资格：

（一）证券发行募集文件等申请文件存在虚假记载、误导性陈述或者重大遗漏；

（二）公开发行证券上市当年即亏损；

（三）持续督导期间信息披露文件存在虚假记载、误导性陈述或者重大遗漏。

第六十八条 发行人在持续督导期间出现下列情形之一的，中国证监会可根据情节轻重，自确认之日起3个月到12个月内不受理相关保荐代表人具体负责的推荐；情节特别严重的，撤销相关人员的保荐代表人资格：

（一）证券上市当年累计50%以上募集资金的用途与承诺不符；

（二）公开发行证券并在主板上市当年营业利润比上年下滑50%以上；

（三）首次公开发行股票并上市之日起12个月内控股股东或者实际控制人发生变更；

（四）首次公开发行股票并上市之日起12个月内累计50%以上资产或者主营业务发生重组；

（五）上市公司公开发行新股、可转换公司债券之日起12个月内累计50%以上资产或者主营业务发生重组，且未在证券发行募集文件中披露；

（六）实际盈利低于盈利预测达20%以上；

（七）关联交易显失公允或者程序违规，涉及金额较大；

（八）控股股东、实际控制人或其他关联方违规占用发行人资源，涉及金额较大；

（九）违规为他人提供担保，涉及金额较大；

（十）违规购买或出售资产、借款、委托资产管理等，涉及金额较大；

（十一）董事、监事、高级管理人员侵占发行人利益受到行政处罚或者被追究刑事责任；

（十二）违反上市公司规范运作和信息披露等有关法律法规，情节严重的；

（十三）中国证监会规定的其他情形。

第六十九条 保荐代表人被暂不受理具体负责的推荐或者被撤销保荐代表人资格的，保荐业务负责人、内核负责人应承担相应的责任，对已受理的该保荐代表人具体负责推荐的项目，保荐机构应当撤回推荐；情节严重的，责令保荐机构就各项保荐业务制度限期整改，责令保荐机构更换保荐业务负责人、内核负责人，逾期仍然不符合要求的，撤销其保荐机构资格。

第七十条 保荐机构、保荐业务负责人或者内核负责人在1个自然年度内被采取本办法第六十六条规定监管措施累计5次以上，中国证监会可暂停保荐机构的保荐机构资格3个月，责令保荐机构更换保荐业务负责人、内核负责人。

保荐代表人在2个自然年度内被采取本办法第六十六条规定监管措施累计2次以上，中国证监会可6个月内不受理相关保荐代表人具体负责的推荐。

第七十一条 对中国证监会采取的监管措施，保荐机构及其保荐代表人提出申辩的，如有充分证据证明下列事实且理由成立，中国证监会予以采纳：

（一）发行人或其董事、监事、高级管理人员故意隐瞒重大事实，保荐机构和保荐代表人已履行勤勉尽责义务；

（二）发行人已在证券发行募集文件中做出特别提示，保荐机构和保荐代表人已履行勤勉尽责义务；

（三）发行人因不可抗力致使业绩、募集资金运用等出现异常或者未能履行承诺；

（四）发行人及其董事、监事、高级管理人员在持续督导期间故意违法违规，保荐机构和保荐代表人主动予以揭示，已履行勤勉尽责义务；

（五）保荐机构、保荐代表人已履行勤勉尽责义务的其他情形。

第七十二条 发行人及其董事、监事、高级管理人员违反本办法规定，变更保荐机构后未另行聘请保荐机构，持续督导期间违法违规且拒不纠正，发生重大事项未及时通知保荐机构，或者发生其他严重不配合保荐工作情形的，中国证监会可以责令改正，予以公布并可根据情节轻重采取下列监管措施：

（一）要求发行人每月向中国证监会报告接受保荐机构督导的情况；

（二）要求发行人披露月度财务报告、相关资料；

（三）指定证券服务机构进行核查；

（四）要求证券交易所对发行人证券的交易实行特别提示；

（五）36个月内不受理其发行证券申请；

（六）将直接负责的主管人员和其他责任人员认定为不适当人选。

第七十三条 证券服务机构及其签字人员违反本办法规定的，中国证监会责令改正，并对相关机构和责任人员采取监管谈话、重点关注、出具警示函、责令公开说明、认定为不适当人选等监管措施。

第七十四条 证券服务机构及其签字人员出具的专业意见存在虚假记载、误导性陈述或重大遗漏，或者因不配合保荐工作而导致严重后果的，中国证监会自确认之日起6个月到36个月内不受理其文件，并将处理结果予以公布。

第七十五条 发行人及其董事、监事、高级管理人员、证券服务机构及其签字人员违反法律、行政法规，依法应予行政处罚的，依照有关规定进行处罚；涉嫌犯罪的，依法移送司法机关，追究其刑事责任。

第七章 附 则

第七十六条 本办法所称“保荐机构”，是指《证券法》第十一条所指“保荐人”。

第七十七条 本办法实施前从事证券发行上市保荐业务的保荐机构，不完全符合本办法规定的，应当在本办法实施之日起3个月内达到本办法规定的要求，并由中国证监会组织验收。逾期仍然不符合要求的，中国证监会撤销其保荐机构资格。

第七十八条 本办法自2008年12月1日起施行，《证券发行上市保荐制度暂行办法》（中国证券监督管理委员会令第18号）、《首次公开发行股票辅导工作办法》（证监发〔2001〕125号）同时废止。

相关裁判摘要

“胡冰与中国证券监督管理委员会其他二审行政判决书”［**北京市高级人民法院行政判决书（2016）京行终5336号**］认为，保荐人之保荐是股票得以上市发行的必要条件，其权重远高于其他证券中介机构。相关裁判摘要如下：

> 根据《证券法》第十一条的规定,发行人申请公开发行股票,依法采取承销方式的,应当聘请具有保荐资格的机构担任保荐人。参照《证券发行上市保荐业务管理办法》第一条的规定,证券保荐制度的建立目的在于借助市场约束机制,通过发挥保荐人“第一看门人”的作用,提高上市公司质量、保护投资者的合法权益、促进证券市场健康发展。据此,保荐人之保荐是股票得以上市发行的必要条件,其权重远高于其他证券中介机构。同时,考虑到证券监管实践中保荐人与发行人之间事实上存在的利益牵连关系,故为充分达成上述保荐制度的设立目的,应对保荐人的依法履职情况施以严格监管。
>
> 本案中,在案证据可以证明,在涉案IPO项目的保荐过程中,南京证券屡次虚假记载,严重违反诚实信用的职业品格,同时针对中国证监会要求重点核查的事项,亦未给予足够重视、未以应有的职业谨慎履行勤勉尽责的审慎核查义务,未履行保荐人应当承担的证券发行环节“第一看门人”的法定职责。本院注意到,在中国证监会另案处理新大地的行政决定中,认定了新大地通过多记销售额,以及通过梅州绿康、曼陀神露等关联账户虚增年度利润总额等作假行为。南京证券的违法违规行为,客观上为上述作假行为进行了背书,并为新大地顺利通过中国证监会的发审会提供了便利,极大地弱化了保荐制度在涉案IPO项目中的应有作用,严重扰乱了证券市场秩序、动摇了市场信心。中国证监会基于保荐制度的重要性,结合南京证券违法主观状态、情节和严重后果以及上诉人的法律地位,给予上诉人终身市场禁入的行政监管措施,符合保荐制度的设立目的,对上诉人造成之影响与该措施旨在保护的公共利益之间保持了适度比例,并不存在明显不当之情形。

第十二条 【发起设立股份公司并公开发行股票的条件】设立股份有限公司公开发行股票,应当符合《中华人民共和国公司法》规定的条件和经国务院批准的国务院证券监督管理机构规定的其他条件,向国务院证券监督管理机构报送募股申请和下列文件:

(一)公司章程;

(二)发起人协议;

(三)发起人姓名或者名称,发起人认购的股份数、出资种类及验资证明;

(四)招股说明书;

（五）代收股款银行的名称及地址；

（六）承销机构名称及有关的协议。

依照本法规定聘请保荐人的，还应当报送保荐人出具的发行保荐书。

法律、行政法规规定设立公司必须报经批准的，还应当提交相应的批准文件。

相关法律条文

《中华人民共和国公司法》（2013年12月28日第三次修正，2014年3月1日起实施）对募集设立股份有限公司的规定如下：

第八十四条 以募集设立方式设立股份有限公司的，发起人认购的股份不得少于公司股份总数的35%；但是，法律、行政法规另有规定的，从其规定。

第八十五条 发起人向社会公开募集股份，必须公告招股说明书，并制作认股书。认股书应当载明本法第八十六条所列事项，由认股人填写认购股数、金额、住所，并签名、盖章。认股人按照所认购股数缴纳股款。

第八十六条 招股说明书应当附有发起人制订的公司章程，并载明下列事项：

（一）发起人认购的股份数；

（二）每股的票面金额和发行价格；

（三）无记名股票的发行总数；

（四）募集资金的用途；

（五）认股人的权利、义务；

（六）本次募股的起止期限及逾期未募足时认股人可以撤回所认股份的说明。

第八十七条 发起人向社会公开募集股份，应当由依法设立的证券公司承销，签订承销协议。

第八十八条 发起人向社会公开募集股份，应当同银行签订代收股款协议。

代收股款的银行应当按照协议代收和保存股款，向缴纳股款的认股人出具收款单据，并负有向有关部门出具收款证明的义务。

第十三条 【公司公开发行新股的条件】公司公开发行新股，应当符合下列条件：

（一）具备健全且运行良好的组织机构；

（二）具有持续盈利能力，财务状况良好；

（三）最近三年财务会计文件无虚假记载，无其他重大违法行为；

（四）经国务院批准的国务院证券监督管理机构规定的其他条件。

上市公司非公开发行新股，应当符合经国务院批准的国务院证券监督管理机构规定的条件，并报国务院证券监督管理机构核准。

相关法律条文

《首次公开发行股票并上市管理办法》（2018年6月6日修订并施行）第二章规定了股份公司首次公开发行股票并在主板（含中小企业板）上市的条件：

第一节 主体资格

第八条 发行人应当是依法设立且合法存续的股份有限公司。

经国务院批准，有限责任公司在依法变更为股份有限公司时，可以采取募集设立方式公开发行股票。

第九条 发行人自股份有限公司成立后，持续经营时间应当在3年以上，但经国务院批准的除外。

有限责任公司按原账面净资产值折股整体变更为股份有限公司的，持续经营时间可以从有限责任公司成立之日起计算。

第十条 发行人的注册资本已足额缴纳，发起人或者股东用作出资的资产的财产权转移手续已办理完毕，发行人的主要资产不存在重大权属纠纷。

第十一条 发行人的生产经营符合法律、行政法规和公司章程的规定，符合国家产业政策。

第十二条 发行人最近3年内主营业务和董事、高级管理人员没有发生重大变化，实际控制人没有发生变更。

第十三条 发行人的股权清晰，控股股东和受控股股东、实际控制人支配的股东持有的发行人股份不存在重大权属纠纷。

第二节 规范运行

第十四条 发行人已经依法建立健全股东大会、董事会、监事会、独立董事、董事会秘书制度，相关机构和人员能够依法履行职责。

第十五条 发行人的董事、监事和高级管理人员已经了解与股票发行上市有关的法律法规,知悉上市公司及其董事、监事和高级管理人员的法定义务和责任。

第十六条 发行人的董事、监事和高级管理人员符合法律、行政法规和规章规定的任职资格,且不得有下列情形:

(一)被中国证监会采取证券市场禁入措施尚在禁入期的;

(二)最近36个月内受到中国证监会行政处罚,或者最近12个月内受到证券交易所公开谴责;

(三)因涉嫌犯罪被司法机关立案侦查或者涉嫌违法违规被中国证监会立案调查,尚未有明确结论意见。

第十七条 发行人的内部控制制度健全且被有效执行,能够合理保证财务报告的可靠性、生产经营的合法性、营运的效率与效果。

第十八条 发行人不得有下列情形:

(一)最近36个月内未经法定机关核准,擅自公开或者变相公开发行过证券;或者有关违法行为虽然发生在36个月前,但目前仍处于持续状态;

(二)最近36个月内违反工商、税收、土地、环保、海关以及其他法律、行政法规,受到行政处罚,且情节严重;

(三)最近36个月内曾向中国证监会提出发行申请,但报送的发行申请文件有虚假记载、误导性陈述或重大遗漏;或者不符合发行条件以欺骗手段骗取发行核准;或者以不正当手段干扰中国证监会及其发行审核委员会审核工作;或者伪造、变造发行人或其董事、监事、高级管理人员的签字、盖章;

(四)本次报送的发行申请文件有虚假记载、误导性陈述或者重大遗漏;

(五)涉嫌犯罪被司法机关立案侦查,尚未有明确结论意见;

(六)严重损害投资者合法权益和社会公共利益的其他情形。

第十九条 发行人的公司章程中已明确对外担保的审批权限和审议程序,不存在为控股股东、实际控制人及其控制的其他企业进行违规担保的情形。

第二十条 发行人有严格的资金管理制度,不得有资金被控股股东、实际控制人及其控制的其他企业以借款、代偿债务、代垫款项或者其他方式占用的情形。

第三节 财务与会计

第二十一条 发行人资产质量良好，资产负债结构合理，盈利能力较强，现金流量正常。

第二十二条 发行人的内部控制在所有重大方面是有效的，并由注册会计师出具了无保留结论的内部控制鉴证报告。

第二十三条 发行人会计基础工作规范，财务报表的编制符合企业会计准则和相关会计制度的规定，在所有重大方面公允地反映了发行人的财务状况、经营成果和现金流量，并由注册会计师出具了无保留意见的审计报告。

第二十四条 发行人编制财务报表应以实际发生的交易或者事项为依据；在进行会计确认、计量和报告时应当保持应有的谨慎；对相同或者相似的经济业务，应选用一致的会计政策，不得随意变更。

第二十五条 发行人应完整披露关联方关系并按重要性原则恰当披露关联交易。关联交易价格公允，不存在通过关联交易操纵利润的情形。

第二十六条 发行人应当符合下列条件：

（一）最近3个会计年度净利润均为正数且累计超过人民币3000万元，净利润以扣除非经常性损益前后较低者为计算依据；

（二）最近3个会计年度经营活动产生的现金流量净额累计超过人民币5000万元；或者最近3个会计年度营业收入累计超过人民币3亿元；

（三）发行前股本总额不少于人民币3000万元；

（四）最近一期末无形资产（扣除土地使用权、水面养殖权和采矿权等后）占净资产的比例不高于20%；

（五）最近一期末不存在未弥补亏损。

中国证监会根据《关于开展创新企业境内发行股票或存托凭证试点的若干意见》等规定认定的试点企业（以下简称试点企业），可不适用前款第（一）项、第（五）项规定。

第二十七条 发行人依法纳税，各项税收优惠符合相关法律法规的规定。发行人的经营成果对税收优惠不存在严重依赖。

第二十八条 发行人不存在重大偿债风险，不存在影响持续经营的担保、诉讼以及仲裁等重大或有事项。

第二十九条 发行人申报文件中不得有下列情形:

(一)故意遗漏或虚构交易、事项或者其他重要信息;

(二)滥用会计政策或者会计估计;

(三)操纵、伪造或篡改编制财务报表所依据的会计记录或者相关凭证。

第三十条 发行人不得有下列影响持续盈利能力的情形:

(一)发行人的经营模式、产品或服务的品种结构已经或者将发生重大变化,并对发行人的持续盈利能力构成重大不利影响;

(二)发行人的行业地位或发行人所处行业的经营环境已经或者将发生重大变化,并对发行人的持续盈利能力构成重大不利影响;

(三)发行人最近1个会计年度的营业收入或净利润对关联方或者存在重大不确定性的客户存在重大依赖;

(四)发行人最近1个会计年度的净利润主要来自合并财务报表范围以外的投资收益;

(五)发行人在用的商标、专利、专有技术以及特许经营权等重要资产或技术的取得或者使用存在重大不利变化的风险;

(六)其他可能对发行人持续盈利能力构成重大不利影响的情形。

《首次公开发行股票并在创业板上市管理办法》(2018年6月6日修订并施行)第二章规定了股份公司首次公开发行股票并在创业板上市的条件:

第十一条 发行人申请首次公开发行股票应当符合下列条件:

(一)发行人是依法设立且持续经营三年以上的股份有限公司。有限责任公司按原账面净资产值折股整体变更为股份有限公司的,持续经营时间可以从有限责任公司成立之日起计算;

(二)最近两年连续盈利,最近两年净利润累计不少于一千万元;或者最近一年盈利,最近一年营业收入不少于五千万元。净利润以扣除非经常性损益前后孰低者为计算依据;

(三)最近一期末净资产不少于二千万元,且不存在未弥补亏损;

(四)发行后股本总额不少于三千万元。

中国证监会根据《关于开展创新企业境内发行股票或存托凭证试点的若干意见》等规定认定的试点企业(以下简称试点企业),可不适用前款第(二)项规定和第(三)项"不存在未弥补亏损"的规定。

第十二条 发行人的注册资本已足额缴纳，发起人或者股东用作出资的资产的财产权转移手续已办理完毕。

发行人的主要资产不存在重大权属纠纷。

第十三条 发行人应当主要经营一种业务，其生产经营活动符合法律、行政法规和公司章程的规定，符合国家产业政策及环境保护政策。

第十四条 发行人最近两年内主营业务和董事、高级管理人员均没有发生重大变化，实际控制人没有发生变更。

第十五条 发行人的股权清晰，控股股东和受控股股东、实际控制人支配的股东所持发行人的股份不存在重大权属纠纷。

第十六条 发行人具有完善的公司治理结构，依法建立健全股东大会、董事会、监事会以及独立董事、董事会秘书、审计委员会制度，相关机构和人员能够依法履行职责。

发行人应当建立健全股东投票计票制度，建立发行人与股东之间的多元化纠纷解决机制，切实保障投资者依法行使收益权、知情权、参与权、监督权、求偿权等股东权利。

第十七条 发行人会计基础工作规范，财务报表的编制和披露符合企业会计准则和相关信息披露规则的规定，在所有重大方面公允地反映了发行人的财务状况、经营成果和现金流量，并由注册会计师出具无保留意见的审计报告。

第十八条 发行人内部控制制度健全且被有效执行，能够合理保证公司运行效率、合法合规和财务报告的可靠性，并由注册会计师出具无保留结论的内部控制鉴证报告。

第十九条 发行人的董事、监事和高级管理人员应当忠实、勤勉，具备法律、行政法规和规章规定的资格，且不存在下列情形：

（一）被中国证监会采取证券市场禁入措施尚在禁入期的；

（二）最近三年内受到中国证监会行政处罚，或者最近一年内受到证券交易所公开谴责的；

（三）因涉嫌犯罪被司法机关立案侦查或者涉嫌违法违规被中国证监会立案调查，尚未有明确结论意见的。

第二十条 发行人及其控股股东、实际控制人最近三年内不存在损害投资者合法权益和社会公共利益的重大违法行为。

发行人及其控股股东、实际控制人最近三年内不存在未经法定机关核准,擅自公开或者变相公开发行证券,或者有关违法行为虽然发生在三年前,但目前仍处于持续状态的情形。

《上市公司证券发行管理办法》(自2006年5月8日起施行)第二章规定了上市公司境内发行证券的条件:

第一章 总 则

第二条 上市公司申请在境内发行证券,适用本办法。

本办法所称证券,指下列证券品种:

(一)股票;

(二)可转换公司债券;

(三)中国证券监督管理委员会(以下简称"中国证监会")认可的其他品种。

第三条 上市公司发行证券,可以向不特定对象公开发行,也可以向特定对象非公开发行。

第二章 公开发行证券的条件

第一节 一般规定

第六条 上市公司的组织机构健全、运行良好,符合下列规定:

(一)公司章程合法有效,股东大会、董事会、监事会和独立董事制度健全,能够依法有效履行职责;

(二)公司内部控制制度健全,能够有效保证公司运行的效率、合法合规性和财务报告的可靠性;内部控制制度的完整性、合理性、有效性不存在重大缺陷;

(三)现任董事、监事和高级管理人员具备任职资格,能够忠实和勤勉地履行职务,不存在违反公司法第一百四十八条、第一百四十九条规定的行为,且最近三十六个月内未受到过中国证监会的行政处罚、最近十二个月内未受到过证券交易所的公开谴责;

(四)上市公司与控股股东或实际控制人的人员、资产、财务分开,机构、业务独立,能够自主经营管理;

(五)最近十二个月内不存在违规对外提供担保的行为。

第七条 上市公司的盈利能力具有可持续性,符合下列规定:

(一)最近三个会计年度连续盈利。扣除非经常性损益后的净利润与扣除前的净利润相比,以低者作为计算依据;

(二)业务和盈利来源相对稳定,不存在严重依赖于控股股东、实际控制人的情形;

（三）现有主营业务或投资方向能够可持续发展，经营模式和投资计划稳健，主要产品或服务的市场前景良好，行业经营环境和市场需求不存在现实或可预见的重大不利变化；

（四）高级管理人员和核心技术人员稳定，最近十二个月内未发生重大不利变化；

（五）公司重要资产、核心技术或其他重大权益的取得合法，能够持续使用，不存在现实或可预见的重大不利变化；

（六）不存在可能严重影响公司持续经营的担保、诉讼、仲裁或其他重大事项；

（七）最近24个月内曾公开发行证券的，不存在发行当年营业利润比上年下降50%以上的情形。

第八条 上市公司的财务状况良好，符合下列规定：

（一）会计基础工作规范，严格遵循国家统一会计制度的规定；

（二）最近三年及一期财务报表未被注册会计师出具保留意见、否定意见或无法表示意见的审计报告；被注册会计师出具带强调事项段的无保留意见审计报告的，所涉及的事项对发行人无重大不利影响或者在发行前重大不利影响已经消除；

（三）资产质量良好。不良资产不足以对公司财务状况造成重大不利影响；

（四）经营成果真实，现金流量正常。营业收入和成本费用的确认严格遵循国家有关企业会计准则的规定，最近三年资产减值准备计提充分合理，不存在操纵经营业绩的情形；

（五）最近三年以现金方式累计分配的利润不少于最近三年实现的年均可分配利润的百分之三十。

第九条 上市公司最近三十六个月内财务会计文件无虚假记载，且不存在下列重大违法行为：

（一）违反证券法律、行政法规或规章，受到中国证监会的行政处罚，或者受到刑事处罚；

（二）违反工商、税收、土地、环保、海关法律、行政法规或规章，受到行政处罚且情节严重，或者受到刑事处罚；

（三）违反国家其他法律、行政法规且情节严重的行为。

第十条 上市公司募集资金的数额和使用应当符合下列规定：

（一）募集资金数额不超过项目需要量；

（二）募集资金用途符合国家产业政策和有关环境保护、土地管理等法律和行政法规的规定；

（三）除金融类企业外，本次募集资金使用项目不得为持有交易性金融资产和可供出售的金融资产、借予他人、委托理财等财务性投资，不得直接或间接投资于以买卖有价证券为主要业务的公司。

（四）投资项目实施后，不会与控股股东或实际控制人产生同业竞争或影响公司生产经营的独立性；

（五）建立募集资金专项存储制度，募集资金必须存放于公司董事会决定的专项账户。

第十一条　上市公司存在下列情形之一的，不得公开发行证券：

（一）本次发行申请文件有虚假记载、误导性陈述或重大遗漏；

（二）擅自改变前次公开发行证券募集资金的用途而未作纠正；

（三）上市公司最近十二个月内受到过证券交易所的公开谴责；

（四）上市公司及其控股股东或实际控制人最近十二个月内存在未履行向投资者作出的公开承诺的行为；

（五）上市公司或其现任董事、高级管理人员因涉嫌犯罪被司法机关立案侦查或涉嫌违法违规被中国证监会立案调查；

（六）严重损害投资者的合法权益和社会公共利益的其他情形。

第二节　发行股票

第十二条　向原股东配售股份（简称"配股"），除符合本章第一节规定外，还应当符合下列规定：

（一）拟配售股份数量不超过本次配售股份前股本总额的百分之三十；

（二）控股股东应当在股东大会召开前公开承诺认配股份的数量；

（三）采用证券法规定的代销方式发行。

控股股东不履行认配股份的承诺，或者代销期限届满，原股东认购股票的数量未达到拟配售数量百分之七十的，发行人应当按照发行价并加算银行同期存款利息返还已经认购的股东。

第十三条　向不特定对象公开募集股份（简称"增发"），除符合本章第一节规定外，还应当符合下列规定：

（一）最近三个会计年度加权平均净资产收益率平均不低于百分之六。扣除非经常性损益后的净利润与扣除前的净利润相比，以低者作为加权平均净资产收益率的计算依据；

（二）除金融类企业外，最近一期末不存在持有金额较大的交易性金融资产和可供出售的金融资产、借予他人款项、委托理财等财务性投资的情形；

（三）发行价格应不低于公告招股意向书前二十个交易日公司股票均价或前一个交易日的均价。

第三节　发行可转换公司债券

第十四条　公开发行可转换公司债券的公司，除应当符合本章第一节规定外，还应当符合下列规定：

（一）最近三个会计年度加权平均净资产收益率平均不低于百分之六。扣除非经常性损益后的净利润与扣除前的净利润相比，以低者作为加权平均净资产收益率的计算依据；

（二）本次发行后累计公司债券余额不超过最近一期末净资产额的40%；

（三）最近三个会计年度实现的年均可分配利润不少于公司债券一年的利息。

前款所称可转换公司债券，是指发行公司依法发行、在一定期间内依据约定的条件可以转换成股份的公司债券。

第十五条　可转换公司债券的期限最短为一年，最长为六年。

第十六条　可转换公司债券每张面值一百元。

可转换公司债券的利率由发行公司与主承销商协商确定，但必须符合国家的有关规定。

第十七条　公开发行可转换公司债券，应当委托具有资格的资信评级机构进行信用评级和跟踪评级。

资信评级机构每年至少公告一次跟踪评级报告。

第十八条　上市公司应当在可转换公司债券期满后五个工作日内办理完毕偿还债券余额本息的事项。

第十九条　公开发行可转换公司债券，应当约定保护债券持有人权利的办法，以及债券持有人会议的权利、程序和决议生效条件。

存在下列事项之一的，应当召开债券持有人会议：

（一）拟变更募集说明书的约定；

（二）发行人不能按期支付本息；

（三）发行人减资、合并、分立、解散或者申请破产；

（四）保证人或者担保物发生重大变化；

(五)其他影响债券持有人重大权益的事项。

第二十条 公开发行可转换公司债券,应当提供担保,但最近一期末经审计的净资产不低于人民币十五亿元的公司除外。

提供担保的,应当为全额担保,担保范围包括债券的本金及利息、违约金、损害赔偿金和实现债权的费用。

以保证方式提供担保的,应当为连带责任担保,且保证人最近一期经审计的净资产额应不低于其累计对外担保的金额。

证券公司或上市公司不得作为发行可转债的担保人,但上市商业银行除外。

设定抵押或质押的,抵押或质押财产的估值应不低于担保金额。估值应经有资格的资产评估机构评估。

第二十一条 可转换公司债券自发行结束之日起六个月后方可转换为公司股票,转股期限由公司根据可转换公司债券的存续期限及公司财务状况确定。

债券持有人对转换股票或者不转换股票有选择权,并于转股的次日成为发行公司的股东。

第二十二条 转股价格应不低于募集说明书公告日前二十个交易日该公司股票交易均价和前一交易日的均价。

前款所称转股价格,是指募集说明书事先约定的可转换公司债券转换为每股股份所支付的价格。

第二十三条 募集说明书可以约定赎回条款,规定上市公司可按事先约定的条件和价格赎回尚未转股的可转换公司债券。

第二十四条 募集说明书可以约定回售条款,规定债券持有人可按事先约定的条件和价格将所持债券回售给上市公司。

募集说明书应当约定,上市公司改变公告的募集资金用途的,赋予债券持有人一次回售的权利。

第二十五条 募集说明书应当约定转股价格调整的原则及方式。发行可转换公司债券后,因配股、增发、送股、派息、分立及其他原因引起上市公司股份变动的,应当同时调整转股价格。

第二十六条 募集说明书约定转股价格向下修正条款的,应当同时约定:

(一)转股价格修正方案须提交公司股东大会表决,且须经出席会议的股东所持表决权的三分之二以上同意。股东大会进行表决时,持有公司可转换债券的股东应当回避;

（二）修正后的转股价格不低于前项规定的股东大会召开日前二十个交易日该公司股票交易均价和前一交易日的均价。

第二十七条 上市公司可以公开发行认股权和债券分离交易的可转换公司债券（简称“分离交易的可转换公司债券”）。

发行分离交易的可转换公司债券，除符合本章第一节规定外，还应当符合下列规定：

（一）公司最近一期末经审计的净资产不低于人民币十五亿元；

（二）最近三个会计年度实现的年均可分配利润不少于公司债券一年的利息；

（三）最近三个会计年度经营活动产生的现金流量净额平均不少于公司债券一年的利息，符合本办法第十四条第（一）项规定的公司除外；

（四）本次发行后累计公司债券余额不超过最近一期末净资产额的百分之四十，预计所附认股权全部行权后募集的资金总量不超过拟发行公司债券金额。

第二十八条 分离交易的可转换公司债券应当申请在上市公司股票上市的证券交易所上市交易。

分离交易的可转换公司债券中的公司债券和认股权分别符合证券交易所上市条件的，应当分别上市交易。

第二十九条 分离交易的可转换公司债券的期限最短为一年。

债券的面值、利率、信用评级、偿还本息、债权保护适用本办法第十六条至第十九条的规定。

第三十条 发行分离交易的可转换公司债券，发行人提供担保的，适用本办法第二十条第二款至第四款的规定。

第三十一条 认股权证上市交易的，认股权证约定的要素应当包括行权价格、存续期间、行权期间或行权日、行权比例。

第三十二条 认股权证的行权价格应不低于公告募集说明书日前二十个交易日公司股票均价和前一个交易日的均价。

第三十三条 认股权证的存续期间不超过公司债券的期限，自发行结束之日起不少于六个月。

募集说明书公告的权证存续期限不得调整。

第三十四条 认股权证自发行结束至少已满六个月起方可行权，行权期间为存续期限届满前的一段期间，或者是存续期限内的特定交易日。

第三十五条　分离交易的可转换公司债券募集说明书应当约定，上市公司改变公告的募集资金用途的，赋予债券持有人一次回售的权利。

第三章　非公开发行股票的条件

第三十六条　本办法规定的非公开发行股票，是指上市公司采用非公开方式，向特定对象发行股票的行为。

第三十七条　非公开发行股票的特定对象应当符合下列规定：

（一）特定对象符合股东大会决议规定的条件；

（二）发行对象不超过十名。

发行对象为境外战略投资者的，应当经国务院相关部门事先批准。

第三十八条　上市公司非公开发行股票，应当符合下列规定：

（一）发行价格不低于定价基准日前二十个交易日公司股票均价的90%；

（二）本次发行的股份自发行结束之日起，十二个月内不得转让；控股股东、实际控制人及其控制的企业认购的股份，三十六个月内不得转让；

（三）募集资金使用符合本办法第十条的规定；

（四）本次发行将导致上市公司控制权发生变化的，还应当符合中国证监会的其他规定。

第三十九条　上市公司存在下列情形之一的，不得非公开发行股票：

（一）本次发行申请文件有虚假记载、误导性陈述或重大遗漏；

（二）上市公司的权益被控股股东或实际控制人严重损害且尚未消除；

（三）上市公司及其附属公司违规对外提供担保且尚未解除；

（四）现任董事、高级管理人员最近三十六个月内受到过中国证监会的行政处罚，或者最近十二个月内受到过证券交易所公开谴责；

（五）上市公司或其现任董事、高级管理人员因涉嫌犯罪正被司法机关立案侦查或涉嫌违法违规正被中国证监会立案调查；

（六）最近一年及一期财务报表被注册会计师出具保留意见、否定意见或无法表示意见的审计报告。保留意见、否定意见或无法表示意见所涉及事项的重大影响已经消除或者本次发行涉及重大重组的除外；

（七）严重损害投资者合法权益和社会公共利益的其他情形。

第四章　发行程序

第四十条　上市公司申请发行证券，董事会应当依法就下列事项作出决议，并提请股东大会批准：

（一）本次证券发行的方案；

（二）本次募集资金使用的可行性报告；

（三）前次募集资金使用的报告；

（四）其他必须明确的事项。

第四十一条 股东大会就发行股票作出的决定，至少应当包括下列事项：

（一）本次发行证券的种类和数量；

（二）发行方式、发行对象及向原股东配售的安排；

（三）定价方式或价格区间；

（四）募集资金用途；

（五）决议的有效期；

（六）对董事会办理本次发行具体事宜的授权；

（七）其他必须明确的事项。

第四十二条 股东大会就发行可转换公司债券作出的决定，至少应当包括下列事项：

（一）本办法第四十一条规定的事项；

（二）债券利率；

（三）债券期限；

（四）担保事项；

（五）回售条款；

（六）还本付息的期限和方式；

（七）转股期；

（八）转股价格的确定和修正。

第四十三条 股东大会就发行分离交易的可转换公司债券作出的决定，至少应当包括下列事项：

（一）本办法第四十一条、第四十二条第（二）项至第（六）项规定的事项；

（二）认股权证的行权价格；

（三）认股权证的存续期限；

（四）认股权证的行权期间或行权日。

第四十四条 股东大会就发行证券事项作出决议，必须经出席会议的股东所持表决权的三分之二以上通过。

向本公司特定的股东及其关联人发行证券的，股东大会就发行方案进行表决时，关联股东应当回避。

上市公司就发行证券事项召开股东大会，应当提供网络或者其他方式为股东参加股东大会提供便利。

第四十五条　上市公司申请公开发行证券或者非公开发行新股，应当由保荐人保荐，并向中国证监会申报。

保荐人应当按照中国证监会的有关规定编制和报送发行申请文件。

第四十六条　中国证监会依照下列程序审核发行证券的申请：

(一)收到申请文件后，五个工作日内决定是否受理；

(二)中国证监会受理后，对申请文件进行初审；

(三)发行审核委员会审核申请文件；

(四)中国证监会作出核准或者不予核准的决定。

第四十七条　自中国证监会核准发行之日起，上市公司应在六个月内发行证券；超过六个月未发行的，核准文件失效，须重新经中国证监会核准后方可发行。

第四十八条　上市公司发行证券前发生重大事项的，应暂缓发行，并及时报告中国证监会。该事项对本次发行条件构成重大影响的，发行证券的申请应重新经过中国证监会核准。

第四十九条　上市公司发行证券，应当由证券公司承销；非公开发行股票，发行对象均属于原前十名股东的，可以由上市公司自行销售。

第五十条　证券发行申请未获核准的上市公司，自中国证监会作出不予核准的决定之日起六个月后，可再次提出证券发行申请。

《创业板上市公司证券发行管理暂行办法》(2014 年 5 月 14 日起施行)

第一章　总　　则

第一条　为了规范创业板上市公司(以下简称上市公司)证券发行行为，保护投资者的合法权益和社会公共利益，根据《证券法》、《公司法》制定本办法。

第二条　上市公司申请在境内发行证券，适用本办法。

本办法所称证券，指下列证券品种：

(一)股票；

(二)可转换公司债券；

（三）中国证券监督管理委员会（以下简称中国证监会）认可的其他品种。

第三条 上市公司发行证券，可以向不特定对象公开发行，也可以向特定对象非公开发行。

第四条 上市公司发行证券，必须真实、准确、完整、及时、公平地披露或者提供信息，不得有虚假记载、误导性陈述或者重大遗漏。

上市公司作为信息披露第一责任人，应当及时向保荐人、证券服务机构提供真实、准确、完整的财务会计资料和其他资料，全面配合保荐人、证券服务机构开展尽职调查。

第五条 保荐人应当严格履行法定职责，遵守业务规则和行业规范，对保荐的上市公司的申请文件和证券服务机构出具的专业意见进行审慎核查，督导上市公司规范运作，对上市公司是否具备持续盈利能力、是否符合发行条件作出专业判断，并确保所出具的发行保荐书和上市公司的申请文件真实、准确、完整、及时。

第六条 为证券发行出具文件的证券服务机构和人员，应当严格履行法定职责，遵照本行业的业务标准和执业规范，对上市公司的相关业务资料进行核查和验证，确保所出具的专业文件真实、准确、完整、及时。

第七条 上市公司应当建立投资者保护机制，优化投资回报机制，保障投资者的知情权和参与权等权利，切实保护投资者特别是中小投资者的合法权益。

第八条 中国证监会对上市公司证券发行的核准，不表明其对该证券的投资价值或者投资者的收益作出实质性判断或者保证。投资者应当自主判断上市公司的投资价值并作出投资决策，自行承担因上市公司经营与收益的变化引致的投资风险。

第二章 发行证券的条件

第一节 一般规定

第九条 上市公司发行证券，应当符合《证券法》规定的条件，并且符合以下规定：

（一）最近二年盈利，净利润以扣除非经常性损益前后孰低者为计算依据；

（二）会计基础工作规范，经营成果真实。内部控制制度健全且被有效执行，能够合理保证公司财务报告的可靠性、生产经营的合法性，以及营运的效率与效果；

（三）最近二年按照上市公司章程的规定实施现金分红；

（四）最近三年及一期财务报表未被注册会计师出具否定意见或者无法表示意见的审计报告；被注册会计师出具保留意见或者带强调事项段的无保留意见审计报告的，所涉及的事项对上市公司无重大不利影响或者在发行前重大不利影响已经消除；

（五）最近一期末资产负债率高于百分之四十五，但上市公司非公开发行股票的除外；

（六）上市公司与控股股东或者实际控制人的人员、资产、财务分开，机构、业务独立，能够自主经营管理。上市公司最近十二个月内不存在违规对外提供担保或者资金被上市公司控股股东、实际控制人及其控制的其他企业以借款、代偿债务、代垫款项或者其他方式占用的情形。

第十条 上市公司存在下列情形之一的，不得发行证券：

（一）本次发行申请文件有虚假记载、误导性陈述或者重大遗漏；

（二）最近十二个月内未履行向投资者作出的公开承诺；

（三）最近三十六个月内因违反法律、行政法规、规章受到行政处罚且情节严重，或者受到刑事处罚，或者因违反证券法律、行政法规、规章受到中国证监会的行政处罚；最近十二个月内受到证券交易所的公开谴责；因涉嫌犯罪被司法机关立案侦查或者涉嫌违法违规被中国证监会立案调查；

（四）上市公司控股股东或者实际控制人最近十二个月内因违反证券法律、行政法规、规章，受到中国证监会的行政处罚，或者受到刑事处罚；

（五）现任董事、监事和高级管理人员存在违反《公司法》第一百四十七条、第一百四十八条规定的行为，或者最近三十六个月内受到中国证监会的行政处罚、最近十二个月内受到证券交易所的公开谴责；因涉嫌犯罪被司法机关立案侦查或者涉嫌违法违规被中国证监会立案调查；

（六）严重损害投资者的合法权益和社会公共利益的其他情形。

第十一条 上市公司募集资金使用应当符合下列规定：

（一）前次募集资金基本使用完毕，且使用进度和效果与披露情况基本一致；

（二）本次募集资金用途符合国家产业政策和法律、行政法规的规定；

（三）除金融类企业外，本次募集资金使用不得为持有交易性金融资产和可供出售的金融资产、借予他人、委托理财等财务性投资，不得直接或者间接投资于以买卖有价证券为主要业务的公司；

（四）本次募集资金投资实施后，不会与控股股东、实际控制人产生同业竞争或者影响公司生产经营的独立性。

第二节 公开发行股票

第十二条 向原股东配售股份（以下简称配股），除符合本章第一节规定外，还应当符合下列规定：

（一）拟配售股份数量不超过本次配售股份前股本总额的百分之三十；

（二）控股股东应当在股东大会召开前公开承诺认配股份的数量；

（三）采用《证券法》规定的代销方式发行。

控股股东不履行认配股份的承诺，或者代销期限届满，原股东认购股票的数量未达到拟配售数量百分之七十的，上市公司应当按照发行价并加算银行同期存款利息返还已经认购的股东。（发行失败）

第十三条 向不特定对象公开募集股份（以下简称增发），除符合本章第一节规定外，还应当符合下列规定：

（一）除金融类企业外，最近一期末不存在持有金额较大的交易性金融资产和可供出售的金融资产、借予他人款项、委托理财等财务性投资的情形；

（二）发行价格不低于公告招股意向书前二十个交易日或者前一个交易日公司股票均价。

第三节 非公开发行股票

第十四条 上市公司非公开发行股票除符合本章第一节规定外，还应当符合本节的规定。

前款所称非公开发行股票，是指上市公司采用非公开方式，向特定对象发行股票的行为。

第十五条 非公开发行股票的特定对象应当符合下列规定：

（一）特定对象符合股东大会决议规定的条件；

（二）发行对象不超过五名。

发行对象为境外战略投资者的，应当遵守国家的相关规定。

第十六条 上市公司非公开发行股票确定发行价格和持股期限，应当符合下列规定：

（一）发行价格不低于发行期首日前一个交易日公司股票均价的，

本次发行股份自发行结束之日起可上市交易；

（二）发行价格低于发行期首日前二十个交易日公司股票均价但不低于百分之九十，或者发行价格低于发行期首日前一个交易日公司股票均价但不低于百分之九十的，本次发行股份自发行结束之日起十二个月内不得上市交易；

（三）上市公司控股股东、实际控制人或者其控制的关联方以及董事会引入的境内外战略投资者，以不低于董事会作出本次非公开发行股票决议公告日前二十个交易日或者前一个交易日公司股票均价的百分之九十认购的，本次发行股份自发行结束之日起三十六个月内不得上市交易。

上市公司非公开发行股票将导致上市公司控制权发生变化的，还应当符合中国证监会的其他规定。

第十七条　上市公司非公开发行股票募集资金用于收购兼并的，免于适用本办法第九条第（一）项的规定。

第四节　发行可转换公司债券

第十八条　公开发行可转换公司债券的上市公司，除应当符合《证券法》规定的条件外，还应当符合本章第一节和本节的规定。

前款所称可转换公司债券，是指上市公司依法发行、在一定期间内依据约定的条件可以转换成股份的公司债券。

第十九条　可转换公司债券的期限最短为一年。

第二十条　可转换公司债券每张面值一百元。

可转换公司债券的利率由上市公司与主承销商协商确定，但必须符合国家的有关规定。

第二十一条　公开发行可转换公司债券，应当委托具有资格的资信评级机构进行信用评级和跟踪评级。

资信评级机构每年至少公告一次跟踪评级报告。

第二十二条　上市公司应当在可转换公司债券期满后五个工作日内办理完毕偿还债券余额本息的事项。

第二十三条　公开发行可转换公司债券，应当约定保护债券持有人权利的办法，以及债券持有人会议的权利、程序和决议生效条件。

存在下列事项之一的，应当召开债券持有人会议：

（一）拟变更募集说明书的约定；

（二）上市公司不能按期支付本息；

(三)上市公司减资、合并、分立、解散或者申请破产;

(四)保证人或者担保物发生重大变化;

(五)其他影响债券持有人重大权益的事项。

第二十四条 可转换公司债券自发行结束之日起六个月后方可转换为公司股票,转股期限由公司根据可转换公司债券的存续期限及公司财务状况确定。

债券持有人对转换股票或者不转换股票有选择权,并于转股的次日成为上市公司股东。

第二十五条 转股价格应当不低于募集说明书公告日前二十个交易日和前一个交易日公司股票均价。

前款所称转股价格,是指募集说明书事先约定的可转换公司债券转换为每股股份所支付的价格。

第二十六条 募集说明书可以约定赎回条款,规定上市公司可以按事先约定的条件和价格赎回尚未转股的可转换公司债券。

第二十七条 募集说明书可以约定回售条款,规定债券持有人可以按事先约定的条件和价格将所持债券回售给上市公司。

募集说明书应当约定,上市公司改变公告的募集资金用途的,赋予债券持有人一次回售的权利。

第二十八条 募集说明书应当约定转股价格调整的原则及方式。发行可转换公司债券后,因配股、送股、派息、分立及其他原因引起上市公司股份变动的,应当同时调整转股价格。

第二十九条 募集说明书约定转股价格向下修正条款的,应当同时约定:

(一)转股价格修正方案须提交公司股东大会表决,且须经出席会议的股东所持表决权的三分之二以上同意。股东大会进行表决时,持有公司可转换债券的股东应当回避;

(二)修正后的转股价格不低于前项规定的股东大会召开日前二十个交易日和前一个交易日公司股票均价。

《优先股试点管理办法》(2014年3月21日起实施)

第一章 总 则

第一条 为规范优先股发行和交易行为,保护投资者合法权益,根据《公司法》、《证券法》、《国务院关于开展优先股试点的指导意见》及相关法律法规,制定本办法。

第二条 本办法所称优先股是指依照《公司法》,在一般规定的普通种类股份之外,另行规定的其他种类股份,其股份持有人优先于普通股股东分配公司利润和剩余财产,但参与公司决策管理等权利受到限制。

第三条 上市公司可以发行优先股,非上市公众公司可以非公开发行优先股。

第四条 优先股试点应当符合《公司法》、《证券法》、《国务院关于开展优先股试点的指导意见》和本办法的相关规定,并遵循公开、公平、公正的原则,禁止欺诈、内幕交易和操纵市场的行为。

第五条 证券公司及其他证券服务机构参与优先股试点,应当遵守法律法规及中国证券监督管理委员会(以下简称中国证监会)相关规定,遵循行业公认的业务标准和行为规范,诚实守信、勤勉尽责。

第六条 试点期间不允许发行在股息分配和剩余财产分配上具有不同优先顺序的优先股,但允许发行在其他条款上具有不同设置的优先股。

同一公司既发行强制分红优先股,又发行不含强制分红条款优先股的,不属于发行在股息分配上具有不同优先顺序的优先股。

第七条 相同条款的优先股应当具有同等权利。同次发行的相同条款优先股,每股发行的条件、价格和票面股息率应当相同;任何单位或者个人认购的股份,每股应当支付相同价额。

第二章 优先股股东权利的行使

第八条 发行优先股的公司除按《国务院关于开展优先股试点的指导意见》制定章程有关条款外,还应当按本办法在章程中明确优先股股东的有关权利和义务。

第九条 优先股股东按照约定的股息率分配股息后,有权同普通股股东一起参加剩余利润分配的,公司章程应明确优先股股东参与剩余利润分配的比例、条件等事项。

第十条 出现以下情况之一的,公司召开股东大会会议应通知优先股股东,并遵循《公司法》及公司章程通知普通股股东的规定程序。优先股股东有权出席股东大会会议,就以下事项与普通股股东分类表决,其所持每一优先股有一表决权,但公司持有的本公司优先股没有表决权:

(一)修改公司章程中与优先股相关的内容;

(二)一次或累计减少公司注册资本超过百分之十;

（三）公司合并、分立、解散或变更公司形式；

（四）发行优先股；

（五）公司章程规定的其他情形。

上述事项的决议，除须经出席会议的普通股股东（含表决权恢复的优先股股东）所持表决权的三分之二以上通过之外，还须经出席会议的优先股股东（不含表决权恢复的优先股股东）所持表决权的三分之二以上通过。

第十一条 公司股东大会可授权公司董事会按公司章程的约定向优先股支付股息。公司累计三个会计年度或连续两个会计年度未按约定支付优先股股息的，股东大会批准当年不按约定分配利润的方案次日起，优先股股东有权出席股东大会与普通股股东共同表决，每股优先股股份享有公司章程规定的一定比例表决权。

对于股息可累积到下一会计年度的优先股，表决权恢复直至公司全额支付所欠股息。对于股息不可累积的优先股，表决权恢复直至公司全额支付当年股息。公司章程可规定优先股表决权恢复的其他情形。

第十二条 优先股股东有权查阅公司章程、股东名册、公司债券存根、股东大会会议记录、董事会会议决议、监事会会议决议、财务会计报告。

第十三条 发行人回购优先股包括发行人要求赎回优先股和投资者要求回售优先股两种情况，并应在公司章程和招股文件中规定其具体条件。发行人要求赎回优先股的，必须完全支付所欠股息，但商业银行发行优先股补充资本的除外。优先股回购后相应减记发行在外的优先股股份总数。

第十四条 公司董事、监事、高级管理人员应当向公司申报所持有的本公司优先股及其变动情况，在任职期间每年转让的股份不得超过其所持本公司优先股股份总数的百分之二十五。

公司章程可以对公司董事、监事、高级管理人员转让其所持有的本公司优先股股份作出其他限制性规定。

第十五条 除《国务院关于开展优先股试点的指导意见》规定的事项外，计算股东人数和持股比例时应分别计算普通股和优先股。

第十六条 公司章程中规定优先股采用固定股息率的，可以在优先股存续期内采取相同的固定股息率，或明确每年的固定股息率，各年度的股息率可以不同；公司章程中规定优先股采用浮动股息率的，应当明确优先股存续期内票面股息率的计算方法。

第三章　上市公司发行优先股

第一节　一般规定

第十七条　上市公司应当与控股股东或实际控制人的人员、资产、财务分开，机构、业务独立。

第十八条　上市公司内部控制制度健全，能够有效保证公司运行效率、合法合规和财务报告的可靠性，内部控制的有效性应当不存在重大缺陷。

第十九条　上市公司发行优先股，最近三个会计年度实现的年均可分配利润应当不少于优先股一年的股息。

第二十条　上市公司最近三年现金分红情况应当符合公司章程及中国证监会的有关监管规定。

第二十一条　上市公司报告期不存在重大会计违规事项。

公开发行优先股，最近三年财务报表被注册会计师出具的审计报告应当为标准审计报告或带强调事项段的无保留意见的审计报告；非公开发行优先股，最近一年财务报表被注册会计师出具的审计报告为非标准审计报告的，所涉及事项对公司无重大不利影响或者在发行前重大不利影响已经消除。

第二十二条　上市公司发行优先股募集资金应有明确用途，与公司业务范围、经营规模相匹配，募集资金用途符合国家产业政策和有关环境保护、土地管理等法律和行政法规的规定。

除金融类企业外，本次募集资金使用项目不得为持有交易性金融资产和可供出售的金融资产、借予他人等财务性投资，不得直接或间接投资于以买卖有价证券为主要业务的公司。

第二十三条　上市公司已发行的优先股不得超过公司普通股股份总数的百分之五十，且筹资金额不得超过发行前净资产的百分之五十，已回购、转换的优先股不纳入计算。

第二十四条　上市公司同一次发行的优先股，条款应当相同。每次优先股发行完毕前，不得再次发行优先股。

第二十五条　上市公司存在下列情形之一的，不得发行优先股：

（一）本次发行申请文件有虚假记载、误导性陈述或重大遗漏；

（二）最近十二个月内受到过中国证监会的行政处罚；

（三）因涉嫌犯罪正被司法机关立案侦查或涉嫌违法违规正被中国证监会立案调查；

（四）上市公司的权益被控股股东或实际控制人严重损害且尚未消除；

（五）上市公司及其附属公司违规对外提供担保且尚未解除；

（六）存在可能严重影响公司持续经营的担保、诉讼、仲裁、市场重大质疑或其他重大事项；

（七）其董事和高级管理人员不符合法律、行政法规和规章规定的任职资格；

（八）严重损害投资者合法权益和社会公共利益的其他情形。

第二节 公开发行的特别规定

第二十六条 上市公司公开发行优先股，应当符合以下情形之一：

（一）其普通股为上证50指数成份股；

（二）以公开发行优先股作为支付手段收购或吸收合并其他上市公司；

（三）以减少注册资本为目的回购普通股的，可以公开发行优先股作为支付手段，或者在回购方案实施完毕后，可公开发行不超过回购减资总额的优先股。

中国证监会核准公开发行优先股后不再符合本条第（一）项情形的，上市公司仍可实施本次发行。

第二十七条 上市公司最近三个会计年度应当连续盈利。扣除非经常性损益后的净利润与扣除前的净利润相比，以孰低者作为计算依据。

第二十八条 上市公司公开发行优先股应当在公司章程中规定以下事项：

（一）采取固定股息率；

（二）在有可分配税后利润的情况下必须向优先股股东分配股息；

（三）未向优先股股东足额派发股息的差额部分应当累积到下一会计年度；

（四）优先股股东按照约定的股息率分配股息后，不再同普通股股东一起参加剩余利润分配。

商业银行发行优先股补充资本的，可就第（二）项和第（三）项事项另行约定。

第二十九条 上市公司公开发行优先股的，可以向原股东优先配售。

第三十条 除本办法第二十五条的规定外，上市公司最近三十六个月内因违反工商、税收、土地、环保、海关法律、行政法规或规章，受到行政处罚且情节严重的，不得公开发行优先股。

第三十一条 上市公司公开发行优先股，公司及其控股股东或实际控制人最近十二个月内应当不存在违反向投资者作出的公开承诺的行为。

第三节 其他规定

第三十二条 优先股每股票面金额为一百元。

优先股发行价格和票面股息率应当公允、合理，不得损害股东或其他利益相关方的合法利益，发行价格不得低于优先股票面金额。

公开发行优先股的价格或票面股息率以市场询价或证监会认可的其他公开方式确定。非公开发行优先股的票面股息率不得高于最近两个会计年度的年均加权平均净资产收益率。(无扣非前后孰低之说)

第三十三条 上市公司不得发行可转换为普通股的优先股。但商业银行可根据商业银行资本监管规定，非公开发行触发事件发生时强制转换为普通股的优先股，并遵守有关规定。

第三十四条 上市公司非公开发行优先股仅向本办法规定的合格投资者发行，每次发行对象不得超过二百人，且相同条款优先股的发行对象累计不得超过二百人。

发行对象为境外战略投资者的，还应当符合国务院相关部门的规定。

第四节 发行程序

第三十五条 上市公司申请发行优先股，董事会应当按照中国证监会有关信息披露规定，公开披露本次优先股发行预案，并依法就以下事项作出决议，提请股东大会批准。

(一)本次优先股的发行方案；

(二)非公开发行优先股且发行对象确定的，上市公司与相应发行对象签订的附条件生效的优先股认购合同。认购合同应当载明发行对象拟认购优先股的数量、认购价格或定价原则、票面股息率或其确定原则，以及其他必要条款。认购合同应当约定发行对象不得以竞价方式参与认购，且本次发行一经上市公司董事会、股东大会批准并经中国证监会核准，该合同即应生效；

（三）非公开发行优先股且发行对象尚未确定的，决议应包括发行对象的范围和资格、定价原则、发行数量或数量区间。

上市公司的控股股东、实际控制人或其控制的关联人参与认购本次非公开发行优先股的，按照前款第（二）项执行。

第三十六条 上市公司独立董事应当就上市公司本次发行对公司各类股东权益的影响发表专项意见，并与董事会决议一同披露。

第三十七条 上市公司股东大会就发行优先股进行审议，应当就下列事项逐项进行表决：

（一）本次发行优先股的种类和数量；

（二）发行方式、发行对象及向原股东配售的安排；

（三）票面金额、发行价格或其确定原则；

（四）优先股股东参与分配利润的方式，包括：票面股息率或其确定原则、股息发放的条件、股息支付方式、股息是否累积、是否可以参与剩余利润分配等；

（五）回购条款，包括回购的条件、期间、价格及其确定原则、回购选择权的行使主体等（如有）；

（六）募集资金用途；

（七）公司与发行对象签订的附条件生效的优先股认购合同（如有）；

（八）决议的有效期；

（九）公司章程关于优先股股东和普通股股东利润分配、剩余财产分配、优先股表决权恢复等相关政策条款的修订方案；

（十）对董事会办理本次发行具体事宜的授权；

（十一）其他事项。

上述决议，须经出席会议的普通股股东（含表决权恢复的优先股股东）所持表决权的三分之二以上通过。已发行优先股的，还须经出席会议的优先股股东（不含表决权恢复的优先股股东）所持表决权的三分之二以上通过。上市公司向公司特定股东及其关联人发行优先股的，股东大会就发行方案进行表决时，关联股东应当回避。

第三十八条 上市公司就发行优先股事项召开股东大会，应当提供网络投票，还可以通过中国证监会认可的其他方式为股东参加股东大会提供便利。

第三十九条 上市公司申请发行优先股应当由保荐人保荐并向中

国证监会申报，其申请、审核、核准、发行等相关程序参照《上市公司证券发行管理办法》和《证券发行与承销管理办法》的规定。发审委会议按照《中国证券监督管理委员会发行审核委员会办法》规定的特别程序，审核发行申请。

第四十条　上市公司发行优先股，可以申请一次核准，分次发行，不同次发行的优先股除票面股息率外，其他条款应当相同。自中国证监会核准发行之日起，公司应在六个月内实施首次发行，剩余数量应当在二十四个月内发行完毕。超过核准文件时限的，须申请中国证监会重新核准。首次发行数量应当不少于总发行数量的百分之五十，剩余各次发行的数量由公司自行确定，每次发行完毕后五个工作日内报中国证监会备案。

第四章　非上市公众公司非公开发行优先股

第四十一条　非上市公众公司非公开发行优先股应符合下列条件：

（一）合法规范经营；

（二）公司治理机制健全；

（三）依法履行信息披露义务。

第四十二条　非上市公众公司非公开发行优先股应当遵守本办法第二十三条、第二十四条、第二十五条、第三十二条、第三十三条的规定。

第四十三条　非上市公众公司非公开发行优先股仅向本办法规定的合格投资者发行，每次发行对象不得超过二百人，且相同条款优先股的发行对象累计不得超过二百人。

第四十四条　非上市公众公司拟发行优先股的，董事会应依法就具体方案、本次发行对公司各类股东权益的影响、发行优先股的目的、募集资金的用途及其他必须明确的事项作出决议，并提请股东大会批准。

董事会决议确定具体发行对象的，董事会决议应当确定具体的发行对象名称及其认购价格或定价原则、认购数量或数量区间等；同时应在召开董事会前与相应发行对象签订附条件生效的股份认购合同。董事会决议未确定具体发行对象的，董事会决议应当明确发行对象的范围和资格、定价原则等。

第四十五条　非上市公众公司股东大会就发行优先股进行审议，

表决事项参照本办法第三十七条执行。发行优先股决议，须经出席会议的普通股股东（含表决权恢复的优先股股东）所持表决权的三分之二以上通过。已发行优先股的，还须经出席会议的优先股股东（不含表决权恢复的优先股股东）所持表决权的三分之二以上通过。

非上市公众公司向公司特定股东及其关联人发行优先股的，股东大会就发行方案进行表决时，关联股东应当回避，公司普通股股东（不含表决权恢复的优先股股东）人数少于二百人的除外。

第四十六条 非上市公众公司发行优先股的申请、审核（豁免）、发行等相关程序应按照《非上市公众公司监督管理办法》等相关规定办理。

第五章 交易转让及登记结算

第四十七条 优先股发行后可以申请上市交易或转让，不设限售期。

公开发行的优先股可以在证券交易所上市交易。上市公司非公开发行的优先股可以在证券交易所转让，非上市公众公司非公开发行的优先股可以在全国中小企业股份转让系统转让，转让范围仅限合格投资者。交易或转让的具体办法由证券交易所或全国中小企业股份转让系统另行制定。

第四十八条 优先股交易或转让环节的投资者适当性标准应当与发行环节保持一致；非公开发行的相同条款优先股经交易或转让后，投资者不得超过二百人。

第四十九条 中国证券登记结算公司为优先股提供登记、存管、清算、交收等服务。

第六章 信息披露

第五十条 公司应当按照中国证监会有关信息披露规则编制募集优先股说明书或其他信息披露文件，依法履行信息披露义务。上市公司相关信息披露程序和要求参照《上市公司证券发行管理办法》和《上市公司非公开发行股票实施细则》及有关监管指引的规定。非上市公众公司非公开发行优先股的信息披露程序和要求参照《非上市公众公司监督管理办法》及有关监管指引的规定。

第五十一条 发行优先股的公司披露定期报告时，应当以专门章节披露已发行优先股情况、持有公司优先股股份最多的前十名股东的名单和持股数额、优先股股东的利润分配情况、优先股的回购情况、优先股股东表决权恢复及行使情况、优先股会计处理情况及其他与优先股有关的情况，具体内容与格式由中国证监会规定。

第五十二条　发行优先股的上市公司，发生表决权恢复、回购普通股等事项，以及其他可能对其普通股或优先股交易或转让价格产生较大影响事项的，上市公司应当按照《证券法》第六十七条以及中国证监会的相关规定，履行临时报告、公告等信息披露义务。

第五十三条　发行优先股的非上市公众公司按照《非上市公众公司监督管理办法》及有关监管指引的规定履行日常信息披露义务。

第七章　回购与并购重组

第五十四条　上市公司可以非公开发行优先股作为支付手段，向公司特定股东回购普通股。上市公司回购普通股的价格应当公允、合理，不得损害股东或其他利益相关方的合法利益。

第五十五条　上市公司以减少注册资本为目的回购普通股公开发行优先股的，以及以非公开发行优先股为支付手段向公司特定股东回购普通股的，除应当符合优先股发行条件和程序，还应符合以下规定：

（一）上市公司回购普通股应当由董事会依法作出决议并提交股东大会批准；

（二）上市公司股东大会就回购普通股作出的决议，应当包括下列事项：回购普通股的价格区间，回购普通股的数量和比例，回购普通股的期限，决议的有效期，对董事会办理本次回购股份事宜的具体授权，其他相关事项。以发行优先股作为支付手段的，应当包括拟用于支付的优先股总金额以及支付比例；回购方案实施完毕之日起一年内公开发行优先股的，应当包括回购的资金总额以及资金来源；

（三）上市公司股东大会就回购普通股作出决议，必须经出席会议的普通股股东（含表决权恢复的优先股股东）所持表决权的三分之二以上通过；

（四）上市公司应当在股东大会作出回购普通股决议后的次日公告该决议；

（五）依法通知债权人；

本办法未做规定的应当符合中国证监会有关上市公司回购的其他规定。

第五十六条　上市公司收购要约适用于被收购公司的所有股东，

但可以针对优先股股东和普通股股东提出不同的收购条件。

第五十七条 上市公司可以按照《上市公司重大资产重组管理办法》规定的条件发行优先股购买资产，同时应当遵守本办法第三十三条，以及第三十五条至第三十八条的规定，依法披露有关信息、履行相应程序。

第五十八条 上市公司发行优先股作为支付手段购买资产的，可以同时募集配套资金。

第五十九条 非上市公众公司发行优先股的方案涉及重大资产重组的，应当符合中国证监会有关重大资产重组的规定。

第八章 监管措施和法律责任

第六十条 公司及其控股股东或实际控制人，公司董事、监事、高级管理人员以及其他直接责任人员，相关市场中介机构及责任人员，以及优先股试点的其他市场参与者违反本办法规定的，依照《公司法》、《证券法》和中国证监会的有关规定处理；涉嫌犯罪的，依法移送司法机关，追究其刑事责任。

第六十一条 上市公司、非上市公众公司违反本办法规定，存在未按规定制定有关章程条款、不按照约定召集股东大会恢复优先股股东表决权等损害优先股股东和中小股东权益等行为的，中国证监会应当责令改正，对上市公司、非上市公众公司和其直接负责的主管人员和其他直接责任人员，可以采取相应的行政监管措施以及警告、三万元以下罚款等行政处罚。

第六十二条 上市公司违反本办法第二十二条第二款规定的，中国证监会可以责令改正，并在三十六个月内不受理该公司的公开发行证券申请。

第六十三条 上市公司、非上市公众公司向本办法规定的合格投资者以外的投资者非公开发行优先股，中国证监会应当责令改正，并可以自确认之日起在三十六个月内不受理该公司的发行优先股申请。

第六十四条 承销机构在承销非公开发行的优先股时，将优先股配售给不符合本办法合格投资者规定的对象的，中国证监会可以责令改正，并在三十六个月内不接受其参与证券承销。

第九章 附 则

第六十五条 本办法所称合格投资者包括：

（一）经有关金融监管部门批准设立的金融机构，包括商业银行、证券公司、基金管理公司、信托公司和保险公司等；

（二）上述金融机构面向投资者发行的理财产品，包括但不限于银行理财产品、信托产品、投连险产品、基金产品、证券公司资产管理产品等；

（三）实收资本或实收股本总额不低于人民币五百万元的企业法人；

（四）实缴出资总额不低于人民币五百万元的合伙企业；

（五）合格境外机构投资者（QFII）、人民币合格境外机构投资者（RQFII）、符合国务院相关部门规定的境外战略投资者；

（六）除发行人董事、高级管理人员及其配偶以外的，名下各类证券账户、资金账户、资产管理账户的资产总额不低于人民币五百万元的个人投资者；

（七）经中国证监会认可的其他合格投资者。

第六十六条　非上市公众公司首次公开发行普通股并同时非公开发行优先股的，其优先股的发行与信息披露应符合本办法中关于上市公司非公开发行优先股的有关规定。

第六十七条　注册在境内的境外上市公司在境外发行优先股，应当符合境外募集股份及上市的有关规定。

注册在境内的境外上市公司在境内发行优先股，参照执行本办法关于非上市公众公司发行优先股的规定，以及《非上市公众公司监督管理办法》等相关规定，其优先股可以在全国中小企业股份转让系统进行转让。

第六十八条　本办法下列用语含义如下：

（一）强制分红：公司在有可分配税后利润的情况下必须向优先股股东分配股息；

（二）可分配税后利润：发行人股东依法享有的未分配利润；

（三）加权平均净资产收益率：按照《公开发行证券的公司信息披露编报规则第9号——净资产收益率和每股收益的计算及披露》计算的加权平均净资产收益率；

（四）上证50指数：中证指数有限公司发布的上证50指数。

第六十九条　本办法中计算合格投资者人数时，同一资产管理机构以其管理的两只以上产品认购或受让优先股的，视为一人。

第七十条　本办法自公布之日起施行。

《国务院办公厅转发证监会〈关于开展创新企业境内发行股票或存托凭证试点若干意见〉的通知》(国办发〔2018〕21号)

各省、自治区、直辖市人民政府,国务院各部委、各直属机构:

证监会《关于开展创新企业境内发行股票或存托凭证试点的若干意见》已经国务院同意,现转发给你们,请认真贯彻执行。

国务院办公厅

2018年3月22日

关于开展创新企业境内发行股票或存托凭证试点的若干意见

证监会

为进一步加大资本市场对实施创新驱动发展战略的支持力度,按照市场化、法治化原则,借鉴国际经验,开展创新企业境内发行股票或存托凭证试点,现提出以下意见。

一、指导思想

全面贯彻落实党的十九大精神,以习近平新时代中国特色社会主义思想为指导,认真落实党中央、国务院决策部署,坚持稳中求进工作总基调,牢固树立和贯彻新发展理念,按照高质量发展要求,统筹推进"五位一体"总体布局和协调推进"四个全面"战略布局,深化资本市场改革、扩大开放,支持创新企业在境内资本市场发行证券上市,助力我国高新技术产业和战略性新兴产业发展提升,推动经济发展质量变革、效率变革、动力变革。

二、试点原则

(一)服务国家战略。以服务创新驱动发展为引领,坚持创新与发展有机结合,改革与开放并行并重,助力大众创业万众创新,推动经济结构调整和产业转型升级。

(二)坚持依法合规。在法律法规框架下,做好与相关政策的衔接配合,稳妥适度开展制度创新,确保试点依法依规、高效可行。

(三)稳步有序推进。统筹谋划,循序渐进,探索通过试点解决创新企业境内上市问题,为进一步深化改革、完善制度积累经验、创造条件。

(四)切实防控风险。充分保护中小投资者合法权益,处理好试点与风险防控的关系,把防控风险放到更加重要的位置。强化监管,维护金融市场稳定,坚决守住不发生系统性风险的底线。

三、试点企业

试点企业应当是符合国家战略、掌握核心技术、市场认可度高，属于互联网、大数据、云计算、人工智能、软件和集成电路、高端装备制造、生物医药等高新技术产业和战略性新兴产业，且达到相当规模的创新企业。其中，已在境外上市的大型红筹企业，市值不低于2000亿元人民币；尚未在境外上市的创新企业（包括红筹企业和境内注册企业），最近一年营业收入不低于30亿元人民币且估值不低于200亿元人民币，或者营业收入快速增长，拥有自主研发、国际领先技术，同行业竞争中处于相对优势地位。试点企业具体标准由证监会制定。本意见所称红筹企业，是指注册地在境外、主要经营活动在境内的企业。

证监会成立科技创新产业化咨询委员会（以下简称咨询委员会），充分发挥相关行业主管部门及专家学者作用，严格甄选试点企业。咨询委员会由相关行业权威专家、知名企业家、资深投资专家等组成，按照试点企业标准，综合考虑商业模式、发展战略、研发投入、新产品产出、创新能力、技术壁垒、团队竞争力、行业地位、社会影响、行业发展趋势、企业成长性、预估市值等因素，对申请企业是否纳入试点范围作出初步判断。证监会以此为重要依据，审核决定申请企业是否列入试点，并严格按照法律法规受理审核试点企业发行上市申请。

四、试点方式

试点企业可根据相关规定和自身实际，选择申请发行股票或存托凭证上市。允许试点红筹企业按程序在境内资本市场发行存托凭证上市；具备股票发行上市条件的试点红筹企业可申请在境内发行股票上市；境内注册的试点企业可申请在境内发行股票上市。本意见所称存托凭证，是指由存托人签发、以境外证券为基础在中国境内发行、代表境外基础证券权益的证券。

试点企业在境内发行的股票或存托凭证均应在境内证券交易所上市交易，并在中国证券登记结算有限责任公司集中登记存管、结算。试点企业募集的资金可以人民币形式或购汇汇出境外，也可留存境内使用。试点企业募集资金的使用、存托凭证分红派息等应符合我国外资、外汇管理等相关规定。

证监会根据证券法等法律法规规定，依照现行股票发行核准程序，核准试点红筹企业在境内公开发行股票；原则上依照股票发行核准程序，由发行审核委员会依法审核试点红筹企业存托凭证发行申请。

试点企业在境内的股票或存托凭证相关发行、上市和交易等行为，均纳入现行证券法规范范围。证监会依据证券法和本意见及相关规定实施监管，并与试点红筹企业上市地等相关国家或地区证券监督管理机构建立监管合作机制，实施跨境监管。

五、发行条件

试点企业在境内发行股票应符合法律法规规定的股票发行条件。其中，试点红筹企业股权结构、公司治理、运行规范等事项可适用境外注册地公司法等法律法规规定，但关于投资者权益保护的安排总体上应不低于境内法律要求。对存在协议控制架构的试点企业，证监会会同有关部门区分不同情况，依法审慎处理。

试点红筹企业在境内发行以股票为基础证券的存托凭证应符合证券法关于股票发行的基本条件，同时符合下列要求：一是股权结构、公司治理、运行规范等事项可适用境外注册地公司法等法律法规规定，但关于投资者权益保护的安排总体上应不低于境内法律要求；二是存在投票权差异、协议控制架构或类似特殊安排的，应于首次公开发行时，在招股说明书等公开发行文件显要位置充分、详细披露相关情况特别是风险、公司治理等信息，以及依法落实保护投资者合法权益规定的各项措施。

六、存托凭证基础制度安排

在中国境内发行存托凭证应符合以下基础制度安排，并严格遵守相关监管规则。

（一）参与主体。

基础证券发行人在境外发行的基础证券由存托人持有，并由存托人在境内签发存托凭证。基础证券发行人应符合证券法关于股票等证券发行的基本条件，参与存托凭证发行，依法履行信息披露等义务，并按规定接受证监会及证券交易所监督管理。

存托人应按照存托协议约定，根据存托凭证持有人意愿行使境外基础证券相应权利，办理存托凭证分红、派息等业务。存托人资质应符合证监会有关规定。

存托凭证持有人依法享有存托凭证代表的境外基础证券权益，并按照存托协议约定，通过存托人行使其权利。

（二）存托协议。

基础证券发行人、存托人及存托凭证持有人通过存托协议明确存托凭证所代表权益及各方权利义务。投资者持有存托凭证即成为存托协议当事人,视为其同意并遵守存托协议约定。存托协议应约定因存托凭证发生的纠纷适用中国法律法规规定,由境内法院管辖。

(三)存托凭证基础财产。

存托凭证基础财产包括境外基础证券及其衍生权益。存托人可在境外委托金融机构担任托管人。托管人负责托管存托凭证基础财产,并负责办理与托管相关的其他业务。存托人和托管人应为存托凭证基础财产单独立户,将存托凭证基础财产与其自有财产有效隔离、分别管理、分别记账,不得将存托凭证基础财产归入其自有财产,不得违背受托义务侵占存托凭证基础财产。

(四)跨境转换。

存托凭证与基础证券之间转换的具体要求和方式由证监会规定。

七、信息披露

试点企业及其控股股东、实际控制人等相关信息披露义务人应真实、准确、完整、及时、公平地披露信息,不得有虚假记载、误导性陈述或重大遗漏。试点红筹企业原则上依照现行上市公司信息披露制度履行信息披露义务。试点红筹企业及其控股股东、实际控制人等相关信息披露义务人在境外披露的信息应以中文在境内同步披露,披露内容应与其在境外市场披露内容一致。

试点红筹企业在境内发行证券,应按照证券法等法律法规规定披露财务信息,并在上市安排中明确会计年度期间等相关问题。试点红筹企业在境内发行证券披露的财务报告信息,可按照中国企业会计准则或经财政部认可与中国企业会计准则等效的会计准则编制,也可在按照国际财务报告准则或美国会计准则编制的同时,提供按照中国企业会计准则调整的差异调节信息。

八、投资者保护

试点企业不得有任何损害境内投资者合法权益的特殊安排和行为。发行股票的,应执行境内现行投资者保护制度;尚未盈利试点企业的控股股东、实际控制人和董事、高级管理人员在企业实现盈利前不得减持上市前持有的股票。发行存托凭证的,应确保存托凭证持有人实际享有权益与境外基础股票持有人权益相当,由存托人代表境内投资者对境外基础股票发行人行使权利。投资者合法权益受到损害时,试点企业应确保境内投资者获得与境外投资者相当的赔偿。

九、法律责任

试点企业等相关市场主体违法违规发行证券，未按规定披露信息，所披露信息存在虚假记载、误导性陈述或重大遗漏，或者存在内幕交易、操纵市场等其他违法行为的，应依照证券法等法律法规规定承担法律责任。试点企业等相关市场主体导致投资者合法权益受到损害的，应依法承担赔偿责任，投资者可依法直接要求其承担损害赔偿责任。存托人或托管人违反本意见和证监会有关规定的，证监会可依法采取监管措施，并追究其法律责任。

十、组织管理

各地区、各相关部门要高度重视，统一思想，提高认识，加大工作力度，确保试点依法有序开展。证监会要根据证券法和本意见规定，加强与各地区、各相关部门的协调配合，稳妥推动相关工作，完善相关配套制度和监管规则，加强市场监管、投资者教育和跨境监管执法合作，依法严肃查处违法违规行为，监督试点企业认真履行信息披露义务，督促中介机构诚实守信、勤勉尽责，切实保护投资者合法权益。

《存托凭证发行与交易管理办法（试行）》（中国证券监督管理委员会令第143号，自2018年6月6日起施行）

第一章 总 则

第一条 为了规范存托凭证发行和交易行为，保护投资者合法权益，维护证券市场秩序，根据《中华人民共和国证券法》（以下简称《证券法》）《中华人民共和国证券投资基金法》《关于开展创新企业境内发行股票或存托凭证试点的若干意见》（以下简称《若干意见》）以及相关法律、行政法规，制定本办法。

第二条 本办法所称存托凭证是指由存托人签发、以境外证券为基础在中国境内发行、代表境外基础证券权益的证券。

存托凭证的发行和交易，适用《证券法》《若干意见》、本办法以及中国证监会的其他规定。存托凭证的境外基础证券发行人应当参与存托凭证发行，依法履行发行人、上市公司的义务，承担相应的法律责任。

第三条 境外基础证券发行人的股权结构、公司治理、运行规范等事项适用境外注册地公司法等法律法规规定的，应当保障对中国境内投资者权益的保护总体上不低于中国法律、行政法规以及中国证监会规定的要求，并保障存托凭证持有人实际享有的权益与境外基础证券持有人的权益相当，不得存在跨境歧视。

第四条　中国证监会依照上市公司监管的相关规定，对发行存托凭证的境外基础证券发行人进行持续监督管理。法律、行政法规或者中国证监会另有规定的除外。

证券交易所依据章程、协议和业务规则，对存托凭证上市、交易活动、境外基础证券发行人及其他信息披露义务人的信息披露行为等进行自律监管。

第二章　存托凭证的发行

第五条　公开发行以股票为基础证券的存托凭证的，境外基础证券发行人应当符合下列条件：

（一）《证券法》第十三条第（一）项至第（三）项关于股票公开发行的基本条件；

（二）为依法设立且持续经营三年以上的公司，公司的主要资产不存在重大权属纠纷；

（三）最近三年内实际控制人未发生变更，且控股股东和受控股股东、实际控制人支配的股东持有的境外基础证券发行人股份不存在重大权属纠纷；

（四）境外基础证券发行人及其控股股东、实际控制人最近年内不存在损害投资者合法权益和社会公共利益的重大违法行为；

（五）会计基础工作规范、内部控制制度健全；

（六）董事、监事和高级管理人员应当信誉良好，符合公司注册地法律规定的任职要求，近期无重大违法失信记录；

（七）中国证监会规定的其他条件。

第六条　公开发行以股票为基础证券的存托凭证的，境外基础证券发行人应当按照中国证监会规定的格式和内容，向中国证监会报送发行申请文件。

第七条　申请公开发行存托凭证的，境外基础证券发行人应当依照《证券法》《若干意见》以及中国证监会规定，报请中国证监会核准。

中国证监会发行审核委员会依照《证券法》第二十三条以及中国证监会规定，审核存托凭证发行申请。

仅面向符合适当性管理要求的合格投资者公开发行存托凭证的，可以简化核准程序，具体程序由中国证监会另行规定。

第八条　申请存托凭证公开发行并上市的，境外基础证券发行人应当依照《证券法》第十一条、第四十九条的规定，聘请具有保荐资格的机构担任保荐人。保荐人应当依照法律、行政法规以及中国证监会规定尽职履行存托凭证发行上市推荐和持续督导职责。

公开发行存托凭证的,应当依照《证券法》第二十八条至第三十六条的规定,由证券公司承销,但投资者购买以非新增证券为基础证券的存托凭证以及中国证监会规定无需由证券公司承销的其他情形除外。

第九条 存托凭证在中国境内首次公开发行并上市后,拟发行以境外基础证券发行人新增证券为基础证券的存托凭证的,适用《证券法》《若干意见》以及中国证监会关于上市公司证券发行的规定。

第三章 存托凭证的上市和交易

第十条 依法公开发行的存托凭证应当在中国境内证券交易所上市交易。境外基础证券发行人申请存托凭证上市的,应当符合证券交易所业务规则规定的上市条件,并按照证券交易所的规定提出上市申请,证券交易所审核同意后,双方签订上市协议。

证券交易所应当依据《证券法》《若干意见》以及中国证监会规定制定存托凭证上市的相关业务规则。

第十一条 存托凭证的交易应当遵守法律、行政法规、中国证监会规定以及证券交易所业务规则的规定。

存托凭证的交易可以按照有关规定采取做市商交易方式。

证券交易所应当按照《证券法》第一百一十五条规定,对存托凭证交易实行实时监控,并可以根据需要,对出现重大异常交易情况的证券账户限制交易。

第十二条 境外基础证券发行人的股东、实际控制人、董事、监事、高级管理人员和存托凭证的其他投资者在中国境内减持其持有的存托凭证的,应当遵守法律、行政法规、中国证监会规定以及证券交易所业务规则的规定。

第十三条 境外基础证券发行人的收购及相关股份权益变动活动应当遵守法律、行政法规以及中国证监会规定。

第十四条 境外基础证券发行人实施重大资产重组、发行存托凭证购买资产的,应当符合法律、行政法规以及中国证监会规定。境外基础证券发行人不得通过发行存托凭证在中国境内重组上市。

第十五条 存托凭证应当在中国证券登记结算有限责任公司集中登记、存管和结算。

中国证券登记结算有限责任公司应当依据《证券法》《若干意见》

以及中国证监会规定制定存托凭证登记结算业务规则。

第四章 存托凭证的信息披露

第十六条 境外基础证券发行人及其控股股东、实际控制人等信息披露义务人应当依照《证券法》《若干意见》、中国证监会规定以及证券交易所业务规则，及时、公平地履行信息披露义务，所披露的信息必须真实、准确、完整，不得有虚假记载、误导性陈述或者重大遗漏。

境外基础证券发行人的董事、监事、高级管理人员应当忠实、勤勉地履行职责，保证境外基础证券发行人所披露的信息真实、准确、完整。

证券交易所对境外基础证券发行人及其他信息披露义务人披露信息进行监督，督促其依法及时、准确地披露信息。

第十七条 境外基础证券发行人应当按照中国证监会、证券交易所的规定编制并披露招股说明书、上市公告书，披露存托协议、托管协议等文件。

境外基础证券发行人应当在招股说明书中，充分披露境外注册地公司法律制度及其公司章程或者章程性文件的主要规定与《中华人民共和国公司法》等法律制度的主要差异，以及该差异对存托凭证在中国境内发行、上市和对投资者保护的影响。

境外基础证券发行人具有股东投票权差异、企业协议控制架构或者类似特殊安排的，应当在招股说明书等公开发行文件显要位置充分、详细披露相关情况特别是风险、公司治理等信息，并以专章说明依法落实保护投资者合法权益规定的各项措施。

境外基础证券发行人的董事、高级管理人员应当对招股说明书签署书面确认意见。

第十八条 境外基础证券发行人应当按照《证券法》《若干意见》、中国证监会规定以及证券交易所业务规则，按时披露定期报告，并及时就可能对基础证券、存托凭证及其衍生品种交易价格产生较大影响的重大事件披露临时报告。

第十九条 境外基础证券发行人应当按照中国证监会规定的内容和格式要求，编制并披露定期报告。

境外基础证券发行人具有股东投票权差异、企业协议控制架构或者类似特殊安排的，应当在定期报告中披露相关情形及其对中国境内投资者带来的重大影响和风险。

境外基础证券发行人的董事、高级管理人员应当对定期报告签署书面确认意见。

第二十条 发生《证券法》第六十七条以及《上市公司信息披露管理办法》第三十条规定的重大事件，投资者尚未得知时，境外基础证券发行人应当立即披露，说明事件的起因、目前的状态和可能产生的法律后果。

持有或者通过持有境内外存托凭证而间接持有境外基础证券发行人发行的股份合计达到百分之五以上的投资者，属于《证券法》第六十七条第二款第（八）项以及《上市公司信息披露管理办法》第三十条第二款第（八）项规定的持有公司百分之五以上股份的股东。

《上市公司信息披露管理办法》第三十条第二款第（十四）项规定的任一股东所持公司百分之五以上股份，包括持有或者通过持有境内外存托凭证而间接持有境外基础证券发行人发行的股份合计达到百分之五。

《上市公司信息披露管理办法》第三十条第二款第（十五）项规定的主要资产包括境外基础证券发行人境内实体运营企业的主要资产。

第二十一条 发生以下情形之一的，境外基础证券发行人应当及时进行披露：

（一）存托人、托管人发生变化；

（二）存托的基础财产发生被质押、挪用、司法冻结或者发生其他权属变化；

（三）对存托协议作出重大修改；

（四）对托管协议作出重大修改；

（五）对股东投票权差异、企业协议控制架构或者类似特殊安排作出重大调整；

（六）中国证监会规定的其他情形。

第二十二条 境外基础证券发行人及其控股股东、实际控制人等信息披露义务人应当保证其在境外市场披露的信息同步在境内市场披露。

第二十三条 中国证监会、证券交易所对证券已在境外上市的基础证券发行人及其控股股东、实际控制人等信息披露义务人，可以根据境外上市地的监管水平以及境外基础证券发行人公司治理、信息披露等合规运作情况，对其信息披露事项作出具体规定。

除前款规定外，境外基础证券发行人及其控股股东、实际控制人等信息披露义务人有其他需要免予披露或者暂缓披露相关信息特殊情况的，可以根据中国证监会规定以及证券交易所业务规则免予披露或者暂缓披露相关信息，但应当说明原因，并聘请律师事务所就上述事项出具法律意见。

免予披露或者暂缓披露相关信息的原因和律师事务所出具的法律意见应当及时披露。

第二十四条 境外基础证券发行人或者其他信息披露义务人向中国证监会、证券交易所提供的文件或者信息披露文件应当使用中文，文件内容应当与其在境外市场提供的文件或者所披露的文件的内容一致。上述文件内容不一致时，以中文文件为准。

第二十五条 境外基础证券发行人应当在中国境内设立证券事务机构，聘任熟悉境内信息披露规定和要求的信息披露境内代表，负责存托凭证上市期间的信息披露与监管联络事宜。

第五章 存托凭证的存托和托管

第二十六条 下列机构可以依法担任存托人：

（一）中国证券登记结算有限责任公司及其子公司；

（二）经国务院银行业监督管理机构批准的商业银行；

（三）证券公司。

担任存托人的机构应当符合下列条件：

（一）组织机构健全，内部控制规范，风险管理有效；

（二）财务状况良好，净资产或者资本净额符合规定；

（三）信誉良好，最近三年内无重大违法行为；

（四）拥有与开展存托业务相适应的从业人员、机构配置和业务设施；

（五）法律、行政法规和规章规定的其他条件。

第二十七条 存托人应当承担以下职责：

（一）与境外基础证券发行人签署存托协议，并根据存托协议约定协助完成存托凭证的发行上市；

（二）安排存放存托凭证基础财产，可以委托具有相应业务资质、能力和良好信誉的托管人管理存托凭证基础财产，并与其签订托管协议，督促其履行基础财产的托管职责。存托凭证基础财产因托管人过错受到损害的，存托人承担连带赔偿责任；

（三）建立并维护存托凭证持有人名册；

(四)办理存托凭证的签发与注销；

(五)按照中国证监会规定和存托协议约定，向存托凭证持有人发送通知等文件；

(六)按照存托协议约定，向存托凭证持有人派发红利、股息等权益，根据存托凭证持有人意愿行使表决权等权利；

(七)境外基础证券发行人股东大会审议有关存托凭证持有人权利义务的议案时，存托人应当参加股东大会并为存托凭证持有人权益行使表决权；

(八)中国证监会规定和存托协议约定的其他职责。

第二十八条 境外基础证券发行人、存托人和存托凭证持有人通过存托协议明确存托凭证所代表权益和各方权利义务。投资者持有存托凭证即成为存托协议当事人，视为其同意并遵守存托协议约定。

存托协议应当符合法律、行政法规以及中国证监会规定，并包括以下条款：

(一)境外基础证券发行人、存托人的名称、注册地、成立依据的法律和主要经营场所；

(二)基础证券的种类；

(三)发行存托凭证的数量安排；

(四)存托凭证的签发、注销等安排；

(五)基础财产的存放和托管安排；

(六)境外基础证券发行人的权利和义务；

(七)存托人的权利和义务；

(八)存托凭证持有人的权利和义务；

(九)基础证券涉及的分红权、表决权等相应权利的具体行使方式和程序；

(十)存托凭证持有人的保护机制；

(十一)存托凭证涉及收费标准、收费对象和税费处理；

(十二)约定事项的变更方式；

(十三)存托凭证终止上市的安排；

(十四)违约责任；

(十五)解决争议的方法；

(十六)存托协议适用中国法律；

(十七)诉讼管辖法院为中国境内有管辖权的人民法院；

（十八）其他重要事项。

境外基础证券发行人、存托人修改存托协议的，应当由境外基础证券发行人提前以公告形式通知存托凭证持有人。

境外基础证券发行人应当向中国证监会提交存托协议，作为其发行、上市申请文件。存托协议修改的，应当及时向中国证监会报告。

第二十九条 存托人可以委托境外金融机构担任托管人。存托人委托托管人的，应当在存托协议中明确基础财产由托管人托管。托管人应当承担下列职责：

（一）托管基础财产；

（二）按照托管协议约定，协助办理分红派息、投票等相关事项；

（三）向存托人提供基础证券的市场信息；

（四）中国证监会规定和托管协议约定的其他职责。

第三十条 存托人与托管人签订的托管协议，应当包括下列条款：

（一）协议当事人的名称、注册地和主要经营场所；

（二）基础证券种类和数量；

（三）存托人指令的发送、确认和执行的程序；

（四）基础财产不得作为托管人破产财产或者清算财产，及相关资产隔离措施；

（五）托管人的报酬计算方法与支付方式；

（六）基础财产托管及解除托管的程序；

（七）约定事项的变更方式；

（八）违约责任；

（九）解决争议的方法；

（十）其他重要事项。

境外基础证券发行人应当向中国证监会提交存托人与托管人签署的托管协议，作为其发行申请文件。托管协议修改的，存托人应当及时告知境外基础证券发行人，并由境外基础证券发行人向中国证监会报告。

第三十一条 存托人、托管人应当忠实、勤勉地履行各项职责和义务，不得损害存托凭证持有人的合法权益。

存托人行使境外基础证券相应权利，应当按照存托协议约定的方式事先征求存托凭证持有人的意愿并按其意愿办理，不得擅自行使相应权利或者处分相应存托凭证基础财产。

第三十二条 存托人应当为存托凭证基础财产单独立户，将存托凭证基础财产与其自有财产有效隔离、分别管理、分别记账，不得将存托凭证基础财产归入其自有财产，不得侵占、挪用存托证基础财产。

第三十三条 存托人不得买卖其签发的存托凭证，不得兼任其履行存托职责的存托凭证的保荐人。

第六章 投资者保护

第三十四条 向投资者销售存托凭证或者提供相关服务的机构，应当遵守中国证监会关于投资者适当性管理的规定。

证券交易所应当在业务规则中明确存托凭证投资者适当性管理的相关事项。

第三十五条 境外基础证券发行人应当确保存托凭证持有人实际享有的资产收益、参与重大决策、剩余财产分配等权益与境外基础证券持有人权益相当。境外基础证券发行人不得作出任何损害存托凭证持有人合法权益的行为。

法律、行政法规以及中国证监会规定对投资者保护有强制性规定的，应当适用其规定。

第三十六条 境外基础证券发行人、存托人应当按照存托协议约定，采用安全、经济、便捷的网络或者其他方式为存托凭证持有人行使权利提供便利。

第三十七条 中证中小投资者服务中心有限责任公司可以购买最小交易份额的存托凭证，依法行使存托凭证持有人的各项权利。

中证中小投资者服务中心有限责任公司可以接受存托凭证持有人的委托，代为行使存托凭证持有人的各项权利。

中证中小投资者服务中心有限责任公司可以支持受损害的存托凭证持有人依法向人民法院提起民事诉讼。

第三十八条 境外基础证券发行人与其境内实体运营企业之间的关系安排，不得损害存托凭证持有人等投资者的合法权益。

第三十九条 境外基础证券发行人具有股东投票权差异等特殊架构的，其持有特别投票权的股东应当按照所适用的法律以及公司章程行使权利，不得滥用特别投票权，不得损害存托凭证持有人等投资者的合法权益。

出现前款情形，损害存托凭证持有人等投资者合法权益的，境外基础证券发行人及特别投票权股东应当改正，并依法承担对投资者的损害赔偿责任。

第四十条 存托凭证暂停、终止上市的情形和程序，由证券交易所业务规则规定。

存托凭证出现终止上市情形的，存托人应当根据存托协议的约定，为存托凭证持有人的权利行使提供必要保障。

存托凭证终止上市的，存托人应当根据存托协议的约定卖出基础证券，并将卖出所得扣除税费后及时分配给存托凭证持有人。

基础证券无法卖出的，境外基础证券发行人应当在存托协议中作出合理安排，保障存托凭证持有人的合法权益。

第四十一条 存托凭证持有人与境外基础证券发行人、存托人、证券服务机构等主体发生纠纷的，可以向中证中小投资者服务中心有限责任公司及其他依法设立的调解组织申请调解。

第四十二条 投资者通过证券投资基金投资存托凭证的，基金管理人应当制定严格的投资决策流程和风险管理制度，做好制度、业务流程、技术系统等方面准备工作。

基金管理人应当根据审慎原则合理控制基金投资存托凭证的比例，在基金合同、招募说明书中明确投资存托凭证的比例、策略等，并充分揭示风险。

基金托管人应当加强对基金投资存托凭证的监督，切实保护基金份额持有人的合法权益。

第四十三条 已经获得中国证监会核准或者准予注册的公开募集证券投资基金投资存托凭证，应当遵守以下规定：

（一）基金合同已明确约定基金可投资境内上市交易的股票的，基金管理人可以投资存托凭证；

（二）基金合同没有明确约定基金可投资境内上市交易的股票的，如果投资存托凭证，基金管理人应当召开基金份额持有人大会进行表决。

公开募集证券投资基金投资存托凭证的比例限制、估值核算、信息披露等依照境内上市交易的股票执行。

第四十四条 合格境外机构投资者和人民币合格境外机构投资者投资存托凭证的比例限制按照有关管理规定执行，计算基础为境内上市的存托凭证。

第七章 法律责任

第四十五条 中国证监会依法履行职责，对境外基础证券发行人及其控股股东、实际控制人、境内实体运营企业、存托人、托管人、保荐人、承销机构、证券服务机构及其他主体采取进行现场检查、进入涉嫌违法行为发生场所调查取证等措施的，适用《证券法》第一百八十条规定。

第四十六条 存托凭证的发行、交易等活动违反本办法规定的，中国证监会可以采取以下监管措施：

（一）责令改正；

（二）监管谈话；

（三）出具警示函；

（四）认定为不适当人选；

（五）依法可以采取的其他监管措施。

第四十七条 有下列行为的，中国证监会依据《证券法》相关规定进行行政处罚；构成犯罪的，依法追究刑事责任：

（一）未经中国证监会核准，擅自公开或者变相公开发行存托凭证；

（二）不符合发行条件的境外基础证券发行人以欺骗手段骗取存托凭证发行核准；

（三）保荐人在存托凭证发行、上市中出具有虚假记载、误导性陈述或者重大遗漏的保荐书，或者不履行其他法定职责；

（四）境外基础证券发行人或者其他信息披露义务人未按照规定披露信息、报送有关报告，或者所披露的信息、报送的报告有虚假记载、误导性陈述或者重大遗漏；

（五）内幕信息知情人和非法获取内幕信息的人利用内幕信息买卖存托凭证、泄露内幕信息、建议他人买卖存托凭证；

（六）违反《证券法》的规定操纵存托凭证市场；

（七）证券服务机构在为存托凭证的发行、交易等证券业务活动提供服务中，未勤勉尽责，所制作、出具的文件有虚假记载、误导性陈述或者重大遗漏；

（八）《证券法》规定的其他违法行为。

第四十八条 境外基础证券发行人的股东、实际控制人、董事、监事、高级管理人员和存托凭证的其他投资者违反本办法第十二条的规定，在中国境内减持其持有的存托凭证的，责令改正，给予警告，没收违法所得，并处三万元罚款。

第四十九条　法律、行政法规禁止参与股票交易的人员，直接或者以化名、借他人名义持有、买卖、接受他人赠送存托凭证的，依照《证券法》第一百九十九条的规定进行行政处罚。属于国家工作人员的，还应当依法给予行政处分。

第五十条　有下列行为的，依照《证券法》第二百零一条的规定进行行政处罚：

（一）为存托凭证的发行出具审计报告、资产评估报告或者法律意见书等文件的证券服务机构和人员，在该存托凭证承销期内和期满后六个月内，买卖该存托凭证；

（二）为境外基础证券发行人出具审计报告、资产评估报告或者法律意见书等文件的证券服务机构和人员，自接受境外基础证券发行人委托之日起至上述文件公开后五日内，买卖该存托凭证。

第五十一条　境外基础证券发行人的董事、监事、高级管理人员、通过存托凭证或者其他方式持有境外基础证券发行人发行的股份百分之五以上的投资者，将其持有的存托凭证在买入后六个月内卖出，或者在卖出后六个月内又买入的，依照《证券法》第一百九十五条的规定处罚。但是证券公司因包销购入售后剩余存托凭证对应境外基础证券发行人已发行股份达到百分之五以上的除外。

第五十二条　收购人违反本办法第十三条规定的，依照《证券法》第二百一十三条的规定处罚。

收购人或者收购人的控股股东，利用对境外基础证券发行人的收购，损害被收购境外基础证券发行人及其投资者的合法权益的，依照《证券法》第二百一十四条的规定处罚。

第五十三条　存托人、托管人违反本办法规定的，责令改正，给予警告，没收违法所得，并处三万元罚款。对直接负责的主管人员和其他直接责任人员给予警告，没收违法所得，并处三万元罚款。

经中国证监会责令改正后拒不改正或者违法违规情节严重的，中国证监会可以采取责令境外基础证券发行人更换存托人、责令存托人更换托管人、三十六个月内不受理由其担任存托人的申请文件、取消存托人资质等监管措施。

存托人中参与存托业务的人员，在任期内，直接或者以化名、借他人名义持有、买卖、接受他人赠送存托凭证的，责令改正，给予警告，没收违法所得，并处三万元罚款。

第五十四条 违反本办法情节严重的，中国证监会可以对有关责任人员采取证券市场禁入的措施。

第五十五条 境外基础证券发行人及其控股股东、实际控制人、存托人、托管人、保荐人、承销机构、证券服务机构等违反本办法规定，导致存托凭证持有人等投资者合法权益受到损害的，应当依法承担赔偿责任。

第八章 附 则

第五十六条 境内企业在境外发行存托凭证适用《证券法》等法律、行政法规以及中国证监会关于境内企业到境外发行证券或者将其证券在境外上市交易的规定。境内上市公司以新增证券为基础在境外发行存托凭证的，还应当同时符合有关上市公司证券发行的规定。

第五十七条 存托凭证与基础证券之间的转换应当符合国家有关规定。

境内证券交易所与境外证券交易所之间互联互通业务中涉及的存托凭证发行、交易、信息披露和投资者保护等事宜，中国证监会或者证券交易所另有规定的，从其规定。

第五十八条 中国证监会与有关国家或者地区的证券监督管理机构加强跨境监管执法合作，依法查处存托凭证业务相关跨境违法违规行为。

第五十九条 本办法下列用语具有如下含义：

（一）基础证券，是指存托凭证代表的由境外基础证券发行人在境外发行的证券；

（二）基础财产，是指基础证券及其衍生权益；

（三）存托人，是指按照存托协议的约定持有境外基础证券，并相应签发代表境外基础证券权益的存托凭证的中国境内法人；

（四）托管人，是指受存托人委托，按照托管协议托管存托凭证所代表的基础证券的金融机构；

（五）控股股东，是指通过存托凭证或者其他方式持有境外基础证券发行人发行的股份合计达到百分之五十以上的股东；持有股份的比例虽然不足百分之五十，但依其持有的股份所享有的表决权已足以对股东大会或者董事会的决议产生重大影响的股东；

（六）实际控制人，是指虽不是境外基础证券发行人的股东，但通过投资关系、协议或者其他安排，能够实际支配境外基础证券发行人的人；

（七）董事、监事、高级管理人员，是指境外基础证券发行人的董事、监事、高级管理人员或者执行类似职权的人员。没有监事、监事会或者执行类似职权的人员或者组织安排的，不适用《证券法》和本办法有关监事、监事会的规定；

（八）境内实体运营企业，是指由注册地在境外、主要经营活动在境内的红筹企业通过协议方式实际控制的境内企业；

（九）内幕信息，是指《证券法》第七十五条和本办法第二十条、第二十一条规定的信息；

（十）内幕信息知情人，是指《证券法》第七十四条规定的人员及存托人、托管人的相关人员。其中，持有或者通过持有境内外存托凭证而间接持有境外基础证券发行人发行的股份合计达到百分之五以上的投资者，属于《证券法》第七十四条第（二）项规定的持有公司百分之五以上股份的股东。

第六十条 本办法自公布之日起施行。

《试点创新企业境内发行股票或存托凭证并上市监管工作实施办法》（中国证券监督管理委员会公告〔2018〕13号，自2018年6月6日起施行）

第一章 总 则

第一条 为规范有序推进创新企业在境内发行股票或存托凭证试点，保护投资者的合法权益和社会公共利益，根据《中华人民共和国证券法》（以下简称《证券法》）、《中华人民共和国公司法》、《关于开展创新企业境内发行股票或存托凭证试点的若干意见》（以下简称《若干意见》）、《存托凭证发行与交易管理办法（试行）》（以下简称《存托凭证管理办法》）等法律法规及规范性文件，制定本办法。

第二条 试点创新企业（以下简称试点企业，包括纳入试点的红筹企业和境内注册企业）在中华人民共和国境内公开发行股票或存托凭证，适用本办法。

第三条 中国证券监督管理委员会（以下简称中国证监会）根据公开、公平、公正的原则选取试点企业，依法审核和核准试点企业公开发行股票或存托凭证申请。

中国证监会依照《证券法》、《若干意见》、《存托凭证管理办法》、《首次公开发行股票并上市管理办法》（以下简称《首发办法》）、《首次公开发行股票并在创业板上市管理办法》（以下简称《创业板首发办法》）

等规定，对试点企业及相关主体实施监管。

第四条 投资者应自主判断试点企业的投资价值，自主作出投资决策，自行承担投资风险。

中国证监会对试点企业公开发行股票或存托凭证的核准，不表明其对试点企业的盈利能力、投资价值或者投资者的收益作出实质性判断或保证。

第五条 试点企业的控股股东、实际控制人、董事、监事、高级管理人员等责任主体应当诚实守信，全面履行公开承诺事项，不得损害境内投资者的合法权益。

第二章 试点企业的选取

第六条 试点企业应当是符合国家战略、科技创新能力突出并掌握核心技术、市场认可度高，属于互联网、大数据、云计算、人工智能、软件和集成电路、高端装备制造、生物医药等高新技术产业和战略性新兴产业，达到相当规模，社会形象良好，具有稳定的商业模式和盈利模式，对经济社会发展有突出贡献，能够引领实体经济转型升级的创新企业。

试点企业可以是已境外上市的红筹企业，或尚未境外上市的企业(包括红筹企业和境内注册企业)。

第七条 已境外上市试点红筹企业，市值应不低于2000亿元人民币。

前款所称市值，按照试点企业提交纳入试点申请日前120个交易日平均市值计算，汇率按照人民银行公布的申请日前1日中间价计算。上市不足120个交易日的，按全部交易日平均市值计算。

第八条 尚未境外上市试点企业，应符合下列标准之一：

(一)最近一年经审计的主营业务收入不低于30亿元人民币，且企业估值不低于200亿元人民币，企业估值应参考最近三轮融资估值及相应投资人、投资金额、投资股份占总股本的比例，并结合收益法、成本法、市场乘数法等估值方法综合判定。融资不足三轮的，参考全部融资估值判定。

(二)拥有自主研发、国际领先、能够引领国内重要领域发展的知识产权或专有技术，具备明显的技术优势的高新技术企业，研发人员占比超过30%，已取得与主营业务相关的发明专利100项以上，或者取得至少一项与主营业务相关的一类新药药品批件，或者拥有经有权主管部门认定具有国际领先和引领作用的核心技术；依靠科技创新与知识产权参与市场竞争，具有相对优势的竞争地位，主要产品市场占有率排名前三，最近三年营业收入复合增长率30%以上，最近一年经审计的主营业务收入不低于10亿元人民币，且最近三年研发投入合计占主营业务收入合计的比例10%以上。对国家创新驱动发展战略有重要意义，且拥有较强发展潜力和市场前景的企业除外。

第九条　中国证监会成立中国证监会科技创新咨询委员会（以下简称咨询委员会），提出咨询意见。

第三章　试点企业的发行条件及审核核准程序

第十条　试点企业申请境内发行股票应当符合《证券法》《若干意见》规定的条件。申请在主板（中小板）上市还应当符合《首发办法》规定的发行条件；申请在创业板上市还应当符合《创业板首发办法》规定的发行条件。

申请发行股票的试点红筹企业存在协议控制架构的，中国证监会根据企业的不同情况依法审慎处理。

第十一条　试点红筹企业发行存托凭证应当符合《证券法》《若干意见》《存托凭证管理办法》的有关规定。

对于《存托凭证管理办法》规定的"会计基础工作规范、内部控制制度健全"、"董事、监事和高级管理人员应当信誉良好，符合公司注册地法律规定的任职要求，近期无重大违法失信记录"具体应符合以下要求：

（一）会计基础工作规范，财务报表的编制和披露符合相关会计准则和信息披露规则的规定，在所有重大方面公允地反映了公司的财务状况、经营成果和现金流量，并由具有证券期货相关资格的会计师事务所出具无保留意见的审计报告。

（二）内部控制制度健全且被有效执行，能够合理保证公司运行效率、合法合规和财务报告的可靠性，并由具有证券期货相关资格的会计师事务所出具无保留结论的内部控制鉴证报告。

（三）公司的董事和高级管理人员应当具备注册地法律规定的要求，且最近三年内不存在因重大违规受到监管部门处罚的情形；不存在因涉嫌犯罪被司法机关立案侦查或者涉嫌违法违规被中国证监会立案调查，尚未有明确结论意见的情形。

第十二条　试点红筹企业发行存托凭证存在股东投票权差异、企业协议控制架构或类似特殊安排的，应当按照相关信息披露规定在招股说明书等公开发行文件显要位置充分、详细披露相关情况，特别是风险、公司治理等信息，以及依法落实保护投资者合法权益规定的各项措施。存在投票权差异的，相关安排应当符合拟上市证券交易所的相关规定，并应明确维持特殊投票权的前提条件，特殊投票权不得随相关股份的转让而转让，以及除境内公开发行前公司章程已有合理规定外，境内公开发行后不得通过任何方式提高特殊投票权股份的数量及其代表投票权的比例。

第十三条 试点红筹企业的股权结构、公司治理、运营规范等事项适用境外注册地公司法等法律法规规定的，其投资者权益保护水平，包括资产收益、参与重大决策、剩余财产分配等权益，总体上应不低于境内法律、行政法规以及中国证监会规定的要求，并保障境内存托凭证持有人实际享有的权益与境外基础证券持有人的权益相当。

第十四条 试点企业境内发行股票或存托凭证应当聘请具有保荐机构资格的证券公司履行保荐职责。保荐人及其保荐代表人应当按照《证券发行上市保荐业务管理办法》《保荐人尽职调查工作准则》《保荐创新企业境内发行股票或存托凭证尽职调查工作实施规定》等规定，履行保荐职责，开展尽职调查工作。

试点企业注册地在境外的，试点企业和保荐人应向试点企业境内主营业地派出机构申请办理辅导备案和辅导验收事宜。

第十五条 试点企业应聘请律师事务所及具有证券期货业务资格的会计师事务所作为审计机构履行职责。

律师事务所应按照《律师事务所从事证券法律业务管理办法》《公开发行证券公司信息披露的编报规则第 12 号——公开发行证券的法律意见书和律师工作报告》等规定从事证券法律业务并出具相关文件。

审计机构应按照《中国注册会计师审计准则》及其他相关规定，对公司实施审计工作，出具审计报告。

第十六条 申请纳入试点并在境内公开发行股票或存托凭证的企业，应当按照中国证监会有关规定制作证券发行申请文件，由保荐人保荐并向中国证监会报送申请文件。保荐人应就企业是否符合试点标准和发行条件发表核查意见。

第十七条 试点企业依法披露的信息，必须真实、准确、完整、及时、公平，不得有虚假记载、误导性陈述或者重大遗漏。

信息披露应当符合《证券法》《首发办法》《创业板首发办法》《公开

发行证券的公司信息披露内容与格式准则第1号——招股说明书》《公开发行证券的公司信息披露内容与格式准则第28号——创业板公司招股说明书》《公开发行证券的公司信息披露编报规则第23号——试点红筹企业公开发行存托凭证招股说明书内容与格式指引》等法律法规及规范性文件有关信息披露的规定。

第十八条 中国证监会受理企业在境内公开发行股票或存托凭证申请后，结合咨询委员会的咨询意见，判断企业是否符合试点条件。

中国证监会根据《证券法》《首发办法》《创业板首发办法》等法律法规及规范性文件，依照现行股票发行核准程序，单独安排试点企业发行审核工作；由相关职能部门初审，发行审核委员会审核，中国证监会做出核准或不予核准的决定。

第四章 发行与上市

第十九条 试点企业股票及存托凭证的发行与承销按照《存托凭证管理办法》《证券发行与承销管理办法》办理。

第二十条 试点企业发行股票的，公开发行的股份比例按照现行股票上市有关规定执行；已在境外上市的，境内外公开发行的股份可合并计算。

试点企业发行存托凭证的，相关上市要求，按照拟上市证券交易所的有关规定执行。

第二十一条 试点红筹企业发行股票或存托凭证的，境外存量股票在境内减持退出的要求如下：

（一）试点红筹企业不得在境内公开发行的同时出售存量股份，或同时出售以发行在外存量基础股票对应的存托凭证。

（二）试点红筹企业境内上市后，境内发行的存托凭证与境外发行的存量基础股票原则上暂不安排相互转换。

第二十二条 试点企业发行股票的，其股东应遵守境内法律、行政法规、中国证监会规定和拟上市证券交易所业务规则中关于股份减持的规定。

尚未盈利的试点企业发行股票的，控股股东、实际控制人、董事、高级管理人员在试点企业实现盈利前不得减持上市前持有的公司股票。

第二十三条 试点红筹企业发行存托凭证的，实际控制人应承诺境内上市后三年内不主动放弃实际控制人地位。

尚未盈利的试点红筹企业发行存托凭证的，相关减持安排需符合拟上市证券交易所的有关规定。

第五章 附 则

第二十四条 本办法自公布之日起施行。

《中国证监会科技创新咨询委员会工作规则(试行)》(中国证券监督管理委员会公告〔2018〕16号,自2018年6月6日起施行)

第一条 为深入落实党的十九大精神,进一步发挥资本市场对国家创新驱动发展战略和建设现代化经济体系的服务功能,提高中国证监会科学决策的能力和水平,中国证监会设立科技创新咨询委员会(以下简称咨询委员会)。

第二条 咨询委员会是中国证监会的政策咨询机构,负责向中国证监会以及发行审核委员会、并购重组审核委员会、上海证券交易所、深圳证券交易所、全国中小企业股份转让系统有限责任公司(以下简称全国股转公司)提供专业咨询和政策建议。

第三条 中国证监会负责咨询委员会的日常管理和具体运作。咨询委员会办公室设在中国证监会发行监管部门。

第四条 咨询委员会由从事高新技术产业和战略性新兴产业(主要包括互联网、大数据、云计算、人工智能、软件和集成电路、高端装备制造、生物医药等)的权威专家、知名企业家、资深投资专家组成。

咨询委员会设主任委员一名,副主任委员若干名。

第五条 咨询委员会委员由中国证监会按照依法、公开、择优的原则聘任,根据工作需要动态调整。

第六条 委员应当符合以下条件:

(一)严格遵守国家法律法规,坚持原则,公正廉洁,恪守职业道德和诚信准则;

(二)从事高新技术产业和战略性新兴产业(主要包括互联网、大数据、云计算、人工智能、软件和集成电路、高端装备制造、生物医药等)的科学研究、企业经营、投资管理、政策制定等相关工作,熟悉相关方面的产业政策、前沿技术、发展前景、竞争态势等,在所在领域取得突出成就,享有较高社会声望;

(三)愿意且保证认真参与咨询委员会工作;

(四)中国证监会认为需要符合的其他条件。

第七条 咨询委员会的职责包括:

(一)介绍科技创新及产业化应用的发展动态、境内外典型案例;

（二）分析我国经济发展中科技应用的战略机遇和薄弱环节，对中国证监会落实国家创新驱动发展战略的重要政策进行咨询研究，提出政策建议；

（三）对申请境内发行股票或存托凭证试点的企业相关情况提供咨询；

（四）对中国证监会已受理的申请首次公开发行、再融资、并购重组等企业的行业现状、技术水平和发展前景进行分析讨论；

（五）中国证监会根据工作需要提请咨询的其他事项。

第八条 咨询委员会委员应当遵守以下规定：

（一）勤勉尽职、诚实守信履行委员职责；

（二）保守在参与咨询委员会工作中获取的国家秘密、商业秘密和内幕信息，不向任何第三方泄露工作相关内容；

（三）不得利用咨询委员会委员身份进行宣传，不得与相关企业进行接触、接受馈赠等；

（四）与咨询委员会履行职责相关的其他规定。

第九条 中国证监会发行监管部门、并购重组监管部门、上海证券交易所、深圳证券交易所、全国股转公司在开展工作过程中，认为有必要的，可以向咨询委员会进行咨询。

第十条 咨询委员会委员结合自身专长和所从事的工作，以个人身份独立、客观、公正地提供咨询意见。

咨询委员会提供咨询意见，应当综合考虑商业模式、发展战略、研发投入、新产品产出、创新能力、技术壁垒、团队竞争力、行业地位、社会影响、行业发展趋势、企业成长性、预估市值等因素，对申请企业进行全面分析。

第十一条 咨询委员会以召开会议的形式开展工作。咨询委员会会议由主任委员召集，或者由主任委员委托副主任委员召集。

第十二条 咨询委员会会议根据工作需要不定期召开。

咨询委员会召开会议，应由议题涉及或相关企业所处行业的委员参加。咨询委员会办公室应将会议材料提前送参会委员。参会委员应提前阅研，认真做好参会准备。

会议召开时，委员应围绕议题，充分发表意见。

对于委员的意见和建议，中国证监会相关部门或单位应充分尊重、认真参考。

第十三条 中国证监会为咨询委员会委员履行职责提供应有的保障。

第十四条 咨询委员会委员有下列情形之一的，中国证监会予以解聘：

(一)违反法律、行政法规和中国证监会相关规定的；

(二)未按照中国证监会的有关规定勤勉尽职的；

(三)本人提出辞职申请的；

(四)中国证监会认为不适合继续担任委员的其他情形。

咨询委员会委员被解聘后，中国证监会根据工作需要可以选聘新的咨询委员会委员。

第十五条 中国证监会相关工作人员对咨询委员会会议的内容、委员的意见及其他相关材料等负有保密义务。

第十六条 本规则自公布之日起施行。

相关行政处罚决定书

"中国证监会行政处罚决定书(丹东欣泰电气股份有限公司、温德乙、刘明胜等18名责任人员)"(〔2016〕84号)对造假上市进行了处罚，相关行政处罚决定书摘要如下：

经查明，欣泰电气在首次公开发行股票并在创业板上市(以下简称IPO)申请文件中相关财务数据存在虚假记载。

2011年11月，欣泰电气向中国证监会提交首次公开发行股票并在IPO申请，2012年7月3日通过创业板发行审核委员会审核。2014年1月3日，欣泰电气取得中国证监会《关于核准丹东欣泰电气股份有限公司首次公开发行股票并在创业板上市的批复》。

为实现发行上市目的，解决欣泰电气应收账款余额过大问题，欣泰电气总会计师刘明胜向公司董事长、实际控制人温德乙建议在会计期末以外部借款减少应收账款，并于下期初再还款冲回。二人商议后，温德乙同意并与刘明胜确定主要以银行汇票背书转让形式进行冲减。2011年12月至2013年6月，欣泰电气通过外部借款、使用自有资金或伪造银行单据的方式虚构应收账款的收回，在年末、半年末等会计期末冲减应收款项(大部分在下一会计期期初冲回)，致使其在向中国证监会报送的IPO申请文件中相关财务数据存在虚假记载。其中，截至2011年12月31日，虚减应收账款10,156万元，少计提坏账准备659

万元;虚增经营活动产生的现金流净额10,156万元。截至2012年12月31日,虚减应收账款12,062万元,虚减其他应收款3384万元,少计提坏账726万元;虚增经营活动产生的现金流净额5290万元。截至2013年6月30日,虚减应收账款15,840万元,虚减其他应收款5324万元,少计提坏账准备313万元;虚增应付账款2421万元;虚减预付账款500万元;虚增货币资金21,232万元,虚增经营活动产生的现金流净额8638万元。

欣泰电气将包含虚假财务数据的IPO申请文件报送中国证监会并获得中国证监会核准的行为,违反了《证券法》第十三条关于公开发行新股应当符合的条件中"最近三年财务会计文件无虚假记载,无其他重大违法行为"和第二十条第一款"发行人向国务院证券监督管理机构或者国务院授权的部门报送的证券发行申请文件,必须真实、准确、完整"的规定,构成《证券法》第一百八十九条所述"发行人不符合发行条件,以欺骗手段骗取发行核准"的行为。对欣泰电气该项违法行为,直接负责的主管人员为温德乙、刘明胜,其他直接责任人员为于晓洋、王永珩、孙文东、陈柏超、胡晓勇、王建华、蔡虹、宋丽萍、赵春年、蒋光福、范永喜、孙洪贵、韩冬、陈玉翀。同时,温德乙作为欣泰电气实际控制人,商议并同意以外部借款等方式虚构收回应收款项,安排、筹措资金且承担相关资金成本,其行为已构成《证券法》第一百八十九条第二款所述"发行人的控股股东、实际控制人指使从事前款违法行为"的行为。

此外,欣泰电气在上市后披露的定期报告中存在虚假记载和重大遗漏,包括《2013年年度报告》《2014年半年度报告》和《2014年年度报告》中存在虚假记载,《2014年年度报告》中存在重大遗漏等。

我会认为:公开发行新股不仅要符合《首次公开发行股票并在创业板上市管理暂行办法》规定的财务指标,更要符合《证券法》第十三条规定的发行条件。《证券法》第十三条规定,公司公开发行新股,应当符合"最近三年财务会计文件无虚假记载,无其他重大违法行为"的条件。欣泰电气在报送的IPO申请文件中,相关年度财务数据存在虚假记载,不符合《证券法》第十三条规定的发行条件,应当按照《证券法》第一百八十九条予以处罚。温德乙作为欣泰电气董事长在相关IPO申请文件和定期报告上签字,承诺保证相关文件真实、准确、完整,其应对欣泰电气违反证券法律法规行为承担直接负责的主管人员的法律责任。同时,温德乙作为欣泰电气实际控制人,最终决定以外部借款等方式虚构收回应收款项,并安排、筹措资金且承担相关资金成本,其行为已构成“指使”从事相关违法行为。我会根据《证券法》相关规定对温德乙两项行为同时处罚,并不违反法律规定。

根据当事人违法行为的事实、性质、情节与社会危害程度,依据《证券法》第一百八十九条的规定,我会决定:对欣泰电气处以非法所募资金的3%即772万元罚款;对温德乙处以802万元罚款,其中作为直接负责的主管人员处以30万元罚款,作为实际控制人处以欣泰电气非法所募资金的3%即772万元罚款……

第十四条 【公开发行新股申请文件】 公司公开发行新股,应当向国务院证券监督管理机构报送募股申请和下列文件:

(一)公司营业执照;

(二)公司章程;

(三)股东大会决议;

(四)招股说明书;

(五)财务会计报告;

(六)代收股款银行的名称及地址;

(七)承销机构名称及有关的协议。

依照本法规定聘请保荐人的,还应当报送保荐人出具的发行保荐书。

第十五条 【募集资金使用】 公司对公开发行股票所募集资金,必须按照招股说明书所列资金用途使用。改变招股说明书所列资金用途,必须经股东大会作出决议。擅自改变用途而未作纠正的,或者未经股东大会认可的,不得公开发行新股。

相关规范性文件条文

发行监管问答——募集资金运用信息披露(2014年3月21日,证监会)

问:发行人应如何加强对募集资金运用的信息披露?

答:首次公开发行股票的募集资金除可用于固定资产投资项目外,还可用于公司的一般用途,如补充流动资金、偿还银行贷款等。募集资金的数额和投资方向应当与发行人现有生产经营规模、财务状况、技术水平和管理能力、未来资本支出规划等相适应。

募集资金用于固定资产投资项目的，发行人应按照《招股说明书准则》的要求披露项目的建设情况、市场前景及相关风险等。募集资金用于补充流动资金等一般用途的，发行人应在招股说明书中分析披露募集资金用于上述一般用途的合理性和必要性。其中，用于补充流动资金的，应结合公司行业特点、现有规模及成长性、资金周转速度等合理确定相应规模；用于偿还银行贷款的，应结合银行信贷及债权融资环境、公司偿债风险控制目标等说明偿还银行贷款后公司负债结构合理性等。

初审过程中，发行人需调整募集资金用途的，应履行相应的法律程序；已通过发审会的，发行人原则上不得调整募集资金项目，但可根据募投项目实际投资情况、成本变化等因素合理调整募集资金的需求量，并可以部分募集资金用于公司一般用途，但需在招股说明书中说明调整的原因。

发行人应谨慎运用募集资金、注重投资者回报，并根据相关监管要求，加强募集资金运用的持续性信息披露。

《上海证券交易所上市公司募集资金管理办法》(2013年修订)(上证公字〔2013〕13号，2013年3月29日起实施)对募集资金的使用及其变更进行了详细规定：

第一条 为了规范本所上市公司募集资金的使用与管理，提高募集资金使用效益，保护投资者的合法权益，根据《公司法》、《证券法》、《首次公开发行股票并上市管理办法》、《上市公司证券发行管理办法》、《关于前次募集资金使用情况报告的规定》、《上市公司监管指引第2号——上市公司募集资金管理和使用的监管要求》及《上海证券交易所股票上市规则》，制定本办法。

第二条 本办法所称募集资金系指上市公司通过公开发行证券(包括首次公开发行股票、配股、增发、发行可转换公司债券、发行分离交易的可转换公司债券等)以及非公开发行证券向投资者募集的资金，但不包括上市公司实施股权激励计划募集的资金。

第三条 上市公司董事会应建立募集资金存储、使用和管理的内部控制制度，对募集资金存储、使用、变更、监督和责任追究等内容进行明确规定。

上市公司应当将募集资金存储、使用和管理的内部控制制度及时报本所备案并在本所网站上披露。

第四条 上市公司的董事、监事和高级管理人员应当勤勉尽责，督促上市公司规范使用募集资金，自觉维护上市公司募集资金安全，不得参与、协助或纵容上市公司擅自或变相改变募集资金用途。

第五条 上市公司控股股东、实际控制人不得直接或者间接占用或者挪用上市公司募集资金，不得利用上市公司募集资金及募集资金投资项目（以下简称“募投项目”）获取不正当利益。

第六条 保荐机构应当按照《证券发行上市保荐业务管理办法》及本办法对上市公司募集资金的管理和使用履行保荐职责，进行持续督导工作。

第七条 上市公司募集资金应当存放于经董事会批准设立的专项账户（以下简称“募集资金专户”）集中管理。

募集资金专户不得存放非募集资金或用作其它用途。

第十条 上市公司使用募集资金应当遵循如下要求：

（一）上市公司应当对募集资金使用的申请、分级审批权限、决策程序、风险控制措施及信息披露程序做出明确规定；

（二）上市公司应当按照发行申请文件中承诺的募集资金使用计划使用募集资金；

（三）出现严重影响募集资金使用计划正常进行的情形时，上市公司应当及时报告本所并公告；

（四）募投项目出现以下情形的，上市公司应当对该募投项目的可行性、预计收益等重新进行论证，决定是否继续实施该项目，并在最近一期定期报告中披露项目的进展情况、出现异常的原因以及调整后的募投项目（如有）：

1. 募投项目涉及的市场环境发生重大变化；

2. 募投项目搁置时间超过1年；

3. 超过募集资金投资计划的完成期限且募集资金投入金额未达到相关计划金额50%；

4. 募投项目出现其他异常情形。

第十一条 上市公司募集资金原则上应当用于主营业务。上市公司使用募集资金不得有如下行为：

（一）除金融类企业外，募投项目为持有交易性金融资产和可供出售的金融资产、借予他人、委托理财等财务性投资，直接或者间接投资于以买卖有价证券为主要业务的公司；

（二）通过质押、委托贷款或其他方式变相改变募集资金用途；

（三）将募集资金直接或者间接提供给控股股东、实际控制人等关联人使用，为关联人利用募投项目获取不正当利益提供便利；

（四）违反募集资金管理规定的其他行为。

第十二条　上市公司以自筹资金预先投入募投项目的，可以在募集资金到账后6个月内，以募集资金置换自筹资金。

置换事项应当经上市公司董事会审议通过，会计师事务所出具鉴证报告，并由独立董事、监事会、保荐机构发表明确同意意见。上市公司应当在董事会会议后2个交易日内报告本所并公告。

第十三条　暂时闲置的募集资金可进行现金管理，其投资的产品须符合以下条件：

（一）安全性高，满足保本要求，产品发行主体能够提供保本承诺；

（二）流动性好，不得影响募集资金投资计划正常进行。

投资产品不得质押，产品专用结算账户（如适用）不得存放非募集资金或者用作其他用途，开立或者注销产品专用结算账户的，上市公司应当在2个交易日内报本所备案并公告。

第十四条　使用闲置募集资金投资产品的，应当经上市公司董事会审议通过，独立董事、监事会、保荐机构发表明确同意意见。上市公司应当在董事会会议后2个交易日内公告下列内容：

（一）本次募集资金的基本情况，包括募集时间、募集资金金额、募集资金净额及投资计划等；

（二）募集资金使用情况；

（三）闲置募集资金投资产品的额度及期限，是否存在变相改变募集资金用途的行为和保证不影响募集资金项目正常进行的措施；

（四）投资产品的收益分配方式、投资范围及安全性；

（五）独立董事、监事会、保荐机构出具的意见。

第十五条　上市公司以闲置募集资金暂时用于补充流动资金的，应当符合如下要求：

（一）不得变相改变募集资金用途，不得影响募集资金投资计划的正常进行；

（二）仅限于与主营业务相关的生产经营使用，不得通过直接或者间接安排用于新股配售、申购，或者用于股票及其衍生品种、可转换公司债券等的交易；

（三）单次补充流动资金时间不得超过12个月；

（四）已归还已到期的前次用于暂时补充流动资金的募集资金（如适用）。

上市公司以闲置募集资金暂时用于补充流动资金的，应当经上市公司董事会审议通过，独立董事、监事会、保荐机构发表明确同意意见。上市公司应当在董事会会议后2个交易日内报告本所并公告。

补充流动资金到期日之前，上市公司应将该部分资金归还至募集资金专户，并在资金全部归还后2个交易日内报告本所并公告。

第十六条 上市公司实际募集资金净额超过计划募集资金金额的部分（以下简称“超募资金”），可用于永久补充流动资金或者归还银行贷款，但每12个月内累计使用金额不得超过超募资金总额的30%，且应当承诺在补充流动资金后的12个月内不进行高风险投资以及为他人提供财务资助。

第十七条 超募资金用于永久补充流动资金或者归还银行贷款的，应当经上市公司董事会、股东大会审议通过，并为股东提供网络投票表决方式，独立董事、监事会、保荐机构发表明确同意意见。上市公司应当在董事会会议后2个交易日内报告本所并公告下列内容：

（一）本次募集资金的基本情况，包括募集时间、募集资金金额、募集资金净额、超募金额及投资计划等；

（二）募集资金使用情况；

（三）使用超募资金永久补充流动资金或者归还银行贷款的必要性和详细计划；

（四）在补充流动资金后的12个月内不进行高风险投资以及为他人提供财务资助的承诺；

（五）使用超募资金永久补充流动资金或者归还银行贷款对公司的影响；

（六）独立董事、监事会、保荐机构出具的意见。

第十八条 上市公司将超募资金用于在建项目及新项目（包括收购资产等）的，应当投资于主营业务，并比照适用本办法第二十一条至第二十四条的相关规定，科学、审慎地进行投资项目的可行性分析，及时履行信息披露义务。

第十九条 单个募投项目完成后，上市公司将该项目节余募集资金（包括利息收入）用于其他募投项目的，应当经董事会审议通过，且经独立董事、保荐机构、监事会发表明确同意意见后方可使用。上市公司应在董事会会议后2个交易日内报告本所并公告。

节余募集资金(包括利息收入)低于100万或者低于该项目募集资金承诺投资额5%的,可以免于履行前款程序,其使用情况应在年度报告中披露。

上市公司单个募投项目节余募集资金(包括利息收入)用于非募投项目(包括补充流动资金)的,应当参照变更募投项目履行相应程序及披露义务。

第二十条 募投项目全部完成后,节余募集资金(包括利息收入)在募集资金净额10%以上的,上市公司应当经董事会和股东大会审议通过,且经独立董事、保荐机构、监事会发表明确同意意见后方可使用节余募集资金。上市公司应在董事会会议后2个交易日内报告本所并公告。

节余募集资金(包括利息收入)低于募集资金净额10%的,应当经董事会审议通过,且独立董事、保荐机构、监事会发表明确同意意见后方可使用。上市公司应在董事会会议后2个交易日内报告本所并公告。

节余募集资金(包括利息收入)低于500万或者低于募集资金净额5%的,可以免于履行前款程序,其使用情况应在最近一期定期报告中披露。

第二十一条 上市公司募集资金应当按照招股说明书或者募集说明书所列用途使用。上市公司募投项目发生变更的,必须经董事会、股东大会审议通过,且经独立董事、保荐机构、监事会发表明确同意意见后方可变更。

上市公司仅变更募投项目实施地点的,可以免于履行前款程序,但应当经上市公司董事会审议通过,并在2个交易日内报告本所并公告改变原因及保荐机构的意见。

第二十二条 变更后的募投项目应投资于主营业务。

上市公司应当科学、审慎地进行新募投项目的可行性分析,确信投资项目具有较好的市场前景和盈利能力,有效防范投资风险,提高募集资金使用效益。

第二十三条 上市公司拟变更募投项目的,应当在提交董事会审议后2个交易日内报告本所并公告以下内容:

（一）原募投项目基本情况及变更的具体原因；

（二）新募投项目的基本情况、可行性分析和风险提示；

（三）新募投项目的投资计划；

（四）新募投项目已经取得或者尚待有关部门审批的说明（如适用）；

（五）独立董事、监事会、保荐机构对变更募投项目的意见；

（六）变更募投项目尚需提交股东大会审议的说明；

（七）本所要求的其他内容。

新募投项目涉及关联交易、购买资产、对外投资的，还应当参照相关规则的规定进行披露。

第二十四条 上市公司变更募投项目用于收购控股股东或者实际控制人资产（包括权益）的，应当确保在收购后能够有效避免同业竞争及减少关联交易。

第二十五条 上市公司拟将募投项目对外转让或者置换的（募投项目在上市公司实施重大资产重组中已全部对外转让或者置换的除外），应当在提交董事会审议后2个交易日内报告本所并公告以下内容：

（一）对外转让或者置换募投项目的具体原因；

（二）已使用募集资金投资该项目的金额；

（三）该项目完工程度和实现效益；

（四）换入项目的基本情况、可行性分析和风险提示（如适用）；

（五）转让或者置换的定价依据及相关收益；

（六）独立董事、监事会、保荐机构对转让或者置换募投项目的意见；

（七）转让或者置换募投项目尚需提交股东大会审议的说明；

（八）本所要求的其他内容。

上市公司应充分关注转让价款收取和使用情况、换入资产的权属变更情况及换入资产的持续运行情况，并履行必要的信息披露义务。

第二十六条 上市公司应当真实、准确、完整地披露募集资金的实际使用情况。

第二十七条 上市公司董事会应当每半年度全面核查募投项目的进展情况，对募集资金的存放与使用情况出具《公司募集资金存放与实际使用情况的专项报告》（以下简称"《募集资金专项报告》"）。

募投项目实际投资进度与投资计划存在差异的，上市公司应当在《募集资金专项报告》中解释具体原因。当期存在使用闲置募集资金投资产品情况的，上市公司应当在《募集资金专项报告》中披露本报告期的收益情况以及期末的投资份额、签约方、产品名称、期限等信息。

《募集资金专项报告》应经董事会和监事会审议通过，并应当在提交董事会审议后2个交易日内报告本所并公告。年度审计时，上市公司应当聘请会计师事务所对募集资金存放与使用情况出具鉴证报告，并于披露年度报告时向本所提交，同时在本所网站披露。

第二十八条 独立董事、董事会审计委员会及监事会应当持续关注募集资金实际管理与使用情况。二分之一以上的独立董事、董事会审计委员会或者监事会可以聘请会计师事务所对募集资金存放与使用情况出具鉴证报告。上市公司应当予以积极配合，并承担必要的费用。

董事会应当在收到前款规定的鉴证报告后2个交易日内向本所报告并公告。如鉴证报告认为上市公司募集资金的管理和使用存在违规情形的，董事会还应当公告募集资金存放与使用情况存在的违规情形、已经或者可能导致的后果及已经或者拟采取的措施。

第二十九条 保荐机构应当至少每半年度对上市公司募集资金的存放与使用情况进行一次现场调查。

每个会计年度结束后，保荐机构应当对上市公司年度募集资金存放与使用情况出具专项核查报告，并于上市公司披露年度报告时向本所提交，同时在本所网站披露。核查报告应当包括以下内容：

（一）募集资金的存放、使用及专户余额情况；

（二）募集资金项目的进展情况，包括与募集资金投资计划进度的差异；

（三）用募集资金置换预先已投入募集资金投资项目的自筹资金情况（如适用）；

（四）闲置募集资金补充流动资金的情况和效果（如适用）；

（五）超募资金的使用情况（如适用）；

（六）募集资金投向变更的情况（如适用）；

（七）上市公司募集资金存放与使用情况是否合规的结论性意见；

（八）本所要求的其他内容。

每个会计年度结束后，上市公司董事会应在《募集资金专项报告》中披露保荐机构专项核查报告和会计师事务所鉴证报告的结论性意见。

第三十条 募投项目通过上市公司的子公司或者上市公司控制的其他企业实施的，适用本办法。

第十六条 【公开发行公司债券的条件】公开发行公司债券，应当符合下列条件：

（一）股份有限公司的净资产不低于人民币三千万元，有限责任公司的净资产不低于人民币六千万元；

（二）累计债券余额不超过公司净资产的百分之四十；

（三）最近三年平均可分配利润足以支付公司债券一年的利息；

（四）筹集的资金投向符合国家产业政策；

（五）债券的利率不超过国务院限定的利率水平；

（六）国务院规定的其他条件。

公开发行公司债券筹集的资金，必须用于核准的用途，不得用于弥补亏损和非生产性支出。

上市公司发行可转换为股票的公司债券，除应当符合第一款规定的条件外，还应当符合本法关于公开发行股票的条件，并报国务院证券监督管理机构核准。

相关法律条文

《中华人民共和国公司法》（2013年12月28日第三次修正，2014年3月1日起实施）

第一百五十三条 本法所称公司债券，是指公司依照法定程序发行、约定在一定期限还本付息的有价证券。

公司发行公司债券应当符合《中华人民共和国证券法》规定的发行条件。

第一百五十四条 发行公司债券的申请经国务院授权的部门核准后，应当公告公司债券募集办法。

公司债券募集办法中应当载明下列主要事项：

（一）公司名称；

（二）债券募集资金的用途；

（三）债券总额和债券的票面金额；

（四）债券利率的确定方式；

（五）还本付息的期限和方式；

（六）债券担保情况；

（七）债券的发行价格、发行的起止日期；

（八）公司净资产额；

（九）已发行的尚未到期的公司债券总额；

（十）公司债券的承销机构。

第一百五十五条　公司以实物券方式发行公司债券的，必须在债券上载明公司名称、债券票面金额、利率、偿还期限等事项，并由法定代表人签名，公司盖章。

第一百五十六条　公司债券，可以为记名债券，也可以为无记名债券。

第一百五十七条　公司发行公司债券应当置备公司债券存根簿。

发行记名公司债券的，应当在公司债券存根簿上载明下列事项：

（一）债券持有人的姓名或者名称及住所；

（二）债券持有人取得债券的日期及债券的编号；

（三）债券总额，债券的票面金额、利率、还本付息的期限和方式；

（四）债券的发行日期。

发行无记名公司债券的，应当在公司债券存根簿上载明债券总额、利率、偿还期限和方式、发行日期及债券的编号。

第一百五十八条　记名公司债券的登记结算机构应当建立债券登记、存管、付息、兑付等相关制度。

第一百五十九条　公司债券可以转让，转让价格由转让人与受让人约定。公司债券在证券交易所上市交易的，按照证券交易所的交易规则转让。

第一百六十条　记名公司债券，由债券持有人以背书方式或者法律、行政法规规定的其他方式转让；转让后由公司将受让人的姓名或者名称及住所记载于公司债券存根簿。无记名公司债券的转让，由债券持有人将该债券交付给受让人后即发生转让的效力。

第一百六十一条　上市公司经股东大会决议可以发行可转换为股票的公司债券，并在公司债券募集办法中规定具体的转换办法。上市公司发行可转换为股票的公司债券，应当报国务院证券监督管理机构核准。

发行可转换为股票的公司债券，应当在债券上标明可转换公司债券字样，并在公司债券存根簿上载明可转换公司债券的数额。

第一百六十二条　发行可转换为股票的公司债券的，公司应当按照其转换办法向债券持有人换发股票，但债券持有人对转换股票或者不转换股票有选择权。

相关行政规章条文

《公司债券发行与交易管理办法》(中国证券监督管理委员会令第113号,2015年1月15日起施行)

第一章 总 则

第一条 为了规范公司债券的发行、交易或转让行为,保护投资者的合法权益和社会公共利益,根据《证券法》、《公司法》和其他相关法律法规,制定本办法。

第二条 在中华人民共和国境内,公开发行公司债券并在证券交易所、全国中小企业股份转让系统交易或转让,非公开发行公司债券并按照本办法规定承销或自行销售、或在证券交易所、全国中小企业股份转让系统、机构间私募产品报价与服务系统、证券公司柜台转让的,适用本办法。法律法规和中国证券监督管理委员会(以下简称中国证监会)另有规定的,从其规定。本办法所称公司债券,是指公司依照法定程序发行、约定在一定期限还本付息的有价证券。

第三条 公司债券可以公开发行,也可以非公开发行。

第四条 发行人及其他信息披露义务人应当及时、公平地履行披露义务,所披露或者报送的信息必须真实、准确、完整,不得有虚假记载、误导性陈述或者重大遗漏。

第五条 发行人及其控股股东、实际控制人应当诚实守信,发行人的董事、监事、高级管理人员应当勤勉尽责,维护债券持有人享有的法定权利和债券募集说明书约定的权利。

第六条 债券募集说明书及其他信息披露文件所引用的审计报告、资产评估报告、评级报告,应当由具有从事证券服务业务资格的机构出具。债券募集说明书所引用的法律意见书,应当由律师事务所出具,并由两名执业律师和所在律师事务所负责人签署。

第七条 为公司债券发行提供服务的承销机构、资信评级机构、受托管理人、会计师事务所、资产评估机构、律师事务所等专业机构和人员应当勤勉尽责,严格遵守执业规范和监管规则,按规定和约定履行义务。

第八条 发行人、承销机构及其相关工作人员在发行定价和配售过程中,不得有违反公平竞争、进行利益输送、直接或间接谋取不正当利益以及其他破坏市场秩序的行为。

第九条 中国证监会对公司债券发行的核准或者中国证券业协会按照本办法对公司债券发行的备案，不表明其对发行人的经营风险、偿债风险、诉讼风险以及公司债券的投资风险或收益等作出判断或者保证。公司债券的投资风险，由投资者自行承担。

第十条 中国证监会依法对公司债券的公开发行、非公开发行及其交易或转让活动进行监督管理。证券自律组织可依照相关规定对公司债券的上市交易或转让、非公开发行及转让、承销、尽职调查、信用评级、受托管理及增信等进行自律管理。

证券自律组织应当制定相关业务规则，明确公司债券承销、备案、上市交易或转让、信息披露、投资者适当性管理、持有人会议及受托管理等具体规定，报中国证监会批准。

第二章 发行和交易转让

第一节 一般规定

第十一条 发行公司债券，发行人应当依照《公司法》或者公司章程相关规定对以下事项作出决议：

（一）发行债券的数量；

（二）发行方式；

（三）债券期限；

（四）募集资金的用途；

（五）决议的有效期；

（六）其他按照法律法规及公司章程规定需要明确的事项。发行公司债券，如果对增信机制、偿债保障措施作出安排的，也应当在决议事项中载明。

第十二条 上市公司、股票公开转让的非上市公众公司发行的公司债券，可以附认股权、可转换成相关股票等条款。上市公司、股票公开转让的非上市公众公司股东可以发行附可交换成上市公司或非上市公众公司股票条款的公司债券。商业银行等金融机构可以按照有关规定发行附减记条款的公司债券。上市公司发行附认股权、可转换成股票条款的公司债券，应当符合《上市公司证券发行管理办法》、《创业板上市公司证券发行管理暂行办法》的相关规定。股票公开转让的非上市公众公司发行附认股权、可转换成股票条款的公司债券，由中国证监会另行规定。

第十三条 发行人全体董事、监事、高级管理人员应当在债券募集说明书上签字，承诺不存在虚假记载、误导性陈述或者重大遗漏，并承担相应的法律责任，但是能够证明自己没有过错的除外。

第十四条 本办法所称合格投资者，应当具备相应的风险识别和承担能力，知悉并自行承担公司债券的投资风险，并符合下列资质条件：

（一）经有关金融监管部门批准设立的金融机构，包括证券公司、基金管理公司及其子公司、期货公司、商业银行、保险公司和信托公司等，以及经中国证券投资基金业协会（以下简称基金业协会）登记的私募基金管理人；

（二）上述金融机构面向投资者发行的理财产品，包括但不限于证券公司资产管理产品、基金及基金子公司产品、期货公司资产管理产品、银行理财产品、保险产品、信托产品以及经基金业协会备案的私募基金；

（三）净资产不低于人民币一千万元的企事业单位法人、合伙企业；

（四）合格境外机构投资者（QFII）、人民币合格境外机构投资者（RQFII）；

（五）社会保障基金、企业年金等养老基金，慈善基金等社会公益基金；

（六）名下金融资产不低于人民币三百万元的个人投资者；

（七）经中国证监会认可的其他合格投资者。

前款所称金融资产包括银行存款、股票、债券、基金份额、资产管理计划、银行理财产品、信托计划、保险产品、期货权益等；理财产品、合伙企业拟将主要资产投向单一债券，需要穿透核查最终投资者是否为合格投资者并合并计算投资者人数，具体标准由基金业协会规定。

证券自律组织可以在本办法规定的基础上，设定更为严格的合格投资者资质条件。

第十五条 公开发行公司债券，募集资金应当用于核准的用途；非公开发行公司债券，募集资金应当用于约定的用途。除金融类企业外，募集资金不得转借他人。发行人应当指定专项账户，用于公司债券募集资金的接收、存储、划转与本息偿付。

第二节 公开发行及交易

第十六条 公开发行公司债券，应当符合《证券法》、《公司法》的相关规定，经中国证监会核准。

第十七条 存在下列情形之一的，不得公开发行公司债券：

（一）最近36个月内公司财务会计文件存在虚假记载，或公司存在其他重大违法行为；

（二）本次发行申请文件存在虚假记载、误导性陈述或者重大遗漏；

（三）对已发行的公司债券或者其他债务有违约或者迟延支付本息的事实，仍处于继续状态；

（四）严重损害投资者合法权益和社会公共利益的其他情形。

第十八条 资信状况符合以下标准的公司债券可以向公众投资者公开发行，也可以自主选择仅面向合格投资者公开发行：

（一）发行人最近三年无债务违约或者迟延支付本息的事实；

（二）发行人最近三个会计年度实现的年均可分配利润不少于债券一年利息的1.5倍；

（三）债券信用评级达到AAA级；

（四）中国证监会根据投资者保护的需要规定的其他条件。

未达到前款规定标准的公司债券公开发行应当面向合格投资者；仅面向合格投资者公开发行的，中国证监会简化核准程序。

第十九条 公开发行公司债券，应当委托具有从事证券服务业务资格的资信评级机构进行信用评级。

第二十条 发行人应当按照中国证监会信息披露内容与格式的有关规定编制和报送公开发行公司债券的申请文件。

第二十一条 中国证监会受理申请文件后，依法审核公开发行公司债券的申请，自受理发行申请文件之日起三个月内，作出是否核准的决定，并出具相关文件。发行申请核准后，公司债券发行结束前，发行人发生重大事项，导致可能不再符合发行条件的，应当暂缓或者暂停发行，并及时报告中国证监会。影响发行条件的，应当重新履行核准程序。承销机构应当勤勉履行核查义务，发现发行人存在前款规定情形的，应当立即停止承销，并督促发行人及时履行报告义务。

第二十二条 公开发行公司债券，可以申请一次核准，分期发行。自中国证监会核准发行之日起，发行人应当在十二个月内完成首期发行，剩余数量应当在二十四个月内发行完毕。公开发行公司债券的募集说明书自最后签署之日起六个月内有效。采用分期发行方式的，发行人应当在后续发行中及时披露更新后的债券募集说明书，并在每期发行完成后五个工作日内报中国证监会备案。

第二十三条 公开发行的公司债券，应当在依法设立的证券交易所上市交易，或在全国中小企业股份转让系统或者国务院批准的其他证券交易场所转让。

第二十四条 证券交易所、全国中小企业股份转让系统应当对公开发行公司债券的上市交易或转让实施分类管理，实行差异化的交易机制，建立相应的投资者适当性管理制度，健全风险控制机制。证券交易所、全国中小企业股份转让系统应当根据债券资信状况的变化及时调整交易机制和投资者适当性安排。

第二十五条 公开发行公司债券申请上市交易或转让的，应当在发行前根据证券交易所、全国中小企业股份转让系统的相关规则，明确交易机制和交易环节投资者适当性安排。发行环节和交易环节的投资者适当性要求应当保持一致。

第三节 非公开发行及转让

第二十六条 非公开发行的公司债券应当向合格投资者发行，不得采用广告、公开劝诱和变相公开方式，每次发行对象不得超过200人。

第二十七条 发行人、承销机构应当按照中国证监会、证券自律组织规定的投资者适当性制度，了解和评估投资者对非公开发行公司债券的风险识别和承担能力，确认参与非公开发行公司债券认购的投资者为合格投资者，并充分揭示风险。

第二十八条 非公开发行公司债券是否进行信用评级由发行人确定，并在债券募集说明书中披露。

第二十九条 非公开发行公司债券，承销机构或依照本办法第三十三条规定自行销售的发行人应当在每次发行完成后五个工作日内向中国证券业协会备案。

中国证券业协会在材料齐备时应当及时予以备案。备案不代表中国证券业协会实行合规性审查，不构成市场准入，也不豁免相关主体的违规责任。

第三十条 非公开发行公司债券,可以申请在证券交易所、全国中小企业股份转让系统、机构间私募产品报价与服务系统、证券公司柜台转让。

第三十一条 非公开发行的公司债券仅限于合格投资者范围内转让。转让后,持有同次发行债券的合格投资者合计不得超过200人。

第三十二条 发行人的董事、监事、高级管理人员及持股比例超过百分之五的股东,可以参与本公司非公开发行公司债券的认购与转让,不受本办法第十四条关于合格投资者资质条件的限制。

第四节 发行与承销管理

第三十三条 发行公司债券应当由具有证券承销业务资格的证券公司承销。

取得证券承销业务资格的证券公司、中国证券金融股份有限公司及中国证监会认可的其他机构非公开发行公司债券可以自行销售。

第三十四条 承销机构承销公司债券,应当依据本办法以及中国证监会、中国证券业协会有关尽职调查、风险控制和内部控制等相关规定,制定严格的风险管理制度和内部控制制度,加强定价和配售过程管理。

第三十五条 承销机构承销公司债券,应当依照《证券法》相关规定采用包销或者代销方式。

第三十六条 发行人和主承销商应当签订承销协议,在承销协议中界定双方的权利义务关系,约定明确的承销基数。采用包销方式的,应当明确包销责任。公开发行公司债券,依照法律、行政法规的规定应由承销团承销的,组成承销团的承销机构应当签订承销团协议,由主承销商负责组织承销工作。公司债券发行由两家以上承销机构联合主承销的,所有担任主承销商的承销机构应当共同承担主承销责任,履行相关义务。承销团由三家以上承销机构组成的,可以设副主承销商,协助主承销商组织承销活动。承销团成员应当按照承销团协议及承销协议的约定进行承销活动,不得进行虚假承销。

第三十七条 公司债券公开发行的价格或利率以询价或公开招标等市场化方式确定。发行人和主承销商应当协商确定公开发行的定价与配售方案并予公告,明确价格或利率确定原则、发行定价流程和配售规则等内容。

第三十八条 发行人和承销机构不得操纵发行定价、暗箱操作；不得以代持、信托等方式谋取不正当利益或向其他相关利益主体输送利益；不得直接或通过其利益相关方向参与认购的投资者提供财务资助；不得有其他违反公平竞争、破坏市场秩序等行为。

第三十九条 公开发行公司债券的，发行人和主承销商应当聘请律师事务所对发行过程、配售行为、参与认购的投资者资质条件、资金划拨等事项进行见证，并出具专项法律意见书。公开发行的公司债券上市后十个工作日内，主承销商应当将专项法律意见随同承销总结报告等文件一并报中国证监会。

第四十条 发行人和承销机构在推介过程中不得夸大宣传，或以虚假广告等不正当手段诱导、误导投资者，不得披露除债券募集说明书等信息以外的发行人其他信息。承销机构应当保留推介、定价、配售等承销过程中的相关资料，并按相关法律法规规定存档备查，包括推介宣传材料、路演现场录音等，如实、全面反映询价、定价和配售过程。相关推介、定价、配售等的备查资料应当按中国证券业协会的规定制作并妥善保管。

第四十一条 中国证券业协会应当制定非公开发行公司债券承销业务的风险控制管理规定，根据市场风险状况对承销业务范围进行限制并动态调整。

第三章 信息披露

第四十二条 发行人及其他信息披露义务人应当按照中国证监会及证券自律组织的相关规定履行信息披露义务。

第四十三条 公开发行公司债券的发行人应当按照规定及时披露债券募集说明书，并在债券存续期内披露中期报告和经具有从事证券服务业务资格的会计师事务所审计的年度报告。非公开发行公司债券的发行人信息披露的时点、内容，应当按照募集说明书的约定履行，相关信息披露文件应当由受托管理人向中国证券业协会备案。

第四十四条 公司债券募集资金的用途应当在债券募集说明书中披露。发行人应当在定期报告中披露公开发行公司债券募集资金的使用情况。非公开发行公司债券的，应当在债券募集说明书中约定募集资金使用情况的披露事宜。

第四十五条　公开发行公司债券的发行人应当及时披露债券存续期内发生可能影响其偿债能力或债券价格的重大事项。重大事项包括：

（一）发行人经营方针、经营范围或生产经营外部条件等发生重大变化；

（二）债券信用评级发生变化；

（三）发行人主要资产被查封、扣押、冻结；

（四）发行人发生未能清偿到期债务的违约情况；

（五）发行人当年累计新增借款或对外提供担保超过上年末净资产的百分之二十；

（六）发行人放弃债权或财产，超过上年末净资产的百分之十；

（七）发行人发生超过上年末净资产百分之十的重大损失；

（八）发行人作出减资、合并、分立、解散及申请破产的决定；

（九）发行人涉及重大诉讼、仲裁事项或受到重大行政处罚；

（十）保证人、担保物或者其他偿债保障措施发生重大变化；

（十一）发行人情况发生重大变化导致可能不符合公司债券上市条件；

（十二）发行人涉嫌犯罪被司法机关立案调查，发行人董事、监事、高级管理人员涉嫌犯罪被司法机关采取强制措施；

（十三）其他对投资者作出投资决策有重大影响的事项。

第四十六条　资信评级机构为公开发行公司债券进行信用评级，应当符合以下规定：

（一）按照规定或约定将评级信息告知发行人，并及时向市场公布首次评级报告、定期和不定期跟踪评级报告；

（二）在债券有效存续期间，应当每年至少向市场公布一次定期跟踪评级报告；

（三）应充分关注可能影响评级对象信用等级的所有重大因素，及时向市场公布信用等级调整及其他与评级相关的信息变动情况，并向证券交易所或其他证券交易场所报告。

第四十七条　公开发行公司债券的发行人及其他信息披露义务人应当将披露的信息刊登在其债券交易场所的互联网网站，同时将披露的信息或信息摘要刊登在至少一种中国证监会指定的报刊，供公众查阅。

第四章 债券持有人权益保护

第四十八条 发行公司债券的，发行人应当为债券持有人聘请债券受托管理人，并订立债券受托管理协议；在债券存续期限内，由债券受托管理人按照规定或协议的约定维护债券持有人的利益。

发行人应当在债券募集说明书中约定，投资者认购或持有本期公司债券视作同意债券受托管理协议、债券持有人会议规则及债券募集说明书中其他有关发行人、债券持有人权利义务的相关约定。

第四十九条 债券受托管理人由本次发行的承销机构或其他经中国证监会认可的机构担任。债券受托管理人应当为中国证券业协会会员。为本次发行提供担保的机构不得担任本次债券发行的受托管理人。债券受托管理人应当勤勉尽责，公正履行受托管理职责，不得损害债券持有人利益。对于债券受托管理人在履行受托管理职责时可能存在的利益冲突情形及相关风险防范、解决机制，发行人应当在债券募集说明书及债券存续期间的信息披露文件中予以充分披露，并同时在债券受托管理协议中载明。

第五十条 公开发行公司债券的受托管理人应当履行下列职责：

（一）持续关注发行人和保证人的资信状况、担保物状况、增信措施及偿债保障措施的实施情况，出现可能影响债券持有人重大权益的事项时，召集债券持有人会议；

（二）在债券存续期内监督发行人募集资金的使用情况；

（三）对发行人的偿债能力和增信措施的有效性进行全面调查和持续关注，并至少每年向市场公告一次受托管理事务报告；

（四）在债券存续期内持续督导发行人履行信息披露义务；

（五）预计发行人不能偿还债务时，要求发行人追加担保，并可以依法申请法定机关采取财产保全措施；

（六）在债券存续期内勤勉处理债券持有人与发行人之间的谈判或者诉讼事务；

（七）发行人为债券设定担保的，债券受托管理协议可以约定担保财产为信托财产，债券受托管理人应在债券发行前或债券募集说明书约定的时间内取得担保的权利证明或其他有关文件，并在担保期间妥善保管；

（八）发行人不能偿还债务时，可以接受全部或部分债券持有人的委托，以自己名义代表债券持有人提起民事诉讼、参与重组或者破产的法律程序。

第五十一条　受托管理人因涉嫌债券承销活动中违法违规正在接受中国证监会调查或出现中国证监会认定的其他不再适合担任受托管理人情形的，在依据本办法第五十五条第（三）项变更受托管理人之前，中国证监会可以临时指定中证中小投资者服务中心有限责任公司承担受托管理职责，直至债券持有人会议选任出新的受托管理人为止。

第五十二条　非公开发行公司债券的，债券受托管理人应当按照债券受托管理协议的约定履行职责。

第五十三条　受托管理人为履行受托管理职责，有权代表债券持有人查询债券持有人名册及相关登记信息、专项账户中募集资金的存储与划转情况。证券登记结算机构应当予以配合。

第五十四条　发行公司债券，应当在债券募集说明书中约定债券持有人会议规则。债券持有人会议规则应当公平、合理。

债券持有人会议规则应当明确债券持有人通过债券持有人会议行使权利的范围，债券持有人会议的召集、通知、决策机制和其他重要事项。债券持有人会议按照本办法的规定及会议规则的程序要求所形成的决议对全体债券持有人有约束力。

第五十五条　存在下列情形的，债券受托管理人应当召集债券持有人会议：

（一）拟变更债券募集说明书的约定；

（二）拟修改债券持有人会议规则；

（三）拟变更债券受托管理人或受托管理协议的主要内容；

（四）发行人不能按期支付本息；

（五）发行人减资、合并、分立、解散或者申请破产；

（六）保证人、担保物或者其他偿债保障措施发生重大变化；

（七）发行人、单独或合计持有本期债券总额百分之十以上的债券持有人书面提议召开；

（八）发行人管理层不能正常履行职责，导致发行人债务清偿能力面临严重不确定性，需要依法采取行动的；

（九）发行人提出债务重组方案的；

(十)发生其他对债券持有人权益有重大影响的事项。

在债券受托管理人应当召集而未召集债券持有人会议时，单独或合计持有本期债券总额10%以上的债券持有人有权自行召集债券持有人会议。

第五十六条 发行人可采取内外部增信机制、偿债保障措施，提高偿债能力，控制公司债券风险。

内外部增信机制、偿债保障措施包括但不限于下列方式：

(一)第三方担保；

(二)商业保险；

(三)资产抵押、质押担保；

(四)限制发行人债务及对外担保规模；

(五)限制发行人对外投资规模；

(六)限制发行人向第三方出售或抵押主要资产；

(七)设置债券回售条款。

公司债券增信机构可以成为中国证券业协会会员。

第五十七条 发行人应当在债券募集说明书中约定构成债券违约的情形、违约责任及其承担方式以及公司债券发生违约后的诉讼、仲裁或其他争议解决机制。

第五章 监督管理和法律责任

第五十八条 对违反法律法规及本办法规定的机构和人员，中国证监会可采取责令改正、监管谈话、出具警示函、责令公开说明、责令参加培训、责令定期报告、认定为不适当人选、暂不受理与行政许可有关的文件等相关监管措施；依法应予行政处罚的，依照《证券法》、《行政处罚法》等法律法规和中国证监会的有关规定进行处罚；涉嫌犯罪的，依法移送司法机关，追究其刑事责任。

第五十九条 发行人、承销机构向不符合规定条件的投资者发行公司债券的，中国证监会可以对发行人、承销机构及其直接负责的主管人员和其他直接责任人员采取本办法第五十八条规定的相关监管措施；情节严重的，处以警告、罚款。

第六十条 非公开发行公司债券，发行人违反本办法第十五条规定的，中国证监会可以对发行人及其直接负责的主管人员和其他直接责任人员采取本办法第五十八条规定的相关监管措施；情节严重的，处以警告、罚款。

第六十一条　承销机构承销未经核准擅自公开发行的公司债券的，中国证监会可以采取十二至三十六个月暂不受理其证券承销业务有关文件等监管措施；对其直接负责的主管人员和其他直接责任人员，可以采取本办法第五十八条规定的相关监管措施。

第六十二条　除中国证监会另有规定外，承销或自行销售非公开发行公司债券未按规定进行备案的，中国证监会可以对承销机构及其直接负责的主管人员和其他直接责任人员采取本办法第五十八条规定的相关监管措施；情节严重的，处以警告、罚款。

第六十三条　承销机构在承销公司债券过程中，有下列行为之一的，中国证监会可以对承销机构及其直接负责的主管人员和其他直接责任人员采取本办法第五十八条规定的相关监管措施；情节严重的，可以对承销机构采取三至十二个月暂不受理其证券承销业务有关文件的监管措施：

（一）以不正当竞争手段招揽承销业务；

（二）从事本办法第三十八条规定禁止的行为；

（三）从事本办法第四十条规定禁止的行为；

（四）未按本办法及相关规定要求披露有关文件；

（五）未按照事先披露的原则和方式配售公司债券，或其他未依照披露文件实施的行为；

（六）未按照本办法及相关规定要求保留推介、定价、配售等承销过程中相关资料；

（七）其他违反承销业务规定的行为。

第六十四条　发行人有下列行为之一的，中国证监会可以对发行人及其直接负责的主管人员和其他直接责任人员采取本办法第五十八条规定的相关监管措施：

（一）从事本办法第三十八条规定禁止的行为；

（二）从事本办法第四十条规定禁止的行为；

（三）其他违反承销业务规定的行为。

第六十五条　非公开发行公司债券，发行人及其他信息披露义务人未按规定披露信息，或者所披露的信息存在虚假记载、误导性陈述或者重大遗漏的，依照《证券法》和中国证监会有关规定处理，对发行人、其他信息披露义务人及其直接负责的主管人员和其他直接责任人员可以采取本办法第五十八条规定的相关监管措施；情节严重的，处以警告、罚款。

第六十六条 发行人、债券受托管理人等违反本办法规定，损害债券持有人权益的，中国证监会可以对发行人、受托管理人及其直接负责的主管人员和其他直接责任人员采取本办法第五十八条规定的相关监管措施；情节严重的，处以警告、罚款。

第六十七条 发行人的控股股东滥用公司法人独立地位和股东有限责任，损害债券持有人利益的，应当依法对公司债务承担连带责任。

第六章 附 则

第六十八条 公开发行公司债券，应当由中国证券登记结算有限责任公司统一登记。公开发行公司债券的结算业务及非公开发行公司债券的登记结算业务，应当由中国证券登记结算有限责任公司或中国证监会认可的其他机构办理。其他机构办理公司债券登记结算业务的，应当将登记、结算数据报送中国证券登记结算有限责任公司。

第六十九条 本办法规定的发行人不包括地方政府融资平台公司。

第七十条 证券公司和其他金融机构次级债券的发行、交易或转让，适用本办法。境外注册公司在中国证监会监管的债券交易场所的债券发行、交易或转让，参照适用本办法。

第七十一条 本办法所称证券自律组织包括证券交易所、全国中小企业股份转让系统、中国证券业协会以及中国证监会认定的其他自律组织。

第七十二条 在区域性股权交易市场非公开发行与转让公司债券的管理办法，由中国证监会另行规定。

第七十三条 本办法自公布之日起施行。《证券公司债券管理暂行办法》（中国证券监督管理委员会令第15号）、《关于修订〈证券公司债券管理暂行办法〉的决定》（中国证券监督管理委员会令第25号）、《关于发布〈证券公司债券管理暂行办法〉五个配套文件的通知》（证监发行字〔2003〕106号）、《公司债券发行试点办法》（中国证券监督管理委员会令第49号）、《关于实施〈公司债券发行试点办法〉有关事项的通知》（证监发〔2007〕112号）、《关于创业板上市公司非公开发行债券有关事项的公告》（证监会公告〔2011〕29号）同时废止。

相关规范性文件条文

《中国证监会关于开展创新创业公司债券试点的指导意见》(中国证券监督管理委员会公告〔2017〕10号,自2017年7月4日起实施)

为落实国家创新驱动发展战略,完善债券市场服务实体经济模式,支持创新创业,现就上海证券交易所、深圳证券交易所开展创新创业公司债券试点提出本指导意见。

一、总体要求

(一)指导思想

全面贯彻落实党的十八大和十八届三中、四中、五中、六中全会精神,深入学习贯彻习近平总书记系列重要讲话精神和治国理政新理念新思想新战略,牢固树立和贯彻落实新发展理念,加快实施创新驱动发展战略,充分发挥交易所债券市场支持高科技成长性企业发展、服务实体经济的积极作用,努力探索适合创新创业企业发展的债券市场服务支持新模式。

(二)基本原则

1.遵循现有制度框架。创新创业公司债的发行、交易与信息披露,应当符合《公司法》《证券法》《公司债券发行与交易管理办法》和其他法律法规及部门规章的规定。

2.立足市场需求。充分认识创新创业企业资本形成特点,有效适应创新创业企业、创业投资企业融资需求,借鉴成熟市场经验,在试点推进中有的放矢、有所侧重。

3.加强政策引导。在现行公司债券规制框架下,完善创新创业公司债政策供给,有效对接和引导地方政府金融支持政策,营造优化创新创业企业金融服务良好环境。

4.统筹协调,稳步推进。加强政府、企业和市场协作,整合各方优势,充分发挥证券公司中介机构职能,有效结合高新科技园区创新创业资源聚集优势,有序推动试点开展,积累经验后稳步推广。

(三)试点目标

通过开展创新创业公司债试点,推动资本市场精准服务创新创业,优化种子期、初创期、成长期的创新创业企业的资本形成机制,有效增加创新创业金融供给,完善金融供给结构,探索交易所债券市场服务实体经济新模式,促进资本市场更好地服务于供给侧结构性改革。

二、试点范围

(一)适用范围

本指导意见所称创新创业公司债,是指符合条件的创新创业公司、创业投资公司,依照《公司法》《证券法》《公司债券发行与交易管理办法》和其他法律法规及部门规章发行的公司债券。

创新创业公司,是指从事高新技术产品研发、生产和服务,或者具有创新业态、创新商业模式的中小型公司。创新创业公司发行创新创业公司债,应当就本公司创新创业特征作专项披露;债券承销机构应当依据以下规范性文件进行审慎筛查,就发行人是否具有创新创业特征发表明确意见:

1. 国家战略性新兴产业相关发展规划;

2.《国务院关于印发〈中国制造2025〉的通知》(国发〔2015〕28号)及相关政策文件;

3. 国务院及相关部委出台的大众创业万众创新政策文件;

4. 国家及地方高新技术企业认定标准;

5. 其他创新创业相关政策文件。

创业投资公司,是指符合《私募投资基金监督管理暂行办法》、《创业投资企业管理暂行办法》等有关规定,向创新创业企业进行股权投资的公司制创业投资基金和创业投资基金管理机构。发行创新创业公司债募集的资金应专项投资于种子期、初创期、成长期的创新创业公司的股权。

(二)重点支持对象

试点初期,重点支持以下公司发行创新创业公司债:

1. 注册或主要经营地在国家"双创"示范基地、全面创新改革试验区域、国家综合配套改革试验区、国家级经济技术开发区、国家高新技术产业园区和国家自主创新示范区等创新创业资源集聚区域内的公司;

2. 已纳入全国中小企业股份转让系统(新三板)创新层的挂牌公司。

中国证监会将及时总结试点工作成效,根据试点工作开展情况适时扩大试点范围。

三、制度安排

(一)实行专项审核

创新创业公司债受理及审核设立专项机制,实行"专人对接、专项审核",适用"即报即审"政策,提高上市审核、挂牌转让条件确认工作效率。

(二)支持设置转股条款

非公开发行的创新创业公司债,可以附可转换成股份的条款。附可转换成股份条款的创新创业公司债,应当符合中国证监会相关监管规定。债券持有人行使转股权后,发行人股东人数不得超过200人。新三板挂牌公司发行的附可转换成股份条款的创新创业公司债,转换成挂牌公司股份时,减免股份登记费用及转换手续费。

证券交易所、全国中小企业股份转让系统公司、中国证券登记结算有限责任公司应制定相关配套规则。

(三)鼓励业务创新

支持和鼓励证券公司履行社会责任和行业责任,积极开展创新创业公司债中介服务,同时加强创新创业公司债理论研究和业务创新。包括但不限于:

1. 探索创新创业公司债增信机制创新。拓宽抵押、质押品范围,研究以发行人合法拥有的依法可以转让的股权,或者注册商标专用权、专利权、著作权等知识产权为创新创业公司债提供增信等措施。

2. 探索市场化手段有效防范和分散创新创业公司债信用风险。研究设置多样化的偿债保障条款,保持发行人偿债能力,包括控制权变更限制条款、核心资产划转限制条款、交叉违约条款、新增债务限制条款、支出限制条款等。

(四)完善激励机制

证券公司承销创新创业公司债的情况,作为证券公司分类评价中社会责任评价的重要内容。

中国证券业协会应建立创新创业公司债专项信息统计和评估机制,对证券经营机构开展创新创业公司债中介服务的工作成效进行考评。

四、保障措施

(一)加强统筹协调

中国证监会加强统筹协调指导,完善相关政策支持,加强监管,促进各方形成合力,营造金融服务创新创业的良好环境。

(二)推进配套机制建设

证券交易所应当对创新创业公司债进行统一标识,适时与证券指数编制机构合作发布创新创业公司债指数。加强创新创业公司债业务推广和政策培训,提升市场影响力。积极引导商业银行、保险机构、证券公司、证券投资基金等具备风险识别和承担能力的机构投资者依法合规投资创新创业公司债。加强配套产品和机制创新,研究发展信用违约互换等风险管理工具。

(三)加强政策对接和引导

主动对接辖区地方人民政府和高新科技园区,充分研究各地区、各园区现有科技金融支持政策,做好与创新创业公司债政策的对接,推动创新创业公司债纳入地方政府科技金融支持政策体系。

《中国证监会关于支持绿色债券发展的指导意见》(中国证券监督管理委员会公告〔2017〕6号,自2017年3月2日起实施)

为全面贯彻落实《中共中央 国务院关于加快推进生态文明建设的意见》和《关于构建绿色金融体系的指导意见》(银发〔2016〕228号)精神,坚持创新、协调、绿色、开放、共享的发展理念,引导证券交易所债券市场进一步服务绿色产业健康有序发展,助推我国经济发展方式转变和经济结构转型升级,现就证券交易所发展绿色公司债券的有关事项,提出以下指导意见:

一、本指导意见所称绿色公司债券,是指符合《证券法》《公司法》《公司债券发行与交易管理办法》及其他相关法律法规的规定,遵循证券交易所相关业务规则的要求,募集资金用于支持绿色产业项目的公司债券。

二、绿色公司债券募集资金投向的绿色产业项目,主要参考中国金融学会绿色金融专业委员会编制的《绿色债券支持项目目录》要求,重点支持节能、污染防治、资源节约与循环利用、清洁交通、清洁能源、生态保护和适应气候变化等绿色产业。

三、拟发行绿色公司债券的发行人,除要符合《证券法》《公司法》和《公司债券发行与交易管理办法》规定的公司债券发行条件外,原则上不得属于高污染、高能耗或其他违背国家产业政策导向的行业。重点支持下列主体发行绿色公司债券:

(一)长期专注于绿色产业的成熟企业;

(二)在绿色产业领域具有领先技术或独特优势的潜力企业;

(三)致力于中长期绿色产业发展的政府和社会资本合作项目的企业;

(四)具有投资我国绿色产业项目计划或致力于推动我国绿色产业发展的国际金融组织或跨国公司。

四、绿色公司债券申报受理及审核实行“专人对接、专项审核”,适用“即报即审”政策。中国证监会将不断完善绿色公司债券准入管理“绿色通道”制度安排,持续提升企业发行绿色债券的便利性。

五、发行人应当认真履行信息披露义务,按照规定或约定真实、准确、完整、及时地披露绿色公司债券相关信息。申请发行绿色公司债券时,募集说明书应当披露拟投资的绿色产业项目类别、项目认定依据或标准、环境效益目标、募集资金使用计划和管理制度等内容。同时,发行人还应当提供募集资金投向绿色产业项目的承诺函。绿色公司债券存续期间,发行人应当按照相关规则规定或约定披露绿色公司债券募集资金使用情况、绿色产业项目进展情况和环境效益等内容。绿色公司债券受托管理人在年度受托管理事务报告中也应当披露上述内容。

六、发行绿色公司债券所募集的资金可以用于绿色产业项目的建设、运营、收购,或偿还绿色产业项目的银行贷款等债务;严禁名实不符,冒用、滥用绿色项目名义套用、挪用资金。发行人应当按照有关规定或约定开立募集资金专项账户,对发行绿色公司债券所募集的资金进行专户管理,确保资金真正用于符合要求的绿色产业项目。受托管理人应当勤勉尽责,对发行人发行绿色公司债券的募集资金使用和专项账户管理情况进行持续督导。

七、绿色公司债券申报前及存续期内,鼓励发行人提交由独立专业评估或认证机构就募集资金拟投资项目属于绿色产业项目所出具的评估意见或认证报告。开展绿色公司债券评估认证业务的评估认证机构,应当建立评估认证的相关制度、流程和标准,本着独立、客观、公正、规范的原则,出具绿色公司债券评估认证报告。鼓励评估认证机构之间加强沟通协调和行业自律,建立完善统一的评估认证标准和流程。

八、证券交易所应当积极参与绿色金融领域的国际交流合作,探索将绿色公司债券优先纳入境内外证券交易所互联互通机制,引入境外绿色公司债券优质发行人及专业投资者。定期开展政策培训,加强绿色公司债券推广及优秀案例宣传,推动中介机构强化服务意识。

九、鼓励证券承销机构与绿色产业优质企业建立长效合作机制,积极主动提供绿色公司债券中介服务,加强绿色公司债券相关理论研究和业务创新。鼓励信用评级机构在信用评级过程中将发行人的绿色信用记录纳入其信用风险考量,并在信用评级报告中进行专项披露。

十、中国证券业协会应当定期发布“绿色债券公益榜”。证券公司参与绿色公司债券承销情况，作为证券公司分类评价中社会责任评价的重要内容。

十一、积极培育绿色投资文化，鼓励证券公司、基金管理公司、私募基金管理机构、商业银行、保险公司等市场主体及其管理的产品投资绿色公司债券。加快培育绿色公司债券专业投资人，积极引入境外绿色公司债券专业投资者。鼓励各类市场投资主体加强合作，探索建立绿色投资者联盟，共同倡导和落实社会责任。

十二、证券交易所研究发布绿色公司债券指数，建立和完善绿色公司债券板块，扩大绿色公司债券市场影响力。鼓励市场投资机构以绿色指数为基础开发公募、私募基金等绿色金融产品，满足投资者需要。

十三、鼓励支持地方政府综合利用贴息、财政补贴、设立绿色公司债券投资基金等多种优惠政策支持绿色公司债券发展。各证监局应当主动对接辖区地方政府，积极引导社会资本参与绿色产业项目建设。

十四、发行绿色资产支持证券、绿色地方政府债券、绿色可续期债券等产品，参照绿色公司债券的相关要求执行；发行准入管理、上市交易等另有规定的，从其规定。

十五、本意见由中国证监会负责解释。本意见未尽事宜按照中国证监会相关规定执行。

第十七条 【公开发行公司债券申请文件】 申请公开发行公司债券，应当向国务院授权的部门或者国务院证券监督管理机构报送下列文件：

（一）公司营业执照；

（二）公司章程；

（三）公司债券募集办法；

（四）资产评估报告和验资报告；

（五）国务院授权的部门或者国务院证券监督管理机构规定的其他文件。

依照本法规定聘请保荐人的，还应当报送保荐人出具的发行保荐书。

第十八条 【公开发行公司债券限制性规定】有下列情形之一的,不得再次公开发行公司债券:

(一)前一次公开发行的公司债券尚未募足;

(二)对已公开发行的公司债券或者其他债务有违约或者延迟支付本息的事实,仍处于继续状态;

(三)违反本法规定,改变公开发行公司债券所募资金的用途。

第十九条 【发行证券申请文件的格式】发行人依法申请核准发行证券所报送的申请文件的格式、报送方式,由依法负责核准的机构或者部门规定。

第二十条 【发行证券申请文件的真实性、准确性和完整性】发行人向国务院证券监督管理机构或者国务院授权的部门报送的证券发行申请文件,必须真实、准确、完整。

为证券发行出具有关文件的证券服务机构和人员,必须严格履行法定职责,保证其所出具文件的真实性、准确性和完整性。

相关行政处罚案例摘要

“中国证监会行政处罚决定书(云南绿大地生物科技股份有限公司、赵国权、胡虹等12名责任人)”(〔2013〕23号)对发行人的虚假申请行为作出了行政处罚。相关行政处罚决定书摘要如下:

当事人:云南绿大地生物科技股份有限公司(以下简称绿大地),住所:云南省昆明市经济技术开发区经浦路6号;法定代表人:杨槐璋。

赵国权,男,1954年3月3日出生,时任绿大地董事、副董事长;住址:北京市海淀区。

胡虹,女,1969年2月1日出生,时任绿大地董事;住址:云南省昆明市五华区。

黎钢,男,1965年5月10日出生,时任绿大地董事;住址:广东省深圳市福田区。

钟佳富,男,1965年6月13日出生,时任绿大地董事;住址:北京市顺义区。

普乐,男,1957年4月26日出生,时任绿大地独立董事;住址:云南省昆明市五华区。

罗孝银,男,1962年5月12日出生,时任绿大地独立董事;住址:四川省成都市。

谭焕珠,男,1969年3月10日出生,时任绿大地独立董事;住址:北京市西城区。

郑亚光,男,1971年8月26日出生,时任绿大地独立董事;住址:四川省成都市青羊区。

毛志明,男,1954年4月21日出生,时任绿大地总经理;住址:云南省昆明市盘龙区。

徐云葵,女,1969年2月1日出生,时任总经理;住址:云南省昆明市五华区。

陈德生,男,1968年8月18日出生,时任绿大地副总经理;住址:云南省昆明市官渡区。

依据《中华人民共和国证券法》(以下简称《证券法》)的有关规定,我会对绿大地违法违规行为进行了立案调查、审理,并依法向当事人告知了作出行政处罚的事实、理由、依据及当事人依法享有的权利。当事人绿大地、钟佳富、谭焕珠未提出陈述、申辩意见,未要求听证;当事人普乐提出了陈述、申辩意见,并要求听证,我会应普乐的要求举行了听证会;当事人赵国权、胡虹、黎钢、罗孝银、郑亚光、毛志明、徐云葵、陈德生提出了陈述、申辩意见,未要求听证。本案现已调查、审理终结。

经查明,绿大地存在以下违法事实:

一、在招股说明书中虚增资产、虚增业务收入

司法机关在相关刑事判决中认定,绿大地在招股说明书中虚增资产70,114,000元,虚增2004年至2007年6月间的业务收入296,102,891.70元。

绿大地在招股说明书中虚增资产、虚增业务收入的行为违反了《证券法》第十三条关于公司公开发行新股,应当"具有持续盈利能力,财务状况良好"和"最近三年财务会计文件无虚假记载"的规定,违反了《证券法》第二十条关于"发行人向国务院证券监督管理机构或者国务院授权的部门报送的证券发行申请文件,必须真实、准确和完整"的规定,构成了《证券法》第一百八十九条所述的"以欺骗手段骗取发行核准"的行为。

对绿大地在招股说明书中虚增资产、虚增业务收入的其他直接责任人员为在绿大地招股说明书上签名并确认招股说明书不存在虚假记载、误导性陈述或重大遗漏的时任副董事长赵国权,时任董事胡虹、黎钢、钟佳富,时任独立董事普乐、谭焕珠、罗孝银,时任总经理毛志明。

二、绿大地在2007年、2008年、2009年年度报告中虚增资产、虚增业务收入

司法机关在相关刑事判决中认定,绿大地在2007年年度报告中虚增资产21,240,000元,虚增收入96,599,026.78元;在2008年年度报告中虚增资产163,353,150元,虚增收入85,646,822.39元;在2009年年度报告中虚增资产104,070,550元,虚增收入68,560,911.94元。

绿大地在2007年、2008年、2009年年度报告中虚增资产、虚增业务收入的行为违反了《证券法》第六十三条关于"上市公司依法披露的信息,必须真实、准确和完整,不得有虚假记载、误导性陈述或者重大遗漏"的规定,构成了《证券法》第一百九十三条所述的上市公司"报送的报告有虚假记载、误导性陈述或者重大遗漏"的行为。

对绿大地在2007年年度报告中虚增资产、虚增业务收入其他直接责任人员为参加审议绿大地2007年年度报告董事会会议并同意2007年年度报告的时任副董事长赵国权,时任董事胡虹、黎钢、钟佳富,时任独立董事普乐、谭焕珠、罗孝银,时任总经理毛志明,时任副总经理陈德生。

对绿大地在2008年年度报告中虚增资产、虚增业务收入的其他直接责任人员为参加审议绿大地2008年年度报告董事会会议并同意2008年年度报告的时任副董事长赵国权,时任董事胡虹、黎钢、钟佳富,时任独立董事普乐、谭焕珠、罗孝银,时任副总经理陈德生。

对绿大地在2009年年度报告中虚增资产、虚增业务收入其他直接责任人员为参加审议绿大地2009年年度报告董事会会议并同意2009年年度报告的时任董事胡虹、钟佳富,时任独立董事谭焕珠、郑亚光,时任总经理徐云葵,时任副总经理陈德生。

以上违法事实,有司法机关刑事判决书,绿大地招股说明书,绿大地2007年、2008年、2009年年度报告,绿大地相关董事会决议,相关人员谈话笔录等证据证明,足以认定。

普乐在听证会上及陈述和申辩意见中称,其按时参加董事会会议,推动绿大地建立健全内部管理制度,督促绿大地完善治理结构,绿大地虚增资产、虚增业务收入隐蔽性强、不易察觉。赵国权在陈述、申辩意见中提出,对招股说明书、年度报告的决定主要依赖中介机构,作为非财务专业人员难以发现造假情况。胡虹在陈述、申辩意见中提出，其担任董事是由于委派，后果应由委托人承担，其勤勉尽责地履行了董事职责。黎钢在陈述、申辩意见中提出，其担任董事是由于委派，其已在力所能及的范围内履行了董事职责。罗孝银在陈述、申辩意见中提出，其勤勉尽责地履行了董事职责。郑亚光在陈述、申辩意见中提出，其按时参加董事会会议，勤勉尽责地履行了董事职责。上述人员要求我会不认定其责任或减轻处罚。

根据相关事实和证据，我会认为，现有证据不足以证明上述人员忠实、勤勉地履行了职责，上述人员在陈述、申辩意见中没有提出忠实、勤勉地履行职责的证据。按照《中华人民共和国公司法》及我会的相关规定，上市公司董事应当根据公司和全体股东的最大利益，忠实、勤勉地履行职责，遵守有关法律、法规、规章及公司章程的规定，保证公开披露的文件内容没有虚假记载、误导性陈述或重大遗漏。上市公司董事应当对董事会的决议负责，保证上市公司定期报告的真实、准确和完整。还应当对提供给中介机构进行审计的上市公司相关财务报表的真实、准确和完整负责。因此，我会对于赵国权、胡虹、黎钢、普乐、罗孝银、郑亚光未勤勉尽责的认定事实清楚、证据充分，我会对赵国权、胡虹、黎钢、普乐、罗孝银、郑亚光的申辩意见不予采纳。

毛志明在陈述、申辩意见中提出，其不知晓绿大地的造假情况。徐云葵在陈述、申辩意见中提出，其没有参与造假的主观故意。陈德生在陈述、申辩意见中提出，其没有参与造假的主观故意，不知晓绿大地的造假情况。

根据相关事实和证据，我会认为，按照《中华人民共和国公司法》及我会的相关规定，上市公司的高级管理人员负有了解公司重大决策等各项职责，应当保证所披露的信息真实、准确和完整，现有证据不足以证明上述人员忠实、勤勉地履行了职责，上述人员在陈述、申辩意见中没有提出其忠实、勤勉地履行职责的证据。因此，我会对于毛志明、徐云葵、陈德生未勤勉尽责的认定事实清楚、证据充分，我会对毛志明、徐云葵、陈德生的申辩意见不予采纳。

根据当事人违法行为的事实、性质、情节与社会危害程度，依据《证券法》第一百八十九条、第一百九十三条的规定，我会决定：

（一）对绿大地在2007年、2008年、2009年年度报告中虚增资产、虚增业务收入的行为，责令绿大地改正，给予警告，并处以60万元罚款。

由于司法机关已对绿大地在招股说明书中虚增资产、虚增业务收入的行为刑事处罚,不再行政处罚。

(二)对赵国权、胡虹、黎钢、钟佳富、普乐、罗孝银、谭焕珠、毛志明、徐云葵、陈德生给予警告,并分别处以30万元罚款。

(三)对郑亚光给予警告,并处以10万元罚款。

"中国证监会行政处罚决定书(联合证券有限责任公司、黎海祥、李迅冬)"(〔2013〕24号)对保荐机构提供虚假材料作出了行政处罚。相关行政处罚决定书摘要如下:

经查明,联合证券在绿大地欺诈发行上市时未勤勉尽责,未发现绿大地在招股说明书中编造虚假资产、虚假业务收入。违法事实如下:

联合证券对绿大地招股说明书进行了核查。司法机关认定,绿大地在招股说明书中编造虚假资产、虚假业务收入。绿大地编造虚假资产、虚假业务收入的金额巨大,性质严重。

一、由于未对土地使用权完整地进行核实,联合证券未发现绿大地在招股说明书中编造虚假资产

2004年,绿大地受让云南省曲靖市马龙县旧县镇旧县村960亩荒山使用权。绿大地招股说明书显示,上述荒山使用权原值9,552,000元。绿大地提供的合同书显示,绿大地支付上述荒山使用权受让款9,552,000元。云南省曲靖市马龙县旧县镇旧县村村委会提供的合同书显示,绿大地支付上述荒山使用权受让款400,000元。

2005年,绿大地受让云南省曲靖市马龙县马鸣乡马鸣村3500亩荒山使用权。绿大地招股说明书显示,上述荒山使用权原值3,360,000元。绿大地提供的合同显示,绿大地支付上述荒山使用权受让款3,360,000元。上述荒山使用权转让方证明,绿大地支付实际支付上述荒山使用权受让款825,000元。

联合证券的保荐代表人未去当地土地管理部门核实绿大地受让上述荒山土地使用权的情况。

由于未对土地使用权完整地进行核实,联合证券未发现绿大地在招股说明书中编造虚假资产。

二、由于未对有关关联关系足够关注,联合证券未发现绿大地在招股说明书中编造虚假资产、虚假业务收入

司法机关认定,为促使绿大地发行股票并上市,绿大地相关人员注册了一批由绿大地实际控制或者掌握银行账户的关联公司,并利用相关银行账户操控资金流转，采用伪造合同、发票、工商登记、资料等手段，达到少付多列、将款项支付给其控制的公司、虚构交易业务、虚增资产、虚增收入等。

联合证券保荐底稿显示：绿大地分别于2002年9月3日、2004年3月2日、2004年12月9日与昆明自由空间园艺有限责任公司签订《全面营销战略合作协议》《全面营销战略合作协议补充协议(2)》《关于全面营销战略合作协议的补充协议》，徐丹宁代表昆明自由空间园艺有限责任公司签字。

联合证券保荐底稿显示：2007年12月14日，时任绿大地董事会秘书徐云葵在填写上市公司高级管理人员声明及承诺书中说明徐丹宁为其妹妹。

经查，昆明自由空间园艺有限责任公司成立于2002年11月8日。

由于未对有关关联关系足够关注，联合证券未发现绿大地在招股说明书中编造虚假资产、虚假业务收入。

三、由于未对绿大地提供的销售客户和供应商的工商信息完整地进行核实，联合证券未发现绿大地在招股说明书中编造虚假资产、虚假业务收入

绿大地招股说明书披露的销售客户和供应商昆明自由空间园艺有限责任公司、昆明鑫景园艺工程有限公司、昆明祥佑旅游开发有限公司、昆明五华花卉经贸公司、昆明滇文卉园艺有限公司、昆明天绿园艺有限公司的部分工商信息与实际情况不一致，联合证券未对绿大地提供的上述销售客户和供应商的工商信息完整地进行核实。

由于未对绿大地提供的上述销售客户和供应商的工商信息完整的进行核实，联合证券未发现绿大地在招股说明书中编造虚假资产、虚假业务收入。

联合证券的保荐工作不符合中国证监会《首次公开发行股票并上市管理办法》第五十五条关于保荐人及其保荐代表人应当对招股说明书的真实性、准确性、完整性进行核查的规定。联合证券未按规定编制、保存相关工作底稿，联合证券的上述做法不符合中国证监会《保荐人尽职调查工作准则》第七条关于工作底稿应当真实、准确、完整地反映尽职调查工作的规定。联合证券的上述行为违反了《证券法》第十一条关于保荐人应当遵守业务规则和行业规范，诚实守信、勤勉尽责地对发行人的申请文件和信息披露资料进行审慎核查的规定。

对上述违法行为直接负责的主管人员为在招股说明书上签字的保荐代表人黎海祥、李迅冬。

李迅冬在陈述、申辩意见中提出,保荐代表人对绿大地相关土地使用权进行了核查,对绿大地有关关联关系进行了核查,保荐代表人对绿大地客户和供应商工商信息的核查未违反相关法律法规。根据相关事实和证据,我会认为,由于未对土地使用权完整地进行核实,联合证券未发现绿大地在招股说明书中编造虚假资产;由于未对有关关联关系足够关注,联合证券未发现绿大地在招股说明书中编造虚假资产、虚假业务收入;由于未对绿大地提供的销售客户和供应商的工商信息完整地进行核实,联合证券未发现绿大地在招股说明书中编造虚假资产、虚假业务收入。因此,我会对于联合证券在绿大地欺诈发行上市时未勤勉尽责,未发现绿大地在招股说明书中编造虚假资产、虚假业务收入的认定事实清楚、证据充分。综上所述,我会对李迅冬的申辩意见不予采纳。

根据当事人违法行为的事实、性质、情节与社会危害程度,依据《证券法》第一百九十二条的规定,我会决定:一、没收联合证券业务收入1200万元,并处以1200万元罚款。鉴于联合证券已于2009年与其大股东华泰证券股份有限公司进行了业务整合,已更名为华泰联合证券有限责任公司,上述罚没款由华泰联合证券有限责任公司支付。由于云南省公安厅经济犯罪侦查总队扣押了联合证券的1200万元收入,中国证监会在执行时扣除云南省公安厅经济犯罪侦查总队扣押的款项,如果云南省公安厅经济犯罪侦查总队发还上述款项,中国证监会将予以追缴。二、对黎海祥、李迅冬给予警告,并分别处以30万元罚款,撤销黎海祥、李迅冬保荐代表人资格和证券从业资格。

“中国证监会行政处罚决定书(深圳市鹏城会计师事务所有限公司、姚国勇、廖福澍)”(〔2013〕27号)对会计师提供虚假材料作出了行政处罚。相关行政处罚决定书摘要如下:

经查明,深圳市鹏城会计师事务所有限公司(以下简称深圳鹏城)在绿大地欺诈发行上市时未勤勉尽责,未发现绿大地为发行上市所编制的财务报表编造虚假资产、虚假业务收入,从而出具无保留意见的审计报告,发表不恰当的审计意见。违法事实如下:

为绿大地发行股票并上市,深圳鹏城对绿大地2004年、2005年、2006年年度财务报表和2007年半年度财务报表进行审计并出具无保留意见的审计报告。

司法机关认定,绿大地在招股说明书中编造虚假资产、虚假业务收入。绿大地编造虚假资产、虚假业务收入的金额巨大,性质严重。

一、绿大地2004年至2006年财务报表披露的各年度前五大销售客户与实际不符,经查,深圳鹏城的审计底稿中没有记录对绿大地前五大销售客户的审计程序。

二、绿大地招股说明书披露的2006年销售收入中包含通过绿大地交通银行3711银行账户核算的销售收入,交通银行提供的资料显示,上述交易部分不存在。绿大地招股说明书披露,2006年12月31日货币资金余额为47,742,838.19元;其中,交通银行3711账户余额为32,295,131.74元。交通银行提供的资料显示,2006年12月31日的3711账户余额为4,974,568.16元。经查,深圳鹏城没有向交通银行函证绿大地交通银行3711账户2006年12月31日的余额。

深圳鹏城未勤勉尽责,未对部分银行账户进行函证、未真实完整编制工作底稿,深圳鹏城的上述做法不符合《中国注册会计师审计准则第1301号——审计证据》第六条、《中国注册会计师审计准则第1312号——函证》第十一条、《中国注册会计师审计准则第1331号——审计工作底稿》第四条的规定。深圳鹏城未勤勉尽责造成其未发现绿大地在为发行上市所编制的财务报表中编造虚假资产、虚假业务收入,从而为绿大地出具无保留意见的审计报告,发表了不恰当的审计意见。深圳鹏城的上述行为违反了《证券法》第二十条关于为证券发行出具有关文件的证券服务机构和人员,必须严格履行法定职责,保证其所出具文件的真实性、准确性和完整性的规定,构成《证券法》第二百二十三条所述的违法行为。

对上述违法行为直接负责的主管人员为注册会计师姚国勇、廖福澍。

姚国勇在陈述、申辩意见中提出,深圳鹏城对绿大地前五大销售客户履行了审计程序。根据相关事实和证据,我会认为,深圳鹏城的审计底稿中没有记录对绿大地前五大销售客户的审计程序。廖福澍在陈述、申辩意见中提出,其在执行审计过程中未违反审计准则,无过错行为。根据相关事实和证据,我会认为,深圳鹏城未勤勉尽责,未对部分银行账户进行函证、未真实完整编制工作底稿,深圳鹏城的上述做法不符合《中国注册会计师审计准则》的相关规定。作为在审计报告上签字的注册会计师,廖福澍未勤勉尽责,造成其未发现绿大地在为发行上市所编制的财务报表中编造虚假资产、虚假业务收入。因此，我会对于姚国勇、廖福澍的责任认定事实清楚、证据充分。综上所述，我会对姚国勇、廖福澍的申辩意见不予采纳。

根据当事人违法行为的事实、性质、情节与社会危害程度，依据《证券法》第二百二十三条的规定，我会决定：一、没收深圳鹏城业务收入60万元，并处以60万元的罚款。二、对姚国勇、廖福澍给予警告并分别处以10万元罚款。

"中国证监会行政处罚决定书（四川天澄门律师事务所、徐平、肖兵）"（〔2013〕25号）对律师事务所提供虚假材料作出了行政处罚。相关行政处罚决定书摘要如下：

经查明，四川天澄门律师事务所（以下简称天澄门）在绿大地欺诈发行上市时未勤勉尽责，未在法律意见书中说明其工作相关情况，未对绿大地相关资产的取得过程进行完整地核实。违法事实如下：

天澄门为绿大地发行股票并上市出具法律意见书。

司法机关认定，绿大地在招股说明书中编造虚假资产、虚假业务收入。绿大地编造虚假资产、虚假业务收入的金额巨大，性质严重。

一、天澄门未在法律意见书中说明其相关工作情况

司法机关认定，为促使绿大地发行股票并上市，绿大地相关人员注册了一批由绿大地实际控制或者掌握银行账户的关联公司，并利用相关银行账户操控资金流转，采用伪造合同、发票、工商登记、资料等手段，达到少付多列、将款项支付给其控制的公司、虚构交易业务、虚增资产、虚增收入等。

天澄门未能对绿大地提供的销售客户和供应商的工商信息完整地进行核实。由于未对绿大地提供的客户及供应商的工商信息完整地进行核实，天澄门未发现绿大地编造重大虚假内容。天澄门未在法律意见书中就未能对绿大地提供的客户及供应商的工商信息完整地进行核实的情况予以说明。

二、天澄门对绿大地旧县和马鸣土地使用权的取得过程未完整地进行核实

2004年，绿大地受让云南省曲靖市马龙县旧县镇旧县村960亩荒山的土地使用权。绿大地招股说明书显示，上述荒山的土地使用权原值9,552,000元。绿大地提供的合同书显示，绿大地支付上述荒山的土地使用权受让款9,552,000元。云南省曲靖市马龙县旧县镇旧县村村委会提供的合同书显示,绿大地支付上述荒山的土地使用权受让款400,000元。

2005年,绿大地受让云南省曲靖市马龙县马鸣乡马鸣村3500亩荒山的土地使用权。绿大地招股说明书显示,上述荒山的土地使用权原值3,360,000元。绿大地提供的合同显示,绿大地支付上述荒山的土地使用权受让款3,360,000元。上述荒山的土地使用权转让方证明,绿大地实际支付上述荒山的土地使用权受让款825,000元。

出具法律意见书前,相关律师徐平、肖兵到上述荒山所在地进行了查看,并查验了绿大地提交的其取得土地使用权的合同、协议、产权证书,但未去当地土地管理部门核实绿大地受让上述荒山的土地使用权情况。天澄门未勤勉尽责,未对绿大地上述土地使用权的取得过程完整地进行核实。

天澄门的上述做法不符合中国证监会、司法部《律师事务所从事证券法律业务管理办法》第十五条和第二十条的规定,违反了《中华人民共和国证券法》(以下简称《证券法》)第二十条关于为证券发行出具有关文件的证券服务机构和人员,必须严格履行法定职责,保证其所出具文件的真实性、准确性和完整性的规定,构成《证券法》第二百二十三条所述的违法行为。

对上述违法行为直接负责的主管人员为在绿大地发行上市所出具的法律意见书上签字的律师徐平、肖兵。

天澄门、徐平、肖兵在陈述、申辩意见中提出,其未发现绿大地编造重大虚假内容,系履行法定职责不当,而非不履行法定职责。根据相关事实和证据,我会认为,由于未对绿大地提供的客户及供应商的工商信息完整地进行核实,天澄门未发现绿大地编造重大虚假内容。天澄门未在法律意见书中就未能对绿大地提供的客户及供应商的工商信息完整地进行核实的情况予以说明。天澄门未勤勉尽责,未对绿大地相关土地使用权的取得过程完整地进行核实。因此,我会对于天澄门在绿大地欺诈发行上市时未勤勉尽责,未在法律意见书中说明其工作相关情况,未对绿大地相关资产的取得过程进行完整核实的认定事实清楚、证据充分。综上所述,我会对天澄门、徐平、肖兵的申辩意见不予采纳。

根据当事人违法行为的事实、性质、情节与社会危害程度,依据《证券法》第二百二十三条的规定,我会决定:

一、没收天澄门业务收入58万元,并处以58万元的罚款。二、对徐平、肖兵给予警告,并分别处以10万元罚款。

第二十一条　【申请文件预披露】发行人申请首次公开发行股票的，在提交申请文件后，应当按照国务院证券监督管理机构的规定预先披露有关申请文件。

相关行政规章条文

《首次公开发行股票并上市管理办法》(2018年6月6日修订并施行)

第四十六条　申请文件受理后、发行审核委员会审核前，发行人应当将招股说明书(申报稿)在中国证监会网站(www.csrc.gov.cn)预先披露。发行人可以将招股说明书(申报稿)刊登于其企业网站，但披露内容应当完全一致，且不得早于在中国证监会网站的披露时间。

第四十七条　发行人及其全体董事、监事和高级管理人员应当保证预先披露的招股说明书(申报稿)的内容真实、准确、完整。

第四十八条　预先披露的招股说明书(申报稿)不是发行人发行股票的正式文件，不能含有价格信息，发行人不得据此发行股票。

发行人应当在预先披露的招股说明书(申报稿)的显要位置声明："本公司的发行申请尚未得到中国证监会核准。本招股说明书(申报稿)不具有据以发行股票的法律效力，仅供预先披露之用。投资者应当以正式公告的招股说明书全文作为作出投资决定的依据。"

《首次公开发行股票并在创业板上市管理办法》(2018年6月6日修订并施行)

第三十九条　发行人申请文件受理后，应当及时在中国证监会网站预先披露招股说明书(申报稿)。发行人可在公司网站刊登招股说明书(申报稿)，所披露的内容应当一致，且不得早于在中国证监会网站披露的时间。

第四十条　发行人及保荐人应当对预先披露的招股说明书(申报稿)负责，一经申报及预披露，不得随意更改，并确保不存在故意隐瞒及重大差错。

第四十一条　预先披露的招股说明书(申报稿)不能含有股票发行价格信息。

发行人应当在预先披露的招股说明书(申报稿)的显要位置作如下声明："本公司的发行申请尚未得到中国证监会核准。本招股说明书(申报稿)不具有据以发行股票的法律效力，仅供预先披露之用。投资者应当以正式公告的招股说明书作为投资决定的依据。"

第四十二条 发行人及其全体董事、监事和高级管理人员应当保证预先披露的招股说明书(申报稿)的内容真实、准确、完整、及时。

《发行监管问答——关于首次公开发行股票预先披露等问题》(2017年12月6日修订)

一、保荐机构提交用于预先披露的材料是哪些时点?

答:保荐机构应当按照下列时点要求提交用于预先披露的材料,包括招股说明书(申报稿)、关于公司设立以来股本演变情况的说明及其董事、监事、高级管理人员的确认意见(仅限创业板),以及承诺函(具体格式要求见附件)等。中国证监会发行监管部门收到上述材料后,即按程序安排预先披露。

1. 保荐机构应在向中国证监会提交首发申请文件的同时,一并提交预先披露材料。

2. 保荐机构应在报送上会材料的同时报送预先披露更新材料。

二、初审会后发行监管部门、发行人及相关中介机构还需履行哪些事项?

答:1. 发行监管部门在发行人预先披露更新后安排初审会。初审会结束后,发行监管部门以书面形式将需要发行人及其中介机构进一步说明的事项告知保荐机构,并告知发行人及其保荐机构做好提请发审会审议的准备工作。

2. 发审会前,发行人及其保荐机构无需根据发行监管部门的意见修改已提交的上会材料和预先披露材料。涉及修改招股说明书等文件的,在申请文件封卷材料中一并反映。

3. 发审会前,相关保荐机构应持续关注媒体报道情况,并主动就媒体报道对信息披露真实性、准确性、完整性提出的质疑进行核查。

三、本监管问答自何日起实施?

答:本监管问答自发布之日起实施,《关于首次公开发行股票预先披露等问题的通知》(发行监管函〔2013〕328号)同时废止。

相关裁判摘要

“泉州市泉港区春回大地电子科技有限公司与中国证券监督管理委员会二审行政裁定书”[北京市高级人民法院行政裁定书(2017)京行终4078号]认为,对招股说明书进行预披露和审核通过(“过会”)的行为属于发行程序中的一个环节,对外不产生法律效力,不具有独立的可诉性。相关裁判摘要如下：

经查，2015年4月18日及6月29日，发行人上海电影股份有限公司（以下简称上海电影公司）在中国证券监督管理委员会（以下简称中国证监会）官网上预先披露了其招股说明书（申报稿）。同年12月30日，中国证监会在其官网上公布“主板发审委2015年第217次会议审核结果公告”，其中载明的审核结果为上海电影公司（首发）获通过。泉州春回大地公司认为上海电影公司在招股说明书上使用了泉州春回大地公司的“SFC”商标，构成商标侵权。中国证监会在其官网上发布招股说明书，其下属的发行审核委员会（以下简称发审委）作出的2015年第217次会议审核决定上海电影公司（首发）通过，进一步导致商标侵权行为扩大，损害了泉州春回大地公司的合法权益，遂向北京市第一中级人民法院（以下简称一审法院）提起诉讼，请求法院判决撤销中国证监会2015年第217次发审委会议作出的关于上海电影公司（首发）获得通过的审核决定（以下简称被诉审核决定），并责令中国证监会在其官网上撤下《上海电影股份有限公司首次公开发行股票招股说明书》（以下简称涉案招股说明书）。

本院认为，公民、法人或者其他组织向人民法院提起行政诉讼，应当符合法定起诉条件。根据《中华人民共和国行政诉讼法》第四十九条第（四）项的规定，属于人民法院受案范围是提起诉讼的法定条件。《首次公开发行股票并上市管理办法》在第三章规定了发行程序，参照第四十八条及第五十条的相关规定，中国证监会受理申请文件后，由相关职能部门对发行人的申请文件进行初审，并由发行审核委员会审核，中国证监会依照法定条件对发行人的发行申请作出予以核准或者不予核准的决定，并出具相关文件。从上述规定可以看出，发审委对发行人的申请文件所作出的审核决定系发行程序中的一个环节，并非中国证监会最终作出的核准或不予核准发行人发行申请的决定，对外不产生法律效力，故被诉审核决定不具有独立可诉性，不属于人民法院行政审判受案范围。泉州春回大地公司请求撤销被诉审核决定不符合法定起诉条件，依法应予驳回。

另，对于招股说明书的公示行为，参照《首次公开发行股票并上市管理办法》第五十八条的规定，申请文件受理后、发行审核委员会审核前，发行人应当将招股说明书（申报稿）在中国证监会网站（www.csrc.gov.cn）预先披露。发行人可以将招股说明书（申报稿）刊登于其企业网站,但披露内容应当完全一致,且不得早于在中国证监会网站的披露时间。故该信息披露行为属于发行人提出股票发行申请后,在发行程序中所应当履行的法定披露义务,亦属于发行程序中的中间环节行为,不具有可诉性,泉州春回大地公司请求责令中国证监会在其官网上撤下涉案招股说明书亦不符合行政诉讼的法定起诉条件,依法应予驳回。泉州春回大地公司如认为涉案招股说明书侵犯其商标权等民事权益,应另行通过民事诉讼等其他途径寻求救济。

第二十二条 【发行审核委员会】 国务院证券监督管理机构设发行审核委员会,依法审核股票发行申请。

发行审核委员会由国务院证券监督管理机构的专业人员和所聘请的该机构外的有关专家组成,以投票方式对股票发行申请进行表决,提出审核意见。

发行审核委员会的具体组成办法、组成人员任期、工作程序,由国务院证券监督管理机构规定。

相关行政规章条文

《中国证券监督管理委员会发行审核委员会办法》(2017年7月7日起施行)

第一章 总 则

第一条 为了保证在股票发行审核工作中贯彻公开、公平、公正的原则,提高股票发行审核工作的质量、效率和透明度,更好地保护投资者合法权益,根据《中华人民共和国证券法》的有关规定,制定本办法。

第二条 中国证券监督管理委员会(以下简称中国证监会)设立发行审核委员会(以下简称发审委)和上市公司并购重组审核委员会(以下简称并购重组委)。

发审委审核发行人股票发行申请和可转换公司债券等中国证监会认可的其他证券的发行申请(以下统称股票发行申请),适用本办法。

并购重组委的组成、职责、工作规程等另行制定。

第三条 发审委依照《中华人民共和国证券法》《中华人民共和国公司法》等法律、行政法规和中国证监会的规定,对发行人的股票发行申请文件和中国证监会有关职能部门的初审报告进行审核。

发审委以投票方式对股票发行申请进行表决,提出审核意见。

中国证监会依照法定条件和法定程序作出予以核准或者不予核准股票发行申请的决定。

第四条　发审委通过发审委工作会议(以下简称发审委会议)履行职责。

第五条　中国证监会负责对发审委事务的日常管理以及对发审委委员的考核和监督。

第二章　发审委的组成

第六条　发审委委员由中国证监会的专业人员和中国证监会外的有关专家组成,由中国证监会聘任。

发审委委员为66名,部分发审委委员可以为专职。

发审委设会议召集人。

第七条　发审委委员每届任期一年,可以连任,但连续任期最长不超过2届。发审委委员每年至少更换一半。

发审委委员和并购重组委委员不得相互兼任。

第八条　中国证监会设立发审委遴选委员会,按照依法、公开、择优的原则选聘发审委委员,发审委委员人选向市场公开,接受社会监督。

第九条　发审委委员应当符合下列条件:

(一)具有较高的政治思想素质、理论水平和道德修养;

(二)坚持原则,公正廉洁,忠于职守,严格遵守国家法律、行政法规和规章;

(三)熟悉证券、会计业务及有关的法律、行政法规和规章;

(四)精通所从事行业的专业知识,在所从事的领域内有较高声誉;

(五)没有违法、违纪记录;

(六)中国证监会认为需要符合的其他条件。

第十条　发审委委员有下列情形之一的,中国证监会应当予以解聘:

(一)违反法律、行政法规、规章和发行审核工作纪律的;

(二)未按照中国证监会的有关规定勤勉尽职的;

(三)本人提出辞职申请的;

(四)2次以上无故不出席发审委会议的;

(五)经中国证监会考核认为不适合担任发审委委员的其他情形。

发审委委员的解聘不受任期是否届满的限制。发审委委员解聘后，中国证监会应及时选聘新的发审委委员。

发审委委员因违法违规被解聘的，取消其所在单位5年内再次推荐发审委委员的资格，发审委委员为国家机关、事业单位工作人员的，通报其所在单位，由其所在单位作出相应处分。

第三章 发审委的职责

第十一条 发审委的职责是：根据有关法律、行政法规和中国证监会的规定，审核股票发行申请是否符合相关条件；审核保荐人、会计师事务所、律师事务所、资产评估机构等证券服务机构及相关人员为股票发行所出具的有关材料及意见书；审核中国证监会有关职能部门出具的初审报告；依法对股票发行申请提出审核意见。

第十二条 发审委委员以个人身份出席发审委会议，依法履行职责，独立发表审核意见并行使表决权。

第十三条 发审委委员可以通过中国证监会有关职能部门调阅履行职责所必需的与发行人有关的资料。

第十四条 发审委委员应当遵守下列规定：

（一）按要求出席发审委会议，并在审核工作中勤勉尽职；

（二）保守国家秘密和发行人的商业秘密；

（三）不得泄露发审委会议讨论内容、表决情况以及其他有关情况；

（四）不得利用发审委委员身份或者在履行职责上所得到的非公开信息，为本人或者他人直接或者间接谋取利益；

（五）不得与发行人有利害关系，不得直接或间接接受发行人及相关单位或个人提供的资金、物品等馈赠和其他利益，本人及配偶、父母、子女及其配偶不得直接或者以化名、借他人名义持有所核准的发行申请的股票，不得私下与发行人及其他相关单位或个人进行接触；

（六）不得有与其他发审委委员串通表决或者诱导其他发审委委员表决的行为；

（七）中国证监会以外的专职委员受聘期间，执行中国证监会工作人员禁止买卖股票的规定，相关人员所持股票，原则上应当在具备依法转让条件时受聘一个月内清理完毕，中国证监会以外的兼职委员受聘期间，买卖股票的限制措施另行规定；

（八）中国证监会的其他有关规定。

第十五条 发审委委员有义务向中国证监会举报任何以不正当手

段对其施加影响的发行人及其他相关单位或者个人。

第十六条　发审委委员审核股票发行申请文件时，有下列情形之一的，应及时提出回避：

（一）发审委委员或者其亲属担任发行人或者保荐人的董事（含独立董事，下同）、监事、经理或者其他高级管理人员的；

（二）发审委委员或者其亲属、发审委委员所在工作单位持有发行人的股票，可能影响其公正履行职责的；

（三）发审委委员或者其所在工作单位近两年来为发行人提供保荐、承销、审计、评估、法律、咨询等服务，可能妨碍其公正履行职责的；

（四）发审委委员或者其亲属担任董事、监事、经理或者其他高级管理人员的公司与发行人或者保荐人有行业竞争关系，经认定可能影响其公正履行职责的；

（五）发审委会议召开前，与本次所审核发行人及其他相关单位或者个人进行过接触，可能影响其公正履行职责的；

（六）中国证监会认定的可能产生利害冲突或者发审委委员认为可能影响其公正履行职责的其他情形。

前款所称亲属，是指发审委委员的配偶、父母、子女、兄弟姐妹、配偶的父母、子女的配偶、兄弟姐妹的配偶。

第十七条　发行人及其他相关单位和个人如果认为发审委委员与其存在利害冲突或者潜在的利害冲突，可能影响发审委委员公正履行职责的，可以在报送发审委会议审核的股票发行申请文件时，向中国证监会提出要求有关发审委委员予以回避的书面申请，并说明理由。

中国证监会根据发行人及其他相关单位和个人提出的书面申请，决定相关发审委委员是否回避。

第十八条　发审委委员接受聘任后，应当承诺遵守中国证监会有关对发审委委员的规定和纪律要求，认真履行职责，接受中国证监会的考核和监督。

第四章　发审委会议

第一节　一般规定

第十九条　发审委通过召开发审委会议进行审核工作。

第二十条　发审委会议表决采取记名投票方式。表决票设同意票和反对票，发审委委员不得弃权。发审委委员在投票时应当在表决票上说明理由。

第二十一条 发审委委员应依据法律、行政法规和中国证监会的规定,结合自身的专业知识,独立、客观、公正地对股票发行申请进行审核。

发审委委员应当以审慎、负责的态度,全面审阅发行人的股票发行申请文件和中国证监会有关职能部门出具的初审报告。在审核时,发审委委员应当在工作底稿上填写个人审核意见:

(一)发审委委员对初审报告中提请发审委委员关注的问题和审核意见有异议的,应当在工作底稿上对相关内容提出有依据、明确的审核意见;

(二)发审委委员认为发行人存在初审报告提请关注问题以外的其他问题的,应当在工作底稿上提出有依据、明确的审核意见;

(三)发审委委员认为发行人存在尚待调查核实并影响明确判断的重大问题的,应当在工作底稿上提出有依据、明确的审核意见。

发审委委员在发审委会议上应当根据自己的工作底稿发表个人审核意见,同时应当根据会议讨论情况,完善个人审核意见并在工作底稿上予以记录。

发审委会议在充分讨论的基础上,形成会议对发行人股票发行申请的审核意见,并对发行人的股票发行申请是否符合相关条件进行表决。

第二十二条 发审委会议召集人按照中国证监会的有关规定负责召集发审委会议,组织发审委委员发表意见、讨论,总结发审委会议审核意见和组织投票等事项。

发审委会议结束后,参会发审委委员应当在会议记录、审核意见、表决结果等会议资料上签名确认,同时提交工作底稿。

第二十三条 发审委会议对发行人的股票发行申请形成审核意见之前,可以请发行人代表和保荐代表人到会陈述和接受发审委委员的询问。

第二十四条 发审委会议对发行人的股票发行申请只进行一次审核。

出现发审委会议审核意见与表决结果有明显差异或者发审委会议表决结果显失公正情况的,中国证监会可以进行调查,并依法做出核准或者不予核准的决定。

第二十五条 中国证监会有关职能部门负责安排发审委会议、送达有关审核材料、对发审委会议讨论情况进行记录、起草发审委会议纪要、保管档案等具体工作。

第二十六条 发审委会议根据审核工作需要，可以邀请发审委委员以外的行业专家到会提供专业咨询意见。发审委委员以外的行业专家没有表决权。

第二十七条 发审委每年应当至少召开一次全体会议，对审核工作进行总结。

第二节 普通程序

第二十八条 发审委会议审核发行人公开发行股票申请和可转换公司债券等中国证监会认可的其他公开发行证券申请，适用本节规定。

第二十九条 中国证监会有关职能部门应当在发审委会议召开5日前，将会议通知、股票发行申请文件及中国证监会有关职能部门的初审报告送达参会发审委委员，并将发审委会议审核的发行人名单、会议时间、发行人承诺函和参会发审委委员名单在中国证监会网站上公布。

第三十条 每次参加发审委会议的发审委委员为7名。表决投票时同意票数达到5票为通过，同意票数未达到5票为未通过。

第三十一条 发审委委员发现存在尚待调查核实并影响明确判断的重大问题，应当在发审委会议前以书面方式提议暂缓表决。

发审委会议首先对该股票发行申请是否需要暂缓表决进行投票，同意票数达到5票的，可以对该股票发行申请暂缓表决；同意票数未达到5票的，发审委会议按正常程序对该股票发行申请进行审核。

暂缓表决的发行申请再次提交发审委会议审核时，原则上仍由原发审委委员审核。

发审委会议对发行人的股票发行申请只能暂缓表决一次。

第三十二条 发审委会议对发行人的股票发行申请投票表决后，中国证监会在网站上公布表决结果。

发审委会议对发行人股票发行申请作出的表决结果及提出的审核意见，中国证监会有关职能部门应当向发行人聘请的保荐人进行书面反馈。

第三十三条 在发审委会议对发行人的股票发行申请表决通过后至中国证监会核准前，发行人发生了与所报送的股票发行申请文件不一致的重大事项，中国证监会有关职能部门可以提请发审委召开会后事项发审委会议，对该发行人的股票发行申请文件重新进行审核。会后事项发审委会议的参会发审委委员不受是否审核过该发行人的股票发行申请的限制。

第三节 特别程序

第三十四条 发审委会议审核上市公司非公开发行股票申请和中国证监会认可的其他非公开发行证券申请,适用本节规定。

第三十五条 中国证监会有关职能部门应当在发审委会议召开前,将会议通知、股票发行申请文件及中国证监会有关职能部门的初审报告送达参会发审委委员。

第三十六条 每次参加发审委会议的委员为5名。表决投票时同意票数达到3票为通过,同意票数未达到3票为未通过。

第三十七条 发审委委员在审核上市公司非公开发行股票申请和中国证监会认可的其他非公开发行证券申请时,不得提议暂缓表决。

第三十八条 中国证监会不公布发审委会议审核的发行人名单、会议时间、发行人承诺函、参会发审委委员名单和表决结果。

第五章 对发审委审核工作的监督

第三十九条 中国证监会设立发行审核监察委员会,对发行审核工作进行监察。

第四十条 中国证监会对发审委实行问责制度。出现发审委会议审核意见与表决结果有明显差异的,中国证监会可以要求所有参会发审委委员分别作出解释和说明。

第四十一条 发审委委员存在违反本办法第十四条规定的行为,或者存在对所参加发审委会议应当回避而未提出回避等其他违反发审委工作纪律的行为的,中国证监会应当根据情节轻重对有关发审委委员分别予以谈话提醒、批评、公开谴责、解聘等处理。

第四十二条 中国证监会建立对发审委委员违法、违纪行为的举报监督机制。

对有线索举报发审委委员存在违法、违纪行为的,中国证监会应当进行调查,根据调查结果对有关发审委委员分别予以谈话提醒、批评、解聘等处理;涉嫌犯罪的,依法移交司法机关处理。

第四十三条 中国证监会对发审委委员的批评可以在新闻媒体上公开。

第四十四条 在发审委会议召开前,有证据表明发行人、其他相关单位或者个人直接或者间接以不正当手段影响发审委委员对发行人股票发行申请的判断，或者以其他方式干扰发审委委员审核的，中国证监会可以暂停对有关发行人的发审委会议审核。

发行人股票发行申请通过发审委会议后，有证据表明发行人、其他相关单位或者个人直接或者间接以不正当手段影响发审委委员对发行人股票发行申请的判断的，或者以其他方式干扰发审委委员审核的，中国证监会可以暂停核准；情节严重的，中国证监会不予核准。

第四十五条 发行人聘请的保荐人有义务督促发行人遵守本办法的有关规定。保荐人唆使、协助或者参与干扰发审委工作的，中国证监会按照有关规定在3个月内不受理该保荐人的推荐。

《中国证券监督管理委员会股票发行审核委员会工作细则》(证监发〔2006〕51号，自2006年5月18日起实施)

一、发审委会议前的工作规程

(一)中国证监会发行监管部(以下简称发行监管部)具体负责发行审核委员会工作会议(以下简称发审委会议)前的各项准备工作。主要包括：确定发审委会议日期、发审委会议审核的发行人、出席发审委会议的发审委委员(以下简称委员)、向委员送达发审委会议通知、发行人的股票发行申请文件和发行监管部的初审报告(以下简称审核材料)，在中国证监会网站上公布适用普通程序审核的股票发行申请的发审委会议(以下简称普通程序发审委会议)的有关信息等。

(二)发行监管部应当在每月月底前制定下月发审委会议召开计划并告知全体委员，非专职委员应当在每月月底前将下月能参加发审委会议的时间安排报告发行监管部。发审委会议原则上应当在每周固定时间召开。

(三)发行监管部安排发审委会议审核发行人的顺序，原则上按照发行人向发行监管部报送审核材料的时间先后确定。

(四)发行监管部在普通程序发审委会议召开5天前，将会议通知及审核材料送达参会委员，并请委员签收。对适用特别程序审核的股票发行申请的发审委会议(以下简称特别程序发审委会议)，发行监管部在会议召开前及时将会议通知及审核材料送达参会委员，并请委员签收。外地委员的审核材料可以采取委员认可的方式送达。

(五)发行监管部在将会议通知及审核材料送达参会委员后，在中国证监会网站上公布普通程序发审委会议审核的发行人名单、会议时间、发行人承诺函和参会委员名单。特别程序发审委会议不公布会议审核的发行人名单、会议时间、发行人承诺函和参会委员名单。

（六）委员应当将须回避的有关情况及时上报发行监管部。若发现存在须回避情形或者已确定出席发审委会议后又因特殊原因不能出席会议的，参加普通程序发审委会议的委员应在会议召开3天前通知发行监管部，并提出书面申请及理由，发行监管部经核实后对参会委员作相应调整，并及时履行上网公告程序；参加特别程序发审委会议的委员应在接到会议通知后及时提出有关申请，发行监管部经核实后对参会委员作相应调整。

（七）委员收到审核材料后，应当按照《发审委办法》第二十条的规定，根据法律、行政法规和中国证监会有关规章，全面审阅审核材料并按要求填写审核工作底稿。

（八）委员审核材料期间，经发行监管部登记后，可调阅履行职责所必需的与发行人有关的资料。

二、发审委会议的工作规程

（一）发审委会议议程如下：

1. 出席会议委员达到规定人数后，委员应填写与发行人接触事项的有关说明，交由发行监管部工作人员核对后，召集人宣布会议开始并主持会议。

2. 发行监管部预审人员向委员报告审核情况，并就有关问题提供说明。

3. 召集人组织委员对初审报告中提请委员关注的问题和审核意见逐一发表个人审核意见。委员也可对初审报告提请关注问题以外的其他事项发表个人审核意见。

4. 发行人代表和保荐代表人各2名到会陈述和接受询问，时间不超过45分钟。

5. 召集人总结委员的主要审核意见，形成发审委会议对发行人股票发行申请的审核意见。

6. 委员对发审委会议记录、审核意见记录确认并签名。

7. 委员进行投票表决。表决方式采取封闭式记名投票，委员个人的投票意见不对外公布。

8. 发行监管部工作人员负责监票及统计投票结果。

9. 召集人宣布表决结果。

10. 委员在发审委会议表决结果上签名,同时提交审核工作底稿。

(二)发行监管部工作人员负责发审委会议记录、审核意见记录和会议考勤记录,并对会议全过程进行录音。

(三)发审委会议依据《发审委办法》第三十条规定对发行人的股票发行申请暂缓表决的,按以下规定办理:

1. 委员在审核材料期间,如发现发行人存在尚待调查核实并影响明确判断的重大问题,认为需暂缓表决的,应在审核工作底稿上写明意见,并在发审委会议前以书面方式向发行监管部发审委工作处提出建议。

2. 发审委会议首先听取提出暂缓表决建议的委员对该股票发行申请暂缓表决的理由,由会议对该股票发行申请是否需要暂缓表决进行投票。同意票数达到5票的,可以对该股票发行申请暂缓表决,召集人总结对该股票发行申请暂缓表决的审核意见。同意票未达到5票的,发审委会议按正常程序对该股票发行申请进行审核。

3. 发审委会议同意对发行人的股票发行申请暂缓表决后,发行人如申请再次审核,应当自收到暂缓表决审核意见之日起1个月内向发行监管部提出申请。

4. 被暂缓表决的股票发行申请再次提交发审委会议审核时,原发审委委员如不能参加会议,应当向发行监管部作出说明。

三、发审委会议后的工作规程

(一)发行监管部在普通程序发审委会议结束后,在中国证监会网站上公布会议表决的结果。特别程序发审委会议不公布会议的表决结果。

(二)依据《发审委办法》第三十二条规定召开的会后事项发审委会议还应当遵守以下规定:

1. 会后事项发审委会议应当对发行人完整的申请文件进行审核。

2. 会后事项发审委会议不设暂缓表决。

3. 会后事项发审委会议只进行1次审核。

4. 中国证监会的其他规定。

四、发审委会议纪律

(一)委员应当遵守以下规定:

1. 委员应当在规定时间内提出回避申请,不得拖延或者在发审委会议现场提出回避申请。

2. 委员应当按时参加发审委会议，不迟到、不早退、不在会议期间无故离开会场。

3. 审核材料应当由委员妥善保管，不得对外泄露，待发审委会议结束后由发行监管部工作人员收回。

4. 发审委会议召开过程中，参会人员应当关闭手机、呼机及其他通讯工具。

5. 委员不得与其他发审委委员串通表决或者诱导其他发审委委员表决。

6. 委员不得泄露发审委会议讨论内容、表决情况及其他有关情况。

7. 委员不得利用发审委委员身份从事与发行审核无关的活动。

（二）发审委会议召集人应当遵守以下规定：

1. 主持发审委会议，维持发审委会议纪律，根据发行人的具体情况掌握发审委会议进度。

2. 组织委员在发审委会议上发表个人审核意见。

3. 负责总结参会委员需向发行人代表和保荐代表人询问的问题。

4. 负责总结发审委会议讨论、关注的问题。

5. 负责总结参会委员的主要审核意见，形成本次发审委会议对发行人股票发行申请的审核意见。

6. 组织参会委员投票表决，宣读表决结果。

（三）委员任期届满，中国证监会将对委员遵守发审委纪律和履行职责的情况进行考核和评估。

（四）中国证监会发现发行人及其他相关单位或者个人以任何不正当手段影响委员或者干扰发审委审核的，发行监管部将暂停安排发审委会议对相关发行人股票发行申请的审核。

第二十三条 【核准程序及工作纪律】国务院证券监督管理机构依照法定条件负责核准股票发行申请。核准程序应当公开，依法接受监督。

参与审核和核准股票发行申请的人员，不得与发行申请人有利害关系，不得直接或者间接接受发行申请人的馈赠，不得持有所核准的发行申请的股票，不得私下与发行申请人进行接触。

国务院授权的部门对公司债券发行申请的核准，参照前两款的规定执行。

相关行政规章条文

《首次公开发行股票并上市管理办法》(2018 年 6 月 6 日修行并施行)

第三十一条　发行人董事会应当依法就本次股票发行的具体方案、本次募集资金使用的可行性及其他必须明确的事项作出决议,并提请股东大会批准。

第三十二条　发行人股东大会就本次发行股票作出的决议,至少应当包括下列事项:

(一)本次发行股票的种类和数量;

(二)发行对象;

(三)价格区间或者定价方式;

(四)募集资金用途;

(五)发行前滚存利润的分配方案;

(六)决议的有效期;

(七)对董事会办理本次发行具体事宜的授权;

(八)其他必须明确的事项。

第三十三条　发行人应当按照中国证监会的有关规定制作申请文件,由保荐人保荐并向中国证监会申报。

特定行业的发行人应当提供管理部门的相关意见。

第三十四条　中国证监会收到申请文件后,在 5 个工作日内作出是否受理的决定。

第三十五条　中国证监会受理申请文件后,由相关职能部门对发行人的申请文件进行初审,并由发行审核委员会审核。

第三十六条　中国证监会在初审过程中,将征求发行人注册地省级人民政府是否同意发行人发行股票的意见。

第三十七条　中国证监会依照法定条件对发行人的发行申请作出予以核准或者不予核准的决定,并出具相关文件。

自中国证监会核准发行之日起,发行人应在 6 个月内发行股票;超过 6 个月未发行的,核准文件失效,须重新经中国证监会核准后方可发行。

第三十八条　发行申请核准后、股票发行结束前,发行人发生重大事项的,应当暂缓或者暂停发行,并及时报告中国证监会,同时履行信息披露义务。影响发行条件的,应当重新履行核准程序。

第三十九条 股票发行申请未获核准的，自中国证监会作出不予核准决定之日起6个月后，发行人可再次提出股票发行申请。

《首次公开发行股票并在创业板上市管理办法》(2018年6月6日修订并施行)

第二十一条 发行人董事会应当依法就本次发行股票的具体方案、本次募集资金使用的可行性及其他必须明确的事项作出决议，并提请股东大会批准。

本次发行股票时发行人股东公开发售股份的，发行人董事会还应当依法合理制定股东公开发售股份的具体方案并提请股东大会批准。

第二十二条 发行人股东大会应当就本次发行股票作出决议，决议至少应当包括下列事项：

(一)股票的种类和数量；

(二)发行对象；

(三)发行方式；

(四)价格区间或者定价方式；

(五)募集资金用途；

(六)发行前滚存利润的分配方案；

(七)决议的有效期；

(八)对董事会办理本次发行具体事宜的授权；

(九)其他必须明确的事项。

第二十三条 发行人应当按照中国证监会有关规定制作申请文件，由保荐人保荐并向中国证监会申报。

第二十四条 保荐人保荐发行人发行股票并在创业板上市，应当对发行人的成长性进行尽职调查和审慎判断并出具专项意见。发行人为自主创新企业的，还应当在专项意见中说明发行人的自主创新能力，并分析其对成长性的影响。

第二十五条 中国证监会收到申请文件后，在五个工作日内作出是否受理的决定。

第二十六条 中国证监会受理申请文件后，由相关职能部门对发行人的申请文件进行初审，由创业板发行审核委员会审核，并建立健全对保荐人、证券服务机构工作底稿的检查制度。

第二十七条 中国证监会自申请文件受理之日起三个月内，依法对发行人的发行申请作出予以核准、中止审核、终止审核、不予核准的决定,并出具相关文件。发行人根据要求补充、修改发行申请文件的时间不计算在内。

发行人应当自中国证监会核准之日起12个月内发行股票,发行时点由发行人自主选择;超过12个月未发行的,核准文件失效,须重新经中国证监会核准后方可发行。

第二十八条 发行申请核准后至股票发行结束前,发行人应当及时更新信息披露文件内容,财务报表过期的,发行人还应当补充财务会计报告等文件;保荐人及证券服务机构应当持续履行尽职调查职责;其间发生重大事项的,发行人应当暂缓或者暂停发行,并及时报告中国证监会,同时履行信息披露义务;出现不符合发行条件事项的,中国证监会撤回核准决定。

第二十九条 股票发行申请未获核准的,发行人可自中国证监会作出不予核准决定之日起6个月后再次提出股票发行申请。

相关规范性文件条文

《中国证监会发行审核工作预约接待办法》(中国证券监督管理委员会公告〔2017〕2号,自2017年1月14日起施行)

第二条 发行审核沟通工作依照《中国证监会行政许可实施程序》以及证监会公布的发行审核工作流程规定的程序和方式进行。在各审核环节主要通过审核部门提出书面反馈意见,发行人及其中介机构提供书面回复的方式进行沟通。

第三条 为提高沟通效率和效果,发行人及其中介机构对以下事项,可以通过预约与发行审核部门及其工作人员进行当面沟通:

(一)对反馈意见重大问题需要当面解释说明;

(二)咨询重大政策和审核标准问题;

(三)需要与发行审核部门当面沟通的其他特殊情形。

其他与发行申请业务相关的问题,鼓励通过电子邮件、电话等形式进行沟通。

第四条 发行审核部门应当及时总结审核实践中遇到的共性问题,研究形成审核标准,通过监管问答等形式及时向社会公布。

第五条 发行审核部门及其工作人员不接待以下情形的来访:

(一)无具体事由的礼节性拜访;

(二)与发行业务无关的中介机构和人员来访;

(三)首次书面反馈意见告知前的来访;

（四）其他与发行审核工作无关的来访。

第六条　对于需要当面沟通的情形，发行审核部门及其工作人员应当及时、有效、热情地做好沟通服务工作。

第七条　发行人及其中介机构提出需当面沟通的，可以提前3个工作日通过电话或电子邮件向审核工作人员提出预约申请和沟通问题清单。来访者人数原则上不超过3人。

第八条　预约申请符合规定情形的，发行审核部门及其工作人员应当在3个工作日内安排沟通，并及时告知来访者。预约申请不符合规定情形的，应当立即告知申请人结果及具体原因。

发行审核部门原则上不接待未经预约的来访。因特殊情况未能提前预约的，事后应当补交预约申请。

第九条　审核工作人员接待来访者应当在办公场所进行。严禁审核工作人员在发行审核期间与发行人及相关利害关系人进行任何正常工作沟通之外的私下接触。

第十条　审核工作人员接待时应当确认来访者身份。接待过程中，审核工作人员应当对照问题清单与来访者进行沟通。接待时应当有两名审核工作人员在场。

第十一条　审核工作人员接待来访者应当热情礼貌，态度温和，耐心倾听来访者的意见和诉求。能当场给予答复的，给予明确答复；不能当场答复的，说明下一步的研究处理程序。

第十二条　来访结束后，来访者须填写来访登记表，由负责接待的审核工作人员签字确认并存入发行卷宗档案。

《关于进一步规范发行审核权力运行的若干意见》（中国证券监督管理委员会公告〔2015〕27号，自2015年11月24日起施行）

为进一步完善"条件明确，标准清晰、程序规范、公开透明、集体决策、全程留痕、监督有效"的发行审核权力运行机制，规范权力运行，加强廉政建设，防范廉政风险，在健全现有制度基础上，就进一步规范企业首次公开发行股票并上市和再融资发行审核权力运行提出如下意见。

一、落实职能转变要求，全面简化发行条件

根据简政放权的总体工作要求，贯彻股票发行注册制的基本理念，落实以信息披露为中心的审核工作要求，研究修订相关规章和规范性文件。对于现行首次公开股票并上市管理办法和上市公司证券发行管理办法中《证券法》未明确规定的发行条件，一律予以取消，调整为通过信息披露的方式落实监管要求，减少需要审核把关的项目和内容，从源头上减少审核权力。

二、公开裁量判断标准，杜绝“口袋”政策

对于依法应当通过发行审核工作把关判断的发行条件和信息披露要求，全面总结审核实践经验，归纳整理以往审核标准和典型案例，以统一的规范性文件、法律适用意见或者发行审核监管问答等形式，全部向社会公开。成熟一批公布一批，成熟一项公布一项，切实提高审核标准透明度，强化社会监督。审核过程中遇到新情况、新问题，及时研究明确审核标准，并向社会公开。严格执行审核标准，防止出现“同事不同办”问题。

三、严格审核流程管理，明确审核期限要求

严格按照已公布的审核流程安排审核工作，除发行人及相关中介机构自身原因外，不得无故调整审核进度排序。明确各审核环节时限要求，在正常审核状态下，从受理发行申请到召开反馈会不超过 45 天，从发行人落实完毕反馈意见到召开初审会不超过 20 天，从发出发审会告知函到召开发审会不超过 10 天。建立健全内部督办制度，严格按时限要求完成反馈会、初审会、发审会等审核环节工作，使发行人和中介机构对审核进度有明确预期。

四、强化集体决策机制，规范重大问题决策程序

对发行人存在的问题是否构成发行融资障碍、是否影响审核进度等重要事项的确定，均应履行集体决策程序，任何处室和个人无权单独对企业问题进行定性或者叫停审核进程。发行审核中遇到的复杂疑难和重大无先例问题，按程序召开专题会议讨论决定。进一步明确初审会、发审会审核的重点，落实审核工作责任，对于现行审核政策已明确的问题不在相关审核会上重复讨论，有效提升审核工作效率。

五、畅通服务渠道，建立预约接待制度

建立预约接待制度，及时满足发行人正常的业务沟通需求。发行人按规定提出接待预约申请的，原则上应当在 3 个工作日内安排见面。接待工作应在办公场所进行，并做好接待记录。严禁审核人员在发行审核期间与发行人及相关利害关系人进行任何正常工作沟通之外的私下接触。向发行人提供审核人员电话和电子邮箱，便于发行人与审核人员沟通交流。向发行人提供证监会发行监管部投诉电话和电子邮箱，对于发行人提出的投诉意见,发行监管部应及时处理。

六、规范审核全程留痕,强化审核过程约束

完善审核工作留痕制度,做到受理、反馈、初审、发审、封卷、会后事项、发行核准等审核关键环节均有据可查,便于事后追责。建立严格的文件签转制度和档案管理制度,反馈意见、初审报告、发审委意见等重要文档由相关人员签字,存档备查。严格执行发审委工作底稿制度,发审会全程录音录像,录音录像资料、会议记录和表决票存档备查。

七、加强履职回避管理,有效防止利益冲突

严格执行公务回避规定,细化发行审核工作中应当回避的具体情形。审核人员存在持有发行人股票或者其亲属在发行人、有关中介机构担任重要职务等可能出现利益冲突情形的,应主动申请回避。发审委委员存在本人及其亲属或者其所在单位与发行人、相关中介机构可能出现利益冲突情形的,应主动申请回避。明确回避事项操作流程,建立相应的报告制度及监督问责机制,进一步保障发行审核工作的公平、公正和有序进行。

八、严格发审委工作纪律,强化发审委工作监督

严格执行发审委委员与其所在单位业务脱钩制度,委员在任职期间不得从事任何与委员身份有利益冲突的商业活动。加强发审委委员和发审会审核工作管理,委员应紧密围绕发行条件和信息披露要求开展审核工作,工作底稿应当写明事实和法律依据并有明确意见,表决意见应当与工作底稿一致,否决企业发行申请应当有充分的事实和法律依据。健全监督检查制度,对发审委委员是否遵守回避制度、是否利用发审委委员身份开展商业活动、是否滥用表决权、表决理由是否正当合理、表决意见是否与工作底稿一致等进行监督检查。涉嫌违反工作纪律的,及时进行处理。

九、强化审核监督管理,落实执纪问责要求

进一步完善并切实落实执纪监督制度和内部控制制度,全面加强对审核工作和审核人员的监督管理,发现违反审核工作纪律的行为,及时纠正。严格执行违纪问责制度,对违反审核工作纪律的人员,依规予以党纪政纪处分,处理结果及时向社会公开;涉嫌违法犯罪的,坚决移送有关部门处理。

《关于加强发行审核工作人员履职回避管理的规定》(中国证券监督管理委员会公告〔2017〕1号,2017年1月14日起实施)

为保障发行审核工作的公平、公正,进一步加强履职回避管理,根据《关于进一步规范发行审核权力运行的若干意见》(证监会公告〔2015〕27号),对参与发行审核工作的人员(以下统称审核工作人员)履职回避作出以下规定:

一、审核工作人员应当严格遵守《公务员法》《公务员回避规定(试行)》《中国证监会工作人员任职回避和公务回避规定(试行)》和《中国证监会工作人员行为准则》等规定中有关任职和公务回避的要求。

二、审核工作人员与首发申请企业之间存在下列情形之一的,应当回避:

(一)审核工作人员亲属中涉及配偶、父母、子女及其配偶在首发申请人任职;审核工作人员亲属中涉及兄弟姐妹及其配偶、配偶的父母担任首发申请人的董事(含独立董事)、监事、中层及以上领导职务。

(二)审核工作人员亲属直接或者通过其控制的经营单位间接持有首发申请企业股票。

(三)其他可能影响审核工作人员公正履行职责的情形。

三、审核工作人员与再融资申请企业之间存在下列情形之一的,应当回避:

(一)审核工作人员亲属中涉及配偶、父母、子女及其配偶在再融资申请人任职;审核工作人员亲属中涉及兄弟姐妹及其配偶、配偶的父母担任再融资申请人的董事(含独立董事)、监事、中层及以上领导职务。

(二)审核工作人员亲属是再融资申请企业的控股股东、实际控制人、持股5%以上的股东。

(三)其他可能影响审核工作人员公正履行职责的情形。

四、审核工作人员与中介机构之间存在下列情形之一的,在参与该中介机构为之提供服务的企业审核工作时应当回避:

(一)审核工作人员亲属中涉及配偶、父母、子女及其配偶在该中介机构任职;审核工作人员亲属中涉及兄弟姐妹及其配偶、配偶的父母担任该中介机构的董事长、主要合伙人、中层及以上领导职务。

(二)审核工作人员亲属中涉及配偶、父母、子女及其配偶在保荐机构任职;审核工作人员亲属中涉及兄弟姐妹及其配偶、配偶的父母在保荐机构担任保荐业务负责人、在发行保荐部门任职或者从事与发行保荐业务相关工作，以及在该保荐机构担任中层及以上领导职务；审核工作人员亲属是企业申报材料的签字人员或者该项目的经办人。

（三）其他可能影响审核工作人员公正履行职责的情形。

五、本人认为可能存在利益冲突情形的，可以申请并经批准后回避。

六、审核工作人员履职回避按以下程序操作：

申报材料分发后，审核工作人员应当及时填写《发行部审核工作人员履职回避情况表》，发现存在需回避情形的，应当在情况表中说明具体情况，由审核处室负责人重新指定其他审核工作人员审核。

反馈会前，审核处室负责人应当及时填写《发行部审核工作人员履职回避情况表》，发现存在需回避情形的，应当在情况表中说明具体情况，由分管部门领导指定处室其他人员参加反馈会和初审会。

初审会前，分管副主任应当及时填写《发行部审核工作人员履职回避情况表》，发现存在需回避情形的，由部门主要负责人指定其他部门领导参会。

《发行部审核工作人员履职回避情况表》作为初审报告的附件一并存档备查。

七、发行部每三个月组织一次公务回避情况内部自查，并根据自查情况进行整改。

八、发行审核工作人员出现需报告的回避事项的，应当及时主动汇报。审核工作人员存在应当回避而未提出回避的，属于违反《中国证监会工作人员行为准则》的行为，发行部启动问责机制，依照人事管理权限和有关规定依法追究责任。

九、本规定所称亲属，是指审核工作人员的配偶、父母、子女、兄弟姐妹、配偶的父母、子女的配偶、兄弟姐妹的配偶。

本规定自公布之日起施行。原《关于加强发行审核工作人员履职回避管理的规定》同时废止。

《关于加强发行审核工作人员履职回避管理的规定》（中国证券监督管理委员会公告〔2017〕1号，2017年1月14日起实施）

为保障发行审核工作的公平、公正，进一步加强履职回避管理，根据《中国证监会发行审核委员会办法》（以下简称《发审委办法》）和《关于进一步规范发行审核权力运行的若干意见》（证监会公告〔2015〕27号）等规定，对发审委委员履职回避作出以下规定：

一、发审委委员在参与发行审核工作时，应当严格遵守《发审委办法》中有关履职回避的基本要求。有下列情形之一的，应当回避：

（一）发审委委员或者其亲属涉及配偶、父母、子女及其配偶在发行人任职；发审委委员亲属中涉及兄弟姐妹及其配偶、配偶的父母担任发行人的董事（含独立董事）、监事、中层及以上领导职务。

（二）发审委委员或者其亲属涉及配偶、父母、子女及其配偶在保荐机构任职；发审委委员亲属中涉及兄弟姐妹及其配偶、配偶的父母在保荐机构担任负责保荐业务的负责人、在发行保荐部门任职或从事与发行保荐业务相关工作，以及在该保荐机构担任中层及以上领导职务；发审委委员亲属是企业申报材料的签字人员或者该项目的经办人。

（三）发审委委员或者其亲属、发审委委员所在工作单位持有发行人的股票，可能影响其公正履行职责。

（四）发审委委员或者其所在工作单位近两年来为发行人提供保荐、承销、审计、评估、法律、咨询等服务，可能妨碍其公正履行职责。

（五）发审委委员或者其亲属担任董事、监事或者其他高级管理人员的公司，与发行人或者保荐人有行业竞争关系，经认定可能影响其公正履行职责。

（六）发审委工作会议召开前，发审委委员与本次所审核发行人及其他相关单位或者个人进行过接触，可能影响其公正履行职责。

（七）中国证监会认定的可能产生利害冲突或者发审委委员认为可能影响其公正履行职责的其他情形。

本款所称亲属，是指发审委委员的配偶、父母、子女、兄弟姐妹、配偶的父母、子女的配偶、兄弟姐妹的配偶。

二、发审委委员因其所在单位的业务可能影响其公正履职，存在下列情形之一的，应当回避：

（一）来自会计师事务所、律师事务所、资产评估事务所等中介机构的发审委委员，其所在单位有人担任发行人独立董事或者发行人保荐机构内核成员；律师委员所在事务所担任发行人主承销商律师。

（二）来自中国证监会派出机构的委员，发行人为所在辖区的企业。

（三）来自基金管理公司的委员有下列情形之一的：

1. 发审委委员所在基金管理公司的基金是上市公司前十大股东；

2. 发审委委员所在的社保基金持有首发申请企业股份；

3. 发审委委员所在的基金管理公司管理的基金合计持有发行人

5%以上股份，或者向发行人派驻了董事、监事、高级管理人员；

4. 持有发审委委员所在基金管理公司股份比例5%以上的公司，以及该公司控股股东、控股子公司和控股股东控制的其他子公司，为发行人提供保荐、承销等业务；

5. 发审委委员所在基金管理公司管理的基金作为发行人再融资发行对象。

对于本规定未列明，但可能影响其公正履职的其他事项，发审委委员应当按照从严原则执行回避规定。

三、发审委委员履职回避按照以下程序操作：

（一）发审委委员上任首日，需填报回避申请表，对照应当回避的情形提出自己应当回避的项目，并随时更新；

（二）安排发审委委员分组参加具体审核工作时，根据委员的回避申请表，明确发审委委员应当回避的情况；

（三）审核材料分发后，发审委委员应当迅速阅读材料，对照材料的具体内容再次核对是否需要回避；如需回避，应当及时提出回避申请；

（四）召开发审委工作会议时，出席会议的发审委委员应当填写是否与发行人接触的有关说明；如有接触，必须回避。

四、发审委委员参加发审委工作会议应当回避而未提出回避的，属于违反发审委工作纪律的行为。证监会发行监管部应会同有关部门启动问责机制，依照相关规则严肃追究责任，视情节分别采取谈话提醒、批评、解聘等处理措施。

第二十四条 【核准决定】国务院证券监督管理机构或者国务院授权的部门应当自受理证券发行申请文件之日起三个月内，依照法定条件和法定程序作出予以核准或者不予核准的决定，发行人根据要求补充、修改发行申请文件的时间不计算在内；不予核准的，应当说明理由。

相关规范性文件条文

《中国证券监督管理委员会行政许可实施程序规定》（自2018年4月23日起施行）

第一章 总 则

第一条 为了规范中国证券监督管理委员会（以下简称中国证监

会)实施行政许可行为,完善证券期货行政许可实施程序制度,根据《行政许可法》、《证券法》、《证券投资基金法》、《期货交易管理条例》等法律、行政法规,制定本规定。

第二条　本规定所称行政许可,是指中国证监会根据自然人、法人或者其他组织(以下称申请人)的申请,经依法审查,准予其从事证券期货市场特定活动的行为。

第三条　中国证监会实施行政许可,其程序适用本规定。

申请人依法取得行政许可后,申请变更行政许可、延续行政许可有效期的,适用本规定。

第四条　中国证监会依照法定的权限、范围、条件和程序实施行政许可,遵循公开、公平、公正和便民的原则,提高办事效率,提供优质服务。

法律、行政法规规定实施行政许可应当遵循审慎监管原则的,从其规定。

第五条　中国证监会可以依法授权派出机构实施行政许可。

授权实施的行政许可,以派出机构的名义作出行政许可决定。

第六条　中国证监会实施行政许可实行统一受理、统一送达、一次告知补正、说明理由、公示等制度。

第二章　一般程序

第一节　受　　理

第七条　中国证监会实施行政许可,由专门的机构(以下称受理部门)办理行政许可申请受理事项。

第八条　申请人提交申请材料,受理部门应当要求申请人出示单位介绍信、身份证等身份证明文件,并予以核对。申请人委托他人提交申请材料的,受理部门还应当要求受托人提交申请人的授权委托书,出示受托人的身份证明文件。受理部门应当留存申请人、申请人的受托人的身份证明文件复印件。

申请人提交申请材料,应当填写《申请材料情况登记表》。

第九条　受理部门发现申请事项依法不需要取得行政许可或者不属于中国证监会职权范围的,应当即时告知申请人不予受理,并出具不予受理通知。申请事项依法不属于中国证监会职权范围的,还应当同时告知申请人向有关行政机关申请。

第十条　受理部门接收申请材料,应当及时办理登记手续,并向申请人开具申请材料接收凭证。

第十一条 负责审查申请材料的部门(以下称审查部门)对申请材料进行形式审查,需要申请人补正申请材料的,应当自出具接收凭证之日起5个工作日内一次性提出全部补正要求。审查部门不得多次要求申请人补正申请材料。

第十二条 需要申请人补正申请材料的,受理部门应当出具补正通知;申请人补正申请材料需要使用已提交申请材料的,应当将申请材料退回申请人并予以登记。

申请人应当自补正通知发出之日起30个工作日内提交补正申请材料。

受理部门负责接收、登记申请人按照要求提交的补正申请材料。

第十三条 申请人在作出受理申请决定之前要求撤回申请的,受理部门应当检查并留存申请人或者其受托人的身份证明文件(或复印件)、授权委托书、撤回申请的报告,收回申请材料接收凭证,经登记后将申请材料退回申请人。

将申请材料退回申请人,应当留存一份申请材料(或复印件)。

第十四条 申请事项属于中国证监会职权范围,申请材料齐全、符合法定形式的,由受理部门出具受理通知。

决定受理的申请,按照法律、行政法规的规定,申请人应当交纳有关费用的,受理部门应当通知申请人先行交费,凭交费凭证领取受理通知。

第十五条 申请人有下列情形之一的,作出不予受理申请决定:

(一)通知申请人补正申请材料,申请人在30个工作日内未能提交全部补正申请材料;

(二)申请人在30个工作日内提交的补正申请材料仍不齐全或者不符合法定形式;

(三)为申请人制作、出具有关申请材料的证券公司、证券服务机构因涉嫌违法违规被中国证监会及其派出机构立案调查,或者被司法机关侦查,尚未结案,且涉案行为与其为申请人提供服务的行为属于同类业务或者对市场有重大影响;

(四)为申请人制作、出具有关申请材料的证券公司、证券服务机构的有关人员因涉嫌违法违规被中国证监会及其派出机构立案调查,或者被司法机关侦查,尚未结案,且涉案行为与其为申请人提供服务的行为属于同类业务或者对市场有重大影响;

（五）法律、行政法规及中国证监会规定的其他情形。

决定不予受理申请的，受理部门出具不予受理通知，告知申请人或者其受托人取回申请材料。申请人或者其受托人取回申请材料的，受理部门应当检查并留存申请人或者其受托人的身份证明文件（或复印件）、授权委托书，经登记后将申请材料退回申请人。

第十六条 受理或者不予受理申请决定，应当自出具申请材料接收凭证之日起5个工作日内或者接收全部补正申请材料之日起两个工作日内作出，逾期不作出决定或者不告知申请人补正申请材料的，自出具申请材料接收凭证之日起即为受理。

第二节 审 查

第十七条 审查部门在审查申请材料过程中，认为需要申请人作出书面说明、解释的，原则上应当将问题一次汇总成书面反馈意见。申请人应当在审查部门规定的期限内提交书面回复意见；确有困难的，可以提交延期回复的书面报告，并说明理由。

确需由申请人作出进一步说明、解释的，审查部门可以提出第二次书面反馈意见，并要求申请人在书面反馈意见发出之日起30个工作日内提交书面回复意见。

申请人的书面回复意见不明确，情况复杂，审查部门难以作出准确判断的，经中国证监会负责人批准，可以增加书面反馈的次数，并要求申请人在书面反馈意见发出之日起30个工作日内提交书面回复意见。

书面反馈意见由受理部门告知、送达申请人。申请人提交的书面回复意见，由受理部门负责接收、登记。

审查部门负责审查申请材料的工作人员在首次书面反馈意见告知、送达申请人之前，不得就申请事项主动与申请人或者其受托人进行接触。

第十八条 需要申请人当面就其提交的书面回复意见作出说明、解释的，审查部门应当指派两名以上工作人员在办公场所与申请人、申请人聘请的中介机构或者申请人的受托人进行会谈。涉及重大事项的，审查部门应当制作会谈记录，并由审查部门工作人员、参与会谈的申请人、申请人聘请的中介机构或者申请人的受托人签字确认。

需要申请人就其提交的书面回复意见作出说明、解释，事项简单的，审查部门工作人员可以通过电话、传真、电子邮件等方式办理，并制作、留存有关电话记录、传真件或者电子邮件。

第十九条 审查部门在审查申请材料过程中,依据法定条件和程序,可以直接或者委托派出机构对申请材料的有关内容进行实地核查。

对有关举报材料,中国证监会及其派出机构可以通过下列方式进行核查:

(一)要求申请人作出书面说明;

(二)要求负有法定职责的有关中介机构作出书面说明;

(三)委托有关中介机构进行实地核查;

(四)直接进行实地核查;

(五)法律、行政法规以及中国证监会规定的其他核查方式。

需要实地核查的,中国证监会及其派出机构应当指派两名以上工作人员进行核查。

第三节 决 定

第二十条 在审查申请材料过程中,申请人有下列情形之一的,应当作出终止审查的决定,通知申请人:

(一)申请人主动要求撤回申请;

(二)申请人是自然人,该自然人死亡或者丧失行为能力;

(三)申请人是法人或者其他组织,该法人或者其他组织依法终止;

(四)申请人未在规定的期限内提交书面回复意见,且未提交延期回复的报告,或者虽提交延期回复的报告,但未说明理由或理由不充分;

(五)申请人未在本规定第十七条第二款、第三款规定的30个工作日内提交书面回复意见。

第二十一条 申请人主动要求撤回申请的,应当向受理部门提交书面报告,受理部门应当出具终止审查通知,经检查并留存申请人或者其受托人的身份证明文件(或复印件)、授权委托书,留存一份申请材料(或复印件),登记后将申请材料退回申请人。

第二十二条 在审查申请材料过程中,有下列情形之一的,应当作出中止审查的决定,通知申请人:

(一)申请人因涉嫌违法违规被行政机关调查,或者被司法机关侦查,尚未结案,对其行政许可事项影响重大;

(二)申请人被中国证监会依法采取限制业务活动、责令停业整顿、指定其他机构托管、接管等监管措施,尚未解除;

(三)为申请人制作、出具有关申请材料的证券公司、证券服务机构因涉嫌违法违规被中国证监会及其派出机构立案调查，或者被司法机关侦查，尚未结案，且涉案行为与其为申请人提供服务的行为属于同类业务或者对市场有重大影响；

（四）为申请人制作、出具有关申请材料的证券公司、证券服务机构的有关人员因涉嫌违法违规被中国证监会及其派出机构立案调查，或者被司法机关侦查，尚未结案，且涉案行为与其为申请人提供服务的行为属于同类业务或者对市场有重大影响；

（五）对有关法律、行政法规、规章的规定，需要进一步明确具体含义，请求有关机关作出解释；

（六）申请人主动要求中止审查，理由正当。

法律、行政法规、规章对前款情形另有规定的，从其规定。

第二十三条　因本规定第二十二条第一款第（一）、（二）、（五）项规定情形中止审查的，该情形消失后，中国证监会恢复审查，通知申请人。

因本规定第二十二条第一款第（三）、（四）项规定情形中止审查的，证券公司、证券服务机构应当指派与被调查事项无关的人员，对该机构或者有关人员为被中止审查的申请事项制作、出具的申请材料进行复核。按要求提交复核报告，并对申请事项符合行政许可法定条件、标准，所制作、出具的文件不存在虚假记载、误导性陈述或者重大遗漏发表明确复核意见的，中国证监会应当在30个工作日内恢复审查，通知申请人。

申请人主动要求中止审查的，应当向受理部门提交书面申请。同意中止审查的，受理部门应当出具中止审查通知。申请人申请恢复审查的，应当向受理部门提交书面申请。同意恢复审查的，受理部门应当出具恢复审查通知。

第二十四条　中国证监会根据申请人的申请是否符合法定条件、标准，作出准予或者不予行政许可的决定。

作出不予行政许可决定的，应当在不予行政许可决定中说明理由，并告知申请人享有依法申请行政复议或者提起行政诉讼的权利。

第二十五条　作出准予行政许可的决定，需要颁发行政许可证件的，应当向申请人颁发下列行政许可证件：

（一）中国证监会的批准文件；

（二）资格证、资质证或者其他合格证书；

（三）许可证、执照或者其他许可证书；

（四）法律、行政法规规定的其他行政许可证件。

第三章 简易程序

第二十六条 事项简单、审查标准明确、申请材料采用格式文本的行政许可，其实施程序适用本章规定。

适用简易程序的行政许可事项，由中国证监会予以公布。

第二十七条 适用简易程序的行政许可，受理部门当场进行形式审查，并直接作出是否受理的决定或者提出补正申请材料的要求。申请材料存在可以当场更正的错误的，受理部门应当允许申请人当场更正。

第二十八条 审查部门在审查适用简易程序的行政许可申请过程中，可以向申请人口头提出申请材料中存在的问题，要求申请人进行说明、解释，并应当制作相关记录后签字保存。确需书面反馈意见的，依照本规定第十七条的规定办理。

第二十九条 适用简易程序的行政许可，由审查部门根据中国证监会负责人的授权，作出准予或者不予行政许可决定，并加盖中国证监会印章。

第四章 特殊程序

第三十条 派出机构进行初步审查、中国证监会进行复审并作出决定的行政许可，由派出机构依照本规定第二章第一节的规定接收、登记申请材料，作出是否受理的决定并送达申请人。

中国证监会根据审查情况和派出机构的初步审查意见，作出准予或者不予行政许可的决定。

第三十一条 中国证监会审查、派出机构出具书面意见的行政许可，其受理事项依照本规定第二章第一节的规定办理。

中国证监会根据审查情况和派出机构的意见，作出准予或者不予行政许可的决定。

第三十二条 依法由中国证监会和其他行政机关共同作出决定的行政许可，中国证监会主办的，其受理事项依照本规定第二章第一节的规定办理。

中国证监会提出审查意见，将申请材料移送有关行政机关审查会签。有关行政机关审查会签完毕，中国证监会根据会签情况作出准予或者不予行政许可决定。

第三十三条 依法由中国证监会和其他行政机关共同作出决定的行政许可,其他行政机关主办的,由受理部门接收、登记申请材料。

中国证监会审查会签后,退回主办行政机关或者转送其他需要会签的行政机关。

第五章 期限与送达

第三十四条 除本规定第四章规定的由派出机构进行初步审查的行政许可、中国证监会和其他行政机关共同作出决定的行政许可外,中国证监会实施行政许可应当自受理申请之日起20个工作日内作出行政许可决定。20个工作日内不能作出行政许可决定的,经中国证监会负责人批准,可以延长10个工作日,并由受理部门将延长期限的理由告知申请人。但是,法律、行政法规另有规定的,从其规定。

第三十五条 派出机构进行初步审查,中国证监会进行复审并作出决定的行政许可,派出机构应当自其受理行政许可申请之日起20个工作日内审查完毕并向中国证监会报送初步审查意见和全部申请材料。中国证监会应当自接收前述材料之日起20个工作日内作出行政许可决定。但是,法律、行政法规另有规定的,从其规定。

第三十六条 需要申请人对申请材料中存在的问题进行说明、解释的,自书面反馈意见发出之日起到接收申请人书面回复意见的时间,不计算在本章规定的期限内。

第三十七条 需要对行政许可申请进行实地核查或者对有关举报材料进行核查的,自作出核查决定之日起到核查结束的时间,不计算在本章规定的期限内。

第三十八条 依法需要专家评审的行政许可,自书面通知专家参加评审会议之日起到评审会议结束所需的时间,不计算在本章规定的期限内。受理部门应当将专家评审会议所需时间在受理通知书中注明。

第三十九条 依照本规定中止审查行政许可申请的,自书面通知中止审查之日起至书面通知恢复审查之日止的时间,不计算在本章规定的期限内。

第四十条 作出准予或者不予行政许可的决定,应当自作出决定之日起10个工作日内向申请人送达本规定第二十五条规定的行政许可证件或者不予行政许可的书面决定。

第四十一条 在行政许可受理、审查环节出具的申请材料接收凭证,送达的补正通知、受理通知、不予受理通知、书面反馈意见等行政许可文件，应当加盖中国证监会行政许可专用章。

由派出机构进行初步审查的行政许可，派出机构在受理环节出具的有关行政许可文件应使用加盖中国证监会行政许可专用章的函件。

在行政许可决定环节送达的中止审查通知、恢复审查通知、终止审查通知、本规定第二十五条规定的行政许可证件以及不予行政许可书面决定等，应当加盖中国证监会印章。

第四十二条 补正通知、受理通知、不予受理通知、书面反馈意见、中止审查通知、恢复审查通知、终止审查通知、本规定第二十五条规定的行政许可证件、不予行政许可书面决定等行政许可文件，由受理部门按照申请人选定的联系方式和送达方式统一告知、送达申请人，受理部门应当对送达的情况进行记录并存档。

依据本规定第三十条、第三十一条作出的行政许可书面决定，还应当同时抄送有关派出机构。

第四十三条 行政许可文件可以通过邮寄、申请人自行领取、申请人委托他人领取、公告等方式送达申请人。

第四十四条 申请人要求邮寄送达行政许可文件的，受理部门应当采用挂号信或者特快专递的方式送达，并应当附送达回证，在挂号信或者特快专递的封面写明行政许可文件的名称。受理部门应当及时向邮政部门索要证明申请人签收的邮政部门回执。

第四十五条 申请人自行领取行政许可文件的，受理部门应当要求申请人出示单位介绍信、身份证等身份证明文件并予以签收。申请人委托他人领取的，受理部门应当要求受托人出示申请人的授权委托书、受托人的身份证明文件并予以签收。受理部门应当留存申请人、申请人的受托人的身份证明文件复印件。

第四十六条 申请人在接到领取通知5个工作日内不领取行政许可文件且受理部门无法通过邮寄等方式送达的，可以公告送达。自公告之日起，经过60日，即视为送达。

第六章　公　　示

第四十七条 行政许可的事项、依据、条件、数量、程序、期限以及需要申请人提交的全部申请材料的目录和申请书示范文本等应当进行公示，以方便申请人查阅。

依法应当举行国家考试，赋予公民从事有关证券期货业务特定资格的，应当事先公示资格考试的报名条件、报考办法、考试科目以及考试大纲。

第四十八条 中国证监会采取下列方式进行公示：(一)在中国证监会互联网站上公布；(二)印制行政许可手册，并放置在办公场所；(三)在办公场所张贴；(四)其他有效便捷的公示方式。

第四十九条 申请人要求对公示内容予以说明、解释的，审查部门予以说明、解释。

第五十条 作出准予或者不予行政许可决定的，应当自作出决定之日起20个工作日内在中国证监会互联网站上予以公布；但涉及国家秘密、商业秘密、个人隐私的除外。

中国证监会定期出版公告，收录中国证监会及其派出机构作出的准予或者不予行政许可决定。

第七章 附 则

第五十一条 法律、行政法规对有关行政许可实施程序另有规定的，从其规定。

本规定有原则规定，中国证监会规章及规范性文件有具体程序规定的，依照具体程序规定执行。

本规定第三章、第四章未作出规定的其他程序，适用第二章的规定。

第五十二条 中国证监会受理部门、审查部门、派出机构及其工作人员在实施行政许可活动中违反本规定的，依照有关行政许可执法监督的规定进行处理。

第五十三条 本规定自2010年2月1日起施行。《中国证券监督管理委员会行政许可实施程序规定(试行)》(证监发〔2004〕62号)同时废止。

第二十五条 【公开发行募集文件公告】 证券发行申请经核准，发行人应当依照法律、行政法规的规定，在证券公开发行前，公告公开发行募集文件，并将该文件置备于指定场所供公众查阅。

发行证券的信息依法公开前，任何知情人不得公开或者泄露该信息。

发行人不得在公告公开发行募集文件前发行证券。

相关行政规章条文

《首次公开发行股票并上市管理办法》(2018年6月6日修行并施行)

第四十条 发行人应当按照中国证监会的有关规定编制和披露招股说明书。

第四十一条 招股说明书内容与格式准则是信息披露的最低要求。不论准则是否有明确规定,凡是对投资者作出投资决策有重大影响的信息,均应当予以披露。

第四十二条 发行人应当在招股说明书中披露已达到发行监管对公司独立性的基本要求。

第四十三条 发行人及其全体董事、监事和高级管理人员应当在招股说明书上签字、盖章,保证招股说明书的内容真实、准确、完整。保荐人及其保荐代表人应当对招股说明书的真实性、准确性、完整性进行核查,并在核查意见上签字、盖章。

第四十四条 招股说明书中引用的财务报表在其最近一期截止日后6个月内有效。特别情况下发行人可申请适当延长,但至多不超过1个月。财务报表应当以年度末、半年度末或者季度末为截止日。

第四十五条 招股说明书的有效期为6个月,自中国证监会核准发行申请前招股说明书最后一次签署之日起计算。

第四十九条 发行人股票发行前只需在一种中国证监会指定报刊刊登提示性公告,告知投资者网上刊登的地址。同时将招股说明书全文和摘要刊登于中国证监会指定的网站并将招股说明书文置于发行人住所、拟上市证券交易所、保荐人、主承销商和其他承销机构的住所,以备公众查阅。

第五十条 保荐人出具的发行保荐书、证券服务机构出具的有关文件应当作为招股说明书的备查文件,在中国证监会指定的网站上披露,并置备于发行人住所、拟上市证券交易所、保荐人、主承销商和其他承销机构的住所,以备公众查阅。

第五十一条 发行人可以将招股说明书摘要、招股说明书全文、有关备查文件刊登于其他报刊和网站,但披露内容应当完全一致,且不得早于在中国证监会指定报刊和网站的披露时间。

《首次公开发行股票并在创业板上市管理办法》(2018 年 6 月 6 日修行并施行)

第三十条 发行人应当以投资者的决策需要为导向,按照中国证监会的有关规定编制和披露招股说明书,内容简明易懂,语言浅白平实,便于中小投资者阅读。

第三十一条 中国证监会制定的创业板招股说明书内容与格式准则是信息披露的最低要求。不论准则是否有明确规定,凡是对投资者作出投资决策有重大影响的信息,均应当予以披露。

第三十二条 发行人应当在招股说明书显要位置作如下提示:"本次股票发行后拟在创业板市场上市,该市场具有较高的投资风险。创业板公司具有业绩不稳定、经营风险高、退市风险大等特点,投资者面临较大的市场风险。投资者应充分了解创业板市场的投资风险及本公司所披露的风险因素,审慎作出投资决定。"

第三十三条 发行人应当在招股说明书中分析并完整披露对其持续盈利能力产生重大不利影响的所有因素,充分揭示相关风险,并披露保荐人对发行人是否具备持续盈利能力的核查结论意见。

第三十四条 发行人应当在招股说明书中披露已达到发行监管对公司独立性的基本要求。

第三十五条 发行人应当在招股说明书中披露相关责任主体以及保荐人、证券服务机构及相关人员作出的承诺事项、承诺履行情况以及对未能履行承诺采取的约束措施,包括但不限于:

(一)本次发行前股东所持股份的限售安排、自愿锁定股份、延长锁定期限或者相关股东减持意向的承诺;

(二)稳定股价预案;

(三)依法承担赔偿或者补偿责任的承诺;

(四)填补被摊薄即期回报的措施及承诺;

(五)利润分配政策(包括现金分红政策)的安排及承诺。

第三十六条 发行人及其全体董事、监事和高级管理人员应当在招股说明书上签名、盖章,保证招股说明书内容真实、准确、完整、及时。保荐人及其保荐代表人应当对招股说明书的真实性、准确性、完整性、及时性进行核查,并在核查意见上签名、盖章。

发行人的控股股东、实际控制人应当对招股说明书出具确认意见,并签名、盖章。

> **第三十七条** 招股说明书引用的财务报表在其最近一期截止日后六个月内有效。特别情况下发行人可申请适当延长,但至多不超过一个月。财务报表应当以年度末、半年度末或者季度末为截止日。
>
> **第三十八条** 招股说明书的有效期为六个月,自公开发行前招股说明书最后一次签署之日起计算。
>
> **第四十三条** 发行人股票发行前应当在中国证监会指定网站全文刊登招股说明书,同时在中国证监会指定报刊刊登提示性公告,告知投资者网上刊登的地址及获取文件的途径。
>
> 发行人应当将招股说明书披露于公司网站,时间不得早于前款规定的刊登时间。
>
> **第四十四条** 保荐人出具的发行保荐书、证券服务机构出具的文件及其他与发行有关的重要文件应当作为招股说明书备查文件,在中国证监会指定网站和公司网站披露。
>
> **第四十五条** 发行人应当将招股说明书及备查文件置备于发行人、拟上市证券交易所、保荐人、主承销商和其他承销机构的住所,以备公众查阅。
>
> **第四十六条** 申请文件受理后至发行人发行申请经中国证监会核准、依法刊登招股说明书前,发行人及与本次发行有关的当事人不得以广告、说明会等方式为公开发行股票进行宣传。

第二十六条 【不符合法定条件和发行程序发行证券的法律后果】 国务院证券监督管理机构或者国务院授权的部门对已作出的核准证券发行的决定,发现不符合法定条件或者法定程序,尚未发行证券的,应当予以撤销,停止发行。已经发行尚未上市的,撤销发行核准决定,发行人应当按照发行价并加算银行同期存款利息返还证券持有人;保荐人应当与发行人承担连带责任,但是能够证明自己没有过错的除外;发行人的控股股东、实际控制人有过错的,应当与发行人承担连带责任。

第二十七条 【投资者自负原则】 股票依法发行后,发行人经营与收益的变化,由发行人自行负责;由此变化引致的投资风险,由投资者自行负责。

相关裁判摘要

2008年第12期《中华人民共和国最高人民法院公报》刊登的**“陈伟诉广东省机场管理集团公司、广州白云国际机场股份有限公司、上海证券交易所侵权纠纷案”**的判决认为，权证交易的投资者也应自负风险。相关裁判摘要如下：

上诉人陈伟仅阅读公告标题而没有仔细阅读公告内容，从而未及时发现公告关于涉案“机场JTP1”权证最后交易日的信息，导致交易风险的发生，应当自行承担相应的法律后果。一方面，提示性公告中涉及的内容不仅局限于最后交易日，还包含行权期间等其他内容，信息披露人不可能将公告的所有内容都在公告标题中予以反映，否则标题将不称其为标题，而是正文了。另一方面，从权证的特殊性看，持有权证在停止交易时并非完全失去价值，如果该权证在行权期间届满前，标的证券的价格下跌，低于行权价格，权证持有人所持权证可按行权价向发行人卖出，则持有行权仍然具有相应的投资价值。因此，关注最后交易日的内容还是关注行权期间的内容，反映的是不同投资者的投资理念。但是发行人在进行权证信息披露时，公告的标题、格式、内容均应符合交易规则，而不可能根据不同投资者的阅读习惯和投资偏好制定。虽然在涉案提示性公告的标题中确实没有出现“最后交易日”字样，但在从事高风险的权证交易时，投资者应当全面阅读和了解有关权证的公告标题和具体内容。在公告内容中，被上诉人广东机场集团已经依照交易规则在有效期间内充分、明确提示投资者“机场JTP1”的最后交易日为2006年12月15日。因此，上诉人关于广东机场集团公告的标题不规范、内容存在误导性表述、不足以提示投资者等诉讼主张没有事实根据。此外，上诉人在从事权证交易之前，已经签署了《权证风险揭示书》，《权证风险揭示书》明确提示了权证交易的风险，要求权证投资者应认真阅读权证发行说明书和上市公告书，对其他可能影响权证交易和价格的因素也必须有所了解和掌握。上诉人签署《权证风险揭示书》后，在从事权证交易时，应当学习足够的权证交易知识，充分了解和掌握权证交易规则和相关公告等信息，熟悉权证交易的规则和具备相应的投资风险认知能力。上诉人在2006年12月15日之前进行了多种其他权证品种的交易，在2006年12月15日当日还频繁买卖涉案“机场JTP1”权证获取差价。由此可知，上诉人具有一定的权证交易经验。在被上诉人广东机场集团、上交所已经按照交易规则将权证的有关知识、规则、信息予以提示和披露的情况下，上诉人作为理性的、成熟的投资者，应在充分了解权证交易规则和各种风险的基础上进行高风险的权证交易，一旦根据自主决定进行权证买卖交易，在享有权证交易可能带来的收益的同时，也应承担可能出现的风险。因为疏忽大意没有发现重要信息，或者没有充分了解权证的有关规则，在进行交易行为时产生亏损的，上诉人应自行承担相应后果。

“张海石与海通证券股份有限公司股票交易纠纷一案一审民事判决书”［黑龙江省大庆市让胡路区人民法院民事判决书（2015）让商初字第599号］认为，原告作为投资者对于股市存在风险应该是明知的，由此而产生的投资风险，由投资者自行负责。相关裁判摘要如下：

原告张海石诉称：原告是被告海通证券大庆昆仑大街营业部的开户股民，2015年1月16日9时30分购入海通证券代码：600837股票1万股，每股价格23.25元，共计投入资金总额232,500元，当日下午17时左右，中国证监会公布券商融资类业务现场检查及处理情况，中信证券、海通证券、国泰君安证券三家证券司存在违规，为到期融资融券合约展期问题，受过处理仍未改正，且涉及客户数量较多，对该三家公司采取暂停新开融资融券客户信用账户3个月的行政监管措施，17日、18日为休市日，19日由于证监会公布三家券商违规行为，对股票市场形成极大利空，致使当日股指下跌260余点，为总指数的百分之七点七，海通证券（代码：600837）开盘即跌停，无法交易，20日开盘海通证券（代码：600837）跌百分之九左右，有当日开盘买入价格证明，每股价格为18.78元，至此造成原告仓内库存1万股损失44,700元整；原告认为，被告在经营两融业务期间存在违规情况，被证监会处罚导致股价下跌，使原告无端受到损害，被告应承担全部过错责任，故原告诉至法院，要求被告赔偿原告经济损失44,700元。

本案经开庭审理，对证据的质证、认证，确认本案的法律事实如下：原告是被告海通证券大庆昆仑大街营业部的开户股民，2015年1月16日，原告买入海通证券（代码：600837）股票1万股，每股价格23.25元，合计金额232,500元；同日，中国证监会公布了2014年第四季度证券公司融资类业务现场检查情况，中信证券、海通证券、国泰君安证券3家证券公司存在违规为到期融资融券合约展期问题，受过处理仍未改正，且涉及客户数量较多，对该3家公司采取暂停新开融资融券客户信用账户3个月的行政监管措施。2015年1月17日、18日为休市日，2015

年1月19日开市，截至收盘，沪指报3116.35点，下跌260.15点，跌幅7.70%；2015年1月20日，原告再次买入海通证券同一只股票（代码：600837）2800股，每股价格18.78元，合计金额52,584元；原告将1月16日买入股票的价格23.25元/股与1月20日买入股票的价格18.78元/股相比，账面上每股下跌4.47元，1万股在账面上下跌44,700元，但当时原告并未实际卖出该1万股，而是于2015年6月15日将买入的海通证券（代码：600837）股票全部卖出（包括1月16日买入的1万股），并盈利73,672元。

本院认为：原告与被告签订了证券交易代理协议书，原告作为投资者对于股市存在风险应该是明知的，由此而产生的投资风险，由投资者自行负责；本案原告主张2015年1月19日股价下跌系包括被告海通证券在内的3家证券公司被中国证监会处以暂停新开融资融券客户信用账户3个月的行政监管措施造成的，对此未能提交充分证据予以证实，而股票价格的涨跌受市场规律、政策因素、经营风险等多方面原因的影响，故本院对原告提出因被告海通证券被证监会处罚才导致股价下跌的主张不予采信；关于原告提出其于2015年1月16日买入的海通证券（代码：600837）股票1万股遭受了经济损失44,700元，根据庭审查明的事实可以认定，该44,700元是原告买入股票后在预定时间内不能以高于买入价将股票卖出而发生的账面损失，其并不是实际损失；2015年6月15日，原告是以高于买入价将该1万股卖出的，即该1万股原告最终是盈利的，因此现原告提出要求被告赔偿经济损失44,700元的诉请，无事实和法律依据，本院不予支持。依照《中华人民共和国证券法》第二十七条、《最高人民法院关于民事诉讼证据的若干规定》第二条之规定，判决如下：驳回原告张海石的诉讼请求。

第二十八条　【证券承销】发行人向不特定对象发行的证券，法律、行政法规规定应当由证券公司承销的，发行人应当同证券公司签订承销协议。证券承销业务采取代销或者包销方式。

证券代销是指证券公司代发行人发售证券，在承销期结束时，将未售出的证券全部退还给发行人的承销方式。

证券包销是指证券公司将发行人的证券按照协议全部购入或者在承销期结束时将售后剩余证券全部自行购入的承销方式。

相关行政规章条文

《证券发行与承销管理办法》(2018年6月15日修订)

第二十三条 证券公司承销证券,应当依照《证券法》第二十八条的规定采用包销或者代销方式。上市公司非公开发行股票未采用自行销售方式或者上市公司配股的,应当采用代销方式。

第二十九条 首次公开发行股票申请文件受理后至发行人发行申请经中国证监会核准、依法刊登招股意向书前,发行人及与本次发行有关的当事人不得采取任何公开方式或变相公开方式进行与股票发行相关的推介活动,也不得通过其他利益关联方或委托他人等方式进行相关活动。

第二十九条 【发行人自主选择承销商】公开发行证券的发行人有权依法自主选择承销的证券公司。证券公司不得以不正当竞争手段招揽证券承销业务。

相关行政规章条文

《证券发行与承销管理办法》(2018年6月15日修订)

第三十九条 证券公司承销未经核准擅自公开发行的证券的,依照《证券法》第一百九十条的规定处罚。证券公司承销证券有前款所述情形的,中国证监会可以采取12至36个月暂不受理其证券承销业务有关文件的监管措施。

第四十条 证券公司及其直接负责的主管人员和其他直接责任人员在承销证券过程中,有下列行为之一的,中国证监会可以采取本办法第三十八条规定的监管措施;情节比较严重的,还可以采取3至12个月暂不受理其证券承销业务有关文件的监管措施;依法应予行政处罚的,依照《证券法》第一百九十一条的规定予以处罚:

(一)夸大宣传,或以虚假广告等不正当手段诱导、误导投资者;

(二)以不正当竞争手段招揽承销业务;

(三)从事本办法第十七条规定禁止的行为;

(四)向不符合本办法第五条规定的网下投资者配售股票,或向本办法第十六条规定禁止配售的对象配售股票;

(五)未按本办法要求披露有关文件;

(六)未按照事先披露的原则和方式配售股票,或其他未依照披露文件实施的行为;

（七）向投资者提供除招股意向书等公开信息以外的发行人其他信息；

（八）未按照本办法要求保留推介、定价、配售等承销过程中相关资料；

（九）其他违反证券承销业务规定的行为。

第四十一条　发行人及其直接负责的主管人员和其他直接责任人员有下列行为之一的，中国证监会可以采取本办法第三十八条规定的监管措施；构成违反《证券法》相关规定的，依法进行行政处罚：

（一）从事本办法第十七条规定禁止的行为；

（二）夸大宣传，或以虚假广告等不正当手段诱导、误导投资者；

（三）向投资者提供除招股意向书等公开信息以外的发行人信息；

（四）中国证监会认定的其他情形。

第三十条　【承销协议】证券公司承销证券，应当同发行人签订代销或者包销协议，载明下列事项：

（一）当事人的名称、住所及法定代表人姓名；

（二）代销、包销证券的种类、数量、金额及发行价格；

（三）代销、包销的期限及起止日期；

（四）代销、包销的付款方式及日期；

（五）代销、包销的费用和结算办法；

（六）违约责任；

（七）国务院证券监督管理机构规定的其他事项。

相关行政规章条文

《证券发行与承销管理办法》（2018年6月15日修订）

第二十二条（第一款）　发行人和主承销商应当签订承销协议，在承销协议中界定双方的权利义务关系，约定明确的承销基数。采用包销方式的，应当明确包销责任；采用代销方式的，应当约定发行失败后的处理措施。

第二十四条　股票发行采用代销方式的，应当在发行公告（或认购邀请书）中披露发行失败后的处理措施。

股票发行失败后，主承销商应当协助发行人按照发行价并加算银行同期存款利息返还股票认购人。

第三十一条 【证券承销】证券公司承销证券，应当对公开发行募集文件的真实性、准确性、完整性进行核查；发现有虚假记载、误导性陈述或者重大遗漏的，不得进行销售活动；已经销售的，必须立即停止销售活动，并采取纠正措施。

相关行政规章条文

《证券发行与承销管理办法》(2018 年 6 月 15 日修订)

第三十一条 发行人和主承销商在推介过程中不得夸大宣传，或以虚假广告等不正当手段诱导、误导投资者，不得披露除招股意向书等公开信息以外的发行人其他信息。

承销商应当保留推介、定价、配售等承销过程中的相关资料至少三年并存档备查，包括推介宣传材料、路演现场录音等，如实、全面反映询价、定价和配售过程。

第三十二条 发行人和主承销商在发行过程中公告的信息只需选择一家中国证监会指定的报刊披露，同时将其刊登在中国证监会指定的互联网网站，并置备于中国证监会指定的场所，供公众查阅。

第三十二条 【承销团】向不特定对象发行的证券票面总值超过人民币五千万元的，应当由承销团承销。承销团应当由主承销和参与承销的证券公司组成。

相关行政规章条文

《证券发行与承销管理办法》(2018 年 6 月 15 日修订)

第二十二条(第二款、第三款) 证券发行依照法律、行政法规的规定应由承销团承销的，组成承销团的承销商应当签订承销团协议，由主承销商负责组织承销工作。证券发行由两家以上证券公司联合主承销的，所有担任主承销商的证券公司应当共同承担主承销责任，履行相关义务。承销团由 3 家以上承销商组成的，可以设副主承销商，协助主承销商组织承销活动。

承销团成员应当按照承销团协议及承销协议的规定进行承销活动，不得进行虚假承销。

第三十三条　【证券的代销、包销期限】 证券的代销、包销期限最长不得超过九十日。

证券公司在代销、包销期内，对所代销、包销的证券应当保证先行出售给认购人，证券公司不得为本公司预留所代销的证券和预先购入并留存所包销的证券。

> **相关行政规章条文**
>
> **《证券发行与承销管理办法》(2018 年 6 月 15 日修订)**
>
> **第十五条**　首次公开发行股票数量在 4 亿股以上的，发行人和主承销商可以在发行方案中采用超额配售选择权。超额配售选择权的实施应当遵守中国证监会、证券交易所、证券登记结算机构和中国证券业协会的规定。
>
> 根据《关于开展创新企业境内发行股票或存托凭证试点的若干意见》认定的试点企业在境内发行股票或存托凭证的，根据需要采用超额配售选择权。

第三十四条　【发行价格的确定】 股票发行采取溢价发行的，其发行价格由发行人与承销的证券公司协商确定。

> **相关行政规章条文**
>
> **《证券发行与承销管理办法》(2018 年 6 月 15 日修订)**
>
> **第四条**　首次公开发行股票，可以通过向网下投资者询价的方式确定股票发行价格，也可以通过发行人与主承销商自主协商直接定价等其他合法可行的方式确定发行价格。公开发行股票数量在 2000 万股(含)以下且无老股转让计划的，可以通过直接定价的方式确定发行价格。发行人和主承销商应当在招股意向书(或招股说明书，下同)和发行公告中披露本次发行股票的定价方式。上市公司发行证券的定价，应当符合中国证监会关于上市公司证券发行的有关规定。

第三十五条　【发行失败】 股票发行采用代销方式，代销期限届满，向投资者出售的股票数量未达到拟公开发行股票数量百分之七十的，为发行失败。发行人应当按照发行价并加算银行同期存款利息返还股票认购人。

第三十六条　【股票发行情况的备案】 公开发行股票，代销、包销期限届满，发行人应当在规定的期限内将股票发行情况报国务院证券监督管理机构备案。

相关行政规章条文

《证券发行与承销管理办法》(2018年6月15日修订)

第二十五条 证券公司实施承销前,应当向中国证监会报送发行与承销方案。

第二十七条 投资者申购缴款结束后,发行人和主承销商应当聘请具有证券、期货相关业务资格的会计师事务所对申购和募集资金进行验证,并出具验资报告;还应当聘请律师事务所对网下发行过程、配售行为、参与定价和配售的投资者资质条件及其与发行人和承销商的关联关系、资金划拨等事项进行见证,并出具专项法律意见书。证券上市后10日内,主承销商应当将验资报告、专项法律意见随同承销总结报告等文件一并报中国证监会。

第三章 证券交易

第一节 一般规定

第三十七条 【可交易证券范围】 证券交易当事人依法买卖的证券,必须是依法发行并交付的证券。

非依法发行的证券,不得买卖。

相关行政规章条文

《证券发行与承销管理办法》(2018年6月15日修订)

第三十九条 证券公司承销未经核准擅自公开发行的证券的,依照《证券法》第一百九十条的规定处罚。证券公司承销证券有前款所述情形的,中国证监会可以采取12至36个月暂不受理其证券承销业务有关文件的监管措施。

第三十八条 【证券转让期限的限制性规定】 依法发行的股票、公司债券及其他证券,法律对其转让期限有限制性规定的,在限定的期限内不得买卖。

相关法律条文

《中华人民共和国公司法》(2013 年 12 月 28 日第三次修正,2014 年 3 月 1 日起实施)

第一百四十一条 发起人持有的本公司股份,自公司成立之日起一年内不得转让。公司公开发行股份前已发行的股份,自公司股票在证券交易所上市交易之日起一年内不得转让。

公司董事、监事、高级管理人员应当向公司申报所持有的本公司的股份及其变动情况,在任职期间每年转让的股份不得超过其所持有本公司股份总数的百分之二十五;所持本公司股份自公司股票上市交易之日起一年内不得转让。上述人员离职后半年内,不得转让其所持有的本公司股份。公司章程可以对公司董事、监事、高级管理人员转让其所持有的本公司股份作出其他限制性规定。

相关规范性文件条文

中国证监会《上市公司股东、董监高减持股份的若干规定》(中国证券监督管理委员会公告〔2017〕9 号,2017 年 5 月 26 日起实施)对市公司股东、董监高减持股份有详细规定:

第一条 为了规范上市公司股东及董事、监事、高级管理人员(以下简称董监高)减持股份行为,促进证券市场长期稳定健康发展,根据《公司法》《证券法》的有关规定,制定本规定。

第二条 上市公司控股股东和持股 5% 以上股东(以下统称大股东)、董监高减持股份,以及股东减持其持有的公司首次公开发行前发行的股份、上市公司非公开发行的股份,适用本规定。

大股东减持其通过证券交易所集中竞价交易买入的上市公司股份,不适用本规定。

第三条 上市公司股东、董监高应当遵守《公司法》《证券法》和有关法律、法规,中国证监会规章、规范性文件,以及证券交易所规则中关股份转让的限制性规定。

上市公司股东、董监高曾就限制股份转让作出承诺的,应当严格遵守。

第四条 上市公司股东、董监高可以通过证券交易所的证券交易卖出,也可以通过协议转让及法律、法规允许的其他方式减持股份。

因司法强制执行、执行股权质押协议、赠与、可交换债换股、股票权益互换等减持股份的,应当按照本规定办理。

第五条 上市公司股东、董监高减持股份，应当按照法律、法规和本规定，以及证券交易所规则，真实、准确、完整、及时履行信息披露义务。

第六条 具有下列情形之一的，上市公司大股东不得减持股份：

（一）上市公司或者大股东因涉嫌证券期货违法犯罪，在被中国证监会立案调查或者被司法机关立案侦查期间，以及在行政处罚决定、刑事判决作出之后未满6个月的。

（二）大股东因违反证券交易所规则，被证券交易所公开谴责未满3个月的。

（三）中国证监会规定的其他情形。

第七条 具有下列情形之一的，上市公司董监高不得减持股份：

（一）董监高因涉嫌证券期货违法犯罪，在被中国证监会立案调查或者被司法机关立案侦查期间，以及在行政处罚决定、刑事判决作出之后未满6个月的。

（二）董监高因违反证券交易所规则，被证券交易所公开谴责未满3个月的。

（三）中国证监会规定的其他情形。

第八条 上市公司大股东、董监高计划通过证券交易所集中竞价交易减持股份，应当在首次卖出的15个交易日前向证券交易所报告并预先披露减持计划，由证券交易所予以备案。

上市公司大股东、董监高减持计划的内容应当包括但不限于：拟减持股份的数量、来源、减持时间区间、方式、价格区间、减持原因。减持时间区间应当符合证券交易所的规定。

在预先披露的减持时间区间内，大股东、董监高应当按照证券交易所的规定披露减持进展情况。减持计划实施完毕后，大股东、董监高应当在两个交易日内向证券交易所报告，并予公告；在预先披露的减持时间区间内，未实施减持或者减持计划未实施完毕的，应当在减持时间区间届满后的两个交易日内向证券交易所报告，并予公告。

第九条 上市公司大股东在3个月内通过证券交易所集中竞价交易减持股份的总数，不得超过公司股份总数的1%。

股东通过证券交易所集中竞价交易减持其持有的公司首次公开发行前发行的股份、上市公司非公开发行的股份，应当符合前款规定的比例限制。

股东持有上市公司非公开发行的股份，在股份限售期届满后12个月内通过集中竞价交易减持的数量，还应当符合证券交易所规定的比例限制。

适用前三款规定时，上市公司大股东与其一致行动人所持有的股份应当合并计算。

第十条　通过协议转让方式减持股份并导致股份出让方不再具有上市公司大股东身份的，股份出让方、受让方应当在减持后6个月内继续遵守本规定第八条、第九条第一款的规定。

股东通过协议转让方式减持其持有的公司首次公开发行前发行的股份、上市公司非公开发行的股份，股份出让方、受让方应当在减持后6个月内继续遵守本规定第九条第二款的规定。

第十一条　上市公司大股东通过大宗交易方式减持股份，或者股东通过大宗交易方式减持其持有的公司首次公开发行前发行的股份、上市公司非公开发行的股份，股份出让方、受让方应当遵守证券交易所关于减持数量、持有时间等规定。

适用前款规定时，上市公司大股东与其一致行动人所持有的股份应当合并计算。

第十二条　上市公司大股东的股权被质押的，该股东应当在该事实发生之日起2日内通知上市公司，并予公告。

中国证券登记结算公司应当统一制定上市公司大股东场内场外股权质押登记要素标准，并负责采集相关信息。证券交易所应当明确上市公司大股东办理股权质押登记、发生平仓风险、解除股权质押等信息披露内容。

因执行股权质押协议导致上市公司大股东股份被出售的，应当执行本规定。

第十三条　上市公司股东、董监高未按照本规定和证券交易所规则减持股份的，证券交易所应当视情节采取书面警示等监管措施和通报批评、公开谴责等纪律处分措施；情节严重的，证券交易所应当通过限制交易的处置措施禁止相关证券账户6个月内或12个月内减持股份。

证券交易所为防止市场发生重大波动，影响市场交易秩序或者损害投资者利益，防范市场风险，有序引导减持，可以根据市场情况，依照法律和交易规则，对构成异常交易的行为采取限制交易等措施。

第十四条　上市公司股东、董监高未按照本规定和证券交易所规则减持股份的，中国证监会依照有关规定采取责令改正等监管措施。

《深圳证券交易所股票上市规则》（2014年10月第八次修订）对股票限售规定细化如下，《上海证券交易所股票上市规则》（2014年10月第九次修订）、《深圳证券交易所创业板股票上市规则》（2014年修订）的规定与此基本相同，不再重复列举：

3.1.7　上市公司董事、监事和高级管理人员应当在公司股票上市前、任命生效时及新增持有公司股份时，按照本所的有关规定申报并申请锁定其所持的本公司股份。

公司董事、监事、高级管理人员和证券事务代表所持本公司股份发生变动的（因公司派发股票股利和资本公积转增股本导致的变动除外），应当及时向公司报告并由公司在本所指定网站公告。

3.1.8　上市公司董事、监事、高级管理人员和公司股东买卖本公司股份应当遵守《公司法》、《证券法》、中国证监会和本所相关规定及公司章程。

上市公司董事、监事、高级管理人员自公司股票上市之日起一年内和离职后半年内，不得转让其所持本公司股份。

5.1.6　发行人向本所提出其首次公开发行的股票上市申请时，控股股东和实际控制人应当承诺：自发行人股票上市之日起三十六个月内，不转让或者委托他人管理其直接或者间接持有的发行人公开发行股票前已发行的股份，也不由发行人回购其直接或者间接持有的发行人公开发行股票前已发行的股份。

发行人应当在上市公告书中公告上述承诺。

自发行人股票上市之日起一年后，出现下列情形之一的，经控股股东或者实际控制人申请并经本所同意，可以豁免遵守上述承诺：

（一）转让双方存在实际控制关系，或者均受同一控制人所控制；

（二）因上市公司陷入危机或者面临严重财务困难，受让人提出的挽救公司的重组方案获得该公司股东大会审议通过和有关部门批准，且受让人承诺继续遵守上述承诺；

（三）本所认定的其他情形。

《上海证券交易所上市公司股东及董事、监事、高级管理人员减持股份实施细则》（上证发〔2017〕24号，2017年5月27日起实施）

第一条　为规范上海证券交易所（以下简称本所）上市公司股东及

董事、监事、高级管理人员(以下简称董监高)减持股份的行为,维护市场秩序,保护投资者合法权益,根据《公司法》、《证券法》和中国证监会《上市公司股东、董监高减持股份的若干规定》及本所《股票上市规则》《交易规则》等有关规定,制定本细则。

第二条 本细则适用于下列减持行为:

(一)大股东减持,即上市公司控股股东、持股5%以上的股东(以下统称大股东),减持所持有的股份,但其减持通过集中竞价交易取得的股份除外;

(二)特定股东减持,即大股东以外的股东,减持所持有的公司首次公开发行前股份、上市公司非公开发行股份(以下统称特定股份);

(三)董监高减持所持有的股份。

因司法强制执行、执行股权质押协议、赠与、可交换公司债券换股、股票收益互换等方式取得股份的减持,适用本细则。

特定股份在解除限售前发生非交易过户,受让方后续对该部分股份的减持,适用本细则。

第三条 股东及董监高减持股份,应当遵守法律、行政法规、部门规章、规范性文件、本细则以及本所其他业务规则;对持股比例、持股期限、减持方式、减持价格等作出承诺的,应当严格履行所做出的承诺。

第四条 大股东减持或者特定股东减持,采取集中竞价交易方式的,在任意连续90日内,减持股份的总数不得超过公司股份总数的1%。

持有上市公司非公开发行股份的股东,通过集中竞价交易减持该部分股份的,除遵守前款规定外,自股份解除限售之日起12个月内,减持数量不得超过其持有该次非公开发行股份数量的50%。

第五条 大股东减持或者特定股东减持,采取大宗交易方式的,在任意连续90日内,减持股份的总数不得超过公司股份总数的2%。

大宗交易的出让方与受让方,应当明确其所买卖股份的数量、性质、种类、价格,并遵守本细则的相关规定。

受让方在受让后6个月内,不得转让所受让的股份。

第六条 大股东减持或者特定股东减持,采取协议转让方式的,单个受让方的受让比例不得低于公司股份总数的5%,转让价格下限比照大宗交易的规定执行,法律、行政法规、部门规章、规范性文件及本所业务规则另有规定的除外。

大股东减持采取协议转让方式,减持后不再具有大股东身份的,出让方、受让方在6个月内应当遵守本细则第四条第一款减持比例的规定,并应当依照本细则第十三条、第十四条、第十五条的规定分别履行信息披露义务。

股东通过协议转让方式减持特定股份后,受让方在6个月内减持所受让股份的,出让方、受让方应当遵守本细则第四条第一款减持比例的规定。

第七条 股东开立多个证券账户的,对各证券账户的持股合并计算;股东开立客户信用证券账户的,对客户信用证券账户与普通证券账户的持股合并计算。

股东开立多个证券账户、客户信用证券账户的,各账户可减持数量按各账户内有关股份数量的比例分配确定。

第八条 计算本细则第四条、第五条规定的减持比例时,大股东与其一致行动人的持股合并计算。

一致行动人的认定适用《上市公司收购管理办法》的规定。

第九条 具有下列情形之一的,上市公司大股东不得减持股份:

(一)上市公司或者大股东因涉嫌证券期货违法犯罪,在被中国证监会立案调查或者被司法机关立案侦查期间,以及在行政处罚决定、刑事判决作出之后未满6个月的;

(二)大股东因违反本所业务规则,被本所公开谴责未满3个月的;

(三)法律、行政法规、部门规章、规范性文件以及本所业务规则规定的其他情形。

第十条 具有下列情形之一的,上市公司董监高不得减持股份:

(一)董监高因涉嫌证券期货违法犯罪,在被中国证监会立案调查或者被司法机关立案侦查期间,以及在行政处罚决定、刑事判决作出之后未满6个月的;

(二)董监高因违反本所业务规则,被本所公开谴责未满3个月的;

(三)法律、行政法规、部门规章、规范性文件以及本所业务规则规定的其他情形。

第十一条 上市公司存在下列情形之一,触及退市风险警示标准的,自相关决定作出之日起至公司股票终止上市或者恢复上市前,其控股股东、实际控制人、董监高及其一致行动人不得减持所持有的公司股份:

（一）上市公司因欺诈发行或者因重大信息披露违法受到中国证监会行政处罚；

（二）上市公司因涉嫌欺诈发行罪或者因涉嫌违规披露、不披露重要信息罪被依法移送公安机关；

（三）其他重大违法退市情形。

上市公司披露公司无控股股东、实际控制人的，其第一大股东及第一大股东的实际控制人应当遵守前款规定。

第十二条　董监高在任期届满前离职的，应当在其就任时确定的任期内和任期届满后6个月内，遵守下列限制性规定：

（一）每年转让的股份不得超过其所持有本公司股份总数的25%；

（二）离职后半年内，不得转让其所持本公司股份；

（三）法律、行政法规、部门规章、规范性文件以及本所业务规则对董监高股份转让的其他规定。

第十三条　大股东、董监高通过集中竞价交易减持股份的，应当在首次卖出股份的15个交易日前向本所报告备案减持计划，并予以公告。

前款规定的减持计划的内容，应当包括但不限于拟减持股份的数量、来源、减持时间区间、方式、价格区间、减持原因等信息，且每次披露的减持时间区间不得超过6个月。

第十四条　在减持时间区间内，大股东、董监高在减持数量过半或减持时间过半时，应当披露减持进展情况。公司控股股东、实际控制人及其一致行动人减持达到公司股份总数1%的，还应当在该事实发生之日起2个交易日内就该事项作出公告。

在减持时间区间内，上市公司披露高送转或筹划并购重组等重大事项的，大股东、董监高应当立即披露减持进展情况，并说明本次减持与前述重大事项是否有关。

第十五条　大股东、董监高通过本所集中竞价交易减持股份的，应当在股份减持计划实施完毕或者披露的减持时间区间届满后的2个交易日内公告具体减持情况。

第十六条　上市公司大股东的股权被质押的，该股东应当在该事实发生之日起2日内通知上市公司，并按本所有关股东股份质押事项的披露要求予以公告。

第十七条　股东、董监高减持股份违反本细则规定，或者通过交易、转让或者其他安排规避本细则规定,或者违反本所其他业务规则规定的,本所可以采取书面警示、通报批评、公开谴责、限制交易等监管措施或者纪律处分。违规减持行为导致股价异常波动、严重影响市场交易秩序或者损害投资者利益的,本所从重予以处分。

减持行为涉嫌违反法律、法规、规章、规范性文件的,本所按规定报中国证监会查处。

第十八条 本细则所称股份总数,是指上市公司人民币普通股票(A股)、人民币特种股票(B股)、境外上市股票(含H股等)的股份数量之和。

第十九条 本细则经本所理事会审议通过并报中国证监会批准后生效,修改时亦同。

第二十条 本细则由本所负责解释。

第二十一条 本细则自发布之日起施行。本所2016年1月9日发布的《关于落实〈上市公司大股东、董监高减持股份的若干规定〉相关事项的通知》(上证发〔2016〕5号)同时废止。

本细则施行之前本所发布的其他规则与本细则不一致的,以本细则为准。

《上海证券交易所上市公司创业投资基金股东减持股份实施细则》(上证发〔2018〕9号,2018年6月2日起施行)

第一条 为了促进创业投资基金发展,规范上海证券交易所(以下简称本所)上市公司创业投资基金股东减持其持有的首次公开发行前股份的行为,维护市场秩序,保护投资者合法权益,根据中国证监会《上市公司股东、董监高减持股份的若干规定》《上市公司创业投资基金股东减持股份的特别规定》(以下简称《创投减持特别规定》)、《上海证券交易所上市公司股东及董事、监事、高级管理人员减持股份实施细则》(以下简称《减持细则》)以及《上海证券交易所股票上市规则》《上海证券交易所交易规则》等有关规定,制定本细则。

第二条 符合《创投减持特别规定》的创业投资基金(以下简称创投基金)股东减持其持有的上市公司首次公开发行前股份,适用本细则。

第三条 符合条件的创投基金投资的早期中小企业或者高新技术企业上市后,通过集中竞价交易方式减持其持有的首次公开发行前股份的,适用下列比例限制:

(一)截至首次公开发行材料受理日,投资期限不满36个月的,创投基金在任意连续90日内,减持股份的总数不得超过公司股份总数的1%;

(二)截至首次公开发行材料受理日,投资期限在36个月以上但不满48个月的,创投基金在任意连续60日内,减持股份的总数不得超过公司股份总数的1%;

(三)截至首次公开发行材料受理日,投资期限在48个月以上的,创投基金在任意连续30日内,减持股份的总数不得超过公司股份总数的1%。

第四条 符合条件的创投基金投资的早期中小企业或者高新技术企业上市后,通过大宗交易方式减持其持有的首次公开发行前股份的,适用下列比例限制:

(一)截至首次公开发行材料受理日,投资期限不满36个月的,创投基金在任意连续90日内,减持股份的总数不得超过公司股份总数的2%;

(二)截至首次公开发行材料受理日,投资期限在36个月以上但不满48个月的,创投基金在任意连续60日内,减持股份的总数不得超过公司股份总数的2%;

(三)截至首次公开发行材料受理日,投资期限在48个月以上的,创投基金在任意连续30日内,减持股份的总数不得超过公司股份总数的2%。

大宗交易的出让方与受让方应当遵守《减持细则》第五条第二款、第三款的规定。

第五条 创投基金减持股份违反本细则规定,或者通过交易、转让或者其他安排规避本细则规定,或者违反本所其他业务规则规定的,本所可以采取书面警示、通报批评、公开谴责、限制交易等监管措施或者纪律处分。违规减持行为导致股价异常波动、严重影响市场交易秩序或者损害投资者利益的,本所从重予以处分。

创投基金减持股份涉嫌违反法律、法规、规章、规范性文件的,本所按规定报中国证监会查处。

第六条 本细则所称"早期中小企业""高新技术企业""投资期限"按照《创投减持特别规定》的相关规定确定。

第七条 创投基金减持其持有的上市公司首次公开发行前股份,本细则未作规定的,适用《减持细则》的相关规定。

第八条 本细则经本所理事会审议通过并报中国证监会批准后生效,修改时亦同。

第九条 本细则由本所负责解释。

第十条 本细则自2018年6月2日起施行。

第三十九条 【证券交易场所】依法公开发行的股票、公司债券及其他证券,应当在依法设立的证券交易所上市交易或者在国务院批准的其他证券交易场所转让。

相关法律条文

《中华人民共和国公司法》(2013年12月28日第三次修正,2014年3月1日起实施)

第一百三十八条 股东转让其股份,应当在依法设立的证券交易场所进行或者按照国务院规定的其他方式进行。

第一百三十九条 记名股票,由股东以背书方式或者法律、行政法规规定的其他方式转让;转让后由公司将受让人的姓名或者名称及住所记载于股东名册。

股东大会召开前二十日内或者公司决定分配股利的基准日前五日内,不得进行前款规定的股东名册的变更登记。但是,法律对上市公司股东名册变更登记另有规定的,从其规定。

第一百四十条 无记名股票的转让,由股东将该股票交付给受让人后即发生转让的效力。

相关行政法规条文

《国务院关于全国中小企业股份转让系统有关问题的决定》(国发〔2013〕49号,2013年12月13日)规定了全国股份转让系统是依据证券法设立的全国性证券交易场所:

全国股份转让系统是经国务院批准,依据证券法设立的全国性证券交易场所,主要为创新型、创业型、成长型中小微企业发展服务。境内符合条件的股份公司均可通过主办券商申请在全国股份转让系统挂牌,公开转让股份,进行股权融资、债权融资、资产重组等。申请挂牌的公司应当业务明确、产权清晰、依法规范经营、公司治理健全,可以尚未盈利,但须履行信息披露义务,所披露的信息应当真实、准确、完整。

在全国股份转让系统挂牌的公司，达到股票上市条件的，可以直接向证券交易所申请上市交易。在符合《国务院关于清理整顿各类交易场所切实防范金融风险的决定》（国发〔2011〕38号）要求的区域性股权转让市场进行股权非公开转让的公司，符合挂牌条件的，可以申请在全国股份转让系统挂牌公开转让股份。

挂牌公司依法纳入非上市公众公司监管，股东人数可以超过200人。股东人数未超过200人的股份公司申请在全国股份转让系统挂牌，证监会豁免核准。挂牌公司向特定对象发行证券，且发行后证券持有人累计不超过200人的，证监会豁免核准。依法需要核准的行政许可事项，证监会应当建立简便、快捷、高效的行政许可方式，简化审核流程，提高审核效率，无需再提交证监会发行审核委员会审核。

相关行政规章条文

《非上市公众公司监督管理办法》（中国证券监督管理委员会令第85号，自2013年1月1日起施行）

第二条 本办法所称非上市公众公司（以下简称公众公司）是指有下列情形之一且其股票未在证券交易所上市交易的股份有限公司：

（一）股票向特定对象发行或者转让导致股东累计超过200人；

（二）股票以公开方式向社会公众公开转让。

第四条 公众公司股票应当在中国证券登记结算公司集中登记存管，公开转让应当在依法设立的证券交易场所进行。

《全国中小企业股份转让系统有限责任公司管理暂行办法》（中国证券监督管理委员会令第89号，2013年1月31日起施行）

第二条 全国中小企业股份转让系统（以下简称全国股份转让系统）是经国务院批准设立的全国性证券交易场所。

第四条 全国股份转让系统公司负责组织和监督挂牌公司的股票转让及相关活动，实行自律管理。

第八条 全国股份转让系统公司的职能包括：

（一）建立、维护和完善股票转让相关技术系统和设施；

（二）制定和修改全国股份转让系统业务规则；

（三）接受并审查股票挂牌及其他相关业务申请，安排符合条件的公司股票挂牌；

（四）组织、监督股票转让及相关活动；

（五）对主办券商等全国股份转让系统参与人进行监管；

（六）对挂牌公司及其他信息披露义务人进行监管；

（七）管理和公布全国股份转让系统相关信息；

（八）中国证监会批准的其他职能。

第九条 全国股份转让系统公司应当就股票挂牌、股票转让、主办券商管理、挂牌公司管理、投资者适当性管理等依法制定基本业务规则。

全国股份转让系统公司制定与修改基本业务规则，应当经中国证监会批准。制定与修改其他业务规则，应当报中国证监会备案。

第十条 全国股份转让系统挂牌新的证券品种应当向中国证监会报告，采用新的转让方式应当报中国证监会批准。

第十一条 全国股份转让系统公司应当为组织公平的股票转让提供保障，公布股票转让即时行情。未经全国股份转让系统公司许可，任何单位和个人不得发布、使用或传播股票转让即时行情。

第二十二条 全国股份转让系统公司应当督促申请股票挂牌的股份公司、挂牌公司及其他信息披露义务人，依法履行信息披露义务，真实、准确、完整、及时地披露信息，不得有虚假记载、误导性陈述或者重大遗漏。

第二十三条 挂牌公司应当符合全国股份转让系统持续挂牌条件，不符合持续挂牌条件的，全国股份转让系统公司应当及时作出股票暂停或终止挂牌的决定，及时公告，并报中国证监会备案。

第二十四条 挂牌股票转让可以采取做市方式、协议方式、竞价方式或证监会批准的其他转让方式。

相关裁判摘要

“赵学志与天津晖若投资有限公司、俞春庚证券纠纷一审民事判决书”[天津市滨海新区人民法院民事判决书（2016）津0116民初5号]认为，全国中小企业股份转让系统的股票交易受证券法调整。相关裁判摘要如下：

《证券法》调整股票、公司债券和国务院依法认定的其他证券的发行和交易活动。股票的交易活动，应当在依法设立的证券交易所上市交易或在国务院批准的其他证券交易场所转让。本案股票交易活动的交易场所为全国中小企业股份转让系统，是经国务院批准，依据证券法设立的全国性证券交易场所，在该交易场所上发生的股票交易行为应受《证券法》调整。

第四十条 【证券交易方式】 证券在证券交易所上市交易，应当采用公开的集中交易方式或者国务院证券监督管理机构批准的其他方式。

第四十一条 【证券凭证形式】 证券交易当事人买卖的证券可以采用纸面形式或者国务院证券监督管理机构规定的其他形式。

第四十二条 【证券交易方式】 证券交易以现货和国务院规定的其他方式进行交易。

第四十三条 【禁止从事证券交易的人员】 证券交易所、证券公司和证券登记结算机构的从业人员、证券监督管理机构的工作人员以及法律、行政法规禁止参与股票交易的其他人员，在任期或者法定限期内，不得直接或者以化名、借他人名义持有、买卖股票，也不得收受他人赠送的股票。

任何人在成为前款所列人员时，其原已持有的股票，必须依法转让。

第四十四条 【账户保密】 证券交易所、证券公司、证券登记结算机构必须依法为客户开立的账户保密。

第四十五条 【证券服务机构和人员买卖股票的限制】 为股票发行出具审计报告、资产评估报告或者法律意见书等文件的证券服务机构和人员，在该股票承销期内和期满后六个月内，不得买卖该种股票。

除前款规定外，为上市公司出具审计报告、资产评估报告或者法律意见书等文件的证券服务机构和人员，自接受上市公司委托之日起至上述文件公开后五日内，不得买卖该种股票。

相关行政处罚案例摘要

"中国证监会行政处罚决定书(张松清)"(〔2011〕23号) 对审计人员违法买卖股票作出了行政处罚。相关行政处罚决定书摘要如下：

经查明，张松清存在以下违法事实：

大信会计师事务有限公司(以下简称大信所)是保利房地产(集团)股份有限公司(以下简称保利地产)2008年年度报告的审计机构，于2008年12月22日接受保利地产委托，开始进行2008年年度报告审计,保利地产2008年年度报告公告日期为2009年2月18日。大信所及该所从事保利地产年度报告审计的人员限制买卖“保利地产”股票的期间为大信所接受保利地产委托日至保利地产年报公告后5日,即2008年12月22日至2009年2月23日。

大信所指定审计六部为保利地产2008年年度报告审计的承办部门,审计期间张松清任审计六部高级经理兼主管所领导。张松清复核并审批了保利地产的2008年年度报告审计计划,签字注册会计师及其他下属审计人员在审计过程中向张松清报告了审计进展和沟通情况,张松清还复核了审计底稿和审计报告,参加了保利地产审计委员会会议并汇报了审计相关情况。

张松清在限制交易期内利用“张松清”账户交易了“保利地产”股票,交易总金额4,710,114.50元,盈利53,917.34元;利用“范某”账户交易了“保利地产”股票,交易总金额278,674.00元,盈利17,977.21元。

张松清在限制交易期内交易“保利地产”股票的行为违反了《证券法》第四十五条第二款关于“为上市公司出具审计报告、资产评估报告或者法律意见书等文件的证券服务机构和人员,自接受委托之日起至上述文件公开后五日内,不得买卖该股票”的规定,构成了《证券法》第二百零一条所述“为股票的发行、上市、交易出具审计报告、资产评估报告或者法律意见书等文件的证券服务机构和人员,违反本法第四十五条规定买卖股票”的行为。

根据当事人违法行为的事实、性质、情节与社会危害程度,依据《证券法》第二百零一条的规定,我会决定:没收张松清违法所得71,894.55元,并处以15万元罚款。

“中国证监会行政处罚决定书(吴晓佳)”(〔2013〕70号)认定:吴晓佳在担任财富证券有限责任公司研发中心总经理期间,自2007年10月23日至2012年2月28日,利用“雷小某”“雷洪某”账户交易股票,累计买入金额416,426,834.18元,累计卖出金额404,729,301.62元,实际亏损9,267,627.43元。证监会认为:吴晓佳作为证券公司的从业人员,在任期内借用他人账户买卖、持有股票的行为,违反了《证券法》第四十三条的规定,构成了《证券法》第一百九十九条所述“法律、行政法规规定禁止参与股票交易的人员,直接或者以化名、借他人名义持有、买卖股票”的行为。相关处罚决定书摘要如下:

当事人吴晓佳在申辩材料中提出：其一，涉案的“雷小某”“雷洪某”账户实际由其妻雷小某操作。他本人在接受调查时承认其使用“雷小某”和“雷洪某”账户，系由于个人认知上的偏差和调查人员的误导。其二，调查时用于涉案账户交易的上网本之所以出现在他的办公室，是因为当时该上网本出现问题，其妻要他找人重装系统，恰好被调查人员发现。其三，《证券法》规定证券从业人员不得买卖股票，系受特定历史条件局限，存在一定缺陷。证券从业人员买卖股票在现实中较为普遍，未见被处罚的先例。同时，《中华人民共和国证券投资基金法》已放松对基金从业人员买卖股票的限制，《证券法》应当予以参考和借鉴。综上，吴晓佳请求我会对其免予处罚。

我会认为，吴晓佳的申辩理由不能成立，主要理由如下：

其一，吴晓佳、雷小某和雷洪某在接受我会调查时，均称“雷小某”“雷洪某”账户由吴晓佳使用。吴晓佳承认账户主要通过他个人的笔记本电脑进行交易，且在调查人员见证下用该笔记本电脑登录“雷小某”“雷洪某”账户。同时，雷小某第三方存管银行账户的联系人为吴晓佳，资金主要来源于吴晓佳银行账户；雷洪某资金账户和第三方存管银行账户开户资料预留联系电话为吴晓佳的电话。上述证据足以证明系由吴晓佳而非其妻子在操作涉案账户，且吴晓佳所谓涉案笔记本电脑恰巧出现在其办公室的说法也缺乏证据支持。

其二，吴晓佳系取得证券从业资格并长期从事证券业务的人员，理应知悉《证券法》关于禁止证券公司从业人员买卖股票的规定。在我会调查时，吴晓佳承认违规买卖股票，是对事实的陈述，而非其本人认知上的偏差或调查人员的误导。同时，我会调取的证据与吴晓佳调查时陈述内容相互印证，足以认定吴晓佳存在借用他人名义持有、买卖股票的行为。

其三，《证券法》第四十三条明确禁止证券公司从业人员直接或者以化名、借他人名义持有、买卖股票。任何人员违反上述规定，均应承担相应的法律后果。

根据当事人违法行为的事实、性质、情节与社会危害程度，依据《证券法》第一百九十九条的规定，我会决定：责令吴晓佳依法处理非法持有的股票，并处以30万元罚款。

第四十六条 【证券交易收费】证券交易的收费必须合理，并公开收费项目、收费标准和收费办法。

证券交易的收费项目、收费标准和管理办法由国务院有关主管部门统一规定。

第四十七条 【短线交易归入权】上市公司董事、监事、高级管理人员、持有上市公司股份百分之五以上的股东，将其持有的该公司的股票在买入后六个月内卖出，或者在卖出后六个月内又买入，由此所得收益归该公司所有，公司董事会应当收回其所得收益。但是，证券公司因包销购入售后剩余股票而持有百分之五以上股份的，卖出该股票不受六个月时间限制。

公司董事会不按照前款规定执行的，股东有权要求董事会在三十日内执行。公司董事会未在上述期限内执行的，股东有权为了公司的利益以自己的名义直接向人民法院提起诉讼。

公司董事会不按照第一款的规定执行的，负有责任的董事依法承担连带责任。

相关行政处罚案例摘要

“中国证监会行政处罚决定书”(〔2012〕33号)认定：经查明，易声泽存在如下违法事实：易声泽于2008年至2011年9月担任三安光电股份有限公司(以下简称三安光电)董事会秘书。2009年1月至2011年7月，易声泽操控国泰君安证券武汉紫阳东路营业部吴某香账户以及广发证券武汉黄孝河路营业部黄某慧账户在6个月内买卖三安光电股票；根据上海证券交易所计算，获利22,332,340元。中国证监会认为，当事人上述行为，违反了《证券法》第四十七条的规定，构成了《证券法》第一百九十五条所述违法行为。相关行政处罚决定书摘要如下：

我会认为，易声泽时任上市公司高级管理人员，明知应当遵守《证券法》禁止从事短线交易的规定，但其回避使用其本人同名证券账户，转而使用他人证券账户买卖三安光电股票，从事违法行为，从中获取巨额收益，具有明显的违法主观故意，且违法行为持续时间较长，情形恶劣，依法应予惩戒。

《证券法》第四十七条第一款规定，“上市公司董事、监事、高级管理人员、持有上市公司股份百分之五以上的股东，将其持有的该公司的股票在买入后六个月内卖出，或者在卖出后六个月内又买入，由此所得收益归该公司所有，公司董事会应当收回其所得收益。但是，证券公司因包销购入售后剩余股票而持有百分之五以上股份的，卖出该股票不受六个月时间限制”。据此，易声泽应当将所得收益22,332,340元上缴三安光电。

根据当事人违法行为的事实、性质、情节与社会危害程度，依据《证券法》第一百九十五条的规定，我会决定：对易声泽给予警告，并处以10万元罚款。

第二节 证券上市

第四十八条 【证券上市审核】 申请证券上市交易，应当向证券交易所提出申请，由证券交易所依法审核同意，并由双方签订上市协议。

证券交易所根据国务院授权的部门的决定安排政府债券上市交易。

相关规范性文件条文

《上海证券交易所股票上市规则》(2018年11月修订) 对证券上市程序细化如下：

5.1.2 发行人首次公开发行股票的申请获得中国证监会核准发行后，应当及时向本所提出股票上市申请，并提交下列文件：

(一)上市申请书；

(二)中国证监会核准其股票首次公开发行的文件；

(三)有关本次发行上市事宜的董事会和股东大会决议；

(四)营业执照复印件；

(五)公司章程；

(六)经具有执行证券、期货相关业务资格的会计师事务所审计的发行人最近3年的财务会计报告；

(七)首次公开发行结束后发行人全部股票已经中国证券登记结算有限责任公司上海分公司(以下简称中国结算)托管的证明文件；

(八)首次公开发行结束后，具有执行证券、期货相关业务资格的会计师事务所出具的验资报告；

（九）关于董事、监事和高级管理人员持有本公司股份的情况说明和《董事（监事、高级管理人员）声明及承诺书》；

（十）发行人拟聘任或者已聘任的董事会秘书的有关资料；

（十一）首次公开发行后至上市前，按规定新增的财务资料和有关重大事项的说明（如适用）；

（十二）首次公开发行前已发行股份持有人，自发行人股票上市之日起一年内持股锁定证明；

（十三）第5.1.5条所述承诺函；

（十四）最近一次的招股说明书和经中国证监会审核的全套发行申报材料；

（十五）按照有关规定编制的上市公告书；

（十六）保荐协议和保荐人出具的上市保荐书；

（十七）律师事务所出具的法律意见书；

（十八）本所要求的其他文件。

5.1.6 本所在收到发行人提交的第5.1.2条所列全部上市申请文件后7个交易日内，作出是否同意上市的决定并通知发行人。出现特殊情况时，本所可以暂缓作出是否同意上市的决定。

5.1.7 本所设立上市委员会对上市申请进行审议，作出独立的专业判断并形成审核意见。本所根据上市审核委员会的审核意见，作出是否同意上市的决定。

《深圳证券交易所股票上市规则》（2018年11月修订）对上市审核程序细化如下。《深圳证券交易所创业板股票上市规则》（2018年11月修订）的规定与此基本相同，不再重复列举：

5.1.2 发行人向本所申请其首次公开发行的股票上市时，应当按照有关规定编制上市公告书。

5.1.3 发行人向本所申请其首次公开发行的股票上市，应当提交下列文件：

（一）上市报告书（申请书）；

（二）申请股票上市的董事会和股东大会决议；

（三）公司营业执照复印件；

（四）公司章程；

（五）依法经具有从事证券、期货相关业务资格的会计师事务所审计的发行人最近三年的财务会计报告；

（六）保荐协议和保荐人出具的上市保荐书；

（七）律师事务所出具的法律意见书；

（八）具有从事证券、期货相关业务资格的会计师事务所出具的验资报告；

（九）发行人全部股票已经中国证券登记结算有限责任公司深圳分公司（以下简称“结算公司”）托管的证明文件；

（十）董事、监事和高级管理人员持有本公司股份情况报告和《董事（监事、高级管理人员）声明及承诺书》；

（十一）发行人拟聘任或者已聘任的董事会秘书的有关资料；

（十二）控股股东和实际控制人承诺函；

（十三）公开发行前已发行股份持有人所持股份已在结算公司锁定的证明文件；

（十四）发行后至上市前按规定新增的财务资料和有关重大事件的说明文件（如适用）；

（十五）最近一次的招股说明书；

（十六）上市公告书；

（十七）本规则第 5.1.6 条所述承诺函；

（十八）本所要求的其他文件。

5.1.7　本所在收到全套上市申请文件后七个交易日内，作出是否同意上市的决定。出现特殊情况时，本所可以暂缓作出决定。

5.1.8　本所设立上市委员会对上市申请进行审议，作出独立的专业判断并形成审核意见，本所根据上市委员会意见作出是否同意上市的决定。

第四十九条　【上市保荐】申请股票、可转换为股票的公司债券或者法律、行政法规规定实行保荐制度的其他证券上市交易，应当聘请具有保荐资格的机构担任保荐人。

本法第十一条第二款、第三款的规定适用于上市保荐人。

相关规范性文件条文

《上海证券交易所股票上市规则》（2018 年 11 月修订）对保荐制度细化如下。《深圳证券交易所股票上市规则》（2018 年 11 月修订）的规定与此基本相同，不再重复列举。

4.1 本所实行股票和可转换公司债券(含分离交易的可转换公司债券)的上市保荐制度。发行人(上市公司)向本所申请其首次公开发行的股票、上市后发行的新股和可转换公司债券在本所上市,以及公司股票被暂停上市后申请恢复上市、公司股票被终止上市后申请重新上市的,应当由保荐人保荐。

保荐人应当为经中国证监会注册登记并列入保荐人名单,同时具有本所会员资格的证券经营机构。

4.2 保荐人应当与发行人签订保荐协议,明确双方在发行人申请上市期间、申请恢复上市期间和持续督导期间的权利和义务。保荐协议应当约定保荐人审阅发行人信息披露文件的时点。

首次公开发行股票的,持续督导的期间为股票上市当年剩余时间及其后两个完整会计年度;发行新股、可转换公司债券的,持续督导的期间为股票或者可转换公司债券上市当年剩余时间及其后一个完整会计年度;申请恢复上市的,持续督导期间为股票恢复上市当年剩余时间及其后一个完整会计年度。持续督导的期间自股票或者可转换公司债券上市之日起计算。

4.3 保荐人应当在签订保荐协议时指定两名保荐代表人具体负责保荐工作,并作为保荐人与本所之间的指定联络人。

保荐代表人应当为经中国证监会注册登记并列入保荐代表人名单的自然人。

《深圳证券交易所创业板股票上市规则》(2018年11月修订)对保荐制度细化如下:

4.1 本所实行股票、可转换公司债券上市保荐制度。发行人向本所申请其首次公开发行的股票和上市后发行的新股、可转换公司债券在本所上市,以及股票被暂停上市后公司申请其股票恢复上市的,应当由保荐机构保荐,但是根据相关规定无需保荐的除外。

保荐机构应当为经中国证监会注册登记并列入保荐机构名单,同时具有本所会员资格的证券经营机构。

4.2 保荐机构应当与发行人签订保荐协议,明确双方在公司申请上市期间、申请恢复上市期间和持续督导期间的权利和义务。保荐协议应当约定保荐机构审阅发行人信息披露文件的时点。

首次公开发行股票的,持续督导期间为股票上市当年剩余时间及其后三个完整会计年度;上市后发行新股、可转换公司债券的,持续督导期间为股票、可转换公司债券上市当年剩余时间及其后两个完整会计年度；申请恢复上市的，持续督导期间为股票恢复上市当年剩余时间及其后一个完整会计年度。持续督导期间自股票、可转换公司债券上市或者恢复上市之日起计算。

对于在信息披露、规范运作、公司治理、内部控制等方面存在重大缺陷或者违规行为，或者实际控制人、董事会、管理层发生重大变化等监管风险较大的公司，在法定持续督导期结束后，本所可以视情况要求保荐机构延长持续督导期，直至相关问题解决或者风险消除。

4.3　保荐机构应当在签订保荐协议时指定两名保荐代表人具体负责保荐工作，作为保荐机构与本所之间的指定联络人。

保荐代表人应当为经中国证监会注册登记并列入保荐代表人名单的自然人。

第五十条　【股票上市条件】股份有限公司申请股票上市，应当符合下列条件：

（一）股票经国务院证券监督管理机构核准已公开发行；

（二）公司股本总额不少于人民币三千万元；

（三）公开发行的股份达到公司股份总数的百分之二十五以上；公司股本总额超过人民币四亿元的，公开发行股份的比例为百分之十以上；

（四）公司最近三年无重大违法行为，财务会计报告无虚假记载。

证券交易所可以规定高于前款规定的上市条件，并报国务院证券监督管理机构批准。

相关规范性文件条文

《上海证券交易所股票上市规则》（2018年11月修订）对股票上市条件细化如下。《深圳证券交易所股票上市规则》（2018年11月修订）的规定与此相同，不再重复列举。

5.1.1　发行人首次公开发行股票后申请其股票在本所上市，应当符合下列条件：

（一）股票经中国证监会核准已公开发行；

（二）公司股本总额不少于人民币5000万元；

（三）公开发行的股份达到公司股份总数的25%以上；公司股本总额超过人民币4亿元的，公开发行股份的比例为10%以上；

（四）公司最近3年无重大违法行为，财务会计报告无虚假记载；

（五）本所要求的其他条件。

《深圳证券交易所创业板股票上市规则》（2018年11月修订）对股票上市条件细化如下。

5.1.1 发行人申请股票在本所上市，应当符合下列条件：

（一）股票已公开发行；

（二）公司股本总额不少于3000万元；

（三）公开发行的股份达到公司股份总数的25%以上；公司股本总额超过四亿元的，公开发行股份的比例为10%以上；

（四）公司股东人数不少于200人；

（五）公司最近三年无重大违法行为，财务会计报告无虚假记载；

（六）本所要求的其他条件。

第五十一条 【产业政策鼓励】国家鼓励符合产业政策并符合上市条件的公司股票上市交易。

第五十二条 【上市文件】申请股票上市交易，应当向证券交易所报送下列文件：

（一）上市报告书；

（二）申请股票上市的股东大会决议；

（三）公司章程；

（四）公司营业执照；

（五）依法经会计师事务所审计的公司最近三年的财务会计报告；

（六）法律意见书和上市保荐书；

（七）最近一次的招股说明书；

（八）证券交易所上市规则规定的其他文件。

第五十三条 【股票上市文件的公告】股票上市交易申请经证券交易所审核同意后，签订上市协议的公司应当在规定的期限内公告股票上市的有关文件，并将该文件置备于指定场所供公众查阅。

相关规范性文件条文

《上海证券交易所股票上市规则》(2018年11月修订) 对股票上市文件的公告细化如下。《深圳证券交易所股票上市规则》(2018年11月修订)以及《深圳证券交易所创业板股票上市规则》(2018年11月修订)的规定与此相同,不再重复列举。

5.1.8　发行人应当于其股票上市前5个交易日内,在指定媒体或者本所网站上披露下列文件:

(一)上市公告书;

(二)公司章程;

(三)上市保荐书;

(四)法律意见书;

(五)本所要求的其他文件。

上述文件应当备置于公司住所,供公众查阅。

发行人在提出上市申请期间,未经本所同意,不得擅自披露与上市有关的信息。

《上海证券交易所证券上市审核实施细则》(2013年12月27日起实施)

第一条　为了规范上海证券交易所(以下简称"本所")证券上市审核工作,根据《上海证券交易所股票上市规则》(以下简称"《股票上市规则》")、《上海证券交易所公司债券上市规则》(以下简称"《公司债券上市规则》")、《上海证券交易所证券投资基金上市规则》(以下简称"《基金上市规则》")及其他相关业务规则,制定本细则。

第二条　下列事项的审核,适用本细则;本细则未规定的,适用《股票上市规则》、《公司债券上市规则》、《基金上市规则》及其他相关规定:

(一)股票、企业债券、公司债券、证券投资基金份额的首次上市;

(二)股票、企业债券、公司债券、可转换公司债券的暂停上市与恢复上市;

(三)股票、企业债券、公司债券、可转换公司债券、证券投资基金份额的终止上市,但因债券到期而终止上市的除外;

(四)本所审核的其他证券上市、暂停上市、恢复上市及终止上市。

前款所称股票,包括普通股和优先股。

第三条 本所设立上市委员会，对本细则第二条规定的事项进行审核。本所根据上市委员会的审核意见，作出审核决定。

上市委员会审核时，可以采用召开审核会议、直接进行通讯表决或者其他方式进行。

第四条 本所设立上市咨询委员会，为上市审核事宜提供咨询建议。

第五条 上市委员会委员以及上市咨询委员会委员以个人名义独立履行职责，不受任何单位和个人的干涉。

第六条 本所从符合条件的会计、法律及相关领域的专家、其他组织的专业人士中聘任上市委员会委员以及上市咨询委员会委员。

本所及时对外公布上市委员会委员名单，并可根据需要在每届任期届满前对委员进行增补或者调整。上市咨询委员会委员可作为上市委员会委员的换届或增补人选。

第七条 上市委员会委员每届任期2年，任期届满，可以连任。本所根据需要，可以调整委员每届任期和任职届数。

第八条 上市委员会委员应当具备下列条件：

（一）熟悉有关证券法律、行政法规和国家政策；

（二）熟悉证券相关业务和本所业务规则；

（三）在所从事领域内有良好声誉，没有受到刑事、行政处罚和相关自律组织的纪律处分；

（四）坚持原则、公正廉洁、严格守法；

（五）本所要求的其他条件。

第九条 上市委员会委员履行职责时，应遵守下列规定：

（一）勤勉尽责，以审慎的态度，全面审阅相关材料；

（二）按要求参加审核，根据法律、行政法规和本所规则要求，独立发表意见，行使表决权；

（三）不得接受与审核事项有关的单位或人员的馈赠，不得私下与上述单位或人员接触；

（四）保守在履行职责时接触的国家机密和有关单位的商业秘密，不得对外透露有关会议的情况；

（五）不得利用在履行职责时获取的非公开信息，为本人或他人谋取利益；

（六）本所规定的其他要求。

第十条　上市委员会委员有下列情形之一的,本所予以解聘:

(一)不符合本细则第八条规定的条件的;

(二)违反本细则第九条规定,情节严重的;

(三)任期内两次以上无故不参加审核的;

(四)本人申请辞去委员职务的;

(五)本所规定的其他情形。

第十一条　每次审核时,本所在上市委员会委员中选定7名委员参加审核,实际参加审核的委员不得少于5人,其中法律、会计专业人士至少各1人。

第十二条　经本所选定参加审核的委员,如与申请人或审核事项存在直接或间接利害关系,可能影响其公正履行职责的,应当及时申请回避。

第十三条　上市委员会工作小组(以下简称工作小组)设于本所发行上市部,负责办理下列具体事务:

(一)接受上市申请材料;

(二)确认选定的委员能否参加审核;

(三)向委员送交审核材料;

(四)参加审核会议,制作会议记录;

(五)制作审核决定书,并送达申请人;

(六)上市委员会要求办理的其他事项。

第十四条　申请人按照本细则第二条第(一)、(二)项规定提出上市或恢复上市申请的,应按《股票上市规则》、《公司债券上市规则》、《基金上市规则》等规定,向本所提交相关材料。

第十五条　在本所上市的证券出现暂停上市、终止上市情形的,由本所相关业务部门提出处理建议,提交上市委员会审核,并通知申请人。

第十六条　申请人认为本所上市委员会委员与首次上市或恢复上市审核事项存在直接利害关系,不适宜参加审核的,应在向本所提交相关申请材料的同时提交书面回避申请,并说明理由。

申请人认为本所上市委员会委员与暂停上市、终止上市审核事项存在直接利害关系,不适宜参加审核的,应当在收到本细则第十五条规定的通知之日起3日内,向本所送达书面回避申请,并说明理由。

相关委员是否回避,由本所审核决定。

第十七条　工作小组在审核前,将相关材料送交参加审核的委员审阅。

> **第十八条** 被指派参加审核的委员如发现存在应当回避的情形,或因特殊事由不能参加审核的,应当在审核前通知工作小组,并提交书面申请及理由。本所可在核实后对参审委员作相应调整。
>
> **第十九条** 上市委员会审核时召开审核会议的,会议由本所从参审委员中指定的会议召集人主持。审核会议按照下列议程进行:
>
> (一)出席会议委员达到规定人数后,委员填写是否存在与申请人事先接触或是否存在回避事项的有关说明,交由工作小组核对后,召集人宣布会议开始并主持会议;
>
> (二)召集人组织委员对审核事项逐一发表个人审核意见;
>
> (三)召集人总结委员的主要审核意见,形成审核会议对审核事项的审核意见;
>
> (四)委员确认审核会议记录、审核意见记录并签名;
>
> (五)委员进行投票表决;
>
> (六)工作小组负责监票及统计投票结果;
>
> (七)召集人宣布表决结果;
>
> (八)委员在审核会议表决结果上签名。
>
> 上市委员会以现场会议之外的其他方式对审核事项进行审核的,参照前款规定的程序进行。
>
> **第二十条** 参审委员认为有必要的,可以要求本所通知申请人接受询问,或者要求本所聘请相关专业机构或者专家发表专业意见。
>
> **第二十一条** 上市委员会对审核事项只进行一次审核。如发现存在尚待核实的重大事项或其他严重影响委员正确判断的情形,经参审委员过半数同意,可对该审核事项暂缓表决一次。
>
> **第二十二条** 审核事项的表决采用记名投票方式,参审委员每人享有一票表决权。审核决议须经参审委员所持表决权三分之二以上通过。
>
> **第二十五条** 证券发行人、基金管理人不服本所作出的决定,可以在规定的时间内向本所复核委员会申请复核,复核期间本所决定不停止执行。

第五十四条 【上市公告事项】签订上市协议的公司除公告前条规定的文件外,还应当公告下列事项:

（一）股票获准在证券交易所交易的日期；

（二）持有公司股份最多的前十名股东的名单和持股数额；

（三）公司的实际控制人；

（四）董事、监事、高级管理人员的姓名及其持有本公司股票和债券的情况。

第五十五条 【暂停股票上市交易】上市公司有下列情形之一的，由证券交易所决定暂停其股票上市交易：

（一）公司股本总额、股权分布等发生变化不再具备上市条件；

（二）公司不按照规定公开其财务状况，或者对财务会计报告作虚假记载，可能误导投资者；

（三）公司有重大违法行为；

（四）公司最近三年连续亏损；

（五）证券交易所上市规则规定的其他情形。

相关规范性条文

《上海证券交易所股票上市规则》（2018年11月修订）对股票暂停上市条件细化如下。《深圳证券交易所股票上市规则》（2018年11月修订）的规定与此相同，不再重复列举。

14.1.1 上市公司出现下列情形之一的，由本所决定暂停其股票上市：

（一）因最近两个会计年度的净利润触及第13.2.1条第（一）项规定的标准，其股票被实施退市风险警示后，公司披露的最近一个会计年度经审计的净利润继续为负值；

（二）因最近一个会计年度的净资产触及第13.2.1条第（二）项规定的标准，其股票被实施退市风险警示后，公司披露的最近一个会计年度经审计的期末净资产继续为负值；

（三）因最近一个会计年度的营业收入触及第13.2.1条第（三）项规定的标准，其股票被实施退市风险警示后，公司披露的最近一个会计年度经审计的营业收入继续低于1000万元；

（四）因最近一个会计年度的审计意见类型触及第13.2.1条第（四）项规定的标准，其股票被实施退市风险警示后，公司披露的最近一个会计年度的财务会计报告被会计师事务所出具无法表示意见或者否定意见的审计报告；

(五)因未在规定期限内改正财务会计报告中的重大差错或者虚假记载触及第13.2.1条第(五)项规定的标准,其股票被实施退市风险警示后,公司在两个月内仍未按要求改正财务会计报告;

(六)因未在法定期限内披露年度报告或者中期报告触及第13.2.1条第(六)项规定的标准,其股票被实施退市风险警示后,公司在两个月内仍未披露应披露的年度报告或者中期报告;

(七)公司股本总额发生变化不具备上市条件;

(八)因第12.14条股权分布发生变化不具备上市条件,其股票被实施停牌后,未在停牌后一个月内向本所提交解决股权分布问题的方案,或者提交了方案但未获本所同意,或者因股权分布发生变化不具备上市条件触及第13.2.1条第(七)项规定的标准,其股票被实施退市风险警示后,公司在六个月内其股权分布仍不具备上市条件;

(九)因出现第13.2.1条第(八)项规定的重大违法强制退市情形,其股票被实施退市风险警示后交易满三十个交易日;

(十)本所认定的其他情形。

上市公司出现两项以上暂停上市情形的,本所对其股票分别作出相应暂停上市决定。

上市公司股票因前述任一情形被暂停上市后,在暂停上市期间,本所作出对上市公司股票实施重大违法强制退市决定的,本所不再对其股票实施相应退市风险警示,并根据第14.1.7条的规定对公司股票作出暂停上市决定,公司股票不再进行交易。

《深圳证券交易所创业板股票上市规则》(2018年11月修订)对股票暂停上市条件细化如下:

13.1.1 上市公司出现下列情形之一的,本所可以决定暂停其股票上市:

(一)最近三年连续亏损(以最近三年的年度财务会计报告披露的当年经审计净利润为依据);

(二)因财务会计报告存在重要的前期差错或者虚假记载,对以前年度财务会计报告进行追溯调整,导致最近三年连续亏损;

(三)最近一个年度的财务会计报告显示当年年末经审计净资产为负;

(四)因财务会计报告存在重要的前期差错或者虚假记载,对以前年度财务会计报告进行追溯调整,导致最近一年年末经审计净资产为负;

（五）最近两个年度的财务会计报告均被注册会计师出具否定或者无法表示

意见的审计报告；

（六）因财务会计报告存在重要的前期差错或者虚假记载，被中国证监会责令改正但未在规定期限内披露改正后的财务会计报告和审计报告，并在规定期限届满之日起四个月内仍未改正；

（七）在法定披露期限届满之日起两个月内仍未披露年度报告或者半年度报告；

（八）构成欺诈发行强制退市情形；

（九）构成重大信息披露违法等强制退市情形；

（十）构成五大安全领域的重大违法强制退市情形；

（十一）因本规则 12.10 条或者 12.11 条所述情形，公司股权分布或者股东人数不具备上市条件，公司在本所规定的期限内提交了股权分布或者股东人数问题的解决方案并实施，但公司股票被复牌后的六个月内其股权分布或者股东人数仍不具备上市条件；

（十二）股本总额发生变化不再具备上市条件，在本所规定期限内仍未达到上市条件；

（十三）本所规定的其他情形。

第五十六条 【强制退市】 上市公司有下列情形之一的，由证券交易所决定终止其股票上市交易：

（一）公司股本总额、股权分布等发生变化不再具备上市条件，在证券交易所规定的期限内仍不能达到上市条件；

（二）公司不按照规定公开其财务状况，或者对财务会计报告作虚假记载，且拒绝纠正；

（三）公司最近三年连续亏损，在其后一个年度内未能恢复盈利；

（四）公司解散或者被宣告破产；

（五）证券交易所上市规则规定的其他情形。

相关规范性条文

《上海证券交易所股票上市规则》（2018 年 11 月修订）对强制终止上市条件细化如下：

14.3.1 上市公司出现下列情形之一的，由本所决定终止其股票上市：

（一）因净利润、净资产、营业收入或者审计意见类型触及第14.1.1条第（一）项至第（四）项规定的标准，其股票被暂停上市后，公司披露的最近一个会计年度经审计的财务会计报告存在扣除非经常性损益前后的净利润孰低者为负值、期末净资产为负值、营业收入低于1000万元或者被会计师事务所出具保留意见、无法表示意见、否定意见的审计报告等四种情形之一；

（二）因净利润、净资产、营业收入或者审计意见类型触及第14.1.1条第（一）项至第（四）项规定的标准，其股票被暂停上市后，公司未能在法定期限内披露最近一年的年度报告；

（三）因未在规定期限内按要求改正财务会计报告中的重大差错或者虚假记载触及第14.1.1条第（五）项规定的标准，其股票被暂停上市后，公司在两个月内仍未按要求改正财务会计报告；

（四）因未在规定期限内披露年度报告或者中期报告触及第14.1.1条第（六）项规定的标准，其股票被暂停上市后，公司在两个月内仍未按要求披露相关定期报告；

（五）在本所仅发行A股股票的上市公司，通过本所交易系统连续120个交易日（不包含公司股票停牌日）实现的累计股票成交量低于500万股，或者连续20个交易日（不包含公司股票停牌日）的每日股票收盘价均低于股票面值；

（六）在本所仅发行B股股票的上市公司，通过本所交易系统连续120个交易日（不包含公司股票停牌日）实现的累计股票成交量低于100万股，或者连续20个交易日（不包含公司股票停牌日）的每日股票收盘价均低于股票面值；

（七）在本所既发行A股股票又发行B股股票的上市公司，其A、B股股票的成交量或者收盘价同时触及本条第（五）项和第（六）项规定的标准；

（八）上市公司股东数量连续20个交易日（不含公司首次公开发行股票上市之日起的20个交易日和公司股票停牌日）每日均低于2000人；

（九）公司股本总额发生变化不再具备上市条件，在本所规定的期限内仍不能达到上市条件；

（十）因股权分布发生变化不具备上市条件触及第14.1.1条第（八）项规定的标准，其股票被暂停上市后，公司在暂停上市六个月内股权分布仍不具备上市条件；

（十一）公司被依法强制解散；

（十二）公司被法院宣告破产；

（十三）因出现第14.1.1条第（九）项规定的重大违法强制退市情形，其股票被暂停上市届满6个月；

（十四）因净利润、净资产、营业收入、审计意见类型触及第14.1.1条第（一）项至第（四）项规定的标准，其股票被暂停上市后，公司在法定期限内披露了最近一年年度报告，但未在其后的5个交易日内提出恢复上市申请；

（十五）因未在规定期限内按要求改正财务会计报告中的重大差错或者虚假记载触及第14.1.1条第（五）项规定的标准，其股票被暂停上市后，公司在2个月内披露了按要求改正的财务会计报告，但未在其后的5个交易日内提出恢复上市申请；

（十六）因未在规定期限内披露年度报告或者中期报告触及第14.1.1条第（六）项规定的标准，其股票被暂停上市后，公司在两个月内披露了相关定期报告，但未在其后的5个交易日内提出恢复上市申请；

（十七）因股本总额发生变化不再具备上市条件或者股权分布发生变化不具备上市条件触及第14.1.1条第（七）项、第（八）项规定的标准，其股票被暂停上市后，公司股本总额在规定的期限内或者股权分布在6个月内重新具备上市条件，但未在其后的5个交易日内提出恢复上市申请；

（十八）符合第14.2.6条规定的可以申请恢复上市情形，但未在其后的20个交易日内提出恢复上市申请；

（十九）恢复上市申请未被受理；

（二十）恢复上市申请未获同意；

（二十一）本所认定的其他情形。

上市公司因多项情形触及暂停上市的，本所按照最先触及终止上市的时间决定终止其股票上市。

上市公司董事会预计其股票可能出现终止上市情形的，应当及时提出化解相关风险的应对预案并对外披露。

《深圳证券交易所股票上市规则》(2018年11月修订)对强制终止上市条件细化如下：

上市公司出现下列情形之一的，本所有权决定终止其股票上市交易：

(一)公司因净利润、净资产、营业收入或者审计意见类型触及本规则第14.1.1条第(一)项至第(四)项规定情形其股票被暂停上市的，未能在法定期限内披露暂停上市后的首个年度报告；

(二)公司因净利润、净资产、营业收入或者审计意见类型触及本规则第14.1.1条第(一)项至第(四)项规定情形其股票被暂停上市的，暂停上市后首个年度报告显示公司净利润或者扣除非经常性损益后的净利润为负值；

(三)公司因净利润、净资产、营业收入或者审计意见类型触及本规则第14.1.1条第(一)项至第(四)项规定情形其股票被暂停上市的，暂停上市后首个年度报告显示公司期末净资产为负值；

(四)公司因净利润、净资产、营业收入或者审计意见类型触及本规则第14.1.1条第(一)项至第(四)项规定标准其股票被暂停上市的，暂停上市后首个年度报告显示公司营业收入低于一千万元；

(五)公司因净利润、净资产、营业收入或者审计意见类型触及本规则第14.1.1条第(一)项至第(四)项规定情形其股票被暂停上市的，暂停上市后首个年度报告显示公司财务会计报告被出具保留意见、无法表示意见或否定意见的审计报告；

(六)公司因净利润、净资产、营业收入或者审计意见类型触及本规则第14.1.1条规定情形其股票被暂停上市的，在法定期限内披露了暂停上市后首个年度报告但未能在其后五个交易日内提出恢复上市申请；

(七)公司因未在规定期限内改正财务会计报告或者未在法定期限内披露年度报告、半年度报告等出现本规则第14.1.1条第(五)项、第(六)项规定情形其股票被暂停上市的，在两个月内仍未能披露经改正的财务会计报告、相关年度报告或者半年度报告；

(八)公司因未在规定期限内改正财务会计报告或者未在法定期限内披露年度报告、半年度报告触及本规则第14.1.1条第(五)项、第(六)项规定情形其股票被暂停上市的，在两个月内披露了经改正的财务会计报告、相关年度报告或者半年度报告但未能在其后的五个交易日内提出恢复上市申请；

(九)公司因触及本规则第14.1.1条第(七)项规定情形其股票被暂停上市后,在六个月内未满足恢复上市条件;

(十)公司因触及本规则第14.1.1条第(八)项规定情形其股票被暂停上市后,在六个月内未满足恢复上市条件;

(十一)公司因触及本规则第14.1.1条第(七)项、第(八)项规定标准其股票被暂停上市后,符合本规则规定的恢复上市申请条件但未在规定期限内向本所提出恢复上市申请;

(十二)公司因股权分布变化不再具备上市条件触及本规则第14.1.1条第(九)项规定情形其股票被暂停上市后,在六个月内股权分布仍不具备上市条件,或虽已具备上市条件但未在规定期限内向本所提出恢复上市申请;

(十三)公司因股本总额发生变化不再具备上市条件触及本规则第14.1.1条第(十)项规定标准其股票被暂停上市后,在本所规定的期限内仍不具备上市条件,或虽已具备上市条件但未在规定期限内向本所提出恢复上市申请;

(十四)在本所仅发行A股股票的主板上市公司,通过本所交易系统连续一百二十个交易日(不含公司股票全天停牌的交易日)股票累计成交量低于五百万股;

(十五)在本所仅发行B股股票的主板上市公司,通过本所交易系统连续一百二十个交易日(不含公司股票全天停牌的交易日)股票累计成交量低于一百万股;

(十六)在本所既发行A股股票又发行B股股票的主板上市公司,通过本所交易系统连续一百二十个交易日(不含公司股票全天停牌的交易日)其A股股票累计成交量低于五百万股且其B股股票累计成交量同时低于一百万股;

(十七)中小企业板上市公司股票通过本所交易系统连续一百二十个交易日(不含公司股票全天停牌的交易日)股票累计成交量低于三百万股;

(十八)在本所仅发行A股股票的上市公司,通过本所交易系统连续二十个交易日(不含公司股票全天停牌的交易日)的每日股票收盘价均低于股票面值;

(十九)在本所仅发行B股股票的上市公司,通过本所交易系统连续二十个交易日(不含公司股票全天停牌的交易日)的每日股票收盘价均低于股票面值;

(二十)在本所既发行A股股票又发行B股股票的上市公司,通过本所交易系统连续二十个交易日(不含公司股票全天停牌的交易日)的A股、B股每日股票收盘价同时均低于股票面值;

(二十一)主板上市公司连续二十个交易日(不含公司股票全天停牌的交易日、不含公司首次公开发行股票上市之日起的二十个交易日)股东人数低于2000人;

(二十二)中小企业板上市公司连续二十个交易日(不含公司股票全天停牌的交易日、不含公司首次公开发行股票上市之日起的二十个交易日)股东人数低于1000人;

(二十三)公司被法院宣告破产;

(二十四)公司被依法强制解散;

(二十五)中小企业板上市公司最近三十六个月内累计受到本所三次公开谴责;

(二十六)恢复上市申请未被受理;

(二十七)恢复上市申请未被审核同意;

(二十八)本所规定的其他情形。

上市公司依据本规则第14.3.1条申请其股票主动终止上市出现前款相关情形的,不适用本节的规定。

《深圳证券交易所创业板股票上市规则》(2018年11月修订)对强制终止上市条件细化如下:

13.4.1 上市公司出现下列情形之一的,本所有权决定终止其股票上市交易:

(一)因本规则13.1.1条第(一)项至第(五)项情形其股票被暂停上市后,未能在法定披露期限内披露暂停上市后首个年度报告;

(二)因本规则13.1.1条第(一)项至第(五)项情形其股票被暂停上市的,暂停上市后首个年度经审计的净利润或者扣除非经常性损益后的净利润为负值;

(三)因本规则13.1.1条第(一)项至第(五)项情形其股票被暂停上市的,暂停上市后首个年度经审计的期末净资产为负值;

(四)因财务会计报告存在重要的前期差错或者虚假记载,对以前年度财务会计报告进行追溯调整,导致最近两年年末净资产为负;

(五)因本规则13.1.1条第(一)项至第(五)项情形其股票被暂停上市的,暂停上市后首个年度财务会计报告被出具保留意见、无法表示意见或者否定意见的审计报告；

（六）因本规则13.1.1条第（一）项至第（五）项情形其股票被暂停上市后，未能在首个年度报告披露后的五个交易日内提出恢复上市申请；

（七）因本规则13.1.1条第（六）项情形其股票被暂停上市后，在两个月内仍未能披露经改正的有关财务会计报告；

（八）因本规则13.1.1条第（六）项情形其股票被暂停上市后的两个月内披露了经改正的有关财务会计报告，但未能在其后的五个交易日内提出恢复上市申请；

（九）因本规则13.1.1条第（七）项情形其股票被暂停上市后，在一个月内仍未能披露相关年度报告或者半年度报告；

（十）因本规则13.1.1条第（七）项情形其股票被暂停上市后的一个月内披露了相关年度报告或者半年度报告，但未能在其后的五个交易日内提出恢复上市申请；

（十一）因本规则13.1.1条第（八）项至第（十）项情形其股票被暂停上市后，在六个月内未满足恢复上市条件；

（十二）因本规则13.1.1条第（八）项至第（十）项情形其股票被暂停上市后，符合本规则规定的恢复上市申请条件但未在规定期限内向本所提出恢复上市申请；

（十三）因本规则12.10条或者12.11条所述情形，公司股权分布或者股东人数不具备上市条件，公司未在本所规定的期限内提交股权分布或者股东人数问题的解决方案；或者因本规则13.1.1条第（十一）项情形其股票被暂停上市后，在其后的六个月内公司股权分布或者股东人数仍不具备上市条件，或虽已具备上市条件但未在规定期限内向本所提出恢复上市申请；

（十四）因本规则13.1.1条第（十二）项情形公司股票被暂停上市后，在本所规定的期限内仍未消除相关情形，或虽已消除相关情形但未在规定期限内向本所提出恢复上市申请；

（十五）恢复上市申请未被受理；

（十六）恢复上市申请未被审核同意；

（十七）公司最近三十六个月内累计受到本所三次公开谴责；

（十八）公司股票连续120个交易日通过本所交易系统实现的累计成交量低于100万股（因本所对新股交易采取特别交易或者停牌制度所导致的除外）；

> (十九)公司股票连续二十个交易日每日收盘价均低于每股面值;
> (二十)公司被依法强制解散;
> (二十一)法院宣告公司破产;
> (二十二)本所规定的其他情形。
> 上市公司依据本规则13.3.1条申请其股票主动终止上市出现前款相关情形的,不适用本节的规定

第五十七条 【公司债券上市交易的条件】公司申请公司债券上市交易,应当符合下列条件:

(一)公司债券的期限为一年以上;

(二)公司债券实际发行额不少于人民币五千万元;

(三)公司申请债券上市时仍符合法定的公司债券发行条件。

第五十八条 【公司债券上市交易的文件】申请公司债券上市交易,应当向证券交易所报送下列文件:

(一)上市报告书;

(二)申请公司债券上市的董事会决议;

(三)公司章程;

(四)公司营业执照;

(五)公司债券募集办法;

(六)公司债券的实际发行数额;

(七)证券交易所上市规则规定的其他文件。

申请可转换为股票的公司债券上市交易,还应当报送保荐人出具的上市保荐书。

第五十九条 【公司债券上市交易文件的公告】公司债券上市交易申请经证券交易所审核同意后,签订上市协议的公司应当在规定的期限内公告公司债券上市文件及有关文件,并将其申请文件置备于指定场所供公众查阅。

第六十条 【暂停公司债券上市交易】公司债券上市交易后,公司有下列情形之一的,由证券交易所决定暂停其公司债券上市交易:

(一)公司有重大违法行为;

(二)公司情况发生重大变化不符合公司债券上市条件;

（三）发行公司债券所募集的资金不按照核准的用途使用；
（四）未按照公司债券募集办法履行义务；
（五）公司最近二年连续亏损。

相关规范性文件条文

《上海证券交易所股票上市规则》（2018年11月修订）对可转换公司债券暂停上市细化如下。《深圳证券交易所股票上市规则》（2018年11月第11次修订）以及《深圳证券交易所创业板股票上市规则》（2018年11月第4次修订）的规定与此相同，不再重复列举。

14.1.11　上市公司出现下列情形之一的，由本所决定暂停其可转换公司债券上市：

（一）公司有重大违法行为；

（二）公司情况发生重大变化不符合可转换公司债券上市条件；

（三）发行可转换公司债券所募集的资金不按照核准的用途使用；

（四）未按照可转换公司债券募集办法履行义务；

（五）公司最近两年连续亏损；

（六）因公司存在第14.1.1条情形其股票被本所暂停上市；

（七）本所认为应当暂停其可转换公司债券上市的其他情形。

14.1.12　可转换公司债券暂停上市事宜，参照本节股票暂停上市的有关规定执行。

《深圳证券交易所股票上市规则》（2014年10月修订）对可转换公司债券上市暂停上市规定如下，《深圳证券交易所创业板股票上市规则》（2014年修订）的规定与此相同，不再重复列举：

14.1.14　上市公司出现下列情形之一的，本所有权决定暂停其可转换公司债券上市：

（一）公司有重大违法行为；

（二）公司情况发生重大变化不符合可转换公司债券上市条件；

（三）发行可转换公司债券所募集的资金不按照核准的用途使用；

（四）未按照公司可转换公司债券募集办法履行义务；

（五）公司最近两个会计年度经审计的净利润为负值；

（六）因公司触及本规则14.1.1条规定其股票被本所暂停上市的情形。

14.1.15　可转换公司债券暂停上市事宜参照本节股票暂停上市有关规定办理。

第六十一条 【终止公司债券上市交易】公司有前条第(一)项、第(四)项所列情形之一经查实后果严重的,或者有前条第(二)项、第(三)项、第(五)项所列情形之一,在限期内未能消除的,由证券交易所决定终止其公司债券上市交易。

公司解散或者被宣告破产的,由证券交易所终止其公司债券上市交易。

相关规范性文件条文

《上海证券交易所股票上市规则》(2018年11月修订)对可转换公司债券暂停上市细化如下。《深圳证券交易所股票上市规则》(2018年11月第11次修订)以及《深圳证券交易所创业板股票上市规则》(2018年11月第4次修订)的规定与此相同,不再重复列举。

14.3.29 上市公司出现下列情形之一的,本所终止其可转换公司债券上市:

(一)因第14.1.11条第(一)项、第(四)项所列情形之一可转换公司债券被暂停上市,经查实上述情形后果严重;

(二)因第14.1.11条第(二)项所列情形可转换公司债券被暂停上市,该情形在6个月内未能消除;

(三)因第14.1.11条第(三)项所列情形可转换公司债券被暂停上市,该情形在两个月内未能消除;

(四)因第14.1.11条第(五)项所列情形可转换公司债券被暂停上市,公司未在法定披露期限内披露经审计的最近一年年度报告,或者披露的年度报告显示公司亏损,或者未在披露年度报告后的5个交易日内提出恢复上市申请;

(五)公司股票被本所终止上市。

14.3.30 可转换公司债券终止上市事宜,参照本节股票终止上市的有关规定执行。

第六十二条 【上市、退市的救济程序】对证券交易所作出的不予上市、暂停上市、终止上市决定不服的,可以向证券交易所设立的复核机构申请复核。

相关规范性文件条文

《上海证券交易所股票上市规则》(2018 年 11 月修订) 对不予上市、暂停上市、终止上市救济程序细化如下:

15.1 发行人、上市公司或者申请股票重新上市的公司(以下简称申请人)对本所作出的不予上市、暂停上市、终止上市决定不服的,可以在收到本所有关决定或本所公告有关决定之日后的 5 个交易日内,向本所申请复核。

申请人应当在向本所提出复核申请之日后的下一交易日披露有关内容。

15.2 申请人根据前条规定向本所申请复核,应当提交下列文件:

(一)复核申请书;

(二)保荐人就申请复核事项出具的意见书;

(三)律师事务所就申请复核事项出具的法律意见书;

(四)本所要求的其他文件。

15.3 本所在收到申请人提交的复核申请文件之日后的 5 个交易日内,作出是否受理的决定并通知申请人。

未能按照前条规定提交复核申请文件的,本所不受理其复核申请。

申请人应当在收到本所是否受理其复核申请的决定后,及时披露决定的有关内容并提示相关风险。

15.4 本所设立复核委员会,对申请人的复核申请进行审议。

15.5 本所在受理复核申请之日后的 30 个交易日内,依据复核委员会的审核意见作出是否维持不予上市、暂停上市、终止上市的决定。该决定为终局决定。

在此期间,本所要求申请人提供补充材料的,申请人应当按要求予以提供。申请人提供补充材料期间不计入本所作出有关决定的期限内。

申请人提供补充材料的期限累计不得超过 30 个交易日。申请人未按本所要求在前述期限内提交补充材料的,本所在该期限届满后继续对其所提申请进行审核,并根据本规则对其作出是否维持不予上市、暂停上市或者终止上市的决定。

申请人应当在收到本所的复核决定后,及时披露决定的有关内容。

《深圳证券交易所股票上市规则》(2018 年 11 月第 11 次修订) 对不予上市、暂停上市、终止上市救济程序细化如下,《深圳证券交易所创业板股票上市规则》(2018 年 11 月第 4 次修订)的规定与此基本相同,不再重复列举:

15.1 发行人或者上市公司、重新上市申请公司(以下统称"申请人")对本所作出的不予上市、暂停上市、终止上市、不予重新上市决定不服的,可以在收到本所相关决定或者本所公告送达有关决定之日(以在先者为准)起十五个交易日内以书面形式向本所申请复核。

有关复核程序和相关事宜,适用本所有关规定。申请人应当在向本所提出复核申请后次一交易日发布相关公告。

15.2 本所在收到申请人提交的复核申请后五个交易日内作出是否受理的决定并通知申请人。

申请人未能按照本规则第15.1条的要求提供申请文件的,本所不受理其复核申请。

申请人应当在收到本所是否受理其申请的决定后及时披露决定的有关情况,并提示相关风险。

15.3 本所设立上诉复核委员会,对申请人的复核申请进行审议,作出独立的专业判断并形成审核意见。

15.4 本所在受理复核申请后三十个交易日内,依据上诉复核委员会的审核意见作出维持或者撤销不予上市、暂停上市、终止上市、不予重新上市的决定。该决定为终局决定。

在此期间,本所要求申请人提供补充材料的,申请人应当在本所规定期限内提供有关材料。申请人提供补充材料期间不计入本所作出有关决定的期限内。

第三节 持续信息公开

第六十三条 【信息披露的基本原则】发行人、上市公司依法披露的信息,必须真实、准确、完整,不得有虚假记载、误导性陈述或者重大遗漏。

相关裁判摘要

2008年第12期《中华人民共和国最高人民法院公报》刊登的**"陈伟诉广东省机场管理集团公司、广州白云国际机场股份有限公司、上海证券交易所侵权纠纷案"**的判决认为,权证属证券衍生品种,发布权证信息的提示性公告的权证信息披露与证券法规定的涉及上市公司财务状况、股权结构以及公司经营管理人员变化等公司内部重大事项的信息披露不同,应由发行人和相关投资者承担相关信息披露义务,而不是由权证标的证券上市公司承担。相关裁判摘要如下:

关于涉案"机场JTP1"权证最后交易日等内容的公告,是否是证券法上的上市公司信息披露行为。权证属证券衍生品种,对于权证最后交易日等内容的提示,与证券法规定的涉及上市公司财务状况、股权结

> 构以及公司经营管理人员变化等公司内部重大事项的信息披露不同，最后交易日是由权证交易规则直接规定的，并非权证发行人自行约定的事项或未公开的事项，属于公开信息。《上海证券交易所权证管理暂行办法》第十四条第二款规定：权证存续期满前5个交易日，权证终止交易，但可以行权。根据该规定，权证存续期间一旦确定，最后交易日也随之确定，即使发行人没有提示权证的最后交易日等有关信息，权证投资者在知道权证的存续期间和权证交易规则的情况下，应当可以自行了解和掌握权证的最后交易日。因此，被上诉人广东机场集团关于涉案"机场JTP1"最后交易日的公告是具有提示性质的公告，不属于证券法上的上市公司信息披露。

第六十四条　【招股说明书、公司债券募集办法的披露】经国务院证券监督管理机构核准依法公开发行股票，或者经国务院授权的部门核准依法公开发行公司债券，应当公告招股说明书、公司债券募集办法。依法公开发行新股或者公司债券的，还应当公告财务会计报告。

第六十五条　【中期报告的披露】上市公司和公司债券上市交易的公司，应当在每一会计年度的上半年结束之日起二个月内，向国务院证券监督管理机构和证券交易所报送记载以下内容的中期报告，并予公告：

（一）公司财务会计报告和经营情况；

（二）涉及公司的重大诉讼事项；

（三）已发行的股票、公司债券变动情况；

（四）提交股东大会审议的重要事项；

（五）国务院证券监督管理机构规定的其他事项。

第六十六条　【年度报告的披露】上市公司和公司债券上市交易的公司，应当在每一会计年度结束之日起四个月内，向国务院证券监督管理机构和证券交易所报送记载以下内容的年度报告，并予公告：

（一）公司概况；

（二）公司财务会计报告和经营情况；

（三）董事、监事、高级管理人员简介及其持股情况；

（四）已发行的股票、公司债券情况，包括持有公司股份最多的前十名股东的名单和持股数额；

（五）公司的实际控制人；

（六）国务院证券监督管理机构规定的其他事项。

相关行政规章条文

《上市公司信息披露管理办法》（中国证券监督管理委员会令第40号，自2007年1月30日起施行）

第一章 总 则

第一条 为了规范发行人、上市公司及其他信息披露义务人的信息披露行为，加强信息披露事务管理，保护投资者合法权益，根据《公司法》、《证券法》等法律、行政法规，制定本办法。

第二条 信息披露义务人应当真实、准确、完整、及时地披露信息，不得有虚假记载、误导性陈述或者重大遗漏。

信息披露义务人应当同时向所有投资者公开披露信息。

在境内、外市场发行证券及其衍生品种并上市的公司在境外市场披露的信息，应当同时在境内市场披露。

第三条 发行人、上市公司的董事、监事、高级管理人员应当忠实、勤勉地履行职责，保证披露信息的真实、准确、完整、及时、公平。

第四条 在内幕信息依法披露前，任何知情人不得公开或者泄露该信息，不得利用该信息进行内幕交易。

第五条 信息披露文件主要包括招股说明书、募集说明书、上市公告书、定期报告和临时报告等。

第六条 上市公司及其他信息披露义务人依法披露信息，应当将公告文稿和相关备查文件报送证券交易所登记，并在中国证券监督管理委员会（以下简称中国证监会）指定的媒体发布。

信息披露义务人在公司网站及其他媒体发布信息的时间不得先于指定媒体，不得以新闻发布或者答记者问等任何形式代替应当履行的报告、公告义务，不得以定期报告形式代替应当履行的临时报告义务。

第七条 信息披露义务人应当将信息披露公告文稿和相关备查文件报送上市公司注册地证监局，并置备于公司住所供社会公众查阅。

第八条 信息披露文件应当采用中文文本。同时采用外文文本的，信息披露义务人应当保证两种文本的内容一致。两种文本发生歧义时，以中文文本为准。

第九条 中国证监会依法对信息披露文件及公告的情况、信息披露事务管理活动进行监督，对上市公司控股股东、实际控制人和信息披露义务人的行为进行监督。

证券交易所应当对上市公司及其他信息披露义务人披露信息进行监督,督促其依法及时、准确地披露信息,对证券及其衍生品种交易实行实时监控。证券交易所制订的上市规则和其他信息披露规则应当报中国证监会批准。

第十条 中国证监会可以对金融、房地产等特殊行业上市公司的信息披露作出特别规定。

第二章 招股说明书、募集说明书与上市公告书

第十一条 发行人编制招股说明书应当符合中国证监会的相关规定。凡是对投资者作出投资决策有重大影响的信息,均应当在招股说明书中披露。

公开发行证券的申请经中国证监会核准后,发行人应当在证券发行前公告招股说明书。

第十二条 发行人的董事、监事、高级管理人员,应当对招股说明书签署书面确认意见,保证所披露的信息真实、准确、完整。

招股说明书应当加盖发行人公章。

第十三条 发行人申请首次公开发行股票的,中国证监会受理申请文件后,发行审核委员会审核前,发行人应当将招股说明书申报稿在中国证监会网站预先披露。

预先披露的招股说明书申报稿不是发行人发行股票的正式文件,不能含有价格信息,发行人不得据此发行股票。

第十四条 证券发行申请经中国证监会核准后至发行结束前,发生重要事项的,发行人应当向中国证监会书面说明,并经中国证监会同意后,修改招股说明书或者作相应的补充公告。

第十五条 申请证券上市交易,应当按照证券交易所的规定编制上市公告书,并经证券交易所审核同意后公告。

发行人的董事、监事、高级管理人员,应当对上市公告书签署书面确认意见,保证所披露的信息真实、准确、完整。

上市公告书应当加盖发行人公章。

第十六条 招股说明书、上市公告书引用保荐人、证券服务机构的专业意见或者报告的,相关内容应当与保荐人、证券服务机构出具的文件内容一致,确保引用保荐人、证券服务机构的意见不会产生误导。

第十七条 本办法第十一条至第十六条有关招股说明书的规定,适用于公司债券募集说明书。

第十八条 上市公司在非公开发行新股后，应当依法披露发行情况报告书。

第三章 定期报告

第十九条 上市公司应当披露的定期报告包括年度报告、中期报告和季度报告。凡是对投资者作出投资决策有重大影响的信息，均应当披露。

年度报告中的财务会计报告应当经具有证券、期货相关业务资格的会计师事务所审计。

第二十条 年度报告应当在每个会计年度结束之日起4个月内，中期报告应当在每个会计年度的上半年结束之日起2个月内，季度报告应当在每个会计年度第3个月、第9个月结束后的1个月内编制完成并披露。

第一季度季度报告的披露时间不得早于上一年度年度报告的披露时间。

第二十一条 年度报告应当记载以下内容：

（一）公司基本情况；

（二）主要会计数据和财务指标；

（三）公司股票、债券发行及变动情况，报告期末股票、债券总额、股东总数，公司前10大股东持股情况；

（四）持股5%以上股东、控股股东及实际控制人情况；

（五）董事、监事、高级管理人员的任职情况、持股变动情况、年度报酬情况；

（六）董事会报告；

（七）管理层讨论与分析；

（八）报告期内重大事件及对公司的影响；

（九）财务会计报告和审计报告全文；

（十）中国证监会规定的其他事项。

第二十二条 中期报告应当记载以下内容：

（一）公司基本情况；

（二）主要会计数据和财务指标；

（三）公司股票、债券发行及变动情况、股东总数、公司前10大股东持股情况，控股股东及实际控制人发生变化的情况；

（四）管理层讨论与分析；

(五)报告期内重大诉讼、仲裁等重大事件及对公司的影响;

(六)财务会计报告;

(七)中国证监会规定的其他事项。

第二十三条　季度报告应当记载以下内容:

(一)公司基本情况;

(二)主要会计数据和财务指标;

(三)中国证监会规定的其他事项。

第二十四条　公司董事、高级管理人员应当对定期报告签署书面确认意见,监事会应当提出书面审核意见,说明董事会的编制和审核程序是否符合法律、行政法规和中国证监会的规定,报告的内容是否能够真实、准确、完整地反映上市公司的实际情况。

董事、监事、高级管理人员对定期报告内容的真实性、准确性、完整性无法保证或者存在异议的,应当陈述理由和发表意见,并予以披露。

第二十五条　上市公司预计经营业绩发生亏损或者发生大幅变动的,应当及时进行业绩预告。

第二十六条　定期报告披露前出现业绩泄露,或者出现业绩传闻且公司证券及其衍生品种交易出现异常波动的,上市公司应当及时披露本报告期相关财务数据。

第二十七条　定期报告中财务会计报告被出具非标准审计报告的,上市公司董事会应当针对该审计意见涉及事项作出专项说明。

定期报告中财务会计报告被出具非标准审计意见,证券交易所认为涉嫌违法的,应当提请中国证监会立案调查。

第二十八条　上市公司未在规定期限内披露年度报告和中期报告的,中国证监会应当立即立案稽查,证券交易所应当按照股票上市规则予以处理。

第二十九条　年度报告、中期报告和季度报告的格式及编制规则,由中国证监会另行制定。

第四章　临 时 报 告

第三十条　发生可能对上市公司证券及其衍生品种交易价格产生较大影响的重大事件,投资者尚未得知时,上市公司应当立即披露,说明事件的起因、目前的状态和可能产生的影响。

前款所称重大事件包括:

(一)公司的经营方针和经营范围的重大变化;

（二）公司的重大投资行为和重大的购置财产的决定；

（三）公司订立重要合同，可能对公司的资产、负债、权益和经营成果产生重要影响；

（四）公司发生重大债务和未能清偿到期重大债务的违约情况，或者发生大额赔偿责任；

（五）公司发生重大亏损或者重大损失；

（六）公司生产经营的外部条件发生的重大变化；

（七）公司的董事、1/3以上监事或者经理发生变动；董事长或者经理无法履行职责；

（八）持有公司5%以上股份的股东或者实际控制人，其持有股份或者控制公司的情况发生较大变化；

（九）公司减资、合并、分立、解散及申请破产的决定；或者依法进入破产程序、被责令关闭；

（十）涉及公司的重大诉讼、仲裁，股东大会、董事会决议被依法撤销或者宣告无效；

（十一）公司涉嫌违法违规被有权机关调查，或者受到刑事处罚、重大行政处罚；公司董事、监事、高级管理人员涉嫌违法违纪被有权机关调查或者采取强制措施；

（十二）新公布的法律、法规、规章、行业政策可能对公司产生重大影响；

（十三）董事会就发行新股或者其他再融资方案、股权激励方案形成相关决议；

（十四）法院裁决禁止控股股东转让其所持股份；任一股东所持公司5%以上股份被质押、冻结、司法拍卖、托管、设定信托或者被依法限制表决权；

（十五）主要资产被查封、扣押、冻结或者被抵押、质押；

（十六）主要或者全部业务陷入停顿；

（十七）对外提供重大担保；

（十八）获得大额政府补贴等可能对公司资产、负债、权益或者经营成果产生重大影响的额外收益；

（十九）变更会计政策、会计估计；

（二十）因前期已披露的信息存在差错、未按规定披露或者虚假记载，被有关机关责令改正或者经董事会决定进行更正；

(二十一)中国证监会规定的其他情形。

第三十一条 上市公司应当在最先发生的以下任一时点,及时履行重大事件的信息披露义务:

(一)董事会或者监事会就该重大事件形成决议时;

(二)有关各方就该重大事件签署意向书或者协议时;

(三)董事、监事或者高级管理人员知悉该重大事件发生并报告时。

在前款规定的时点之前出现下列情形之一的,上市公司应当及时披露相关事项的现状、可能影响事件进展的风险因素:

(一)该重大事件难以保密;

(二)该重大事件已经泄露或者市场出现传闻;

(三)公司证券及其衍生品种出现异常交易情况。

第三十二条 上市公司披露重大事件后,已披露的重大事件出现可能对上市公司证券及其衍生品种交易价格产生较大影响的进展或者变化的,应当及时披露进展或者变化情况、可能产生的影响。

第三十三条 上市公司控股子公司发生本办法第三十条规定的重大事件,可能对上市公司证券及其衍生品种交易价格产生较大影响的,上市公司应当履行信息披露义务。

上市公司参股公司发生可能对上市公司证券及其衍生品种交易价格产生较大影响的事件的,上市公司应当履行信息披露义务。

第三十四条 涉及上市公司的收购、合并、分立、发行股份、回购股份等行为导致上市公司股本总额、股东、实际控制人等发生重大变化的,信息披露义务人应当依法履行报告、公告义务,披露权益变动情况。

第三十五条 上市公司应当关注本公司证券及其衍生品种的异常交易情况及媒体关于本公司的报道。

证券及其衍生品种发生异常交易或者在媒体中出现的消息可能对公司证券及其衍生品种的交易产生重大影响时,上市公司应当及时向相关各方了解真实情况,必要时应当以书面方式问询。

上市公司控股股东、实际控制人及其一致行动人应当及时、准确地告知上市公司是否存在拟发生的股权转让、资产重组或者其他重大事件,并配合上市公司做好信息披露工作。

第三十六条 公司证券及其衍生品种交易被中国证监会或者证券交易所认定为异常交易的,上市公司应当及时了解造成证券及其衍生品种交易异常波动的影响因素,并及时披露。

第五章 信息披露事务管理

第三十七条 上市公司应当制定信息披露事务管理制度。信息披露事务管理制度应当包括：

（一）明确上市公司应当披露的信息，确定披露标准；

（二）未公开信息的传递、审核、披露流程；

（三）信息披露事务管理部门及其负责人在信息披露中的职责；

（四）董事和董事会、监事和监事会、高级管理人员等的报告、审议和披露的职责；

（五）董事、监事、高级管理人员履行职责的记录和保管制度；

（六）未公开信息的保密措施，内幕信息知情人的范围和保密责任；

（七）财务管理和会计核算的内部控制及监督机制；

（八）对外发布信息的申请、审核、发布流程；与投资者、证券服务机构、媒体等的信息沟通与制度；

（九）信息披露相关文件、资料的档案管理；

（十）涉及子公司的信息披露事务管理和报告制度；

（十一）未按规定披露信息的责任追究机制，对违反规定人员的处理措施。

上市公司信息披露事务管理制度应当经公司董事会审议通过，报注册地证监局和证券交易所备案。

第三十八条 上市公司董事、监事、高级管理人员应当勤勉尽责，关注信息披露文件的编制情况，保证定期报告、临时报告在规定期限内披露，配合上市公司及其他信息披露义务人履行信息披露义务。

第三十九条 上市公司应当制定定期报告的编制、审议、披露程序。经理、财务负责人、董事会秘书等高级管理人员应当及时编制定期报告草案，提请董事会审议；董事会秘书负责送达董事审阅；董事长负责召集和主持董事会会议审议定期报告；监事会负责审核董事会编制的定期报告；董事会秘书负责组织定期报告的披露工作。

第四十条 上市公司应当制定重大事件的报告、传递、审核、披露程序。董事、监事、高级管理人员知悉重大事件发生时，应当按照公司规定立即履行报告义务；董事长在接到报告后，应当立即向董事会报告，并敦促董事会秘书组织临时报告的披露工作。

第四十一条 上市公司通过业绩说明会、分析师会议、路演、接受投资者调研等形式就公司的经营情况、财务状况及其他事件与任何机构和个人进行沟通的,不得提供内幕信息。

第四十二条 董事应当了解并持续关注公司生产经营情况、财务状况和公司已经发生的或者可能发生的重大事件及其影响,主动调查、获取决策所需要的资料。

第四十三条 监事应当对公司董事、高级管理人员履行信息披露职责的行为进行监督;关注公司信息披露情况,发现信息披露存在违法违规问题的,应当进行调查并提出处理建议。

监事会对定期报告出具的书面审核意见,应当说明编制和审核的程序是否符合法律、行政法规、中国证监会的规定,报告的内容是否能够真实、准确、完整地反映上市公司的实际情况。

第四十四条 高级管理人员应当及时向董事会报告有关公司经营或者财务方面出现的重大事件、已披露的事件的进展或者变化情况及其他相关信息。

第四十五条 董事会秘书负责组织和协调公司信息披露事务,汇集上市公司应予披露的信息并报告董事会,持续关注媒体对公司的报道并主动求证报道的真实情况。董事会秘书有权参加股东大会、董事会会议、监事会会议和高级管理人员相关会议,有权了解公司的财务和经营情况,查阅涉及信息披露事宜的所有文件。

董事会秘书负责办理上市公司信息对外公布等相关事宜。除监事会公告外,上市公司披露的信息应当以董事会公告的形式发布。董事、监事、高级管理人员非经董事会书面授权,不得对外发布上市公司未披露信息。

上市公司应当为董事会秘书履行职责提供便利条件,财务负责人应当配合董事会秘书在财务信息披露方面的相关工作。

第四十六条 上市公司的股东、实际控制人发生以下事件时,应当主动告知上市公司董事会,并配合上市公司履行信息披露义务。

(一)持有公司5%以上股份的股东或者实际控制人,其持有股份或者控制公司的情况发生较大变化;

(二)法院裁决禁止控股股东转让其所持股份,任一股东所持公司5%以上股份被质押、冻结、司法拍卖、托管、设定信托或者被依法限制表决权;

(三)拟对上市公司进行重大资产或者业务重组;

(四)中国证监会规定的其他情形。

应当披露的信息依法披露前,相关信息已在媒体上传播或者公司证券及其衍生品种出现交易异常情况的,股东或者实际控制人应当及时、准确地向上市公司作出书面报告,并配合上市公司及时、准确地公告。

上市公司的股东、实际控制人不得滥用其股东权利、支配地位,不得要求上市公司向其提供内幕信息。

第四十七条 上市公司非公开发行股票时,其控股股东、实际控制人和发行对象应当及时向上市公司提供相关信息,配合上市公司履行信息披露义务。

第四十八条 上市公司董事、监事、高级管理人员、持股5%以上的股东及其一致行动人、实际控制人应当及时向上市公司董事会报送上市公司关联人名单及关联关系的说明。上市公司应当履行关联交易的审议程序,并严格执行关联交易回避表决制度。交易各方不得通过隐瞒关联关系或者采取其他手段,规避上市公司的关联交易审议程序和信息披露义务。

第四十九条 通过接受委托或者信托等方式持有上市公司5%以上股份的股东或者实际控制人,应当及时将委托人情况告知上市公司,配合上市公司履行信息披露义务。

第五十条 信息披露义务人应当向其聘用的保荐人、证券服务机构提供与执业相关的所有资料,并确保资料的真实、准确、完整,不得拒绝、隐匿、谎报。

保荐人、证券服务机构在为信息披露出具专项文件时,发现上市公司及其他信息披露义务人提供的材料有虚假记载、误导性陈述、重大遗漏或者其他重大违法行为的,应当要求其补充、纠正。信息披露义务人不予补充、纠正的,保荐人、证券服务机构应当及时向公司注册地证监局和证券交易所报告。

第五十一条 上市公司解聘会计师事务所的,应当在董事会决议后及时通知会计师事务所,公司股东大会就解聘会计师事务所进行表决时,应当允许会计师事务所陈述意见。股东大会作出解聘、更换会计师事务所决议的,上市公司应当在披露时说明更换的具体原因和会计师事务所的陈述意见。

第五十二条 为信息披露义务人履行信息披露义务出具专项文件的保荐人、证券服务机构,应当勤勉尽责、诚实守信,按照依法制定的业务规则、行业执业规范和道德准则发表专业意见，保证所出具文件的真实性、准确性和完整性。

第五十三条　注册会计师应当秉承风险导向审计理念，严格执行注册会计师执业准则及相关规定，完善鉴证程序，科学选用鉴证方法和技术，充分了解被鉴证单位及其环境，审慎关注重大错报风险，获取充分、适当的证据，合理发表鉴证结论。

第五十四条　资产评估机构应当恪守职业道德，严格遵守评估准则或者其他评估规范，恰当选择评估方法，评估中提出的假设条件应当符合实际情况，对评估对象所涉及交易、收入、支出、投资等业务的合法性、未来预测的可靠性取得充分证据，充分考虑未来各种可能性发生的概率及其影响，形成合理的评估结论。

第五十五条　任何机构和个人不得非法获取、提供、传播上市公司的内幕信息，不得利用所获取的内幕信息买卖或者建议他人买卖公司证券及其衍生品种，不得在投资价值分析报告、研究报告等文件中使用内幕信息。

第五十六条　媒体应当客观、真实地报道涉及上市公司的情况，发挥舆论监督作用。

任何机构和个人不得提供、传播虚假或者误导投资者的上市公司信息。

违反前两款规定，给投资者造成损失的，依法承担赔偿责任。

第六章　监督管理与法律责任

第五十七条　中国证监会可以要求上市公司及其他信息披露义务人或者其董事、监事、高级管理人员对有关信息披露问题作出解释、说明或者提供相关资料，并要求上市公司提供保荐人或者证券服务机构的专业意见。

中国证监会对保荐人和证券服务机构出具的文件的真实性、准确性、完整性有疑义的，可以要求相关机构作出解释、补充，并调阅其工作底稿。

上市公司及其他信息披露义务人、保荐人和证券服务机构应当及时作出回复，并配合中国证监会的检查、调查。

第五十八条　上市公司董事、监事、高级管理人员应当对公司信息披露的真实性、准确性、完整性、及时性、公平性负责，但有充分证据表明其已经履行勤勉尽责义务的除外。

上市公司董事长、经理、董事会秘书，应当对公司临时报告信息披露的真实性、准确性、完整性、及时性、公平性承担主要责任。

上市公司董事长、经理、财务负责人应对公司财务报告的真实性、准确性、完整性、及时性、公平性承担主要责任。

第五十九条 信息披露义务人及其董事、监事、高级管理人员，上市公司的股东、实际控制人、收购人及其董事、监事、高级管理人员违反本办法的，中国证监会可以采取以下监管措施：

（一）责令改正；

（二）监管谈话；

（三）出具警示函；

（四）将其违法违规、不履行公开承诺等情况记入诚信档案并公布；

（五）认定为不适当人选；

（六）依法可以采取的其他监管措施。

第六十条 上市公司未按本办法规定制定上市公司信息披露事务管理制度的，中国证监会责令改正。拒不改正的，中国证监会给予警告、罚款。

第六十一条 信息披露义务人未在规定期限内履行信息披露义务，或者所披露的信息有虚假记载、误导性陈述或者重大遗漏的，中国证监会按照《证券法》第一百九十三条处罚。

第六十二条 信息披露义务人未在规定期限内报送有关报告，或者报送的报告有虚假记载、误导性陈述或者重大遗漏的，中国证监会按照《证券法》第一百九十三条处罚。

第六十三条 上市公司通过隐瞒关联关系或者采取其他手段，规避信息披露、报告义务的，中国证监会按照《证券法》第一百九十三条处罚。

第六十四条 上市公司股东、实际控制人未依法配合上市公司履行信息披露义务的，或者非法要求上市公司提供内幕信息的，中国证监会责令改正，给予警告、罚款。

第六十五条 为信息披露义务人履行信息披露义务出具专项文件的保荐人、证券服务机构及其人员，违反《证券法》、行政法规和中国证监会的规定，由中国证监会依法采取责令改正、监管谈话、出具警示函、记入诚信档案等监管措施；应当给予行政处罚的，中国证监会依法处罚。

第六十六条　任何机构和个人泄露上市公司内幕信息，或者利用内幕信息买卖证券及其衍生品种，中国证监会按照《证券法》第二百零一条、第二百零二条处罚。

第六十七条　任何机构和个人编制、传播虚假信息扰乱证券市场；媒体传播上市公司信息不真实、不客观的，中国证监会按照《证券法》第二百零六条处罚。

在证券及其衍生品种交易活动中作出虚假陈述或者信息误导的，中国证监会按照《证券法》第二百零七条处罚。

第六十八条　涉嫌利用新闻报道以及其他传播方式对上市公司进行敲诈勒索的，中国证监会责令改正，向有关部门发出监管建议函，由有关部门依法追究法律责任。

第六十九条　上市公司及其他信息披露义务人违反本办法的规定，情节严重的，中国证监会可以对有关责任人员采取证券市场禁入的措施。

第七十条　违反本办法，涉嫌犯罪的，依法移送司法机关，追究刑事责任。

第七章　附　　则

第七十一条　本办法下列用语的含义：

（一）为信息披露义务人履行信息披露义务出具专项文件的保荐人、证券服务机构，是指为证券发行、上市、交易等证券业务活动制作、出具保荐书、审计报告、资产评估报告、法律意见书、财务顾问报告、资信评级报告等文件的保荐人、会计师事务所、资产评估机构、律师事务所、财务顾问机构、资信评级机构。

（二）及时，是指自起算日起或者触及披露时点的两个交易日内。

（三）上市公司的关联交易，是指上市公司或者其控股子公司与上市公司关联人之间发生的转移资源或者义务的事项。

关联人包括关联法人和关联自然人。

具有以下情形之一的法人，为上市公司的关联法人：

1. 直接或者间接地控制上市公司的法人；

2. 由前项所述法人直接或者间接控制的除上市公司及其控股子公司以外的法人；

3. 关联自然人直接或者间接控制的、或者担任董事、高级管理人员的，除上市公司及其控股子公司以外的法人；

4. 持有上市公司5%以上股份的法人或者一致行动人；

5. 在过去12个月内或者根据相关协议安排在未来12月内，存在上述情形之一的；

6. 中国证监会、证券交易所或者上市公司根据实质重于形式的原则认定的其他与上市公司有特殊关系，可能或者已经造成上市公司对其利益倾斜的法人。

具有以下情形之一的自然人，为上市公司的关联自然人：

1. 直接或者间接持有上市公司5%以上股份的自然人；

2. 上市公司董事、监事及高级管理人员；

3. 直接或者间接地控制上市公司的法人的董事、监事及高级管理人员；

4. 上述第1、2项所述人士的关系密切的家庭成员，包括配偶、父母、年满18周岁的子女及其配偶、兄弟姐妹及其配偶，配偶的父母、兄弟姐妹，子女配偶的父母；

5. 在过去12个月内或者根据相关协议安排在未来12个月内，存在上述情形之一的；

6. 中国证监会、证券交易所或者上市公司根据实质重于形式的原则认定的其他与上市公司有特殊关系，可能或者已经造成上市公司对其利益倾斜的自然人。

（四）指定媒体，是指中国证监会指定的报刊和网站。

相关规范性文件条文

《上海证券交易所股票上市规则》（2018年11月修订）对持续信息披露细化如下：

6.1　上市公司定期报告包括年度报告、中期报告和季度报告。

公司应当在法律、行政法规、部门规章、其他规范性文件以及本规则规定的期限内完成编制并披露定期报告。其中，年度报告应当在每个会计年度结束之日起4个月内，中期报告应当在每个会计年度的上半年结束之日起两个月内，季度报告应当在每个会计年度前3个月、9个月结束后的一个月内编制完成并披露。第一季度季度报告的披露时间不得早于上一年度年度报告的披露时间。

公司预计不能在规定期限内披露定期报告的，应当及时向本所报告，并公告不能按期披露的原因、解决方案以及延期披露的最后期限。

6.2　上市公司应当向本所预约定期报告的披露时间，本所根据均衡披露原则统筹安排各公司定期报告的披露顺序。

公司应当按照本所安排的时间办理定期报告披露事宜。因故需要变更披露时间的，应当提前5个交易日向本所提出书面申请，说明变更的理由和变更后的披露时间，本所视情形决定是否予以调整。本所原则上只接受一次变更申请。

6.3　上市公司董事会应当确保公司按时披露定期报告。因故无法形成董事会审议定期报告的决议的，公司应当以董事会公告的形式对外披露相关情况，说明无法形成董事会决议的原因和存在的风险。

公司不得披露未经董事会审议通过的定期报告。

6.4　上市公司董事会应当按照中国证监会和本所关于定期报告的有关规定，组织有关人员安排落实定期报告的编制和披露工作。

公司经理、财务负责人、董事会秘书等高级管理人员应当及时编制定期报告草案；董事会秘书负责送达董事、监事、高级管理人员审阅；董事长负责召集和主持董事会会议审议定期报告。

公司董事、高级管理人员应当对定期报告签署书面确认意见，明确表示是否同意定期报告的内容；监事会应当对董事会编制的定期报告进行审核，以监事会决议的形式说明定期报告编制和审核程序是否符合相关规定，内容是否真实、准确、完整。董事、高级管理人员不得以任何理由拒绝对定期报告签署书面意见。

为公司定期报告出具审计意见的会计师事务所，应当严格按照注册会计师执业准则及相关规定，及时恰当发表审计意见，不得无故拖延审计工作而影响定期报告的按时披露。

6.5　上市公司聘请为其提供会计报表审计、净资产验证及其他相关服务的会计师事务所应当具有执行证券、期货相关业务的资格。

公司聘请或者解聘会计师事务所必须由股东大会决定，董事会不得在股东大会决定前委任会计师事务所。

公司解聘或者不再续聘会计师事务所时，应当事先通知会计师事务所。公司股东大会就解聘会计师事务所进行表决时，会计师事务所可以陈述意见。会计师事务所提出辞聘的，应当向股东大会说明公司有无不当情形。

6.6 上市公司年度报告中的财务会计报告应当经具有执行证券、期货相关业务资格的会计师事务所审计。中期报告中的财务会计报告可以不经审计，但公司有下列情形之一的，应当审计：

（一）拟在下半年进行利润分配、以公积金转增股本、弥补亏损；

（二）根据中国证监会或者本所有关规定应当进行审计的其他情形。

季度报告中的财务资料无须审计，但中国证监会和本所另有规定的除外。

6.7 上市公司应当在董事会审议通过定期报告后，及时向本所报送并提交下列文件：

（一）定期报告全文及摘要（或正文）；

（二）审计报告原件（如适用）；

（三）董事会和监事会决议及其公告文稿；

（四）按本所要求制作的载有定期报告和财务数据的电子文件；

（五）本所要求的其他文件。

6.8 定期报告披露前出现业绩提前泄漏，或者因业绩传闻导致公司股票及其衍生品种交易异常波动的，上市公司应当及时披露本报告期相关财务数据（无论是否已经审计），包括营业收入、营业利润、利润总额、净利润、总资产、净资产、每股收益、每股净资产和净资产收益率等主要财务数据和指标。

6.9 上市公司财务会计报告被会计师事务所出具非标准审计意见的，按照《公开发行证券的公司信息披露编报规则第 14 号－非标准审计意见及其涉及事项的处理》的规定（以下简称第 14 号编报规则），公司在报送定期报告的同时，应当向本所提交下列文件：

（一）董事会针对该审计意见涉及事项所做的符合第 14 号编报规则要求的专项说明，审议此专项说明的董事会决议和决议所依据的材料；

（二）独立董事对审计意见涉及事项所发表的意见；

（三）监事会对董事会专项说明的意见和相关决议；

（四）负责审计的会计师事务所和注册会计师出具的符合第 14 号编报规则要求的专项说明；

（五）中国证监会和本所要求的其他文件。

6.10 上市公司出现第6.9条所述非标准审计意见涉及事项如属于明显违反会计准则及相关信息披露规范规定的，公司应当对有关事项进行纠正，并及时披露经纠正的财务会计资料和会计师事务所出具的审计报告或专项鉴证报告等有关材料。

公司未及时披露、采取措施消除相关事项及其影响的，本所可以对其采取监管措施或纪律处分，或报中国证监会调查处理。

6.11 上市公司应当认真对待本所对其定期报告的事后审核意见，及时回复本所的问询，并按要求对定期报告有关内容作出解释和说明。如需披露更正或者补充公告并修改定期报告的，公司应当在履行相应程序后公告，并在本所网站披露修改后的定期报告全文。

6.12 上市公司因已披露的定期报告存在差错或者虚假记载，被有关机关责令改正或者经董事会决定进行更正的，应当立即向本所报告，并在被责令改正或者董事会作出相应决定后，按照中国证监会《公开发行证券的公司信息披露编报规则第19号——财务信息的更正及相关披露》等有关规定，及时予以披露。

6.13 发行可转换公司债券的上市公司，其年度报告和中期报告还应当包括以下内容：

（一）转股价格历次调整的情况，经调整后的最新转股价格；

（二）可转换公司债券发行后累计转股的情况；

（三）前10名可转换公司债券持有人的名单和持有量；

（四）担保人盈利能力、资产状况和信用状况发生重大变化的情况；

（五）公司的负债情况、资信变化情况以及在未来年度偿债的现金安排；

（六）中国证监会和本所规定的其他内容。

《深圳证券交易所股票上市规则》（2018年11月修订）对持续信息披露细化如下：

6.1 上市公司应当披露的定期报告包括年度报告、半年度报告和季度报告。

上市公司应当在法律、行政法规、部门规章、规范性文件以及本规则规定的期限内，按照中国证监会及本所的有关规定编制并披露定期报告。

6.2　上市公司应当在每个会计年度结束之日起四个月内披露年度报告，应当在每个会计年度的上半年结束之日起两个月内披露半年度报告，应当在每个会计年度前三个月、九个月结束后的一个月内披露季度报告。

公司第一季度季度报告的披露时间不得早于公司上一年度的年度报告披露时间。

公司预计不能在规定期限内披露定期报告的，应当及时向本所报告，并公告不能按期披露的原因、解决方案及延期披露的最后期限。

6.3　上市公司应当与本所约定定期报告的披露时间，本所根据均衡披露原则统筹安排各公司定期报告披露顺序。

公司应当按照本所安排的时间办理定期报告披露事宜。因故需变更披露时间的，应当提前五个交易日向本所提出书面申请，陈述变更理由，并明确变更后的披露时间，本所视情形决定是否予以调整。本所原则上只接受一次变更申请。

6.4　上市公司董事会应当确保公司定期报告的按时披露，因故无法形成有关定期报告的董事会决议的，应当以董事会公告的方式对外披露相关事项，说明无法形成董事会决议的具体原因和存在的风险。

公司不得披露未经董事会审议通过的定期报告。

6.5　上市公司董事会应当按照中国证监会和本所关于定期报告的有关规定，组织有关人员安排落实定期报告的编制和披露工作。

公司经理、财务负责人、董事会秘书等高级管理人员应当及时编制定期报告提交董事会审议；公司董事、高级管理人员应当依法对公司定期报告是否真实、准确、完整签署书面确认意见；公司监事会应当依法对董事会编制的公司定期报告进行审核并提出书面审核意见。

6.6　上市公司的董事、监事、高级管理人员不得以任何理由拒绝对公司定期报告签署书面意见影响定期报告的按时披露。

公司董事会不得以任何理由影响公司定期报告的按时披露。

负责公司定期报告审计工作的会计师事务所，不得无故拖延审计工作影响公司定期报告的按时披露。

6.7　上市公司聘请为其提供会计报表审计、净资产验证及其他相关服务的会计师事务所应当具有执行证券、期货相关业务的资格。

公司聘请或者解聘会计师事务所必须由股东大会决定,董事会不得在股东大会决定前委任会计师事务所。

公司解聘或者不再续聘会计师事务所时,应当事先通知会计师事务所。公司股东大会就解聘会计师事务所进行表决时,会计师事务所可以陈述意见。会计师事务所提出辞聘的,应当向股东大会说明公司有无不当情形。

6.8 上市公司年度报告中的财务会计报告必须经具有从事证券、期货相关业务资格的会计师事务所审计。

公司半年度报告中的财务会计报告可以不经审计,但有下列情形之一的,公司应当审计:

(一)拟在下半年进行利润分配、公积金转增股本或者弥补亏损的;

(二)中国证监会或者本所认为应当进行审计的其他情形。

公司季度报告中的财务资料无须审计,但中国证监会或者本所另有规定的除外。

6.9 上市公司应当在定期报告经董事会审议后及时向本所报送,并提交下列文件:

(一)年度报告全文及其摘要、半年度报告全文及其摘要或者季度报告全文及正文;

(二)审计报告原件(如适用);

(三)董事会和监事会决议及其公告文稿;

(四)按本所要求制作的载有定期报告和财务数据的电子文件;

(五)本所要求的其他文件。

6.10 在公司定期报告披露前出现业绩泄漏,或者因业绩传闻导致公司股票及其衍生品种交易异常波动的,上市公司应当及时披露本报告期相关财务数据(无论是否已经审计),包括营业收入、营业利润、利润总额、净利润、总资产和净资产等。

6.11 上市公司财务会计报告被注册会计师出具非标准审计意见的,按照中国证监会《公开发行证券的公司信息披露编报规则第14号——非标准审计意见及其涉及事项的处理》(以下简称"第14号编报规则")的规定,公司在报送定期报告的同时应当向本所提交下列文件:

(一)董事会针对该审计意见涉及事项所做的符合第14号编报规则要求的专项说明,审议此专项说明的董事会决议以及决议所依据的材料;

(二)独立董事对审计意见涉及事项的意见;

(三)监事会对董事会有关说明的意见和相关的决议;

(四)负责审计的会计师事务所及注册会计师出具的符合第14号编报规则要求的专项说明;

(五)中国证监会和本所要求的其他文件。

6.12 上市公司出现本规则第6.11条所述非标准审计意见涉及事项如属于明显违反会计准则及相关信息披露规范性规定的,公司应当对有关事项进行纠正,并及时披露纠正后的财务会计资料和会计师出具的审计报告或专项鉴证报告等有关资料。

公司未及时披露、采取措施消除相关事项及其影响的,本所有权对其采取监管措施或纪律处分,或报中国证监会调查处理。

6.13 上市公司应当认真对待本所对其定期报告的事后审核意见,及时回复本所的问询,并按要求对定期报告有关内容作出解释和说明。如需披露更正或者补充公告并修改定期报告的,公司应当在履行相应程序后公告,并在指定网站上披露修改后的定期报告全文。

6.14 发行可转换公司债券的上市公司按照本章规定所编制的年度报告和半年度报告还应当包括以下内容:

(一)转股价格历次调整的情况,经调整后的最新转股价格;

(二)可转换公司债券发行后累计转股的情况;

(三)前十名可转换公司债券持有人的名单和持有量;

(四)担保人盈利能力、资产状况和信用状况发生重大变化的情况;

(五)公司的负债情况、资信变化情况以及在未来年度还债的现金安排;

(六)中国证监会和本所规定的其他内容。

《深圳证券交易所创业板股票上市规则》(2018年11月修订)对持续信息披露细化如下:

6.1 上市公司应当披露的定期报告包括年度报告、半年度报告和季度报告。

公司应当在法律、行政法规、部门规章、规范性文件以及本规则规定的期限内,按照中国证监会及本所的有关规定编制并披露定期报告。

6.2 上市公司应当在每个会计年度结束之日起四个月内披露年度报告,在每个会计年度的上半年结束之日起两个月内披露半年度报告,在每个会计年度的前三个月、九个月结束后的一个月内披露季度报告。

预计不能在会计年度结束之日起两个月内披露年度报告的公司,应当在该会计年度结束后两个月内按照本规则11.3.7条的要求披露业绩快报。

公司第一季度季度报告的披露时间不得早于公司上一年度的年度报告披露时间。

公司预计不能在规定期限内披露定期报告的,应当及时向本所报告,并公告不能按期披露的原因、解决方案及延期披露的最后期限。

6.3 上市公司应当与本所约定定期报告的披露时间,本所根据均衡披露原则统筹安排各公司定期报告披露顺序。

公司应当按照本所安排的时间办理定期报告披露事宜。因故需变更披露时间的,应当提前五个交易日向本所提出书面申请,陈述变更理由,并明确变更后的披露时间,本所视情形决定是否予以调整。本所原则上只接受一次变更申请。

6.4 上市公司董事会应当确保公司定期报告的按时披露,因故无法形成有关定期报告的董事会决议的,应当以董事会公告的方式对外披露相关事项,说明无法形成董事会决议的具体原因和存在的风险。

公司不得披露未经董事会审议通过的定期报告。

6.5 上市公司董事会应当按照中国证监会和本所关于定期报告的有关规定,组织有关人员安排落实定期报告的编制和披露工作。

公司经理、财务负责人、董事会秘书等高级管理人员应当及时编制定期报告提交董事会审议;公司董事、高级管理人员应当依法对公司定期报告签署书面确认意见;公司监事会应当依法对董事会编制的公司定期报告进行审核并提出书面审核意见。

6.6 上市公司的董事、监事和高级管理人员,不得以任何理由拒绝对公司定期报告签署书面意见影响定期报告的按时披露。

公司董事会不得以任何理由影响公司定期报告的按时披露。

6.7 上市公司聘请为其提供会计报表审计、净资产验证及其他相关服务的会计师事务所应当具有执行证券、期货相关业务的资格。

公司聘请或者解聘会计师事务所必须由股东大会决定,董事会不得在股东大会决定前委任会计师事务所。

公司解聘或者不再续聘会计师事务所时，应当事先通知会计师事务所。公司股东大会就解聘会计师事务所进行表决时，会计师事务所可以陈述意见。会计师事务所提出辞聘的，应当向股东大会说明公司有无不当情形。

6.8　负责上市公司定期报告审计工作的注册会计师，应当严格遵守中国注册会计师职业道德规范和会计师事务所质量控制准则，不得因任何利害关系影响其客观、公正的立场或者出具不当、不实的审计报告，不得无故拖延审计工作影响公司定期报告的按时披露。

6.9　上市公司年度报告中的财务会计报告必须经具有从事证券、期货相关业务资格的会计师事务所审计。

公司半年度报告中的财务会计报告可以不经审计，但有下列情形之一的，公司应当聘请会计师事务所进行审计：

（一）拟在下半年进行利润分配（仅进行现金分红的除外）、公积金转增股本或者弥补亏损的；

（二）中国证监会或者本所认为应当进行审计的其他情形。

公司季度报告中的财务资料无须审计，但中国证监会或者本所另有规定的除外。

6.10　上市公司当年存在募集资金使用的，公司应当在进行年度审计的同时，聘请会计师事务所对实际投资项目、实际投资金额、实际投入时间和完工程度等募集资金使用情况进行专项审核，出具专项审核报告，并在年度报告中披露专项审核的情况。

6.11　上市公司应当在定期报告经董事会审议后及时向本所报送，并提交下列文件：

（一）年度报告全文及其摘要（半年度报告全文及其摘要、季度报告全文及正文）；

（二）审计报告原件（如适用）；

（三）董事会和监事会决议及其公告文稿；

（四）按本所要求制作的载有定期报告和财务数据的电子文件；

（五）审计委员会对公司内部控制制度进行检查和评估后发表的专项意见；

（六）本所要求的其他文件。

6.12　在公司定期报告披露前出现业绩提前泄漏，或者因业绩传闻导致公司股票及其衍生品种交易异常波动的，上市公司应当及时按照本规则 11.3.7 条的要求披露业绩快报。

6.13 上市公司应当在每年年度报告披露后十个交易日内举行年度报告说明会，向投资者真实、准确地介绍公司的发展战略、生产经营、新产品和新技术开发、财务状况和经营业绩、投资项目等各方面情况。

公司年度报告说明会应当事先以公告的形式就活动时间、方式和主要内容等向投资者予以说明，年度报告说明会的有关资料应当刊载于公司网站和本所网站的上市公司投资者关系管理互动平台供投资者查阅。

6.14 上市公司的财务会计报告被注册会计师出具非标准审计意见的，按照中国证监会《公开发行证券的公司信息披露编报规则第14号－非标准审计意见及其涉及事项的处理》（以下简称“第14号编报规则”）的规定，公司在报送定期报告的同时应当向本所提交下列文件：

（一）董事会针对该审计意见涉及事项所做的符合第14号编报规则要求的专项说明，审议此专项说明的董事会决议以及决议所依据的材料；

（二）独立董事对审计意见涉及事项的意见；

（三）监事会对董事会有关说明的意见和相关的决议；

（四）负责审计的会计师事务所及注册会计师出具的符合第14号编报规则要求的专项说明；

（五）中国证监会和本所要求的其他文件。

6.15 上市公司出现本规则6.14条所述非标准审计意见涉及事项如属于明显违反企业会计准则及相关信息披露规范性规定的，上市公司应当对有关事项进行纠正，并及时披露纠正后的财务会计资料和会计师出具的审计报告或专项鉴证报告等有关资料。

公司未及时披露、采取措施消除相关事项及其影响的，本所有权对其采取监管措施或纪律处分，或者报中国证监会调查处理。

6.16 上市公司最近一个会计年度的财务会计报告被注册会计师出具否定或者无法表示意见的审计报告，应当于其后披露的首个半年度报告和三季度报告中说明导致否定或者无法表示意见的情形是否已经消除。

6.17 上市公司应当认真对待本所对其定期报告的事后审核意见,及时回复本所的问询,并按要求对定期报告有关内容作出解释和说明。如需披露更正或者补充公告并修改定期报告的,公司应当在履行相应程序后公告,并在指定网站上披露修改后的定期报告全文。

6.18 发行可转换公司债券的上市公司按照本章规定所编制的年度报告和半年度报告还应当包括下列内容:

(一)转股价格历次调整的情况,经调整后的最新转股价格;

(二)可转换公司债券发行后累计转股的情况;

(三)前十名可转换公司债券持有人的名单和持有量;

(四)担保人盈利能力、资产状况和信用状况发生重大变化的情况;

(五)公司的负债情况、资信变化情况以及在未来年度还债的现金安排;

(六)中国证监会和本所规定的其他内容。

第六十七条 【临时信息披露】发生可能对上市公司股票交易价格产生较大影响的重大事件,投资者尚未得知时,上市公司应当立即将有关该重大事件的情况向国务院证券监督管理机构和证券交易所报送临时报告,并予公告,说明事件的起因、目前的状态和可能产生的法律后果。

下列情况为前款所称重大事件:

(一)公司的经营方针和经营范围的重大变化;

(二)公司的重大投资行为和重大的购置财产的决定;

(三)公司订立重要合同,可能对公司的资产、负债、权益和经营成果产生重要影响;

(四)公司发生重大债务和未能清偿到期重大债务的违约情况;

(五)公司发生重大亏损或者重大损失;

(六)公司生产经营的外部条件发生的重大变化;

(七)公司的董事、三分之一以上监事或者经理发生变动;

(八)持有公司百分之五以上股份的股东或者实际控制人,其持有股份或者控制公司的情况发生较大变化;

(九)公司减资、合并、分立、解散及申请破产的决定;

(十)涉及公司的重大诉讼,股东大会、董事会决议被依法撤销或者宣告无效;

（十一）公司涉嫌犯罪被司法机关立案调查，公司董事、监事、高级管理人员涉嫌犯罪被司法机关采取强制措施；

（十二）国务院证券监督管理机构规定的其他事项。

相关规范性文件条文

《上海证券交易所股票上市规则》（2018 年 11 月修订）对临时信息披露主要细化如下。《深圳证券交易所股票上市规则》（2018 年 11 月修订）的规定与此基本相同，不再重复列举。

7.1　上市公司披露的除定期报告之外的其他公告为临时报告。

临时报告应当由董事会发布并加盖公司或者董事会公章（监事会决议公告可以加盖监事会公章）。

7.2　上市公司应当及时向本所报送并披露临时报告。临时报告涉及的相关备查文件应当同时在本所网站披露。

7.3　上市公司应当在以下任一时点最先发生时，及时披露相关重大事项：

（一）董事会或者监事会就该重大事项形成决议时；

（二）有关各方就该重大事项签署意向书或者协议（无论是否附加条件或期限）时；

（三）任何董事、监事或者高级管理人员知道或应当知道该重大事项时。

7.4　重大事项尚处于筹划阶段，但在前条所述有关时点发生之前出现下列情形之一的，上市公司应当及时披露相关筹划情况和既有事实：

（一）该重大事项难以保密；

（二）该重大事项已经泄露或者市场出现传闻；

（三）公司股票及其衍生品种的交易发生异常波动。

7.5　上市公司根据第 7.3 条、第 7.4 条的规定披露临时报告后，还应当按照下述规定持续披露重大事项的进展情况：

（一）董事会、监事会或者股东大会就该重大事项形成决议的，及时披露决议情况；

（二）公司就该重大事项与有关当事人签署意向书或者协议的，及时披露意向书或者协议的主要内容；上述意向书或者协议的内容或履行情况发生重大变化或者被解除、终止的，及时披露发生重大变化或者被解除、终止的情况和原因；

（三）该重大事项获得有关部门批准或者被否决的，及时披露批准或者否决的情况；

（四）该重大事项出现逾期付款情形的，及时披露逾期付款的原因和付款安排；

（五）该重大事项涉及的主要标的物尚未交付或者过户的，及时披露交付或者过户情况；超过约定交付或者过户期限3个月仍未完成交付或者过户的，及时披露未如期完成的原因、进展情况和预计完成的时间，并每隔30日公告一次进展情况，直至完成交付或者过户；

（六）该重大事项发生可能对公司股票及其衍生品种交易价格产生较大影响的其他进展或者变化的，及时披露进展或者变化情况。

7.6　上市公司根据第7.3条或者第7.4条在规定时间内报送的临时报告不符合本规则有关要求的，可以先披露提示性公告，解释未能按要求披露的原因，并承诺在两个交易日内披露符合要求的公告。

7.7　上市公司控股子公司发生的本规则第九章、第十章和第十一章所述重大事项，视同上市公司发生的重大事项，适用前述各章的规定。

上市公司参股公司发生本规则第九章和第十一章所述重大事项，或者与上市公司的关联人进行第10.1.1条提及的各类交易，可能对上市公司股票及其衍生品种交易价格产生较大影响的，上市公司应当参照上述各章的规定，履行信息披露义务。

9.2　上市公司发生的交易（提供担保除外）达到下列标准之一的，应当及时披露：

（一）交易涉及的资产总额（同时存在账面值和评估值的，以高者为准）占上市公司最近一期经审计总资产的10%以上；

（二）交易的成交金额（包括承担的债务和费用）占上市公司最近一期经审计净资产的10%以上，且绝对金额超过1000万元；

（三）交易产生的利润占上市公司最近一个会计年度经审计净利润的10%以上，且绝对金额超过100万元；

（四）交易标的（如股权）在最近一个会计年度相关的营业收入占上市公司最近一个会计年度经审计营业收入的10%以上，且绝对金额超过1000万元；

（五）交易标的（如股权）在最近一个会计年度相关的净利润占上市公司最近一个会计年度经审计净利润的10%以上，且绝对金额超过100万元。

上述指标涉及的数据如为负值，取其绝对值计算。

9.3　上市公司发生的交易（提供担保、受赠现金资产、单纯减免上市公司义务的债务除外）达到下列标准之一的，除应当及时披露外，还应当提交股东大会审议：

(一)交易涉及的资产总额(同时存在账面值和评估值的,以高者为准)占上市公司最近一期经审计总资产的50%以上;

(二)交易的成交金额(包括承担的债务和费用)占上市公司最近一期经审计净资产的50%以上,且绝对金额超过5000万元;

(三)交易产生的利润占上市公司最近一个会计年度经审计净利润的50%以上,且绝对金额超过500万元;

(四)交易标的(如股权)在最近一个会计年度相关的营业收入占上市公司最近一个会计年度经审计营业收入的50%以上,且绝对金额超过5000万元;

(五)交易标的(如股权)在最近一个会计年度相关的净利润占上市公司最近一个会计年度经审计净利润的50%以上,且绝对金额超过500万元。

上述指标涉及的数据如为负值,取绝对值计算。

9.4 上市公司与同一交易方同时发生第9.1条第(二)项至第(四)项以外各项中方向相反的两个相关交易时,应当按照其中单个方向的交易涉及指标中较高者计算披露标准。

9.11 上市公司发生"提供担保"交易事项,应当提交董事会或者股东大会进行审议,并及时披露。

下述担保事项应当在董事会审议通过后提交股东大会审议:

(一)单笔担保额超过公司最近一期经审计净资产10%的担保;

(二)公司及其控股子公司的对外担保总额,超过公司最近一期经审计净资产50%以后提供的任何担保;

(三)为资产负债率超过70%的担保对象提供的担保;

(四)按照担保金额连续12个月内累计计算原则,超过公司最近一期经审计总资产30%的担保;

(五)按照担保金额连续12个月内累计计算原则,超过公司最近一期经审计净资产的50%,且绝对金额超过5000万元以上;

(六)本所或者公司章程规定的其他担保。

对于董事会权限范围内的担保事项,除应当经全体董事的过半数通过外,还应当经出席董事会会议的三分之二以上董事同意;前款第(四)项担保,应当经出席会议的股东所持表决权的三分之二以上通过。

10.2.4 上市公司与关联法人发生的交易金额在300万元以上,且占公司最近一期经审计净资产绝对值0.5%以上的关联交易(上市公司提供担保除外),应当及时披露。

10.2.5 上市公司与关联人发生的交易(上市公司提供担保、受赠现金资产、单纯减免上市公司义务的债务除外)金额在3000万元以上,且占上市公司最近一期经审计净资产绝对值5%以上的关联交易,除应当及时披露外,还应当比照第9.7条的规定,提供具有执行证券、期货相关业务资格的证券服务机构,对交易标的出具的审计或者评估报告,并将该交易提交股东大会审议。

11.1.1 上市公司应当及时披露涉案金额超过1000万元,并且占公司最近一期经审计净资产绝对值10%以上的重大诉讼、仲裁事项。

未达到前款标准或者没有具体涉案金额的诉讼、仲裁事项,董事会基于案件特殊性认为可能对公司股票及其衍生品种交易价格产生较大影响,或者本所认为有必要的,以及涉及股东大会、董事会决议被申请撤销或者宣告无效的诉讼,公司也应当及时披露。

《深圳证券交易所创业板股票上市规则》(2018年11月修订)对临时信息披露的诸多规定与《深圳证券交易所股票上市规则》(2018年11月修订)相同,但在以下涉及数字的方面不同:

9.2 上市公司发生的交易达到下列标准之一的,应当及时披露:

(一)交易涉及的资产总额占上市公司最近一期经审计总资产的10%以上,该交易涉及的资产总额同时存在账面值和评估值的,以较高者作为计算依据;

(二)交易标的(如股权)在最近一个会计年度相关的营业收入占上市公司最近一个会计年度经审计营业收入的10%以上,且绝对金额超过500万元;

(三)交易标的(如股权)在最近一个会计年度相关的净利润占上市公司最近一个会计年度经审计净利润的10%以上,且绝对金额超过100万元;

(四)交易的成交金额(含承担债务和费用)占上市公司最近一期经审计净资产的10%以上,且绝对金额超过500万元;

(五)交易产生的利润占上市公司最近一个会计年度经审计净利润的10%以上,且绝对金额超过100万元。

上述指标计算中涉及的数据如为负值,取其绝对值计算。

9.3 上市公司发生的交易(上市公司受赠现金资产除外)达到下列标准之一的,上市公司除应当及时披露外,还应当提交股东大会审议:

(一)交易涉及的资产总额占上市公司最近一期经审计总资产的50%以上,该交易涉及的资产总额同时存在账面值和评估值的,以较高者作为计算依据;

(二)交易标的(如股权)在最近一个会计年度相关的营业收入占上市公司最近一个会计年度经审计营业收入的50%以上,且绝对金额超过3000万元;

(三)交易标的(如股权)在最近一个会计年度相关的净利润占上市公司最近一个会计年度经审计净利润的50%以上,且绝对金额超过300万元;

(四)交易的成交金额(含承担债务和费用)占上市公司最近一期经审计净资产的50%以上,且绝对金额超过3000万元;

(五)交易产生的利润占上市公司最近一个会计年度经审计净利润的50%以上,且绝对金额超过300万元。

上述指标计算中涉及的数据如为负值,取其绝对值计算。

10.2.4 上市公司与关联法人发生的交易金额在100万元以上,且占上市公司最近一期经审计净资产绝对值0.5%以上的关联交易,应当经董事会审议后及时披露。

10.2.6 上市公司与关联人发生的交易(公司获赠现金资产和提供担保除外)金额在1000万元以上,且占公司最近一期经审计净资产绝对值5%以上的关联交易,除应当及时披露外,还应当比照本规则9.7条的规定聘请具有从事证券、期货相关业务资格的中介机构,对交易标的进行评估或者审计,并将该交易提交股东大会审议。

11.1.1 上市公司发生的重大诉讼、仲裁事项涉及金额占公司最近一期经审计净资产绝对值10%以上,且绝对金额超过500万元的,应当及时披露。

未达到前款标准或者没有具体涉案金额的诉讼、仲裁事项,董事会基于案件特殊性认为可能对公司股票及其衍生品种交易价格产生较大影响,或者本所认为有必要的,或者涉及公司股东大会、董事会决议被申请撤销或者宣告无效的诉讼的,公司也应当及时披露。

第六十八条 【董监高对信息披露的责任】 上市公司董事、高级管理人员应当对公司定期报告签署书面确认意见。

上市公司监事会应当对董事会编制的公司定期报告进行审核并提出书面审核意见。

上市公司董事、监事、高级管理人员应当保证上市公司所披露的信息真实、准确、完整。

相关行政处罚案例

“中国证监会行政处罚决定书(上海外高桥、史贤俊等6名责任人员)”(〔2008〕25号)认定,史贤俊时任上海外高桥保税区开发股份有限公司(以下简称外高桥)董事、总经理,对外高桥的信息披露违法行为负有主要责任,并决定对外高桥责令改正,并处以30万元的罚款;对史贤俊给予警告,并处以10万元的罚款;同时,还对其他董事、监事和高级管理人员进行警告和罚款。相关行政处罚决定书摘要如下:

经查,外高桥存在如下违法行为:

一、2003年年报、2004年半年报及年报“银行存款—其他货币资金”科目虚假记载

2003年7月29日,外高桥在国海证券有限责任公司上海北京东路营业部(以下简称北京东路营业部)开立证券账户。2003年7月29日至12月24日,外高桥分9笔划入北京东路营业部180,000,000元,并分3笔从营业部划回外高桥90,000,000元。截至2003年12月31日,外高桥账面记录“银行存款—其他货币资金—人民币—存出保证金—国海证券”科目的账面余额为90,164,974.67元,并将该数据记载于2003年年报的货币资金科目中。但实际存在的数额为3384元,其他资金已被划作他用。

2004年3月11日,外高桥将50,000,000元划入北京东路营业部的外高桥资金账户。2004年3月31日、6月30日,外高桥分别记利息增加806,843.67元以及639,587.21元。截至2004年6月30日,外高桥账面记录“银行存款—其他货币资金—人民币—存出保证金—国海证券”科目的账面余额为141,611,405.55元,并将该数据记载于2004年半年报货币资金科目中。但实际存在的数额为20,770.55元,其他资金已被划作他用。

2004年7月7日、10月18日,外高桥分2次共将60,000,000元资金划入北京东路营业部的外高桥资金账户。2004年9月30日、12月31日,外高桥分别记利息增加769,721.88元以及893,049.72元。截至2004年12月31日,外高桥账面记录“银行存款—其他货币资金—人民币—存出保证金—国海证券”科目的账面余额为203,274,177.15元,并将该数据记载于2004年年报货币资金科目中。但实际存在的数额为20,770.55元,其他资金已被划作他用。

二、外高桥对委托理财收回情况虚假记载

外高桥于2004年4月22日与北京中兴光大投资有限公司(以下简称中兴光大)签署1年期《委托理财协议》,本金29,000,000元。2005年4月1日,外高桥将自有资金33,020,000元划至上海众托科技有限公司(以下简称众托科技),当日又由众托科技划回外高桥29,000,000元,外高桥记录为中兴光大归还委托理财款。2005年4月1日,外高桥与中兴光大签订《协议》,约定中兴光大委托众托科技支付29,000,000元,双方《委托理财协议》中止;同时,中兴光大与众托科技签订《协议》,约定了众托科技与中兴光大的债权债务关系。

三、外高桥以个人名义开立账户买卖证券

外高桥于2003年7月29日在北京东路营业部开立证券账户60088956,下挂有4个自然人证券账号,申购新股,授权代理人为黎明红。另外,外高桥子公司上海外高桥玖益物资贸易有限公司于2000年2月14日在北京东路营业部开立证券账户,授权代理人为黎明红,资金账号60012222,下挂有1个机构账号、128个自然人证券账号;外高桥子公司上海外高桥保宏大酒店有限公司于2003年8月4日在北京东路营业部开立证券账户60088959,下挂有1个机构账号、124个自然人证券账号,授权代理人为黎明红。

上述违法事实,有相应的董事会决议、年报等证据证明,事实清楚,证据确实充分,足以认定。

时任外高桥董事兼总经理史贤俊,在审议通过2003年年报、2004年半年报及年报的董事会决议上签字,其间,主持公司党委、行政工作,具体主管计划财务部、审计稽核部等,在公司2003年年报、2004年半年报及年报"银行存款—其他货币资金"科目虚假记载违法行为中,审批了资金划转;在公司对委托理财收回情况虚假记载的违法行为中,参与实施了部分行为;在法人以个人名义设立账户买卖证券的违法行为中,没有尽到管理责任。综上,认定史贤俊为对外高桥违法行为直接负责的主管人员。另外,因其犯挪用公款和企业人员受贿罪被判有期徒刑两年、缓刑两年,违法情节严重。

史贤俊在听证及申辩材料中提出:银行存款2亿元被挪用并形成虚假记载,是黎明红内外勾结、违法犯罪的结果,本人确未发现对账单虚假,"绝对没有主观上的故意",确实毫不知情,同时负责公司审计的会计师事务所在审计中也没发现;委托理财2900万元的虚假记载确实是事实,但事出有因、逼于无奈,是经公司领导集体研究决定的;外高桥法人以个人名义设立账户买卖证券,本人没有授权,也不知情,不是主管负责人;挪用公款受贿犯罪9.4万元法院已经做出判决,但情节极其轻微,与前述行为无关。

经审理,史贤俊的陈述申辩理由不成立。没有故意,毫不知情,不能成为其免责理由。史贤俊作为外高桥的董事兼总经理,没有履行应尽的职责,去发现、阻止违法行为,尽到一个正常人管理自己财产的注意义务,在管理上失察、存在过失,应当承担责任。审计责任和信息披露责任人员责任是两种不同的责任。负责审计的会计师事务所没有发现,不等于公司责任人员就可以不负相关责任。信息披露的根本要求就是把真实的情况准确、完整地披露出来,让投资者自己抉择。关于委托理财2900万元虚假记载的问题,不管是出于什么原因,也不能在信息披露中虚假记载。即便集体研究做出这种虚假记载行为,作为董事兼总经理也应当承担责任。关于法人以个人名义设立账户问题,没有授权和不知情不能作为其免责理由,担任总经理后,对于公司2个账户违法买卖证券不知情,足见史贤俊在管理上的失控、失职。虽然史贤俊不是该项事务的直接主管负责人,但作为董事兼总经理,未能勤勉尽责,应当承担违法买卖证券的责任。关于挪用公款和受贿9.4万元犯罪问题,虽然与本案认定的虚假记载、法人以个人名义买卖证券行为无关,但是,它是一个重要事实,结合本案其他事实,不仅说明史贤俊作为董事兼总经理未依法履行勤勉义务,而且说明未对公司尽到忠实义务,挪用公款和受贿9.4万元构成犯罪,违法情节严重。

外高桥虚假记载的行为违反了原《证券法》第五十九条、第六十条、第六十一条关于信息披露、中报和年报的有关规定,构成了原《证券法》第一百七十七条的行为;外高桥以个人名义开立账户买卖证券的行为,违反了原《证券法》第七十四条的有关规定,构成了原《证券法》第一百九十条的行为。

第六十九条 【信息披露的民事责任】发行人、上市公司公告的招股说明书、公司债券募集办法、财务会计报告、上市报告文件、年度报告、中期报告、临时报告以及其他信息披露资料,有虚假记载、误导性陈述或者重大遗漏，致使投资者在证券交易中遭受损失的，发行人、上市公司应当承担赔偿责任；发行人、上市公司的董事、监事、高级管理人员和其他直接责任人员以及保荐人、承销的证券公司，应当与发行人、上市公司承担连带赔偿责任，但是能够证明自己没有过错的除外；发行人、上市公司的控股股东、实际控制人有过错的，应当与发行人、上市公司承担连带赔偿责任。

相关司法解释

《最高人民法院关于审理证券市场因虚假陈述引发的民事赔偿案件的若干规定》（自2003年2月1日起施行）对信息披露违法行为的民事责任规定摘编如下：

第一条　本规定所称证券市场因虚假陈述引发的民事赔偿案件（以下简称虚假陈述证券民事赔偿案件），是指证券市场投资人以信息披露义务人违反法律规定，进行虚假陈述并致使其遭受损失为由，而向人民法院提起诉讼的民事赔偿案件。

第二条　本规定所称投资人，是指在证券市场上从事证券认购和交易的自然人、法人或者其他组织。

本规定所称证券市场，是指发行人向社会公开募集股份的发行市场，通过证券交易所报价系统进行证券交易的市场，证券公司代办股份转让市场以及国家批准设立的其他证券市场。

第三条　因下列交易发生的民事诉讼，不适用本规定：

（一）在国家批准设立的证券市场以外进行的交易；

（二）在国家批准设立的证券市场上通过协议转让方式进行的交易。

第四条　人民法院审理虚假陈述证券民事赔偿案件，应当着重调解，鼓励当事人和解。

第七条　虚假陈述证券民事赔偿案件的被告，应当是虚假陈述行为人，包括：

（一）发起人、控股股东等实际控制人；

（二）发行人或者上市公司；

（三）证券承销商；

（四）证券上市推荐人；

（五）会计师事务所、律师事务所、资产评估机构等专业中介服务机构；

（六）上述（二）、（三）、（四）项所涉单位中负有责任的董事、监事和经理等高级管理人员以及（五）项中直接责任人；

（七）其他作出虚假陈述的机构或者自然人。

第八条 虚假陈述证券民事赔偿案件，由省、直辖市、自治区人民政府所在的市、计划单列市和经济特区中级人民法院管辖。

第九条 投资人对多个被告提起证券民事赔偿诉讼的，按下列原则确定管辖：

（一）由发行人或者上市公司所在地有管辖权的中级人民法院管辖。但有本规定第十条第二款规定的情形除外。

（二）对发行人或者上市公司以外的虚假陈述行为人提起的诉讼，由被告所在地有管辖权的中级人民法院管辖。

（三）仅以自然人为被告提起的诉讼，由被告所在地有管辖权的中级人民法院管辖。

第十条 人民法院受理以发行人或者上市公司以外的虚假陈述行为人为被告提起的诉讼后，经当事人申请或者征得所有原告同意后，可以追加发行人或者上市公司为共同被告。人民法院追加后，应当将案件移送发行人或者上市公司所在地有管辖权的中级人民法院管辖。

当事人不申请或者原告不同意追加，人民法院认为确有必要追加的，应当通知发行人或者上市公司作为共同被告参加诉讼，但不得移送案件。

第十一条 人民法院受理虚假陈述证券民事赔偿案件后，受行政处罚当事人对行政处罚不服申请行政复议或者提起行政诉讼的，可以裁定中止审理。

人民法院受理虚假陈述证券民事赔偿案件后，有关行政处罚被撤销的，应当裁定终结诉讼。

第十二条 本规定所涉证券民事赔偿案件的原告可以选择单独诉讼或者共同诉讼方式提起诉讼。

第十三条 多个原告因同一虚假陈述事实对相同被告提起的诉讼，既有单独诉讼也有共同诉讼的，人民法院可以通知提起单独诉讼的原告参加共同诉讼。

多个原告因同一虚假陈述事实对相同被告同时提起两个以上共同诉讼的，人民法院可以将其合并为一个共同诉讼。

第十四条　共同诉讼的原告人数应当在开庭审理前确定。原告人数众多的可以推选二至五名诉讼代表人，每名诉讼代表人可以委托一至二名诉讼代理人。

第十五条　诉讼代表人应当经过其所代表的原告特别授权，代表原告参加开庭审理，变更或者放弃诉讼请求、与被告进行和解或者达成调解协议。

第十六条　人民法院判决被告对人数众多的原告承担民事赔偿责任时，可以在判决主文中对赔偿总额作出判决，并将每个原告的姓名、应获得赔偿金额等列表附于民事判决书后。

第十七条　证券市场虚假陈述，是指信息披露义务人违反证券法律规定，在证券发行或者交易过程中，对重大事件作出违背事实真相的虚假记载、误导性陈述，或者在披露信息时发生重大遗漏、不正当披露信息的行为。

对于重大事件，应当结合证券法第五十九条、第六十条、第六十一条、第六十二条、第七十二条及相关规定的内容认定。

虚假记载，是指信息披露义务人在披露信息时，将不存在的事实在信息披露文件中予以记载的行为。

误导性陈述，是指虚假陈述行为人在信息披露文件中或者通过媒体，作出使投资人对其投资行为发生错误判断并产生重大影响的陈述。

重大遗漏，是指信息披露义务人在信息披露文件中，未将应当记载的事项完全或者部分予以记载。

不正当披露，是指信息披露义务人未在适当期限内或者未以法定方式公开披露应当披露的信息。

第十八条　投资人具有以下情形的，人民法院应当认定虚假陈述与损害结果之间存在因果关系：

（一）投资人所投资的是与虚假陈述直接关联的证券；

（二）投资人在虚假陈述实施日及以后，至揭露日或者更正日之前买入该证券；

（三）投资人在虚假陈述揭露日或者更正日及以后，因卖出该证券发生亏损，或者因持续持有该证券而产生亏损。

第十九条　被告举证证明原告具有以下情形的，人民法院应当认定虚假陈述与损害结果之间不存在因果关系：

（一）在虚假陈述揭露日或者更正日之前已经卖出证券；

（二）在虚假陈述揭露日或者更正日及以后进行的投资；

（三）明知虚假陈述存在而进行的投资；

（四）损失或者部分损失是由证券市场系统风险等其他因素所导致；

（五）属于恶意投资、操纵证券价格的。

第二十条 本规定所指的虚假陈述实施日，是指作出虚假陈述或者发生虚假陈述之日。

虚假陈述揭露日，是指虚假陈述在全国范围发行或者播放的报刊、电台、电视台等媒体上，首次被公开揭露之日。

虚假陈述更正日，是指虚假陈述行为人在中国证券监督管理委员会指定披露证券市场信息的媒体上，自行公告更正虚假陈述并按规定履行停牌手续之日。

第二十一条 发起人、发行人或者上市公司对其虚假陈述给投资人造成的损失承担民事赔偿责任。

发行人、上市公司负有责任的董事、监事和经理等高级管理人员对前款的损失承担连带赔偿责任。但有证据证明无过错的，应予免责。

第二十二条 实际控制人操纵发行人或者上市公司违反证券法律规定，以发行人或者上市公司名义虚假陈述并给投资人造成损失的，可以由发行人或者上市公司承担赔偿责任。发行人或者上市公司承担赔偿责任后，可以向实际控制人追偿。

实际控制人违反证券法第四条、第五条以及第一百八十八条规定虚假陈述，给投资人造成损失的，由实际控制人承担赔偿责任。

第二十三条 证券承销商、证券上市推荐人对虚假陈述给投资人造成的损失承担赔偿责任。但有证据证明无过错的，应予免责。

负有责任的董事、监事和经理等高级管理人员对证券承销商、证券上市推荐人承担的赔偿责任负连带责任。其免责事由同前款规定。

第二十四条 专业中介服务机构及其直接责任人违反证券法第一百六十一条和第二百零二条的规定虚假陈述，给投资人造成损失的，就其负有责任的部分承担赔偿责任。但有证据证明无过错的，应予免责。

第二十五条 本规定第七条第（七）项规定的其他作出虚假陈述行为的机构或者自然人，违反证券法第五条、第七十二条、第一百八十八条和第一百八十九条规定，给投资人造成损失的，应当承担赔偿责任。

第二十六条 发起人对发行人信息披露提供担保的，发起人与发行人对投资人的损失承担连带责任。

第二十七条 证券承销商、证券上市推荐人或者专业中介服务机构，知道或者应当知道发行人或者上市公司虚假陈述，而不予纠正或者不出具保留意见的，构成共同侵权，对投资人的损失承担连带责任。

第二十八条 发行人、上市公司、证券承销商、证券上市推荐人负有责任的董事、监事和经理等高级管理人员有下列情形之一的，应当认定为共同虚假陈述，分别与发行人、上市公司、证券承销商、证券上市推荐人对投资人的损失承担连带责任：

（一）参与虚假陈述的；

（二）知道或者应当知道虚假陈述而未明确表示反对的；

（三）其他应当负有责任的情形。

第二十九条 虚假陈述行为人在证券发行市场虚假陈述，导致投资人损失的，投资人有权要求虚假陈述行为人按本规定第三十条赔偿损失；导致证券被停止发行的，投资人有权要求返还和赔偿所缴股款及银行同期活期存款利率的利息。

第三十条 虚假陈述行为人在证券交易市场承担民事赔偿责任的范围，以投资人因虚假陈述而实际发生的损失为限。投资人实际损失包括：

（一）投资差额损失；

（二）投资差额损失部分的佣金和印花税。

前款所涉资金利息，自买入至卖出证券日或者基准日，按银行同期活期存款利率计算。

第三十一条 投资人在基准日及以前卖出证券的，其投资差额损失，以买入证券平均价格与实际卖出证券平均价格之差，乘以投资人所持证券数量计算。

第三十二条 投资人在基准日之后卖出或者仍持有证券的，其投资差额损失，以买入证券平均价格与虚假陈述揭露日或者更正日起至基准日期间，每个交易日收盘价的平均价格之差，乘以投资人所持证券数量计算。

第三十三条 投资差额损失计算的基准日，是指虚假陈述揭露或者更正后，为将投资人应获赔偿限定在虚假陈述所造成的损失范围内，确定损失计算的合理期间而规定的截止日期。基准日分别按下列情况确定：

（一）揭露日或者更正日起，至被虚假陈述影响的证券累计成交量达到其可流通部分100%之日。但通过大宗交易协议转让的证券成交量不予计算。

（二）按前项规定在开庭审理前尚不能确定的，则以揭露日或者更正日后第30个交易日为基准日。

（三）已经退出证券交易市场的，以摘牌日前一交易日为基准日。

（四）已经停止证券交易的，可以停牌日前一交易日为基准日；恢复交易的，可以本条第（一）项规定确定基准日。

第三十四条 投资人持股期间基于股东身份取得的收益，包括红利、红股、公积金转增所得的股份以及投资人持股期间出资购买的配股、增发股和转配股，不得冲抵虚假陈述行为人的赔偿金额。

第三十五条 已经除权的证券，计算投资差额损失时，证券价格和证券数量应当复权计算。

相关裁判摘要

2005年第11期《中华人民共和国最高人民法院公报》刊登的**"陈丽华等23名投资人诉大庆联谊公司、申银证券公司虚假陈述侵权赔偿纠纷案"**的判决认为，即使其他信息披露义务人后续披露了其他虚假信息，也不能排除投资人对在先披露信息的信赖。大庆联谊公司欺诈上市虚假陈述行为持续影响着股票价格，股民在信息不对称的情况下继续投资购买大庆联谊公司股票，由此形成的投资损失，当然与虚假陈述行为之间存在因果关系。相关裁判摘要如下：

上诉人申银证券公司上诉认为，对《招股说明书》进行审核是会计师事务所的职责，其无能力承担此项义务；况且《招股说明书》仅针对一级市场并不断被后续披露的信息所覆盖，投资人在二级市场是以投机为目的进行股票买卖，不是根据《招股说明书》介绍的情况进行投资，因此主张不应由其对虚假陈述承担共同侵权的连带责任。

根据《最高人民法院关于审理证券市场因虚假陈述引发的民事赔偿案件的若干规定》，对发行人或者上市公司的上市文件，证券承销商、证券上市推荐人或者专业中介服务机构都有责任审核，都可能对发行人或者上市公司的虚假陈述行为承担连带责任。以上述主体为被告的诉讼，属于普通共同诉讼。在一审诉讼中，原告基于其诉讼利益的判断而选择其中某些人当被告，不违反法律规定。法院根据原告的请求确定诉讼参加人，是尊重当事人的诉讼选择权，并无不当。在虚假陈述行为被完全揭露前，即使其他信息披露义务人后续披露了其他虚假信息，也不能排除投资人对在先披露信息的信赖。投资人进行股票交易以期获取收益，是合法行为；投资人的投资动机，并非法定的免除损害赔偿责任的条件。虚假陈述行为给从事合法股票交易的投资人造成损失，不能因投资人交易动机的不同而免除虚假陈述行为人的赔偿责任。上诉人申银证券公司作为证券经营机构，推荐并承销上诉人大庆联谊公司股票发行，是法定的信息披露义务人。申银证券公司未尽到法律所要求的勤勉、审慎注意义务，没有对源于大庆联谊公司的虚假陈述予以纠正或出具保留意见，而且自己还编制和出具了虚假陈述文件。同时，申银证券公司没有向法院证明其存在法定的免责事由。申银证券公司违法行为的内容和性质，已被中国证监会的行政处罚予以确认。申银证券公司就原判认定其"未经认真审核、致使申报材料含有重大虚假信息"提出的异议，与已经生效的行政处罚相矛盾，明显不能成立。原判依据《证券赔偿案件规定》第二十七条的规定，判令申银证券公司承担共同侵权的连带责任，并无不当。申银证券公司关于其不应承担责任的上诉理由，没有法律依据和事实根据，不予支持。

《最高人民法院关于审理证券市场因虚假陈述引发的民事赔偿案件的若干规定》第十九条第（四）项规定，被告举证证明原告的损失或者部分损失是由证券市场系统风险等其他因素所导致的，人民法院应当认定虚假陈述与损害结果之间不存在因果关系。此条虽将系统风险作为免除民事责任的条件之一，但对系统风险这一概念未作明确定义，双方当事人也对系统风险有不同的理解，故应依据通常理解确定系统风险的含义。证券业通常理解，系统风险是指对证券市场产生普遍影响的风险因素，其特征在于系统风险因共同因素所引发，对证券市场所有的股票价格均产生影响，这种影响为个别企业或行业所不能控制，投资人亦无法通过分散投资加以消除。上诉人大庆联谊公司上诉认为，原判未考虑系统风险对造成被上诉人损失的影响，并为此提交了相关股票价格和上证指数变动等证据支持自己的这一主张。大庆联谊公司既然提出这一主张，首先应当举证证明造成系统风险的事由存在，其次应当证明该事由对股票市场产生了重大影响，引起全部股票价格大幅度涨跌，导致了系统风险发生。但综观大庆联谊公司向一审和二审法院提交的所有证据，并不能证明1999年4月21日至2000年4月27日，证券市场存在着足以影响所有股票价格下跌的合理事由，更不能证明该事由与股市价格波动的逻辑关系。对虚假陈述行为和所谓系统风险如何影响股价变动以及各自影响的程度，大庆联谊公司也没有提出具体的区分判断标准和有说服力的理由。经考查，1999 年 4 月 21 日至 2000 年 4 月 27 日，股票市场的大盘走势图反映股票交易比较平稳，上证综合指数并未发生大幅度下跌。在此期间，大庆联谊公司欺诈上市虚假陈述行为持续影响着股票价格，股民在信息不对称的情况下继续投资购买大庆联谊公司股票，由此形成的投资损失，当然与虚假陈述行为之间存在因果关系。至于大庆联谊公司在二审提交的其他法院关于虚假陈述侵权赔偿案民事判决，不仅因该判决尚未发生法律效力，而且因该案投资人股票交易时间段、虚假陈述行为对投资人影响程度均与本案不同，不能作为处理本案的依据。由于大庆联谊公司提交的证据不能证明系统风险确实存在，原判以证据不足为由，否决大庆联谊公司关于存在系统风险，应当免除赔偿责任的抗辩主张，并无不当。

“张涛与海润光伏科技股份有限公司证券虚假陈述责任纠纷二审民事判决书”[江苏省高级人民法院民事判决书(2017)苏民终 1571 号]认为，大股东在公司经营巨额亏损的情况下提出高比例转增提案，且相关公告陈述的分配理由未真实描述上司公司的实际经营状况，构成虚假陈述。相关裁判摘要如下：

本案中，海润光伏公司前三大股东在《2014 年年度业绩预亏公告》发布前 10 天，通过《分配提案》提出高比例转增提案，并进而发布《分配预告》。此时，海润光伏公司 2014 年的经营状况为巨额亏损，但相关《分配提案》《分配预告》中关于高比例转增的理由却为“积极回报股东，与所有股东分享公司未来发展的经营成果，在符合利润分配原则、保证正常经营和长远发展的前提下”“公司董事会一致认为前述分配预案充分考虑了对广大投资者的合理投资回报”。本院认为，海润光伏公司前三大股东在公司经营巨额亏损的情况下，提出高比例转增提案，且相关公告陈述的分配理由未真实描述海润光伏公司的实际经营状况，足以使广大投资者误认为海润光伏公司系在经营状况良好的情况下进行高比例转增，进而对投资决定产生重要影响。相关公告发布后，海润光伏股票的市场价格确实产生了较大波动。因此，海润光伏公司于 2015 年 1 月 23 日《分配预告》中披露的信息，属于证券市场虚假陈述中的误导性陈述，应承担相应的赔偿责任。

“马小萍与江苏友利投资控股股份有限公司二审民事判决书”[江苏省高级人民法院民事判决书(2016)苏民终732号]认为，未披露重大关联交易未必构成虚假陈述。相关裁判摘要如下：

江苏友利控股不存在《最高人民法院关于审理证券市场因虚假陈述引发的民事赔偿案件的若干规定》所涉及的证券虚假陈述行为。理由如下：

第一，马小萍在本案中认为江苏友利控股构成证券虚假陈述的理由是，依据四川证监局作出的(2014)3号《行政处罚决定书》，江苏友利控股在2012年年度报告中未披露重大关联交易事实。对此，本院认为马小萍仅依据该《行政处罚决定书》尚不足以认定江苏友利控股构成证券虚假陈述。《最高人民法院关于审理证券市场因虚假陈述引发的民事赔偿案件的若干规定》第十七条第一款规定：证券市场虚假陈述，是指信息披露义务人违反证券法律规定，在证券发行或者交易过程中，对重大事件作出违背事实真相的虚假记载、误导性陈述，或者在披露信息时发生重大遗漏、不正当披露信息的行为。第十七条第二款规定，对于重大事件，结合证券法第五十九条(2005年10月27日证券法修订后第六十三条)、第六十条(修订后第六十五)、第六十一条(修订后第六十六条)、第六十二条(修订后第六十七条)第七十二条(修订后第七十八条)及相关规定的内容认定。第十七条第五款规定，重大遗漏，是指信息披露义务人在信息披露文件中，未将应当记载的事项完全或者部分予以记载。根据上述规定，虽然四川证监局作出的(2014)3号《行政处罚决定书》认定江苏友利控股在2012年度报告中未披露重大关联交易事实，并予以相应行政处罚。但该行为是否属于《最高人民法院关于审理证券市场因虚假陈述引发的民事赔偿案件的若干规定》第十七条规定的对于重大事件在披露信息时发生重大遗漏行为，仍需进行司法审查。

第二，根据四川证监局作出的(2014)3号《行政处罚决定书》认定的事实，江苏友利控股的控股子公司氨纶公司与友利控股的关联方锅炉公司存在交换承兑汇票、出售承兑汇票的行为，全年累计与同一关联人进行的有关承兑汇票的关联交易金额占江苏友利控股2011年经审计净资产值的5.11%，而江苏友利控股没有在2012年度报告中予以披露。因此，江苏友利控股受处罚的行政违法行为系未按规定披露江苏友利控股关联企业间交换承兑汇票及出售承兑汇票的行为。对于该行为是否属于对重大事件的重大遗漏行为或不正当披露行为，本院认为：

1. 承兑汇票交换与承兑汇票买卖行为并不导致江苏友利控股主要财务指标失真。江苏友利控股未披露的关联交易系其关联企业间交换承兑汇票及出售承兑汇票的交易行为，因承兑汇票均载明了票面金额，承兑汇票交换与承兑汇票买卖不易存在价格偏高或偏低的情形，与关联方之间进行的货物买卖、资产置换、股权变更等较易形成利益输送、财产转移的交易存在明显区别。相关关联交易并未导致江苏友利控股总资产、净资产、负债、利润、收入等重要财务指标的变化。2. 江苏友利控股2012年度报告对大部分关联交易亦有反映。江苏友利控股二审提交的江苏友利控股2012年度报告中现金流量表附注第5点“收到的其他筹资活动有关的现金”栏亦载明，收到的关联方银行承兑汇票贴现融资款65,522,903.07元。根据上述记载，江苏友利控股已披露大部分关联交易内容，仅系未按照《公开发行证券的公司信息披露内容与格式准则第2号——年度报告的内容与格式》(2012年修订)第三十一条的规定，在重大事项栏内予以披露。3. 案涉行政违法行为并未导致友利控股股票价格及成交量的明显变化。案涉关联交易均不属于《中华人民共和国证券法》第六十七条规定的“重大事件”。且2012年4月24日江苏友利控股公布2012年度报告后，友利控股股票价格及成交量亦未发生重大变化，2012年4月24日至5月13日，友利控股股票的交易价格、交易量均无明显变化。2012年5月14日，江苏友利控股发布《业绩预告》，载明江苏友利控股2012年上半年业绩大幅增长，当日友利控股股票涨停，股票成交量系2012年5月13日成交量的6.5倍，之后直至2012年6月17日，友利控股股票一直持续上涨。因此，2012年5月14日至2012年6月17日，友利控股股票价格的上涨显然并非因江苏友利控股未披露其关联企业间交换承兑汇票及出售承兑汇票的交易行为所致。综合上述分析，江苏友利控股2012年度报告中虽存在违法之处，但该行为不属于《最高人民法院关于审理证券市场因虚假陈述引发的民事赔偿案件的若干规定》第十七条所规定的对重大事件在披露信息时发生重大遗漏，亦未造成友利控股股票价格和交易量的明显变化，故江苏友利控股的行为不构成证券虚假陈述。

“陈玉兰诉云南云投生态环境科技股份有限公司证券虚假陈述责任纠纷案”[云南省昆明市中级人民法院民事判决书(2012)昆民五初字第2号]关于虚假陈述实施日和揭露日的确定进行了分析。相关裁判摘要如下：

绿大地公司2007年12月6日公开发布了首次发行股票招股说明书,并在其后的2007年年报,2008年半年报、年报,2009年半年报、年报中均存在虚假陈述行为,其虚假陈述的行为呈现一个连续的状态,故本院认为其虚假陈述实施日应为一系列虚假陈述行为最早发生的时间:2007年12月6日。

《最高人民法院关于审理证券市场因虚假陈述引发的民事赔偿案件的若干规定》第二十条第二款规定,虚假陈述揭露日,是指虚假陈述在全国范围发行或者播放的报刊、电台、电视台等媒体上,首次被公开揭露之日。其定义的揭露日应当具备三个条件:1. 必须是首次公开揭露;2. 在全国范围发行或者播放的媒体上;3. 是针对虚假陈述的内容进行的揭露。本院认为,2010年3月18日,绿大地公司发布2010－010号公告,绿大地公司因涉嫌信息披露违规被中国证监会立案调查。该日是对绿大地公司涉及虚假陈述行为首次在中国证监会指定的信息披露网站及报刊上公开进行的揭露,符合上述司法解释规定对揭露日的认定标准。鉴于证监会的职能及权威性,其立案调查的公告发布以后,足以说明被调查的股票存在虚假陈述的可能,对于理性的投资者,已经起到了充分的风险提示作用,具有高度的警示性,足以影响投资决策。因此,2010年3月18日应为绿大地公司虚假陈述行为的揭露日。

针对原告提出本案存在2010年3月18日和2011年3月18日两个虚假陈述揭露日,分别针对绿大地公司交易阶段年报和发行阶段招股说明书这两种不同的虚假陈述行为进行揭露的主张,本院认为,虚假陈述是概括性的概念,涵盖了股票发行交易的整个过程中的信息披露行为。《中华人民共和国证券法》及《虚假陈述若干规定》并未对不同阶段的虚假陈述进行分类。绿大地公司虚假陈述行为从招股说明书开始直到2009年年报为止,只有虚增资产和收入一种连续的虚假陈述行为,几次信息披露行为之间存在一贯性和逻辑上的紧密联系。2010年3月18日中国证监会的立案调查通知书的内容表述为“涉嫌信息披露违规”,并未特指针对的是绿大地公司某个阶段或某个文件的虚假陈述行为,而具有不特定性,应当涵盖绿大地公司虚假陈述的所有行为和内容。不应有倾向性地理解为就是年度报告。证监会在2013年作出的行政处罚决定书的内容也印证了证监会在2010年3月18日对绿大地公司进行调查时,涵盖了招股说明书及年报、半年报虚假陈述的全部内容,并不仅仅是针对年报虚假陈述进行的调查。其后绿大地公司发布的几次公告仅是对绿大地公司涉嫌虚假陈述的事实进行了进一步的披露,不应认为是另外的揭露日。故对原告提出的存在两个揭露日的主张不予采信。即便2009年年报披露的时间为2010年4月30日在2010年3月18日之后,但其披露的内容针对的是2009年发生的事实和数据,且在内容上与之前几年虚假陈述行为具有紧密的联系,并非在2010年3月18日以后新发生的其他虚假陈述行为,2010年3月18日也只是对虚假陈述行为予以揭露,并非全面纠正,因此揭露日之后依然存在虚假陈述行为与揭露日的认定不存在矛盾。故本院对原告提出的存在两个揭露日的主张不予采信。

"北京无线天利移动信息技术股份有限公司等与谢连生证券虚假陈述责任纠纷案"[北京市高级人民法院民事判决书(2017)京民终793号]认为,媒体报道对证券市场尚未起到足够的警示作用的,不应认定为虚假陈述被揭露。相关裁判摘要如下:

本院认为,一审法院据此并结合本案案情,确定2015年6月23日为本案虚假陈述揭露日是正确的。理由如下:

第一,无线天利公司在发布涉案《招股说明书》及相关公告中,未对相关关联关系进行披露。其在收购上海誉好公司时,未对相关关联交易进行披露,未依法履行关联交易程序。上述对重大事件的虚假陈述行为,后经中国证监会立案调查,并最终依据《证券法》相关规定,对无线天利公司及其相关责任人作出了行政处罚。此结论性事实与无线天利公司于2015年6月23日发布的《关于收到中国证券监督管理委员会调查通知书暨复牌公告》的内容前后呼应,且完全相符,是国家行政监管机构对无线天利公司存在虚假陈述行为的最终证实和确定。同时,该公告内容属于在全国范围内首次被公开揭露。因此,上述事实符合《若干规定》中关于"首次被公开揭露"之规定。

第二,根据相关行政法规规定,证券监管机构并非仅根据群众举报或相关情况反映就进行立案调查,而是只有在掌握较为确实充分的证据的前提下,才能对涉嫌证券市场违法、违规者进行立案稽查。因此,中国证监会作为国家证券监管机构,其立案调查的性质不仅属于国家的一种行政监管措施,而且属于行政监管力度和行政监管手段都相当强烈的行政监管措施。故无线天利公司于2015年6月23日发布的《关于收到中国证券监督管理委员会调查通知书暨复牌公告》内容,对于所有投资者都应属于具有较强警示性的投资信息,足以影响投资者的投资决策,符合有关虚假陈述"揭露"之客观要求。

第三,虚假陈述被揭示的意义就在于其对证券市场发出了一个警示信号,提醒投资人重新判断股票价值,进而对市场价格产生影响。无线天利公司于2015年6月23日发布的《关于收到中国证券监督管理委员会调查通知书暨复牌公告》的内容,不仅较为符合实际,而且已明确写明"请广大投资者注意投资风险",故其足以提醒投资者要重新判断股票价值,注意证券市场投资风险,否则风险自负,这是对于一个理性投资人的基本要求。因此,从投资人理性的角度出发,当投资人获悉中国证监会因无线天利公司"关联关系及相关事项未披露"而决定对无线天利公司立案调查时,应当预料到其中所涉无线天利公司的行为可能被定性为虚假陈述,进而影响自身的投资决策,防范投资风险。故无线天利公司2015年6月23日《关于收到中国证券监督管理委员会调查通知书暨复牌公告》的内容符合虚假陈述,足以满足"揭露"之本质要求。

第四,自无线天利公司发布上述公告的2015年6月23日起至2015年7月8日的12个交易日内,京天利股票价格立即呈现出连续12个跌停板的行情,已足以对证券市场起到重大警示作用。

第五,关于无线天利公司提出应将"价值线"等相关财经媒体发表并转载题为"京天利惊天骗局"文章的2015年5月18日认定为本案虚假陈述揭露日的上诉理由,本院认为,虽然2015年5月18日相关财经媒体以原创和转载的方式对于无线天利公司未对相关关联关系、关联交易进行披露,未依法履行关联交易程序等对重大事件的虚假陈述行为进行了一定程度的报道,但此后无线天利公司分别于2015年5月20日和2015年5月21日,针对上述媒体的报道内容,发布了《关于媒体报道的澄清公告》和《关于媒体报道的补充公告》,对媒体报道的内容进行了澄清说明,并明确无线天利公司收购上海誉好公司不涉及关联交易情况,同时说明:"公司指定的信息披露媒体为中国证监会指定信息披露网站。有关公司的信息均以在指定媒体刊登的信息为准。"无线天利公司的这一"继续隐瞒"行为,致使证券市场投资者对于上述媒体报道内容的可信度产生质疑。由此,在相关媒体报道了上述内容后,京天利股票在2015年5月18日至5月29日的10个交易日内的价格涨跌幅程度正常,并未出现异常波动。因此,可以认定上述媒体报道内容对证券市场尚未起到足够的警示作用,故不应认定2015年5月18日为本案虚假陈述揭露日。无线天利公司的此项上诉理由不能成立,本院不予支持。综上,本案虚假陈述揭露日应确定为2015年6月23日。

"周碧英与云南云投生态环境科技股份有限公司证券虚假陈述责任纠纷案"[云南省昆明市中级人民法院民事判决书(2015)昆民五初字第45号]认为,投资人只有在虚假陈述实施日至虚假陈述行为的揭露日期间买入股票,并在虚假陈述行为的揭露日以后卖出或持续持有,而产生亏损的,才能被认定为与虚假陈述行为之间具有因果关系。相关裁判摘要如下:

依据《虚假陈述若干规定》第十八条和第十九条的规定,投资人只有在虚假陈述实施日(2007年12月6日)至虚假陈述行为的揭露日(2010年3月18日)期间买入绿大地公司股票,并在虚假陈述行为的揭露日以后卖出或持续持有,而产生亏损的,才能被认定为与绿大地公司虚假陈述行为之间具有因果关系。

本案中原告周碧英主张因被告绿大地公司虚假陈述而给其造成投资损失的证券交易行为均发生在2010年3月18日以后,系在虚假陈述揭露日之后进行的投资。2010年3月18日绿大地公司披露了涉嫌信息违规被中国证监会立案调查的信息,已经向社会披露了绿大地公司在信息披露中可能存在不真实、不完整、不及时、不准确的情况,原告周碧英作为一个理性的投资者,在得知这一信息后,应当充分考虑可能的投资风险的存在,作为股民在审慎投资的前提下,原告周碧英在绿大地公司虚假陈述行为已经被揭露的情况下,继续买入该公司股票,应当属于明知投资风险存在而自甘冒险的投资行为,显然缺乏足够的风险防范意识。因此,本院认为,原告周碧英的投资损失系证券投资的正常交易风险,与绿大地公司的虚假陈述行为之间不具有因果关系,被告绿大地公司、何学葵对原告的投资损失不应当承担民事赔偿责任。

"张杰、汉王科技股份有限公司证券虚假陈述责任纠纷再审审查与审判监督民事裁定书"[中华人民共和国最高人民法院民事裁定书(2017)最高法民申2547号]认为,投资者在虚假陈述行为实施日之后买入股票,在虚假陈述行为揭露日之前全部卖出的,其经济损失与虚假陈述行为之间无因果关系。相关裁判摘要如下:

本案张杰虽在汉王科技公司未披露关联公司和关联交易的虚假陈述行为实施日之后买入了"汉王科技"股票,但张杰在该虚假陈述行为揭露日之前已将所持"汉王科技"股票全部卖出,原审判决在上述事实认定的基础上,根据《虚假陈述赔偿规定》的相关规定,认定张杰主张的经济损失与本案汉王科技公司的虚假陈述行为之间并无因果关系,适用法律并无不当。

"刘斌、东莞勤上光电股份有限公司证券虚假陈述责任纠纷二审民事判决书"[广东省高级人民法院民事判决书(2017)粤民终475号]认为,投资差额损失并不以投资人实际卖出价格为计算依据。在基准日之后卖出证券的,投资差额损失为买入均价与揭露日起至基准日期间,每个交易日收盘价的平均价格之差,乘以证券数额。相关裁判摘要如下:

一审判决认为,根据《中华人民共和国侵权责任法》第二条"侵害民事权益,应当依照本法承担侵权责任。本法所称民事权益,包括生命权、健康权、姓名权、名誉权、荣誉权、肖像权、隐私权、婚姻自主权、监护权、所有权、用益物权、担保物权、著作权、专利权、商标专用权、发现权、股权、继承权等人身、财产权益"以及《中华人民共和国证券法》第六十九条"发行人、上市公司公告的招股说明书、公司债券募集办法、财务会计报告、上市报告文件、年度报告、中期报告、临时报告以及其他信息披露资料,有虚假记载、误导性陈述或者重大遗漏,致使投资者在证券交易中遭受损失的,发行人、上市公司应当承担赔偿责任"的规定,本案证券虚假陈述民事赔偿责任的构成要件包括以下三个方面:一是被告存在虚假陈述行为;二是原告存在损失;三是原告的损失与被告的行为之间存在因果关系。故虚假陈述民事赔偿责任的成立,必须以损失为基本要素,如果原告不存在损失,则虚假陈述不能产生侵权责任。本案中,刘斌共买入勤上光电股票25,100股,所买入股票已于2015年3月18日全部卖出,且卖出涉案股票的价格高于买入涉案股票的价格,故刘斌没有因买卖涉案股票产生直接损失,勤上光电不需要因其虚假陈述对刘斌承担赔偿责任,即使刘斌受到虚假陈述的影响,也不享有索赔权。同时,刘斌的诉讼请求也不符合《最高人民法院关于审理证券市场因虚假陈述引发的民事赔偿案件的若干规定》第十八条第(三)项的规定。综上,刘斌要求勤上光电赔偿经济损失66,419.35元,没有事实和法律依据,不予支持。

二审法院认为,《最高人民法院关于审理证券市场因虚假陈述引发的民事赔偿案件的若干规定》第十八条对享有索赔权的股票进行了界定,一是投资人所投资的是与虚假陈述直接关联的证券;二是投资人在虚假陈述实施日及以后,至揭露日或者更正日之前买入该证券;三是投资人在虚假陈述揭露日或者更正日及以后,因卖出该证券发生亏损,或者因持续持有该证券而产生亏损。涉案虚假陈述行为是勤上光电与勤上集团之间的关联交易未依法披露。勤上光电与勤上集团的重大资金往来于2013年1月6日达到应临时披露的标准,勤上光电应于2013年1月8日履行临时披露义务而未履行,该日应确定为虚假陈述行为实施日。2014年12月1日,勤上光电发布《东莞勤上光电股份有限公司关于收到中国证券监督管理委员会调查通知书的公告》,首次向投资者公布因其涉嫌信息披露违法违规被中国证监会立案调查的消息,因消息公布于晚间,属休市之时,故认定2014年12月2日为虚假陈述揭露日。自2014年12月2日起,勤上光电A股累计成交量至2015年1月9日达到可流通部分的100%,故2015年1月9日为基准日。

本案刘斌买入勤上光电股票的时间为2013年11月26日、27日、28日,卖出股票时间为2015年3月18日,属于在实施日2013年1月8日以后、揭露日2014年12月2日之前买入,在揭露日以后继续持有、基准日之后卖出的情形。刘斌提出的赔偿请求,属《最高人民法院关于审理证券市场因虚假陈述引发的民事赔偿案件的若干规定》第十八条规定的享有索赔权的范畴。勤上光电认为刘斌卖出股票价格高于买入价,没有产生直接损失。根据《最高人民法院关于审理证券市场因虚假陈述引发的民事赔偿案件的若干规定》第三十一条、第三十二条,计算投资差额损失的标准分为两类,一是"投资人在基准日及以前卖出证券的,其投资差额损失,以买入证券平均价格与实际卖出证券平均价格之差,乘以投资人所持证券数量计算";二是"投资人在基准日之后卖出或者仍持有证券的,其投资差额损失,以买入证券平均价格与虚假陈述揭露日或者更正日起至基准日期间,每个交易日收盘价的平均价格之差,乘以投资人所持证券数额计算"。刘斌卖出股票的时间是基准日2015年1月9日之后的2015年3月18日,属于"在基准日之后卖出证券的"情形,投资差额损失以买入均价与揭露日起至基准日期间,每个交易日收盘价的平均价格之差,乘以证券数额。根据该规定,投资差额损失并不以投资人实际卖出价格为计算依据。因此,勤上光电以刘斌实际卖出价格高于买入价为由拒绝向刘斌承担赔偿责任,缺乏法律依据,不应支持。刘斌提出的投资损失赔偿请求,符合法律规定,应予支持。

一审判决驳回刘斌的全部诉讼请求,适用法律错误,本院予以纠正。

根据《最高人民法院关于审理证券市场因虚假陈述引发的民事赔偿案件的若干规定》第三十条的规定,投资人的损失包括投资差额损失、投资差额损失部分的佣金、印花税以及前述资金利息,利率按银行同期活期存款利率计算。刘斌的投资差额损失应以买入平均价格14.97元与揭露日起至基准日期间每个交易日收盘价的平均价格12.37元之差,乘以本案适格股票数量25,100股,由此计算,勤上光电应向刘斌赔偿的投资差额损失为65,260元。

关于佣金的问题。证券市场自2002年之后实行浮动佣金制度,各营业部收取的佣金利率不同,但最高不得超过千分之三,考虑到证券市场近年来的实际情况,本案按千分之一计算得出佣金损失为65.26元。

关于印花税的问题。自2008年9月19日之后,股票交易印花税按千分之一单边征收,因此,印花税按照千分之一计算得出印花税损失为65.26元。

关于所涉资金利息的问题。刘斌所涉及的资金利息按照买入至基准日,中国人民银行人民币种同期活期存款利率计算,利息为27.61元。

综上所述,一审判决认定刘斌卖出涉案股票价格高于买入价格,没有产生直接损失,不享有索赔权,故驳回刘斌的全部诉讼请求,属适用法律错误,应予纠正。勤上光电因虚假陈述行为而应向刘斌赔偿65,482.16元(投资差额损失+投资差额损失部分的佣金+印花税+所涉资金利息=65,482.16元)。

“姚立冰与佛山电器照明股份有限公司证券虚假陈述责任纠纷一审民事判决书”[广东省广州市中级人民法院民事判决书(2015)穗中法金民初字第504号]认为,证券虚假陈述民事赔偿纠纷适用因果关系推定原则。相关裁判摘要如下:

从《最高人民法院关于审理证券市场因虚假陈述引发的民事赔偿案件的若干规定》(以下简称《规定》)第十八条和第十九条的规定看,证券虚假陈述民事赔偿纠纷适用因果关系推定原则,投资人只须承担基本的举证责任,证明其存在损失,即应认定其损失与虚假陈述行为具有因果关系。在本案中,原告举证证明其在第十八条规定时点进行佛山照明股票交易并产生损失,原告已完成了基本举证责任,被告应举证证明存在第十九条规定的情形,否则应认定原告的损失与被告的虚假陈述行为之间具有因果关系。

关于被告提出的原告损失全部系由系统性风险导致，原告交易股票行为与被告的信息披露行为之间无交易因果关系的问题，本院分述如下：

(一)关于系统风险对原告损失的影响。

从以上第十九条的规定来看，系统风险是虚假陈述行为人免除全部或者部分民事责任的事由。系统风险，一般应指对证券市场产生普遍影响的风险因素，它由系统风险共同因素所引发，对证券市场所有股票价格均产生影响，并且这种影响为个别企业或行业所不能控制，投资人亦无法通过分散投资加以消除。但是，《规定》未对何为证券市场系统风险进行界定，也未对系统风险的计算提供具体标准。被告所提交的证据能够证明佛山照明股票的价格确实受到系统风险的影响，但未能充分证明系统风险与佛山照明股价波动的逻辑关系，不能证明系统风险和虚假陈述行为如何影响股价的变动以及各自影响的程度，没有提出具体区分判断及有说服力的理由，被告的举证无法推断出系统风险导致原告的全部损失，故被告抗辩原告损失全部由系统风险造成的理由不成立。鉴于《规定》未对如何计算系统风险提供具体标准，本院结合本案的实际情况，确定以深证B股指数作为参数，以买入平均价×损失计算数(1－卖出时的深证B股指数/买入时的平均深证B股指数)计算系统风险致损金额。在扣除系统风险致损的金额之后，原告余下的投资差额损失应由被告承担。

(二)关于交易因果关系的问题。

被告主张其未披露的关联交易对投资者决策没有影响，其行为与原告损失之间不存在交易上的因果关系，对此，本院认为，被告的抗辩理由不成立，理由如下：

首先，如上所述，《规定》第十八条、第十九条对因果关系的构成要件及不适用的情形已有详尽的规定，应当依照以上规定对被告行为与原告损失之间是否存在因果关系进行认定，被告提出所谓交易因果关系超出现行法律规定的框架。《规定》并未将被告虚假陈述行为是否对原告股票交易决策有影响作为被告承担赔偿责任的要件之一。

其次，投资者是否进行股票交易的决定受多重因素影响，任何人无法替代投资人作出是否交易的决定。为确保投资者独立判断是否应买入或者卖出证券，法律法规均要求上市公司充分履行信息披露义务，否则上市公司就应对因信息披露不实导致投资人误判产生的损失承担赔偿责任,而无须再考虑客观上是否存在交易因果关系。关联交易是上市公司实际控制人、管理人进行利益输送、损害上市公司利益的方式之一,对上市公司、证券市场及投资者的信心和决策等会产生一定影响。《中华人民共和国公司法》《证券法》《上市公司章程指引》《上市公司治理准则》等法律法规均对关联关系或关联交易进行规制和指引,信息披露义务是法律法规对关联关系或关联交易进行监管的基本要求。如果关联交易对投资者决策没有影响,那么法律法规无须要求上市公司对此进行披露,证券管理部门也无须因为被告不披露关联交易而进行处罚。因此,被告认为的是否披露关联交易并不会影响投资者股票交易决策是被告的主观判断,没有法律依据,也不符合制度设计。

最后,即便考虑交易因果关系的影响,本案被告的虚假陈述行为也诱导了原告作出股票交易的决定,与原告的损失也存在因果关系。如下文陈述,本案虚假陈述行为的实施日为2010年7月15日,被告于当日公布了其与香港天际共同增资佛照锂,但是隐瞒了香港天际是其关联方的信息。被告公布增资锂电新能源的利好消息,隐瞒了关联交易的因素,引诱投资者购买股票。以理性人的标准判断,原告在决策时信息不对称,受被告发布的不完整利好消息的影响,那么,可认定原告的股票交易决策受到被告信息披露的诱导,原告股票交易决策与被告虚假陈述行为具有关联性。综上,被告关于原告损失均系由系统风险造成,原告买入股票与被告虚假陈述行为之间不存在交易上因果关系的抗辩理由不能成立,本院不予支持。

第七十条　【信息披露载体形式】依法必须披露的信息,应当在国务院证券监督管理机构指定的媒体发布,同时将其置备于公司住所、证券交易所,供社会公众查阅。

相关规范性条文

《上海证券交易所股票上市规则》(2018年11月修订)对此细化如下。《深圳证券交易所股票上市规则》(2018年11月修订)《深圳证券交易所创业板股票上市规则》(2018年11月修订)的规定基本相同,不再重复列举。

2.11 上市公司应当制定规范董事、监事、高级管理人员对外发布信息的行为规范，明确未经公司董事会许可不得对外发布的情形。

2.12 上市公司应披露的信息包括定期报告和临时报告。

公司在披露信息前，应当按照本规则或者本所要求，在第一时间向本所报送定期报告或者临时报告文稿和相关备查文件。

公告文稿应当使用事实描述性的语言，简明扼要、通俗易懂地说明应披露事件，不得含有宣传、广告、恭维、诋毁等性质的词句。

公告文稿和相关备查文件应当采用中文文本，同时采用外文文本的，应当保证两种文本内容的一致。两种文本发生歧义时，以中文文本为准。

2.13 本所根据有关法律、行政法规、部门规章、其他规范性文件、本规则及本所其他规定，对上市公司和相关信息披露义务人的信息披露文件进行形式审核，对其内容的真实性不承担责任。

本所对定期报告实行事前登记、事后审核；对临时报告依不同情况实行事前审核或者事前登记、事后审核。

定期报告和临时报告出现任何错误、遗漏或者误导的，本所可以要求公司作出说明并公告，公司应当按照本所的要求办理。

2.14 上市公司的定期报告和临时报告以及相关信息披露义务人的公告经本所登记后，应当在中国证监会指定的媒体上披露。

公司和相关信息披露义务人应当保证在指定媒体上披露的文件与本所登记的内容完全一致，未能按照既定日期或已登记内容披露的，应当立即向本所报告。

2.15 上市公司和相关信息披露义务人在其他公共媒体发布的重大信息不得先于指定媒体，不得以新闻发布或者答记者问等其他形式代替信息披露或泄漏未公开重大信息。

公司董事、监事和高级管理人员应当遵守并促使公司遵守前款规定。

2.16 上市公司应当将定期报告和临时报告等信息披露文件和相关备查文件在公告的同时备置于公司住所，供公众查阅。

2.17 上市公司应当配备信息披露所必需的通讯设备，保证对外咨询电话的畅通。

第七十一条 【信息披露的监管及保密义务】国务院证券监督管理机构对上市公司年度报告、中期报告、临时报告以及公告的情况进行监督,对上市公司分派或者配售新股的情况进行监督,对上市公司控股股东和信息披露义务人的行为进行监督。

证券监督管理机构、证券交易所、保荐人、承销的证券公司及有关人员,对公司依照法律、行政法规规定必须作出的公告,在公告前不得泄露其内容。

第七十二条 【证券交易所决定暂停或者终止证券上市交易】证券交易所决定暂停或者终止证券上市交易的,应当及时公告,并报国务院证券监督管理机构备案。

第四节 禁止的交易行为

第七十三条 【禁止内幕交易】禁止证券交易内幕信息的知情人和非法获取内幕信息的人利用内幕信息从事证券交易活动。

相关行政规章条文

《上市公司重大资产重组管理办法》(中国证券监督管理委员会令第109号,自2014年11月23日起施行)

第四十一条 上市公司及其董事、监事、高级管理人员,重大资产重组的交易对方及其关联方,交易对方及其关联方的董事、监事、高级管理人员或者主要负责人,交易各方聘请的证券服务机构及其从业人员,参与重大资产重组筹划、论证、决策、审批等环节的相关机构和人员,以及因直系亲属关系、提供服务和业务往来等知悉或者可能知悉股价敏感信息的其他相关机构和人员,在重大资产重组的股价敏感信息依法披露前负有保密义务,禁止利用该信息进行内幕交易。

相关规范性文件条文

《关于规范上市公司信息披露及相关各方行为的通知》(证监公司字〔2007〕128号,2007年8月15日)

第三条 对于筹划中的可能影响公司股价的重大事项,上市公司及其董事、监事、高级管理人员,交易对手方及其关联方和其董事、监事、高级管理人员(或主要负责人),聘请的专业机构和经办人员,参与制订、论证、审批等环节的相关机构和人员,以及提供咨询服务、由于业务往来知悉或可能知悉该事项的相关机构和人员等(以下简称内幕信息知情人)在相关事项依法披露前负有保密义务。在上市公司重大信息依法披露前,任何内幕信息知情人不得公开或者泄露该信息,不得利用该信息进行内幕交易。

《上海证券交易所股票上市规则》(2018年11月修订)对内幕信息管理的规定细化如下。《深圳证券交易所股票上市规则》(2018年11月第11次修订)《深圳证券交易所创业板股票上市规则》(2018年11月第4次修订)的规定基本相同,不再重复列举。

2.9 上市公司和相关信息披露义务人及其董事、监事、高级管理人员和其他内幕信息知情人在信息披露前,应当将该信息的知情者控制在最小范围内,不得泄漏公司内幕信息,不得进行内幕交易或者配合他人操纵公司股票及其衍生品种交易价格。

相关行政处罚案例摘要

"中国证监会行政处罚决定书(吴伟、谢霞琴)"(〔2013〕72号)案中,谢霞琴虽不是本条列举的内幕人,但也构成内幕交易。其依据就是《证券法》第七十三条的规定。相关行政处罚决定书摘要如下:

当事人:

吴伟,男,1956年1月出生,住址:浙江省杭州市下城区下华光巷72号。

谢霞琴,女,1956年6月出生,新加坡籍人。

经查明,当事人存在以下违法事实:

一、内幕信息的形成与公开过程

从2006年11月起,浙江杭萧钢构股份有限公司(以下简称杭萧钢构)开始与中国国际基金有限公司(以下简称中基公司)接触,商讨安哥拉住宅项目合作事项。2007年1月中旬杭萧钢构与中基公司开始正式谈判。2007年2月8日,双方就该项目的合同价格、数量、付款方式、工期等内容基本达成一致意见,主要参与谈判人员杭萧钢构董事长单某、总裁周某于当晚返回杭州。2007年2月15日,杭萧钢构发布股票异常波动公告称:正与有关业主洽谈一境外建设项目,整体涉及总金额折合人民币300亿元。2007年3月13日,杭萧钢构发布了签订该项目合同的公告。

二、当事人知悉与传递内幕信息的情况

吴伟系职业股民；谢霞琴系时任杭萧钢构总裁周某之妻，吴伟前妻樊某的朋友。

2007年1月底，杭萧钢构公司董事长让周某负责“安哥拉公房住宅项目”。2007年2月3日至2月8日，周某先后去南宁、深圳、香港等地洽谈该项目。谈判期间，周某曾告诉过谢霞琴正在和香港谈一个大项目，如果这个合同做成的话，他就可以轻松一点了。周某在谢霞琴询问杭萧钢构公司情况时，让谢霞琴不要管这些，同时反对谢霞琴买卖股票，更反对买卖本公司股票。

在周某出差期间，谢霞琴聊天时告诉樊某，周某代表杭萧钢构谈一个合同，而且出去这么长时间，一定会很重要，且与香港有关；如果这个合同谈下来，杭萧钢构接下来几年的日子就蛮好过了，而且公司会有利润，杭萧钢构的股票价格可能会上涨，我们是否去买点(指买杭萧钢构股票)赚点钱。随后一两天内，樊某将该消息告诉了吴伟，吴伟追问消息的来源，樊某说是谢霞琴告知的。吴伟知道谢霞琴的丈夫在杭萧钢构工作，因此认为消息可信度高，开始关注杭萧钢构股票。

2007年2月9日周某回到杭州后，谢霞琴在与周某一同吃早饭时通过询问了解到杭萧钢构洽谈上述重大合同的人，包括董事长单某全部回来了，进一步确信这是个利好消息，并准备开户买入股票。

2月9日下午，谢霞琴打电话给吴伟询问开户事宜，表示要买入“杭萧钢构”，同时告诉吴伟杭萧钢构有个大项目要签订，如果谈成功，杭萧钢构接下来两三年的日子都会很好过。吴伟听到该消息后，开始大量买入杭萧钢构股票。吴伟的手机通话记录显示，2007年2月9日13点37分25秒和13点44分20秒时，谢霞琴使用住所地固定电话两次拨打吴伟手机，两次通话时长分别为282秒和149秒。

2007年2月12日，谢霞琴借用其嫂吴某某的身份证，在西南证券杭州庆春东路营业部开立了资金、股票及对应的工商银行账户，资金账户号为250006750。2007年2月14日9点20分28秒，该账户委托买入杭萧钢构股票18.07万股，由于当天“杭萧钢构”已经封涨停，所以一直未能成交。截至2月14日收盘，该账户实际买入为0股。

2007年2月13日，谢霞琴到吴伟的大户室表示要买入“杭萧钢构”，吴伟告诉她股票已经涨停了，买不进。后吴伟表示将2月13日买入的10万股以每股5元的价格转让给谢霞琴，盈亏由谢自负，同时谢霞琴从其控制的吴某某银行账户划出50万元至吴伟和樊某账户。3月16日，谢霞琴表示将其拥有的10万股卖掉，吴伟代其卖出后，将50万元盈利汇至谢霞琴告知的吴某某银行账户。

根据计算，截至2007年3月16日，吴伟账户在2007年2月9日至2月14日买入的杭萧钢构股票盈利798.42万元，扣除转让给谢霞琴10万股的盈利50万元，吴伟账户盈利748.42万元。

2007年9月5日，吴伟向公安机关主动上缴违法所得800万元。2007年9月6日，谢霞琴向公安机关主动上缴违法所得50万元。

我会认为，吴伟的行为构成知悉内幕信息后买卖股票的内幕交易行为，谢霞琴的行为构成泄露内幕信息、知悉内幕信息后买卖股票的内幕交易行为。

上述行为，违反了《证券法》第七十六条的规定，构成了《证券法》第二百零二条所述违法行为。

当事人吴伟提出，其不知道谢霞琴的丈夫是杭萧钢构总经理，在与谢霞琴的交谈中未获知内幕信息，其大量买入该股票是基于个人技术分析和对大市研判。请求对其免予或减轻处罚。

经复核，基于当事人吴伟、谢霞琴的询问笔录、涉案账户交易记录等证据，当事人吴伟确系从谢霞琴处得知涉案内幕信息，利用该信息从事了内幕交易。鉴于当事人吴伟在陈述、申辩材料中未就《行政处罚事先告知书》有关其违法行为的认定提出新的事实及证据，对其申辩意见不予采纳。

根据当事人违法行为的事实、性质、情节与社会危害程度，依据《证券法》第二百零二条的规定，我会决定：

一、没收吴伟违法所得748.42万元，并处以748.42万元罚款；

二、没收谢霞琴违法所得50万元，并处以50万元罚款。

第七十四条　【内幕人】证券交易内幕信息的知情人包括：

（一）发行人的董事、监事、高级管理人员；

（二）持有公司百分之五以上股份的股东及其董事、监事、高级管理人员，公司的实际控制人及其董事、监事、高级管理人员；

（三）发行人控股的公司及其董事、监事、高级管理人员；

（四）由于所任公司职务可以获取公司有关内幕信息的人员；

（五）证券监督管理机构工作人员以及由于法定职责对证券的发

行、交易进行管理的其他人员；

（六）保荐人、承销的证券公司、证券交易所、证券登记结算机构、证券服务机构的有关人员；

（七）国务院证券监督管理机构规定的其他人。

相关司法解释

《最高人民法院、最高人民检察院关于办理内幕交易、泄露内幕信息刑事案件具体应用法律若干问题的解释》（法释〔2012〕6号，2012年6月1日起施行）

第一条 下列人员应当认定为刑法第一百八十条第一款规定的“证券、期货交易内幕信息的知情人员”：

（一）证券法第七十四条规定的人员；

（二）期货交易管理条例第八十五条第十二项规定的人员。

第二条 具有下列行为的人员应当认定为刑法第一百八十条第一款规定的“非法获取证券、期货交易内幕信息的人员”：

（一）利用窃取、骗取、套取、窃听、利诱、刺探或者私下交易等手段获取内幕信息的；

（二）内幕信息知情人员的近亲属或者其他与内幕信息知情人员关系密切的人员，在内幕信息敏感期内，从事或者明示、暗示他人从事，或者泄露内幕信息导致他人从事与该内幕信息有关的证券、期货交易，相关交易行为明显异常，且无正当理由或者正当信息来源的；

第三条 本解释第二条第二项、第三项规定的“相关交易行为明显异常”，要综合以下情形，从时间吻合程度、交易背离程度和利益关联程度等方面予以认定：

（一）开户、销户、激活资金账户或者指定交易（托管）、撤销指定交易（转托管）的时间与该内幕信息形成、变化、公开时间基本一致的；

（二）资金变化与该内幕信息形成、变化、公开时间基本一致的；

（三）买入或者卖出与内幕信息有关的证券、期货合约时间与内幕信息的形成、变化和公开时间基本一致的；

（四）买入或者卖出与内幕信息有关的证券、期货合约时间与获悉内幕信息的时间基本一致的；

（五）买入或者卖出证券、期货合约行为明显与平时交易习惯不同的；

（六）买入或者卖出证券、期货合约行为，或者集中持有证券、期货合约行为与该证券、期货公开信息反映的基本面明显背离的；

（七）账户交易资金进出与该内幕信息知情人员或者非法获取人员有关联或者利害关系的；

（八）其他交易行为明显异常情形。

相关规范性文件条文

《最高人民法院 最高人民检察院 公安部 中国证监会关于办理证券期货违法犯罪案件工作若干问题的意见》（2011年4月27日，证监发〔2011〕30号）

为加强办理证券期货违法犯罪案件工作，完善行政执法与刑事司法的衔接机制，进一步依法有效惩治证券期货违法犯罪，提出如下意见：

一、证券监管机构依据行政机关移送涉嫌犯罪案件的有关规定，在办理可能移送公安机关查处的证券期货违法案件过程中，经履行批准程序，可商请公安机关协助查询、复制被调查对象的户籍、出入境信息等资料，对有关涉案人员按照相关规定采取边控、报备措施。证券监管机构向公安机关提出请求时，应当明确协助办理的具体事项，提供案件情况及相关材料。

二、证券监管机构办理证券期货违法案件，案情重大、复杂、疑难的，可商请公安机关就案件性质、证据等问题提出参考意见；对有证据表明可能涉嫌犯罪的行为人可能逃匿或者销毁证据的，证券监管机构应当及时通知公安机关；涉嫌犯罪的，公安机关应当及时立案侦查。

三、证券监管机构与公安机关建立和完善协调会商机制。证券监管机构依据行政机关移送涉嫌犯罪案件的有关规定，在向公安机关移送重大、复杂、疑难的涉嫌证券期货犯罪案件前，应当启动协调会商机制，就行为性质认定、案件罪名适用、案件管辖等问题进行会商。

四、公安机关、人民检察院和人民法院在办理涉嫌证券期货犯罪案件过程中，可商请证券监管机构指派专业人员配合开展工作，协助查阅、复制有关专业资料。证券监管机构可以根据司法机关办案需要，依法就案件涉及的证券期货专业问题向司法机关出具认定意见。

五、司法机关对证券监管机构随案移送的物证、书证、鉴定结论、视听资料、现场笔录等证据要及时审查，作出是否立案的决定；随案移送的证据，经法定程序查证属实的，可作为定案的根据。

六、证券监管机构依据行政机关移送涉嫌犯罪案件的有关规定向公安机关移交证据，应当制作证据移交清单，双方经办人员应当签字确认，加盖公章，相关证据随证据移交清单一并移交。

七、对涉众型证券期货犯罪案件，在已收集的证据能够充分证明基本犯罪事实的前提下，公安机关可在被调查对象范围内按一定比例收集和调取书证、被害人陈述、证人证言等相关证据。

八、以证券交易所、期货交易所、证券登记结算机构、期货保证金监控机构以及证券公司、期货公司留存的证券期货委托记录和交易记录、登记存管结算资料等电子数据作为证据的，数据提供单位应以电子光盘或者其他载体记录相关原始数据，并说明制作方法、制作时间及制作人等信息，并由复制件制作人和原始电子数据持有人签名或盖章。

九、发行人、上市公司或者其他信息披露义务人在证券监管机构指定的信息披露媒体、信息披露义务人或证券交易所网站发布的信息披露公告，其打印件或据此制作的电子光盘，经核对无误后，说明其来源、制作人、制作时间、制作地点等的，可作为刑事证据使用，但有其他证据证明打印件或光盘内容与公告信息不一致的除外。

十、涉嫌证券期货犯罪的第一审案件，由中级人民法院管辖，同级人民检察院负责提起公诉，地（市）级以上公安机关负责立案侦查。

相关裁判摘要

2013 年第 1 期《中华人民共和国最高人民法院公报》刊登的**“江苏省南通市人民检察院诉刘宝春、陈巧玲内幕交易案”**的判决认为，国家工作人员因履行工作职责而获取对证券交易价格具有重大影响的、尚未公开的信息的，属于内幕信息的知情人员。相关裁判摘要如下：

本案中，被告人刘宝春（原南京市经济委员会主任）代表南京市经委，作为十四所与高淳县政府洽谈十四所对高淳陶瓷公司资产重组事项的南京市政府部门联系人，参与了重组过程。在此期间，洽谈双方均多次告知刘宝春合作谈判的进展情况，刘宝春也多次向南京市政府分管领导进行汇报。刘宝春是因其担任的行政机关职务、履行其工作职责而获悉了内幕信息。刘宝春在价格敏感期内外借巨资买入巨额高淳陶瓷股票、谋取巨额利益的行为，也充分证明其是内幕信息知情人。作为国务院证券监督管理机构的中国证监会作出刘宝春属于《证券法》第七十四条规定的证券交易内幕信息知情人的认定，有充分的事实依据和法律依据，应予采信。刘宝春关于其不是内幕信息知情人的辩解及其辩护人关于刘宝春是政府机关公务人员、作为内幕交易罪的犯罪主体不适格的辩护意见均不能成立。

《证券法》赋予中国证监会对内幕信息、知情人员等的认定权。最高人民法院、最高人民检察院、公安部、中国证监会《关于整治非法证券活动有关问题的通知》规定，对非法证券活动是否涉嫌犯罪，由公安机关、司法机关认定；公安机关、司法机关认为需要有关行政主管机关进行性质认定的，行政主管机关应当出具认定意见。故中国证监会在法定职权范围内，对本案内幕信息、知情人员、价格敏感期起止日期以及利用内幕信息进行股票交易等出具的认定意见，是根据法律授权作出的专业认定，符合客观事实和法律规定，具有证明力。

被告人刘宝春作为十四所与高淳县政府洽谈十四所重组高淳陶瓷公司事项的南京市政府部门联系人，因履行工作职责获取了内幕信息，是内幕信息知情人员。在内幕信息尚未公开前，刘宝春向被告人陈巧玲泄露该信息，共同利用所知悉的内幕信息进行股票交易，情节特别严重，其行为均构成内幕交易罪。本案系共同犯罪，刘宝春是主犯，陈巧玲是从犯。

相关行政处罚案例摘要

“中国证监会行政处罚决定书（岳远斌）”（〔2011〕57号）对于“非法获取内幕信息的人”进行了解释。相关行政处罚决定书摘要如下：

当事人代理人提出，当事人不属于《证券法》第七十四条第（一）项至第（六）项规定的法定内幕信息知情人，若将其归为第（七）项的“证监会规定的其他人”，也应在根据相关证据足以判断其知悉内幕信息的基础上才能予以认定。

我会认为，我国《证券法》将内幕交易违法主体界定为两类，一类是“证券交易内幕信息的知情人”，另一类是“非法获取内幕信息的人”。“证券交易内幕信息的知情人”是基于职务、身份、工作关系等合法原因而知悉内幕信息的人；“非法获取内幕信息的人”既包括采用盗窃、窃听、黑客、贿赂等违法手段积极获取内幕信息的人，也包括并未采取违法手段，只是因“证券交易内幕信息的知情人”的泄露行为而间接获悉内幕信息，但是本身又不具有获取内幕信息的合法资格、合法理由的人。对于后一类“非法获取内幕信息的人”来说，如果获悉内幕信息后没有买卖相关证券，也没有再泄露该信息或者建议他人买卖，则不构成违法；如果获悉内幕信息后实施了买卖相关证券、再泄露该信息或者建议他人买卖3种行为之一，就构成了《证券法》第二百零二条规定的违法行为。本案中，马某属于《证券法》第七十四条规定的“证券交易内幕信息的知情人”，岳远斌虽未采取违法手段，只是因马某的信息泄露行为而知悉内幕信息，但是，由于岳远斌并不具备获悉本案相关内幕信息的合法身份或者合法理由，因此，认定岳远斌属于“非法获取内幕信息的人”；岳远斌“非法获取内幕信息”之后，交易相关股票，其行为构成内幕交易。

第七十五条 【内幕信息】证券交易活动中，涉及公司的经营、财务或者对该公司证券的市场价格有重大影响的尚未公开的信息，为内幕信息。

下列信息皆属内幕信息：

（一）本法第六十七条第二款所列重大事件；

（二）公司分配股利或者增资的计划；

（三）公司股权结构的重大变化；

（四）公司债务担保的重大变更；

（五）公司营业用主要资产的抵押、出售或者报废一次超过该资产的百分之三十；

（六）公司的董事、监事、高级管理人员的行为可能依法承担重大损害赔偿责任；

（七）上市公司收购的有关方案；

（八）国务院证券监督管理机构认定的对证券交易价格有显著影响的其他重要信息。

相关行政法规条文

《期货交易管理条例》

第三条 从事期货交易活动，应当遵循公开、公平、公正和诚实信用的原则。禁止欺诈、内幕交易和操纵期货交易价格等违法行为。

第八十二条 本条例下列用语的含义：……（十一）内幕信息，是指可能对期货交易价格产生重大影响的尚未公开的信息，包括：国务院期货监督管理机构以及其他相关部门制定的对期货交易价格可能发生重大影响的政策，期货交易所作出的可能对期货交易价格发生重大影响的决定，期货交易所会员、客户的资金和交易动向以及国务院期货监督管理机构认定的对期货交易价格有显著影响的其他重要信息。

相关裁判摘要

"赵学志与天津晖若投资有限公司、俞春庚证券纠纷一审民事判决书"[天津市滨海新区人民法院民事判决书(2016)津0116民初5号] 认为,全国中小企业股份转让系统挂牌公司的有关内幕信息属于证券法上的内幕信息。相关裁判摘要如下:

根据《证券市场内幕交易行为认定指引(试行)》的规定,认定一项证券交易活动是否属于内幕交易行为,应同时具备以下三个要件:一、行为主体为内幕人;二、相关信息为内幕信息;三、行为人在内幕信息的价格敏感期内买卖相关证券,或者建议他人买卖相关证券,或者泄露该信息。内幕信息是确定整个内幕交易行为的核心要件,构成内幕交易行为的前提是存在内幕信息,内幕信息是指证券交易活动中,涉及公司的经营、财务或者对公司证券的市场价格有重大影响的尚未公开的信息。内幕信息具备两个方面的特性,未公开性和重要性,内幕人在该重要信息未公开前不得进行交易或向他人泄露信息。重要性指与公司财务或经营管理有重大关系,一旦公开可能对市场价格有重大影响。某一信息能否对证券价格有重大影响,一般以普通投资者的合理判断为假设基础。结合以上两点,本案重钢公司将股票转让方式由协议转让变更为做市交易这一信息,应构成内幕信息。全国中小企业股份转让系统规定了三种交易方式即协议转让、做市转让及竞价转让。① 协议转让是指投资者可以通过主办券商,在转让的信息披露平台发布交易意向,寻找潜在的交易对手方,双方协商确定股份的买卖数量和价格后向交易系统发出成交委托完成交易。做市转让是指做市商向市场双向报价,投资者据此与做市商成交,投资者之间不进行直接交易。全国中小企业股份转让系统的挂牌公司,可以采取三种转让方式之一进行转让,经全国股份转让系统公司同意,可以变更股票转让方式。转让方式的变更属于与非上市公众公司经营管理有关的重要信息,且从原告提交的

---

① 《全国中小企业股份转让系统股票转让细则》(2017年12月修订)进行了交易制度改革,将股票转让方式变更为做市转让方式、竞价转让方式、协议转让方式三种,有2家以上做市商为其提供做市报价服务的股票,可以采取做市转让方式;除采取做市转让方式的股票外,其他股票采取竞价转让方式。单笔申报数量或转让金额符合全国股份转让系统规定标准的股票转让,可以进行协议转让。因收购、股份权益变动或引进战略投资者等原因导致的股票转让,可以申请进行特定事项协议转让。

《重钢公司股票交易异常波动公告》可以看出,第三人重钢公司变更转让方式后,交易价格有显著提高,具有重要性的特点,且符合《证券法》对内幕信息的定义。内幕主体是构成内幕交易行为的构成要件,内幕交易的主体就是知悉证券交易内部信息的人员,除公司内部人外还包括接受信息者和盗用信息等外部人。本案被告晖若公司作为发行人重钢公司的控股股东,被告李坤作为发行人重钢公司的董事,被告俞春庚作为发行人重钢公司的高管,均属于证券法上规定的内幕主体。

"中国证监会行政处罚决定书(潘海深)"([2008]12号)认为,明知某市场传闻不实就是一种内幕信息。相关行政处罚决定书摘要如下:

潘海深从1998年9月21日至今一直担任大唐电信董事,并于2001年9月21日至今担任大唐电信董事会审计与监督委员会委员。根据公司章程,董事会审计与监督委员会的职责包括审核公司的财务信息及其披露。

2002年,潘海深在国泰君安证券公司北京知春路营业部开立18003211(潘海深)资金账户,下挂1个上海股东账户A156046013。开户资料所留手机号码系潘海深本人现在使用,固定电话系其办公室电话,资金来源为其本人实名银行账户银证转入。潘海深本人承认该账户归其所有,交易资金来源于他的工资卡,资金存取一般通过银证转账。截至2007年4月15日,该账户内有大唐电信股票13,637股。

2005年,大唐电信亏损。2006年10月30日,大唐电信发布2006年业绩预增公告,预计2006年全年实现盈利。2007年2、3月,大唐电信与其2006年年审机构经过沟通,拟对光通信、无线分公司的资产计提大幅减值准备,初步判断大唐电信2006年会有数亿元的亏损。2007年4月4日上午10时33分,大唐电信董事会秘书将审计机构的预审计意见、公司经营班子关于年报亏损的汇报、预亏公告全文以电子邮件的形式向全体董事(包括潘海深)作了汇报,汇报材料中称因"对整合后的无线、光通信资产进行大幅减值计提,由此将造成2006年年度财务报告亏损5亿~6亿元"。2007年4月5日,大唐电信发布《大唐电信科技股份有限公司2006年度业绩预告更正公告》,宣布公司由预盈转预亏,但未披露预计亏损的具体数额。根据询问笔录,潘海深称自己在公告前就知道会有几个亿的亏损。

2007年4月16日,潘海深通过办公室电话下单,以每股20.53元的价格将其所持有的大唐电信股票13,637股悉数卖出,成交金额为

279,967.61 元。该价格既是当日收盘价,也是当日涨停价。次日,潘海深向上海证券交易所汇报了此次交易情况。但在向交易所提交的书面材料中和接受调查人员询问时,潘海深均称其 4 月 16 日的抛售行为属于误操作,误将大唐电信股票当成其他股票全部卖出。经查交易记录,其账户 4 月 16 日的操作只有这一笔,且至 2007 年 4 月 27 日,除申购新股外,其账户也未进行任何其他操作。

2007 年 4 月 18 日,大唐电信发布 2006 年业绩快报,称 2006 年公司净亏损 719,016,700.00 元。2007 年 4 月 27 日,大唐电信发布 2006 年年度财务报告,称 2006 年公司净亏损 718,862,000.00 元。

我会认为,潘海深作为上市公司大唐电信的董事,是《证券法》第七十四条规定的"证券交易内幕信息的知情人"。其所知悉的大唐电信 2006 年将巨额亏损的信息,为《证券法》第七十五条规定的"内幕信息"。其 2007 年 4 月 16 日卖出大唐电信股票的行为,发生在该内幕信息公开以前。因此,潘海深的行为,违反了《证券法》第七十六条"证券交易内幕信息的知情人和非法获取内幕信息的人,在内幕信息公开前,不得买卖该公司的证券,或者泄露该信息,或者建议他人买卖该证券"的规定,应当按照《证券法》第二百零二条"证券交易内幕信息的知情人或者非法获取内幕信息的人,在涉及证券的发行、交易或者其他对证券的价格有重大影响的信息公开前,买卖该证券,或者泄露该信息,或者建议他人买卖该证券的,责令依法处理非法持有的证券,没收违法所得,并处以违法所得一倍以上五倍以下的罚款;没有违法所得或者违法所得不足三万元的,处以三万元以上六十万元以下的罚款"予以处罚。经计算,潘海深的违法所得(规避的损失)金额是 7607.81 元。

证券市场是对信息高度依赖的市场,证券内幕交易破坏了证券市场公开、公平、公正的原则,损伤了投资者对证券市场的信心,扰乱了证券市场秩序。上市公司董事、监事和高级管理人员由于其特殊身份,是最接近、最有机会了解本公司内幕信息的人员。因此,上市公司董事、监事和高级管理人员应当本着对公司、对投资者、对证券市场,也是对自己的声誉和职业生涯高度负责的态度,严格遵守证券法律、法规、规章和有关规则的规定,在内幕信息公开前,不得买卖本公司的证券,不得泄露该内幕信息,也不得建议他人买卖该证券。鉴于上述情况,同时考虑到潘海深在交易行为发生后曾主动向上海证券交易所报告、案发后能够积极配合监管部门调查,而且内幕交易违法所得金额不大等情节,我会决定对潘海深处以人民币 3 万元的罚款。

“中国证监会行政处罚决定书(光大证券股份有限公司、徐浩明、杨赤忠等5名责任人)”(〔2013〕59号)认为,市场供求信息属于内幕信息。相关行政处罚决定书摘要如下:

经查明,2013年8月16日11时05分,光大证券在进行交易型开放式指数基金(以下简称ETF)申赎套利交易时,因程序错误,其所使用的策略交易系统以234亿元的巨量资金申购180ETF成份股,实际成交72.7亿元。经测算,180ETF与沪深300指数在2013年1月4日至8月21日的相关系数达99.82%,即巨量申购和成交180ETF成份股对沪深300指数、180ETF、50ETF和股指期货合约价格均产生重大影响。同时,巨量申购和成交可能对投资者判断产生重大影响,从而对沪深300指数、180ETF、50ETF和股指期货合约价格产生重大影响。根据《证券法》第七十五条第二款第(八)项和《期货交易管理条例》第八十二条第(十一)项的规定,“光大证券在进行ETF套利交易时,因程序错误,其所使用的策略交易系统以234亿元的巨量资金申购180ETF成份股,实际成交72.7亿元”为内幕信息。光大证券是《证券法》第二百零二条和《期货交易管理条例》第七十条所规定的内幕信息知情人。

上述内幕信息自2013年8月16日11时05分交易时产生,至当日14时22分光大证券发布公告时公开。

同日不晚于11时40分,徐浩明召集杨赤忠、沈诗光和杨剑波开会,达成通过做空股指期货,卖出ETF对冲风险的意见,并让杨剑波负责实施。因此,光大证券知悉内幕信息的时间不晚于2013年8月16日11时40分。

一、光大证券2013年8月16日下午将所持股票转换为180ETF和50ETF并卖出的行为和2013年8月16日下午卖出股指期货空头合约IF1309、IF1312共计6240张的行为构成内幕交易。

2013年8月16日13时,光大证券称因重大事项停牌。当日14时22分,光大证券发布公告,称“公司策略投资部自营业务在使用其独立套利系统时出现问题。”但在当日13时开市后,光大证券即通过卖空股指期货,卖出ETF对冲风险,至14时22分,卖出股指期货空头合约IF1309、IF1312共计6240张,合约价值43.8亿元,获利74,143,471.45元;卖出180ETF共计2.63亿份,价值1.35亿元;卖出50ETF共计6.89亿份,价值12.8亿元,合计规避损失13,070,806.63元。

光大证券在内幕信息公开前将所持股票转换为ETF卖出和卖出股

指期货空头合约的交易，构成《证券法》第二百零二条和《期货交易管理条例》第七十条所述内幕交易行为。徐浩明为直接负责的主管人员，杨赤忠、沈诗光、杨剑波为其他直接责任人员。

以上事实，有相关说明、询问笔录、公告、会议纪要、相关鉴定以及上海证券交易所、中国金融期货交易所计算的相关数据等证据证明，足以认定。

二、当事人提出的陈述申辩意见

光大证券在陈述申辩中提出：

其一，2013 年 8 月 16 日全天所做对冲交易，是按照光大证券《策略投资部业务管理制度》的规定和策略投资的原理，按照既定计划进行的必然性和常识性操作，具有合规性和正当性，符合业内操作惯例。

其二，本案系我国资本市场上首次发生的新型案件，事件发生时，作为一个正常理性的市场交易主体，无法判断错单信息属于内幕信息，更无从判断下午的行为可能构成内幕交易行为。证监会认定相关交易构成内幕交易法律依据不足。

其三，证监会对于违法所得的认定没有法律依据，而且存在计算错误。

其四，即使证监会认定其构成内幕交易，也应该从轻减轻处罚，不应处以 5 倍罚款。

除上述申辩理由外，徐浩明、杨赤忠、沈诗光、杨剑波还提出，没有内幕交易的主观故意，杨赤忠、沈诗光、杨剑波还分别提出了各自的申辩意见。杨赤忠提出，2013 年 8 月 16 日中午的会议，只是一个碰头会，不是班子成员会，也不是投资决策委员会正式决策会议，对于对冲方案，其本人不是提出者、决策者和实施者。沈诗光提出，作为办公室主任，只是向总裁徐浩明汇报情况，没有参与讨论相关问题，没有参与决策，只是根据指示做好资金调拨及拆借，其不是光大证券高级管理人员，不应被列为其他直接负责的主管人员。杨剑波提出，其并非高级管理人员，没有参与会议决策，不应对其处以重罚。

针对上述申辩意见，我会经复核认为：

本案是我国资本市场上首次发生的新型案件，虽然《证券法》和《期货交易管理条例》列举的内幕信息主要是与发行人自身相关的信息或与政策相关的信息，但同时规定证监会有权就具体信息是否属于内幕信息进行认定。内幕信息有两个基本特征，包括信息重大和未公开性。本案中,光大证券因程序错误以234亿元的巨量资金申购180ETF成份股,实际成交72.7亿元,可能影响投资者判断,对沪深300指数、180ETF、50ETF和股指期货合约价格均可能产生重大影响,同时这一信息在一段时间内处于未公布状态,符合内幕信息特征。我会据此依法认定其为内幕信息。光大证券自身就是信息产生的主体,对内幕信息知情。

按照光大证券《策略投资部业务管理制度》的规定和策略投资的原理,光大证券可以进行正常的对冲交易,但是光大证券决策层了解相关事件的重大性之后,在没有向社会公开之前进行的交易,并非针对可能遇到的风险进行一般对冲交易的既定安排,而是利用内幕信息进行的交易。此时公司具有进行内幕交易的主观故意,符合《证券法》中"利用"要件,应当认定为内幕交易。光大证券内幕交易行为性质恶劣,影响重大,对市场造成了严重影响,应当依法予以处罚。

本案的违法所得认定综合考虑了交易金额、税费、内幕信息的影响时间等因素,具有合理性。

本案4名责任人员召开公司层面的决策会议决定先交易后披露,理应承担相应的责任。

根据《证券法》第二百零二条和《期货交易管理条例》第七十条的规定,我会决定:

一、没收光大证券ETF内幕交易违法所得13,070,806.63元,并处以违法所得5倍的罚款;没收光大证券股指期货内幕交易违法所得74,143,471.45元,并处以违法所得5倍的罚款。上述两项罚没款共计523,285,668.48元。

二、对光大证券ETF内幕交易直接负责的主管人员徐浩明给予警告,并处以30万元罚款;对光大证券股指期货内幕交易直接负责的主管人员徐浩明给予警告,并处以30万元罚款。上述两项罚款合计60万元。

三、对光大证券ETF内幕交易的其他直接责任人员杨赤忠给予警告,并处以30万元罚款;对光大证券股指期货内幕交易的其他直接责任人员杨赤忠给予警告,并处以30万元罚款。上述两项罚款合计60万元。

四、对光大证券ETF内幕交易的其他直接责任人员沈诗光给予警告,并处以30万元罚款;对光大证券股指期货内幕交易的其他直接责任人员沈诗光给予警告,并处以30万元罚款。上述两项罚款合计60万元。

五、对光大证券 ETF 内幕交易的其他直接责任人员杨剑波给予警告,并处以30万元罚款;对光大证券股指期货内幕交易的其他直接责任人员杨剑波给予警告,并处以30万元罚款。上述两项罚款合计60万元。

相关裁判摘要

“杨剑波、中国证券监督管理委员会金融行政管理(金融)再审审查与审判监督行政裁定书”[中华人民共和国最高人民法院行政裁定书(2015)行监字第2092号]认为,交易者知悉内幕信息后实施相关的证券期货交易行为,原则上即应推定其利用了内幕信息,具有内幕交易的主观故意。相关裁判摘要如下:

在内幕交易案件中,交易者知悉内幕信息后实施相关的证券期货交易行为,原则上即应推定其利用了内幕信息,具有内幕交易的主观故意。如果该交易行为系基于内幕信息形成以前即已经制订的投资计划和指令所作出,并足以证明其实施的交易行为与内幕信息无关,则可以作为内幕交易的抗辩事由。本案中,光大证券案发下午实施的对冲交易,是在内幕信息公开前,社会公众和中小股民均不明真实情况下,直接针对错单交易而采取的将所持股票转换为 ETF 并卖出和卖出股指期货空头合约的交易行为,其并非基于内幕信息形成之前已经制订的投资计划、指令所作出的交易行为。因此,被诉市场禁入决定和原审判决认定上述对冲交易行为构成内幕交易,并无不当。

第七十六条 【内幕交易的民事责任】证券交易内幕信息的知情人和非法获取内幕信息的人,在内幕信息公开前,不得买卖该公司的证券,或者泄露该信息,或者建议他人买卖该证券。

持有或者通过协议、其他安排与他人共同持有公司百分之五以上股份的自然人、法人、其他组织收购上市公司的股份,本法另有规定的,适用其规定。

内幕交易行为给投资者造成损失的,行为人应当依法承担赔偿责任。

相关法律条文

《中华人民共和国刑法》(2017年11月4日修正)

第一百八十条 【内幕交易、泄露内幕信息罪;利用未公开信息交易罪】证券、期货交易内幕信息的知情人员或者非法获取证券、期货交易内幕信息的人员，在涉及证券的发行，证券、期货交易或者其他对证券、期货交易价格有重大影响的信息尚未公开前，买入或者卖出该证券，或者从事与该内幕信息有关的期货交易，或者泄露该信息，或者明示、暗示他人从事上述交易活动，情节严重的，处五年以下有期徒刑或者拘役，并处或者单处违法所得一倍以上五倍以下罚金；情节特别严重的，处五年以上十年以下有期徒刑，并处违法所得一倍以上五倍以下罚金。

单位犯前款罪的，对单位判处罚金，并对其直接负责的主管人员和其他直接责任人员，处五年以下有期徒刑或者拘役。

内幕信息、知情人员的范围，依照法律、行政法规的规定确定。

证券交易所、期货交易所、证券公司、期货经纪公司、基金管理公司、商业银行、保险公司等金融机构的从业人员以及有关监管部门或者行业协会的工作人员，利用因职务便利获取的内幕信息以外的其他未公开的信息，违反规定，从事与该信息相关的证券、期货交易活动，或者明示、暗示他人从事相关交易活动，情节严重的，依照第一款的规定处罚。

相关司法解释条文

《最高人民法院、最高人民检察院关于办理内幕交易、泄露内幕信息刑事案件具体应用法律若干问题的解释》(法释〔2012〕6号，自2012年6月1日起施行)

第四条 具有下列情形之一的，不属于刑法第一百八十条第一款规定的从事与内幕信息有关的证券、期货交易：

(一)持有或者通过协议、其他安排与他人共同持有上市公司百分之五以上股份的自然人、法人或者其他组织收购该上市公司股份的；

(二)按照事先订立的书面合同、指令、计划从事相关证券、期货交易的；

(三)依据已被他人披露的信息而交易的；

(四)交易具有其他正当理由或者正当信息来源的。

第五条 本解释所称“内幕信息敏感期”是指内幕信息自形成至公开的期间。

证券法第六十七条第二款所列“重大事件”的发生时间，第七十五条规定的“计划”、“方案”以及期货交易管理条例第八十五条第十一项规定的“政策”、“决定”等的形成时间，应当认定为内幕信息的形成之时。

影响内幕信息形成的动议、筹划、决策或者执行人员，其动议、筹划、决策或者执行初始时间，应当认定为内幕信息的形成之时。

内幕信息的公开，是指内幕信息在国务院证券、期货监督管理机构指定的报刊、网站等媒体披露。

第六条 在内幕信息敏感期内从事或者明示、暗示他人从事或者泄露内幕信息导致他人从事与该内幕信息有关的证券、期货交易，具有下列情形之一的，应当认定为刑法第一百八十条第一款规定的“情节严重”：

（一）证券交易成交额在五十万元以上的；

（二）期货交易占用保证金数额在三十万元以上的；

（三）获利或者避免损失数额在十五万元以上的；

（四）三次以上的；

（五）具有其他严重情节的。

第七条 在内幕信息敏感期内从事或者明示、暗示他人从事或者泄露内幕信息导致他人从事与该内幕信息有关的证券、期货交易，具有下列情形之一的，应当认定为刑法第一百八十条第一款规定的“情节特别严重”：

（一）证券交易成交额在二百五十万元以上的；

（二）期货交易占用保证金数额在一百五十万元以上的；

（三）获利或者避免损失数额在七十五万元以上的；

（四）具有其他特别严重情节的。

第八条 二次以上实施内幕交易或者泄露内幕信息行为，未经行政处理或者刑事处理的，应当对相关交易数额依法累计计算。

第九条 同一案件中，成交额、占用保证金额、获利或者避免损失额分别构成情节严重、情节特别严重的，按照处罚较重的数额定罪处罚。

构成共同犯罪的，按照共同犯罪行为人的成交总额、占用保证金总额、获利或者避免损失总额定罪处罚，但判处各被告人罚金的总额应掌握在获利或者避免损失总额的一倍以上五倍以下。

第十条 刑法第一百八十条第一款规定的“违法所得”，是指通过内幕交易行为所获利益或者避免的损失。

内幕信息的泄露人员或者内幕交易的明示、暗示人员未实际从事内幕交易的，其罚金数额按照因泄露而获悉内幕信息人员或者被明示、暗示人员从事内幕交易的违法所得计算。

第十一条 单位实施刑法第一百八十条第一款规定的行为，具有本解释第六条规定情形之一的，按照刑法第一百八十条第二款的规定定罪处罚。

相关规范性文件条文

《中国证券监督管理委员会证券市场内幕交易行为认定指引(试行)》(证监稽查字〔2007〕1号,2007年3月27日起实施)

第一章 总 则

第一条 为规范证券市场内幕交易行为的认定工作,有效打击和防范内幕交易行为,维护证券市场秩序,依据《中华人民共和国证券法》(以下简称《证券法》)及其他法律、行政法规和规章的相关规定,结合我国证券市场实际,制定本指引。

第二条 本指引所称内幕交易行为,是指证券交易内幕信息知情人或非法获取内幕信息的人,在内幕信息公开前买卖相关证券,或者泄露该信息,或者建议他人买卖相关证券的行为。

第三条 证券执法人员应当依据法律、法规和规章规定的程序,遵循专业标准和职业道德,运用逻辑推理和生活经验,全面、客观、公正地审核证据,确认事实,准确适用法律。

第四条 本指引是证券行政执法的指导性文件,供中国证券监督管理委员会(以下简称"中国证监会")使用。

证券交易所市场发行、上市的证券发生内幕交易行为的认定,适用本指引;国务院批准的其他证券交易场所发生的内幕交易行为的认定,参照本指引执行。

第二章 内幕人的认定

第五条 本指引所称内幕人,是指内幕信息公开前直接或者间接获取内幕信息的人,包括自然人和单位。

前款所称单位,是指法人和其他非法人组织,包括公司、企业、事业单位、机关、社会团体等。

第六条 符合下列情形之一的,为证券交易的内幕人:

(一)《证券法》第七十四条第(一)项到第(六)项规定的证券交易内幕信息的知情人;

(二)中国证监会根据《证券法》第七十四条第(七)项授权而规定的其他证券交易内幕信息知情人,包括:

1. 发行人、上市公司;

2. 发行人、上市公司的控股股东、实际控制人控制的其他公司及其董事、监事、高级管理人员;

3. 上市公司并购重组参与方及其有关人员;

4. 因履行工作职责获取内幕信息的人；

5. 本条第（一）项及本项所规定的自然人的配偶；

（三）本条第（一）项、第（二）项所规定的自然人的父母、子女以及其他因亲属关系获取内幕信息的人；

（四）利用骗取、套取、偷听、监听或者私下交易等非法手段获取内幕信息的人；

（五）通过其他途经获取内幕信息的人。

第三章 内幕信息的认定

第七条 本指引所称内幕信息，是指证券交易活动中，涉及公司的经营、财务或者对公司证券的市场价格有重大影响的尚未公开的信息。

第八条 符合下列情形之一的，为证券交易的内幕信息：

（一）《证券法》第六十七条第二款所列重大事件；

（二）《证券法》第七十五条第二款第（二）项至第（七）项所列信息；

（三）中国证监会根据《证券法》第六十七条第二款第（十二）项授权而规定的可能对上市公司证券交易价格产生较大影响的其他重大事件；

（四）中国证监会根据《证券法》第七十五条第二款第（八）项授权而认定的重要信息；

（五）对证券交易价格有显著影响的其他重要信息。

第九条 前条第（五）项所称的对证券交易价格有显著影响，是指通常情况下，有关信息一旦公开，公司证券的交易价格在一段时期内与市场指数或相关分类指数发生显著偏离，或者致使大盘指数发生显著波动。

前款所称显著偏离、显著波动，可以结合专家委员会或证券交易所的意见认定。

第十条 从内幕信息开始形成之日起，至内幕信息公开或者该信息对证券的交易价格不再有显著影响时止，为内幕信息的价格敏感期。

第十一条 本指引所称的内幕信息公开，是指内幕信息在中国证监会指定的报刊、网站等媒体披露，或者被一般投资者能够接触到的全国性报刊、网站等媒体揭露，或者被一般投资者广泛知悉和理解。

第四章 内幕交易行为的认定

第十二条 符合下列条件的证券交易活动，构成内幕交易：

（一）行为主体为内幕人；

（二）相关信息为内幕信息；

（三）行为人在内幕信息的价格敏感期内买卖相关证券，或者建议他人买卖相关证券，或者泄露该信息。

第十三条 本指引第十二条第(三)项的行为包括:

(一)以本人名义,直接或委托他人买卖证券;

(二)以他人名义买卖证券;

具有下列情形之一的,可认定为以他人名义买卖证券:

1. 直接或间接提供证券或资金给他人购买证券,且该他人所持有证券之利益或损失,全部或部分归属于本人;

2. 对他人所持有的证券具有管理、使用和处分的权益;

(三)为他人买卖或建议他人买卖证券;

(四)以明示或暗示的方式向他人泄露内幕信息。

第十四条 本指引第六条第(一)、(二)项规定的内幕信息知情人,在内幕信息敏感期内有本指引第十三条所列行为的,应认定构成内幕交易,除非其有足够证据证明自己并不知悉有关内幕信息。

本指引第六条第(三)、(四)、(五)项规定的其他内幕信息知情人和非法获取内幕信息的人,在内幕信息敏感期内有本指引第十三条所列行为的,应在根据相关证据综合判断其是否知悉内幕信息的基础上认定其是否构成内幕交易。

第十五条 以单位名义实施内幕交易行为,且违法所得归单位所有的,应认定为单位的内幕交易行为。

单位实施内幕交易行为的,直接负责的主管人员和其他直接责任人员按照下列规定认定:

(一)直接负责的主管人员,是指在内幕交易中起决定、批准、指挥、授意、纵容等作用的人员,一般是单位的主管负责人,包括法定代表人。

(二)其他直接责任人员,是指在内幕交易中具体实施内幕交易行为并起较大作用的人员,既可以是单位的经营管理人员,也可以是单位的职工,包括聘任、雇佣的人员。

第十六条 盗用单位名义实施内幕交易行为,违法所得由实施内幕交易行为的个人私分的,应认定为个人的内幕交易行为。

第十七条 个人利用其设立的公司、企业、事业单位实施内幕交易的,或者个人设立的公司、企业、事业单位设立后以实施内幕交易为主要活动的,应认定为个人的内幕交易行为。

第十八条 管理人或受托人等以投资基金、社保基金、保险品种、企业年金、信托计划、投资理财计划等实施内幕交易的,应当认定为管理人或受托人等的内幕交易行为。

第五章 不构成内幕交易的情形

第十九条 上市公司、上市公司控股股东或其他市场参与人，依据法律、行政法规和规章的规定，进行下列市场操作的，不构成内幕交易行为：

（一）上市公司回购股份；

（二）上市公司控股股东及相关股东行为履行法定或约定的义务而交易上市公司股份；

（三）经中国证监会许可的其他市场操作。

第二十条 有下列情形之一的，行为人的证券交易活动不构成内幕交易行为：

（一）证券买卖行为与内幕信息无关；

（二）行为人有正当理由相信内幕信息已公开；

（三）为收购公司股份而依法进行的正当交易行为；

（四）事先不知道泄漏内幕信息的人是内幕人或泄露的信息为内幕系信息；

（五）中国证监会认定的其他正当交易行为。

第六章 违法所得的认定

第二十一条 本指引所称内幕交易的违法所得，是指行为人实施内幕交易行为获取的不正当利益，即行为人买卖证券获得的收益或规避的损失。其不正当利益，既可以表现为持有的现金，也可以表现为持有的证券。

前款所称持有的证券，是指行为人实际控制的账户所持有的证券。

第二十二条 违法所得的计算，应以内幕交易行为终止日、内幕信息公开日、行政调查终结日或其他适当时点为基准日期。

第二十三条 违法所得数额的计算，可参考下列公式或专家委员会建议的其他公式：

违法所得（获得的收益）＝基准日持有证券市值＋累计卖出金额＋累计派现金额－累计买入金额－配股金额－交易费用；

违法所得（规避的损失）＝累计卖出金额－卖出证券在基准日的虚拟市值－交易费用。

前款所称交易费用，是指已向国家交纳的税费、向证券公司交付的交易佣金、登记过户费、及交易中其他合理的手续费等。

第七章 从重处罚情形的认定

第二十四条 有下列情况之一的，应当依法从重处罚：

（一）涉案金额或违法所得数额较大的；

（二）致使公司证券价格异常波动，社会影响恶劣的；

（三）以暴力、胁迫手段强迫他人进行内幕交易的；

（四）上市公司、上市公司实际控制人及相关高管人员操纵公司信息披露，进行内幕交易的；

（五）拒绝、阻碍证券监管机构及其工作人员依法执行公务或以暴力、威胁及其他手段干扰证券监管机构及其工作人员执行公务的；

（六）因内幕交易受过行政或刑事处罚，又进行内幕交易的。

第八章　从轻、减轻或不予处罚情形的认定

第二十五条　当事人有下列情形之一的，应当依法从轻或者减轻行政处罚：

（一）配合证券监管机关调查且有立功表现的；

（二）受他人胁迫从事内幕交易的；

（三）主动消除或者减轻内幕交易行为危害后果的；

（四）其他依法应从轻或者减轻行政处罚的。

内幕交易行为轻微并及时纠正或消除影响，主动配合调查，没有造成危害后果的，依法不予行政处罚。

第九章　证明标准

第二十六条　内幕交易行为的认定，应当适用明显优势证明标准。

第十章　附　　则

第二十七条　中国证监会职能部门可以就内幕交易的专业技术问题咨询并采用专家委员会的意见。

第二十八条　本指引由中国证监会负责解释。

第二十九条　本指引自印发之日起施行。

相关行政处罚案例摘要

"中国证券监督管理委员会海南监管局行政处罚决定书（林立、杨小桃）"（〔2018〕1号）对发朋友圈泄露内幕信息进行了处罚。相关行政处罚决定书摘要如下：

经查明，林立、杨小桃存在以下违法事实：

一、内幕信息形成过程

2017年6月1日下午收市后，奋达科技董事长肖某提出员工增持股票倡议的想法。当日17点左右，肖某与董事会秘书谢某平沟通了关于倡议内部员工增持公司股票的事项，基于此，谢某平拟定了《关于向公司内部员工增持公司股票的倡议书》并由肖某书面签署。

2017年6月2日7点,谢某平电话告知证券事务代表周某清上述事项需公开披露。7点30分,谢某平、周某清与证券事务代表助理罗某斌赶到公司处理信息披露事宜,但直到8点04分才将拟披露信息提交交易所信息披露系统(交易所信息披露系统早上的提交时限为8点),导致该信息未正式公开披露。其间,罗某斌不慎将《关于深圳市奋达科技股份有限公司董事长向内部员工增持公司股票倡议书的公告》(以下简称《倡议书公告》)遗忘在文印室复印机台上。

8点05分,时任公司技术市场部工程师钟某文和销售技术中心文员杨小桃来公司文印室复印材料时,看到了罗某斌遗忘在复印机上的《倡议书公告》,杨小桃当场用手机对该文件进行了拍照。

8点20分,罗某斌发现其有关该事项披露的文件遗忘在复印机台,遂前往将该文件取回。

10点,杨小桃将其拍摄的《倡议书公告》照片发到其微信朋友圈。

10点31分,钟某文将杨小桃微信朋友圈中《倡议书公告》的图片发到名称为"电器销售技术部"的微信群,微信群成员林立在微信群中看到了该信息。

中午休市期间,奋达科技正式对外披露《倡议书公告》,并于11点45分收到巨潮资讯关于本次信息已成功披露的回执。

综上,董事长肖某提出公司内部员工增持公司股票的倡议,是"国务院证券监督管理机构认定的对证券交易价格有显著影响的其他重要信息",属于《证券法》第七十五条第二款第(八)项规定的内幕信息,《倡议书公告》的内容与董事长肖某提出的公司内部员工增持公司股票倡议的内容一致。该内幕信息不晚于2017年6月1日17点形成,于2017年6月2日中午休市期间公开。

二、杨小桃泄露内幕信息

2017年6月2日8点05分,杨小桃在奋达科技文印室复印材料时看到罗某斌遗忘在复印机上的《倡议书公告》,并当场用手机拍照。10点,杨小桃将其手机拍摄的《倡议书公告》文稿照片发送至微信朋友圈,造成该内幕信息在奋达科技正式对外披露前被泄露。

三、林立内幕交易"奋达科技"股票

2017年6月2日10时31分,钟某文将杨小桃微信朋友圈中《倡议书公告》图片转发到名称为"电器销售技术部"的微信群,林立看到钟某文转发的《倡议书公告》图片。当日11点04分,林立将80万元资金转到本人的证券账户;11点05至07分,林立买入"奋达科技"69,000

股，买入成交金额806，630元，分别于2017年6月7日和8月14日卖出，获利106，715.08元。

我局认为，杨小桃对《倡议书公告》进行拍照并发送至微信朋友圈的行为，违反了《证券法》第七十六条、第二百零二条的规定，构成泄露内幕信息的行为。林立利用《倡议书公告》的内幕信息，通过本人证券账户交易"奋达科技"股票，违反了《证券法》第七十六条的规定，构成了内幕交易的行为。

根据当事人违法行为的事实、性质、情节及社会危害程度，依据《证券法》第二百零二条的规定，我局决定：对杨小桃泄露内幕信息的行为处以3万元罚款。没收林立内幕交易违法所得106，715.08元，并处以106，715.08元罚款。

"中国证监会行政处罚决定书（夏雄伟）"（〔2009〕26号）对"知悉"标准从正反两个方面进行了详细分析，并认为：只要有证据证明知悉内幕信息是影响当事人交易行为的因素之一，就可以认定内幕交易行为成立。当事人要想排除自己行为的违法性，应当有证据证明即使在完全不知道内幕信息的情况下，也会进行同样的交易行为；如果没有证据完全切断知悉内幕信息与其后的交易行为之间的联系，就不足以阻却行为的违法性。相关行政处罚决定书摘要如下：

在内幕交易案件中，当事人交易决策的形成和实施动因往往比较复杂，受多种因素的综合影响；有时既受内幕信息的影响，也同时受内幕信息之外的其他一些认知因素的影响。在有些情况下，当事人事先基于市场传言、个人分析等因素，已经关注相关证券，并产生了交易念头，然后通过种种渠道刺探、获知内幕信息，经验证后实施交易，案发后以"根据市场传言买卖""早就有了交易计划"等借口推卸责任；在另一些情况下，当事人先获知了内幕信息，但没有马上交易，而是又对相关证券的基本面与技术面作了一些研究分析，然后实施交易，案发后以"根据自己的研究分析和独立判断买卖"为由，否认内幕交易。根据《证券法》防范与打击内幕交易的立法宗旨和有关规定，只要有证据证明知悉内幕信息是影响当事人交易行为的因素之一，就可以认定内幕交易行为成立。当事人要想排除自己行为的违法性，应当有证据证明即使在完全不知道内幕信息的情况下，也会进行同样的交易行为；如果没有证据完全切断知悉内幕信息与其后的交易行为之间的联系，就不足以阻却行为的违法性。具体到本案，虽然不排除当事人的"分析判断"可能会对其交易行为有一定的影响，但由于该行为本身已经符合《证券法》第二百零二条内幕交易违法行为的构成要件,当事人的辩解无足够证据,也无足够力量排除对其内幕交易行为的认定。

“中国证监会行政处罚决定书(王雄英)”(〔2014〕29号)认为,只要监管机构提供的证据能够证明,没有合法获取内幕信息的资格和地位的人,在内幕信息公开前与内幕信息知情人或知晓该内幕信息的人联络、接触,其证券交易活动与内幕信息高度吻合,即构成内幕交易。相关行政处罚决定书摘要如下:

经查,王雄英实施了内幕交易深圳市长方半导体照明股份有限公司(以下简称长方照明)股票的行为,具体事实如下:

2012年6月底,长方照明董事长邓某长就长方照明高送转事项与副总经理邓某贤等其他董事会成员沟通。6月21日,大华会计师事务所与长方照明签订业务约定书及内幕信息知情人保密协议。7月2日,大华会计师事务所会计师陆续进场,到长方照明现场开展审计。7月18日上午,邓某长将利润分配预案的提案提交到董事会办公室,当日下午,长方照明证券事务代表将公告内容提交到深交所业务专区。7月18日晚,长方照明在深交所发布《关于2012年半年度利润分配预案的预披露公告》,以截至2012年6月30日公司总股本10,800万股为基数向全体股东每10股派发现金股利人民币2元(含税),同时以10,800万股为基数向全体股东每10股转增15股。

2008年11月5日,王雄英在安信证券汕尾陆丰证券营业部开立其本人账户,联系人为王某伟。该账户以前从未买卖过长方照明股票,2012年7月18日当天一次性买入长方照明股票66,500股,成交金额1,117,200元。2012年7月18日至2013年3月27日,该账户累计买入长方照明股票85,500股,成交金额1,557,210元,转增108,000股,累计卖出18,500股,成交金额356,215元。截至2013年3月27日,该户仍持有长方照明股票175,000股。

王雄英的股票账户由其侄儿林某锥代为操作,2012年7月18日,王雄英电话通知林某锥全仓买入长方照明股票,林某锥据此进行了下单交易。王雄英账户大额资金来源主要为邓某贤农行账户转入107万元。王雄英、邓某贤称向王雄英账户汇入107万元是归还邓某贤之前向王雄英的借款和利息。

调查发现邓某贤与王雄英在2012年6月21日至7月18日有5次通话。

长方照明利润分配计划属于《证券法》第七十五条第(二)款规定

的“公司分配股利或者增资计划”范围，是涉及公司的经营、财务或者对该公司证券的市场交易价格有重大影响的信息，在尚未公开前，属于内幕信息。长方照明董事长邓某长、董事兼副总经理邓某贤等均是该内幕信息的知情人。至2012年6月21日，该信息已经形成，并以长方照明与大华会计师事务所签订保密协议的形式予以保存。

王雄英的股票账户在7月18日首次一次性买入长方照明股票66,500股，与该账户通常分散、少量地买入其他股票的特征不同，交易行为异常。结合王雄英资金账户与邓某贤资金账户之间存在大额资金往来的情况，以及在2012年6月21日至7月18日邓某贤与王雄英有多次通话的事实，可以认定王雄英与内幕信息知情人邓某贤存在密切关系，王雄英是从邓某贤处非法获取了内幕信息。

上述违法事实分别有交易明细、银行账户明细、当事人询问笔录和通讯记录、上市公司报告公告等证据证明，足以认定。

王雄英内幕交易长方照明股票的行为违反了《证券法》第七十三条、第七十六条第(一)款的规定。

根据当事人违法行为的事实、性质、情节与社会危害程度，依照《证券法》第二百零二条的规定，我会决定：对王雄英处以30万元罚款；责令王雄英在接到本行政处罚决定书之日起7个交易日内，依法处理非法持有的长方照明股票；如有违法所得，没收违法所得。

相关裁判摘要

“张海光与中国证券监督管理委员会二审行政判决书”[北京市高级人民法院行政判决书(2017)京行终2185号]认为，在投资者并非内幕信息知情人，又无直接证据证明投资者非法获取了内幕信息并实施内幕交易的情况下，证券监管机构认定投资者存在内幕交易行为的，应当对投资者在内幕信息公开前与内幕信息知情人员联络、接触，以及该联络、接触时间与其相关证券交易活动高度吻合的问题承担证明责任，投资者应当对其在内幕信息敏感期内与内幕信息知情人员联络、接触且该联络、接触时间与相关证券交易活动高度吻合问题，承担合理说明以及提供证据排除其存在利用内幕信息从事相关证券交易活动的责任。相关裁判摘要如下：

《证券法》第七十三条规定，禁止证券交易内幕信息的知情人和非法获取内幕信息的人利用内幕信息从事证券交易活动。按照最高人民法院《关于审理证券行政处罚案件证据若干问题的座谈会纪要》第一部分“关于证券行政处罚案件的举证问题”和第五部分“关于内幕交易行为的认定问题”的意见，人民法院在审理证券内幕交易行政处罚案件时，应当考虑到该类案件违法行为的特殊性，由监管机构承担主要违法事实证明责任，通过推定的方式适当向原告转移部分特定事实的证明责任。在原告并非内幕信息知情人，又无直接证据证明原告非法获取了内幕信息并实施内幕交易的情况下，证券监管机构认定原告存在内幕交易行为的，应当对原告在内幕信息公开前与内幕信息知情人员联络、接触，以及该联络、接触时间与其相关证券交易活动高度吻合的问题承担证明责任，原告应当对其在内幕信息敏感期内与内幕信息知情人员联络、接触且该联络、接触时间与相关证券交易活动高度吻合问题，承担合理说明以及提供证据排除其存在利用内幕信息从事相关证券交易活动的责任。这就是说，如果在内幕信息敏感期内，原告与内幕信息知情人员联络、接触，其证券交易活动与内幕信息的形成、变化以及与内幕信息知情人员联络、接触时间高度吻合，构成相关交易行为明显异常，需要原告作出合理说明或者提供证据排除其存在利用内幕信息从事相关交易活动；如果原告对该明显异常的交易活动不能作出合理说明，或者不能提供证据排除其存在利用内幕信息从事相关交易活动的，可以认定监管机构认定的内幕交易行为成立。

本案中，中国证监会认定，张语曾账户及周足英账户由张海光实际控制和使用，资金来源于张海光，由张海光或张海光委托其姐张某玲下单交易“任子行”股票；张海光与景晓军是多年生意伙伴，双方关系密切，内幕信息敏感期内两人有联络；两个账户交易时点与内幕信息形成过程及张海光、景晓军通讯时间高度吻合，交易金额明显放大，买入态度坚决，交易特征异常。对此，本院在审理过程中，张海光对自己是张语曾账户及周足英账户的实际控制人、其与景晓军系多年生意伙伴，以及其与景晓军时常联系、交易“任子行”股票的相关事实并无异议。张海光提出中国证监会并无证据证明其实际获得了内幕信息，且中国证监会调取的短信通讯记录并无短信的内容，其是通过对网络行业发展前景的发展与判断而进行股票交易决策，因而并不构成知悉内幕信息并进行交易的主张。对此本院认为，虽然并无直接证据证明张海光实际获取了内幕信息的内容，但参照最高人民法院《关于审理证券行政处罚案件证据若干问题的座谈会纪要》的前述规定，在内幕信息敏感期内，只要张海光与内幕信息知情人员联络、接触，且其证券交易活动与内幕信息知情人员联络、接触时间高度吻合，就属于交易行为明显异常的情形，需要张海光作出合理说明或者提供证据排除其存在利用内幕信息从事交易活动，在此过程中并不必然要求中国证监会必须证明张海光与内幕信息知情人员联络、接触的具体内容,相反,如果张海光不能证明自己与景晓军的联络、接触与内幕信息无关,则将对张海光作出不利的认定。本案中,张海光进行账户交易的时点与内幕信息形成过程及张海光、景晓军通讯时间高度吻合,交易金额明显放大,买入态度坚决,买卖证券行为明显与账户平时交易习惯相背离,交易特征明显异常。在此情况下,张海光既未提供证明其与景晓军联络、接触的内容可以排除内幕信息的证据,其关于通过对网络行业发展前景的发展与判断而进行股票交易决策的申辩理由,又不构成合理说明。此外,张海光还提出其此前曾经交易过"任子行"股票,因而不构成交易明显异常的主张,对此本院认为,张海光对"任子行"股票的交易历史记录与本案股票交易时间相差一年有余,且之前的交易日期也相对集中,并不构成张海光对"任子行"股票的常态化交易,同样不构成对本案所涉及明显异常交易的合理说明。因此,被诉处罚决定认定张海光构成内幕交易,并无不当。

"黄耀军与光大证券股份有限公司侵权责任纠纷一审民事判决书"[广东省深圳市中级人民法院民事判决书(2015)深中法商初字第190号]认为,在认定内幕交易与投资者损失的因果关系方面,应采用推定因果关系的做法。相关裁判摘要如下:

证券市场中因果关系不同于传统的民事因果关系。首先,证券市场主体人数众多、交易迅速、成交量大。作为一个以计算机网络技术为基础的市场,大多数证券交易是通过集合竞价和连续竞价,采取交易所主机撮合方式而完成的,内幕交易行为人与受害人并不直接对应或接触。因此,投资者交易的股票、期货无法与内幕交易行为人交易的股票、期货完全一一对应。其次,在证券市场中,投资者的损害主要表现为证券价格的下降或上升,但是影响证券价格的因素非常多,往往是多种原因相互交织引起证券价格波动。在这种情况下,由投资者通过证据去证明内幕交易的因果关系几乎不可能,相当于架空了内幕交易惩罚制度,不符合立法的本意。

本院注意到,我国目前法律法规或者司法解释并未对内幕交易与投资者损失的因果关系方面作出具体明确规定,但与此最相类似,同样涉及证券市场投资者民事赔偿的《最高人民法院关于审理证券市场因虚假陈述引发的民事赔偿案件的若干规定》第十八条对因果关系作出如下规定:"投资人具有以下情形的,人民法院应当认定虚假陈述与损害结果之间存在因果关系:(一)投资人所投资的是与虚假陈述直接关联的证券;(二)投资人在虚假陈述实施日及以后,至揭露日或者更正日之前买入该证券；(三)投资人在虚假陈述揭露日或者更正日及以后，因卖出该证券发生亏损，或者因持续持有该证券而产生亏损”。根据该规定，具备一定条件的情况下，推定因果关系的成立。

考虑到上述因素，本院认为，在认定内幕交易与投资者损失的因果关系方面，亦应采用推定因果关系的做法。基于有效市场理论，假定证券及期货市场的价格受所有投资公众可获知的公开信息的影响，交易时不披露内幕信息，会在极大程度上影响市场价格的真实性。因此，存在内幕交易行为应当推定为会影响到投资者所投资的交易品种价格，进而造成投资者的损失。具体而言，本院认为，在内幕信息具有价格敏感性的情况下，在内幕交易行为人实施内幕交易行为的期间，如果投资者从事了与内幕交易行为主要交易方向相反的证券交易行为，而且投资者买卖的是与内幕信息直接关联的证券、证券衍生产品或期货合约，最终遭受损失，则应认定内幕交易与投资者损失具有因果关系。

光大证券公司还提出，当日内幕交易时间段，光大证券公司交易IF1309和IF1312的数量远远低于市场成交总量，每分钟交易IF1309和IF1312的数量又较为平均，因此并不会导致大盘价格下降，与黄耀军损失之间没有因果关系。另外，光大证券公司于14时22分发布公告前后，相关市场价格走势呈平稳下跌趋势，没有明显地突变，说明无论光大证券公司是否公开内幕信息，对市场价格走势不会产生较大影响，故投资者交易受损并非光大证券公司内幕交易行为所致。本院认为，内幕交易中，交易总量的大小、交易数量是否平均，对因果关系的认定并无影响，因为立法禁止从事内幕交易行为，并未区分上述具体实施因素，而是考虑到内幕交易破坏证券市场交易制度的公平性，影响到一般投资人对证券市场公开、公正、公平的信赖。在采用推定因果关系的情况下，上述具体交易数量与具体交易模式，对于与内幕信息直接关联的交易品种，并不影响因果关系的认定，最多在赔偿责任限额方面对内幕交易行为人有影响。另外，在本案较短的内幕交易期间内，光大证券公司也没有举证证明存在其他市场风险因素的明显介入，故光大证券公司以自身交易模式为由否认因果关系存在的观点本院不予支持。

在因果关系方面，本案还涉及诸多因素影响到因果关系的具体认定，其中包括交易品种关联性、交易方向、交易时间等。分别分析如下：

1. 交易品种对因果关系的影响

与因果关系密切相关的一个问题是交易品种直接关联性问题。光大证券公司所交易的股指期货空头合约为IF1309、IF1312、50ETF以及180ETF,本案黄耀军交易的品种为IF1309,故可以直接认定为与光大证券公司的内幕交易行为具有因果关系。

2. 交易方向对因果关系的影响

交易方向对因果关系的认定有重大影响,如果投资者主要交易方向与内幕交易行为人的交易方向相同的,则应当认定投资者的损失与内幕交易行为之间不存在因果关系。证券市场与股指期货市场交易规则有所不同,在判断主要交易方向方面,就股指期货交易方向,本院注意到黄耀军反复多次买入和卖出股指期货合约。对此光大证券公司提出,黄耀军的操作属于纯粹投机的双向交易,进而表明黄耀军从事交易系自主判断和自主决策,不受光大证券公司内幕交易行为影响。本院认为,基于摊低成本、规避风险等交易策略,投资者的交易模式确实可以表明其目的是通过捕捉相关交易品种短时间内的价格波动而通过频繁交易来获利,由于股指期货市场的交易特征,这种做法不违反投资规则,无可厚非。无论是否存在光大证券公司的内幕交易行为,投资者根据其投资策略完全可能在当日进行多次交易甚至频繁交易,但由于光大证券公司内幕交易行为影响了市场价格,根据推定因果关系的理论,只要造成了投资者的损失,亦应认定构成因果关系。

根据本案的具体案情,光大证券公司在当日内幕交易时间段的交易行为是卖出股指期货合约IF1309。而在当日内幕交易时间段内,黄耀军的交易纪录显示其买入IF1309的总手数大于卖出总手数,故应认定为黄耀军的交易方向与光大证券公司的交易方向相反。

3. 交易时间对因果关系的影响

本案中黄耀军所主张的交易品种既有发生内幕交易时间段的,也有发生在非内幕交易时间段的,对于发生在非内幕交易时间段的交易,黄耀军的损失与光大证券公司的行为是否存在因果关系,亦是本案争议问题之一。本院认为,本案引发诉讼的原因是光大证券公司的内幕交易行为。法律之所以制裁内幕交易行为,确立赔偿机制,是因为内幕交易给相关市场造成了重大的负面影响。市场受信息支撑并由信息左右,信息对交易品种价格的变化具有决定性的影响。内幕交易行为人因提前拥有可靠信息,可以使自己摆脱交易的风险,而一般投资者则要面对巨大风险,相当于内幕交易行为人将其获益转嫁为投资者的损失,这将使得相关市场失去公平、公正性和失去效率,并使得投资者失去对市场的信心和投资的愿望,从而根本上腐蚀市场的正常机制,影响市场的健康发展。如果投资者的交易发生于光大证券公司的内幕交易行为时间段之外,这种情况能否索赔,应考虑到投资者所面对的市场风险问题。众所周知,股票与股指期货等交易品种具有流动性、风险性、波动性的特征。在瞬息万变的市场当中,投资于这些交易品种的风险是客观存在的。作为投资者,不仅要面临自身主观行为因素所造成的风险,还要面临外部客观因素所带来的风险,包括各类所投资公司的个体风险、整个市场风险。在市场风险中,除了由于汇率、利率等金融政策、国内和国际的突发事件、经济和政治制度的变动等所引发的风险,计算机的技术故障风险或者其他投资者操作错误亦是每个投资者所必要面对的广义上的市场风险,因为当今世界证券及期货市场的交易架构基本依赖于计算机网络系统,包括硬件与软件。至于其他投资者的错误操作,无论是源自计算机软硬件故障,还是投资者自身操作指令不当,除非是属于法律明确禁止之行为如虚假陈述、内幕交易、操纵市场等,否则难以从民事侵权法律上追究其责任。首先,对于一名投资者而言,根本无法事先判断其他投资者的投资行为是有意、无意或者是存在错误,其所能观察到的,仅仅是市场价格变化,就此意义而言,在交易之时,该投资者并不存在重大误解,也无从要求撤销这种交易行为。其次,在一个价格瞬息万变、波动巨大的市场上,每位投资者做出投资决策时应依赖于自己的判断,而不应对其他投资者的投资行为产生任何信赖,其他投资者的行为,导致某一时刻的大盘或者个股的价格剧烈变化,不代表着跟风必定获利。因此无法从法律上认定损失因果关系的存在。否则,导致市场波动的每一项突发事件、政策决定、他人投资行为或者其他因素,都会引发诉讼,市场一词将失去其本意。

就本案而言,本院认为,对于光大证券公司在内幕交易时间段内的行为,属于应受法律制裁的行为,黄耀军主张的该时间段的损失依法可以获得赔偿。但中国证监会并未认定光大证券公司当日上午的行为属于内幕交易(即便可能存在极少量的股指期货交易行为),也未认定光大证券公司当日存在虚假陈述、操纵市场等相关法律所禁止的行为,故黄耀军主张的在非内幕交易时间段进行的交易,属于跟风买入受损,应自担投资风险,无法认定存在法律上的因果关系。

第七十七条　【禁止操纵市场】禁止任何人以下列手段操纵证券市场：

（一）单独或者通过合谋，集中资金优势、持股优势或者利用信息优势联合或者连续买卖，操纵证券交易价格或者证券交易量；

（二）与他人串通，以事先约定的时间、价格和方式相互进行证券交易，影响证券交易价格或者证券交易量；

（三）在自己实际控制的账户之间进行证券交易，影响证券交易价格或者证券交易量；

（四）以其他手段操纵证券市场。

操纵证券市场行为给投资者造成损失的，行为人应当依法承担赔偿责任。

相关法律条文

《中华人民共和国刑法》（2015 年 8 月 29 日修正）

第一百八十二条　【操纵证券、期货市场罪】有下列情形之一，操纵证券、期货市场，情节严重的，处五年以下有期徒刑或者拘役，并处或者单处罚金；情节特别严重的，处五年以上十年以下有期徒刑，并处罚金：

（一）单独或者合谋，集中资金优势、持股或者持仓优势或者利用信息优势联合或者连续买卖，操纵证券、期货交易价格或者证券、期货交易量的；

（二）与他人串通，以事先约定的时间、价格和方式相互进行证券、期货交易，影响证券、期货交易价格或者证券、期货交易量的；

（三）在自己实际控制的账户之间进行证券交易，或者以自己为交易对象，自买自卖期货合约，影响证券、期货交易价格或者证券、期货交易量的；

（四）以其他方法操纵证券、期货市场的。

相关裁判摘要

"李宁与中国证券监督管理委员会信息公开一审行政判决书"［北京市第一中级人民法院行政判决书（2016）京 01 行初 699 号］认为，判断操纵市场，应当对整个交易行为进行综合分析，判断交易者是否明显存在背离正常市场交易规律而人为干预甚至制造背离真实供求关系的市场价格的主观意图和客观行为。相关裁判摘要如下：

证券法第七十七条第一款第（一）（二）（三）项明确列举的操纵证券市场的情形，本质都是凭借市场优势地位或者采用欺诈手法人为干预市场走势或影响市场行情，破坏市场正常的量价形成机制，释放虚假的市场信号，一般都具有诱使其他投资者跟风交易，操纵者从中牟利的主观恶意。证券法第七十七条第一款第(四)项规定的以其他手段操纵证券市场,亦应比照前述情形予以认定。本院认可,即使是合法的证券期货大宗交易,也可能会对市场价格产生影响,这种影响来自于正常市场供求关系的变化,对于大宗交易者而言,基于专业认知也往往能够大致预测因为供求关系的变化而对市场价格可能产生的影响。因此,并非可能影响市场价格的大宗交易就当然属于操纵市场行为,而应当对整个交易行为进行综合分析,判断交易者是否明显存在背离正常市场交易规律而人为干预甚至制造背离真实供求关系的市场价格的主观意图和客观行为。

本案中,根据已查明的事实,2013年7月1日、2013年8月1日、2013年8月20日、2013年8月21日、2013年10月24日、2013年9月18日,"李宁"账户组于前述6个交易日中4个交易日持股比超5%,其于前述交易日交易"元力股份"具有一定资金及持股优势。而于前述交易日中,"李宁"账户组交易"元力股份"的交易量占比、申买比重等数显著偏高,单个交易日申买量占比最高达到77.71%,最高成交量占比达到94.69%。且前述交易均为短时间内大笔申报买入,交易时间最短区间为1分54秒,最长区间为6分29秒。不仅如此,"李宁"账户组于申买时段内的平均申买价格均高于申报前一刻买委托第一档价格。这显然有悖于"低买高卖"的正常市场交易行为。进一步结合"李宁"账户组于前述交易日的同日或次日进行的反向卖出行为,能够认定"李宁"账户组实施的大笔申报买入意在通过人为影响市场交易价格或交易量的方法诱使其他投资者跟风买入,之后其通过反向卖出交易从中牟利。"李宁"账户组的交易行为,已经明显不符合合理交易行为一般特点,其利用自己的资金优势,人为制造背离真实供求关系的市场价格的意图明显。

从客观效果分析,"李宁"账户组的交易对于"元力股份"股票价格走势的影响权重极高。前述6个交易日"元力股份"股价涨幅分别达1.96%、3.98%、3.69%、1.62%、2.22%、4.33%,其中2013年9月18日的收盘涨幅偏离当日创业板指数2.92%。因此,原告实际控制"李宁"账户组于前述6个交易日实施的交易行为已构成证券法第七十七条第一款第(四)项规定的以其他手段操纵证券市场,被告依据前述规定进行处罚于法有据。

相关行政处罚决定书摘要

“中国证监会行政处罚决定书(周建明)”(〔2007〕35号)认为,频繁申报和撤销申报构成市场操纵。相关行政处罚决定书摘要如下:

经查明,在2006年1月至11月,周建明利用在短时间内频繁申报和撤销申报手段操纵“大同煤业”等15只股票价格。其中,2006年6月26日,周建明在该日上午的21分钟内连续挂出61笔“大同煤业”(股票代码601001)股票买单,共计40,090,000股,申报价格从第一笔的10.22元提高到第61笔的10.59元,并随后在26分钟内全部撤单,在撤单后,以10.36元卖出“大同煤业”股票4,331,579股。周建明以同样手段,在2006年7月10日操纵“四川路桥”(股票代码600039)股票价格,在2006年7月27日操纵“G同科”(股票代码600846)股票价格,在2006年8月17日操纵“G中海”(股票代码600026)股票价格,在2006年1月17日操纵“嘉宝集团”(股票代码600622)股票价格,在2006年6月7日操纵“中纺投资”(股票代码600061)股票价格,在2006年6月15日操纵“上海医药”(股票代码600849)股票价格,在2006年6月19日操纵“G嘉宝”(股票代码600622)股票价格,在2006年4月12日操纵“中炬高新”(股票代码600872)股票价格,在2006年4月21日操纵“安阳钢铁”(股票代码600569)股票价格,在2006年1月16日操纵“彩虹股份”(股票代码600707)股票价格,在2006年6月6日操纵“安彩高科”(股票代码600207)股票价格。在2006年7月27日操纵“G贵研”(股票代码600459)股票价格,在2006年1月24日操纵“*ST运盛”(股票代码600767)股票价格,在2006年11月13日,周建明操纵“成都建设”(股票代码600109)股票价格。

经计算,周建明利用频繁申报和撤销申报手段操纵“大同煤业”等15只股票价格的违法所得为1,762,239.85元。

证明以上违法事实的主要证据有:在证券营业部调取的周建明交易“大同煤业”等15只股票的股东账户、资金划转凭证,上海证券交易所提供的周建明交易“大同煤业”等15只股票的计算数据,相关人员的谈话笔录等。上述行为事实清楚,证据确凿、充分,足以认定。

我会认为,周建明的上述行为违反了《中华人民共和国证券法》第七十七条第一款第四项的规定,构成操纵证券市场,应当依法给予行政处罚。

根据当事人违法行为的事实、性质、情节与社会危害程度，依据《中华人民共和国证券法》第二百零三条的规定，我会决定如下：没收周建明违法所得1,762,239.85元，并处以罚款1,762,239.85元。

“中国证监会行政处罚决定书（汪建中）”（〔2008〕42号）认为，汪建中利用其控制的证券投资咨询机构向公众推荐证券的特殊地位和影响，在公开推荐前买入证券，公开推荐后卖出，人为影响或意图影响证券交易价格以牟取巨额私利（抢帽子）构成市场操纵。相关行政处罚决定书摘要如下：

北京首放是一家具备证券投资咨询业务资格的证券投资咨询机构。汪建中是该公司控股股东，并任执行董事、经理。汪建中利用本人及汪公灿、汪小丽、段月云、汪伟、何玉文、吴代祥、汪建祥、汪谦益共9人的身份证开立资金账户17个、银行账户10个，并下挂以上述个人名义开立的股票账户进行股票、权证交易。上述账户由汪建中管理、使用和处置，汪建中为上述账户的实际控制人。

2007年1月1日至2008年5月29日，北京首放向社会公众发布咨询报告，方式包括在首放证券网上发布名为“掘金报告”的咨询报告，并提供给东方财富网、新浪网、搜狐网、全景网、《上海证券报》、《证券时报》发布或刊载，北京首放的咨询报告对投资者有比较广泛、重要的影响。在北京首放的咨询报告发布前，汪建中利用其实际控制的账户买入咨询报告推荐的证券，并在咨询报告向社会公众发布后卖出该种证券，实施了操纵证券市场的违法行为。

汪建中以上述方式买卖的证券包括“工商银行”“交大博通”“中国联通”“四川长虹”“*ST夏新”“深康佳A”“上海贝岭”“士兰微”“新疆天业”“重庆钢铁”“马钢CWB1”“武钢CWB1”“长江电力”“马钢股份”“一汽夏利”“一汽轿车”“五粮液”“中国铝业”“包头铝业”“金证股份”“北大荒”“中信银行”“红豆股份”“好当家”“中信证券”“中国石化”“华泰股份”“深发SFC2”“万科A”“伊利CWB1”“申能股份”“皖通高速”“梅雁水电”“民生银行”“三佳科技”“中海集运”“上港CWB1”和“吉林化纤”共38只股票和权证。以上买卖证券行为中，买入证券金额累计5,260,460,467.75元；卖出金额累计5,386,218,067.25元。根据统计，上述账户买卖证券行为合计55次，其中45次合计获利150,785,934.71元；10次合计亏损25,028,335.21元，累计净获利125,757,599.50元。

经查,在北京首放发布咨询报告对相关证券做出推荐或者投资建议时,汪建中参与了决策过程并拥有最终的决定权。北京首放通过首放证券网及东方财富网、新浪网、搜狐网、全景网、《上海证券报》《证券时报》等发布或刊登咨询报告。北京首放在汪建中的控制下,参与了汪建中操纵市场的违法行为。

当事人在听证过程中提出了陈述申辩意见和相关证据。经复核,当事人提出的陈述申辩理由不成立,依法不予采纳。

汪建中认为,交易所规定的交易手续费率是0.3%,其和营业部约定的优惠交易手续费率是0.06%或0.08%。因此,少收的手续费合计25,251,958.29元,应当是其合法所得,不应被计入违法所得。经复核,调查中认定的手续费合计数额是按营业部向当事人实际收取的佣金计算的。

汪建中认为,由于印花税下调导致股票、权证普遍大涨、中信证券公布盈利大幅增加550%的利好导致中信证券股票上涨所取得的收益应当是当事人的合法收益。我会认为,当事人在公开推荐前买入证券,在公开推荐后卖出该种证券,通过或意图通过市场波动获取不当利益,其行为本身是违法行为,通过此种违法交易行为而获取的所有利益应当被认定为违法所得。

汪建中认为,万科A等15只大盘股流通市值巨大,当事人买卖的资金量不可能对其交易量和交易价格产生影响,不存在操纵的情形。我会认为,北京首放向社会公众发布咨询报告,包括在首放证券网上发布名为“掘金报告”的咨询报告,并在东方财富网、新浪网、搜狐网、全景网以及《上海证券报》《证券时报》发布或刊载,对投资者有比较广泛、重要的影响,因而通过对投资者投资行为的影响从而对大盘股股价带来波动的可能性是存在的。从本案操纵行为来看,在北京首放的咨询报告发布前,汪建中利用其实际控制的账户提前买入咨询报告拟推荐的证券包括大盘股,并在咨询报告向社会公众发布后卖出该种证券,一年多时间采取类似方式交易达55次。这充分说明当事人存在利用北京首放的推荐来影响普通投资者的投资判断,进而影响所推荐证券交易价格或交易量,并从中谋取不当利益的意图。当事人主观上有故意,客观上实施了推荐前买入,推荐后卖出的操纵行为,其操纵证券市场的事实成立。

北京首放认为,其业务经营合法,汪建中是利用了其合法经营的业务进行了涉案交易行为,北京首放不应受到行政处罚。我会认为,汪建中系北京首放的大股东、法定代表人、执行董事和经理,在北京首放的主要业务——个股推荐中参与决策过程并拥有最终决策权,其最终决定公开发布咨询报告行为同时也是北京首放个股推荐行为的一部分。因此,北京首放涉案的推荐股票行为构成对汪建中操纵市场的参与。

汪建中和北京首放认为,现行法律法规中没有将汪建中涉案行为定性为操纵市场行为的规定,证监会无权根据《证券法》第七十七条第一款第(四)项"以其他手段操纵证券市场"进行认定,且目前法律实务中尚无将类似行为认定为操纵市场的先例。我会认为,中国证监会是法定的国务院证券监督管理机构,有权依法对证券市场违法行为进行查处。根据《证券法》第七十七条和第二百零三条规定,操纵证券市场行为是法律明确禁止的违法行为,必须坚决查处。汪建中利用其控制的证券投资咨询机构向公众推荐证券的特殊地位和影响,在公开推荐前买入证券,公开推荐后卖出,人为影响或意图影响证券交易价格以牟取巨额私利,扰乱了正常的市场交易秩序,侵害了公众投资者的利益,具有操纵证券市场的性质。《证券法》第七十七条在列举了操纵证券市场的典型手段后,规定"以其他手段操纵证券市场"也应禁止,属于不完全列举的例示性规定。根据法律授予的职责和权力,我会可以认定以其他手段操纵证券市场的行为并进行处罚。

汪建中申辩其没有操纵市场的主观恶意,没有造成投资者损失,社会危害性小,属于情节轻微,并请求减轻处罚。我会认为,北京首放是比较有影响力的证券投资咨询机构,通过权威性的财经报纸和知名网站等媒体发布其投资咨询报告进行股票推荐,影响范围较广。汪建中身为北京首放执行董事、经理,又是推荐证券的决策者,主观上具有利用北京首放的地位并借助媒体影响力实施操纵证券市场行为的故意。汪建中作为证券投资咨询机构的高级管理人员,应当熟悉并遵守证券投资咨询业务相关法律、法规、规章和业务规则。但是,汪建中在一年多时间内,进行买入后推荐再卖出证券的交易55次,涉及股票、权证38只,交易金额达100多亿元,违法所得超过1.25亿元。汪建中和北京首放利用从事证券投资咨询业务的地位和优势,违背诚信和执业操守,操纵证券市场,严重损害公众投资者的信任和信心,扰乱证券市场秩序,不能减轻处罚。

我会认定,汪建中和北京首放的上述行为违反了《证券法》第七十七条第一款第(四)项"以其他手段操纵证券市场"的规定,构成了《证券法》第二百零三条所述的"操纵证券市场"行为。根据当事人违法行为的事实、性质、情节与社会危害程度,按照《证券法》第二百零三条规定,我会决定没收汪建中违法所得125,757,599.50元,并处以罚款125,757,599.50元。同时,按照《证券法》第二百二十六条第三款的规定,我会决定撤销北京首放的证券投资咨询业务资格。

"中国证监会行政处罚决定书(鲜言)"(〔2017〕29号)对利用信息优势控制信息披露节奏及内容操纵股票作出了行政处罚。相关行政处罚决定书摘要如下:

鲜言实际控制、使用涉案账户情况:"刘某杰""鲜某""夏某梅"证券账户以及14个信托账户共计28个HOMS交易单元(以下简称账户组)由鲜言实际控制、使用。账户组交易资金来源于鲜言、鲜言控制的公司及14个信托计划,交易MAC地址高度重合。

鲜言采用多种手段操纵"多伦股份"股价:

(一)鲜言通过集中资金优势、持股优势连续买卖操纵"多伦股份"股价

2014年1月17日至2015年6月12日(以下简称操纵期间),"多伦股份"有316个交易日,账户组在223个交易日中交易了"多伦股份",其中:买入量排名第一的有93个交易日,排名居前两名的交易日共计110个,排名居前三名的交易日共计117个,排名居前四名的交易日共计125个,排名居前五名的交易日共计133个;卖出量排名第一的有77个交易日,排名居前两名的交易日共计94个,排名居前三名的交易日共计105个,排名居前四名的交易日共计115个,排名居前五名的交易日共计119个。账户组买入"多伦股份"数量占该股市场买入量比例超过10%的有65个交易日,超过20%的有22个交易日,超过30%的有11个交易日,超过40%的有5个交易日,买入占比在2015年1月12日达到最高值,为56.87%;账户组卖出"多伦股份"的数量占该股市场卖出量比例超过10%的有50个交易日,超过20%的有18个交易日,超过30%的有7个交易日,超过40%的有3个交易日,卖出占比在2014年12月29日达到最高值,为53.46%。

操纵期间,账户组持有"多伦股份"占该股总股本10%以上的交易日为60个,占5%以上的交易日为179个,持股最高的日期为2014年12月26日,持有47,154,962股,占总股本13.85%。

（二）鲜言利用信息优势控制信息披露节奏及内容操纵“多伦股份”股价

1. 鲜言控制多伦股份拟更名事项披露节奏

2015年4月9日，多伦股份员工周某萍根据多伦股份董事长和董事会秘书鲜言的指示向上海市工商行政管理局（以下简称上海市工商局）申请变更多伦股份的企业名称。2015年4月16日，上海市工商局核准同意多伦股份申请变更的企业名称为“匹凸匹金融信息服务（上海）股份有限公司”，并标注行业及行业代码：金融信息服务09619，申请变更人为鲜言。2015年4月17日，鲜言知悉多伦股份名称变更取得预先核准。

多伦股份原经营生产与销售高级挂釉石质墙地砖、房地产开发与经营、国内采购的金属材料、建筑材料批发等业务，而申请变更后，其名称中涉及的行业为“金融信息服务”，与公司原经营范围发生了重大变化。多伦股份更名事项涉及名称变更和经营范围变更，根据《证券法》第六十七条第二款第（一）项的规定，属于需要立即公告的重大事件。但鲜言直至2015年5月7日才将该事项提交公司第七届董事会第十次会议审议，并于2015年5月11日对外公告。公告称“立志于做中国首家互联网金融上市公司，基于上述业务转型的需要，为使公司名称能够体现公司的主营业务，公司拟将名称变更为匹凸匹金融信息服务（上海）股份有限公司”。

2. 鲜言控制多伦股份信息披露内容误导投资者

2015年5月11日，多伦股份公告《关于获得控股股东www.p2p.com网站域名特别授权的公告》，公告称“通过本次授权，可以使公司在互联网金融行业处于领先的竞争优势。该特别授权对公司的转型是具有突破性意义的，必将给公司带来深远影响”。从多伦股份公告内容来看，www.p2p.com网站正在筹备中，并无任何业务运营，且香港多伦只免费授权该网站域名使用1年，后续存在不确定性。而互联网金融为当时股票炒作热点题材，上述公告内容足以对投资者产生误导。

上述内容公告后，2015年5月11日至6月2日，“多伦股份”可交易日共计6日，股价连续6日涨停，涨幅为77.37%；同期上证指数涨幅为16.75%，中证互联网金融指数涨幅为29.58%。而鲜言控制账户组在上述事项披露之前连续买卖“多伦股份”。

账户组在2015年4月21日至5月10日(4月15日至4月28日"多伦股份"停牌,4月29日复牌后至5月10日共6个交易日),除4月29日当天没有交易"多伦股份"外,其余5个交易日连续净买入"多伦股份",合计17,889,746股,交易金额202,077,118.46元,日均净买入约3,577,949股,远大于2014年1月17日(账户组首次交易"多伦股份")至2015年4月20日(账户组净买入"多伦股份"的交易日共计110个)日均净买入量965,936股。

(三)鲜言通过在自己控制的账户之间进行证券交易操纵"多伦股份"股价

在2014年1月17日至2015年6月12日的316个交易日中,鲜言有88个交易日在自己实际控制的账户组证券账户之间交易"多伦股份",总量达到84,789,478股。鲜言在自己实际控制的账户组证券账户之间交易"多伦股份"的数量占市场成交量比例超过5%的有30个交易日,超过10%的有16个交易日,2015年1月12日最高达到40.27%。

(四)鲜言通过虚假申报操纵"多伦股份"股价

2015年5月11日、5月12日,账户组在涨停价买盘远大于卖盘的情况下,大量以涨停价申买"多伦股份",并频繁撤单然后再申报,明显不以成交为目的,以虚假申报方式制造涨停价买单众多假象,影响投资者判断,两天实际买入量均为零。

2015年5月11日,集合竞价阶段9:15:00至9:24:59,"多伦股份"全市场涨停价(12.06元)买申报量为81,381,600股,其中,账户组9:15:08至9:19:21以涨停价买申报多伦股份39笔,共计15,804,100股,占同期市场涨停价申买量的比例为19.42%。2015年5月11日之前10个交易日"多伦股份"日均成交量为40,148,650股,账户组集合竞价涨停价买申报量为前10天日均成交量的39.36%。集合竞价阶段"多伦股份"全部卖申报量为522,551股,共成交459,951股,成交价为12.06元,卖申报量占集合竞价阶段市场全部涨停价买申报量的0.64%,占账户组涨停价买申报量的3.31%。在连续竞价阶段9:38:53至13:21:26,账户组对集合竞价阶段39笔申报中的8笔予以撤单,撤单量共计5,059,600股,撤单量占集合竞价阶段申报量比例为32.01%。

2015年5月12日,集合竞价阶段9:15:00至9:24:58,"多伦股份"

全市场涨停价(13.27 元)买申报量为 85,296,400 股,其中,账户组 9:15:37 至 9:23:08 以涨停价买申报"多伦股份"48 笔,共计 14,250,500 股,占同期市场涨停价申买量的比例为 16.71%。2015 年 5 月 12 日之前 10 个交易日多伦股份日均成交量为 38,378,510 股,账户组申报量为前 10 天日均成交量的比例为 37.13%。集合竞价阶段市场全部卖申报量为 511,602 股,成交 456,802 股,成交价为 13.27 元。卖申报量占同期市场涨停价买申报量的比例为 0.60%,占账户组涨停价买申报量的比例为 3.59%。在连续竞价阶段 9:30:05 至 14:45:22,账户组对集合竞价阶段 48 笔申报中的 24 笔撤单,撤单量共计 7,300,500 股,撤单数量占申买数量的 51.23%。

综上,鲜言通过采用集中资金优势、持股优势、信息优势连续买卖,在自己实际控制的证券账户之间交易,虚假申报等方式,影响"多伦股份"交易价格和交易量,违法所得共计 578,330,753.74 元。2014 年 1 月 17 日至 2015 年 6 月 12 日,"多伦股份"股价涨幅为 260.00%,同期上证指数涨幅为 155.29%。

鲜言在提交我会的材料中提出:其一,账户组对应的信托单元所持有的股票均在信托计划的受托人名下,这些信托单元的设立、存续并非为操纵"多伦股份"股价。其二,2014 年 4 月 24 日、5 月 13 日香港多伦先后减持 2000 万股"多伦股份",仅仅是大股东持股方式的变更,减持对象是其委托设立的结构化资金信托计划,是大股东合理利用结构化融资工具,没有进行套利交易。其三,多伦股份更名时,非常看好互联网金融的发展前景,想好好发展互联网金融业务。其四,其并未操纵"多伦股份"股价,没有操纵"多伦股份"股价的主观意图。

经复核,我会认为:其一,鲜言具有相关信托计划的投资决策权,其利用账户组进行的证券交易符合操纵证券市场特征。信托计划设立、存续目的并不影响其交易行为的违法性。其二,2014 年 4 月 24 日、5 月 13 日香港多伦通过二级市场减持"多伦股份",账户组同时申报买入,香港多伦与账户组之间两天合计成交 15,595,064 股,此种交易方式一方面构成《证券法》第七十七条第一款第(三)项规定的"在自己实际控制的账户之间进行证券交易,影响证券交易价格或者证券交易量"所述情形;另一方面亦表明鲜言具有隐蔽持股,为操纵行为创造条件的主观故意。其三,对于多伦股份更名事宜,在互联网金融题材大热期间,鲜言控制信息披露的节奏,同时发布误导性的公告。在 www. p2p. com 网站正在筹备、尚未开始运营的情况下,公告却称"可以使公司在互联网金融行业处于领先的竞争优势",该表述过度夸大、渲染给公司业务带来的影响,误导投资者。鲜言在明知网站尚未运营的情况下,却利用上市公司发布误导性公告,具有明显的操纵意图。其四,操纵期间,鲜言作为时任多伦股份实际控制人、董事长、董事会秘书,利用资金优势、持股优势、信息优势,连续买卖"多伦股份",买入量排名第一的有 93 个交易日,排名居前两名的交易日共计 110 个,排名居前三名的交易日共计 117 个。随着账户组的逐步买入,其所持"多伦股份"比例逐步上升,有 179 个交易日持股比例在 5% 以上,并有 60 个交易日持股比例超过 10%。此外,鲜言频繁、大量在自己控制的账户之间进行证券交易、虚假申报的行为明显不以成交为目的,具有操纵的主观意图。鲜言通过上述一系列行为,影响"多伦股份"价格和交易量,严重扰乱市场秩序,构成市场操纵。

鲜言曾因多伦股份信息披露违法被我会上海监管局行政处罚。在本案中,鲜言作为多伦股份实际控制人、董事长、董事会秘书,采用多种手段操纵上市公司股价,行为特别恶劣,严重扰乱证券市场秩序。

根据当事人违法行为的事实、性质、情节与社会危害程度,依据《证券法》第一百九十三条、第二百零三条的规定,我会决定:对鲜言操纵"多伦股份"行为,责令依法处理非法持有的证券,没收违法所得 578, 330, 753. 74 元,并处以 2, 891, 653, 768. 70 元罚款。

"中国证监会行政处罚决定书[蝶彩资产管理(上海)有限公司、谢风华、阙文斌]"(〔2017〕80 号)对通过所谓的"市值管理"操纵股价进行了处罚,相关行政处罚决定书摘要如下:

经查明,当事人存在以下违法事实:

一、蝶彩资产管理(上海)有限公司(以下简称蝶彩资产)、谢风华和阙文彬合谋操纵股价的筹划过程

2013 年 3 月,阙文彬与谢风华在上海见面,阙文彬向谢风华表达了希望高价减持"恒康医疗"的意愿,谢风华表示可以通过"市值管理"的方式提高恒康医疗"价值",进而拉升股价,实现阙文彬高价减持"恒康医疗"的目的。

2013 年 5 月 7 日,德邦证券有限责任公司(以下简称德邦证券)、兴业银行股份有限公司(以下简称兴业银行)和阙文彬三方签署《德邦证券-兴业银行定向资产管理业务资产管理合同》(以下简称《资产管理合同》),阙文彬为委托人,德邦证券为管理人,兴业银行为托管人。根据合同约定,自管理人确认委托资产全部到账后,向委托人和托管人发送《委托资产起始运作通知书》,委托人和托管人双方确认签收的当日(若非同日签收,以最后一方签收日的当日)合同开始生效。2013年5月8日,阙文彬将2000万股“恒康医疗”托管转至资产管理账户。根据合同约定的生效条件,《资产管理合同》于2013年5月9日生效。

德邦证券、蝶彩资产和阙文彬三方签署《研究顾问协议》,协议约定蝶彩资产作为研究顾问机构提供顾问服务,顾问服务期限与定向计划的委托管理期限相同。蝶彩资产根据阙文彬在“恒康医疗”股价不低于20元/股的情况下对持有的2000万股“恒康医疗”进行减持的需求,提供减持策略报告和操作方案,蝶彩资产收取研究顾问费,研究顾问费按减持成交金额的12.5%计提,收取金额为计提金额扣除管理费、托管费和交易费用后的余额。

二、蝶彩资产、谢风华和阙文彬合谋操纵股价的实施过程

从2013年5月9日(按照《研究顾问协议》和《资产管理合同》的相关约定确定蝶彩资产开始履行顾问服务义务的时间)起至7月4日阙文彬完成减持“恒康医疗”的期间(以下简称操纵期间),蝶彩资产及谢风华向阙文彬提出一系列“市值管理”建议,阙文彬通过实施部分“市值管理”建议,操纵“恒康医疗”股价。具体如下:

一是蝶彩资产、谢风华和阙文彬实施合谋操纵股价的主观意图。《研究顾问协议》的签订确立了谢风华、蝶彩资产与阙文彬在不低于20元/股减持股票事项上的合作关系;协议中约定蝶彩资产研究顾问费按减持成交金额的12.5%计提,绑定了双方的共同利益,蝶彩资产、谢风华和阙文彬存在利用“市值管理”拉抬“恒康医疗”股价并减持获利的共同动机;同时,谢风华在询问笔录中承认希望恒康医疗能够落实“市值管理”建议,相互配合共同实现“市值管理”目标,说明谢风华存在实现上述“市值管理”目标的主观意愿。

二是蝶彩资产、谢风华和阙文彬实施合谋操纵股价的客观行为。蝶彩资产的工作人员及谢风华通过邮件发送给阙文彬的《市值管理备忘录》和恒康医疗在涉案期间的一系列行为明确了谢风华、蝶彩资产实际参与了“市值管理”事项,并发挥了重要作用。经查,蝶彩资产的工作人员、谢风华在发送给阙文彬的《市值管理备忘录》中提出的“市值管理”

建议包括：建议恒康医疗加快战略转型；建议采取收购医院、安排行业研究员调研、安排财经公关和证券媒体采访等方式改善恒康医疗资本市场形象；建议恒康医疗“加强”信息披露，将恒康医疗正在做的对股价有提升的项目向市场披露来进行“市值管理”。从恒康医疗在涉案期间披露收购三家医院、“DYW101”和“独一味牙膏”等事项可以看出，阙文彬采纳了谢风华、蝶彩资产提出的“市值管理”建议，并按照恒康医疗实际情况和已有的可供利用事项实施了“市值管理”行为。其中，恒康医疗未完整披露收购医院价款，对《补充协议》及3000万元补偿款未予披露；未及时披露“DYW101”项目，并用误导性陈述影响投资者预期；在操纵期间选择时点披露“独一味牙膏”研发及生产进展，增加操纵期间“利好”信息披露密度，影响投资者预期。

三是蝶彩资产、谢风华和阙文彬合谋操纵股价目标的完成。2013年7月3日、4日阙文彬成功以20元/股均价减持“恒康医疗”2200万股（其中2000万股为“资产管理计划”所涉恒康医疗股票），蝶彩资产、谢风华完成了与阙文彬约定的“市值管理”目标。

三、蝶彩资产、谢风华和阙文彬合谋操纵股价的结果

2013年5月9日至7月3日，“恒康医疗”股价累计上涨24.86%（以前一个交易日的收盘价为基数，下同），同期中小板综指累计下跌1.24%，偏离26.10个百分点；同期深证医药行业指数累计下跌1.91%，偏离26.77个百分点。

2013年5月9日至7月4日，“恒康医疗”股价累计上涨15.52%，同期中小板综指累计下跌0.80%，偏离16.32个百分点；同期深证医药行业指数累计下跌3.11%，偏离18.63个百分点。

2013年7月5日至8月30日，阙文彬减持“恒康医疗”完成后，股价累计下跌2.45%，同期中小板综指累计上涨6.94%、深证医药行业指数累计上涨3.03%，恒康医疗没有发布任何对股价有影响的信息，其股价因缺乏利好信息支撑而下滑，涨势显著弱于可比指数。

2013年7月3日、4日，阙文彬通过大宗交易系统减持“恒康医疗”2200万股，共获利51,621,068元。其中包括“德邦证券－兴业银行定向资产管理业务资产管理合同”约定的2000万股，7月3日、4日各减持1000万股，减持均价20元/股；7月4日阙文彬自主减持200万股，减持均价19.91元/股。

2013年7月5日，阙文彬按照约定支付了蝶彩资产研究顾问费48,580,000元。

以上事实，有相关人员邮件、询问笔录、相关协议、项目资料、深圳证券交易所出具的盈利计算表等证据证明，足以认定。

阙文彬与蝶彩资产、谢风华合谋，利用作为上市公司控股股东及实际控制人具有的信息优势，控制恒康医疗密集发布利好信息，人为操纵信息披露的内容和时点，未及时、真实、准确、完整披露对恒康医疗不利的信息，夸大恒康医疗研发能力，选择时点披露恒康医疗已有的重大利好信息，借“市值管理”名义，行操纵股价之实。通过上述一系列信息披露的综合起效，客观上误导了投资者，影响了“恒康医疗”股价，实现了阙文彬高价减持“恒康医疗”的目的，违反了《证券法》第七十七条第一款的规定，构成第二百零三条所述操纵证券市场行为。蝶彩资产、谢风华与阙文彬合谋操纵股价违法所得51,621,068元。其中，蝶彩资产、谢风华负责策划恒康医疗“市值管理”方案，蝶彩资产起主导作用，非法获取48,580,000元，应承担主要责任，谢风华是直接负责的主管人员；阙文彬起配合作用，非法获取3,041,068元，应承担次要责任。

当事人蝶彩资产、谢风华及其代理人在听证中提出：第一，当事人不具有控制恒康医疗信息披露以实施操纵“恒康医疗”股价的主观故意。在《独一味战略发展规划》中，蝶彩资产提出了对独一味五年分别要实现的市值管理目标。其以持续提升恒康医疗内在价值为目的的“市值管理”服务符合国家相关规定。《研究顾问协议》中对顾问服务费用的约定属于正常的市场行为，本质上带有风险管理的性质，不能因此倒推其具有操纵股价的动机。第二，蝶彩资产、谢风华没有控制恒康医疗三项信息披露从而实施合谋操纵股价的具体行为。从信息披露程序可看出，恒康医疗信息披露无须征求蝶彩资产、谢风华意见，该信息披露事项与蝶彩资产、谢风华向阙文彬提出的“市值管理”建议无关。第三，关于蝶彩资产实施减持操作的事实认定错误，在案无任何证据证明蝶彩资产发出了减持指令，蝶彩资产仅仅向阙文彬提供了减持建议和三家可供选择的接盘机构，没有为阙文彬安排过接盘方。第四，“恒康医疗”股价的变化分析不能推出当事人合谋操纵股价，反而证明了恒康医疗实施“市值管理”对公司价值的正面影响；此外，《行政处罚事先告知书》中对公告减持后的股价涨幅计算存在误差。第五，蝶彩资产提供的“市值管理”服务合法合规，与以“市值管理”为名行操纵股价之实的行为具有根本的区别。

蝶彩资产、谢风华在听证会后补充提供申辩材料:第一,在《听证申辩补充证据说明材料》中提出,蝶彩资产和谢风华关于价值创造的实践符合国际咨询公司的业务模式,不存在短期操纵股价获利的交易动机和行为。第二,在《听证申辩补充证据说明材料(二)》中提出,恒康医疗根据自身经营计划决定实施并公告的三个项目均与蝶彩资产的咨询建议内容无关,双方合作期间蝶彩资产提出的咨询建议基本上未得到阙文彬的反馈和采纳,因此蝶彩资产不存在与阙文彬合谋操纵"恒康医疗"股价的事实。第三,其提交的《专家意见书》中,专家一致认为蝶彩资产和谢风华的行为属于上市公司市值管理中正常的咨询服务行为,在市值管理过程中提供正常的咨询服务,既不是减持交易的决策者或最终控制者,也不是恒康医疗信息披露的参与者;《行政处罚事先告知书》混淆了"合法的市值管理"和"利用市值管理操纵股价"的界限;即便正常的市值管理过程中,恒康医疗存在个别信息披露违规,蝶彩资产和谢风华不应对该行为承担责任,不宜认定为操纵股价。

当事人阙文彬的代理人在听证中提出:第一,阙文彬没有操纵股价的主观意图。第二,阙文彬从未与谢风华、蝶彩资产实施合谋操纵股价的行为,从未配合、落实谢风华、蝶彩资产提出的不合理"市值管理"要求,从未控制上市公司发布公告,公告不存在任何虚假、误导。第三,公告发布后股价走势不存在异常状况,公司公告与公司在涉案期间股价大幅上涨的结果无关。第四,操纵期间及成本价认定错误,导致当事人的盈利金额计算错误。

我会认为,第一,在主观方面,蝶彩资产、谢风华、阙文彬具有操纵"恒康医疗"股价的故意。《研究顾问协议》的本质可以从协议由来、协议内容和相关各方具体行为三个角度判断。从协议的由来来看,结合阙文彬、谢风华等多份询问笔录,该份协议签订的背景是阙文彬由于研发肿瘤药物而意图以20元/股的价格减持"恒康医疗"筹集资金;从协议的内容来看,其核心内容是阙文彬以不低于20元/股的价格减持2000万股"恒康医疗",而不是通过"市值管理"提升恒康医疗的"价值";从相关各方的具体行为来看,蝶彩资产在《市值管理备忘录》中多次强调恒康医疗须采纳并落实"市值管理"建议才能拉升"恒康医疗"股价。蝶彩资产诸如加快收购医院、加强信息披露、安排行业研究员调研等"市值管理"建议,均是为了直接或间接影响"恒康医疗"股价。同时,恒康医疗和阙文彬利用已有可利用的事项,实施了蝶彩资产提出的多项“市值管理”建议,拉升“恒康医疗”股价大幅上扬偏离可比指数。所以,《研究顾问协议》的本质即是提升“恒康医疗”股价,而非系统全面地提升恒康医疗价值,蝶彩资产、谢风华、阙文彬以“市值管理”为名而行操纵市场之实。

此外,蝶彩资产提供的申辩证据中有4份《独一味市值管理工作备忘录》,其中仅第二份明确提到了独一味五年的战略发展规划,其表述为“蝶彩资产于2013年5月22日针对独一味(以下简称贵司)市值管理要求审阅了贵司拟定的战略发展规划,战略发展规划明确了公司未来五年发展路径、利润目标和市值目标。”由此可见,五年发展规划并非蝶彩资产拟定,而是恒康医疗已经制定完成,仅由蝶彩资产审阅,该申辩证据无法证明蝶彩资产致力于帮助恒康医疗提升内在价值以谋求长期发展的主张。《研究顾问协议》中并无五年的战略发展规划的表述和顾问服务建议,并且蝶彩资产与阙文彬的合作,在阙文彬减持股票完成后即结束,蝶彩资产、谢风华也没有为恒康医疗提供长期市值管理的客观行为。综上,我会对该项申辩意见不予采纳。

第二,蝶彩资产、谢风华通过邮件发送给阙文彬的《市值管理备忘录》、恒康医疗在涉案期间的一系列行为明确了蝶彩资产、谢风华、阙文彬实际参与了“市值管理”事项,利用“市值管理”实现以不低于20元/股减持“恒康医疗”的目标。

“市值管理”建议包括:建议恒康医疗加快战略转型;建议采取收购医院、安排行业研究员调研、安排财经公关和证券媒体采访等方式改善恒康医疗资本市场形象;建议恒康医疗“加强”信息披露等。恒康医疗确实按照蝶彩资产提出的“市值管理”思路,通过不及时、真实、准确、完整披露公司重大信息等一系列方式进行了“市值管理”,实现“恒康医疗”股价上扬的目标。其中,“加强”信息披露方面具体情况如下:

1. 未完整、准确披露收购三家医院对价情况

2013年6月,恒康医疗发布收购蓬溪医院、资阳医院和德阳医院三家医院的公告。经调查,收购过程中除签订收购合同外,恒康医疗董事会秘书郭某曾通过电子邮件发送给阙文彬《补偿协议》,协议显示恒康医疗关联方需向刘某均(收购项目介绍人)支付3000万元补偿款,但恒康医疗未披露《补偿协议》及补偿款的支付条件和金额等情况,表面上降低了收购成本,增强了投资者对收购事项收益的预期,对“恒康医疗”股价产生积极影响。

2. 未真实、准确披露“DYW101”项目研发情况

2013年6月恒康医疗公告称其全资子公司上海独一味生物科技有限公司(以下简称上海独一味)和美国 Apexigen 公司等协作研发完成了“DYW101”项目第一阶段研究。经查,“DYW101”项目实际由四川恒康发展有限责任公司子公司上海津曼特生物科技有限公司进行。上海独一味不具备产品研发的条件和能力,其仅为名义参与方。该公告夸大了上海独一味的研发能力,误导投资者,有利于提升“恒康医疗”股价。

3. 未及时披露独一味牙膏研发进展情况

第一,2013年6月24日恒康医疗发布公告称独一味牙膏于日前研制完毕。经查,该研发工作2011年之前就已完成;2011年2月恒康医疗获得相关注册商标;2011年6月初恒康医疗提出相关发明专利申请。该公告发布时间与实际研发时间差异较大,选择时点披露相关研发进展,增加重大利好信息披露密度,影响投资者收益预期,从而提升“恒康医疗”股价。

第二,恒康医疗落实蝶彩资产提出的“市值管理”建议,必须结合恒康医疗的实际情况,从恒康医疗的实际出发,把蝶彩资产提出的“市值管理”建议内化为切实可行的具体方案。从恒康医疗披露一系列与蝶彩资产“市值管理”建议相符合的信息来看,蝶彩资产的“市值管理”建议被阙文彬充分认可、吸收并实际采纳。最终导致“恒康医疗”股价异常上涨,阙文彬支付、蝶彩资产非法获得48,580,000元的高额咨询服务费。因此,《听证申辩补充证据说明材料(二)》中提出的恒康医疗公告的三个项目均与蝶彩资产的咨询建议内容无关、蝶彩资产的咨询建议没有被阙文彬和恒康医疗采纳的申辩意见不成立。综上,我会对该项申辩意见不予采纳。

第三,《研究顾问协议》明确约定“以不低于20元/股的价格减持恒康医疗股票”,蝶彩资产为阙文彬提供“市值管理”建议的本质是把“恒康医疗”股价拉升到20元/股的价位,与其在《听证申辩补充证据说明材料》中提出的国外公司咨询服务的内容有本质区别。因此,我会对该项申辩意见不予采纳。

第四,关于专家一致认为蝶彩资产和谢风华在“市值管理”过程中提供的是正常咨询服务的问题。根据《研究顾问协议》明确约定“以不低于20元/股的价格减持恒康医疗股票”,蝶彩资产为阙文彬提供“市

值管理”建议的本质是把“恒康医疗”股价拉升到20元/股的价位,属于典型的操纵“恒康医疗”股价的行为。蝶彩资产、谢风华以合法的形式掩盖非法的目的,借“市值管理”名义,行操纵股价之实。蝶彩资产、谢风华与阙文彬合谋操纵股价违法所得51,621,068元,其中,蝶彩资产、谢风华非法获取48,580,000元。从当事人主观目的、客观行为、实际效果等完整的逻辑链条来看,蝶彩资产、谢风华与阙文彬合谋操纵“恒康医疗”股价的事实清楚,证据确实充分,因此《专家意见书》提出的结论意见不具有合理性。另外,《行政处罚事先告知书》并未涉及蝶彩资产、谢风华应当对恒康医疗的信息披露违规行为承担责任的事实。综上,我会对该项申辩意见不予采纳。

第五,关于减持指令的具体下达和接盘方安排的事实认定问题。在认定蝶彩资产、谢风华和阙文彬合谋操纵股价的情况下,具体减持指令的下达和接盘方的安排是否由蝶彩资产作出,并不影响合谋操纵股价的后果以及双方责任的认定。我会对该申辩意见予以采纳,并对相关表述作出调整。

第六,当事人提出减持后的股价涨幅计算存在误差,经核算,我会对该申辩意见予以采纳,并对减持后的股价涨幅作出调整。该项误差不影响当事人合谋操纵股价的结果,对当事人的认定和处理亦不产生影响。

第七,2013年5月7日德邦证券、兴业银行和阙文彬签署《资产管理合同》,约定该合同自管理人德邦证券确认委托资产全部到账、向委托人阙文彬和托管人兴业银行发送《委托资产起始运作通知书》并经双方确认签收后生效。同日,德邦证券、蝶彩资产和阙文彬签署《研究顾问协议》,约定蝶彩资产提供顾问服务的期限同《资产管理合同》的委托管理期限。据此,当事人提出合同生效日期应为2013年5月9日,作为操纵起点的股票价格应为合同生效前一日的收盘价,即2013年5月8日“恒康医疗”的收盘价。经查相关合同,我会对此项申辩意见予以采纳。

根据当事人违法行为的事实、性质、情节与社会危害程度,依据《证券法》第二百零三条的规定,我会决定:

一、没收蝶彩资产违法所得48,580,000元,并处以97,160,000元罚款;

二、对谢风华给予警告,并处以60万元罚款;

三、没收阙文彬违法所得3,041,068元,并处以3,041,068元罚款。

第七十八条　【禁止编造、传播虚假信息】禁止国家工作人员、传播媒介从业人员和有关人员编造、传播虚假信息，扰乱证券市场。

禁止证券交易所、证券公司、证券登记结算机构、证券服务机构及其从业人员，证券业协会、证券监督管理机构及其工作人员，在证券交易活动中作出虚假陈述或者信息误导。

各种传播媒介传播证券市场信息必须真实、客观，禁止误导。

相关裁判摘要

“陈斌与中国证券监督管理委员会二审行政判决书”[北京市高级人民法院行政判决书(2017)京行终2183号]认为，具备一定影响力的网络信息的发布者与传播者均可以归入《证券法》第七十八条“有关人员”的范围。相关裁判摘要如下：

一审法院经审理查明，2015年5月21日9点04分，陈斌使用名为“三一巨人”的新浪微博账户发布了有关三一重工股份有限公司(以下简称三一重工)获得军工准入证的微博(以下简称涉案微博)，由两部分组成，一为《关于成立三一军工部的决定》的文件截图，二为“三一拿到了军工准入证，这是实力的象征，是党和国家的信任”的文字内容。在发布该微博的同时，陈斌通过“@”的方式，将涉案微博抄送给了“第一工程机械网”“工程机械－何兆云”“工程机械中国网”“慧聪工程机械网”等媒体账户。上述微博发布以后，其信息及截图被诸多官方媒体、门户网站财经频道、专业财经网站及其他媒体渠道转发、评论，受到广泛关注和传播。三一重工于2015年5月21日股市收盘后发布公告，澄清说明没有“军工准入证”的说法，目前公司未取得任何军品生产相关资质。公司成立军工项目部，现处于前期调查和可行性研究阶段，项目整体存在一定的不确定性。2015年5月21日，三一重工股票价格和交易量发生异常波动。当天，三一重工股票开盘价为10.70元，上午11点30分收于10.98元。午后开盘两分钟内即封于涨停价11.70元，涨幅达到9.96%。截至当天收盘，仍有170万手买盘未能成交。新华财经联合360搜索推出的“大数据解股—A股一周热搜榜”(2015年5月18日至2015年5月24日)，三一重工名列第一位。新华网、腾讯财经、网易财经、新浪财经、和讯网等都对三一重工可能涉及军工行业进行了报道，其中都直接提及了涉案微博的相关内容。

2015年11月3日,证监会作出《行政处罚决定书》([2015]59号),认定陈斌编造了“三一拿到了军工准入证”这一虚假信息,并在微博上进行传播,其行为违反了《中华人民共和国证券法》(以下简称证券法)第七十八条第一款的规定,构成证券法第二百零六条所述“扰乱证券市场”的行为。根据陈斌违法行为的事实、性质、情节与社会危害程度,依据证券法第二百零六条的规定,决定责令陈斌予以改正,并处以15万元罚款。被诉处罚决定于同月16日向陈斌送达。陈斌不服,于2016年7月18日向一审法院提起行政诉讼,请求撤销被诉处罚决定。

一审法院认为,陈斌是编造、传播虚假信息违法行为的适格主体。证券法第七十八条第一款规定的“有关人员”系指以其编造、传播虚假信息行为破坏证券市场信息发布与传播秩序,进而扰乱证券市场的人员。本案中,陈斌作为信息发布者与传播者,实施了在特殊网络环境中发布涉案微博信息的行为,属于上述条款规定的“有关人员”。证监会认定陈斌为编造、传播虚假信息违法行为的适格主体,并无不当。关于陈斌所称证券法第七十八条第一款规制的对象系金融业从业人员,其并未参与证券投资,不属于上述“有关人员”范围的主张,一审法院认为,自媒体时代网络信息传播具有发散性、持续性等特点,具备一定影响力的网络信息的发布者与传播者均可以归入“有关人员”的范围。陈斌以“三一巨人”名义发布并传播涉案微博,且虚假信息与文件截图相互混杂,并在新浪微博平台发送,其行为具备一定的影响力,其属于“有关人员”的范围。另外,陈斌主张涉案微博信息造成的影响系由相关媒体转发造成,与其行为无关。对此,一审法院认为,陈斌作为新浪微博会员,其对新浪微博的信息传播功能及转载行为的后果自应明知,其该项主张缺乏事实依据,不予支持。

陈斌不服一审法院判决,向本院提起上诉,主要理由之一为:陈斌不是证券法第七十八条规定中的“有关人员”,不是编造、传播虚假信息违法行为的适格主体。上述“有关人员”不应人为扩大解释为所有具备行为责任能力的任意主体,而是应该特指与证券交易相关的人员。一审法院将陈斌作为网络信息的发表者与传播者纳入“有关人员”范畴,实际上是将“有关人员”与“其他任何人”两者等同,擅自扩大了主体范围,于法无据。

关于陈斌是否属于证券法第七十八条第一款规定的“有关人员”的

问题，本院认为，陈斌以“三一巨人”的名义通过互联网新媒体新浪微博对众多受众编造、发布虚假信息，内容涉及上市公司三一重工，对三一重工股票价格产生较大影响，陈斌参与证券市场活动且扰乱了证券市场信息发布与传播秩序，证监会将其认定为“有关人员”，符合立法本意，本院对此予以支持。陈斌认为其不属于“有关人员”的主张依据不足，本院不予支持。

本院认为，证券法第七十八条第一款规定中的扰乱证券市场，既包括对证券市场有关信息披露秩序及上市公司管理秩序的扰乱，亦包括对股票价格正常发现机制的扰乱。首先，陈斌发布涉案微博的行为本身破坏了信息的正常发布与传播秩序，亦对三一重工的管理造成了一定的影响，构成对证券市场秩序的扰乱；其次，陈斌发布并传播涉案微博的行为与三一重工股票价格的异常波动之间具有相关性。涉案微博系有关个股的信息，需要考虑个股股价变动时点与信息发布传播时点之间的吻合度。从证监会证据1－5、1－6可以看出，陈斌2015年5月21日上午9点04分发布涉案微博后，该信息经有关机械类网站及其他网站广泛传播，三一重工股票于当日下午开盘两分钟即涨停，至下午收盘仍有大量未成交买单。上述证据可以证明涉案微博的发布、传播与三一重工股价异常波动在时间关系上具有较强的契合性。至于陈斌主张三一重工股价异常的原因是涉案微博中的文件截图以及可转债获得通过等利好消息因素的影响，并不能否定陈斌行为与三一重工股价异常之间的相关性。另外，陈斌主张传播虚假信息的主要责任在于财经媒体，并认为财经媒体在转载之前负有对信息进行核实的责任。对此，一审法院认为，在虚假信息的传播链条上，陈斌是信息源，陈斌发布微博的平台新浪微博具有较大的影响力，陈斌以“三一巨人”名义发布涉案微博并附有文件截图，易使人产生信任，其在虚假信息产生的影响上所起作用不可否认。陈斌主张的三一重工发布澄清公告后的交易价格走势可能受到其他利好消息的影响，与涉案微博对股票价格的影响并不相关。故陈斌关于该问题的相关主张，均缺乏事实及法律依据，不予支持。

相关行政处罚决定书摘要

“中国证监会行政处罚决定书（成都每日经济新闻报社有限公司、李智）”（〔2016〕114号）对媒体传播虚假信息进行了行政处罚。相关行政处罚决定书摘要如下：

经查明，成都每日经济新闻报社有限公司（以下简称每日经济新闻）、李智存在以下违法事实：

一、虚假信息的有关情况

2016年2月24日中午，微博、微信等互联网平台开始流传“3月1日起创业板全面停止审核”相关信息，主要内容为“自3月1日起创业板将全面停止审核，后续按注册制实施；主板和中小板暂时未定，择期再做安排”。

二、每日经济新闻、李智涉嫌传播虚假信息的情况

每日经济新闻于2月25日00:02在每经网（域名www.nbd.com.cn）发布了《注册制改革授权下周实施A股市场步入敏感期》的报道，报道内容称“伴随着3月1日这一时点的临近，A股市场也变得敏感起来。正是在这一背景下，2月24日下午出现的一则传闻引发不少业内人士的关注。该传闻的内容是‘知情人士透露，自3月1日起创业板将全面停止审核，后续按注册制实施；主板和中小板暂时未定，择期再做安排’。不过，当记者向一位大型券商投行负责人求证这一消息时，其明确表示没有听说。而后，记者又向多位中介机构人士求证，均未能确认这一传闻的真实性”，报道还称“‘这个传闻有点可怕，还有那么多创业板（公司排队等待上市）’。其中一位中介机构人士表示，如果按照这个传闻的说法，要在注册制实施后才安排创业板拟上市公司上会，那岂不是意味着未来几个月，都可能没有创业板企业上会？上述中介机构人士指出，随着注册制改革授权日期的到来，市场上也出现了各种各样的信息，而这背后是市场对注册制改革的高度关注”。

经查，该篇报道由李智采写。李智为成都商报记者，外派至每日经济新闻证券部工作，由每日经济新闻负责管理和考核，并发放薪酬。根据李智的询问笔录及其提供的相关截图文件，2月24日下午14:36左右其手机微信群“天天涨停板”中的好友“彭某征”发布了创业板全面停止审核的相关信息，后经其搜索，多个微博、股吧均在传播。其还向两位中介机构人士和一位上市公司下属企业负责投资的人士进行了初步核实。然而，上述三人均回复李智并未听说该信息。李智撰写完成该报道后，按照每日经济新闻内部有关原创稿件的发布流程经每日经济新闻内部审核后发布。

每日经济新闻2016年2月25日发布《注册制改革授权下周实施A股市场步入敏感期》，之后被多个主流财经网站转载，包括同花顺财经、搜狐证券、新浪财经、凤凰财经、网易财经、中证网等，造成了广泛传播。

每日经济新闻《采编手册》第三章“采编规范”第四节“新闻编辑”规定，“对于新闻事实存疑无法核实的稿件，坚决不发”。《每日经济新闻关于严防虚假新闻报道的规定》第三条规定，“来自互联网的信息原则上只能作为采访的‘线索’，不能随意采信、直接写入报道”；第四条规定，“采访时，记者搜集到的信息应具有多个消息来源相互佐证，而不应该依靠单一消息来源做报道”“新闻越重要、敏感、复杂，越需要采访核实更多的信息源”；第十九条规定，“编辑对于外来稿件的选用（特别是网络报道），必须保持高度警惕，事先必须核实，确保新闻事实准确无误后方可转载、选用……”

听证会上，当事人提出如下申辩意见：第一，事先告知书认定报道传播虚假信息，是混淆了传闻内容虚假和传闻作为现象客观存在之间的关系。第二，告知书错误理解了传播虚假信息的构成要件，系适用法律错误。第三，文章采编流程是否违反每日经济新闻报社的内部规定，不能作为证监会认定违法和处罚的依据。第四，文章对社会不存在误导。

我会认为：第一，涉案报道不仅描述了一则虚假信息在市场传播的事实，而且对这一信息进行了解读，是一篇围绕敏感题材、以虚假信息为主要内容的新闻报道。第二，新闻媒体的报道在涉及证券市场改革的重要政策时，要严格以监管部门正式发布的信息为依据；新闻媒体要审慎报道可能影响投资者预期和市场稳定的新闻题材，严禁依据道听途说制造或编造新闻，不得凭借猜测想象炮制或歪曲新闻事实，避免误导性陈述。涉案报道在引用关于证券市场重大政策变化的传闻时，当事人未向监管部门求证，媒体内部未严格审核。当事人从撰写报道到内部审核到网上发布，每一环节均缺乏必要的审慎，致使虚假信息在市场广泛传播，严重扰乱了市场秩序，其行为已经构成《证券法》规定的传播虚假信息。第三，我会对当事人进行行政处罚以《证券法》相关规定为依据。第四，涉案虚假信息的广泛传播严重扰乱了市场秩序，致使我会通过新闻发布会辟谣。

综上，每日经济新闻的行为违反了《证券法》第七十八条第三款关于“各种传播媒介传播证券市场信息必须真实、客观，禁止误导”的规定，构成《证券法》第二百零六条所述“扰乱证券市场”的行为。

李智的行为违反了《证券法》第七十八条第一款关于“禁止国家工

作人员、传播媒介从业人员和有关人员编造、传播虚假信息,扰乱证券市场”的规定,构成《证券法》第二百零六条所述“扰乱证券市场”的行为。

根据当事人违法行为的事实、性质、情节与社会危害程度,依据《证券法》第二百零六条之规定,我会决定:一、责令每日经济新闻改正,并处以20万元罚款。二、责令李智改正,并处以20万元罚款。

“中国证监会行政处罚决定书[李辉、中融汇智金融服务(上海)有限公司]”(〔2016〕113号)对网络自媒体编造、传播虚假信息进行了行政处罚,相关行政处罚决定书摘要如下:

经查明,李辉、中融汇智存在以下违法事实:

一、李辉编造虚假信息

李辉为微信公众号“弥达斯”(微信号:midasjr)内容中心总编辑,负责稿件采写、初审工作。

2016年2月24日下午,李辉通过网络搜索了招商银行股份有限公司(以下简称招商银行)副行长赵某在亚布力中国企业家2016年论坛上讲话的相关信息,撰写了《国家队:招商银行副行长喊你还钱了》一文。

《国家队:招商银行副行长喊你还钱了》一文采用不符合实际的标题吸引读者眼球,内容上也存在断章取义、主观臆测、曲解发言人真实意思等情形。文章正文提到“招商银行副行长赵某近日公开喊话证监会,敦促其赶紧还钱”,发言人的原话表述的是“未来股市好了,起来了,慢慢慢慢就把我们退了。我们也希望,比如现在2800点,真的赚到4200、4300,中证金(注:指中国证券金融股份有限公司)也退了,能把钱还给我们”,根据招商银行提供的说明,赵某表达的是“对未来股市向好,救市成功,各方共赢的良好愿望”。同时,文章正文提到“不仅如此,对于救市资金这大半年来的投资损益情况不够透明,该副行长也表示了不满”。根据招商银行提供的说明,发言中对投资损益的相关表达,是赵某针对主持人提出的4万亿元资金来源及救市具体渠道其本人并不知道这一客观事实的陈述,决非对于救市资金这大半年来的投资损益情况不够透明表示的不满。

二、中融汇智传播虚假信息

微信公众号“弥达斯”实际由中融汇智运营。2016年2月24日20时26分,李辉将《国家队:招商银行副行长喊你还钱了》一文发送至“弥达斯—舆情监控”微信群。经内部审核校稿后,2016年2月24日21时13分,“弥达斯”正式发布《国家队:招商银行副行长喊你还钱了》一文。

当日，共19,847人阅读21,700次；次日，共18,161人阅读20,956次。该文发布后被广泛传播。

2016年2月25日，招商银行向“弥达斯”发送《关于撤销〈国家队：招商银行副行长喊你还钱了〉的函》。2月25日14时46分左右，“弥达斯”删除了《国家队：招商银行副行长喊你还钱了》一文。

2016年2月26日19时34分，中融汇智在“弥达斯”发布了《弥达斯致招商银行的公开道歉函》。

李辉的上述行为违反了《证券法》第七十八条第一款的规定，中融汇智的上述行为违反了《证券法》第七十八条第三款的规定，李辉、中融汇智的上述行为构成《证券法》第二百零六条所述扰乱证券市场的行为。

当事人及其代理人提出如下申辩意见：第一，李辉的行为不构成编造虚假信息。李辉撰写了涉案文章，该文章核心内容、素材均有权威网站的客观真实报道，文章标题以及相关编辑内容均是基于客观事实的合理提炼，不存在编造虚假信息的问题，李辉不构成《证券法》第七十八条所述行为。同时，李辉主观上从未有误导市场的意图，并积极配合有关部门的调查取证。根据《中华人民共和国行政处罚法》（以下简称《行政处罚法》）第二十七条的规定，李辉积极配合主动消除或者减轻危害后果，并且客观上得到及时纠正，没有造成危害后果，依法不应当受到行政处罚。第二，中融汇智的行为不构成传播虚假信息。中融汇智作为微信公众号“弥达斯”的运营管理方，其员工李辉撰写了涉案文章，该文章核心内容、素材均有权威网站的客观真实报道，虽为吸引用户采取了不当的表达方式，但尚未到达编造虚假信息的程度。同时，中融汇智主观上从未有误导市场的意图，在涉案文章发布后立即采取了消除影响的措施，并追责相关人员、加强内部管理，态度诚恳、负责。根据《行政处罚法》第二十七条的规定，中融汇智积极主动消除或者减轻违法行为危害后果，并且客观上该行为显著轻微并得到及时纠正，没有造成危害后果，依法不应当受到行政处罚。

我会认为：第一，李辉撰写的《国家队：招商银行副行长喊你还钱了》一文，与招商银行副行长赵某的讲话有明显出入，是在已有素材基础上歪曲、引申形成的，过度的歪曲和引申已达到编造的程度，可以认定涉案文章为虚假信息。第二，中融汇智删除涉案文章是因为招商银行向其发送了《关于撤销〈国家队：招商银行副行长喊你还钱了〉的函》，并非主动删除。中融汇智删除文章和发布致歉信的情节不符合《行政处罚法》第二十七条第(一)项关于"主动消除或者减轻违法行为危害后果的"规定,没有依法从轻或者减轻处罚的情节。因此,对当事人提出的李辉的行为不构成编造虚假信息、中融汇智的行为不构成传播虚假信息的申辩意见不予采纳。

根据当事人违法行为的事实、性质、情节与社会危害程度,依据《证券法》第二百零六条的规定,我会决定:一、责令李辉改正,并处以20万元罚款。二、责令中融汇智改正,并处以20万元罚款。

第七十九条 【禁止欺诈客户】 禁止证券公司及其从业人员从事下列损害客户利益的欺诈行为:

(一)违背客户的委托为其买卖证券;

(二)不在规定时间内向客户提供交易的书面确认文件;

(三)挪用客户所委托买卖的证券或者客户账户上的资金;

(四)未经客户的委托,擅自为客户买卖证券,或者假借客户的名义买卖证券;

(五)为牟取佣金收入,诱使客户进行不必要的证券买卖;

(六)利用传播媒介或者通过其他方式提供、传播虚假或者误导投资者的信息;

(七)其他违背客户真实意思表示,损害客户利益的行为。

欺诈客户行为给客户造成损失的,行为人应当依法承担赔偿责任。

相关裁判摘要

"第一创业证券股份有限公司上海巨野路证券营业部等诉黄喆财产损害赔偿纠纷一案二审民事判决书"[上海市第一中级人民法院民事判决书(2015)沪一中民六(商)终字第406号]认为,持续性的、大量的、频繁的股票交易违背了客户的委托,构成侵权。相关裁判摘要如下:

原审法院查明,2007年2月15日,黄喆在第一创业证券公司开设证券账户,证券账号为A4872×××05,资金账号为83×××1317,并向中国工商银行上海市分行申请卡号为×××3/×××4的工商银行牡丹灵通卡开通银证转账的证券代理业务服务功能。2007年12月24日,黄喆、第一创业证券公司与中国工商银行股份有限公司上海市分行签订《证券公司客户交易结算资金第三方存管业务三方协议》，并开设工商银行账号×××3/×××7作为个人银证转账关系账户，并将原账户注销。黄喆并于2007年12月26日申请×××7开户。2007年12月28日，黄喆取消电话银行业务，并将银证转账账户由原来的×××7变更为×××5。自2007年2月15日至2013年4月16日，黄喆资金账户内共陆续存入本金人民币42万元（以下所涉货币均为人民币），因股票交易产生的红利为5225元、利息和现金分红96.64元、账户盈利398,697.40元、手续费（证券公司佣金）511,162.98元、印花税292,496.77元、过户费4225.08元。截至2013年4月16日，黄喆资金账户剩余可用资金为834.21元、证券账户中股票市值为15,300元，共计剩余资产16,134.21元。自2007年2月16日至2011年4月27日，黄喆证券账户共发生交易天数651天，交易次数8296次，平均每天交易12.74次，甚至2007年5月11日交易74次、2007年6月18日交易62次、2007年6月19日交易68次、2007年7月9日交易58次、2007年7月10日交易55次、2007年7月13日交易54次。黄喆遂诉至原审法院，要求确认第一创业证券公司赔偿42万元，翁永屹承担连带赔偿责任。

原审法院另查明，2013年7月8日，第一创业证券公司决定对翁永屹的违规行为记入"上海地区证券营销人员（证券经纪人）信息备案系统诚信档案"予以业内公示。其原因载明："因2013年5月接获上海证监局转办的客户黄喆关于投诉我营业部挪用他的资金，进行高频交易，以赚取佣金收入的事项。通过上海证监局的现场检查，发现我部已离职客户经理翁永屹存在违规行为、涉嫌代客理财，给客户造成了严重的损失。"

原审庭审中，黄喆明确本案诉讼的请求权基础为侵权法律关系。黄喆的诉讼代理人王建华系黄喆的母亲，王建华自述，涉案证券账户虽然由黄喆本人申请而开户，但王建华对黄喆的账户及密码均知晓，且王建华承认，其曾将黄喆系争股票账户和交易密码告诉过翁永屹并委托翁永屹进行两支股票的证券交易，交易金额约为4万元。对此，翁永屹承认，其在接受王建华委托购买股票时从王建华处知晓黄喆的系争股票账户和密码。虽然第一创业证券公司对黄喆的交易操作方式明细以及数据汇总说明表提出异议，但其未提供相应的证据予以反证。

原审法院认为,根据我国法律规定,侵权责任的构成要件应当包括侵权行为的事实、侵权行为具有过错、侵权行为和损害结果之间存在因果关系。首先,我国《证券法》第七十九条规定:"禁止证券公司及其从业人员从事下列损害客户利益的欺诈行为:……(四)未经客户的委托,擅自为客户买卖证券,或者假借客户的名义买卖证券;(五)为牟取佣金收入,诱使客户进行不必要的证券买卖……欺诈客户行为给客户造成损失的,行为人应当依法承担赔偿责任。"第一百四十五条规定:"证券公司及其从业人员不得未经过其依法设立的营业场所私下接受客户委托买卖证券"。这是规定了证券公司及其从业人员的禁止行为,该类不作为义务系法律强制性规定。翁永屹对黄喆名下的股票进行大量的、频繁的交易是法律所禁止的行为,故其具有侵权之事实。虽然翁永屹认为,其对黄喆证券账户进行的所有操作,均是经王建华委托,故翁永屹的行为是受黄喆委托而进行证券交易,并没有实施侵权行为。但是对于该项辩称,翁永屹并未提供证据予以佐证,原审法院对此不予采信。其次,翁永屹在第一创业证券公司任投资顾问一职,虽然其对黄喆证券账户及密码的知晓源于王建华的告知,但这并不意味着翁永屹可以利用黄喆未妥善保管证券账户和密码的过错,在明知法律所禁止的情形下,仍为私自操作股票之行为,故翁永屹的行为具有过错。最后,系争证券账户中高额佣金、印花税系基于翁永屹进行的大量买进卖出股票的多次操作而产生,而正是因为高额佣金、印花税的支付等致使黄喆账户资金产生损失,故翁永屹私自买卖股票的行为与黄喆损失之间具有因果关系。虽然翁永屹认为,系争交易均因股票大盘行情不好,为了降低成本和损失而进行的反复操作,但其未提供相应的证据予以佐证,原审法院对翁永屹该项辩称亦不予采信。因此,翁永屹对黄喆的涉案损失应当承担侵权损害赔偿责任。

原审法院认为,我国《证券法》第一百三十六条第一款规定:"证券公司应当建立健全内部控制制度,采取有效隔离措施,防范公司与客户之间、不同客户之间的利益冲突。"《证券公司监督管理条例》第二条规定:"证券公司应当遵守法律、行政法规和国务院证券监督管理机构的规定,审慎经营,履行对客户的诚信义务。"第二十七条第一款规定:"证券公司应当按照审慎经营的原则,建立健全风险管理与内部控制制度,防范和控制风险。"中国证券监督管理委员会颁布的《关于加强证券经纪业务管理的规定》第三条规定:"……(三)建立健全客户交易安全监控制度,保护客户资产安全。证券公司应当配合监管部门、证券交易所对客户异常交易行为进行监督、控制、调查,根据监管部门及证券交易所要求,及时、真实、准确、完整地提供客户账户资料及相关交易情况说明。发现盗买盗卖等异常交易行为疑点时,应当及时通知客户并核实确认、留存证据;基本确认盗买盗卖等异常交易行为的,应当立即采取措施控制资产,并协助客户向公安机关报案。”上述规范性法律文件均明确了通过规定证券公司的内部控制制度、审慎经营原则以及诚信义务来保障客户的资金安全,即证券公司对客户证券账户内的资金负有安全保障义务。黄喆于第一创业证券公司处开户,故黄喆账户所进行的所有证券交易均在第一创业证券公司交易席位内进行交易,而第一创业证券公司作为专业的证券公司营业部,其具有技术、信息优势以及内部控制制度的要求,可以对客户的异常交易进行监控,故第一创业证券公司有责任也有能力对其客户即黄喆股票账户的交易行为进行监督、管理,防范风险,对于异常交易行为应采取及时发现、监控、调查、通知黄喆并核实确认。此外,第一创业证券公司亦系大量的、频繁的异常证券交易中的佣金直接受益人,其亦有义务对黄喆的资金负有安全保障义务。在本案系争股票交易期间,黄喆作为自然人,其证券账户经常单日内存在持续性的、大量的、频繁的股票交易,显属异常交易行为。但是第一创业证券公司在异常交易发生后并没有及时采取措施防止损失的扩大,其并未尽到安全保障义务,明显存有侵权行为。故第一创业证券公司应对黄喆承担侵权损害赔偿责任。

翁永屹利用黄喆未妥善保管证券账户和密码的过错,在明知私自买卖交易黄喆股票属违法行为的情况下,仍进行大量的频繁的股票交易造成了财产损害,因此翁永屹之行为系故意侵权,应当对黄喆损失承担剩余70%的责任。

第一创业证券公司未尽监管责任以及安全保障义务导致损失的扩大,其也应承担相应的损害赔偿责任,但是基于第一创业证券公司的侵权行为的性质显然不同于翁永屹的侵权行为的性质,因此,第一创业证券公司应当在翁永屹承担侵权责任的50%范围内承担补充赔偿责任,并且第一创业证券公司在赔偿后可向直接侵权人即翁永屹追偿。

判决后,上诉人第一创业证券公司不服,向本院提起上诉。当事人在二审期间均未提交新的证据材料。原审法院查明的事实属实,证据充分,本院予以确认。本院认为,侵权行为的构成要件包括:行为人存在过错、行为不法、损害结果以及损害结果与不法行为之间存在因果关系。上诉人翁永屹在原审庭审中承认客户将账户和密码告知证券公司工作人员，由工作人员代为股票交易的行为有违《证券法》的规定，故翁永屹在代被上诉人进行股票交易时，存在过错。同时，根据我国《证券法》第七十九条的规定，禁止证券公司及其从业人员未经客户委托，擅自为客户买卖证券，或者假借客户的名义买卖证券。上诉人第一创业证券公司及翁永屹均主张，被上诉人将账户及密码告知翁永屹，即视为委托翁永屹代为进行股票交易。本院认为，《证券法》第七十九条所谓的"委托"的意思表示应当明确且具体，仅依据被上诉人告知其本人的账户及密码的行为不能认定被上诉人作出了明确的委托交易意思表示。在两上诉人没有证据证明被上诉人明确委托翁永屹代为交易股票的情况下，本院认定翁永屹代被上诉人买卖股票的行为违反了《证券法》的规定。而第一创业证券公司将翁永屹的行为记入"上海地区证券营销人员(证券经纪人)信息备案系统诚信档案"予以业内公示，亦证明了翁永屹行为的不法性。同时，被上诉人损失系因缴纳巨额佣金导致，与翁永屹违法操作之间具有相当因果关系。综上，原审法院认定翁永屹构成侵权并无不当。第一创业证券公司作为翁永屹所在单位及专业证券公司，对于自己公司的证券从业人员负有管理、监督责任，并应当建立相应制度避免从业人员违法操作行为发生。本案损害结果的发生与第一创业证券公司对本公司证券从业人员管理不善之间具有因果关系，故原审法院认定第一创业证券公司构成侵权亦无不当。原审法院依据第一创业证券公司及翁永屹各自的过错程度判决两上诉人承担相应的责任，依法有据，本院予以维持。但原审法院认为第一创业证券公司在承担补充赔偿责任后有权向翁永屹追偿缺乏法律依据，本院予以纠正。

第八十条 【禁止法人非法利用他人账户从事证券交易，禁止法人出借账户】禁止法人非法利用他人账户从事证券交易；禁止法人出借自己或者他人的证券账户。

相关行政处罚决定书摘要

"中国证监会行政处罚决定书(江阴市汇金铜业有限公司、赵凤娣)"(〔2014〕23号)对法人非法利用他人账户从事证券交易作出了行政处罚。相关行政处罚决定书摘要如下：

经查明，汇金铜业存在以下违法事实：2009 年 5 月至 2011 年 4 月，汇金铜业利用在华泰证券股份有限公司镇江中山东路证券营业部开立的 240 × × ×544（账户名称：黄某）和在中国国际金融有限公司上海淮海中路证券营业部开立的 830 × × ×352（账户名称：季某某）两个资金账户下挂的证券账户从事证券交易，获利 55,035,209.86 元。

汇金铜业利用黄某、季某某账户从事证券交易的行为，违反了《证券法》第八十条的规定，构成《证券法》第二百零八条所述“法人以他人名义设立账户或者利用他人账户买卖证券”的情形。对汇金铜业的上述违法行为，赵凤娣是直接负责的主管人员。在我会调查过程中，汇金铜业和赵凤娣能够积极配合我会工作，且主动清理涉案账户。根据当事人违法行为的事实、性质、情节与社会危害程度，依据《证券法》第二百零八条、《中华人民共和国行政处罚法》第二十七条的规定，我会决定：一、没收汇金铜业违法所得 55,035,209.86 元；二、对赵凤娣给予警告，并处以 3 万元罚款。

相关裁判摘要

“郝茹莎、万向信托有限公司信托纠纷再审审查与审判监督民事裁定书”［中华人民共和国最高人民法院民事裁定书（2017）最高法民申 3856 号］认为，结构化信托（伞形信托）的信托投资公司不构成出借证券账户。相关裁判摘要如下：

再审申请人（一审原告、二审上诉人）认为，浙江省高级人民法院（原审法院）（2017）浙民终 184 号民事判决对于“不属于非法出借证券账户的”认定明显错误。原审法院承认 71 号信托计划下挂的信托单元是通过 71 号信托计划的证券账户在进行证券交易，但对委托人拥有投资决策权的事实视而不见，对出借账户的实质含糊其辞。但根据合同约定，委托人自行决定信托财产管理运用、委托人代表具有投资决策权，委托人发送投资指令，这些才是真正的事实，是判断证券账户出借的事实基础。从约定角度来看，合同表明受托人只是委托人投资指令的执行者，所谓的审查要求与股民炒股应遵循的内容并无实质区别，并无审核的意思表示。从信托合同的约定以及实际操作可以看出，在正常情况下，郝茹莎的股票交易通过 71 号信托计划的证券账户完全可以、且实际上依据自己的投资指令顺利完成。因此，本案中“出借证券账户”的特征非常清晰、事实非常清楚。受托人在设计 71 号信托计划时就已经定性自己是通道的角色，因此在信托合同中明确信托财产的管理处分由委托人自行决定，并据此进而明确由委托人代表行使信托财产的投资决策权，由委托人代表发出委托人投资指令，这些必然导致证券账户出借的实质和结果。万向公司违反《证券法》第八十条关于“禁止法人出借自己或者他人的证券账户”的禁令。

万向公司书面答辩称：一、诉争信托计划符合《信托法》等法律法规的要求，系合法有效的信托产品。诉争信托计划符合结构化信托、集合资金信托及证券投资信托的相关要求。诉争信托计划作为一种集合信托计划，符合银监会关于集合资金信托计划的相关要求。本案中，万向公司将包括郝茹莎在内的多名委托人交付的资金进行集中管理、运用、处分的资金信托业务活动属于集合资金信托计划，符合《信托公司集合资金信托计划管理办法》对集合资金信托计划的要求。在子信托单元中，郝茹莎作为劣后委托人及委托人代表享有投资建议权，并通过IT账户系统向受托人提交指令建议。万向公司作为受托人收到指令建议后，根据信托文件的规定进行审查，审查通过后发出交易指令。信托单元本质上是“结构化证券投资信托”产品，本案一、二审法院援引《中国银监会关于加强信托公司结构化信托业务监管有关问题的通知》予以说明，并无不妥，结构化信托合法合规。伞型结构化证券投资信托仅仅只是技术创新，不改变结构化信托法律关系的性质，与信托的效力无关。郝茹莎主张伞型结构化证券投资信托无效没有事实依据。本案一、二审法院对诉争信托性质的认定正确，不存在郝茹莎所称的认识错误。诉争信托产品并非是个别信托公司的个别行为，在信托行业内具有广泛的普遍性，涉及的信托产品规模在万亿规模以上，系特定监管时期形成的信托产品，目前均已经被监管部门叫停。二、本案终审判决认定事实清楚、适用法律正确，不存在郝茹莎所称的认定错误。诉争信托不存在非法出借账户的情形。在信托计划存续期间，万向公司作为受托人始终对信托股票账户享有控制权，并在此基础上随时对信托财产进行管理、执行风控措施。万向公司依据其受托人权限和责任对次级委托人提交的指令进行审查，并享有拒绝执行指令的权利。如果存在如郝茹莎所言的违法出借证券账户的情况，则万向公司必然丧失对该股票账户的控制权，也无法执行风控措施。证监会发布的《关于继续做好清理整顿违法从事证券业务活动的通知》系要求清理、整顿相关的信托产品账户而非对信托计划本身的效力或是否违法作出认定，是司法实践中的普通共识。本案中,也不存在诉争信托计划被证监会列为违规项目的情形,证监会依法对场外配资中证券违法违规案件作出的行政处罚亦不包括万向公司及诉争信托计划。郝茹莎并不能直接地、不受约束地根据自己的指令建议和意志来完成股票配置。所有的交易指令都是由受托人所控制的资产管理系统(软件系统)发出的,而受托人是根据该系统来管理次级受益人的指令建议并执行风控措施。IT技术的应用实现高效率的指令传递,并不意味着万向公司没有对投资指令进行审核,更不能以外观操作引起的错觉来颠覆其法律关系的判断。

本院认为,《中国银行业监督管理委员会关于印发〈信托公司证券投资信托业务操作指引〉的通知》第二十一条规定:证券投资信托设立后,信托公司应当亲自处理信托业务,自主决策,并亲自履行向证券交易经纪机构下达交易指令的义务,不得将投资管理职责委托他人行使。结合双方在71号合同中的约定,本案诉争信托计划是采用母子信托模式,子信托通过母信托的账户进行投资交易,组成不同的资产组合进行独立交易,万向公司针对一个集合信托开立一个证券账户,以信托资产配置证券资产,并无不当。万向公司依照相关规定对指令建议进行审查后再发出交易指令,始终对信托财产以及信托股票账户享有控制权,能够自主决定交易指令的发出以及执行风控措施。因此万向公司并未出借账户,原审法院认定事实清楚,并无不当。

"张宇与南京建信资产管理有限公司、张涛等合同纠纷二审民事判决书"[江苏省南京市中级人民法院民事判决书(2017)苏01民终5942号]认为,违反《中华人民共和国证券法》第八十条规定的合同属于无效合同。相关裁判摘要如下:

《中华人民共和国证券法》第八十条规定:"禁止法人非法利用他人账户从事证券交易;禁止法人出借自己或者他人的证券账户。"根据建信公司与张宇签订的合同内容,本案系建信公司向张宇提供出借账户并按照4:1的资金比例配资炒股纠纷,建信公司提供出借账户、张宇借用账户的行为违反了上述法律规定,按照《中华人民共和国合同法》第五十二条第五项之规定,建信公司与张宇签署的两份《投资顾问协议》均属无效。

第八十一条 【禁止违规资金】依法拓宽资金入市渠道，禁止资金违规流入股市。

第八十二条 【禁止挪用公款买卖证券】禁止任何人挪用公款买卖证券。

第八十三条 【国企买卖股票】国有企业和国有资产控股的企业买卖上市交易的股票，必须遵守国家有关规定。

第八十四条 【违规交易的报告义务】证券交易所、证券公司、证券登记结算机构、证券服务机构及其从业人员对证券交易中发现的禁止的交易行为，应当及时向证券监督管理机构报告。

第四章 上市公司的收购

第八十五条 【收购方式】投资者可以采取要约收购、协议收购及其他合法方式收购上市公司。

相关行政规章条文

《上市公司收购管理办法》(2014年10月23日修订)

第一章 总 则

第一条 为了规范上市公司的收购及相关股份权益变动活动，保护上市公司和投资者的合法权益，维护证券市场秩序和社会公共利益，促进证券市场资源的优化配置，根据《证券法》、《公司法》及其他相关法律、行政法规，制定本办法。

第二条 上市公司的收购及相关股份权益变动活动，必须遵守法律、行政法规及中国证券监督管理委员会(以下简称中国证监会)的规定。当事人应当诚实守信，遵守社会公德、商业道德，自觉维护证券市场秩序，接受政府、社会公众的监督。

第三条 上市公司的收购及相关股份权益变动活动，必须遵循公开、公平、公正的原则。

上市公司的收购及相关股份权益变动活动中的信息披露义务人，应当充分披露其在上市公司中的权益及变动情况，依法严格履行报告、公告和其他法定义务。在相关信息披露前，负有保密义务。

信息披露义务人报告、公告的信息必须真实、准确、完整，不得有虚假记载、误导性陈述或者重大遗漏。

第四条　上市公司的收购及相关股份权益变动活动不得危害国家安全和社会公共利益。

上市公司的收购及相关股份权益变动活动涉及国家产业政策、行业准入、国有股份转让等事项，需要取得国家相关部门批准的，应当在取得批准后进行。

外国投资者进行上市公司的收购及相关股份权益变动活动的，应当取得国家相关部门的批准，适用中国法律，服从中国的司法、仲裁管辖。

第五条　收购人可以通过取得股份的方式成为一个上市公司的控股股东，可以通过投资关系、协议、其他安排的途径成为一个上市公司的实际控制人，也可以同时采取上述方式和途径取得上市公司控制权。

收购人包括投资者及与其一致行动的他人。

第六条　任何人不得利用上市公司的收购损害被收购公司及其股东的合法权益。

有下列情形之一的，不得收购上市公司：

（一）收购人负有数额较大债务，到期未清偿，且处于持续；

（二）收购人最近3年有重大违法行为或者涉嫌有重大违法行为；

（三）收购人最近3年有严重的证券市场失信行为；

（四）收购人为自然人的，存在《公司法》第一百四十六条规定情形；

（五）法律、行政法规规定以及中国证监会认定的不得收购上市公司的其他情形。

第七条　被收购公司的控股股东或者实际控制人不得滥用股东权利损害被收购公司或者其他股东的合法权益。

被收购公司的控股股东、实际控制人及其关联方有损害被收购公司及其他股东合法权益的，上述控股股东、实际控制人在转让被收购公司控制权之前，应当主动消除损害；未能消除损害的，应当就其出让相关股份所得收入用于消除全部损害做出安排，对不足以消除损害的部分应当提供充分有效的履约担保或安排，并依照公司章程取得被收购公司股东大会的批准。

第八条　被收购公司的董事、监事、高级管理人员对公司负有忠实义务和勤勉义务，应当公平对待收购本公司的所有收购人。

被收购公司董事会针对收购所做出的决策及采取的措施，应当有利于维护公司及其股东的利益，不得滥用职权对收购设置不适当的障碍，不得利用公司资源向收购人提供任何形式的财务资助，不得损害公司及其股东的合法权益。

第九条 收购人进行上市公司的收购，应当聘请在中国注册的具有从事财务顾问业务资格的专业机构担任财务顾问。收购人未按照本办法规定聘请财务顾问的，不得收购上市公司。

财务顾问应当勤勉尽责，遵守行业规范和职业道德，保持独立性，保证其所制作、出具文件的真实性、准确性和完整性。

财务顾问认为收购人利用上市公司的收购损害被收购公司及其股东合法权益的，应当拒绝为收购人提供财务顾问服务。

财务顾问不得教唆、协助或者伙同委托人编制或披露存在虚假记载、误导性陈述或者重大遗漏的报告、公告文件，不得从事不正当竞争，不得利用上市公司的收购谋取不正当利益。

第十条 中国证监会依法对上市公司的收购及相关股份权益变动活动进行监督管理。

中国证监会设立由专业人员和有关专家组成的专门委员会。专门委员会可以根据中国证监会职能部门的请求，就是否构成上市公司的收购、是否有不得收购上市公司的情形以及其他相关事宜提供咨询意见。中国证监会依法做出决定。

第十一条 证券交易所依法制定业务规则，为上市公司的收购及相关股份权益变动活动组织交易和提供服务，对相关证券交易活动进行实时监控，监督上市公司的收购及相关股份权益变动活动的信息披露义务人切实履行信息披露义务。

证券登记结算机构依法制定业务规则，为上市公司的收购及相关股份权益变动活动所涉及的证券登记、存管、结算等事宜提供服务。

第二章 权益披露

第十二条 投资者在一个上市公司中拥有的权益，包括登记在其名下的股份和虽未登记在其名下但该投资者可以实际支配表决权的股份。投资者及其一致行动人在一个上市公司中拥有的权益应当合并计算。

第十三条 通过证券交易所的证券交易，投资者及其一致行动人拥有权益的股份达到一个上市公司已发行股份的5%时，应当在该事实发生之日起3日内编制权益变动报告书，向中国证监会、证券交易所提交书面报告，通知该上市公司，并予公告；在上述期限内，不得再行买卖该上市公司的股票。

前述投资者及其一致行动人拥有权益的股份达到一个上市公司已发行股份的5%后，通过证券交易所的证券交易，其拥有权益的股份占该上市公司已发行股份的比例每增加或者减少5%，应当依照前款规定进行报告和公告。在报告期限内和作出报告、公告后2日内，不得再行买卖该上市公司的股票。

第十四条 通过协议转让方式，投资者及其一致行动人在一个上市公司中拥有权益的股份拟达到或者超过一个上市公司已发行股份的5%时，应当在该事实发生之日起3日内编制权益变动报告书，向中国证监会、证券交易所提交书面报告，通知该上市公司，并予公告。

投资者及其一致行动人拥有权益的股份达到一个上市公司已发行股份的5%后，其拥有权益的股份占该上市公司已发行股份的比例每增加或者减少达到或者超过5%的，应当依照前款规定履行报告、公告义务。

前两款规定的投资者及其一致行动人在作出报告、公告前，不得再行买卖该上市公司的股票。相关股份转让及过户登记手续按照本办法第四章及证券交易所、证券登记结算机构的规定办理。

第十五条 投资者及其一致行动人通过行政划转或者变更、执行法院裁定、继承、赠与等方式拥有权益的股份变动达到前条规定比例的，应当按照前条规定履行报告、公告义务，并参照前条规定办理股份过户登记手续。

第十六条 投资者及其一致行动人不是上市公司的第一大股东或者实际控制人，其拥有权益的股份达到或者超过该公司已发行股份的5%，但未达到20%的，应当编制包括下列内容的简式权益变动报告书：

（一）投资者及其一致行动人的姓名、住所；投资者及其一致行动人为法人的，其名称、注册地及法定代表人；

（二）持股目的，是否有意在未来12个月内继续增加其在上市公司中拥有的权益；

（三）上市公司的名称、股票的种类、数量、比例；

（四）在上市公司中拥有权益的股份达到或者超过上市公司已发行股份的5%或者拥有权益的股份增减变化达到5%的时间及方式；

（五）权益变动事实发生之日前6个月内通过证券交易所的证券交易买卖该公司股票的简要情况；

（六）中国证监会、证券交易所要求披露的其他内容。

前述投资者及其一致行动人为上市公司第一大股东或者实际控制人，其拥有权益的股份达到或者超过一个上市公司已发行股份的5%，但未达到20%的，还应当披露本办法第十七条第一款规定的内容。

第十七条 投资者及其一致行动人拥有权益的股份达到或者超过一个上市公司已发行股份的20%但未超过30%的，应当编制详式权益变动报告书，除须披露前条规定的信息外，还应当披露以下内容：

（一）投资者及其一致行动人的控股股东、实际控制人及其股权控制关系结构图；

（二）取得相关股份的价格、所需资金额、资金来源，或者其他支付安排；

（三）投资者、一致行动人及其控股股东、实际控制人所从事的业务与上市公司的业务是否存在同业竞争或者潜在的同业竞争，是否存在持续关联交易；存在同业竞争或者持续关联交易的，是否已做出相应的安排，确保投资者、一致行动人及其关联方与上市公司之间避免同业竞争以及保持上市公司的独立性；

（四）未来12个月内对上市公司资产、业务、人员、组织结构、公司章程等进行调整的后续计划；

（五）前24个月内投资者及其一致行动人与上市公司之间的重大交易；

（六）不存在本办法第六条规定的情形；

（七）能够按照本办法第五十条的规定提供相关文件。

前述投资者及其一致行动人为上市公司第一大股东或者实际控制人的，还应当聘请财务顾问对上述权益变动报告书所披露的内容出具核查意见，但国有股行政划转或者变更、股份转让在同一实际控制人控制的不同主体之间进行、因继承取得股份的除外。投资者及其一致行动人承诺至少3年放弃行使相关股份表决权的，可免于聘请财务顾问和提供前款第（七）项规定的文件。

第十八条 已披露权益变动报告书的投资者及其一致行动人在披露之日起6个月内，因拥有权益的股份变动需要再次报告、公告权益变动报告书的，可以仅就与前次报告书不同的部分作出报告、公告；自前次披露之日起超过6个月的，投资者及其一致行动人应当按照本章的规定编制权益变动报告书，履行报告、公告义务。

第十九条　因上市公司减少股本导致投资者及其一致行动人拥有权益的股份变动出现本办法第十四条规定情形的，投资者及其一致行动人免于履行报告和公告义务。上市公司应当自完成减少股本的变更登记之日起2个工作日内，就因此导致的公司股东拥有权益的股份变动情况作出公告；因公司减少股本可能导致投资者及其一致行动人成为公司第一大股东或者实际控制人的，该投资者及其一致行动人应当自公司董事会公告有关减少公司股本决议之日起3个工作日内，按照本办法第十七条第一款的规定履行报告、公告义务。

第二十条　上市公司的收购及相关股份权益变动活动中的信息披露义务人依法披露前，相关信息已在媒体上传播或者公司股票交易出现异常的，上市公司应当立即向当事人进行查询，当事人应当及时予以书面答复，上市公司应当及时作出公告。

第二十一条　上市公司的收购及相关股份权益变动活动中的信息披露义务人应当在至少一家中国证监会指定媒体上依法披露信息；在其他媒体上进行披露的，披露内容应当一致，披露时间不得早于指定媒体的披露时间。

第二十二条　上市公司的收购及相关股份权益变动活动中的信息披露义务人采取一致行动的，可以以书面形式约定由其中一人作为指定代表负责统一编制信息披露文件，并同意授权指定代表在信息披露文件上签字、盖章。

各信息披露义务人应当对信息披露文件中涉及其自身的信息承担责任；对信息披露文件中涉及的与多个信息披露义务人相关的信息，各信息披露义务人对相关部分承担连带责任。

第三章　要约收购

第二十三条　投资者自愿选择以要约方式收购上市公司股份的，可以向被收购公司所有股东发出收购其所持有的全部股份的要约（以下简称全面要约），也可以向被收购公司所有股东发出收购其所持有的部分股份的要约（以下简称部分要约）。

第二十四条　通过证券交易所的证券交易，收购人持有一个上市公司的股份达到该公司已发行股份的30%时，继续增持股份的，应当采取要约方式进行，发出全面要约或者部分要约。

第二十五条 收购人依照本办法第二十三条、第二十四条、第四十七条、第五十六条的规定，以要约方式收购一个上市公司股份的，其预定收购的股份比例均不得低于该上市公司已发行股份的5%。

第二十六条 以要约方式进行上市公司收购的，收购人应当公平对待被收购公司的所有股东。持有同一种类股份的股东应当得到同等对待。

第二十七条 收购人为终止上市公司的上市地位而发出全面要约的，或者向中国证监会提出申请但未取得豁免而发出全面要约的，应当以现金支付收购价款；以依法可以转让的证券（以下简称证券）支付收购价款的，应当同时提供现金方式供被收购公司股东选择。

第二十八条 以要约方式收购上市公司股份的，收购人应当编制要约收购报告书，聘请财务顾问，通知被收购公司，同时对要约收购报告书摘要作出提示性公告。

本次收购依法应当取得相关部门批准的，收购人应当在要约收购报告书摘要中作出特别提示，并在取得批准后公告要约收购报告书。

第二十九条 前条规定的要约收购报告书，应当载明下列事项：

（一）收购人的姓名、住所；收购人为法人的，其名称、注册地及法定代表人，与其控股股东、实际控制人之间的股权控制关系结构图；

（二）收购人关于收购的决定及收购目的，是否拟在未来12个月内继续增持；

（三）上市公司的名称、收购股份的种类；

（四）预定收购股份的数量和比例；

（五）收购价格；

（六）收购所需资金额、资金来源及资金保证，或者其他支付安排；

（七）收购要约约定的条件；

（八）收购期限；

（九）公告收购报告书时持有被收购公司的股份数量、比例；

（十）本次收购对上市公司的影响分析，包括收购人及其关联方所从事的业务与上市公司的业务是否存在同业竞争或者潜在的同业竞争，是否存在持续关联交易；存在同业竞争或者持续关联交易的，收购人是否已作出相应的安排，确保收购人及其关联方与上市公司之间避免同业竞争以及保持上市公司的独立性；

（十一）未来12个月内对上市公司资产、业务、人员、组织结构、公司章程等进行调整的后续计划；

（十二）前24个月内收购人及其关联方与上市公司之间的重大交易；

（十三）前6个月内通过证券交易所的证券交易买卖被收购公司股票的情况；

（十四）中国证监会要求披露的其他内容。

收购人发出全面要约的，应当在要约收购报告书中充分披露终止上市的风险、终止上市后收购行为完成的时间及仍持有上市公司股份的剩余股东出售其股票的其他后续安排；收购人发出以终止公司上市地位为目的的全面要约，无须披露前款第（十）项规定的内容。

第三十条　收购人按照本办法第四十七条拟收购上市公司股份超过30%，须改以要约方式进行收购的，收购人应当在达成收购协议或者做出类似安排后的3日内对要约收购报告书摘要作出提示性公告，并按照本办法第二十八条、第二十九条的规定履行公告义务，同时免于编制、公告上市公司收购报告书；依法应当取得批准的，应当在公告中特别提示本次要约须取得相关批准方可进行。

未取得批准的，收购人应当在收到通知之日起2个工作日内，公告取消收购计划，并通知被收购公司。

第三十一条　收购人自作出要约收购提示性公告起60日内，未公告要约收购报告书的，收购人应当在期满后次一个工作日通知被收购公司，并予公告；此后每30日应当公告一次，直至公告要约收购报告书。

收购人作出要约收购提示性公告后，在公告要约收购报告书之前，拟自行取消收购计划的，应当公告原因；自公告之日起12个月内，该收购人不得再次对同一上市公司进行收购。

第三十二条　被收购公司董事会应当对收购人的主体资格、资信情况及收购意图进行调查，对要约条件进行分析，对股东是否接受要约提出建议，并聘请独立财务顾问提出专业意见。在收购人公告要约收购报告书后20日内，被收购公司董事会应当公告被收购公司董事会报告书与独立财务顾问的专业意见。

收购人对收购要约条件做出重大变更的，被收购公司董事会应当在3个工作日内公告董事会及独立财务顾问就要约条件的变更情况所出具的补充意见。

第三十三条 收购人作出提示性公告后至要约收购完成前，被收购公司除继续从事正常的经营活动或者执行股东大会已经作出的决议外，未经股东大会批准，被收购公司董事会不得通过处置公司资产、对外投资、调整公司主要业务、担保、贷款等方式，对公司的资产、负债、权益或者经营成果造成重大影响。

第三十四条 在要约收购期间，被收购公司董事不得辞职。

第三十五条 收购人按照本办法规定进行要约收购的，对同一种类股票的要约价格，不得低于要约收购提示性公告日前6个月内收购人取得该种股票所支付的最高价格。

要约价格低于提示性公告日前30个交易日该种股票的每日加权平均价格的算术平均值的，收购人聘请的财务顾问应当就该种股票前6个月的交易情况进行分析，说明是否存在股价被操纵、收购人是否有未披露的一致行动人、收购人前6个月取得公司股份是否存在其他支付安排、要约价格的合理性等。

第三十六条 收购人可以采用现金、证券、现金与证券相结合等合法方式支付收购上市公司的价款。收购人以证券支付收购价款的，应当提供该证券的发行人最近3年经审计的财务会计报告、证券估值报告，并配合被收购公司聘请的独立财务顾问的尽职调查工作。收购人以在证券交易所上市的债券支付收购价款的，该债券的可上市交易时间应当不少于一个月。收购人以未在证券交易所上市交易的证券支付收购价款的，必须同时提供现金方式供被收购公司的股东选择，并详细披露相关证券的保管、送达被收购公司股东的方式和程序安排。

收购人聘请的财务顾问应当对收购人支付收购价款的能力和资金来源进行充分的尽职调查，详细披露核查的过程和依据，说明收购人是否具备要约收购的能力。收购人应当在作出要约收购提示性公告的同时，提供以下至少一项安排保证其具备履约能力：

（一）以现金支付收购价款的，将不少于收购价款总额的20%作为履约保证金存入证券登记结算机构指定的银行；收购人以在证券交易所上市交易的证券支付收购价款的，将用于支付的全部证券交由证券登记结算机构保管，但上市公司发行新股的除外；

（二）银行对要约收购所需价款出具保函；

（三）财务顾问出具承担连带保证责任的书面承诺，明确如要约期满收购人不支付收购价款，财务顾问进行支付。

第三十七条　收购要约约定的收购期限不得少于30日，并不得超过60日；但是出现竞争要约的除外。

在收购要约约定的承诺期限内，收购人不得撤销其收购要约。

第三十八条　采取要约收购方式的，收购人作出公告后至收购期限届满前，不得卖出被收购公司的股票，也不得采取要约规定以外的形式和超出要约的条件买入被收购公司的股票。

第三十九条　收购要约提出的各项收购条件，适用于被收购公司的所有股东。

收购人需要变更收购要约的，必须及时公告，载明具体变更事项，并通知被收购公司。

第四十条　收购要约期限届满前15日内，收购人不得变更收购要约；但是出现竞争要约的除外。

出现竞争要约时，发出初始要约的收购人变更收购要约距初始要约收购期限届满不足15日的，应当延长收购期限，延长后的要约期应当不少于15日，不得超过最后一个竞争要约的期满日，并按规定追加履约保证。

发出竞争要约的收购人最迟不得晚于初始要约收购期限届满前15日发出要约收购的提示性公告，并应当根据本办法第二十八条和第二十九条的规定履行公告义务。

第四十一条　要约收购报告书所披露的基本事实发生重大变化的，收购人应当在该重大变化发生之日起2个工作日内作出公告，并通知被收购公司。

第四十二条　同意接受收购要约的股东（以下简称预受股东），应当委托证券公司办理预受要约的相关手续。收购人应当委托证券公司向证券登记结算机构申请办理预受要约股票的临时保管。证券登记结算机构临时保管的预受要约的股票，在要约收购期间不得转让。

前款所称预受，是指被收购公司股东同意接受要约的初步意思表示，在要约收购期限内不可撤回之前不构成承诺。在要约收购期限届满3个交易日前，预受股东可以委托证券公司办理撤回预受要约的手续，证券登记结算机构根据预受要约股东的撤回申请解除对预受要约股票的临时保管。在要约收购期限届满前3个交易日内，预受股东不得撤回其对要约的接受。在要约收购期限内，收购人应当每日在证券交易所网站上公告已预受收购要约的股份数量。

出现竞争要约时，接受初始要约的预受股东撤回全部或者部分预受的股份，并将撤回的股份售予竞争要约人的，应当委托证券公司办理撤回预受初始要约的手续和预受竞争要约的相关手续。

第四十三条 收购期限届满，发出部分要约的收购人应当按照收购要约约定的条件购买被收购公司股东预受的股份，预受要约股份的数量超过预定收购数量时，收购人应当按照同等比例收购预受要约的股份；以终止被收购公司上市地位为目的的，收购人应当按照收购要约约定的条件购买被收购公司股东预受的全部股份；未取得中国证监会豁免而发出全面要约的收购人应当购买被收购公司股东预受的全部股份。

收购期限届满后 3 个交易日内，接受委托的证券公司应当向证券登记结算机构申请办理股份转让结算、过户登记手续，解除对超过预定收购比例的股票的临时保管；收购人应当公告本次要约收购的结果。

第四十四条 收购期限届满，被收购公司股权分布不符合上市条件，该上市公司的股票由证券交易所依法终止上市交易。在收购行为完成前，其余仍持有被收购公司股票的股东，有权在收购报告书规定的合理期限内向收购人以收购要约的同等条件出售其股票，收购人应当收购。

第四十五条 收购期限届满后 15 日内，收购人应当向证券交易所提交关于收购情况的书面报告，并予以公告。

第四十六条 除要约方式外，投资者不得在证券交易所外公开求购上市公司的股份。

第四章 协议收购

第四十七条 收购人通过协议方式在一个上市公司中拥有权益的股份达到或者超过该公司已发行股份的 5%，但未超过 30% 的，按照本办法第二章的规定办理。

收购人拥有权益的股份达到该公司已发行股份的 30% 时，继续进行收购的，应当依法向该上市公司的股东发出全面要约或者部分要约。符合本办法第六章规定情形的，收购人可以向中国证监会申请免除发出要约。

收购人拟通过协议方式收购一个上市公司的股份超过 30% 的，超过 30% 的部分，应当改以要约方式进行；但符合本办法第六章规定情形的，收购人可以向中国证监会申请免除发出要约。收购人在取得中国证监会豁免后，履行其收购协议；未取得中国证监会豁免且拟继续履行其收购协议的，或者不申请豁免的，在履行其收购协议前，应当发出全面要约。

第四十八条　以协议方式收购上市公司股份超过30%，收购人拟依据本办法第六章的规定申请豁免的，应当在与上市公司股东达成收购协议之日起3日内编制上市公司收购报告书，提交豁免申请，委托财务顾问向中国证监会、证券交易所提交书面报告，通知被收购公司，并公告上市公司收购报告书摘要。

收购人自取得中国证监会的豁免之日起3日内公告其收购报告书、财务顾问专业意见和律师出具的法律意见书；收购人未取得豁免的，应当自收到中国证监会的决定之日起3日内予以公告，并按照本办法第六十一条第二款的规定办理。

第四十九条　依据前条规定所作的上市公司收购报告书，须披露本办法第二十九条第（一）项至第（六）项和第（九）项至第（十四）项规定的内容及收购协议的生效条件和付款安排。

已披露收购报告书的收购人在披露之日起6个月内，因权益变动需要再次报告、公告的，可以仅就与前次报告书不同的部分作出报告、公告；超过6个月的，应当按照本办法第二章的规定履行报告、公告义务。

第五十条　收购人公告上市公司收购报告书时，应当提交以下备查文件：

（一）中国公民的身份证明，或者在中国境内登记注册的法人、其他组织的证明文件；

（二）基于收购人的实力和从业经验对上市公司后续发展计划可行性的说明，收购人拟修改公司章程、改选公司董事会、改变或者调整公司主营业务的，还应当补充其具备规范运作上市公司的管理能力的说明；

（三）收购人及其关联方与被收购公司存在同业竞争、关联交易的，应提供避免同业竞争等利益冲突、保持被收购公司经营独立性的说明；

（四）收购人为法人或者其他组织的，其控股股东、实际控制人最近2年未变更的说明；

（五）收购人及其控股股东或实际控制人的核心企业和核心业务、关联企业及主营业务的说明；收购人或其实际控制人为两个或两个以上的上市公司控股股东或实际控制人的，还应当提供其持股5%以上的上市公司以及银行、信托公司、证券公司、保险公司等其他金融机构的情况说明；

（六）财务顾问关于收购人最近3年的诚信记录、收购资金来源合法性、收购人具备履行相关承诺的能力以及相关信息披露内容真实性、准确性、完整性的核查意见；收购人成立未满3年的，财务顾问还应当提供其控股股东或者实际控制人最近3年诚信记录的核查意见。

境外法人或者境外其他组织进行上市公司收购的，除应当提交第一款第（二）项至第（六）项规定的文件外，还应当提交以下文件：

（一）财务顾问出具的收购人符合对上市公司进行战略投资的条件、具有收购上市公司的能力的核查意见；

（二）收购人接受中国司法、仲裁管辖的声明。

第五十一条 上市公司董事、监事、高级管理人员、员工或者其所控制或者委托的法人或者其他组织，拟对本公司进行收购或者通过本办法第五章规定的方式取得本公司控制权（以下简称管理层收购）的，该上市公司应当具备健全且运行良好的组织机构以及有效的内部控制制度，公司董事会成员中独立董事的比例应当达到或者超过1/2。公司应当聘请具有证券、期货从业资格的资产评估机构提供公司资产评估报告，本次收购应当经董事会非关联董事作出决议，且取得2/3以上的独立董事同意后，提交公司股东大会审议，经出席股东大会的非关联股东所持表决权过半数通过。独立董事发表意见前，应当聘请独立财务顾问就本次收购出具专业意见，独立董事及独立财务顾问的意见应当一并予以公告。

上市公司董事、监事、高级管理人员存在《公司法》第一百四十八条规定情形，或者最近3年有证券市场不良诚信记录的，不得收购本公司。

第五十二条 以协议方式进行上市公司收购的，自签订收购协议起至相关股份完成过户的期间为上市公司收购过渡期（以下简称过渡期）。在过渡期内，收购人不得通过控股股东提议改选上市公司董事会，确有充分理由改选董事会的，来自收购人的董事不得超过董事会成员的1/3；被收购公司不得为收购人及其关联方提供担保；被收购公司不得公开发行股份募集资金，不得进行重大购买、出售资产及重大投资行为或者与收购人及其关联方进行其他关联交易，但收购人为挽救陷入危机或者面临严重财务困难的上市公司的情形除外。

第五十三条 上市公司控股股东向收购人协议转让其所持有的上市公司股份的，应当对收购人的主体资格、诚信情况及收购意图进行调查，并在其权益变动报告书中披露有关调查情况。

控股股东及其关联方未清偿其对公司的负债，未解除公司为其负债提供的担保，或者存在损害公司利益的其他情形的，被收购公司董事会应当对前述情形及时予以披露，并采取有效措施维护公司利益。

第五十四条 协议收购的相关当事人应当向证券登记结算机构申请办理拟转让股份的临时保管手续，并可以将用于支付的现金存放于证券登记结算机构指定的银行。

第五十五条 收购报告书公告后，相关当事人应当按照证券交易所和证券登记结算机构的业务规则，在证券交易所就本次股份转让予以确认后，凭全部转让款项存放于双方认可的银行账户的证明，向证券登记结算机构申请解除拟协议转让股票的临时保管，并办理过户登记手续。

收购人未按规定履行报告、公告义务，或者未按规定提出申请的，证券交易所和证券登记结算机构不予办理股份转让和过户登记手续。

收购人在收购报告书公告后30日内仍未完成相关股份过户手续的，应当立即作出公告，说明理由；在未完成相关股份过户期间，应当每隔30日公告相关股份过户办理进展情况。

第五章 间接收购

第五十六条 收购人虽不是上市公司的股东，但通过投资关系、协议、其他安排导致其拥有权益的股份达到或者超过一个上市公司已发行股份的5%未超过30%的，应当按照本办法第二章的规定办理。

收购人拥有权益的股份超过该公司已发行股份的30%的，应当向该公司所有股东发出全面要约；收购人预计无法在事实发生之日起30日内发出全面要约的，应当在前述30日内促使其控制的股东将所持有的上市公司股份减持至30%或者30%以下，并自减持之日起2个工作日内予以公告；其后收购人或者其控制的股东拟继续增持的，应当采取要约方式；拟依据本办法第六章的规定申请豁免的，应当按照本办法第四十八条的规定办理。

第五十七条 投资者虽不是上市公司的股东，但通过投资关系取得对上市公司股东的控制权，而受其支配的上市公司股东所持股份达到前条规定比例、且对该股东的资产和利润构成重大影响的，应当按照前条规定履行报告、公告义务。

第五十八条 上市公司实际控制人及受其支配的股东，负有配合上市公司真实、准确、完整披露有关实际控制人发生变化的信息的义务；实际控制人及受其支配的股东拒不履行上述配合义务，导致上市公司无法履行法定信息披露义务而承担民事、行政责任的，上市公司有权对其提起诉讼。实际控制人、控股股东指使上市公司及其有关人员不依法履行信息披露义务的，中国证监会依法进行查处。

第五十九条 上市公司实际控制人及受其支配的股东未履行报告、公告义务的，上市公司应当自知悉之日起立即作出报告和公告。上市公司就实际控制人发生变化的情况予以公告后，实际控制人仍未披露的，上市公司董事会应当向实际控制人和受其支配的股东查询，必要时可以聘请财务顾问进行查询，并将查询情况向中国证监会、上市公司所在地的中国证监会派出机构（以下简称派出机构）和证券交易所报告；中国证监会依法对拒不履行报告、公告义务的实际控制人进行查处。

上市公司知悉实际控制人发生较大变化而未能将有关实际控制人的变化情况及时予以报告和公告的，中国证监会责令改正，情节严重的，认定上市公司负有责任的董事为不适当人选。

第六十条 上市公司实际控制人及受其支配的股东未履行报告、公告义务，拒不履行第五十八条规定的配合义务，或者实际控制人存在不得收购上市公司情形的，上市公司董事会应当拒绝接受受实际控制人支配的股东向董事会提交的提案或者临时议案，并向中国证监会、派出机构和证券交易所报告。中国证监会责令实际控制人改正，可以认定实际控制人通过受其支配的股东所提名的董事为不适当人选；改正前，受实际控制人支配的股东不得行使其持有股份的表决权。上市公司董事会未拒绝接受实际控制人及受其支配的股东所提出的提案的，中国证监会可以认定负有责任的董事为不适当人选。

第六章 豁免申请

第六十一条 符合本办法第六十二条、第六十三条规定情形的，投资者及其一致行动人可以向中国证监会申请下列豁免事项：

（一）免于以要约收购方式增持股份；

（二）存在主体资格、股份种类限制或者法律、行政法规、中国证监会规定的特殊情形的，可以申请免于向被收购公司的所有股东发出收购要约。

未取得豁免的，投资者及其一致行动人应当在收到中国证监会通知之日起30日内将其或者其控制的股东所持有的被收购公司股份减持到30%或者30%以下；拟以要约以外的方式继续增持股份的，应当发出全面要约。

第六十二条 有下列情形之一的，收购人可以向中国证监会提出免于以要约方式增持股份的申请：

（一）收购人与出让人能够证明本次股份转让是在同一实际控制人控制的不同主体之间进行，未导致上市公司的实际控制人发生变化；

（二）上市公司面临严重财务困难，收购人提出的挽救公司的重组方案取得该公司股东大会批准，且收购人承诺3年内不转让其在该公司中所拥有的权益；

（三）中国证监会为适应证券市场发展变化和保护投资者合法权益的需要而认定的其他情形。

收购人报送的豁免申请文件符合规定，并且已经按照本办法的规定履行报告、公告义务的，中国证监会予以受理；不符合规定或者未履行报告、公告义务的，中国证监会不予受理。中国证监会在受理豁免申请后20个工作日内，就收购人所申请的具体事项做出是否予以豁免的决定；取得豁免的，收购人可以完成本次增持行为。

第六十三条 有下列情形之一的，投资者可以向中国证监会提出免于发出要约的申请，中国证监会自收到符合规定的申请文件之日起10个工作日内未提出异议的，相关投资者可以向证券交易所和证券登记结算机构申请办理股份转让和过户登记手续；中国证监会不同意其申请的，相关投资者应当按照本办法第六十一条的规定办理：

（一）经政府或者国有资产管理部门批准进行国有资产无偿划转、变更、合并，导致投资者在一个上市公司中拥有权益的股份占该公司已发行股份的比例超过30%；

（二）因上市公司按照股东大会批准的确定价格向特定股东回购股份而减少股本，导致投资者在该公司中拥有权益的股份超过该公司已发行股份的30%；

（三）中国证监会为适应证券市场发展变化和保护投资者合法权益的需要而认定的其他情形。

有下列情形之一的，相关投资者可以免于按照前款规定提交豁免申请，直接向证券交易所和证券登记结算机构申请办理股份转让和过户登记手续：

（一）经上市公司股东大会非关联股东批准，投资者取得上市公司向其发行的新股，导致其在该公司拥有权益的股份超过该公司已发行股份的30%，投资者承诺3年内不转让本次向其发行的新股，且公司股东大会同意投资者免于发出要约；

（二）在一个上市公司中拥有权益的股份达到或者超过该公司已发行股份的30%的，自上述事实发生之日起一年后，每12个月内增持不超过该公司已发行的2%的股份；

（三）在一个上市公司中拥有权益的股份达到或者超过该公司已发行股份的50%的，继续增加其在该公司拥有的权益不影响该公司的上市地位；

（四）证券公司、银行等金融机构在其经营范围内依法从事承销、贷款等业务导致其持有一个上市公司已发行股份超过30%，没有实际控制该公司的行为或者意图，并且提出在合理期限内向非关联方转让相关股份的解决方案；

（五）因继承导致在一个上市公司中拥有权益的股份超过该公司已发行股份的30%；

（六）因履行约定购回式证券交易协议购回上市公司股份导致投资者在一个上市公司中拥有权益的股份超过该公司已发行股份的30%，并且能够证明标的股份的表决权在协议期间未发生转移；

（七）因所持优先股表决权依法恢复导致投资者在一个上市公司中拥有权益的股份超过该公司已发行股份的30%。

相关投资者应在前款规定的权益变动行为完成后3日内就股份增持情况做出公告，律师应就相关投资者权益变动行为发表符合规定的专项核查意见并由上市公司予以披露。相关投资者按照前款第（二）项、第（三）项规定采用集中竞价方式增持股份，每累计增持股份比例达到该公司已发行股份的1%的，应当在事实发生之日通知上市公司，由上市公司在次一交易日发布相关股东增持公司股份的进展公告。相关投资者按照前款第（三）项规定采用集中竞价方式增持股份的，每累计增持股份比例达到上市公司已发行股份的2%的，在事实发生当日和上市公司发布相关股东增持公司股份进展公告的当日不得再行增持股份。前款第（二）项规定的增持不超过2%的股份锁定期为增持行为完成之日起6个月。

第六十四条 收购人提出豁免申请的，应当聘请律师事务所等专业机构出具专业意见。

第七章 财务顾问

第六十五条 收购人聘请的财务顾问应当履行以下职责：

（一）对收购人的相关情况进行尽职调查；

（二）应收购人的要求向收购人提供专业化服务，全面评估被收购公司的财务和经营状况，帮助收购人分析收购所涉及的法律、财务、经营风险，就收购方案所涉及的收购价格、收购方式、支付安排等事项提出对策建议，并指导收购人按照规定的内容与格式制作申报文件；

（三）对收购人进行证券市场规范化运作的辅导，使收购人的董事、监事和高级管理人员熟悉有关法律、行政法规和中国证监会的规定，充分了解其应当承担的义务和责任，督促其依法履行报告、公告和其他法定义务；

（四）对收购人是否符合本办法的规定及申报文件内容的真实性、准确性、完整性进行充分核查和验证，对收购事项客观、公正地发表专业意见；

（五）接受收购人委托，向中国证监会报送申报材料，根据中国证监会的审核意见，组织、协调收购人及其他专业机构予以答复；

（六）与收购人签订协议，在收购完成后12个月内，持续督导收购人遵守法律、行政法规、中国证监会的规定、证券交易所规则、上市公司章程，依法行使股东权利，切实履行承诺或者相关约定。

第六十六条 收购人聘请的财务顾问就本次收购出具的财务顾问报告，应当对以下事项进行说明和分析，并逐项发表明确意见：

（一）收购人编制的上市公司收购报告书或者要约收购报告书所披露的内容是否真实、准确、完整；

（二）本次收购的目的；

（三）收购人是否提供所有必备证明文件，根据对收购人及其控股股东、实际控制人的实力、从事的主要业务、持续经营状况、财务状况和诚信情况的核查，说明收购人是否具备主体资格，是否具备收购的经济实力，是否具备规范运作上市公司的管理能力，是否需要承担其他附加义务及是否具备履行相关义务的能力，是否存在不良诚信记录；

（四）对收购人进行证券市场规范化运作辅导的情况，其董事、监事和高级管理人员是否已经熟悉有关法律、行政法规和中国证监会的规定，充分了解应承担的义务和责任，督促其依法履行报告、公告和其他法定义务的情况；

（五）收购人的股权控制结构及其控股股东、实际控制人支配收购人的方式；

（六）收购人的收购资金来源及其合法性，是否存在利用本次收购的股份向银行等金融机构质押取得融资的情形；

（七）涉及收购人以证券支付收购价款的，应当说明有关该证券发行人的信息披露是否真实、准确、完整以及该证券交易的便捷性等情况；

（八）收购人是否已经履行了必要的授权和批准程序；

（九）是否已对收购过渡期间保持上市公司稳定经营作出安排，该安排是否符合有关规定；

（十）对收购人提出的后续计划进行分析，收购人所从事的业务与上市公司从事的业务存在同业竞争、关联交易的，对收购人解决与上市公司同业竞争等利益冲突及保持上市公司经营独立性的方案进行分析，说明本次收购对上市公司经营独立性和持续发展可能产生的影响；

（十一）在收购标的上是否设定其他权利，是否在收购价款之外还作出其他补偿安排；

（十二）收购人及其关联方与被收购公司之间是否存在业务往来，收购人与被收购公司的董事、监事、高级管理人员是否就其未来任职安排达成某种协议或者默契；

（十三）上市公司原控股股东、实际控制人及其关联方是否存在未清偿对公司的负债、未解除公司为其负债提供的担保或者损害公司利益的其他情形；存在该等情形的，是否已提出切实可行的解决方案；

（十四）涉及收购人拟提出豁免申请的，应当说明本次收购是否属于可以得到豁免的情形，收购人是否作出承诺及是否具备履行相关承诺的实力。

第六十七条 上市公司董事会或者独立董事聘请的独立财务顾问，不得同时担任收购人的财务顾问或者与收购人的财务顾问存在关联关系。独立财务顾问应当根据委托进行尽职调查，对本次收购的公正性和合法性发表专业意见。独立财务顾问报告应当对以下问题进行说明和分析，发表明确意见：

（一）收购人是否具备主体资格；

（二）收购人的实力及本次收购对被收购公司经营独立性和持续发展可能产生的影响分析；

（三）收购人是否存在利用被收购公司的资产或者由被收购公司为本次收购提供财务资助的情形；

（四）涉及要约收购的，分析被收购公司的财务状况，说明收购价格是否充分反映被收购公司价值，收购要约是否公平、合理，对被收购公司社会公众股股东接受要约提出的建议；

（五）涉及收购人以证券支付收购价款的，还应当根据该证券发行人的资产、业务和盈利预测，对相关证券进行估值分析，就收购条件对被收购公司的社会公众股股东是否公平合理、是否接受收购人提出的收购条件提出专业意见；

（六）涉及管理层收购的，应当对上市公司进行估值分析，就本次收购的定价依据、支付方式、收购资金来源、融资安排、还款计划及其可行性、上市公司内部控制制度的执行情况及其有效性、上述人员及其直系亲属在最近24个月内与上市公司业务往来情况以及收购报告书披露的其他内容等进行全面核查，发表明确意见。

第六十八条 财务顾问应当在财务顾问报告中作出以下承诺：

（一）已按照规定履行尽职调查义务，有充分理由确信所发表的专业意见与收购人公告文件的内容不存在实质性差异；

（二）已对收购人公告文件进行核查，确信公告文件的内容与格式符合规定；

（三）有充分理由确信本次收购符合法律、行政法规和中国证监会的规定，有充分理由确信收购人披露的信息真实、准确、完整，不存在虚假记载、误导性陈述和重大遗漏；

（四）就本次收购所出具的专业意见已提交其内核机构审查，并获得通过；

（五）在担任财务顾问期间，已采取严格的保密措施，严格执行内部防火墙制度；

（六）与收购人已订立持续督导协议。

第六十九条 财务顾问在收购过程中和持续督导期间，应当关注被收购公司是否存在为收购人及其关联方提供担保或者借款等损害上市公司利益的情形，发现有违法或者不当行为的，应当及时向中国证监会、派出机构和证券交易所报告。

第七十条 财务顾问为履行职责，可以聘请其他专业机构协助其对收购人进行核查，但应当对收购人提供的资料和披露的信息进行独立判断。

第七十一条 自收购人公告上市公司收购报告书至收购完成后12个月内,财务顾问应当通过日常沟通、定期回访等方式,关注上市公司的经营情况,结合被收购公司定期报告和临时公告的披露事宜,对收购人及被收购公司履行持续督导职责:

(一)督促收购人及时办理股权过户手续,并依法履行报告和公告义务;

(二)督促和检查收购人及被收购公司依法规范运作;

(三)督促和检查收购人履行公开承诺的情况;

(四)结合被收购公司定期报告,核查收购人落实后续计划的情况,是否达到预期目标,实施效果是否与此前的披露内容存在较大差异,是否实现相关盈利预测或者管理层预计达到的目标;

(五)涉及管理层收购的,核查被收购公司定期报告中披露的相关还款计划的落实情况与事实是否一致;

(六)督促和检查履行收购中约定的其他义务的情况。

在持续督导期间,财务顾问应当结合上市公司披露的季度报告、半年度报告和年度报告出具持续督导意见,并在前述定期报告披露后的15日内向派出机构报告。

在此期间,财务顾问发现收购人在上市公司收购报告书中披露的信息与事实不符的,应当督促收购人如实披露相关信息,并及时向中国证监会、派出机构、证券交易所报告。财务顾问解除委托合同的,应当及时向中国证监会、派出机构作出书面报告,说明无法继续履行持续督导职责的理由,并予公告。

第八章 持续监管

第七十二条 在上市公司收购行为完成后12个月内,收购人聘请的财务顾问应当在每季度前3日内就上一季度对上市公司影响较大的投资、购买或者出售资产、关联交易、主营业务调整以及董事、监事、高级管理人员的更换、职工安置、收购人履行承诺等情况向派出机构报告。

收购人注册地与上市公司注册地不同的,还应当将前述情况的报告同时抄报收购人所在地的派出机构。

第七十三条 派出机构根据审慎监管原则,通过与承办上市公司审计业务的会计师事务所谈话、检查财务顾问持续督导责任的落实、定期或者不定期的现场检查等方式,在收购完成后对收购人和上市公司进行监督检查。

派出机构发现实际情况与收购人披露的内容存在重大差异的，对收购人及上市公司予以重点关注，可以责令收购人延长财务顾问的持续督导期，并依法进行查处。

在持续督导期间，财务顾问与收购人解除合同的，收购人应当另行聘请其他财务顾问机构履行持续督导职责。

第七十四条 在上市公司收购中，收购人持有的被收购公司的股份，在收购完成后12个月内不得转让。

收购人在被收购公司中拥有权益的股份在同一实际控制人控制的不同主体之间进行转让不受前述12个月的限制，但应当遵守本办法第六章的规定。

第九章 监管措施与法律责任

第七十五条 上市公司的收购及相关股份权益变动活动中的信息披露义务人，未按照本办法的规定履行报告、公告以及其他相关义务的，中国证监会责令改正，采取监管谈话、出具警示函、责令暂停或者停止收购等监管措施。在改正前，相关信息披露义务人不得对其持有或者实际支配的股份行使表决权。

第七十六条 上市公司的收购及相关股份权益变动活动中的信息披露义务人在报告、公告等文件中有虚假记载、误导性陈述或者重大遗漏的，中国证监会责令改正，采取监管谈话、出具警示函、责令暂停或者停止收购等监管措施。在改正前，收购人对其持有或者实际支配的股份不得行使表决权。

第七十七条 投资者及其一致行动人取得上市公司控制权而未按照本办法的规定聘请财务顾问，规避法定程序和义务，变相进行上市公司的收购，或者外国投资者规避管辖的，中国证监会责令改正，采取出具警示函、责令暂停或者停止收购等监管措施。在改正前，收购人不得对其持有或者实际支配的股份行使表决权。

第七十八条 收购人未依照本办法的规定履行相关义务或者相应程序擅自实施要约收购的，中国证监会责令改正，采取监管谈话、出具警示函、责令暂停或者停止收购等监管措施；在改正前，收购人不得对其持有或者支配的股份行使表决权。

发出收购要约的收购人在收购要约期限届满，不按照约定支付收购价款或者购买预受股份的，自该事实发生之日起3年内不得收购上市公司，中国证监会不受理收购人及其关联方提交的申报文件。

存在前二款规定情形，收购人涉嫌虚假披露、操纵证券市场的，中国证监会对收购人进行立案稽查，依法追究其法律责任；收购人聘请的财务顾问没有充分证据表明其勤勉尽责的，自收购人违规事实发生之日起1年内，中国证监会不受理该财务顾问提交的上市公司并购重组申报文件，情节严重的，依法追究法律责任。

第七十九条 上市公司控股股东和实际控制人在转让其对公司的控制权时，未清偿其对公司的负债，未解除公司为其提供的担保，或者未对其损害公司利益的其他情形作出纠正的，中国证监会责令改正、责令暂停或者停止收购活动。

被收购公司董事会未能依法采取有效措施促使公司控股股东、实际控制人予以纠正，或者在收购完成后未能促使收购人履行承诺、安排或者保证的，中国证监会可以认定相关董事为不适当人选。

第八十条 上市公司董事未履行忠实义务和勤勉义务，利用收购谋取不当利益的，中国证监会采取监管谈话、出具警示函等监管措施，可以认定为不适当人选。

上市公司章程中涉及公司控制权的条款违反法律、行政法规和本办法规定的，中国证监会责令改正。

第八十一条 为上市公司收购出具资产评估报告、审计报告、法律意见书和财务顾问报告的证券服务机构或者证券公司及其专业人员，未依法履行职责的，中国证监会责令改正，采取监管谈话、出具警示函等监管措施。

前款规定的证券服务机构及其从业人员被责令改正的，在改正前，不得接受新的上市公司并购重组业务。

第八十二条 中国证监会将上市公司的收购及相关股份权益变动活动中的当事人的违法行为和整改情况记入诚信档案。

违反本办法的规定构成证券违法行为的，依法追究法律责任。

第十章 附 则

第八十三条 本办法所称一致行动，是指投资者通过协议、其他安排，与其他投资者共同扩大其所能够支配的一个上市公司股份表决权数量的行为或者事实。

在上市公司的收购及相关股份权益变动活动中有一致行动情形的投资者，互为一致行动人。如无相反证据，投资者有下列情形之一的，为一致行动人：

（一）投资者之间有股权控制关系；

（二）投资者受同一主体控制；

（三）投资者的董事、监事或者高级管理人员中的主要成员，同时在另一个投资者担任董事、监事或者高级管理人员；

（四）投资者参股另一投资者，可以对参股公司的重大决策产生重大影响；

（五）银行以外的其他法人、其他组织和自然人为投资者取得相关股份提供融资安排；

（六）投资者之间存在合伙、合作、联营等其他经济利益关系；

（七）持有投资者30%以上股份的自然人，与投资者持有同一上市公司股份；

（八）在投资者任职的董事、监事及高级管理人员，与投资者持有同一上市公司股份；

（九）持有投资者30%以上股份的自然人和在投资者任职的董事、监事及高级管理人员，其父母、配偶、子女及其配偶、配偶的父母、兄弟姐妹及其配偶、配偶的兄弟姐妹及其配偶等亲属，与投资者持有同一上市公司股份；

（十）在上市公司任职的董事、监事、高级管理人员及其前项所述亲属同时持有本公司股份的，或者与其自己或者其前项所述亲属直接或者间接控制的企业同时持有本公司股份；

（十一）上市公司董事、监事、高级管理人员和员工与其所控制或者委托的法人或者其他组织持有本公司股份；

（十二）投资者之间具有其他关联关系。

一致行动人应当合并计算其所持有的股份。投资者计算其所持有的股份，应当包括登记在其名下的股份，也包括登记在其一致行动人名下的股份。

投资者认为其与他人不应被视为一致行动人的，可以向中国证监会提供相反证据。

第八十四条　有下列情形之一的，为拥有上市公司控制权：

（一）投资者为上市公司持股50%以上的控股股东；

（二）投资者可以实际支配上市公司股份表决权超过30%；

（三）投资者通过实际支配上市公司股份表决权能够决定公司董事会半数以上成员选任；

（四）投资者依其可实际支配的上市公司股份表决权足以对公司股东大会的决议产生重大影响；

（五）中国证监会认定的其他情形。

第八十五条 信息披露义务人涉及计算其拥有权益比例的，应当将其所持有的上市公司已发行的可转换为公司股票的证券中有权转换部分与其所持有的同一上市公司的股份合并计算，并将其持股比例与合并计算非股权类证券转为股份后的比例相比，以二者中的较高者为准；行权期限届满未行权的，或者行权条件不再具备的，无需合并计算。

前款所述二者中的较高者，应当按下列公式计算：

（一）投资者持有的股份数量/上市公司已发行股份总数

（二）（投资者持有的股份数量+投资者持有的可转换为公司股票的非股权类证券所对应的股份数量）/（上市公司已发行股份总数+上市公司发行的可转换为公司股票的非股权类证券所对应的股份总数）

前款所称"投资者持有的股份数量"包括投资者拥有的普通股数量和优先股恢复的表决权数量，"上市公司已发行股份总数"包括上市公司已发行的普通股总数和优先股恢复的表决权总数。

第八十六条 投资者因行政划转、执行法院裁决、继承、赠与等方式取得上市公司控制权的，应当按照本办法第四章的规定履行报告、公告义务。

第八十七条 权益变动报告书、收购报告书、要约收购报告书、被收购公司董事会报告书、要约收购豁免申请文件等文件的内容与格式，由中国证监会另行制定。

第八十八条 被收购公司在境内、境外同时上市的，收购人除应当遵守本办法及中国证监会的相关规定外，还应当遵守境外上市地的相关规定。

第八十九条 外国投资者收购上市公司及在上市公司中拥有的权益发生变动的，除应当遵守本办法的规定外，还应当遵守外国投资者投资上市公司的相关规定。

第九十条 本办法自2006年9月1日起施行。中国证监会发布的《上市公司收购管理办法》（中国证券监督管理委员会令第10号）、《上市公司股东持股变动信息披露管理办法》（中国证券监督管理委员会令第11号）、《关于要约收购涉及的被收购公司股票上市交易条件有关问题的通知》（证监公司字〔2003〕16号）和《关于规范上市公司实际控制权转移行为有关问题的通知》（证监公司字〔2004〕1号）同时废止。

第八十六条 【权益披露规则及慢走规则】 通过证券交易所的证券交易,投资者持有或者通过协议、其他安排与他人共同持有一个上市公司已发行的股份达到百分之五时,应当在该事实发生之日起三日内,向国务院证券监督管理机构、证券交易所作出书面报告,通知该上市公司,并予公告;在上述期限内,不得再行买卖该上市公司的股票。

投资者持有或者通过协议、其他安排与他人共同持有一个上市公司已发行的股份达到百分之五后,其所持该上市公司已发行的股份比例每增加或者减少百分之五,应当依照前款规定进行报告和公告。在报告期限内和作出报告、公告后二日内,不得再行买卖该上市公司的股票。

相关行政处罚决定书摘要

“中国证监会行政处罚决定书(沈昌宇)”(〔2009〕28号)对未按规定报告、披露信息,违规买卖股票作出了行政处罚。相关行政处罚决定书摘要如下:

经查明,沈昌宇存在以下违法事实:

一、未按规定报告、披露信息

2008年5月30日,沈昌宇利用其控制的“金顺法”“沈浩平”“徐菊仙”账户陆续买入“中兵光电”股票,10时46分11秒上述账户持有“中兵光电”达7,200,000股,持股比例占该公司总股本的5.00%,当日收盘时,上述账户持有“中兵光电”达12,048,966股,持股比例占该公司总股本的8.37%,沈昌宇未按规定向中国证券监督管理委员会或派出机构、上海证券交易所作出书面报告,未通知中兵光电科技股份有限公司,并予公告。沈昌宇是上述未按规定报告、披露信息的责任人。上述事实有证券营业部交易流水、开户资料、资金流水等证据证明,足以认定。

我会认定,沈昌宇未按规定报告、披露信息的行为,违反了《证券法》第八十六条“通过证券交易所的证券交易,投资者持有或者通过协议、其他安排与他人共同持有一个上市公司已发行的股份达到百分之五时,应当在该事实发生之日起三日内,向国务院证券监督管理机构、证券交易所作出书面报告,通知该上市公司,并予公告”的规定,构成《证券法》第一百九十三条“发行人、上市公司或者其他信息披露义务人未按照规定披露信息,或所披露的信息有虚假记载、误导性陈述或者重大遗漏的”的行为。

二、违规买卖股票

2008年6月2日至6月3日限制转让期内,沈昌宇利用其控制的"金顺法""沈浩平""徐菊仙"等账户买入"中兵光电"560,935股,卖出90,150股,交易证券相应等值成交金额达14,736,808.56元。沈昌宇是上述违规交易股票的责任人。上述事实有证券营业部交易流水、开户资料、资金流水等证据证明,足以认定。

我会认定,沈昌宇违规买卖股票的行为,违反了《证券法》第三十八条"依法公开发行的股票、公司债券及其他证券,法律对其转让期有限制性规定的,在限定的期限内不得买卖"和第八十六条"通过证券交易所的证券交易,投资者持有或者通过协议、其他安排与他人共同持有一个上市公司已发行的股份达到百分之五时,应当在该事实发生之日起三日内,向国务院证券监督管理机构、证券交易所作出书面报告,通知该上市公司,并予公告。在上述期限内,不得再行买卖该上市公司的股票"的规定,构成《证券法》第二百零四条"违反法律规定,在限制转让期限内买卖证券的"的行为。

对于沈昌宇未按规定报告、披露信息的行为,按照《证券法》第一百九十三条"发行人、上市公司或者其他信息披露义务人未按照规定披露信息,或者所披露的信息有虚假记载、误导性陈述或者重大遗漏的,责令改正,给予警告,并处三十万元以上六十万元以下的罚款"的规定,给予沈昌宇警告,并处40万元罚款。

对于沈昌宇违规买卖股票的行为,按照《证券法》第二百零四条"违反法律规定,在限制转让期限内买卖证券的,责令改正,给予警告,并处以买卖证券等值以下的罚款"的规定,给予沈昌宇警告,并处60万元罚款。

综上,我会决定:对沈昌宇给予警告,并处100万元罚款。

相关裁判摘要

"庄丹明与中国证券监督管理委员会一审行政判决书"[北京市第一中级人民法院行政判决书(2016)京01行初866号]对本条的立法目的进行了解释。相关裁判摘要如下:

证券法第八十六条的规定在学理上通常被称为"权益披露规则及慢走规则"。由于上市公司对于大股东增持或者减持股份的行为往往处于被动地位,而其他中小投资者在信息获取方面则处于劣势,因此当大股东增持或者减持上市公司股份时，如果上市公司对相关信息欠缺了解，则无法采取有效的应对措施，而其他投资者也容易因信息不对称而难以对市场的变化进行理性判断，从而导致交易不公平。《证券法》第八十六条设置权益披露规则的目的，正是在于通过对达到法定持股比例的大股东课以报告、公告等信息披露义务，以保护上市公司以及其他投资者对市场变化的知情权，从而平衡上市公司、大股东及其他投资者之间的权利义务关系。《证券法》进一步设置了慢走规则，其主要目的也在于通过对大股东买卖股票予以一定期限的限制，从而保障上市公司以及其他投资者能够有时间对已经发生的大股东的增持或者减持行为进行评估，并提示其对可能进一步发生的市场变化予以关注，从而确保权益披露规则的功能得以实现。

“李宁与中国证券监督管理委员会信息公开一审行政判决书”［**北京市第一中级人民法院行政判决书（2016）京01行初699号**］对《证券法》第八十六条中的“投资者持有或者通过协议、其他安排与他人共同持有一个上市公司已发行的股份”进行了解释。相关裁判摘要如下：

认定行为人实际控制某一账户，需要判断行为人是否对该账户具有管理、使用或处分的权益。行为人虽非账户的名义持有人，但通过投资关系、协议或者其他安排能够实际管理、使用或处分他人账户的，也可以视为行为人实际控制该账户。根据被告提交的第一组证据，“汤某”账户交易“元力股份”存入的交易资金全部来自于李宁，所取交易资金大部分转回李宁；“李某某”账户存入的交易资金主要来自李宁和汤某，所取交易资金全部划回汤某；“张某某”账户存入的交易资金全部来源于李宁；“张某”账户所存入的交易资金全部来源于李宁，所取交易资金大部分转回李宁。且“李宁”账户与“汤某”账户、“李某某”账户、“张某某”账户、“张某”账户有重合的交易MAC地址。“李宁”账户组共使用过15个MAC地址交易“元力股份”，其中，“李宁”账户使用过12个，“张某某”账户使用过10个，“李某某”账户使用过4个，“张某”账户使用过4个，“汤某”账户使用过2个。同时，原告与汤某为夫妻关系；原告与李某某为兄妹关系，两人同为长春市嘉信房地产开发有限公司股东；原告与张某某为亲密朋友关系；张某为长春市嘉信房地产开发有限公司员工。且李某某开户预留联系电话与原告开户资料预留电话号码及原告本人使用的电话号码相同，张某账户开户资料预留的其他

> 联系人为张某某。本院认为，综合以上资金关系、交易下单地址重合情况、身份关系等关联情况，足以证明原告实际控制“李宁”账户组。原告主张原告并未实际控制“李宁”账户组，但未提交充分的证据予以证实，故其相关诉讼主张均缺乏事实及法律依据，本院不予支持。

第八十七条 【权益披露的内容】依照前条规定所作的书面报告和公告，应当包括下列内容：

（一）持股人的名称、住所；

（二）持有的股票的名称、数额；

（三）持股达到法定比例或者持股增减变化达到法定比例的日期。

第八十八条 【要约收购】通过证券交易所的证券交易，投资者持有或者通过协议、其他安排与他人共同持有一个上市公司已发行的股份达到百分之三十时，继续进行收购的，应当依法向该上市公司所有股东发出收购上市公司全部或者部分股份的要约。

收购上市公司部分股份的收购要约应当约定，被收购公司股东承诺出售的股份数额超过预定收购的股份数额的，收购人按比例进行收购。

第八十九条 【收购报告书】依照前条规定发出收购要约，收购人必须公告上市公司收购报告书，并载明下列事项：

（一）收购人的名称、住所；

（二）收购人关于收购的决定；

（三）被收购的上市公司名称；

（四）收购目的；

（五）收购股份的详细名称和预定收购的股份数额；

（六）收购期限、收购价格；

（七）收购所需资金额及资金保证；

（八）公告上市公司收购报告书时持有被收购公司股份数占该公司已发行的股份总数的比例。

第九十条 【要约收购的收购期限】收购要约约定的收购期限不得少于三十日，并不得超过六十日。

第九十一条　【收购要约的不可撤销性】在收购要约确定的承诺期限内,收购人不得撤销其收购要约。收购人需要变更收购要约的,必须及时公告,载明具体变更事项。

第九十二条　【收购条件的普遍适用性】收购要约提出的各项收购条件,适用于被收购公司的所有股东。

第九十三条　【要约收购中的禁止行为】采取要约收购方式的,收购人在收购期限内,不得卖出被收购公司的股票,也不得采取要约规定以外的形式和超出要约的条件买入被收购公司的股票。

第九十四条　【协议收购】采取协议收购方式的,收购人可以依照法律、行政法规的规定同被收购公司的股东以协议方式进行股份转让。

以协议方式收购上市公司时,达成协议后,收购人必须在三日内将该收购协议向国务院证券监督管理机构及证券交易所作出书面报告,并予公告。

在公告前不得履行收购协议。

第九十五条　【股票与资金的保管】采取协议收购方式的,协议双方可以临时委托证券登记结算机构保管协议转让的股票,并将资金存放于指定的银行。

第九十六条　【要约收购】采取协议收购方式的,收购人收购或者通过协议、其他安排与他人共同收购一个上市公司已发行的股份达到百分之三十时,继续进行收购的,应当向该上市公司所有股东发出收购上市公司全部或者部分股份的要约。但是,经国务院证券监督管理机构免除发出要约的除外。

收购人依照前款规定以要约方式收购上市公司股份,应当遵守本法第八十九条至第九十三条的规定。

第九十七条　【退市与余股强制出售权】收购期限届满,被收购公司股权分布不符合上市条件的,该上市公司的股票应当由证券交易所依法终止上市交易;其余仍持有被收购公司股票的股东,有权向收购人以收购要约的同等条件出售其股票,收购人应当收购。

收购行为完成后,被收购公司不再具备股份有限公司条件的,应当依法变更企业形式。

第九十八条 【收购人的股票禁售期】在上市公司收购中,收购人持有的被收购的上市公司的股票,在收购行为完成后的十二个月内不得转让。

第九十九条 【换股】收购行为完成后,收购人与被收购公司合并,并将该公司解散的,被解散公司的原有股票由收购人依法更换。

第一百条 【收购情况报告与公告】收购行为完成后,收购人应当在十五日内将收购情况报告国务院证券监督管理机构和证券交易所,并予公告。

第一百零一条 【收购国家授权投资机构持有的股份】收购上市公司中由国家授权投资的机构持有的股份,应当按照国务院的规定,经有关主管部门批准。

国务院证券监督管理机构应当依照本法的原则制定上市公司收购的具体办法。

第五章 证券交易所

第一百零二条 【证券交易所的法律地位】证券交易所是为证券集中交易提供场所和设施,组织和监督证券交易,实行自律管理的法人。

证券交易所的设立和解散,由国务院决定。

相关行政规章条文

《证券交易所管理办法》(中国证券监督管理委员会令第136号,自2018年1月1日起施行)

第三条 本办法所称证券交易所是指依本办法规定条件设立的,不以营利为目的,为证券的集中和有组织的交易提供场所、设施,履行国家有关法律、法规、规章、政策规定的职责,实行自律性管理的法人。

第九十九条 证券交易所应当在其职责范围内,及时向证监会报告其会员、上市公司及其他人员违反国家法律、法规、规章、政策的情况;国家有关法律、法规、规章授权由证券交易所处罚,或者按照证券交易所章程、业务规则、上市协议等证券交易所可以处罚的,证券交易所可以按照有关规定予以处罚，并报证监会备案；国家有关法律、法规、规章规定由证监会处罚的，证券交易所可以向证监会提出处罚建议。证监会可以要求证券交易所对其会员、上市公司进行处罚。

相关司法解释规定

《最高人民法院关于对与证券交易所监管职能相关的诉讼案件管辖与受理问题的规定》（法释〔2005〕1号，自2005年1月31日起施行）

为正确及时地管辖、受理与证券交易所监管职能相关的诉讼案件，特作出以下规定：

一、根据《中华人民共和国民事诉讼法》第三十七条和《中华人民共和国行政诉讼法》第二十二条的有关规定，指定上海证券交易所和深圳证券交易所所在地的中级人民法院分别管辖以上海证券交易所和深圳证券交易所为被告或第三人的与证券交易所监管职能相关的第一审民事和行政案件。

二、与证券交易所监管职能相关的诉讼案件包括：

（一）证券交易所根据《中华人民共和国公司法》、《中华人民共和国证券法》、《中华人民共和国证券投资基金法》、《证券交易所管理办法》等法律、法规、规章的规定，对证券发行人及其相关人员、证券交易所会员及其相关人员、证券上市和交易活动做出处理决定引发的诉讼；

（二）证券交易所根据国务院证券监督管理机构的依法授权，对证券发行人及其相关人员、证券交易所会员及其相关人员、证券上市和交易活动做出处理决定引发的诉讼；

（三）证券交易所根据其章程、业务规则、业务合同的规定，对证券发行人及其相关人员、证券交易所会员及其相关人员、证券上市和交易活动做出处理决定引发的诉讼；

（四）证券交易所在履行监管职能过程中引发的其他诉讼。

三、投资者对证券交易所履行监管职责过程中对证券发行人及其相关人员、证券交易所会员及其相关人员、证券上市和交易活动做出的不直接涉及投资者利益的行为提起的诉讼，人民法院不予受理。

相关裁判摘要

“郑宇与上海证券交易所再审行政裁定书”［中华人民共和国最高人民法院行政裁定书（2016）最高法行申1468号］认为，证券交易所具有相应的行政管理职能，可以成为行政案件的适格被告。相关裁判摘要如下：

依据中国证券监督管理委员会颁布的《证券交易所管理办法》第九十九条之规定，以及《最高人民法院关于对与证券交易所监管职能相关的诉讼案件管辖与受理问题的规定》第一条、第二条之规定，证券交易所作为法律法规规章授权组织，有权按照法律、法规、规章的规定实施包括对证券市场的违法行为予以处罚等监管行为，故证券交易所具有相应的行政管理职能，属于行政案件的适格被告。

"宏亿隆投资管理有限公司与全国中小企业股份转让系统有限责任公司一审行政裁定书"[北京市西城区人民法院行政裁定书(2017)京0102行初724号]认为，全国股转公司的自律监管权限系来源于与挂牌公司、主办券商的协议，且相关法律法规并未授予全国股转公司对全国股转系统中的违法违规行为进行处理的行政管理职权，因此不具有行政诉讼被告资格。相关裁判摘要如下：

被告全国股转公司辩称，全国股转公司系实行自律管理的企业法人，不应成为本案被告。全国股转公司系在国家工商总局注册设立的有限公司，采取党委领导下的"三会一层"的公司治理结构，根据《国务院关于全国中小企业股份转让系统有关问题的决定》《非上市公众公司监督管理办法》《全国中小企业股份转让系统有限责任公司管理暂行办法》等国务院决定和部门规章的有关规定，全国股转公司负责组织和监督挂牌公司的股票转让及相关活动，实行自律管理，该自律管理权源自与挂牌公司、主办券商的协议，其性质并非行政权力，其不是行政诉讼的适格被告，故请求人民法院依法驳回原告宏亿隆公司的诉讼请求。

本院认为，《中华人民共和国行政诉讼法》第二条规定，公民、法人或者其他组织认为行政机关和行政机关工作人员的行政行为侵犯了其合法权益，有权依照本法向人民法院提起诉讼。前款所称行政行为，包括法律、法规、规章授权的组织做出的行政行为。《国务院关于全国中小企业股份转让系统有关问题的决定》中"一、……全国中小企业股份转让系统是经国务院批准，依据证券法设立的全国性证券交易场所……五、……证监会应当比照证券法关于市场主体法律责任的相关规定，严格执法，对虚假披露、内幕交易、操纵市场等违法违规行为采取监管措施，实施行政处罚。全国股份转让系统要制定并完善业务规则体系，建立市场监控系统，完善风险管理制度和设施，保障技术体系和信息安全，切实履行自律监管职责。"《非上市公众公司监督管理办法》第五十一条规定,“全国中小企业股份转让系统应当发挥自律管理作用,对在全国中小企业股份转让系统公开转让股票的公众公司及相关信息披露义务人披露信息进行监督,督促其依法及时、准确地披露信息。发现公开转让股票的公众公司及相关信息披露义务人有违反法律、行政法规和中国证监会相关规定的行为,应当向中国证监会报告,并采取自律监管措施”。《全国中小企业股份转让系统有限责任公司管理暂行办法》第四条规定,“全国股份转让系统公司负责组织和监督挂牌公司的股票转让及相关活动,实行自律管理”。第二十一条第二款规定,“全国股份转让系统公司应当与符合条件的股份公司签署挂牌协议,确定双方的权利义务关系”。第二十七条第二款规定,“对违反法律法规及业务规则的,全国股份转让系统公司应当及时采取自律监管措施,并视情节轻重或根据管理要求,及时向中国证监会报告”。本院认为,全国股转系统是经国务院批准并依据证券法设立的全国性证券交易场所,全国股转公司则是负责对在该交易场所内进行的股票转让和相关活动进行组织、监督而依法注册设立的公司法人,是非上市公众公司的自律性组织,其自律监管权限系来源于与挂牌公司、主办券商的协议,且相关法律法规并未授予全国股转公司对全国股转系统中的违法违规行为进行处理的行政管理职权。因此,全国股转公司针对宏亿隆公司的投诉采取的作为或不作为行为并非行政行为,不属于行政诉讼受案范围。宏亿隆公司以全国股转公司为被告提起行政诉讼,要求其履行监管职责的请求事项不属于行政审判权限范围。故原告的起诉不符合提起行政诉讼的法定条件,对其起诉应予以驳回。

“郭某诉光大证券、上海证券交易所、上海金融期货交易所期货内幕交易责任纠纷案”[上海市第一中级人民法院民事判决书(2013)沪一中民六(商)初字第30号]认为,交易所因其自律监管行为承担民事赔偿责任的标准,应结合交易所的性质、交易所监管职责的范围以及资本市场的特点进行合理认定。面对资本市场的突发事件,是否采取监管措施以及采取何种监管措施,应由交易所结合市场具体状况,以合理合法为原则,以维护市场整体秩序及交易公平为目的自主决定。无论交易所在行使其监管职权过程中作为或不作为,只要其行为的程序正当、目的合法,且不具有主观恶意,则交易所通常不因其自主决定的监管行为而承担民事赔偿责任。相关裁判摘要如下:

2013年8月16日11时05分,光大证券在进行交易型开放式指数基金(ETF)申赎套利交易时,因程序错误,其所使用的策略交易系统以234亿元的巨量资金申购股票,实际成交72.7亿元。当天下午开市后,光大证券在未进行信息披露的情况下卖空股指期货、卖出ETF对冲风险。同年11月,证监会对光大证券做出行政处罚决定,认定其相关行为构成内幕交易。原告郭某认为,光大证券上述行为导致当日股指期货市场涨跌幅异常波动,应对其同日进行的股指期货交易损失承担侵权赔偿责任。上海证券交易所、上海金融期货交易所在明知光大证券出现异常交易及内幕交易的情况下,未及时发布提示性或警示性公告,亦未适当履行监管职责且有误导之嫌,故应与光大证券共同承担赔偿责任,遂提起诉讼。

上海市第一中级人民法院于2016年12月28日作出"(2013)沪一中民六(商)初字第30号民事判决":光大证券赔偿郭某损失11,280元;驳回郭某其余诉讼请求。判决后,各方均未提起上诉,该判决已生效。

法院认为,光大证券相关行为构成内幕交易,郭某在内幕交易时间段内进行IF1309交易且其主要交易方向与光大证券内幕交易方向相反,故其相关交易损失应由光大证券承担。法院同时认为,现无证据证明上海证券交易所、上海金融期货交易所曾发布相关不实信息或在光大证券发布公告前即已提前知晓相关事宜。上海证券交易所、上海金融期货交易所作为证券、期货交易市场的自律管理组织,其除了依照章程行使自律管理职责外,还具有为集中交易提供保障、发布信息的法定义务,并被赋予在法定条件下对特定市场主体采取单方、强制性、不利益措施的权力。光大证券实施内幕交易行为时,上海证券交易所、上海金融期货交易所尚无从知晓其行为原因及性质,亦无法对证券市场主体的该类行为是否违规作出认定,更无发布相关信息的事实基础。至于应否对光大证券的错单交易采取临时停市、限制交易等措施,则应由上海证券交易所、上海金融期货交易所结合当时市场具体状况,以合理合法为原则,以维护市场整体秩序及交易公平为目的自行决定,并非在市场出现异常时即必然立即行使。如否定交易所行使该种权力时的自主决定权,则证券、期货市场的交易行为和交易结果将因个别主体的违规行为而处于不确定状态,实质将对市场秩序及交易公平构成更大伤害。无论交易所在行使其监管职权过程中作为或不作为,只要其行为的程序正当、目的合法,且不具有主观恶意,则交易所通常不应因其自主决定的监管行为而承担民事法律责任。从当日交易情形来看，光大证券错单交易后，市场已在短时间内恢复正常，不存在之后另行临时停市的必要。光大证券之后采取的内幕交易行为，在数量及金额上亦未达到限制交易的法定条件。因此，上海证券交易所、上海金融期货交易所未采取原告所主张的紧急处置措施，应属合理，并未影响证券市场秩序及交易公平，无须因此承担民事赔偿责任。①

第一百零三条　【证券交易所的章程】设立证券交易所必须制定章程。

证券交易所章程的制定和修改，必须经国务院证券监督管理机构批准。

第一百零四条　【证券交易所的名称及其保护】证券交易所必须在其名称中标明证券交易所字样。其他任何单位或者个人不得使用证券交易所或者近似的名称。

第一百零五条　【证券交易所的财产】证券交易所可以自行支配的各项费用收入，应当首先用于保证其证券交易场所和设施的正常运行并逐步改善。

实行会员制的证券交易所的财产积累归会员所有，其权益由会员共同享有，在其存续期间，不得将其财产积累分配给会员。

第一百零六条　【证券交易所理事会】证券交易所设理事会。

第一百零七条　【证券交易所总经理】证券交易所设总经理一人，由国务院证券监督管理机构任免。

第一百零八条　【证券交易所的负责人的消极条件】有《中华人民共和国公司法》第一百四十六条规定的情形或者下列情形之一的，不得担任证券交易所的负责人：

（一）因违法行为或者违纪行为被解除职务的证券交易所、证券登记结算机构的负责人或者证券公司的董事、监事、高级管理人员，自被

---

① 资料来源：2016年度上海法院金融商事审判十大典型案例，上海高级人民法院网站。

解除职务之日起未逾五年；

（二）因违法行为或者违纪行为被撤销资格的律师、注册会计师或者投资咨询机构、财务顾问机构、资信评级机构、资产评估机构、验证机构的专业人员，自被撤销资格之日起未逾五年。

第一百零九条 【证券交易所从业人员的消极条件】因违法行为或者违纪行为被开除的证券交易所、证券登记结算机构、证券服务机构、证券公司的从业人员和被开除的国家机关工作人员，不得招聘为证券交易所的从业人员。

第一百一十条 【证券交易所的会员】进入证券交易所参与集中交易的，必须是证券交易所的会员。

第一百一十一条 【投资者参与证券交易的途径】投资者应当与证券公司签订证券交易委托协议，并在证券公司开立证券交易账户，以书面、电话以及其他方式，委托该证券公司代其买卖证券。

第一百一十二条 【清算交收与登记过户】证券公司根据投资者的委托，按照证券交易规则提出交易申报，参与证券交易所场内的集中交易，并根据成交结果承担相应的清算交收责任；证券登记结算机构根据成交结果，按照清算交收规则，与证券公司进行证券和资金的清算交收，并为证券公司客户办理证券的登记过户手续。

第一百一十三条 【证券交易即时行情】证券交易所应当为组织公平的集中交易提供保障，公布证券交易即时行情，并按交易日制作证券市场行情表，予以公布。

未经证券交易所许可，任何单位和个人不得发布证券交易即时行情。

相关裁判摘要

“郑宇上诉中国证券监督管理委员会其他一案”［北京市高级人民法院行政判决书（2016）京行终3189号］认为，证券交易所组织证券交易，是民事市场行为。相关裁判摘要如下：

本院认为，根据《政府信息公开条例》第二条规定，本条例所称政府信息，是指行政机关在履行职责过程中制作或者获取的，以一定形式记录、保存的信息。本案中，郑宇所申请公开的券商申报交易信息系上海证券交易所履行证券集中交易职能时产生的信息。上海证券交易所为证券集中交易提供场所和设施,组织证券交易,并非履行法律、法规授权管理公共事务的职能,而是民事市场行为。故证监会以郑宇的复议申请不符合《复议法实施条例》第二十八条规定的受理条件为由,依法驳回郑宇的行政复议申请并无不当。

"郑宇与上海证券交易所再审行政裁定书"[中华人民共和国最高人民法院行政裁定书(2016)最高法行申1468号]认为,日常证券交易活动中形成的信息,不属于《中华人民共和国政府信息公开条例》规定的政府信息。相关裁判摘要如下:

《中华人民共和国政府信息公开条例》第二条规定,本条例所称政府信息,是指行政机关在履行职责过程中制作或者获取的,以一定形式记录、保存的信息。郑宇申请公开一定期限内券商申报买入相关股票的顺序及数量信息,因该类信息属日常证券交易活动中形成的信息,并非证券交易所在履行监管职责过程中制作或者获取的,故不属上述条例所指的政府信息。

第一百一十四条 【技术性停牌与临时停市】因突发性事件而影响证券交易的正常进行时,证券交易所可以采取技术性停牌的措施;因不可抗力的突发性事件或者为维护证券交易的正常秩序,证券交易所可以决定临时停市。

证券交易所采取技术性停牌或者决定临时停市,必须及时报告国务院证券监督管理机构。

第一百一十五条 【证券交易所的职权】证券交易所对证券交易实行实时监控,并按照国务院证券监督管理机构的要求,对异常的交易情况提出报告。

证券交易所应当对上市公司及相关信息披露义务人披露信息进行监督,督促其依法及时、准确地披露信息。

证券交易所根据需要,可以对出现重大异常交易情况的证券账户限制交易,并报国务院证券监督管理机构备案。

第一百一十六条 【证券交易所的风险基金的提取】证券交易所应当从其收取的交易费用和会员费、席位费中提取一定比例的金额设立风险基金。风险基金由证券交易所理事会管理。

风险基金提取的具体比例和使用办法，由国务院证券监督管理机构会同国务院财政部门规定。

第一百一十七条 【证券交易所的风险基金的存储】证券交易所应当将收存的风险基金存入开户银行专门账户，不得擅自使用。

第一百一十八条 【证券交易所业务规则的制定】证券交易所依照证券法律、行政法规制定上市规则、交易规则、会员管理规则和其他有关规则，并报国务院证券监督管理机构批准。

相关裁判摘要

2008年第12期《中华人民共和国最高人民法院公报》刊登的**"陈伟诉广东省机场管理集团公司、广州白云国际机场股份有限公司、上海证券交易所侵权纠纷案"**的判决认为，在上海证券交易所尽到了监管义务的前提下，原告主张其投资权证损失的原因是交易规则制定的不完善等因素造成的，与事实不符，也与公平公正、风险自负的证券交易原则相悖。相关裁判摘要如下：

本案中，被告上海证券交易所依据法律授权制定《上海证券交易所权证管理暂行办法》并经中国证监会批准生效。上海证券交易所在制定权证交易规则、向交易所会员及投资者揭示权证交易风险等方面均符合法定程序，不存在过错。同时，根据本案查明的事实，被告广东机场集团在"机场JTP1"发行、上市、交易、行权过程中均严格依照规则充分履行了权证信息披露义务，上海证券交易所对此履行了法定的监管职责，也不存在过错。

权证作为证券市场新兴的交易衍生品种，存在利益与风险并存的特点，投资者在参与权证交易时应当理性评估自身的交易能力，充分注意权证交易的各种风险。原告陈伟作为"机场JTP1"的投资者，应当充分了解权证交易规则以及"机场JTP1"的基本信息，并在权证交易中谨慎注意投资风险。因此，在发行人被告广东机场集团尽到了权证信息公告的披露义务、证券交易机构被告上海证券交易所尽到了监管义务的前提下，原告主张其投资权证损失的原因是"机场JTP1"的最后交易日的不确定、权证信息披露的不准确、交易规则制定的不完善，显然与事实不符，也与公平公正、风险自负的证券交易原则相悖。综上，原告的诉讼请求不能成立。

2010年第7期《中华人民共和国最高人民法院公报》刊登的**“邢立强诉上海证券交易所权证交易侵权纠纷案”**的判决认为，投资者以交易所审核创设权证违规为由而提起的民事侵权之诉，具有可诉性。证券交易所审核合格券商创设权证，是证券法赋予其自律监管职能的行为，其审核行为只要符合权证管理业务规则，主观上不具有过错，其对于投资者因权证交易造成的损失不承担赔偿责任，投资者应自行承担风险损失。相关裁判摘要如下：

原告邢立强认为，被告上交所在审核武钢认沽权证时存在违规、欺诈行为，具体表现在未按公告时间创设权证、创设权证严重超量等方面，这些行为直接导致了原告的交易损失，应当由被告进行赔偿。对此，法院认为，被告上交所系根据《权证管理办法》第二十九条的规定，审核合格券商创设武钢权证，该审核行为符合业务规则的具体要求，是被告履行证券法赋予其自律监管职能的行为，具有合法性。根据权证管理办法的有关权证发行的规定，具有权证创设资格、开设创设专用账户且提供履约担保资金的证券公司，在其认为权证价格高估时，可以创设权证，并在市场上卖出，增加权证的供给；在权证价格回归价值时，可以回购并注销权证，释放履约担保品。根据上述业务规程，被告在武钢权证上市前，就已经要求发行人在2005年11月18日发布的公告中对有关创设权证对权证交易价格可能造成的影响予以特别提示。在2005年11月21日，武钢权证上市前两天，被告发布了关于证券公司创设武钢权证有关事项的通知，对权证创设的主体和相关程序进行了规定。2005年11月25日，申请创设武钢权证的券商完成了相关创设登记及担保手续，被告审核后向中国结算上海分公司发出了创设权证业务通知单，同意创设人在权证创设专用账户生成次日可交易的权证。同年11月26日，创设人对创设权证事项进行了披露，明确公布所创设的权证将于11月28日起上市交易。从上述权证创设的过程来看，被告履行了相关监管义务，其行为并无不当。虽然被告在创设权证的通知中载明“该通知自2005年11月28日实施”，但该表述并不表明创设权证只能在该日后即11月29日才能上市，该实施日即为上市日，故只要在11月28日前权证创设的相关手续完成，创设的权证即可上市交易。被告的上述审核行为符合权证创设的惯例，亦未违反业务规则的规定。原告认为被告允许十家券商提前创设武钢权证，没有事实依据，法院难以采信。

对权证交易进行监督和管理，是证券法赋予交易所的一项职能。在武钢认沽权证上市后，投资者对该权证进行了非理性的投机炒作，使该权证严重背离内在价值。被告上交所为抑制这种过度炒作行为的继续，及时审核创设人创设权证，通过增加权证供应量的手段平抑权证价格，其目的在于维护权证交易的正常秩序，作为市场的监管者，其核准创设权证的行为系针对特定产品的交易异常所采取的监管措施。该行为主观上并非出于恶意，行为本身也并非针对特定投资者，而是针对权证交易活动本身作出的普遍监管行为，是交易所的职责所在。就创设权证审核行为而言，被告的行为不符合侵权行为的基本要件，原告邢立强主张被告侵犯其民事权利，依据不足。

原告邢立强认为，被告上交所核准券商超量创设权证亦是造成原告交易损失的直接原因。对此，法院认为，证券交易所作为证券市场的一线监管者行使监管职能，必然会对相对人和社会产生一定的影响和效应。创设权证制度在我国属于一项金融创新制度，是基于股权分置改革的总体要求。结合股改权证的运行特点，借鉴成熟市场的类似做法产生的一种市场化的供求平衡机制。鉴于这项制度仍处于探索阶段，故在创设程序、创设品种、创设数量等方面尚无规范可循，在具体实施时创设人可以根据发行权证的具体情况自由决定实施方案，交易所仅对其资格和上市程序进行审查。对于创设权证的具体规模，业务规则本身亦无限制。虽然涉案认沽权证的创设量远远超出了最初的发行量，但权证管理办法对此并无禁止性规定，只能根据具体权证产品的交易情况和特点予以确定适当的数量，以达到供求平衡。本案中，原告在武钢认沽权证交易中的损失，虽与券商创设权证增加供给量存在关联，但在被告事先已履行必要的信息披露和风险揭示的情况下，原告仍然不顾风险贸然入市，由此造成的交易风险与被告履行市场监管行为不存在必然的、直接的因果关系，故原告要求被告赔偿权证交易差价损失和可得利益损失，没有法律依据，不予支持。

第一百一十九条 【证券交易所的回避制度】证券交易所的负责人和其他从业人员在执行与证券交易有关的职务时，与其本人或者其亲属有利害关系的，应当回避。

第一百二十条 【证券交易的不可撤销性】按照依法制定的交易

规则进行的交易,不得改变其交易结果。对交易中违规交易者应负的民事责任不得免除;在违规交易中所获利益,依照有关规定处理。

第一百二十一条　【证券交易所的纪律处分】在证券交易所内从事证券交易的人员,违反证券交易所有关交易规则的,由证券交易所给予纪律处分;对情节严重的,撤销其资格,禁止其入场进行证券交易。

第六章　证 券 公 司

第一百二十二条　【证券公司和证券业务】设立证券公司,必须经国务院证券监督管理机构审查批准。未经国务院证券监督管理机构批准,任何单位和个人不得经营证券业务。

相关行政处罚决定书摘要

"中国证监会行政处罚决定书(杭州恒生网络技术服务有限公司、刘曙峰、官晓岚)"(〔2016〕123号)认为,恒生网络研发的HOMS金融投资云平台具有的开立证券交易子账户、接受证券交易委托、查询证券交易信息、进行证券和资金交易结算清算等功能具有证券业务属性,其运维方构成非法经营证券业务。相关行政处罚决定书摘要如下:

经查明,杭州恒生网络技术服务有限公司(以下简称恒生网络)存在以下违法事实:恒生网络研发的HOMS金融投资云平台(以下简称HOMS系统)于2012年5月正式运行。

HOMS系统具有开设子账户功能。可以在主账户下开立若干数量子账户,使投资者无需在证券公司开立证券账户即可开展证券交易。

HOMS系统具有委托交易功能。投资者可以在HOMS系统交易端下达委托交易指令。HOMS系统采集这些指令,并通过主账户报盘给证券公司报盘系统,然后根据证券公司报盘系统反馈的成交结果,按照子账户在HOMS系统内的委托交易日期及委托流水号进行匹配。

HOMS系统具有登记、查询、清算等功能。HOMS系统中存储的数据包括证券公司反馈的主账户交易数据,本地收集的主、子账户交易数据及通过其他渠道外部采集的数据,本地收集的主、子账户开户信息,本地收集的主、子账户运营数据等。HOMS系统数据存储在恒生网络端。从事配资业务的机构和个人查询数据时通过HOMS系统向恒生网络发出申请,申请由恒生网络运行维护部门处理。HOMS 系统清算功能包括两个层次:第一个层次是主账户的清算,由 HOMS 系统将证券公司反馈的主账户成交数据与 HOMS 系统记载的主账户成交情况作比对;第二个层次是子账户的清算,HOMS 系统将主账户的总成交情况与各子账户之间的成交情况作比对,对子账户的成交、持仓情况、红利分配等进行确权,对异常数据进行处理。

上述 HOMS 系统具有的开立证券交易子账户、接受证券交易委托、查询证券交易信息、进行证券和资金交易结算清算等功能具有证券业务属性。投资者通过该系统不在证券公司开户即可进行证券交易。

恒生网络长期持续宣传 HOMS 系统。其通过报纸杂志、电子邮件、网络营销、举办研讨会等多种形式,宣传 HOMS 系统具备的开立虚拟证券账户、交易证券、存储数据、清算交割等功能,挖掘配资客户。恒生网络宣传推介工作不仅仅是推介 HOMS 这个系统工具,而是通过不断与投资者互动反馈来改善、开发出新的客户需求,最终目的是吸引更多交易端投资者加入这个具有证券经纪功能的体系中来参与证券交易。恒生网络与从事配资业务客户签订《投资管理平台服务协议》,协议约定了管理端和交易客户端(子账户)的数量、付费方式,并按照主账户证券交易量的一定比例(万分之零点五到一点五)收取费用。

恒生网络明知从事配资业务客户的经营方式,仍向不具有经营证券业务资质的客户销售该系统,提供相关服务并获取收益。截至 2015 年 7 月 31 日,恒生网络与 149 个从事配资业务的客户签订协议,按照证券交易量的一定比例(万分之零点五到一点五),非法获取收入 109,866,872.67 元。

综上,恒生网络开发运营的 HOMS 系统,包含子账户开立、提供委托交易、存储、查询、清算等多种证券业务属性的功能。恒生网络明知客户经营方式,仍向不具有经营证券业务资质的客户销售该系统,提供相关服务,并获取收益的行为,违反了《证券法》第一百二十二条的规定,构成《证券法》第一百九十七条所述非法经营证券业务的行为。

听证中,恒生网络提出:恒生网络从事的是软件服务业务,没有从事证券经纪业务。恒生网络仅向客户销售 HOMS 系统和提供软件技术服务,收取相应技术服务费用,既未代理投资者买卖证券,也未收取交易佣金,没有经营证券经纪业务。恒生网络开发和提供 HOMS 系统的行为并非证券经纪业务的构成要件,不应定性为证券经纪业务,HOMS

系统具备的软件功能,不能构成指控恒生网络经营证券经纪业务的事实。恒生网络对HOMS系统的宣传推介行为,是正当的商业行为。恒生网络不具有帮助客户违法的主观过错。

经复核,对于恒生网络的申辩意见,我会认为:恒生网络开发的HOMS系统具备代理证券买卖、清算等基础功能。恒生网络除了向从事配资业务的客户提供软件服务外,还单独或与客户一起与证券公司协商建立通道,并协助客户分配证券交易的账户;恒生网络的宣传资料等证据显示,恒生网络宣传HOMS系统最终目的是吸引更多的终端客户;恒生网络运营HOMS系统的经纪云部门最主要的年度考核指标是HOMS系统终端用户数以及用户买卖证券产生的交易量;恒生网络不断对原有HOMS系统进行升级,使系统能够同时容纳百万级账户进行交易,甚至单独为配资业务建立了独立的HOMS交易系统;恒生网络提供的HOMS系统可以接受不特定投资者委托代理买卖证券及查询业务;恒生网络未经合法授权还主动参与子账户的清算业务,违反《证券登记结算管理办法》第八条和第七十九条的规定。恒生网络按证券交易量的一定比例收取的软件技术服务费实质是佣金收入。综上所述,恒生网络明知从事配资业务的客户将子账户提供给社会不特定投资者使用,仍向不具有经营证券业务资质的客户销售HOMS系统和提供委托交易、查询、清算等服务,并且从中收取佣金等非法利益,上述行为违反了《证券法》第一百二十二条的规定,构成《证券法》第一百九十七条所述非法经营证券业务的行为。恒生网络关于其行为不构成非法经营证券业务的申辩理由没有事实和法律依据,我会不予采纳。

根据当事人违法行为的事实、性质、情节和社会危害程度,依据《证券法》第一百九十七条的规定,我会决定没收恒生网络违法所得109,866,872.67元,并处以329,600,618.01元罚款。

第一百二十三条 【证券公司的定义】本法所称证券公司是指依照《中华人民共和国公司法》和本法规定设立的经营证券业务的有限责任公司或者股份有限公司。

第一百二十四条 【设立证券公司的条件】设立证券公司,应当具备下列条件:

(一)有符合法律、行政法规规定的公司章程;

(二)主要股东具有持续盈利能力,信誉良好,最近三年无重大违法违规记录，净资产不低于人民币二亿元；

（三）有符合本法规定的注册资本；

（四）董事、监事、高级管理人员具备任职资格，从业人员具有证券从业资格；

（五）有完善的风险管理与内部控制制度；

（六）有合格的经营场所和业务设施；

（七）法律、行政法规规定的和经国务院批准的国务院证券监督管理机构规定的其他条件。

相关行政规章条文

《证券公司监督管理条例》（2014年7月29日修订）

第九条 证券公司的股东应当用货币或者证券公司经营必需的非货币财产出资。证券公司股东的非货币财产出资总额不得超过证券公司注册资本的30%。

证券公司股东的出资，应当经具有证券、期货相关业务资格的会计师事务所验资并出具证明；出资中的非货币财产，应当经具有证券相关业务资格的资产评估机构评估。

在证券公司经营过程中，证券公司的债权人将其债权转为证券公司股权的，不受本条第一款规定的限制。

第十条 有下列情形之一的单位或者个人，不得成为持有证券公司5%以上股权的股东、实际控制人：

（一）因故意犯罪被判处刑罚，刑罚执行完毕未逾3年；

（二）净资产低于实收资本的50%，或者或有负债达到净资产的50%；

（三）不能清偿到期债务；

（四）国务院证券监督管理机构认定的其他情形。

证券公司的其他股东应当符合国务院证券监督管理机构的相关要求。

第十一条 证券公司应当有3名以上在证券业担任高级管理人员满2年的高级管理人员。

第十二条 证券公司设立时，其业务范围应当与其财务状况、内部控制制度、合规制度和人力资源状况相适应；证券公司在经营过程中，经其申请，国务院证券监督管理机构可以根据其财务状况、内部控制水平、合规程度、高级管理人员业务管理能力、专业人员数量，对其业务范围进行调整。

第一百二十五条 【证券公司的业务】 经国务院证券监督管理机构批准,证券公司可以经营下列部分或者全部业务:

(一)证券经纪;

(二)证券投资咨询;

(三)与证券交易、证券投资活动有关的财务顾问;

(四)证券承销与保荐;

(五)证券自营;

(六)证券资产管理;

(七)其他证券业务。

第一百二十六条 【证券公司的名称】 证券公司必须在其名称中标明证券有限责任公司或者证券股份有限公司字样。

第一百二十七条 【证券公司的资本】 证券公司经营本法第一百二十五条第(一)项至第(三)项业务的,注册资本最低限额为人民币五千万元;经营第(四)项至第(七)项业务之一的,注册资本最低限额为人民币一亿元;经营第(四)项至第(七)项业务中两项以上的,注册资本最低限额为人民币五亿元。证券公司的注册资本应当是实缴资本。

国务院证券监督管理机构根据审慎监管原则和各项业务的风险程度,可以调整注册资本最低限额,但不得少于前款规定的限额。

第一百二十八条 【证券公司的设立审批】 国务院证券监督管理机构应当自受理证券公司设立申请之日起六个月内,依照法定条件和法定程序并根据审慎监管原则进行审查,作出批准或者不予批准的决定,并通知申请人;不予批准的,应当说明理由。

证券公司设立申请获得批准的,申请人应当在规定的期限内向公司登记机关申请设立登记,领取营业执照。

证券公司应当自领取营业执照之日起十五日内,向国务院证券监督管理机构申请经营证券业务许可证。未取得经营证券业务许可证,证券公司不得经营证券业务。

第一百二十九条 【证券公司重大事项的审批】 证券公司设立、收购或者撤销分支机构,变更业务范围,增加注册资本且股权结构发生重大调整,减少注册资本,变更持有百分之五以上股权的股东、实际控制人,变更公司章程中的重要条款,合并、分立、停业、解散、破产,必须经国务院证券监督管理机构批准。

证券公司在境外设立、收购或者参股证券经营机构,必须经国务院证券监督管理机构批准。

相关行政规章条文

《证券公司监督管理条例》(2014年7月29日修订)

第十三条 证券公司增加注册资本且股权结构发生重大调整,减少注册资本,变更业务范围或者公司章程中的重要条款,合并、分立,设立、收购或者撤销境内分支机构,在境外设立、收购、参股证券经营机构,应当经国务院证券监督管理机构批准。

前款所称公司章程中的重要条款,是指规定下列事项的条款:

(一)证券公司的名称、住所;

(二)证券公司的组织机构及其产生办法、职权、议事规则;

(三)证券公司对外投资、对外提供担保的类型、金额和内部审批程序;

(四)证券公司的解散事由与清算办法;

(五)国务院证券监督管理机构要求证券公司章程规定的其他事项。

本条第一款所称证券公司分支机构,是指从事业务经营活动的分公司、证券营业部等证券公司下属的非法人单位。

第十四条 任何单位或者个人有下列情形之一的,应当事先告知证券公司,由证券公司报国务院证券监督管理机构批准:

(一)认购或者受让证券公司的股权后,其持股比例达到证券公司注册资本的5%;

(二)以持有证券公司股东的股权或者其他方式,实际控制证券公司5%以上的股权。

未经国务院证券监督管理机构批准,任何单位或者个人不得委托他人或者接受他人委托持有或者管理证券公司的股权。证券公司的股东不得违反国家规定,约定不按照出资比例行使表决权。

第十五条 证券公司合并、分立的,涉及客户权益的重大资产转让应当经具有证券相关业务资格的资产评估机构评估。

证券公司停业、解散或者破产的,应当经国务院证券监督管理机构批准,并按照有关规定安置客户、处理未了结的业务。

第十六条 国务院证券监督管理机构应当对下列申请进行审查，并在下列期限内，作出批准或者不予批准的书面决定：(一)对在境内设立证券公司或者在境外设立、收购或者参股证券经营机构的申请，自受理之日起6个月；(二)对增加注册资本且股权结构发生重大调整，减少注册资本，合并、分立或者要求审查股东、实际控制人资格的申请，自受理之日起3个月；(三)对变更业务范围、公司章程中的重要条款或者要求审查高级管理人员任职资格的申请，自受理之日起45个工作日；(四)对设立、收购、撤销境内分支机构，或者停业、解散、破产的申请，自受理之日起30个工作日；(五)对要求审查董事、监事任职资格的申请，自受理之日起20个工作日。

国务院证券监督管理机构审批证券公司及其分支机构的设立申请，应当考虑证券市场发展和公平竞争的需要。

第十七条 公司登记机关应当依照法律、行政法规的规定，凭国务院证券监督管理机构的批准文件，办理证券公司及其境内分支机构的设立、变更、注销登记。

证券公司在取得公司登记机关颁发或者换发的证券公司或者境内分支机构的营业执照后，应当向国务院证券监督管理机构申请颁发或者换发经营证券业务许可证。经营证券业务许可证应当载明证券公司或者境内分支机构的证券业务范围。

未取得经营证券业务许可证，证券公司及其境内分支机构不得经营证券业务。

证券公司停止全部证券业务、解散、破产或者撤销境内分支机构的，应当在国务院证券监督管理机构指定的报刊上公告，并按照规定将经营证券业务许可证交国务院证券监督管理机构注销。

第一百三十条 【证券公司的风险控制】 国务院证券监督管理机构应当对证券公司的净资本，净资本与负债的比例，净资本与净资产的比例，净资本与自营、承销、资产管理等业务规模的比例，负债与净资产的比例，以及流动资产与流动负债的比例等风险控制指标作出规定。

证券公司不得为其股东或者股东的关联人提供融资或者担保。

第一百三十一条 【证券公司的董监高】 证券公司的董事、监事、高级管理人员，应当正直诚实，品行良好，熟悉证券法律、行政法规，具有履行职责所需的经营管理能力，并在任职前取得国务院证券监督管理机构核准的任职资格。

有《中华人民共和国公司法》第一百四十六条规定的情形或者下列情形之一的，不得担任证券公司的董事、监事、高级管理人员：

（一）因违法行为或者违纪行为被解除职务的证券交易所、证券登记结算机构的负责人或者证券公司的董事、监事、高级管理人员，自被解除职务之日起未逾五年；

（二）因违法行为或者违纪行为被撤销资格的律师、注册会计师或者投资咨询机构、财务顾问机构、资信评级机构、资产评估机构、验证机构的专业人员，自被撤销资格之日起未逾五年。

第一百三十二条　【证券公司从业人员的禁止条件】因违法行为或者违纪行为被开除的证券交易所、证券登记结算机构、证券服务机构、证券公司的从业人员和被开除的国家机关工作人员，不得招聘为证券公司的从业人员。

第一百三十三条　【禁止在证券公司中兼职的人员】国家机关工作人员和法律、行政法规规定的禁止在公司中兼职的其他人员，不得在证券公司中兼任职务。

第一百三十四条　【证券投资者保护基金】国家设立证券投资者保护基金。证券投资者保护基金由证券公司缴纳的资金及其他依法筹集的资金组成，其筹集、管理和使用的具体办法由国务院规定。

相关行政规章条文

《证券投资者保护基金管理办法》（中国证券监督管理委员会令第124号，2016年修订，自2016年6月1日起施行）

第一章　总　　则

第一条　为建立防范和处置证券公司风险的长效机制，维护社会经济秩序和社会公共利益，保护证券投资者的合法权益，促进证券市场有序、健康发展，制定本办法。

第二条　证券投资者保护基金(以下简称基金)是指按照本办法筹集形成的、在防范和处置证券公司风险中用于保护证券投资者利益的资金。

设立国有独资的中国证券投资者保护基金有限责任公司(以下简称基金公司),负责基金的筹集、管理和使用。

第三条　基金主要用于按照国家有关政策规定对债权人予以偿付。

第四条　证券交易活动实行公开、公平、公正和投资者投资决策自主、投资风险自担的原则。

投资者在证券投资活动中因证券市场波动或投资产品价值本身发生变化所导致的损失,由投资者自行负担。

第五条　基金按照取之于市场、用之于市场的原则筹集。基金的筹集方式、标准,由中国证券监督管理委员会(以下简称证监会)商财政部、中国人民银行决定。

第六条　基金公司依据国家有关法律、法规及本办法独立运作,基金公司董事会对基金的合规使用及安全负责。

第二章　基金公司职责和组织机构

第七条　基金公司的职责为:

(一)筹集、管理和运作基金;

(二)监测证券公司风险,参与证券公司风险处置工作;

(三)证券公司被撤销、被关闭、破产或被证监会实施行政接管、托管经营等强制性监管措施时,按照国家有关政策规定对债权人予以偿付;

(四)组织、参与被撤销、关闭或破产证券公司的清算工作;

(五)管理和处分受偿资产,维护基金权益;

(六)发现证券公司经营管理中出现可能危及投资者利益和证券市场安全的重大风险时,向证监会提出监管、处置建议;对证券公司运营中存在的风险隐患会同有关部门建立纠正机制;

(七)国务院批准的其他职责。

第八条　基金公司应当与证监会建立证券公司信息共享机制,证监会定期向基金公司通报关于证券公司财务、业务等的经营管理信息。

证监会认定存在风险隐患的证券公司,应按照规定直接向基金公司报送财务、业务等经营管理信息和资料。

第九条 基金公司设立董事会。董事会由9名董事组成。其中4人为执行董事,其他为非执行董事。董事长人选由证监会商财政部、中国人民银行确定后,报国务院备案。

第十条 董事会为基金公司的决策机构,负责制定基本管理制度,决定内部管理机构设置,聘任或者解聘高级管理人员,对基金的筹集、管理和使用等重大事项做出决定,并行使基金公司章程规定的其他职权。

第十一条 基金公司董事会按季召开例会。董事长或1/3以上的董事联名提议时,可以召开临时董事会会议。

董事会会议由全体董事2/3以上出席方可举行。董事会会议决议,由全体董事1/2以上表决通过方为有效。

第十二条 基金公司设总经理1人,副总经理若干人。总经理负责主持公司的经营管理工作,执行董事会决议。总经理、副总经理由证监会提名,董事会聘任或者解聘。

第十三条 基金公司章程由证监会商财政部、中国人民银行依照法律、行政法规和本办法制定。

第三章 基金筹集

第十四条 基金的来源:

(一)上海、深圳证券交易所在风险基金分别达到规定的上限后,交易经手费的20%纳入基金;

(二)所有在中国境内注册的证券公司,按其营业收入的0.5%~5%缴纳基金;

经营管理或运作水平较差、风险较高的证券公司,应当按较高比例缴纳基金。各证券公司的具体缴纳比例由基金公司根据证券公司风险状况确定后,报证监会批准,并按年进行调整。证券公司缴纳的基金在其营业成本中列支;

(三)发行股票、可转债等证券时,申购冻结资金的利息收入;

(四)依法向有关责任方追偿所得和从证券公司破产清算中受偿收入;

(五)国内外机构、组织及个人的捐赠;

(六)其他合法收入。

第十五条 基金公司设立时,财政部专户储存的历年认购新股冻结资金利差余额,一次性划入,作为基金公司的注册资本;中国人民银行安排发放专项再贷款,垫付基金的初始资金。专项再贷款余额的上限以国务院批准额度为准。

第十六条 根据防范和处置证券公司风险的需要，基金公司可以多种形式进行融资。必要时，经国务院批准，基金公司可以通过发行债券等方式获得特别融资。

基金公司因履行职责需要流动性支持时，证监会会同中国人民银行报请国务院批准后，可以向中国人民银行申请再贷款。

第十七条 证券公司采用当年预缴、次年汇算清缴的方式缴纳基金。

证券公司应在年度审计结束后，根据其审计后的收入和事先核定的比例确定需要缴纳的基金金额，并及时向基金公司申报清缴。

第十八条 中国证券登记结算有限责任公司及各主承销商应于每季结息后5个工作日内，将证券发行申购冻结资金利息全额划入基金公司指定的账户；证券交易所应于每季后10个工作日内，将交易经手费中应纳入基金的部分划入基金公司指定的账户。

第四章 基金使用

第十九条 基金的用途为：

（一）证券公司被撤销、被关闭、破产或被证监会实施行政接管、托管经营等强制性监管措施时，按照国家有关政策规定对债权人予以偿付；

（二）国务院批准的其他用途。

第二十条 为处置证券公司风险需要动用基金的，证监会根据证券公司的风险状况制定风险处置方案，基金公司制定基金使用方案，报经国务院批准后，由基金公司办理发放基金的具体事宜。

第二十一条 基金公司使用基金偿付证券公司债权人后，取得相应的受偿权，依法参与证券公司的清算。

第五章 管理和监督

第二十二条 基金公司应依法合规运作，按照安全、稳健的原则履行对基金的管理职责，保证基金的安全。

基金的资金运用限于银行存款、购买政府债券、中央银行票据、中央企业债券、信用等级较高的金融机构发行的金融债券以及国务院批准的其他资金运用形式。

第二十三条 基金公司日常运营费用按照国家有关规定列支，具体支取范围、标准及预决算等由基金公司董事会制定，报财政部审批。

第二十四条 证监会负责基金公司的业务监管，监督基金的筹集、管理与使用。

财政部负责基金公司的国有资产管理和财务监督。

中国人民银行负责对基金公司向其借用再贷款资金的合规使用情况进行检查监督。

第二十五条 基金公司应建立科学的业绩考评制度,并将考核结果定期报送证监会、财政部、中国人民银行。

第二十六条 基金公司应建立信息报告制度,编制基金筹集、管理、使用的月报信息,报送证监会、财政部、中国人民银行。

基金公司每年应向财政部专题报告财务收支及预算、决算执行情况,接受财政部的监督检查。

基金公司每年应向中国人民银行专题报告再贷款资金的使用情况,接受中国人民银行的监督检查。

第二十七条 证监会应按年度向国务院报告基金公司运作和证券公司风险处置情况,同时抄送财政部、中国人民银行。

第二十八条 证券公司、托管清算机构应按规定用途使用基金,不得将基金挪作他用。

基金公司对使用基金的情况进行检查,并可委托中介机构进行专项审计。接受检查的证券公司或托管清算机构及有关单位、个人应予以配合。

第二十九条 基金公司、证券公司及托管清算机构应妥善保管基金的收划款凭证、兑付清单及原始凭证,确保原始档案的完整性,并建立基金核算台账。

第三十条 证监会负责监督证券公司按期足额缴纳基金以及按期向基金公司如实报送财务、业务等经营管理信息、资料和基金公司监测风险所需的涉及客户资金安全的数据、材料。

证券公司违反前款规定的,证监会应按有关规定进行处理。

第三十一条 对挪用、侵占或骗取基金的违法行为,依法严厉打击;对有关人员的失职行为,依法追究其责任;涉嫌犯罪的,移送司法机关依法追究其刑事责任。

第六章 附 则

第三十二条 本办法所称托管清算机构,是指证券公司被行政接管、托管经营、撤销、关闭或破产时,对证券公司实施行政接管的接管组、实施托管经营的托管组或依法成立的行政清理组。

第三十三条 本办法自2016年6月1日起施行。

第三十四条 本办法由证监会会同财政部、中国人民银行负责解释。

第一百三十五条　【交易风险准备金】证券公司从每年的税后利润中提取交易风险准备金,用于弥补证券交易的损失,其提取的具体比例由国务院证券监督管理机构规定。

第一百三十六条　【防火墙】证券公司应当建立健全内部控制制度,采取有效隔离措施,防范公司与客户之间、不同客户之间的利益冲突。

证券公司必须将其证券经纪业务、证券承销业务、证券自营业务和证券资产管理业务分开办理,不得混合操作。

第一百三十七条　【自营业务】证券公司的自营业务必须以自己的名义进行,不得假借他人名义或者以个人名义进行。

证券公司的自营业务必须使用自有资金和依法筹集的资金。

证券公司不得将其自营账户借给他人使用。

第一百三十八条　【证券公司自主经营权】证券公司依法享有自主经营的权利,其合法经营不受干涉。

第一百三十九条　【客户交易结算资金与证券】证券公司客户的交易结算资金应当存放在商业银行,以每个客户的名义单独立户管理。具体办法和实施步骤由国务院规定。

证券公司不得将客户的交易结算资金和证券归入其自有财产。禁止任何单位或者个人以任何形式挪用客户的交易结算资金和证券。证券公司破产或者清算时,客户的交易结算资金和证券不属于其破产财产或者清算财产。非因客户本身的债务或者法律规定的其他情形,不得查封、冻结、扣划或者强制执行客户的交易结算资金和证券。

相关裁判摘要

2008年第7期《中华人民共和国最高人民法院公报》刊登的**"天同证券有限责任公司清算组与恒丰银行股份有限公司、恒丰银行股份有限公司济南分行、恒丰银行股份有限公司烟台青年路支行返还扣划结算资金纠纷案"**的判决认为,证券公司对于客户交易结算资金拥有管理权,同时负有保证客户交易结算资金完整的责任。任何针对客户交易结算资金的侵害行为,证券公司都有权并且有责任主张救济。当证券公司被责令关闭、进行行政清理后,由证券监督管理机构指定成立的行

政清算组相应取得证券公司对保证客户交易结算资金完整的权利和义务。相关裁判摘要如下:

归纳本案的争议焦点为:一是天同证券清算组是否有权主张恒丰银行返还扣划的证券交易结算资金;二是恒丰银行是否有权从天同证券管理的客户证券交易结算资金账户中扣划资金;三是金建物业委托天同证券管理的一亿元资金的性质。

一、关于天同证券清算组是否有权主张恒丰银行返还扣划的证券交易结算资金,也就是天同证券清算组是否具备原审原告主体资格的问题。天同证券管理的客户交易结算资金确实不属于该公司所有,但是,1999年7月1日施行、2004年8月28日修订的《中华人民共和国证券法》第一百三十二条规定:“综合类证券公司必须将其经纪业务和自营业务分开办理,业务人员、财务账户均应分开,不得混合操作。客户的交易结算资金必须全额存入指定的商业银行,单独立户管理。严禁挪用客户交易结算资金。”第二百一十二条规定:“本法关于客户交易结算资金的规定的实施步骤,由国务院另行规定。”2005年10月27日修订的《中华人民共和国证券法》第一百三十九条第一款规定:“证券公司客户的交易结算资金应当存放在商业银行,以每个客户的名义单独立户管理。具体办法和实施步骤由国务院规定。”《客户交易结算资金管理办法》第二十一条规定:“证券公司、结算公司、存管银行、结算银行根据证监会要求或遇到客户交易结算资金专用存款账户、清算备付金专用存款账户、验资专户出现重大异常情况时,应当及时向证监会报告。”第二十二条规定:“证券公司应当对客户交易结算资金集中统一管理。证券公司下属证券营业部收到的客户交易结算资金,除留足日常备付的部分外,应当交由证券公司管理。”以上规定表明,证券公司对客户交易结算资金拥有管理权,同时负有保证客户交易结算资金完整的责任。任何针对客户交易结算资金的侵害行为,证券公司都有权并且有责任主张救济。况且本案中,天同证券与恒丰银行签订的《客户证券结算资金存管协议》第十一条第七项约定:“任何将客户交易结算资金银行专用存款账户内的资金转入银行方账户的行为均视为相关存款银行直接挪用客户交易结算资金。”因此,天同证券依据该项约定也有权向恒丰银行主张相应的权利。当证券公司被责令关闭、进行行政清理后,由证券监督管理机构指定成立的行政清算组相应取得证券公司对保证客户交易结算资金完整的权利和责任。因此,天同证券清算组是适格的原告,有权就本案的争议提起诉讼。

二、关于恒丰银行是否有权从天同证券管理的客户证券交易结算资金账户上扣划资金的问题。正如讼争当事人认同的，恒丰银行扣划资金的账户是客户证券交易结算资金账户，该部分资金属相关经纪业务客户所有。除该属性外，客户证券交易结算资金还有保证与证券交易对方足额交收的作用，也就是说该资金上负担有其他优先权利，这也是要保持客户证券交易结算资金完整性的重要原因。就本案情况看，恒丰银行从金建物业取得的权利，在二者之间的《债权转让协议》中既称转让一亿元国债保证金，又称金建物业对天同证券的债权归甲方所有，表明对该权利性质双方当事人并不清晰。基于目前天同证券已经进入行政处置的情况，经甄别确认程序，如果该权利属客户证券交易结算资金，则可以纳入国家收购范围，无须通过诉讼程序寻求救济；如果不属于客户证券交易结算资金，则该部分权利将成为针对天同证券的债权，其债权的实现只能以天同证券的自有资产偿付，不能用属于相关客户的客户交易结算资金偿付。从天同证券与恒丰银行签订的《客户证券结算资金存管协议》内容看，恒丰银行负有不能挪用该资金的责任，该协议并无其他例外情形的约定，恒丰银行应当依照约定维护客户证券交易结算资金的完整。此外，与恒丰银行相同地位的权利人因并不掌握天同证券的客户证券交易结算资金账户，无法像恒丰银行一样获得清偿，恒丰银行因其作为客户证券交易结算资金存管银行的地位自主从客户证券交易结算资金账户上扣划款项，对经纪业务客户及天同证券的其他债权人均是不公平的，也是违反了其与天同证券的约定的。基于上述理由，恒丰银行是否行使以及是否能够行使向天同证券的偿还请求权不能成为恒丰银行可以扣划客户证券交易结算资金的理由。因此，恒丰银行关于其有权从天同证券客户证券交易结算资金账户中取回属于其所有的国债保证金的主张，本院不予支持。

三、关于本案金建物业委托天同证券管理的一亿元资金是否具有客户证券交易结算资金性质的问题。2006 年 3 月 17 日中国证券监督管理委员会作出〔2006〕10 号行政处罚决定书，决定对天同证券撤销证券业务许可，责令其关闭。在进入行政处置程序后，对于客户的权利到底是债权性质还是物权性质，也就是是否具有客户证券交易结算资金的性质的确认，涉及国家是否对该权利进行收购的问题。对此，中国人民银行、财政部、中国银行业监督管理委员会、中国证券监督管理委员会联合制定并发布了《个人债权及客户证券交易结算资金收购意见》，该意见确定的纳入收购范围的客户交易结算资金是指:"经纪业务的客户为保证足额交收而在证券公司存入的资金,出售有价证券所得到的所有款项(减去经纪佣金和其他正当费用),持有证券所获得的股息、现金股利、债券利息,上述资金获得的利息。金融机构处置以前法院已判决的属于收购范围内的客户证券交易结算资金。"关于是否属于客户证券交易结算资金的甄别确认问题,该意见指出:"客户证券交易结算资金经托管组或清算组甄别确认后提出收购申请,报监管部门批准后,在实行第三方存管的同时支付收购款。"综合以上意见,对于客户权利是否属于客户证券交易结算资金,在证券公司进入行政处置程序后,由托管组或清算组行使相关甄别权,由监管部门批准。恒丰银行受让金建物业的债权之后,应在天同证券的行政处置程序中向行政清算组请求甄别处理。但无论该笔资金是否属于证券交易结算资金,均不构成恒丰银行直接以天同证券管理的客户证券交易结算资金账户上扣划资金的合法依据。因此,本院不对上述一亿元资金的性质作出认定。

"黄志伟诉安信证券股份有限公司阳江安宁路证券营业部、安信证券股份有限公司客户交易结算资金纠纷一审民事判决书"[**阳江市江城区人民法院民事判决书(2014)阳城法民二初字第135号**]认为,客户交易结算资金包括客户为保证足额交收而存入的资金,出售有价证券所得的所有款项,持有证券所获得股息、现金股利、债权利息,上述资金获得的利息,为客户所有。相关裁判摘要如下:

2003年9月22日,原告黄志伟在原广东证券阳江营业部开立证券账户进行证券交易,证券资金账户号码为×××××××。至2004年12月,原告清空了×××××××账户的所有股票,×××××××账户结存资金为524,892.88元,此后,原告在×××××××账户没有再进行过证券交易,×××××××账户资金再也没有使用和提取。

2005年年底,原广东证券因资金不善被托管清算,经证监会批准,被告安信证券于2007年年底在阳江成立营业部(安信证券阳江营业部)接受安置原广东证券阳江营业部的客户(当中包括原告),客户账户也转入安信证券阳江营业部管理。其间,原告因故没有及时办理有关手续。广东证券在破产清算前,广东证券清算组对移交的账户进行统一清查,发现客户资金账户存疑或者资金余额较低多年未交易的账户统一作休眠处理。至2007年9月21日,该资金账户余额534,857.91元,被告于2007年10月25日将原告××××××××*账户及资金金额534,857.91元作休眠处理,将原告×××××××账户的资金余额534,857.91元调出该账户另库存放。

2010年,原告向安信证券阳江营业部申请提取×××××××账户结余的存款,并按要求办理了重新开户等手续,但原账户的存款却一直没有转入原告新开账户。后安信证券阳江营业部告知因原告没有在规定的时间处理有关手续,原告×××××××账户处于休眠状态,未能提取原告账户的余款。为此,原告提起诉讼。

本院认为,本案系基于客户交易结算资金纠纷而产生的纠纷。依据我国相关法律规定,客户交易结算资金包括客户为保证足额交收而存入的资金,出售有价证券所得的所有款项,持有证券所获得的股息、现金股利、债权利息,上述资金获得的利息。

原告黄志伟作为原广东证券的客户,在广东证券开立证券交易账户,并委托广东证券进行了证券交易,在黄志伟与广东证券之间已存在证券交易账户,并委托广东证券进行了证券交易,在黄志伟与广东证券之间已存在证券交易委托合同关系。黄志伟基于委托合同关系,将其资金存入广东证券的账户内,用于证券买卖。2004年12月,黄志伟出售其持有的证券所获得的款项及上述款项所产生的利息,均属于客户交易结算资金。2005年11月6日,原广东证券因经营管理不善被中国证监会公告取消证券业务资格并责令关闭,由安信证券接收安置原广东证券相关分支机构的客户,其中包括原告在内的原广东证券阳江营业部的客户由安信证券阳江营业部接收安置,相关客户资料、客户账户及资产也随之转移,原广东证券的权利义务也由安信证券、安信证券阳江营业部承继。根据《中华人民共和国证券法》第一百三十九条第二款:“证券公司不得将客户的交易结算资金和证券归入其自有财产。禁止任何单位或者个人以任何形式挪用客户的交易结算资金和证券。证券公司破产或者清算时,客户的交易结算资金和证券不属于其破产财产或者清算财产。非因客户本身的债务或者法律规定的其他情形,不得查封、冻结、扣划或者强制执行客户的交易结算资金和证券。”的规定,证券公司不得将客户交易结算资金归入其自有财产。故黄志伟名下的客户交易结算资金的所有权仍属于黄志伟。黄志伟有权随时清空证券交易账户,取回账户内的全部客户交易结算资金。两被告亦在庭审中承认,因黄志伟名下的账户被定为风险处置账户,黄志伟账户的资金534,857.91元(含本息)于2007年10月25日被另库存放。现黄志伟要求两被告返还其账户内的资金534,857.91元,本院予以支持。

"陈琪午与方正证券股份有限公司湘潭韶山中路证券营业部、中国建设银行股份有限公司湘潭市分行财产损害赔偿纠纷案"[湖南省湘潭市雨湖区人民法院民事判决书(2013)雨法民一初字第342号]认为,证券公司在履行证券交易委托合同中未尽到相关的约定义务及法律法规规定的义务,应承担相应的民事责任。相关裁判摘要如下:

原告陈琪午与被告方正证券营业部签订证券交易委托合同书,开设证券交易账户,该委托合同系双方的真实意思表示,双方形成委托合同关系,依法受法律保护。被告方正证券营业部应全面履行合同约定的义务,并按相关法律法规的规定,采取有效措施,保证原告的证券账户及托管的证券的安全。双方《证券交易委托合同书》第八条第二款约定"甲方(即原告陈琪午,下同)如需更改密码,可通过自助委托交易系统进行或由其本人携带身份证、证券账户卡到乙方开户部按乙方规定程序办理"、第九条约定"甲方授权他人代理办理委托证券交易和其他相关各项业务,须按乙方要求提供有关证件及《授权委托书》等法律文件,并办理有关手续",但因被告方正证券营业部内部管理不善、内部监控存在漏洞,其原员工熊晖利用职务之便获取了原告原办理证券开户时的基本资料,同时以原告系其客户为由要求营业部的柜台人员重置原告的证券账户密码,被告方正证券营业部的工作人员在履行职责时未尽到严格审查以保障原告账户及资金安全的义务,未严格按规定办理账户密码重置手续,在原告本人未到场、熊晖未出示相关授权委托手续也未提供相关证件原件的情况下就将原告的账户密码进行了重置,存有过错。也正是被告方正证券营业部的管理上的漏洞,让熊晖得以重置密码对原告的证券账户进行股票买卖操作并将交易结算资金转出,导致原告的财产损失。被告方正证券营业部在履行双方的证券交易委托合同中未尽到相关的约定义务及法律法规规定的义务,且其也未举证证明其没有过错,或有其他免责事由,因此,被告方正证券营业部应对原告的财产损失承担相应的民事责任。

第一百四十条 【经纪业务管理】证券公司办理经纪业务,应当置备统一制定的证券买卖委托书,供委托人使用。采取其他委托方式的,必须作出委托记录。

客户的证券买卖委托，不论是否成交，其委托记录应当按照规定的期限，保存于证券公司。

第一百四十一条　【证券公司受托买卖证券】证券公司接受证券买卖的委托，应当根据委托书载明的证券名称、买卖数量、出价方式、价格幅度等，按照交易规则代理买卖证券，如实进行交易记录；买卖成交后，应当按照规定制作买卖成交报告单交付客户。

证券交易中确认交易行为及其交易结果的对账单必须真实，并由交易经办人员以外的审核人员逐笔审核，保证账面证券余额与实际持有的证券相一致。

相关裁判摘要

2005年第8期《中华人民共和国最高人民法院公报》刊登的**“中国人寿保险公司成都分公司诉华隆公司等证券侵权纠纷案”**的判决认为，证券营业部按规定为客户办理指定交易和撤销指定交易后，客户证券账户内的国债资金出现了变现并被用资人使用的结果，应认定其符合客户意图，与证券营业部办理指定交易和撤销指定交易的行为不存在必然因果关系。相关裁判摘要如下：

在自己的证券账户下挂他人的证券账户，购买国债后再撤销自己证券账户的指定交易，将国债的处分权交给他人的操作方式，曾是证券客户间进行资金拆借或委托理财的一种较为普遍的做法。证券客户主张证券公司对此交易产生的债务纠纷承担民事责任的，应当证明证券公司办理下挂证券账户、办理指定交易和撤销指定交易的行为与资金拆借或者委托理财的完成存在直接因果关系。证券公司依据证券客户的委托而办理相关交易指令的，不应当认为这一行为直接导致了资金拆借或者委托理财的完成。根据《民法通则》第一百零六条第三款规定，当事人没有过错的，只有在法律规定应当承担民事责任时才承担民事责任。因此，在法律没有明确规定证券公司需要在此情形下承担民事责任时，证券公司不需要承担证券客户通过证券交易为他人融资所产生的债务风险。

第一百四十二条　【融资融券】证券公司为客户买卖证券提供融资融券服务，应当按照国务院的规定并经国务院证券监督管理机构批准。

相关行政规章条文

《证券公司监督管理条例》(2014 年 7 月 29 日修订)

第四十八条 本条例所称融资融券业务,是指在证券交易所或者国务院批准的其他证券交易场所进行的证券交易中,证券公司向客户出借资金供其买入证券或者出借证券供其卖出,并由客户交存相应担保物的经营活动。

第四十九条 证券公司经营融资融券业务,应当具备下列条件:

(一)证券公司治理结构健全,内部控制有效;

(二)风险控制指标符合规定,财务状况、合规状况良好;

(三)有经营融资融券业务所需的专业人员、技术条件、资金和证券;

(四)有完善的融资融券业务管理制度和实施方案;

(五)国务院证券监督管理机构规定的其他条件。

第五十条 证券公司从事融资融券业务,应当与客户签订融资融券合同,并按照国务院证券监督管理机构的规定,以证券公司的名义在证券登记结算机构开立客户证券担保账户,在指定商业银行开立客户资金担保账户。客户资金担保账户内的资金应当参照本条例第五十七条的规定进行管理。

在以证券公司名义开立的客户证券担保账户和客户资金担保账户内,应当为每一客户单独开立授信账户。

第五十一条 证券公司向客户融资,应当使用自有资金或者依法筹集的资金;向客户融券,应当使用自有证券或者依法取得处分权的证券。

第五十二条 证券公司向客户融资融券时,客户应当交存一定比例的保证金。保证金可以用证券充抵。

客户交存的保证金以及通过融资融券交易买入的全部证券和卖出证券所得的全部资金,均为对证券公司的担保物,应当存入证券公司客户证券担保账户或者客户资金担保账户并记入该客户授信账户。

第五十三条 客户证券担保账户内的证券和客户资金担保账户内的资金为信托财产。证券公司不得违背受托义务侵占客户担保账户内的证券或者资金。除本条例第五十四条规定的情形或者证券公司和客户依法另有约定的情形外,证券公司不得动用客户担保账户内的证券或者资金。

第五十四条 证券公司应当逐日计算客户担保物价值与其债务的比例。当该比例低于规定的最低维持担保比例时,证券公司应当通知客户在一定的期限内补交差额。客户未能按期交足差额,或者到期未偿还融资融券债务的,证券公司应当立即按照约定处分其担保物。

第五十五条 客户依照本条例第五十二条第一款规定交存保证金的比例,由国务院证券监督管理机构授权的单位规定。

证券公司可以向客户融出的证券和融出资金可以买入证券的种类,可充抵保证金的有价证券的种类和折算率,融资融券的期限,最低维持担保比例和补交差额的期限,由证券交易所规定。

本条第一款、第二款规定由被授权单位或者证券交易所做出的相关规定,应当向国务院证券监督管理机构备案,且不得违反国家货币政策。

第五十六条 证券公司从事融资融券业务,自有资金或者证券不足的,可以向证券金融公司借入。证券金融公司的设立和解散由国务院决定。

《证券公司融资融券业务管理办法》(中国证券监督管理委员会令第117号,2015年7月1日起实施)

第一章 总 则

第一条 为了规范证券公司融资融券业务活动,完善证券交易机制,防范证券公司的风险,保护证券投资者的合法权益和社会公共利益,促进证券市场平稳健康发展,制定本办法。

第二条 证券公司开展融资融券业务,应当遵守法律、行政法规和本办法的规定,加强内部控制,严格防范和控制风险,切实维护客户合法权益。

本办法所称融资融券业务,是指向客户出借资金供其买入证券或者出借证券供其卖出,并收取担保物的经营活动。

第三条 证券公司开展融资融券业务,必须经中国证券监督管理委员会(以下简称证监会)批准。未经证监会批准,任何证券公司不得向客户融资、融券,也不得为客户与客户、客户与他人之间的融资融券活动提供任何便利和服务。

第四条 证券公司经营融资融券业务不得有以下行为:

(一)诱导不适当的客户开展融资融券业务;

(二)未向客户充分揭示风险;

(三)违规挪用客户担保物;

(四)进行利益输送和商业贿赂;

(五)为客户进行内幕交易、操纵市场、规避信息披露义务及其他不正当交易活动提供便利;

(六)法律、行政法规和证监会规定禁止的其他行为。

第五条 证监会及其派出机构依照法律、行政法规和本办法的规定,对证券公司融资融券业务活动进行监督管理。

中国证券业协会、证券交易所、证券登记结算机构按照本机构的章程和规则,对证券公司融资融券业务活动进行自律管理。中国证券金融公司对证券公司融资融券业务和客户融资融券交易情况进行监测监控。

第六条 证监会建立健全融资融券业务的逆周期调节机制,对融资融券业务实施宏观审慎管理。

证券交易所建立融资融券业务风险控制指标浮动管理机制,对融资融券业务实施逆周期调节。

第二章 业务许可

第七条 证券公司申请融资融券业务资格,应当具备下列条件:

(一)具有证券经纪业务资格;

(二)公司治理健全,内部控制有效,能有效识别、控制和防范业务经营风险和内部管理风险;

(三)公司最近2年内不存在因涉嫌违法违规正被证监会立案调查或者正处于整改期间的情形;

(四)财务状况良好,最近2年各项风险控制指标持续符合规定,注册资本和净资本符合增加融资融券业务后的规定;

(五)客户资产安全、完整,客户交易结算资金第三方存管有效实施,客户资料完整真实;

(六)已建立完善的客户投诉处理机制,能够及时、妥善处理与客户之间的纠纷;

(七)已建立符合监管规定和自律要求的客户适当性制度,实现客户与产品的适当性匹配管理;

(八)信息系统安全稳定运行,最近1年未发生因公司管理问题导致的重大事件,融资融券业务技术系统已通过证券交易所、证券登记结算机构组织的测试;

(九)有拟负责融资融券业务的高级管理人员和适当数量的专业人员;

(十)证监会规定的其他条件。

第八条 证券公司申请融资融券业务资格,应当向证监会提交下列材料,同时抄报住所地证监会派出机构:

(一)融资融券业务资格申请书;

(二)股东会(股东大会)关于经营融资融券业务的决议;

(三)融资融券业务方案、内部管理制度文本和按照本办法第十二条制定的选择客户的标准;

(四)负责融资融券业务的高级管理人员与业务人员的名册及资格证明文件;

(五)证券交易所、证券登记结算机构出具的关于融资融券业务技术系统已通过测试的证明文件;

(六)证监会要求提交的其他文件。

证券公司的法定代表人和经营管理的主要负责人应当在融资融券业务资格申请书上签字,承诺申请材料的内容真实、准确、完整,并对申请材料中存在的虚假记载、误导性陈述和重大遗漏承担相应的法律责任。

第九条 获得批准的证券公司应当按照规定,向公司登记机关申请业务范围变更登记,向证监会申请换发《经营证券业务许可证》。

取得证监会换发的《经营证券业务许可证》后,证券公司方可开展融资融券业务。

第三章 业务规则

第十条 证券公司经营融资融券业务,应当以自己的名义,在证券登记结算机构分别开立融券专用证券账户、客户信用交易担保证券账户、信用交易证券交收账户和信用交易资金交收账户。

融券专用证券账户用于记录证券公司持有的拟向客户融出的证券和客户归还的证券,不得用于证券买卖;客户信用交易担保证券账户用于记录客户委托证券公司持有、担保证券公司因向客户融资融券所生债权的证券;信用交易证券交收账户用于客户融资融券交易的证券结算;信用交易资金交收账户用于客户融资融券交易的资金结算。

第十一条 证券公司经营融资融券业务,应当以自己的名义,在商业银行分别开立融资专用资金账户和客户信用交易担保资金账户。

融资专用资金账户用于存放证券公司拟向客户融出的资金及客户归还的资金;客户信用交易担保资金账户用于存放客户交存的、担保证券公司因向客户融资融券所生债权的资金。

第十二条 证券公司在向客户融资、融券前,应当办理客户征信,了解客户的身份、财产与收入状况、证券投资经验和风险偏好、诚信合规记录等情况,做好客户适当性管理工作,并以书面或者电子方式予以记载、保存。

对未按照要求提供有关情况、从事证券交易时间不足半年、缺乏风险承担能力、最近20个交易日日均证券类资产低于50万元或者有重大违约记录的客户,以及本公司的股东、关联人,证券公司不得为其开立信用账户。

专业机构投资者参与融资、融券,可不受前款从事证券交易时间、证券类资产的条件限制。

本条第二款所称股东,不包括仅持有上市证券公司5%以下流通股份的股东。

证券公司应当按照适当性制度要求,制定符合本条规定的选择客户的具体标准。

第十三条 证券公司在向客户融资、融券前,应当与其签订载有中国证券业协会规定的必备条款的融资融券合同,明确约定下列事项:

(一)融资、融券的额度、期限、利率(费率)、利息(费用)的计算方式;

(二)保证金比例、维持担保比例、可充抵保证金的证券的种类及折算率、担保债权范围;

(三)追加保证金的通知方式、追加保证金的期限;

(四)客户清偿债务的方式及证券公司对担保物的处分权利;

(五)融资买入证券和融券卖出证券的权益处理;

(六)违约责任;

(七)纠纷解决途径;

(八)其他有关事项。

第十四条 融资融券合同应当约定,证券公司客户信用交易担保证券账户内的证券和客户信用交易担保资金账户内的资金,为担保证券公司因融资融券所生对客户债权的信托财产。

证券公司与客户约定的融资、融券期限不得超过证券交易所规定的期限;融资利率、融券费率由证券公司与客户自主商定。

合约到期前,证券公司可以根据客户的申请为客户办理展期,每次展期期限不得超过证券交易所规定的期限。

证券公司在为客户办理合约展期前，应当对客户的信用状况、负债情况、维持担保比例水平等进行评估。

第十五条　证券公司与客户签订融资融券合同前，应当采用适当的方式向客户讲解业务规则和合同内容，明确告知客户权利、义务及风险，特别是关于违约处置的风险控制安排，并将融资融券交易风险揭示书交由客户书面确认。

第十六条　证券公司与客户签订融资融券合同后，应当根据客户的申请，按照证券登记结算机构的规定，为其开立实名信用证券账户。客户信用证券账户与其普通证券账户的开户人姓名或者名称应当一致。

客户信用证券账户是证券公司客户信用交易担保证券账户的二级账户，用于记载客户委托证券公司持有的担保证券的明细数据。

证券公司应当委托证券登记结算机构根据清算、交收结果等，对客户信用证券账户内的数据进行变更。

第十七条　证券公司应当参照客户交易结算资金第三方存管的方式，与其客户及商业银行签订客户信用资金存管协议。

证券公司在与客户签订融资融券合同后，应当通知商业银行根据客户的申请，为其开立实名信用资金账户。

客户信用资金账户是证券公司客户信用交易担保资金账户的二级账户，用于记载客户交存的担保资金的明细数据。

商业银行根据证券公司提供的清算、交收结果等，对客户信用资金账户内的数据进行变更。

第十八条　证券公司向客户融资，只能使用融资专用资金账户内的资金；向客户融券，只能使用融券专用证券账户内的证券。

客户融资买入、融券卖出的证券，不得超出证券交易所规定的范围。

客户在融券期间卖出其持有的、与所融入证券相同的证券的，应当符合证券交易所的规定，不得以违反规定卖出该证券的方式操纵市场。

第十九条　证券公司经营融资融券业务，按照客户委托发出证券交易、证券划转指令的，应当保证指令真实、准确。因证券公司的过错导致指令错误，造成客户损失的，客户可以依法要求证券公司赔偿，但不影响证券交易所、证券登记结算机构正在执行或者已经完成的业务操作。

第二十条 证券公司融资融券的金额不得超过其净资本的4倍。

证券公司向单一客户或者单一证券的融资、融券的金额占其净资本的比例等风险控制指标，应当符合证监会和证券交易所的规定。

第二十一条 客户融资买入证券的，应当以卖券还款或者直接还款的方式偿还向证券公司融入的资金。

客户融券卖出的，应当以买券还券或者直接还券的方式偿还向证券公司融入的证券。

客户融券卖出的证券暂停交易的，可以按照约定以现金等方式偿还向证券公司融入的证券。

第二十二条 客户融资买入或者融券卖出的证券暂停交易，且交易恢复日在融资融券债务到期日之后的，融资融券的期限顺延。

融资融券合同另有约定的，从其约定。

第二十三条 客户融资买入或者融券卖出的证券预定终止交易，且最后交易日在融资融券债务到期日之前的，融资融券的期限缩短至最后交易日的前一交易日。融资融券合同另有约定的，从其约定。

第四章 债权担保

第二十四条 证券公司向客户融资、融券，应当向客户收取一定比例的保证金。保证金可以证券充抵。

第二十五条 证券公司应当将收取的保证金以及客户融资买入的全部证券和融券卖出所得全部价款，分别存放在客户信用交易担保证券账户和客户信用交易担保资金账户，作为对该客户融资融券所生债权的担保物。

第二十六条 证券公司应当在符合证券交易所规定的前提下，根据客户信用状况、担保物质量等情况，与客户约定最低维持担保比例、补足担保物的期限以及违约处置方式等。

证券公司应当逐日计算客户交存的担保物价值与其所欠债务的比例。当该比例低于约定的维持担保比例时，应当通知客户在约定的期限内补交担保物，客户经证券公司认可后，可以提交除可充抵保证金证券以外的其他证券、不动产、股权等资产。

客户未能按期交足担保物或者到期未偿还债务的，证券公司可以按照约定处分其担保物。

第二十七条 本办法第二十四条规定的保证金比例和可充抵保证金的证券的种类、折算率，第二十六条规定的最低维持担保比例和客户补交担保物的期限，由证券交易所规定。

证券交易所应当对可充抵保证金的各类证券制定不同的折算率要求。

证券公司在符合证券交易所规定的前提下，应当对可充抵保证金的证券折算率实行动态管理和差异化控制。

第二十八条　除下列情形外，任何人不得动用证券公司客户信用交易担保证券账户内的证券和客户信用交易担保资金账户内的资金：

（一）为客户进行融资融券交易的结算；

（二）收取客户应当归还的资金、证券；

（三）收取客户应当支付的利息、费用、税款；

（四）按照本办法的规定以及与客户的约定处分担保物；

（五）收取客户应当支付的违约金；

（六）客户提取还本付息、支付税费及违约金后的剩余证券和资金；

（七）法律、行政法规和本办法规定的其他情形。

第二十九条　客户交存的担保物价值与其债务的比例，超过证券交易所规定水平的，客户可以按照证券交易所的规定和融资融券合同的约定，提取担保物。

第三十条　司法机关依法对客户信用证券账户或者信用资金账户记载的权益采取财产保全或者强制执行措施的，证券公司应当处分担保物，实现因向客户融资融券所生债权，并协助司法机关执行。

第五章　权益处理

第三十一条　证券登记结算机构依据证券公司客户信用交易担保证券账户内的记录，确认证券公司受托持有证券的事实，并以证券公司为名义持有人，登记于证券持有人名册。

第三十二条　对客户信用交易担保证券账户记录的证券，由证券公司以自己的名义，为客户的利益，行使对证券发行人的权利。

证券公司行使对证券发行人的权利，应当事先征求客户的意见，并按照其意见办理。客户未表达意见的，证券公司不得行使对发行人的权利。

前款所称对证券发行人的权利，是指请求召开证券持有人会议、参加证券持有人会议、提案、表决、配售股份的认购、请求分配投资收益等因持有证券而产生的权利。

第三十三条　证券登记结算机构受证券发行人委托以证券形式分派投资收益的，应当将分派的证券记录在证券公司客户信用交易担保证券账户内，并相应变更客户信用证券账户的明细数据。

证券登记结算机构受证券发行人委托以现金形式分派投资收益的，应当将分派的资金划入证券公司信用交易资金交收账户。证券公司应当在资金到账后，通知商业银行对客户信用资金账户的明细数据进行变更。

第三十四条 客户融入证券后、归还证券前，证券发行人分配投资收益、向证券持有人配售或者无偿派发证券、发行证券持有人有优先认购权的证券的，客户应当按照融资融券合同的约定，在偿还债务时，向证券公司支付与所融入证券可得利益相等的证券或者资金。

第三十五条 证券公司通过客户信用交易担保证券账户持有的股票不计入其自有股票，证券公司无须因该账户内股票数量的变动而履行相应的信息报告、披露或者要约收购义务。

客户及其一致行动人通过普通证券账户和信用证券账户合计持有一家上市公司股票及其权益的数量或者其增减变动达到规定的比例时，应当依法履行相应的信息报告、披露或者要约收购义务。

第六章 监督管理

第三十六条 证券交易所应当根据市场发展情况，对融资融券业务保证金比例、标的证券范围、可充抵保证金的证券种类及折算率、最低维持担保比例等进行动态调整，实施逆周期调节。

证券交易所可以对单一证券的市场融资买入量、融券卖出量和担保物持有量占其市场流通量的比例、融券卖出的价格作出限制性规定。

证券公司应当在符合监管要求的前提下，根据市场情况、客户和自身风险承受能力，对融资融券业务保证金比例、标的证券范围、可充抵保证金的证券种类及折算率、最低维持担保比例和业务集中度等进行动态调整和差异化控制。

业务集中度包括：向全体客户融资、融券的金额占净资本的比例，单一证券的融资、融券的金额占净资本的比例，接受单只担保证券的市值占该证券总市值的比例，单一客户提交单只担保证券的市值占该客户担保物市值的比例等。

第三十七条 证券公司开展融资融券业务，应当建立完备的管理制度、操作流程和风险识别、评估与控制体系，确保风险可测、可控、可承受。

证券公司应当对融资融券业务实行集中统一管理。融资融券业务的决策和主要管理职责应当由证券公司总部承担。

证券公司应当建立健全融资融券业务压力测试机制，定期、不定期对融资融券业务的流动性风险、信用风险、市场风险、技术系统风险等进行压力测试，根据压力测试结果对本办法第三十六条第三款所规定的本公司相关指标进行优化和调整。

第三十八条　证券交易所应当按照业务规则，采取措施，对融资融券交易的指令进行前端检查，对买卖证券的种类、融券卖出的价格等违反规定的交易指令，予以拒绝。

单一证券的市场融资买入量、融券卖出量或者担保物持有量占其市场流通量的比例达到规定的最高限制比例的，证券交易所可以暂停接受该种证券的融资买入指令或者融券卖出指令。

第三十九条　融资融券交易活动出现异常，已经或者可能危及市场稳定，有必要暂停交易的，证券交易所应当按照业务规则的规定，暂停部分或者全部证券的融资融券交易并公告。

第四十条　证券登记结算机构应当按照业务规则，对与融资融券交易有关的证券划转和证券公司信用交易资金交收账户内的资金划转情况进行监督。对违反规定的证券和资金划转指令，予以拒绝；发现异常情况的，应当要求证券公司作出说明，并向证监会及该公司住所地证监会派出机构报告。

第四十一条　中国证券金融公司应当按照业务规则，要求证券公司及时、准确、真实、完整报送融资融券业务有关数据信息；对证券公司融资融券数据进行统计分析，编制定期报告和专项报告，报送证监会；监测监控融资融券业务风险，对发现的重大业务风险情况，及时报告证监会。

第四十二条　证券公司融资融券业务涉及的客户信用交易资金应当纳入证券市场交易结算资金监控系统，证券公司、存管银行、登记结算机构等应当按要求向中国证券投资者保护基金公司报送相关数据信息。

第四十三条　负责客户信用资金存管的商业银行应当按照客户信用资金存管协议的约定，对证券公司违反规定的资金划拨指令予以拒绝；发现异常情况的，应当要求证券公司作出说明，并向证监会及该公司住所地证监会派出机构报告。

第四十四条　证券公司应当按照融资融券合同约定的方式，向客户送交对账单，并为其提供信用证券账户和信用资金账户内数据的查询服务。

证券登记结算机构应当为客户提供其信用证券账户内数据的查询服务。负责客户信用资金存管的商业银行应当按照客户信用资金存管协议的约定,为客户提供其信用资金账户内数据的查询服务。

第四十五条 证券公司应当通过有效的途径,及时告知客户融资、融券的收费标准及其变动情况。

第四十六条 证券公司应当按照证券交易所的规定,在每日收市后向其报告当日客户融资融券交易的有关信息。证券交易所应当对证券公司报送的信息进行汇总、统计,并在次一交易日开市前予以公告。

第四十七条 证监会及其派出机构、中国证券业协会、证券交易所、证券登记结算机构、中国证券金融公司依照规定履行证券公司融资融券业务监管、自律或者监测分析职责,可以要求证券公司提供与融资融券业务有关的信息、资料。

第四十八条 证监会派出机构按照辖区监管责任制的要求,依法对证券公司及其分支机构的融资融券业务活动中涉及的客户选择、合同签订、授信额度的确定、担保物的收取和管理、补交担保物的通知,以及处分担保物等事项进行非现场检查和现场检查。

第四十九条 对违反本办法规定的证券公司或者其分支机构,证监会或者其派出机构可采取责令改正、监管谈话、出具警示函、责令公开说明、责令参加培训、责令定期报告、暂不受理与行政许可有关的文件、暂停部分或者全部业务、撤销业务许可等相关监管措施;依法应予行政处罚的,依照《证券法》、《行政处罚法》等法律法规和证监会的有关规定进行处罚;涉嫌犯罪的,依法移送司法机关,追究其刑事责任。

第七章 附 则

第五十条 负责客户信用资金存管的商业银行,应当是按照规定可以存管证券公司客户交易结算资金的商业银行。

第五十一条 本办法所称专业机构投资者是指:经国家金融监管部门批准设立的金融机构,包括商业银行、证券公司、基金管理公司、期货公司、信托公司和保险公司等;上述金融机构管理的金融产品;经证监会或者其授权机构登记备案的私募基金管理机构及其管理的私募基金产品;证监会认可的其他投资者。

第五十二条 证券交易所、证券登记结算机构和中国证券业协会依照本办法的规定,制定融资融券的业务规则和自律规则,报证监会批准后实施。

第五十三条　本办法自公布之日起施行。2011年10月26日发布的《证券公司融资融券业务管理办法》(证监会公告〔2011〕31号)同时废止。

相关裁判摘要

“张旭诉招商证券股份有限公司上海浦东新区浦东南路证券营业部证券纠纷一审民事判决书”[上海市浦东新区人民法院民事判决书(2017)沪0115民初33817号]认为,在《融资融券业务合同》并未对“卖券还款”指令的交易金额是优先用于偿还负债还是优先认购新股作出约定的情况下,证券公司要求“卖券还款”指令的交易金额不能优先用于新股认购的做法并未违法。相关裁判摘要如下:

2015年4月16日,张旭与招商证券股份有限公司(以下简称招商证券)签订《融资融券业务合同》,在招商证券处开立了账号为××××××××××的融资融券账户,由营业部提供证券经纪、融资融券等证券服务。2017年2月23日下午14时左右,张旭收到短信通知得知其账户中签新股科达利(证券代码:××××××)500股,应缴纳新股认购款18,850元。张旭于2017年2月23日14时46分57秒、14时49分15秒分别卖出股票济川药业600股、100股,卖出股票成交金额分别为19,110元、3181元,委托指令均为“卖券还款”。张旭拟用上述卖券所得金额申购中签新股。为此,张旭联系营业部投资顾问咨询新股认缴款的缴纳事项,投资顾问告知其“卖券还款”所得的金额不能用于申购新股,只能先用于偿还融资融券账户的负债。张旭与营业部投资顾问协商,想让该营业部或其投资顾问为其在账户中垫付2万元用于新股认购,但遭拒绝。张旭尝试从其招商银行账户通过银行转证券的方式向融资融券账户转入2万元用于认购新股,但由于活期账户余额不足,转款未能成功。经协商,营业部投资顾问为张旭申请延长半小时的资金缴纳时间,如在2017年2月23日16时30分之前能够转入新股认购款项,也能用于新股认购。但最终由于张旭银行账户活期余额不足,未能在16时30分之前转入新股认购款项。张旭认为营业部新股缴纳规定不合理,最终未能成功向账户内转入新股认购款项,其卖出股票济川药业的金额用于偿还账户的融资融券负债,因未能缴纳新股认购款,所中签的新股科达利未认购成功。

另查明,《融资融券业务合同》第5.1条约定,张旭自愿将信用账户内保证金、融资买入的全部证券和融券卖出所得全部资金以及上述资金、证券所生孳息等所有资产转移给营业部,设立以该营业部为受托人,张旭与该营业部为共同受益人,以担保营业部对张旭的融资融券债权为目的的信托。第7.8条约定,信用证券账户不得用于从事新股认购等法律法规禁止的事项。第7.9条“融资融券债务清偿”约定,现金偿还是指信用资金账户内如有可用资金,须通过招商证券交易系统“直接还款”菜单发出偿还融资负债的委托;卖券偿还是指通过卖出信用账户内的证券的方式偿还对营业部融资负债,通过招商证券交易系统“卖券还款”菜单委托卖出信用证券账户内证券所得价款,按融资负债产生的时间顺序偿还融资负债,通过招商证券交易系统“卖出”菜单委托卖出信用证券账户内证券所得价款,优先偿还该证券的融资负债。第13.12条约定,随着信息技术的发展和证券市场的创新,新的委托交易方式和新的证券业务品种会不断增加,对于部分新的委托交易方式和新的证券业务品种,在符合国家有关法律法规和行业规范的前提下,营业部将视该项新业务的具体情况,适时提供网上开通或预约服务。

本院认为,本案争议焦点是信用账户中签新股后,张旭“卖券还款”指令的交易金额应优先用于偿还负债还是优先认购新股。张旭与营业部之间签订的《融资融券业务合同》合法有效,双方当事人理应恪守。虽然《融资融券业务合同》约定张旭的信用证券账户不得用于新股认购,但实际上,根据交易所的规定,张旭的信用账户可用于新股认购。但对于信用账户中签新股后,《融资融券业务合同》中对“卖券还款”指令的交易金额应当优先用于偿还负债还是优先认购新股并未作出约定,双方未作出进一步约定,在合同没有明确约定的情况下,应当根据相关法律规定作出认定。本院认为,张旭及营业部通过《融资融券业务合同》不仅就账户内的保证金等财产设立了信托关系,而且就融资融券业务的具体操作进行了约定。

首先,张旭在涉案信用账户中签新股之后,发出了“卖券还款”的委托指令,营业部根据张旭的交易指令进行操作,并未违反合同约定。

其次,张旭认为“卖券还款”指令的交易金额优先用于新股认购,对此,《融资融券业务合同》并无约定,包括《深交所融资融券交易细则》在内的监管规则,也未规定证券公司对于投资人“卖券还款”指令的交易金额应优先用于新股认购,故营业部行为未违反相应法律规定,亦未违反相关的监管规定。

再次，张旭仅以另外一家证券公司的业务规则不足以证明"卖券还款"指令的交易金额优先用于新股认购属于行业惯例。

最后，张旭在就如何缴纳新股中签款与营业部咨询沟通的过程中，营业部明确告知相关交易规则和后果，明确告知张旭"卖券还款"指令的交易金额不能优先用于新股认购，并告知及时缴纳款项，并为其延长了款项的缴纳时间，张旭也尝试通过银行账号转入款项，但未成功的原因系自身银行账户活期余额不足，张旭在知晓交易规则情况下，未能缴纳认购款项，系因自身过错导致相关损失发生，营业部行为未违反合同约定与法律规定，也不存在过错，张旭应自行承担相应法律后果。

"郝茹莎、万向信托有限公司信托纠纷再审审查与审判监督民事裁定书"[中华人民共和国最高人民法院民事裁定书(2017)最高法民申3856号]认为，不能因为信托属于结构化信托并具有融资功能就将其认定为融资法律关系、开展融资业务。相关裁判摘要如下：

根据《证券公司融资融券业务管理办法》第二条规定：融资融券是指向客户出借资金供其买入证券或者出借证券供其卖出，并收取担保物的经营活动。71号合同中第三条关于信托目的规定，委托人基于对受托人的信任，自愿将其合法所有的资金委托给受托人并加入信托计划，指定受托人将本信托计划项下的信托计划资金投资于股票、场内货币型基金、债券逆回购等。71号合同第8.23条亦明确约定投资限制中规定不得进行融资融券交易。根据本案实际情况，万向公司与郝茹莎签署的信托合同并不符合融资融券的业务规定，万向公司也未向郝茹莎出借资金或者证券，并且诉争的信托计划属于结构化信托，其结构化形式所产生的融资功能，是其本质具有的附随效果，并不能因为信托属于结构化信托并具有融资功能，就将其认定为融资法律关系即万向公司开展融资业务，原审法院认定诉争信托不属于非法融资融券正确。

第一百四十三条　【禁止全权委托】证券公司办理经纪业务，不得接受客户的全权委托而决定证券买卖、选择证券种类、决定买卖数量或者买卖价格。

相关规范性文件

《中国证券监督管理委员会江苏监管局回函》(2015年5月14日)①

一、相关证券法律、法规对证券公司接受股民委托的方式没有强制性的规定或固定格式。另外,中国证券业协会《证券交易委托代理协议指引》(2014年1月31日发布)第五条明确规定:甲方(投资者)向乙方(证券公司)下达委托指令的方式由双方约定。甲方向乙方下达委托指令的方式包括柜台委托、自助委托以及乙方认可的其他合法委托方式,自助委托包括网上委托、电话委托、热键委托等,具体委托方式以实际开通为准。

二、根据《中华人民共和国证券法》第一百四十三条的规定,全权委托是指客户出于投资获利的愿望,在委托证券公司代其买卖证券时,对证券的买进或者卖出,或者买卖证券的种类、数量、价格不加任何限制,完全由证券公司代为决定。客户为了减少投资风险,希望全权委托具有丰富投资经验的证券公司代其买卖证券。但是由于证券市场受社会政治、经济等各个方面因素的影响很大,即使证券公司也难免失误,况且不是所有的证券公司及其从业人员都能忠实地履行诚信义务,有些甚至利用客户的授权为自己谋取私利,如利用客户的账户和资金翻炒证券,或者为证券公司牟利而损害客户利益等。全权委托后若客户没有获利,就会使客户与证券公司之间产生纠纷;证券公司借全权委托的名义去进行证券的投机和炒作,就可能严重损害投资者的利益。同时,证券公司利用全权委托来集中资金买卖证券,还会造成证券市场的价格波动。为了防止过度投机和保护中小投资者的利益,目前,法律禁止全权委托买卖证券。

相关裁判摘要

"上诉人姚晓梅与被上诉人华泰证券股份有限公司、华泰证券股份有限公司南京鱼市街证券营业部财产损害赔偿纠纷一案的民事判决书"[江苏省南京市中级人民法院民事判决书(2015)宁商终字第1193号]认为,委托单内容空白并不必然构成全权委托。相关裁判摘要如下:

① 资料来源:江苏省南京市中级人民法院民事判决书(2015)宁商终字第1193号。

虽然鱼市街营业部让姚晓梅签名的委托单内容空白，但结合2013年8月15日协议书的内容判断，姚晓梅在空白委托单上的签名行为应视为姚晓梅委托鱼市街营业部将“德联集团”股票在第二日全部卖出，双方已经确定姚晓梅委托鱼市街营业部出售的股票种类及数量。该种委托并不属于《中华人民共和国证券法》第一百四十三条所规定的全权委托。全权委托系指委托人或客户将买卖证券的决定权交给证券公司或证券经纪人，由证券公司或证券经纪人决定买卖证券的品种、数量及价格。本案中，双方已经确定买卖证券的品种及数量，故不属于法律所禁止的全权委托。相关证券法律、法规对证券公司接受股民委托的方式也没有强制性的规定或固定格式，故姚晓梅与鱼市街营业部的上述委托方式并不违反法律禁止性规定。

第一百四十四条 【禁止保底承诺】 证券公司不得以任何方式对客户证券买卖的收益或者赔偿证券买卖的损失作出承诺。

相关裁判摘要

2007年第1期《中华人民共和国最高人民法院公报》刊登的**“湘财证券有限责任公司与中国光大银行长沙新华支行、第三人湖南省平安轻化科技实业有限公司借款合同代位权纠纷案”**的判决认为，客户与证券经营机构在委托理财合同中约定，由证券经营机构保证客户的投资收益达到一定比例，不足部分由证券经营机构补足。此类约定属于委托理财合同中保证本息固定回报的条款，即保底条款。它因违反了《中华人民共和国证券法》的规定而无效。因保底条款属于委托理财合同的目的条款或核心条款，故保底条款无效即导致委托理财合同整体无效。相关裁判摘要如下：

平安轻化作为委托人与受托人湘财证券之间签订的《受托投资管理合同》及《补充协议》中约定，平安轻化将资金委托给湘财证券在一定期限内投资于证券市场，并由湘财证券按期支付给平安轻化相应的投资收益，上述内容符合委托理财合同特点。双方关于湘财证券保证平安轻化的资金年投资收益率达到7.8%，不足部分由湘财证券补足的约定属于委托理财合同中保证本息固定回报的条款。《中华人民共和国证券法》第一百四十四条明确规定，券商不得以任何方式对客户证券买卖收益或者赔偿证券买卖的损失作出承诺。本案保底条款的内容显然违反了上述法律的禁止性规定，应属无效条款。保底条款应属委托理财合同之目的条款或核心条款，保底条款无效应导致委托理财合同整体无效，故本案《受托投资管理合同》及《补充协议》作为委托理财合同整体无效。受托人湘财证券应当将委托资金本金返还委托人平安轻化，并按中国人民银行规定的同期定期存款利率标准支付利息。平安轻化不得向湘财证券要求合同约定的投资收益部分，其已收的780万元作为不当得利应返还给湘财证券。原审判决确认本案《受托投资管理合同》及《补充协议》有效，并判令湘财证券按人民银行同期贷款利率向光大新华支行支付利息不当，应予纠正。

第一百四十五条 【禁止私下接受委托（禁止飞单）】 证券公司及其从业人员不得未经过其依法设立的营业场所私下接受客户委托买卖证券。

第一百四十六条 【证券公司从业人员职务行为的责任归属】 证券公司的从业人员在证券交易活动中，执行所属的证券公司的指令或者利用职务违反交易规则的，由所属的证券公司承担全部责任。

相关裁判摘要

2013年第2期《中华人民共和国最高人民法院公报》刊登的**“张春英与中国工商银行股份有限公司昌吉回族自治州分行、新疆证券有限责任公司、杨桃、张伟民财产损害赔偿纠纷案”**的判决认为，证券公司员工利用职务之便盗卖客户股票获取价金，应承担赔偿损失的侵权责任。证券公司员工的职务身份增加了其侵权行为发生的可能性和危险性，证券公司对此种行为应当预见到并应采取一定措施予以避免，但因其内部管理不善、内部监控存在漏洞导致未能避免，应当认定证券公司员工的侵权行为与其履行职务有内在关联，证券公司应承担赔偿责任。相关裁判摘要如下：

新疆维吾尔自治区高级人民法院二审认为，本案中杨桃利用其在新疆证券公司的工作便利办理银证转账开销户手续，私自办理张春英

> 的灵通卡并与张春英的股票账户对接，将张春英股票账户上的12,870股价值92,299.35元特变电工股票卖出后共计取款91,270元，杨桃的行为触犯我国刑法，已被追究刑事责任，侵权人因同一行为应当承担刑事责任的，不影响依法承担侵权责任。杨桃的行为主观上存在占有他人合法财产的故意，事实上已侵犯了张春英合法的财产权利，造成了张春英的财产损失，其行为同时构成了民法中的侵权。杨桃的侵权行为虽然并非履行新疆证券公司的行为，并非是因执行工作任务而产生，但新疆证券公司负有保护股民资金和股票安全的法定义务，杨桃的侵权行为利用了其在新疆证券公司的工作便利，借助了新疆证券公司的终端操作平台，杨桃的侵权行为与新疆证券公司管理不善、内部监控存在漏洞有着直接的关联，新疆证券公司对造成张春英的损失存在明显的过失。工行昌吉回族自治州分行作为发放银行卡的专业机构负有谨慎审核办卡人身份及在他人代办时审查授权合法性的义务，而工行昌吉回族自治州分行违反了相关操作规程，未尽审查义务，为杨桃实施侵权行为提供了便利，工行昌吉回族自治州分行亦存在明显的过失。杨桃、新疆证券公司和工行昌吉回族自治州分行之间虽无共同的故意或过失，但三者的侵害行为直接结合发生同一损害后果，杨桃、新疆证券公司与工行昌吉回族自治州分行构成共同侵权，一审法院对于侵权性质认定正确，杨桃、新疆证券公司与工行昌吉回族自治州分行关于其不应承担责任的上诉请求没有事实及法律依据，本院不予支持。

第一百四十七条 【资料保存】证券公司应当妥善保存客户开户资料、委托记录、交易记录和与内部管理、业务经营有关的各项资料，任何人不得隐匿、伪造、篡改或者毁损。上述资料的保存期限不得少于二十年。

第一百四十八条 【信息报送】证券公司应当按照规定向国务院证券监督管理机构报送业务、财务等经营管理信息和资料。国务院证券监督管理机构有权要求证券公司及其股东、实际控制人在指定的期限内提供有关信息、资料。

证券公司及其股东、实际控制人向国务院证券监督管理机构报送或者提供的信息、资料，必须真实、准确、完整。

第一百四十九条 【审计或评估】国务院证券监督管理机构认为有必要时，可以委托会计师事务所、资产评估机构对证券公司的财务状况、内部控制状况、资产价值进行审计或者评估。具体办法由国务院证券监督管理机构会同有关主管部门制定。

第一百五十条 【金融监管措施】证券公司的净资本或者其他风险控制指标不符合规定的,国务院证券监督管理机构应当责令其限期改正;逾期未改正,或者其行为严重危及该证券公司的稳健运行、损害客户合法权益的,国务院证券监督管理机构可以区别情形,对其采取下列措施:

(一)限制业务活动,责令暂停部分业务,停止批准新业务;

(二)停止批准增设、收购营业性分支机构;

(三)限制分配红利,限制向董事、监事、高级管理人员支付报酬、提供福利;

(四)限制转让财产或者在财产上设定其他权利;

(五)责令更换董事、监事、高级管理人员或者限制其权利;

(六)责令控股股东转让股权或者限制有关股东行使股东权利;

(七)撤销有关业务许可。

证券公司整改后,应当向国务院证券监督管理机构提交报告。国务院证券监督管理机构经验收,符合有关风险控制指标的,应当自验收完毕之日起三日内解除对其采取的前款规定的有关措施。

第一百五十一条 【虚假出资、抽逃出资】证券公司的股东有虚假出资、抽逃出资行为的,国务院证券监督管理机构应当责令其限期改正,并可责令其转让所持证券公司的股权。

在前款规定的股东按照要求改正违法行为、转让所持证券公司的股权前,国务院证券监督管理机构可以限制其股东权利。

第一百五十二条 【金融监管措施】证券公司的董事、监事、高级管理人员未能勤勉尽责,致使证券公司存在重大违法违规行为或者重大风险的,国务院证券监督管理机构可以撤销其任职资格,并责令公司予以更换。

第一百五十三条 【停业整顿、托管、接管、撤销】证券公司违法经营或者出现重大风险,严重危害证券市场秩序、损害投资者利益的,国务院证券监督管理机构可以对该证券公司采取责令停业整顿、指定其他机构托管、接管或者撤销等监管措施。

第一百五十四条　【边控与禁令】在证券公司被责令停业整顿、被依法指定托管、接管或者清算期间，或者出现重大风险时，经国务院证券监督管理机构批准，可以对该证券公司直接负责的董事、监事、高级管理人员和其他直接责任人员采取以下措施：

（一）通知出境管理机关依法阻止其出境；

（二）申请司法机关禁止其转移、转让或者以其他方式处分财产，或者在财产上设定其他权利。

第七章　证券登记结算机构

第一百五十五条　【证券登记结算机构的地位】证券登记结算机构是为证券交易提供集中登记、存管与结算服务，不以营利为目的的法人。

设立证券登记结算机构必须经国务院证券监督管理机构批准。

第一百五十六条　【设立证券登记结算机构的条件】设立证券登记结算机构，应当具备下列条件：

（一）自有资金不少于人民币二亿元；

（二）具有证券登记、存管和结算服务所必须的场所和设施；

（三）主要管理人员和从业人员必须具有证券从业资格；

（四）国务院证券监督管理机构规定的其他条件。

证券登记结算机构的名称中应当标明证券登记结算字样。

第一百五十七条　【证券登记结算机构的职能】证券登记结算机构履行下列职能：

（一）证券账户、结算账户的设立；

（二）证券的存管和过户；

（三）证券持有人名册登记；

（四）证券交易所上市证券交易的清算和交收；

（五）受发行人的委托派发证券权益；

（六）办理与上述业务有关的查询；

（七）国务院证券监督管理机构批准的其他业务。

第一百五十八条　【证券登记结算机构章程、业务规则】证券登记结算采取全国集中统一的运营方式。

证券登记结算机构章程、业务规则应当依法制定，并经国务院证券监督管理机构批准。

第一百五十九条 【证券存管】证券持有人持有的证券，在上市交易时，应当全部存管在证券登记结算机构。

证券登记结算机构不得挪用客户的证券。

第一百六十条 【证券持有人名册】证券登记结算机构应当向证券发行人提供证券持有人名册及其有关资料。

证券登记结算机构应当根据证券登记结算的结果，确认证券持有人持有证券的事实，提供证券持有人登记资料。

证券登记结算机构应当保证证券持有人名册和登记过户记录真实、准确、完整，不得隐匿、伪造、篡改或者毁损。

第一百六十一条 【业务安全保障】证券登记结算机构应当采取下列措施保证业务的正常进行：

（一）具有必备的服务设备和完善的数据安全保护措施；

（二）建立完善的业务、财务和安全防范等管理制度；

（三）建立完善的风险管理系统。

第一百六十二条 【资料保存】证券登记结算机构应当妥善保存登记、存管和结算的原始凭证及有关文件和资料。其保存期限不得少于二十年。

第一百六十三条 【证券结算风险基金】证券登记结算机构应当设立证券结算风险基金，用于垫付或者弥补因违约交收、技术故障、操作失误、不可抗力造成的证券登记结算机构的损失。

证券结算风险基金从证券登记结算机构的业务收入和收益中提取，并可以由结算参与人按照证券交易业务量的一定比例缴纳。

证券结算风险基金的筹集、管理办法，由国务院证券监督管理机构会同国务院财政部门规定。

第一百六十四条 【证券结算风险基金】证券结算风险基金应当存入指定银行的专门账户，实行专项管理。

证券登记结算机构以证券结算风险基金赔偿后，应当向有关责任人追偿。

第一百六十五条　【证券登记结算的解散】证券登记结算机构申请解散,应当经国务院证券监督管理机构批准。

第一百六十六条　【证券账户】投资者委托证券公司进行证券交易,应当申请开立证券账户。证券登记结算机构应当按照规定以投资者本人的名义为投资者开立证券账户。

投资者申请开立账户,必须持有证明中国公民身份或者中国法人资格的合法证件。国家另有规定的除外。

第一百六十七条　【货银对付原则】证券登记结算机构为证券交易提供净额结算服务时,应当要求结算参与人按照货银对付的原则,足额交付证券和资金,并提供交收担保。

在交收完成之前,任何人不得动用用于交收的证券、资金和担保物。

结算参与人未按时履行交收义务的,证券登记结算机构有权按照业务规则处理前款所述财产。

第一百六十八条　【清算交收】证券登记结算机构按照业务规则收取的各类结算资金和证券,必须存放于专门的清算交收账户,只能按业务规则用于已成交的证券交易的清算交收,不得被强制执行。

第八章　证券服务机构

第一百六十九条　【证券服务业务审批】投资咨询机构、财务顾问机构、资信评级机构、资产评估机构、会计师事务所从事证券服务业务,必须经国务院证券监督管理机构和有关主管部门批准。

投资咨询机构、财务顾问机构、资信评级机构、资产评估机构、会计师事务所从事证券服务业务的审批管理办法,由国务院证券监督管理机构和有关主管部门制定。

相关行政规章条文

《证券、期货投资咨询管理暂行办法》(经国务院批准证券委发布证委发〔1997〕96 号,自 1998 年 4 月 1 日起施行)

第二条　在中华人民共和国境内从事证券、期货投资咨询业务,必须遵守本办法。

本办法所称证券、期货投资咨询，是指从事证券、期货投资咨询业务的机构及其投资咨询人员以下列形式为证券、期货投资人或者客户提供证券、期货投资分析、预测或者建议等直接或者间接有偿咨询服务的活动：

（一）接受投资人或者客户委托，提供证券、期货投资咨询服务；

（二）举办有关证券、期货投资咨询的讲座、报告会、分析会等；

（三）在报刊上发表证券、期货投资咨询的文章、评论、报告，以及通过电台、电视台等公众传播媒体提供证券、期货投资咨询服务；

（四）通过电话、传真、电脑网络等电信设备系统，提供证券、期货投资咨询服务；

（五）中国证券监督管理委员会（以下简称中国证监会）认定的其他形式。

第三条 从事证券、期货投资咨询业务，必须依照本办法的规定，取得中国证监会的业务许可。未经中国证监会许可，任何机构和个人均不得从事本办法第二条所列各种形式证券、期货投资咨询业务。

证券经营机构、期货经纪机构及其工作人员从事超出本机构范围的证券、期货投资咨询业务，应当遵守本办法的规定。

第五条 中国证监会及其授权的地方证券、期货监管部门［以下简称地方证管办（证监会）］负责对证券、期货投资咨询业务的监督管理，并负责本办法的实施。

第六条 申请证券、期货投资咨询从业资格的机构，应当具备下列条件：

（一）分别从事证券或者期货投资咨询业务的机构，有5名以上取得证券、期货投资咨询从业资格的专职人员；同时从事证券和期货投资咨询业务的机构，有10名以上取得证券、期货投资咨询从业资格的专职人员；其高级管理人员中，至少有一名取得证券或者期货投资咨询从业资格；

（二）有100万元人民币以上的注册资本；

（三）有固定的业务场所和与业务相适应的通讯及其他信息传递设施；

（四）有公司章程；

（五）有健全的内部管理制度；

（六）具备中国证监会要求的其他条件。

第七条　证券经营机构、期货经纪机构应当符合本办法第六条规定的条件，方可申请从事超出本机构范围的证券、期货投资咨询业务。

其他从事咨询业务的机构，符合本办法第六条规定的条件的，可以申请兼营证券、期货投资咨询业务。

《证券市场资信评级业务管理暂行办法》(中国证券监督管理委员会令第50号，自2007年9月1日起施行)

第二条　资信评级机构从事证券市场资信评级业务(以下简称证券评级业务)，应当依照本办法的规定，向中国证券监督管理委员会(以下简称中国证监会)申请取得证券评级业务许可。未取得中国证监会的证券评级业务许可，任何单位和个人不得从事证券评级业务。

本办法所称证券评级业务，是指对下列评级对象开展资信评级服务：

(一)中国证监会依法核准发行的债券、资产支持证券以及其他固定收益或者债务型结构性融资证券；

(二)在证券交易所上市交易的债券、资产支持证券以及其他固定收益或者债务型结构性融资证券，国债除外；

(三)本款第(一)项和第(二)项规定的证券的发行人、上市公司、非上市公众公司、证券公司、证券投资基金管理公司；

(四)中国证监会规定的其他评级对象。

第七条　申请证券评级业务许可的资信评级机构，应当具备下列条件：

(一)具有中国法人资格，实收资本与净资产均不少于人民币2000万元；

(二)具有符合本办法规定的高级管理人员不少于3人；具有证券从业资格的评级从业人员不少于20人，其中包括具有3年以上资信评级业务经验的评级从业人员不少于10人，具有中国注册会计师资格的评级从业人员不少于3人；

(三)具有健全且运行良好的内部控制机制和管理制度；

(四)具有完善的业务制度，包括信用等级划分及定义、评级标准、评级程序、评级委员会制度、评级结果公布制度、跟踪评级制度、信息保密制度、证券评级业务档案管理制度等；

(五)最近5年未受到刑事处罚，最近3年未因违法经营受到行政处罚，不存在因涉嫌违法经营、犯罪正在被调查的情形；

（六）最近3年在税务、工商、金融等行政管理机关，以及自律组织、商业银行等机构无不良诚信记录；

（七）中国证监会基于保护投资者、维护社会公共利益规定的其他条件。

第八条 资信评级机构负责证券评级业务的高级管理人员，应当具备下列条件：

（一）取得证券从业资格；

（二）熟悉资信评级业务有关的专业知识、法律知识，具备履行职责所需要的经营管理能力和组织协调能力，且通过证券评级业务高级管理人员资质测试；

（三）无《公司法》、《证券法》规定的禁止任职情形；

（四）未被金融监管机构采取市场禁入措施，或者禁入期已满；

（五）最近3年未因违法经营受到行政处罚，不存在因涉嫌违法经营、犯罪正在被调查的情形；

（六）正直诚实，品行良好，最近3年在税务、工商、金融等行政管理机关，以及自律组织、商业银行等机构无不良诚信记录。

境外人士担任前款规定职务的，还应当在中国境内或者香港、澳门等地区工作不少于3年。

第九条 申请证券评级业务许可的资信评级机构，应当向中国证监会提交下列材料：

（一）申请报告；

（二）企业法人营业执照复印件；

（三）公司章程；

（四）股东名册及其出资额、出资方式、出资比例、背景材料，股东之间是否存在关联关系的说明；

（五）经具有证券、期货相关业务资格的会计师事务所审计的财务报告；

（六）高级管理人员和评级从业人员情况的说明及其证明文件；

（七）内部控制机制、管理制度及其实施情况的说明；

（八）业务制度及其实施情况的说明；

（九）中国证监会规定的其他材料。

第十条 中国证监会依照法定条件和程序，根据审慎监管的原则，并充分考虑市场发展和行业公平竞争的需要，对资信评级机构的证券评级业务许可申请进行审查、作出决定。

第三十五条　未取得中国证监会的证券评级业务许可，擅自从事证券评级业务的，依照《证券法》第二百二十六条第二款的规定处理。

《资信评级机构从事证券市场资信评级业务行政许可审核问答(一)》(2016年5月13日，证监会公司债券监管部)

一、《证券市场资信评级业务管理暂行办法》(以下简称《管理暂行办法》)第七条(一)"具有中国法人资格，实收资本与净资产均不少于人民币2000万元"，请问如何理解实收资本与净资产的时点?

答：申请人最近一个会计年度经具有证券期货相关业务资格的会计师事务所审计的财务报告，以及自递交申请之日起，在审核期间，均应该满足实收资本与净资产不少于2000万元的标准。

二、《管理暂行办法》第七条(二)"……具有证券从业资格的评级从业人员不少于20人，其中包括具有3年以上资信评级业务经验的评级从业人员不少于10人，具有中国注册会计师资格的评级从业人员不少于3人"，此处有关人员的要求应如何理解?

答：1."具有证券从业资格的评级从业人员不少于20人"是指申请人自递交申请文件之日起，在审核期间，具有证券从业资格的从事评级业务的公司正式员工不少于20人，本问答中正式员工是指与公司签订劳动合同，并已按照国家法律法规规定办理社会保险的员工(下同)。

2."其中包括具有3年以上资信评级业务经验的评级从业人员不少于10人"是指申请人自递交申请文件之日起，在审核期间，具有证券从业资格的从事评级业务的公司正式员工中，具有3年以上资信评级业务经验的评级从业人员不少于10人。

3."具有中国注册会计师资格的评级从业人员不少于3人"是指申请人自递交申请文件之日起，在审核期间，具有证券从业资格的从事评级业务的公司正式员工中，具有中国注册会计师资格的评级从业人员不少于3人。

三、《管理暂行办法》第七条(二)"具有符合本办法规定的高级管理人员不少于3人"、《管理暂行办法》第八条规定的"资信评级机构负责证券评级业务的高级管理人员应当具备下列条件"，如何理解?

答：1.《管理暂行办法》第七条(二)"具有符合本办法规定的高级管理人员不少于3人"是指符合《管理暂行办法》第八条规定条件的高级管理人员不少于3人，《管理暂行办法》所称的高级管理人员是指在申请人任职的正式员工,全面负责或部分负责申请人的业务。

2. 申请人应该提交所有高级管理人员名单、身份证明、教育经历、工作经历以及符合条件的高级管理人员取得证券从业资格情况及证明文件、通过证券市场资信评级业务高级管理人员资质测试证明文件、无《公司法》和《证券法》规定的禁止任职情形的说明、未被金融机构采取市场禁入措施或者禁入期已满的说明、不存在最近3年因违法经营受到行政处罚或者因涉嫌违法经营、犯罪正在被调查的情形的说明、无不良诚信记录的说明等。

3. 如境外人士担任高管人员,还需提交个人所得税纳税证明,以证明其在中国大陆或香港、澳门工作不少于3年。

四、《管理暂行办法》第七条(五)"最近5年未受到刑事处罚,最近3年未因违法经营受到行政处罚,不存在因涉嫌违法经营、犯罪正在被调查的情形",如何理解?

答:申请人应该提交最近5年未受到刑事处罚,最近3年未因违法经营受到行政处罚,不存在因涉嫌违法经营、犯罪正在被调查的情形的说明。

五、《管理暂行办法》第七条(六)"最近3年在税务、工商、金融等行政管理机关,以及自律组织、商业银行等机构无不良诚信记录",如何理解?

答:1. 申请人应该提交最近3年在税务、工商、金融等行政管理机关,以及自律组织、商业银行等机构无不良诚信记录的说明。

2. 申请人应该提交税务、工商部门能够公开查询的无不良记录证明,提交人民银行征信系统查询证明。

如申请人已加入自律组织(例如中国证券业协会),应该提供相关自律组织证明。

六、《管理暂行办法》第九条(四)"股东名册及其出资额、出资方式、出资比例、背景材料,股东之间是否存在关联关系的说明",请问如何理解此项要求?

答:申请人应该提供股东名册及其出资额、出资方式、出资比例及验资证明文件,股东情况介绍及股权结构图,说明申请人股东之间有无关联关系,以及申请人的实际控制人情况(需最终追溯至自然人或国资部门、财政部门)。

《资信评级机构从事证券市场资信评级业务行政许可审核问答(二)》(2016年5月20日证监会公司债券监管部)

一、《管理暂行办法》第七条(三)“具有健全且运行良好的内部控制机制和管理制度”,第九条(七)“内部控制机制、管理制度及其实施情况的说明”,如何理解?

答:1. 申请人应该提交公司内部控制机制和管理制度及其实施情况的说明,明确是否建立了合规管理、防火墙和回避、评级质量监督和管理、档案管理、保密管理和从业人员执业管理制度。

2. 申请人应该提交防火墙和回避制度中是否对证券评级机构存在利害关系的五种情形做出规定,应该对评级委员会委员及从业人员应当回避的情形做出规定。制度应该明确了防范利益冲突的措施,明确了合理设置内部机构,规定证券评级业务部门独立于其他部门,各部门设置应该在形式上能够防范利益冲突。

3. 申请人的评级质量和监督制度应该对业务承揽、现场访谈、级别评定、质量复核等环节控制做出规定。

4. 申请人的档案管理制度应该对保管期限、借阅、归档内容等做出规定,并符合法律法规要求。档案保管期限至少为10年,归档内容应该包括但不限于委托书、出具评级报告依据的原始资料、工作底稿、初评报告、评级报告、评级委员会表决意见及会议记录、跟踪评级记录、跟踪评级报告等。

5. 申请人的保密制度应该对保密的范围、保密的措施做出规定。

6. 申请人的从业人员执业管理制度应该对公司员工执业规范做出规定。

二、《管理暂行办法》第七条(四)“具有完善的业务制度,包括信用等级划分及定义、评级标准、评级程序、评级委员会制度、评级结果公布制度、跟踪评级制度、信息保密制度、证券评级业务档案管理制度等”,第九条(八)“业务制度及其实施情况的说明”,如何理解?

答:申请人应该提交评级业务制度及其实施情况的说明,包括信用等级划分及定义、评级标准、评级程序、评级委员会制度、评级结果公布制度、跟踪评级制度、信息保密制度、证券评级业务档案管理制度等。

第一百七十条 【证券服务业务人员】投资咨询机构、财务顾问机构、资信评级机构从事证券服务业务的人员,必须具备证券专业知识和从事证券业务或者证券服务业务二年以上经验。认定其证券从业资格的标准和管理办法,由国务院证券监督管理机构制定。

相关行政规章条文

《证券、期货投资咨询管理暂行办法》(经国务院批准证券委发布证委发〔1997〕96号,自1998年4月1日起施行)

第十二条 从事证券、期货投资咨询业务的人员,必须取得证券、期货投资咨询从业资格并加入一家有从业资格的证券、期货投资咨询机构后,方可从事证券、期货投资咨询业务。

任何人未取得证券、期货投资咨询从业资格的,或者取得证券、期货投资咨询从业资格,但是未在证券、期货投资咨询机构工作的,不得从事证券、期货投资咨询业务。

第十三条 证券、期货投资咨询人员申请取得证券、期货投资咨询从业资格,必须具备下列条件:

(一)具有中华人民共和国国籍;

(二)具有完全民事行为能力;

(三)品行良好、正直诚实,具有良好的职业道德;

(四)未受过刑事处罚或者与证券、期货业务有关的严重行政处罚;

(五)具有大学本科以上学历;

(六)证券投资咨询人员具有从事证券业务2年以上的经历,期货投资咨询人员具有从事期货业务2年以上的经历;

(七)通过中国证监会统一组织的证券、期货从业人员资格考试;

(八)中国证监会规定的其他条件。

第十四条 证券、期货投资咨询人员申请取得证券、期货投资咨询从业资格,按照下列程序审批:

(一)申请人向经中国证监会授权的所在地地方证管办(证监会)提出申请[所在地地方证管办(证监会)未经中国证监会授权的,申请人向中国证监会直接提出申请,下同],地方证管办(证监会)经审核同意后,提出初审意见;

(二)地方证管办(证监会)将审核同意的申请文件报送中国证监会,经中国证监会审批后,向申请人颁发资格证书,并将批准文件抄送地方证管办(证监会)。

第十五条　证券、期货投资咨询人员申请取得证券、期货投资咨询从业资格，应当提交下列文件：

（一）中国证监会统一印制的申请表；

（二）身份证；

（三）学历证书；

（四）参加证券、期货从业人员资格考试的成绩单；

（五）所在单位或者户口所在地街道办事处开具的以往行为说明材料；

（六）中国证监会要求报送的其他材料。

第十六条　取得证券、期货投资咨询从业资格的人员申请执业的，由所参加的证券、期货投资咨询机构向所在地地方证管办（证监会）提出申请，地方证管办（证监会）审核同意后，报中国证监会审批；准予执业的，由中国证监会颁发执业证书。

第十七条　取得证券、期货投资咨询执业资格的人员，应当在所参加的证券、期货投资咨询机构年检时同时办理执业年检。取得证券、期货投资咨询从业资格，但是未在证券、期货投资咨询机构执业的，其从业资格自取得之日起满18个月后自动失效。

《证券投资顾问业务暂行规定》（中国证券监督管理委员会公告〔2010〕27号，自2011年1月1日起施行）

第一条　为了规范证券公司、证券投资咨询机构从事证券投资顾问业务行为，保护投资者合法权益，维护证券市场秩序，依据《证券法》、《证券公司监督管理条例》、《证券、期货投资咨询管理暂行办法》，制定本规定。

第二条　本规定所称证券投资顾问业务，是证券投资咨询业务的一种基本形式，指证券公司、证券投资咨询机构接受客户委托，按照约定，向客户提供涉及证券及证券相关产品的投资建议服务，辅助客户作出投资决策，并直接或者间接获取经济利益的经营活动。投资建议服务内容包括投资的品种选择、投资组合以及理财规划建议等。

第三条　证券公司、证券投资咨询机构从事证券投资顾问业务，应当遵守法律、行政法规和本规定，加强合规管理，健全内部控制，防范利益冲突，切实维护客户合法权益。

第四条　证券公司、证券投资咨询机构及其人员应当遵循诚实信用原则，勤勉、审慎地为客户提供证券投资顾问服务。

第五条 证券公司、证券投资咨询机构及其人员提供证券投资顾问服务,应当忠实客户利益,不得为公司及其关联方的利益损害客户利益;不得为证券投资顾问人员及其利益相关者的利益损害客户利益;不得为特定客户利益损害其他客户利益。

第六条 中国证监会及其派出机构依法对证券公司、证券投资咨询机构从事证券投资顾问业务实行监督管理。

中国证券业协会对证券公司、证券投资咨询机构从事证券投资顾问业务实行自律管理,并依据有关法律、行政法规和本规定,制定相关执业规范和行为准则。

第七条 向客户提供证券投资顾问服务的人员,应当具有证券投资咨询执业资格,并在中国证券业协会注册登记为证券投资顾问。证券投资顾问不得同时注册为证券分析师。

第八条 证券公司、证券投资咨询机构应当制定证券投资顾问人员管理制度,加强对证券投资顾问人员注册登记、岗位职责、执业行为的管理。

第九条 证券公司、证券投资咨询机构应当建立健全证券投资顾问业务管理制度、合规管理和风险控制机制,覆盖业务推广、协议签订、服务提供、客户回访、投诉处理等业务环节。

第十条 证券公司、证券投资咨询机构从事证券投资顾问业务,应当保证证券投资顾问人员数量、业务能力、合规管理和风险控制与服务方式、业务规模相适应。

第十一条 证券公司、证券投资咨询机构向客户提供证券投资顾问服务,应当按照公司制定的程序和要求,了解客户的身份、财产与收入状况、证券投资经验、投资需求与风险偏好,评估客户的风险承受能力,并以书面或者电子文件形式予以记载、保存。

第十二条 证券公司、证券投资咨询机构向客户提供证券投资顾问服务,应当告知客户下列基本信息:

(一)公司名称、地址、联系方式、投诉电话、证券投资咨询业务资格等;

(二)证券投资顾问的姓名及其证券投资咨询执业资格编码;

(三)证券投资顾问服务的内容和方式;

(四)投资决策由客户作出,投资风险由客户承担;

(五)证券投资顾问不得代客户作出投资决策。

证券公司、证券投资咨询机构应当通过营业场所、中国证券业协会和公司网站，公示前款第（一）、（二）项信息，方便投资者查询、监督。

第十三条　证券公司、证券投资咨询机构应当向客户提供风险揭示书，并由客户签收确认。风险揭示书内容与格式要求由中国证券业协会制定。

第十四条　证券公司、证券投资咨询机构提供证券投资顾问服务，应当与客户签订证券投资顾问服务协议，并对协议实行编号管理。协议应当包括下列内容：

（一）当事人的权利义务；

（二）证券投资顾问服务的内容和方式；

（三）证券投资顾问的职责和禁止行为；

（四）收费标准和支付方式；

（五）争议或者纠纷解决方式；

（六）终止或者解除协议的条件和方式。

证券投资顾问服务协议应当约定，自签订协议之日起5个工作日内，客户可以书面通知方式提出解除协议。证券公司、证券投资咨询机构收到客户解除协议书面通知时，证券投资顾问服务协议解除。

第十五条　证券投资顾问应当根据了解的客户情况，在评估客户风险承受能力和服务需求的基础上，向客户提供适当的投资建议服务。

第十六条　证券投资顾问向客户提供投资建议，应当具有合理的依据。投资建议的依据包括证券研究报告或者基于证券研究报告、理论模型以及分析方法形成的投资分析意见等。

第十七条　证券公司、证券投资咨询机构应当为证券投资顾问服务提供必要的研究支持。证券公司、证券投资咨询机构的证券研究不足以支持证券投资顾问服务需要的，应当向其他具有证券投资咨询业务资格的证券公司或者证券投资咨询机构购买证券研究报告，提升证券投资顾问服务能力。

第十八条　证券投资顾问依据本公司或者其他证券公司、证券投资咨询机构的证券研究报告作出投资建议的，应当向客户说明证券研究报告的发布人、发布日期。

第十九条　证券投资顾问向客户提供投资建议，应当提示潜在的投资风险，禁止以任何方式向客户承诺或者保证投资收益。

鼓励证券投资顾问向客户说明与其投资建议不一致的观点，作为辅助客户评估投资风险的参考。

第二十条 证券投资顾问向客户提供投资建议，知悉客户作出具体投资决策计划的，不得向他人泄露该客户的投资决策计划信息。

第二十一条 证券公司、证券投资咨询机构从事证券投资顾问业务，应当建立客户回访机制，明确客户回访的程序、内容和要求，并指定专门人员独立实施。

第二十二条 证券公司、证券投资咨询机构从事证券投资顾问业务，应当建立客户投诉处理机制，及时、妥善处理客户投诉事项。

第二十三条 证券公司、证券投资咨询机构应当按照公平、合理、自愿的原则，与客户协商并书面约定收取证券投资顾问服务费用的安排，可以按照服务期限、客户资产规模收取服务费用，也可以采用差别佣金等其他方式收取服务费用。

证券投资顾问服务费用应当以公司账户收取。禁止证券公司、证券投资咨询机构及其人员以个人名义向客户收取证券投资顾问服务费用。

第二十四条 证券公司、证券投资咨询机构应当规范证券投资顾问业务推广和客户招揽行为，禁止对服务能力和过往业绩进行虚假、不实、误导性的营销宣传，禁止以任何方式承诺或者保证投资收益。

第二十五条 证券公司、证券投资咨询机构通过广播、电视、网络、报刊等公众媒体对证券投资顾问业务进行广告宣传，应当遵守《广告法》和证券信息传播的有关规定，广告宣传内容不得存在虚假、不实、误导性信息以及其他违法违规情形。

证券公司、证券投资咨询机构应当提前5个工作日将广告宣传方案和时间安排向公司住所地证监局、媒体所在地证监局报备。

第二十六条 证券公司、证券投资咨询机构通过举办讲座、报告会、分析会等形式，进行证券投资顾问业务推广和客户招揽的，应当提前5个工作日向举办地证监局报备。

第二十七条 以软件工具、终端设备等为载体，向客户提供投资建议或者类似功能服务的，应当执行本规定，并符合下列要求：

（一）客观说明软件工具、终端设备的功能，不得对其功能进行虚假、不实、误导性宣传；

（二）揭示软件工具、终端设备的固有缺陷和使用风险，不得隐瞒或者有重大遗漏；

（三）说明软件工具、终端设备所使用的数据信息来源；

（四）表示软件工具、终端设备具有选择证券投资品种或者提示买卖时机功能的，应当说明其方法和局限。

第二十八条　证券公司、证券投资咨询机构应当对证券投资顾问业务推广、协议签订、服务提供、客户回访、投诉处理等环节实行留痕管理。向客户提供投资建议的时间、内容、方式和依据等信息，应当以书面或者电子文件形式予以记录留存。

证券投资顾问业务档案的保存期限自协议终止之日起不得少于5年。

第二十九条　证券公司、证券投资咨询机构应当加强人员培训，提升证券投资顾问的职业操守、合规意识和专业服务能力。

第三十条　证券公司、证券投资咨询机构以合作方式向客户提供证券投资顾问服务，应当对服务方式、报酬支付、投诉处理等作出约定，明确当事人的权利和义务。

第三十一条　鼓励证券公司、证券投资咨询机构组织安排证券投资顾问人员，按照证券信息传播的有关规定，通过广播、电视、网络、报刊等公众媒体，客观、专业、审慎地对宏观经济、行业状况、证券市场变动情况发表评论意见，为公众投资者提供证券资讯服务，传播证券知识，揭示投资风险，引导理性投资。

第三十二条　证券投资顾问不得通过广播、电视、网络、报刊等公众媒体，作出买入、卖出或者持有具体证券的投资建议。

第三十三条　证券公司、证券投资咨询机构及其人员从事证券投资顾问业务，违反法律、行政法规和本规定的，中国证监会及其派出机构可以采取责令改正、监管谈话、出具警示函、责令增加内部合规检查次数并提交合规检查报告、责令清理违规业务、责令暂停新增客户、责令处分有关人员等监管措施；情节严重的，中国证监会依照法律、行政法规和有关规定作出行政处罚；涉嫌犯罪的，依法移送司法机关。

第三十四条　证券公司从事证券经纪业务，附带向客户提供证券及证券相关产品投资建议服务，不就该项服务与客户单独作出协议约定、单独收取证券投资顾问服务费用的，其投资建议服务行为参照执行本规定有关要求。

第三十五条　本规定自2011年1月1日起施行。

第一百七十一条 【投资咨询机构及其从业人员的行为规范】投资咨询机构及其从业人员从事证券服务业务不得有下列行为：

（一）代理委托人从事证券投资；

（二）与委托人约定分享证券投资收益或者分担证券投资损失；

（三）买卖本咨询机构提供服务的上市公司股票；

（四）利用传播媒介或者通过其他方式提供、传播虚假或者误导投资者的信息；

（五）法律、行政法规禁止的其他行为。

有前款所列行为之一，给投资者造成损失的，依法承担赔偿责任。

相关行政规章条文

《证券、期货投资咨询管理暂行办法》（经国务院批准证券委发布证委发〔1997〕96号，自1998年4月1日起施行）

第四条 从事证券、期货投资咨询业务，必须遵守有关法律、法规、规章和中国证监会的有关规定，遵循客观、公正和诚实信用的原则。

第十八条 证券、期货投资咨询人员不得同时在两个或者两个以上的证券、期货投资咨询机构执业。

第十九条 证券、期货投资咨询机构及其投资咨询人员，应当以行业公认的谨慎、诚实和勤勉尽责的态度，为投资人或者客户提供证券、期货投资咨询服务。

第二十条 证券、期货投资咨询机构及其投资咨询人员，应当完整、客观、准确地运用有关信息、资料向投资人或者客户提供投资分析、预测和建议，不得断章取义地引用或者篡改有关信息、资料；引用有关信息、资料时，应当注明出处和著作权人。

第二十一条 证券、期货投资咨询机构及其投资咨询人员，不得以虚假信息、市场传言或者内幕信息为依据向投资人或者客户提供投资分析、预测或建议。

第二十二条 证券、期货投资咨询人员在报刊、电台、电视台或者其他传播媒体上发表投资咨询文章、报告或者意见时，必须注明所在证券、期货投资咨询机构的名称和个人真实姓名，并对投资风险作充分说明。证券、期货投资咨询机构向投资人或者客户提供的证券、期货投资咨询传真件必须注明机构名称、地址、联系电话和联系人姓名。

第二十三条 证券、期货投资咨询机构与报刊、电台、电视台合办或者协办证券、期货投资咨询版面、节目或者与电信服务部门进行业务合作时，应当向地方证管办（证监会）备案，备案材料包括：合作内容、起止时间、版面安排或者节目时间段、项目负责人等，并加盖双方单位的印鉴。

第二十四条　证券、期货投资咨询机构及其投资咨询人员，不得从事下列活动：

（一）代理投资人从事证券、期货买卖；

（二）向投资人承诺证券、期货投资收益；

（三）与投资人约定分享投资收益或者分担投资损失；

（四）为自己买卖股票及具有股票性质、功能的证券以及期货；

（五）利用咨询服务与他人合谋操纵市场或者进行内幕交易；

（六）法律、法规、规章所禁止的其他证券、期货欺诈行为。

第二十五条　证券、期货投资咨询机构就同一问题向不同客户提供的投资分析或者建议应当一致。

具有自营业务的证券经营机构在从事超出本机构范围的证券投资咨询业务时，就同一问题向社会公众和其自营部门提供的咨询意见应当一致，不得为自营业务获利的需要误导社会公众。

第二十六条　证券经营机构、期货经纪机构编发的供本机构内部使用的证券、期货信息简报、快讯、动态以及信息系统等，只能限于本机构范围内使用，不得通过任何途径向社会公众提供。

经中国证监会批准的公开发行股票的公司的承销商或者上市推荐人及其所属证券投资咨询机构，不得在公众传播媒体上刊登其为客户撰写的投资价值分析报告。

第二十七条　中国证监会和地方证管办（证监会）有权对证券、期货投资咨询机构和投资咨询人员的业务活动进行检查，被检查的证券、期货投资咨询机构及其投资咨询人员应当予以配合，不得干扰和阻碍。

中国证监会和地方证管办（证监会）及其工作人员在业务检查过程中，对所涉及的商业秘密应当注意保护。

第二十八条　证券、期货投资咨询机构应当将其向投资人或者社会公众提供的投资咨询资料，自提供之日起保存2年。

第二十九条　地方证管办（证监会）根据投资人或者社会公众的投诉或者举报，有权要求证券、期货投资咨询及其投资咨询人员说明情况并提供相关资料。

第三十条 任何单位和个人发现证券、期货投资咨询机构、投资咨询人员或其他机构和个人有违反本办法规定的行为时,可以向地方证管办(证监会)投诉和举报。

第三十一条 地方证管办(证监会)对违反本办法的行为,应当进行立案调查并将调查结果报中国证监会备案。

第三十二条 未经中国证监会许可,擅自从事本办法第二条规定的证券、期货投资咨询业务的,由地方证管办(证监会)责令停止,并处没收违法所得和违法所得等值以下的罚款。

第三十三条 证券、期货投资咨询机构有下列行为之一的,由地方证管办(证监会)处1万元以上,5万元以下的罚款;情节严重的,地方证管办(证监会)应当向中国证监会报告,由中国证监会作出暂停或者撤销其业务资格的处罚:

(一)向证券监管部门报送的文件、资料有虚假陈述或者重大遗漏的;

(二)未按照本办法规定履行报告和年检义务的;

(三)未按照本办法规定履行对本机构有关情况发生变化的变更手续的;

(四)本机构证券、期货投资咨询人员违反本办法规定,受到证券监管部门行政处罚的;

(五)干扰、阻碍地方证管办(证监会)检查、调查,或者隐瞒、销毁证据的。

第三十四条 证券、期货投资咨询机构违反本办法第十八条、第十九条、第二十条、第二十一条、第二十二条、第二十三条、第二十四条、第二十五条、第二十八条规定的,由地方证管办(证监会)单处或者并处警告、没收违法所得、1万元以上10万元以下罚款;情节严重的,地方证管办(证监会)应当向中国证监会报告,由中国证监会作出暂停或者撤销业务资格的处罚;构成犯罪的,依法追究刑事责任。

第三十五条 证券经营机构、期货经纪机构违反本办法第二十六条规定的,由地方证管办(证监会)责令改正,并处以警告或者1万元以上5万元以下罚款。

第三十六条 证券、期货投资咨询人员违反本办法第十八条、第十九条、第二十条、第二十一条、第二十二条、第二十四条的规定或者未按本办法规定向证券主管部门履行报告、年检义务的,由地方证管办(证监会)单处或者并处警告、没收违法所得、1万元以上3万元以下罚款；情节严重的，地方证管办(证监会)应当向中国证监会报告，由中国证监会作出暂停或者撤销其业务资格的处罚；构成犯罪的，依法追究刑事责任。

相关行政处罚决定书摘要

“中国证监会行政处罚决定书(李德胜、丁彦森)”(〔2014〕18号)认为，投资顾问人员出租个人业务资格的行为违背了其作为执业人员应负的诚信义务。相关决定书摘要如下：

2008年2月19日至2009年3月27日，“证券之星”等网站发布署名为华泰证券李德胜的荐股文章64篇。2009年3月18日至31日，“全景网”等网站发布署名为中信建投证券丁彦森的荐股文章5篇。

2007年年底，任某请李德胜帮其朋友撰写荐股文章，每月报酬5000元，李德胜表示同意。但实际李德胜并未给任某等人写过文章，任某只是让其朋友借李德胜的名义发表荐股文章。2008年年初，任某告诉李德胜他以李德胜的名义在163网站注册了一个邮箱，任某及其朋友将荐股文章发到该邮箱后再转发到网络媒体。

2009年3月，任某向丁彦森表示其朋友余某等人欲借其名义在网站上发表荐股文章，每月支付给丁彦森8000元，丁彦森表示同意。任某要求丁彦森在163网站注册一个邮箱，该邮箱名称和密码均由任某指定，并在注册后交由任某使用。任某提供给丁彦森在“新浪”等网站发布文章需要的授权书模本和各网站传真号码，丁彦森填好后，连同其身份证和证券分析师执业证书复印件一起传真给上述网站。

我会认为，李德胜、丁彦森出租个人业务资格的行为违背了其作为执业人员应负的诚信义务，违反了《证券、期货投资咨询管理暂行办法》(以下简称《暂行办法》)第十九条的规定。李德胜、丁彦森的上述行为对投资者构成欺诈，同时，为他人利用其从业资格从事违法行为提供了便利条件。

根据李德胜、丁彦森违法行为的事实、性质、情节与社会危害程度，依据《暂行办法》第三十六条的规定，我会决定：对李德胜、丁彦森分别处以3万元罚款，同时暂停李德胜证券投资咨询业务资格2年，暂停丁彦森证券投资咨询业务资格1年。

第一百七十二条 【投资咨询机构和资信评级机构的收费】从事证券服务业务的投资咨询机构和资信评级机构，应当按照国务院有关主管部门规定的标准或者收费办法收取服务费用。

第一百七十三条 【证券服务机构虚假陈述的民事责任】证券服务机构为证券的发行、上市、交易等证券业务活动制作、出具审计报告、资产评估报告、财务顾问报告、资信评级报告或者法律意见书等文件，应当勤勉尽责，对所依据的文件资料内容的真实性、准确性、完整性进行核查和验证。其制作、出具的文件有虚假记载、误导性陈述或者重大遗漏，给他人造成损失的，应当与发行人、上市公司承担连带赔偿责任，但是能够证明自己没有过错的除外。

相关司法解释条文

《最高人民法院关于审理涉及会计师事务所在审计业务活动中民事侵权赔偿案件的若干规定》（法释〔2007〕12 号，自 2007 年 6 月 15 日起施行）

第一条 利害关系人以会计师事务所在从事注册会计师法第十四条规定的审计业务活动中出具不实报告并致其遭受损失为由，向人民法院提起民事侵权赔偿诉讼的，人民法院应当依法受理。

第二条 因合理信赖或者使用会计师事务所出具的不实报告，与被审计单位进行交易或者从事与被审计单位的股票、债券等有关的交易活动而遭受损失的自然人、法人或者其他组织，应认定为注册会计师法规定的利害关系人。

会计师事务所违反法律法规、中国注册会计师协会依法拟定并经国务院财政部门批准后施行的执业准则和规则以及诚信公允的原则，出具的具有虚假记载、误导性陈述或者重大遗漏的审计业务报告，应认定为不实报告。

第三条 利害关系人未对被审计单位提起诉讼而直接对会计师事务所提起诉讼的，人民法院应当告知其对会计师事务所和被审计单位一并提起诉讼；利害关系人拒不起诉被审计单位的，人民法院应当通知被审计单位作为共同被告参加诉讼。

利害关系人对会计师事务所的分支机构提起诉讼的，人民法院可以将该会计师事务所列为共同被告参加诉讼。

利害关系人提出被审计单位的出资人虚假出资或者出资不实、抽逃出资，且事后未补足的，人民法院可以将该出资人列为第三人参加诉讼。

第四条　会计师事务所因在审计业务活动中对外出具不实报告给利害关系人造成损失的，应当承担侵权赔偿责任，但其能够证明自己没有过错的除外。

会计师事务所在证明自己没有过错时，可以向人民法院提交与该案件相关的执业准则、规则以及审计工作底稿等。

第五条　注册会计师在审计业务活动中存在下列情形之一，出具不实报告并给利害关系人造成损失的，应当认定会计师事务所与被审计单位承担连带赔偿责任：

（一）与被审计单位恶意串通；

（二）明知被审计单位对重要事项的财务会计处理与国家有关规定相抵触，而不予指明；

（三）明知被审计单位的财务会计处理会直接损害利害关系人的利益，而予以隐瞒或者作不实报告；

（四）明知被审计单位的财务会计处理会导致利害关系人产生重大误解，而不予指明；

（五）明知被审计单位的会计报表的重要事项有不实的内容，而不予指明；

（六）被审计单位示意其作不实报告，而不予拒绝。

对被审计单位有前款第（二）至（五）项所列行为，注册会计师按照执业准则、规则应当知道的，人民法院应认定其明知。

第六条　会计师事务所在审计业务活动中因过失出具不实报告，并给利害关系人造成损失的，人民法院应当根据其过失大小确定其赔偿责任。

注册会计师在审计过程中未保持必要的职业谨慎，存在下列情形之一，并导致报告不实的，人民法院应当认定会计师事务所存在过失：

（一）违反注册会计师法第二十条第（二）、（三）项的规定；

（二）负责审计的注册会计师以低于行业一般成员应具备的专业水准执业；

（三）制定的审计计划存在明显疏漏；

（四）未依据执业准则、规则执行必要的审计程序；

(五)在发现可能存在错误和舞弊的迹象时,未能追加必要的审计程序予以证实或者排除;

(六)未能合理地运用执业准则和规则所要求的重要性原则;

(七)未根据审计的要求采用必要的调查方法获取充分的审计证据;

(八)明知对总体结论有重大影响的特定审计对象缺少判断能力,未能寻求专家意见而直接形成审计结论;

(九)错误判断和评价审计证据;

(十)其他违反执业准则、规则确定的工作程序的行为。

第七条 会计师事务所能够证明存在以下情形之一的,不承担民事赔偿责任:

(一)已经遵守执业准则、规则确定的工作程序并保持必要的职业谨慎,但仍未能发现被审计的会计资料错误;

(二)审计业务所必须依赖的金融机构等单位提供虚假或者不实的证明文件,会计师事务所在保持必要的职业谨慎下仍未能发现其虚假或者不实;

(三)已对被审计单位的舞弊迹象提出警告并在审计业务报告中予以指明;

(四)已经遵照验资程序进行审核并出具报告,但被验资单位在注册登记后抽逃资金;

(五)为登记时未出资或者未足额出资的出资人出具不实报告,但出资人在登记后已补足出资。

第八条 利害关系人明知会计师事务所出具的报告为不实报告而仍然使用的,人民法院应当酌情减轻会计师事务所的赔偿责任。

第九条 会计师事务所在报告中注明"本报告仅供年检使用"、"本报告仅供工商登记使用"等类似内容的,不能作为其免责的事由。

第十条 人民法院根据本规定第六条确定会计师事务所承担与其过失程度相应的赔偿责任时,应按照下列情形处理:

(一)应先由被审计单位赔偿利害关系人的损失。被审计单位的出资人虚假出资、不实出资或者抽逃出资,事后未补足,且依法强制执行被审计单位财产后仍不足以赔偿损失的,出资人应在虚假出资、不实出资或者抽逃出资数额范围内向利害关系人承担补充赔偿责任。

（二）对被审计单位、出资人的财产依法强制执行后仍不足以赔偿损失的，由会计师事务所在其不实审计金额范围内承担相应的赔偿责任。

（三）会计师事务所对一个或者多个利害关系人承担的赔偿责任应以不实审计金额为限。

第十一条 会计师事务所与其分支机构作为共同被告的，会计师事务所对其分支机构的责任部分承担连带赔偿责任。

第十二条 本规定所涉会计师事务所侵权赔偿纠纷未经审判，人民法院不得将会计师事务所追加为被执行人。

相关裁判摘要

“陈康磊诉上海大智慧股份有限公司证券虚假陈述责任纠纷一案一审民事判决书”［上海市第一中级人民法院民事判决书（2017）沪01民初943号］认为，会计师事务所按照职业准则、规则应当知道上市公司存在虚假陈述事实，却仍出具标准无保留意见的审计报告，应当就投资者的损失与上市公司承担连带赔偿责任。相关裁判摘要如下：

关于立信会计师事务所（特殊普通合伙）（以下简称立信所）应当对大智慧公司虚假陈述行为承担何种责任，《最高人民法院关于审理证券市场因虚假陈述引发的民事赔偿案件的若干规定》第二十七条规定，证券承销商、证券上市推荐人或者专业中介服务机构，知道或者应当知道发行人或者上市公司虚假陈述，而不予纠正或者不出具保留意见的，构成共同侵权，对投资人的损失承担连带责任。而立信所主张其对于不实审计报告系出于过失，根据《最高人民法院关于审理涉及会计师事务所在审计业务活动中民事侵权赔偿案件的若干规定》（以下简称《审计侵权若干规定》），应当承担部分赔偿责任。对此，本院认为，根据《审计侵权若干规定》第五条第一款第（三）项的规定，注册会计师在审计业务活动中明知被审计单位的财务会计处理会直接损害利害关系人的利益，而予以隐瞒或者作不实报告，给利害关系人造成损失的，应当认定会计师事务所与被审计单位承担连带赔偿责任。该条第二款规定，对被审计单位有前款第（二）至（五）项所列行为，注册会计师按照执业准则、规则应当知道的，人民法院应认定其明知。可见《审计侵权若干规定》将注册会计师按照执业准则、规则应当知道被审计单位的财务会计处理会直接损害利害关系人的利益，而予以隐瞒或者作不实报告的行为,纳入"推定故意"的范畴,与故意侵权一样科以连带赔偿责任。本案中,大智慧公司作为上市公司,其年报内容对于其股价以及投资者的投资判断具有重大影响,而立信所是大智慧公司2013年年报的审计机构。中国证监会作出(2016)89号行政处罚决定书,明确指出立信所在审计过程中对多个事项未执行必要的、进一步或充分适当的审计程序,存在的多项违法事实。因此立信所按照职业准则、规则应当知道大智慧公司2013年年报存在虚假陈述事实,却仍出具标准无保留意见的审计报告,符合《审计侵权若干规定》第五条第二款的规定,应当就投资者的损失与大智慧公司承担连带赔偿责任。

第九章 证券业协会

第一百七十四条 【证券业协会的地位】 证券业协会是证券业的自律性组织,是社会团体法人。

证券公司应当加入证券业协会。

证券业协会的权力机构为全体会员组成的会员大会。

第一百七十五条 【证券业协会的章程】 证券业协会章程由会员大会制定,并报国务院证券监督管理机构备案。

相关规范性文件条文

《中国证券业协会章程》(2017年6月17日第六次会员大会修订通过,2017年6月28日民政部核准生效)

第一章 总 则

第一条 本协会的名称为中国证券业协会(以下简称协会),英文名称为SECURITIES ASSOCIATION OF CHINA,缩写SAC。

第二条 协会是依据《中华人民共和国证券法》和《社会团体登记管理条例》的有关规定设立的全国性证券业自律组织,是非营利性社会团体法人。

第三条 协会的宗旨是:遵守国家宪法、法律、法规和经济方针政策,遵守社会道德风尚,坚持中国共产党的领导,在国家对证券业实行集中统一监督管理的前提下,进行证券业自律管理;发挥政府与证券行业间的桥梁和纽带作用；为会员服务，维护会员的合法权益；维护证券业的正当竞争秩序，促进证券市场的公开、公平、公正，推动证券市场的健康稳定发展。

第四条　协会接受业务主管单位中国证券监督管理委员会（以下简称中国证监会）和社团登记管理机关中华人民共和国民政部（以下简称民政部）的业务指导和监督管理。

协会党组织发挥政治核心作用，贯彻执行"三重一大"决策制度，保证正确政治方向。

第五条　协会的住所设在中国北京市。

第二章　职责范围

第六条　协会依据《证券法》的有关规定，行使下列职责：

（一）教育和组织会员遵守证券法律、行政法规；

（二）依法维护会员的合法权益，向中国证监会反映会员的建议和要求；

（三）收集整理证券信息，为会员提供服务；

（四）制定会员应遵守的规则，组织会员单位的从业人员的业务培训，开展会员间的业务交流；

（五）对会员之间、会员与客户之间发生的证券业务纠纷进行调解；

（六）组织会员就证券业的发展、运作及有关内容进行研究；

（七）监督、检查会员行为，对违反法律、行政法规或者协会章程的，按照规定给予纪律处分。

第七条　协会依据行政法规、中国证监会有关要求，行使下列职责：

（一）制定证券业执业标准和业务规范，对会员及其从业人员进行自律管理；

（二）负责证券业从业人员资格考试、执业注册；

（三）负责组织证券公司高级管理人员、保荐代表人及其他特定岗位专业人员的资质测试或胜任能力考试；

（四）负责对首次公开发行股票网下投资者进行注册和自律管理；

（五）负责非公开发行公司债券事后备案和自律管理；

（六）负责场外证券业务事后备案和自律管理；

（七）行政法规、中国证监会规范性文件规定的其他职责。

第八条　协会依据行业规范发展的需要，行使下列自律管理职责：

（一）推动行业诚信建设，督促会员履行社会责任；

（二）组织证券从业人员水平考试；

（三）推动会员开展投资者教育和保护工作，维护投资者合法权益；

（四）推动会员信息化建设和信息安全保障能力的提高，经政府有关部门批准，开展行业科学技术奖励，组织制订行业技术标准和指引；

（五）组织开展证券业国际交流与合作，代表中国证券业加入相关国际组织，推动相关资质互认；

（六）对会员及会员间开展与证券非公开发行、交易相关业务活动进行自律管理；

（七）其他涉及自律、服务、传导的职责。

第三章 会　员

第一节 会　籍

第九条 协会会员由单位会员构成。

第十条 协会会员应当符合下列条件：

（一）拥护本章程；

（二）符合法律、法规规定并从事证券市场相关业务；

（三）协会要求的其他条件。

第十一条 协会根据需要对会员进行分类管理。协会会员包括法定会员、普通会员和特别会员。

第十二条 经中国证监会批准设立的证券公司应当在设立后加入协会，成为法定会员。

第十三条 依法从事证券市场相关业务的证券投资咨询机构、证券资信评级机构、证券公司私募投资基金子公司、证券公司另类投资子公司等机构申请加入协会，成为普通会员。

第十四条 下列机构申请加入协会，成为特别会员：

（一）证券交易所、金融期货交易所、证券登记结算机构、证券投资者保护基金公司、融资融券转融通机构；

（二）各省、自治区、直辖市、计划单列市的证券业自律组织；

（三）依法设立的区域性股权市场运营机构；

（四）协会认可的其他机构。

第十五条 依法从事证券市场相关业务的信用增进机构、债券受托管理人、网下机构投资者、境外证券类驻华代表处等机构申请加入协会，成为观察员。

第二节 权利与义务

第十六条 会员、观察员享有下列权利：

（一）法定会员和普通会员享有选举权、被选举权和审议权、表决权，特别会员享有审议权、表决权，观察员可享有审议权；

（二）要求协会维护其合法权益不受损害的权利；

（三）通过协会向有关部门反映意见和建议的权利；

（四）对协会给予的纪律处分有听证、陈述和申辩的权利；

（五）参加协会举办的活动和获得协会服务的权利；

（六）对协会工作的批评、建议和监督权；

（七）会员大会决议规定的其他权利。

第十七条 会员、观察员履行下列义务：

（一）遵守协会的章程、自律规则、行业标准和业务规范；

（二）执行协会的决议；

（三）维护协会的声誉；

（四）积极参加协会组织的活动，完成协会交办的工作；

（五）向协会反映情况，按规定提供有关资料；

（六）按规定交纳会费；

（七）服从协会的监督与管理，接受协会的检查与协调；

（八）会员大会决议规定的其他义务。

第三节 入会、退会程序

第十八条 会员入会实行注册制。

申请加入协会，申请机构应提交下列文件：

（一）申请书，应载明申请机构的名称、法定住所等，并承诺拥护本章程；

（二）按协会要求填写的会员登记表；

（三）经营业务许可证复印件（如有）、法人营业执照（或法人登记证）复印件或其他法定资格文件；

（四）协会要求的其他文件。

第十九条 协会日常办事机构审核申请机构所提交的申请文件，对符合入会条件的，报会长办公会审议通过后，进行会员注册登记并向申请机构发放会员证书。

第二十条 会员设会员代表一名，代表其在协会履行职责。

会员代表应当是会员法定代表人或主要负责人。

会员更换会员代表，须向协会书面报告。经会长办公会确认后，继任会员代表可以接替该会员在协会的理事或监事职务。如该会员代表担任会长、副会长、监事长、副监事长的，继任会员代表须经理事会或监事会选举通过，方能继任相应职务。

第二十一条 会员发生合并、分立、终止等情形的，其会员资格相应变更或终止。

第二十二条 除法定会员外的其他类别会员可以自愿退会。会员退会应向协会提交书面申请，并交回会员证书。

除法定会员外的其他类别会员，无正当理由连续两年不缴纳会费或不参加协会组织的任何活动的，视为自动退会；法定会员有前述情形的，协会将给予纪律处分。

第二十三条 除法定会员外的其他类别会员如有严重违法违规或违反本章程的行为，协会可取消其会员资格。

第二十四条 观察员入会、退会，参照会员相关规定执行。

第四章 组织机构和负责人

第一节 会员大会

第二十五条 协会的最高权力机构是会员大会，会员大会由全体会员组成。

第二十六条 会员大会的职权是：

（一）制定和修改章程；

（二）审议理事会工作报告和财务报告；

（三）审议监事会工作报告；

（四）选举和罢免会员理事、监事；

（五）决定会费收缴标准；

（六）决定协会的合并、分立、终止；

（七）决定其他应由会员大会审议的事项。

第二十七条 会员大会须有三分之二以上会员出席，其决议须经到会会员三分之二以上表决通过。

制定和修改章程以及决定协会的合并、分立、终止，其决议须经三分之二以上会员表决通过。

第二十八条 会员大会每四年至少召开一次，理事会认为有必要或由三分之一以上会员联名提议时，可召开临时会员大会。

第二节 理 事 会

第二十九条 理事会是会员大会的执行机构,在会员大会闭会期间领导协会开展日常工作,对会员大会负责。

第三十条 理事会由会员理事和非会员理事组成。

第三十一条 会员理事由会员单位推荐,经会员大会选举产生。非会员理事由中国证监会委派。非会员理事不超过理事总数的五分之一。

理事任期四年,可连选连任。

协会因特殊情况需提前或延期换届的,须由理事会表决通过,报中国证监会审查并经民政部批准同意,但延期换届最长不超过1年。

第三十二条 理事会的职权是:

(一)筹备召开会员大会,向会员大会报告工作和财务情况;

(二)贯彻、执行会员大会的决议;

(三)审议通过自律规则、行业标准和业务规范;

(四)选举或罢免协会会长、副会长、常务理事,聘任秘书长;

(五)在会员大会闭会期间,罢免不履职理事;

(六)决定专业委员会的设立、注销和更名;

(七)聘任各专业委员会主任委员、副主任委员;

(八)提请召开临时会员大会;

(九)审议协会年度工作报告和工作计划;

(十)审议协会年度财务预算和决算;

(十一)审议会长办公会提请审议的各项议案;

(十二)决定其他应由理事会审议的重大事项。

第三十三条 理事会每年至少召开一次会议;既可采用现场方式,也可采用视频或通讯方式召开。

常务理事会认为有必要或三分之一以上理事联名提议时,可召开理事会临时会议。

第三十四条 理事会会议须有三分之二以上理事出席,其决议须经到会理事三分之二以上表决通过。

监事会成员列席理事会会议。

第三节 常务理事会

第三十五条 协会设常务理事会,由理事会选举产生。

常务理事数量不超过理事会成员数量的三分之一。

第三十六条 常务理事会对理事会负责，在理事会闭会期间，行使第三十二条规定的除第（一）、（四）、（五）及（十二）项外的理事会其他职权。

第三十七条 常务理事会每半年至少召开一次会议；既可采用现场方式，也可采用视频或通讯方式召开。

会长办公会认为有必要或三分之一以上常务理事联名提议时，可召开常务理事会临时会议。

第三十八条 常务理事会会议须三分之二以上成员出席，其决议须经到会常务理事会成员三分之二以上表决通过。

监事长、副监事长列席常务理事会会议。

第四节 监 事 会

第三十九条 协会设监事会，由全体会员监事组成。监事会是协会工作的监督机构。

第四十条 监事由会员单位推荐，经会员大会选举产生，监事长、副监事长由监事会在当选的监事中选举产生。

监事长、副监事长、监事任期四年，可连选连任。

第四十一条 监事会的职权是：

（一）监督协会章程、会员大会各项决议的实施情况并向会员大会报告；

（二）监督理事会的工作；

（三）选举和罢免监事长、副监事长；

（四）在会员大会闭会期间，罢免不履职监事；

（五）监督协会的会费收取及财务预决算执行情况；

（六）决定其他应由监事会审议的事项。

第四十二条 监事会每年至少召开一次会议；既可采用现场方式，也可采用视频或通讯方式召开。

监事长认为有必要或三分之一以上监事联名提议时，可召开监事会临时会议。

第四十三条 监事会会议须三分之二以上成员出席，其决议须经到会监事会成员三分之二以上表决通过。

第五节 会长办公会和负责人

第四十四条 协会设会长一名，专职副会长和兼职副会长若干名。会长、专职副会长由中国证监会提名，兼职副会长从会员理事中遴选，由理事会选举产生。

会长、专职副会长每届任期四年,连任不超过两届。因特殊情况需要延长任期的,须经理事会表决通过,报中国证监会同意并经民政部备案后方可任职。

兼职副会长每届任期四年,可连选连任,但连任超过两届的比例不得超过兼职副会长总数的三分之一。超过60周岁的,连任不得超过两届。

副会长协助会长工作。会长为兼职的,可由一名专职副会长担任执行副会长,并授权执行副会长主持协会日常办事机构工作,组织实施协会年度工作计划、财务预决算。会长因故不能履行职责时,由执行副会长或会长指定的副会长代其履行职责。

第四十五条　协会根据需要设秘书长一名、副秘书长若干名。秘书长、副秘书长协助会长、副会长工作。

秘书长、副秘书长由中国证监会推荐。秘书长为专职,连任不超过两届。

第四十六条　协会设会长办公会,由会长、专职副会长、秘书长、副秘书长组成。

协会监事长、副监事长、党委委员可列席会长办公会。

第四十七条　会长办公会行使以下职权:

(一)执行会员大会、理事会、常务理事会决议;

(二)提请召开常务理事会临时会议;

(三)审议行业自律规则、协会年度工作计划和财务预决算,交理事会或常务理事会决定;

(四)决定协会日常工作重大事项;

(五)制订协会内部管理制度;

(六)拟订协会日常办事机构的设置,报中国证监会批准;

(七)提请罢免理事、监事资格;

(八)审议并决定会员、观察员资格;

(九)提名各专业委员会主任委员、副主任委员,聘任各专业委员会委员;

(十)会员大会、理事会、常务理事会授予的其他职权。

第四十八条　协会实行会长负责制,会长为协会法定代表人。

因情况特殊,经会长、理事会同意,报业务主管单位和社团登记管理机关审查批准后,可以由执行副会长、专职副会长或秘书长担任法定代表人。

法定代表人代表本协会签署重要文件。

协会法定代表人不兼任其他社团组织的法定代表人。

第四十九条 协会会长行使下列职权：

(一)召集和主持理事会、常务理事会会议、会长办公会；

(二)主持协会日常办事机构工作；

(三)组织实施协会的年度工作计划、财务预决算；

(四)聘任副秘书长，提请理事会聘任秘书长；

(五)代表协会签署有关重要文件；

(六)理事会、常务理事会授予的其他职权。

第六节 任职条件

第五十条 协会会员理事、监事单位应当具备下列条件：

(一)在会员中具有代表性；

(二)诚实信用，规范经营；

(三)具有社会责任感和行业使命感，在行业中有一定的影响力和号召力；

(四)会员大会要求的其他条件。

第五十一条 协会会员理事、监事应具备以下条件：

(一)为会员理事、监事单位的会员代表；

(二)具有良好的证券金融实践经验；

(三)热爱和支持协会工作；

(四)最近3年没有受到中国证监会行政处罚或协会自律处分；

(五)会员大会规定的其它条件。

第五十二条 协会的监事、理事不得互相兼任。

第五十三条 协会会长、副会长、监事长、副监事长、秘书长必须具备下列条件：

(一)坚持党的路线、方针、政策，政治素质好；

(二)证券相关工作经历5年以上，在业内有较大影响和良好声望；

(三)身体健康，具有完全民事行为能力；

(四)热爱协会工作；

(五)年龄不超过70岁；

(六)会员大会要求的其他条件。

第五十四条 理事或监事不履行职责，无正当理由连续两次不到会的，或不再具备相应任职条件的，由会长办公会提请理事会或监事会表决，罢免其理事、监事资格。

第七节 专业委员会

第五十五条 协会根据工作需要，可设立专业委员会。

专业委员会为协会的组成部分，不具有法人资格，按照本章程规定的宗旨和业务范围，在协会授权范围内开展活动。

第五十六条 专业委员会由会员、观察员单位代表和相应专业领域的行业专家组成。

第五章 财务与资产管理

第五十七条 协会的经费来源是：

（一）会费；

（二）政府资助、社会捐赠；

（三）在核准的业务范围内开展活动或提供服务的收入；

（四）利息收入；

（五）其他合法收入。

第五十八条 协会经费必须用于本章程规定的业务范围和事业发展，不在会员中分配。

第五十九条 协会建立严格的财务管理制度，保证会计资料合法、真实、准确、完整。

第六十条 协会配备具有专业资格的会计人员，会计不得兼任出纳。会计人员依法进行会计核算，实行会计监督。会计人员调离岗位时，必须与继任人员办清交接手续。

第六十一条 协会的资产管理必须执行国家规定的财务管理制度，接受会员大会、监事会和国家有关部门的监督。资产来源属于政府拨款或者社会捐赠、资助的，必须接受审计机关的监督，并将有关情况以适当方式向社会公布。

第六十二条 协会换届或更换法定代表人之前必须接受财务审计。

第六十三条 协会的资产，任何单位、个人不得侵占、私分和挪用。

第六十四条 协会专职工作人员的工资和保险、福利待遇，参照国家有关规定执行。

第六十五条 协会日常办事机构应向理事会、监事会和会员大会报告经费收支情况。

第六章 章程的修改程序

第六十六条 对协会章程的修改,须报中国证监会和民政部预审通过后,再交理事会和会员大会审议。

第六十七条 协会修改的章程,须在会员大会通过后15个工作日内报中国证监会审查,经同意后,报民政部核准。

第七章 终止程序及终止后的财产处理

第六十八条 协会完成宗旨或自行解散或由于分立、合并等原因需要注销的,由理事会或常务理事会提出终止动议。

第六十九条 协会终止动议须经会员大会表决通过,并报中国证监会审查同意。

第七十条 协会终止前,须在中国证监会指导下成立清算组织,清理债权债务,处理善后事宜。清算期间,不开展清算以外的活动。

第七十一条 协会经民政部办理注销登记手续后即为终止。

第七十二条 协会终止后的剩余财产,在中国证监会和民政部的监督下,按照国家有关规定,用于与本协会宗旨相关的事业。

第八章 附 则

第七十三条 本章程中的"以上"、"以内"、"不超过"均包含本数。

第七十四条 本章程经2017年6月17日第六次会员大会表决通过。

第七十五条 本章程的解释权属协会的理事会。

第七十六条 本章程自民政部核准之日起生效。

第一百七十六条 【证券业协会的职责】证券业协会履行下列职责:

(一)教育和组织会员遵守证券法律、行政法规;

(二)依法维护会员的合法权益,向证券监督管理机构反映会员的建议和要求;

(三)收集整理证券信息,为会员提供服务;

(四)制定会员应遵守的规则,组织会员单位的从业人员的业务培训,开展会员间的业务交流;

(五)对会员之间、会员与客户之间发生的证券业务纠纷进行调解;

（六）组织会员就证券业的发展、运作及有关内容进行研究；

（七）监督、检查会员行为，对违反法律、行政法规或者协会章程的，按照规定给予纪律处分；

（八）证券业协会章程规定的其他职责。

第一百七十七条 【证券业协会理事会】证券业协会设理事会。理事会成员依章程的规定由选举产生。

第十章 证券监督管理机构

第一百七十八条 【国务院证券监督管理机构的职责】国务院证券监督管理机构依法对证券市场实行监督管理，维护证券市场秩序，保障其合法运行。

第一百七十九条 【国务院证券监督管理机构的具体职责】国务院证券监督管理机构在对证券市场实施监督管理中履行下列职责：

（一）依法制定有关证券市场监督管理的规章、规则，并依法行使审批或者核准权；

（二）依法对证券的发行、上市、交易、登记、存管、结算，进行监督管理；

（三）依法对证券发行人、上市公司、证券公司、证券投资基金管理公司、证券服务机构、证券交易所、证券登记结算机构的证券业务活动，进行监督管理；

（四）依法制定从事证券业务人员的资格标准和行为准则，并监督实施；

（五）依法监督检查证券发行、上市和交易的信息公开情况；

（六）依法对证券业协会的活动进行指导和监督；

（七）依法对违反证券市场监督管理法律、行政法规的行为进行查处；

（八）法律、行政法规规定的其他职责。

国务院证券监督管理机构可以和其他国家或者地区的证券监督管理机构建立监督管理合作机制，实施跨境监督管理。

相关行政规章条文

《中国证券监督管理委员会行政处罚听证规则》(中国证券监督管理委员会令119号,2015年12月4日起施行)

第一条 为了规范证券期货违法案件的行政处罚听证程序,保障和监督中国证券监督管理委员会(以下简称中国证监会)及其派出机构依法实施行政处罚,维护公民、法人和其他组织的合法权益,根据《中华人民共和国行政处罚法》、《中华人民共和国证券法》、《中华人民共和国证券投资基金法》和《期货交易管理条例》等法律、行政法规有关规定,制定本规则。

第二条 中国证监会及其派出机构作出行政处罚决定前组织的听证,适用本规则。

第三条 中国证监会及其派出机构组织听证,应当遵循公正、公开的原则,保障当事人的各项权利。

第四条 听证依法实行回避制度。

听证主持人、听证员认为自己与本案有利害关系或者有其他关系可能影响案件公正处理的,应当自行回避。当事人认为听证主持人、听证员与本案有利害关系或者有其他关系可能影响案件公正处理的,有权以口头或者书面形式申请听证主持人、听证员回避。

当事人提出回避申请,应当说明理由,在听证开始前提出;回避事由在听证开始后知道的,也可以在听证辩论终结前提出。被申请回避的人员在决定作出前,应当暂停参与案件听证工作,但案件需要采取紧急措施的除外。

听证主持人、听证员的回避,由中国证监会负责组织听证部门的负责人或者派出机构的负责人决定;其他人员的回避,由听证主持人决定。

本条规定适用于书记员、翻译人员、鉴定人。

第五条 中国证监会或其派出机构拟对当事人作出以下一项或者一项以上行政处罚的,应当在向当事人送达的《行政处罚事先告知书》中载明当事人享有要求听证的权利:

(一)责令停止发行证券;

(二)责令停业整顿;

(三)暂停、撤销或者吊销证券、期货、基金相关业务许可;

(四)暂停或者撤销任职资格、从业资格;

(五)对个人没收业务收入、没收违法所得、罚款,单独或者合计5万元以上;

(六)对单位没收业务收入、没收违法所得、罚款,单独或者合计30万元以上;

(七)法律、行政法规和规章规定或者中国证监会及其派出机构认为可以听证的其他情形。

第六条　除下列情况外,听证公开举行:

(一)案件涉及国家秘密、商业秘密或者个人隐私;

(二)案件涉及可能对证券、期货交易价格产生重大影响的尚未公开的信息;

(三)法律规定的其他情况。

第七条　当事人要求听证的,应当在《行政处罚事先告知书》送达后3日内提出听证要求。当事人逾期未提出听证要求的,视为放弃听证权利。

行政处罚涉及多个当事人,部分当事人放弃听证权利的,不影响其他当事人要求听证。

第八条　同一案件中,符合本规则第五条规定情形的当事人要求听证的,其他当事人可以在《行政处罚事先告知书》送达后3日内提出一并参加听证的申请,是否准许,由中国证监会或其派出机构决定。

第九条　中国证监会或其派出机构应当及时组织听证,并在举行听证7日前向当事人送达《听证通知书》。

《听证通知书》应当载明以下事项:

(一)举行听证的时间、地点;

(二)听证主持人、听证员和书记员名单;

(三)当事人在听证中的权利和义务;

(四)举行听证的程序;

(五)中国证监会或其派出机构指定的听证联系人和联系方式;

(六)其他应当载明的事项。

第十条　当事人具有正当理由的,应当在收到《听证通知书》后3日内以书面形式提出延期举行听证的申请,是否准许,由中国证监会或其派出机构决定。

第十一条　当事人在听证程序中享有以下权利:

(一)亲自参加听证,或者委托1至2名代理人参加听证;

（二）在听证召开前书面撤回听证申请；

（三）在听证召开前向中国证监会或其派出机构申请查阅拟对其作出行政处罚决定所依据的证据；

（四）根据本规则第四条的规定申请相关人员回避；

（五）根据本规则第十条的规定申请延期举行听证；

（六）带相关人员作为证人到听证现场为其作证；

（七）对案件事实认定、法律适用、处罚幅度等进行陈述和申辩；

（八）对案件调查人员提出的证据进行质证，并提出新的证据；

（九）与案件调查人员进行辩论和作最后陈述；

（十）法律、行政法规和规章规定的其他权利。

第十二条 中国证监会或其派出机构同意当事人查阅证据申请的，当事人及其代理人可以按照规定查阅涉及本人行政处罚事项的证据，但涉及国家秘密、商业秘密和个人隐私的内容除外。

第十三条 当事人在听证程序中应当履行以下义务：

（一）按时出席或者委托代理人出席听证；

（二）如实陈述案件事实和回答提问，举证客观、真实；

（三）遵守听证纪律，服从听证主持人的要求；

（四）听证结束后，在确认无误的听证笔录上签名或者盖章；

（五）对获知的国家秘密、商业秘密和个人隐私应予保密；

（六）法律、行政法规和规章规定的其他义务。

第十四条 听证前，当事人及其代理人可以向中国证监会或其派出机构提交陈述申辩意见和证据。

第十五条 中国证监会及其派出机构应当保障当事人充分行使在听证中的各项权利，履行下列职责：

（一）组织召开听证；

（二）向当事人送达《听证通知书》；

（三）对当事人查阅证据申请作出决定；

（四）决定回避、延期举行听证、中止听证、终止听证等程序事项；

（五）接收并复核当事人及其代理人提交的陈述申辩意见和证据；

（六）法律、行政法规和规章规定应当履行的其他职责。

第十六条 听证按照以下程序进行：

（一）听证开始前，由书记员查明当事人及其代理人、案件调查人员等听证参加人是否到场，并宣布听证纪律；

（二）听证主持人核对听证参加人，宣布出席听证的听证员、书记员名单，告知听证参加人在听证中的权利义务，询问当事人及其代理人是否申请回避；

（三）听证主持人宣布听证开始，宣布案由；

（四）案件调查人员提出当事人违法的具体事实、证据和行政处罚建议；

（五）当事人及其代理人进行陈述和申辩，并可以提出相关事实、理由和证据；

（六）当事人及其代理人和案件调查人员双方对有关证据进行质证。经听证主持人允许，双方可以向证人、鉴定人发问；

（七）当事人及其代理人和案件调查人员双方进行辩论，经听证主持人允许，双方可以相互发问；

（八）当事人及其代理人作最后陈述；

（九）听证主持人宣布听证结束。

听证过程中，听证主持人、听证员可以向案件调查人员、当事人及其代理人、证人、鉴定人等提问，有关人员应当如实回答。

第十七条　有下列情形之一的，延期举行听证：

（一）因不可抗力致使听证无法按期举行的；

（二）当事人及其代理人听证开始时申请回避理由成立，且因无法即时更换被申请回避人员致使听证无法按期举行的；

（三）当事人及其代理人申请延期举行听证，并有正当理由的；

（四）中国证监会或其派出机构认为需要延期举行听证的其他情形。

除当事人及其代理人申请延期举行听证并经同意的以外，中国证监会或其派出机构应当将延期举行听证的理由及时告知当事人。

延期举行听证的情形消除后，中国证监会或其派出机构应当及时组织听证。

第十八条　有下列情形之一的，中止听证：

（一）当事人及其代理人在听证过程中提出的回避申请理由成立，且因无法即时更换被申请回避人员致使听证无法继续举行的；

（二）当事人及其代理人因不可抗拒的事由，无法继续参加听证的；

（三）因不可抗拒的事由，致使听证无法继续举行的；

（四）其他应当中止听证的情形。

中止听证的情形消除后，中国证监会或其派出机构应当及时组织听证。

第十九条 当事人及其代理人有下列情形之一的，中国证监会或其派出机构可以终止听证，并将相关情形记录在案：

（一）书面撤回听证申请的；

（二）无正当理由不出席听证的；

（三）未经听证主持人允许中途退场的；

（四）严重违反听证纪律，被听证主持人责令退场的；

（五）其他符合终止听证的情形。

部分当事人及其代理人因上述情形被终止听证的，不影响其他当事人及其代理人继续行使听证权利。

第二十条 在听证过程中，听证参加人、旁听人员等应当遵守听证纪律，保证听证有序举行。

听证主持人对违反听证纪律、妨碍听证秩序的人员，有权予以制止、口头警告，情节严重的，可以责令其退场。

第二十一条 听证应当制作笔录。听证笔录应当当场交由当事人及其代理人、证人及其他有关人员确认无误后签名或者盖章。相关人员认为对自己陈述的记录有遗漏或者差错的，有权要求补正。相关人员拒绝签名或者盖章的，中国证监会或其派出机构应当在听证笔录中予以注明。

第二十二条 听证结束，当事人及其代理人应当将陈述申辩意见和有关证据提交中国证监会或其派出机构。

第二十三条 听证结束后，中国证监会或其派出机构应当对当事人提出的事实、理由和证据进行复核，当事人提出的事实和理由成立的，应当采纳。

中国证监会或其派出机构应当根据听证复核情况，依据《中华人民共和国行政处罚法》第三十八条的规定，对当事人作出相应的处理决定。

中国证监会或其派出机构不得因当事人申辩和听证而加重处罚。

第二十四条 中国证监会及其派出机构举行听证，不向当事人收取费用。

当事人委托代理人、证人出席听证等所产生的费用以及其他己方支出，由当事人自行承担。

第二十五条 中国证监会及其派出机构拟对当事人采取市场禁入措施的，当事人可以要求举行听证，听证程序参照本规则的规定执行。

中国证监会及其派出机构在对当事人采取注销业务许可、关闭分支机构等重大监管措施之前，认为需要组织听证或者根据当事人申请决定听证的，听证程序参照本规则的规定执行。

第二十六条 本规则规定的期间以日计算。期间开始当日，不计算在期间内。

期间届满的最后一日是节假日的，以节假日后的第一日为期间届满的日期。

第二十七条 本规则自2015年12月4日起施行。《中国证券监督管理委员会行政处罚听证规则》（证监法律字〔2007〕8号）同时废止。

《行政和解试点实施办法》（中国证券监督管理委员会令114号，自2015年3月29日起施行）

第一章 总 则

第一条 为了试点开展证券期货领域行政和解工作，规范行政和解实施行为，保护投资者的合法权益，根据有关法律、行政法规的规定，制定本办法。

第二条 本办法所称行政和解，是指中国证券监督管理委员会（以下简称中国证监会）在对公民、法人或者其他组织（以下简称行政相对人）涉嫌违反证券期货法律、行政法规和相关监管规定行为进行调查执法过程中，根据行政相对人的申请，与其就改正涉嫌违法行为，消除涉嫌违法行为不良后果，交纳行政和解金补偿投资者损失等进行协商达成行政和解协议，并据此终止调查执法程序的行为。

第三条 实施行政和解，应当依照本办法规定的条件、程序和期限。

第四条 实施行政和解，应当遵循公平、自愿、协商、效能原则。中国证监会不得向行政相对人主动或者变相主动提出行政和解建议，或者强制行政相对人进行行政和解。

第五条 行政和解协议的订立和履行，不得损害国家和社会公共利益，不得损害他人合法权益。

第二章 行政和解的适用范围与条件

第六条 行政相对人涉嫌实施虚假陈述、内幕交易、操纵市场或者欺诈客户等违反证券期货法律、行政法规和相关监管规定的行为，案件符合下列情形的，可以适用行政和解程序：

（一）中国证监会已经正式立案，且经过了必要调查程序，但案件事实或者法律关系尚难完全明确；

（二）采取行政和解方式执法有利于实现监管目的，减少争议，稳定和明确市场预期，恢复市场秩序，保护投资者合法权益；

（三）行政相对人愿意采取有效措施补偿因其涉嫌违法行为受到损失的投资者；

（四）以行政和解方式结案不违反法律、行政法规的禁止性规定，不损害社会公共利益和他人合法权益。

中国证监会派出机构负责查处的案件，试点期间不适用行政和解程序。

第七条 案件有下列情形之一的，中国证监会不得与行政相对人进行行政和解：

（一）行政相对人违法行为的事实清楚，证据充分，法律适用明确，依法应当给予行政处罚的；

（二）行政相对人涉嫌犯罪，依法应当移送司法机关处理的；

（三）中国证监会基于审慎监管原则认定不适宜行政和解的。

第三章 行政和解的实施程序

第一节 申请与受理

第八条 中国证监会实施行政和解，由专门的行政和解实施部门（以下简称和解实施部门）负责，与中国证监会的案件调查部门（以下简称案件调查部门）、案件审理部门（以下简称案件审理部门）相互独立。

第九条 行政相对人自收到中国证监会送达的案件调查通知书之日起，至中国证监会作出行政处罚决定前，可以向中国证监会提出行政和解申请。

第十条 行政相对人提出行政和解申请的，应当提交申请书及相关申请材料。申请书应当载明以下事项：

（一）申请人的基本情况；

（二）申请行政和解的主要事实和理由；

（三）申请人就其涉嫌违法行为提出改正或者减轻、消除危害后果的方案；

（四）中国证监会要求载明的其他事项。

行政相对人为法人或者其他组织的，应当提交其依据《中华人民共和国公司法》、《中华人民共和国合伙企业法》等法律、行政法规以及公司章程、合伙协议规定所作出的关于申请行政和解的内部决定。

第十一条　行政相对人申请行政和解，应当如实向中国证监会提交有关材料，并对其申请材料的真实性、准确性负责。

第十二条　对于行政相对人提交的行政和解申请书及相关申请材料，和解实施部门应当办理登记手续，并向行政相对人出具行政和解申请接收凭证。需要行政相对人补正申请材料的，申请人应当按照和解实施部门要求提交全部补正材料，和解实施部门在申请人提交全部补正材料后出具行政和解申请接收凭证。

第十三条　和解实施部门应当在出具行政和解申请接收凭证之日起5个工作日内就案件是否符合本办法第六条规定的条件、是否存在本办法第七条规定的情形等书面征求案件调查部门的意见。

第十四条　案件调查部门应当自收到和解实施部门征求意见书面材料之日起20个工作日内书面反馈意见。反馈意见应当包括以下内容及相关材料：

（一）案件是否符合本办法第六条规定条件、是否存在本办法第七条规定情形的明确意见；

（二）截至反馈意见时，案件调查的具体情况以及是否掌握行政相对人涉嫌违法的部分证据或者证据线索的材料；

（三）其他需要提交的材料。

案件调查部门在向和解实施部门书面反馈意见后，行政和解申请受理前，发现新的事实、证据，认为案件不再符合行政和解受理条件的，应当及时告知和解实施部门。

第十五条　行政相对人在案件移送案件审理部门后，作出行政处罚决定前提出行政和解申请的，和解实施部门除依照本办法第十三条的规定征求案件调查部门意见外，还应当按照相同程序和时限征求案件审理部门的意见。

第十六条　案件审理部门应当在收到和解实施部门征求意见书面材料之日起20个工作日内书面反馈意见。反馈意见应当包括以下内容及相关材料：

（一）案件是否符合本办法第六条规定条件、是否存在本办法第七条规定情形的明确意见；

（二）截至反馈意见时，案件审理的具体情况；

(三)其他需要提交的材料。

第十七条 行政相对人的行政和解申请符合本办法第六条规定条件的,由和解实施部门自向行政相对人出具行政和解申请接收凭证之日起40个工作日内向行政相对人出具受理通知,并抄送案件调查部门、案件审理部门、行政和解金管理机构。

不符合本办法第六条规定条件,或者存在本办法第七条规定情形的,由和解实施部门自向行政相对人出具行政和解申请接收凭证之日起40个工作日内向行政相对人出具不予受理通知,并抄送案件调查部门、案件审理部门。

第十八条 立案调查不满3个月的案件,行政相对人提出行政和解申请的,不予受理,但有特殊情况经中国证监会主要负责人批准的除外。

第十九条 中国证监会受理行政和解申请后,在与行政相对人达成行政和解协议之前,不中止对行政相对人所涉案件的调查工作。受理的行政和解申请案件已经移送案件审理部门审理的,案件审理部门应当中止对案件的审理。

第二十条 行政相对人在提交行政和解申请后,中国证监会正式受理前,可以申请撤回行政和解申请。

第二节 和解协商

第二十一条 和解实施部门自作出受理行政和解申请决定之日起,可以与行政相对人就以下事项进行沟通和协商:

(一)行政相对人涉嫌违法行为的情况;

(二)行政相对人涉嫌违法行为可能给社会造成的危害、给投资者造成的损失;

(三)行政相对人愿意承担的行政和解金数额及交纳时限;

(四)行政相对人可以采取的其他纠正涉嫌违法行为以及积极消除、减轻涉嫌违法行为危害后果的措施;

(五)行政和解协议的具体内容;

(六)行政和解协议的执行保障措施;

(七)其他事项。

第二十二条 行政和解协商应当以当面协商的形式进行。中国证监会进行协商的工作人员不得少于两人,并应当向行政相对人出示执法证件。

第二十三条　和解实施部门与行政相对人进行行政和解协商的期限为三个月。经中国证监会主要负责人批准，可以延期。

第二十四条　行政和解协商实行回避制度。实施行政和解的工作人员有下列情形之一的，应当回避：

（一）是行政相对人的配偶、父母、子女等近亲属；

（二）与案件有利害关系；

（三）与行政相对人或者案件有其他关系，可能影响案件的公正处理。

行政相对人有权通过口头或者书面方式申请上述工作人员回避。

第二十五条　中国证监会在与行政相对人进行行政和解协商过程中，可以就所涉及的专业问题征求证券交易所、期货交易所、登记结算机构等相关机构或者有关专家学者的意见。

第三节　行政和解协议的签订和执行

第二十六条　中国证监会与行政相对人就涉嫌违法行为的处理进行沟通、协商，达成一致的，签订行政和解协议。行政和解协议应当载明以下事项：

（一）行政和解的事由；

（二）行政相对人交纳行政和解金的数额、方式；

（三）行政相对人对涉嫌违法行为进行整改以及消除、减轻涉嫌违法行为所造成危害后果的其他具体措施；

（四）行政相对人履行行政和解协议的期限；

（五）需要载明的其他事项。

行政相对人为法人或者其他组织的，其关于签订行政和解协议的决定，应当履行《中华人民共和国公司法》、《中华人民共和国合伙企业法》等相关法律、行政法规规定及公司章程、合伙协议规定的决策程序。

第二十七条　行政和解金数额的确定应当考虑下列情形：

（一）行政相对人涉嫌违法行为如被查实依法可处以罚款或者没收违法所得的金额；

（二）行政相对人因涉嫌违法行为所获收益、所避免的损失；

（三）其他人因涉案违法行为所遭受的损失；

（四）需要考虑的其他情形。

中国证监会在就行政和解金的数额与行政相对人进行协商的过程中，可以采取适当方式，就投资者损失情况听取投资者的意见。

第二十八条 中国证监会应当依照规定公开行政和解协议的主要内容。

达成行政和解协议的行政相对人为上市公司、非上市公众公司及其董事、监事、高级管理人员、控股股东、实际控制人的,应当按照中国证监会及证券交易场所的相关规定履行信息披露义务。

第二十九条 行政和解协议达成后,由和解实施部门监督行政相对人在协议规定的时限内履行协议规定的义务。

和解实施部门应当在行政和解协议达成后2个工作日内将达成行政和解协议的情况书面告知案件调查部门、案件审理部门、行政和解金管理机构。案件调查部门在收到书面告知后应当中止案件调查。

行政相对人履行全部义务后,和解实施部门应当向行政相对人出具行政和解结案通知,并抄送案件调查部门、案件审理部门、行政和解金管理机构。案件调查部门、案件审理部门应当依照规定终止案件的调查、审理。

第四节 行政和解程序的终止

第三十条 有下列情形之一的,中国证监会应当终止行政和解程序:

(一)中国证监会在受理行政相对人的行政和解申请后,达成行政和解协议前,经调查发现新的事实、证据,认为案件不再符合行政和解受理条件的;

(二)未能在本办法第二十三条规定的期限内达成行政和解协议的;

(三)行政和解协议达成后,行政相对人不履行行政和解协议的;

(四)中国证监会在受理行政相对人的行政和解申请后,行政和解协议执行完毕前,发现行政相对人存在所提供的行政和解材料有虚假记载或者重大遗漏等情形的;

(五)中国证监会基于审慎监管原则认为有必要终止行政和解程序的。

有前款规定情形的,和解实施部门应当向行政相对人出具行政和解程序终止通知,并抄送案件调查部门、案件审理部门、行政和解金管理机构。已中止调查、审理的案件,案件调查部门、案件审理部门应当及时恢复调查、审理程序。

第三十一条 行政和解协议达成后,行政相对人不履行行政和解协议的,行政和解协议无效。

第三十二条　行政相对人未能在规定期限内与中国证监会达成行政和解协议的，中国证监会在继续调查、恢复审理时不得再次适用行政和解程序；行政相对人未按照约定履行行政和解协议的，中国证监会在恢复调查、审理后不得再次适用行政和解程序。

第三十三条　中国证监会在向行政相对人出具行政和解结案通知后，发现行政相对人存在所提供的行政和解材料有虚假记载或者重大遗漏等情形的，重新启动案件调查、审理程序。行政相对人已根据行政和解协议交纳的行政和解金，不予返还。

出现前款所规定情形的，和解实施部门应当及时告知行政相对人。

第四章　行政和解金的管理和使用

第三十四条　行政相对人交纳的行政和解金由行政和解金管理机构进行专户管理。

第三十五条　行政相对人因其涉嫌违法行为造成投资者损失的，投资者可以向行政和解金管理机构申请补偿。

投资者可以通过行政和解金补偿程序获得补偿，或者按照《中华人民共和国民事诉讼法》的规定对行政相对人提起民事损害赔偿诉讼请求赔偿。但投资者已通过行政和解金补偿程序获得补偿的，不应就已获得补偿部分再行请求民事损害赔偿。

第三十六条　行政和解金管理和使用的具体办法由中国证监会会同财政部另行制定。

第五章　附　　则

第三十七条　中国证监会及其工作人员应当对行政和解工作情况严格保密，但法律、行政法规和本办法另有规定的除外。

第三十八条　中国证监会的工作人员违反本办法相关规定，滥用职权，玩忽职守，利用职务便利牟取不正当利益，泄露所知悉的有关单位或者个人的秘密，或者主动、变相主动提出行政和解、违反程序实施行政和解的，根据情节轻重，给予处分；构成犯罪的，依法追究刑事责任。

第三十九条　本办法自2015年3月29日起施行。

第一百八十条　【执法权限】国务院证券监督管理机构依法履行职责，有权采取下列措施：

（一）对证券发行人、上市公司、证券公司、证券投资基金管理公司、证券服务机构、证券交易所、证券登记结算机构进行现场检查；

（二）进入涉嫌违法行为发生场所调查取证；

（三）询问当事人和与被调查事件有关的单位和个人，要求其对与被调查事件有关的事项作出说明；

（四）查阅、复制与被调查事件有关的财产权登记、通讯记录等资料；

（五）查阅、复制当事人和与被调查事件有关的单位和个人的证券交易记录、登记过户记录、财务会计资料及其他相关文件和资料；对可能被转移、隐匿或者毁损的文件和资料，可以予以封存；

（六）查询当事人和与被调查事件有关的单位和个人的资金账户、证券账户和银行账户；对有证据证明已经或者可能转移或者隐匿违法资金、证券等涉案财产或者隐匿、伪造、毁损重要证据的，经国务院证券监督管理机构主要负责人批准，可以冻结或者查封；

（七）在调查操纵证券市场、内幕交易等重大证券违法行为时，经国务院证券监督管理机构主要负责人批准，可以限制被调查事件当事人的证券买卖，但限制的期限不得超过十五个交易日；案情复杂的，可以延长十五个交易日。

相关行政规章条文

《中国证券监督管理委员会冻结、查封实施办法》（中国证券监督管理委员会令71号，2011年5月23日修订）

第一条 为了保护投资者和当事人的合法权益，及时有效查处证券违法行为，规范冻结、查封工作，维护市场秩序，根据《中华人民共和国证券法》及相关法律法规，制定本办法。

第二条 中国证券监督管理委员会及其派出机构依法履行职责，有权冻结、查封涉案当事人的违法资金、证券等涉案财产或者重要证据。

第三条 冻结、查封违法资金、证券等涉案财产或者重要证据，必须依照本办法规定的程序提交申请，经法律部门审查，报中国证券监督管理委员会主要负责人批准，制作决定书、通知书，由执法人员实施。

第四条 中国证券监督管理委员会案件调查部门、案件审理部门及派出机构在对证券违法案件进行调查、审理或者执行时，发现存在下列情形之一的，可以申请冻结、查封：

（一）已经转移、隐匿违法资金、证券等涉案财产的；

（二）可能转移、隐匿违法资金、证券等涉案财产的；

（三）已经隐匿、伪造、毁损重要证据的；

（四）可能隐匿、伪造、毁损重要证据的；

（五）其他需要及时冻结、查封的情形。

第五条　有下列情形之一的，视为可能转移或者隐匿违法资金、证券等涉案财产：

（一）涉案当事人本人开立的资金账户、证券账户和银行账户或由其实际控制的资金账户、证券账户和银行账户，以及与其有关联的资金账户、证券账户和银行账户中存放的违法资金、证券，部分已经被转移或者隐匿的；

（二）被举报的违法资金、证券等涉案财产已经或者将要被转移、隐匿并提供具体的转移或者隐匿线索的；

（三）通过与他人签订合同等形式，拟将违法资金、证券等涉案财产作为合同标的物或者以偿还贷款、支付合同价款等名义转移占有的；

（四）当事人因涉嫌严重违法而被立案调查，且其涉案场所、账户或者人员已经被执法部门调查的；

（五）其他有证据证明有转移或者隐匿违法资金、证券等涉案财产迹象的。

第六条　有下列特征之一的，视为重要证据：

（一）对案件调查有重大影响的；

（二）对案件定性有关键作用的；

（三）不可替代或者具有唯一性的；

（四）其他重要证据。

第七条　中国证券监督管理委员会案件调查部门、案件审理部门及派出机构需要实施冻结、查封时，应当提交申请，经部门或者派出机构主要负责人批准，交法律部门审查。业务监管部门在履行监管职责中发现需要采取冻结、查封措施的，应当及时通报案件调查部门实施冻结、查封。

第八条　冻结、查封申请书应当载明下列事项：

（一）被冻结、查封当事人姓名或者名称、地址等基本情况；

（二）申请冻结、查封的具体事项，包括涉案财产或者重要证据的名称、代码、数量、金额、地址等；

(三)主要违法事实与申请冻结、查封的理由;

(四)其他需要说明的事项。

第九条 负责审查的法律部门应当及时处理冻结、查封申请,出具审核意见,并制作冻结、查封决定书,报中国证券监督管理委员会主要负责人批准。

第十条 冻结、查封决定书应当载明下列事项:

(一)被冻结、查封当事人姓名或者名称、地址等基本情况;

(二)冻结、查封的理由和依据;

(三)冻结、查封财产或者证据的名称、数量和期限;

(四)申请行政复议的途径;

(五)中国证券监督管理委员会公章和日期。

第十一条 申请书、决定书经批准后,由申请部门负责实施。实施冻结、查封的部门应当制作冻结通知书或者查封通知书,通知书应当载明下列事项:

(一)协助冻结、查封的单位名称;

(二)冻结、查封的法律依据;

(三)冻结、查封的财产或者证据所在机构的名称或者地址;

(四)冻结、查封的财产或者证据的名称、数额等;

(五)冻结、查封的起止时间;

(六)其他需要说明的事项;

(七)中国证券监督管理委员会公章和日期。

第十二条 实施冻结,应当依照有关规定,向协助执行部门出示冻结决定书,送达冻结通知书,并在实施冻结后及时向当事人送达冻结决定书。当事人应当将被冻结情况告知其控制的涉案财产的名义持有人。

第十三条 实施查封,应当依照有关规定向当事人送达查封决定书。需要有关部门协助的,还应当向协助执行部门送达查封通知书。

实施查封后,应当制作现场笔录和查封清单。查封清单一式两份,由当事人和实施部门分别保存。

第十四条 冻结或者查封应当由两名以上执法人员实施。

执法人员在实施冻结或者查封时应当出示有效证件。

第十五条 现场笔录应当载明下列事项:

(一)冻结、查封的时间、地点;

（二）实施冻结、查封的单位和个人；

（三）被冻结、查封的单位和个人；

（四）协助冻结、查封的单位和个人；

（五）冻结、查封的具体事项，包括涉案财产或者重要证据的名称、代码、数量、金额、地址等；

（六）当事人的陈述和申辩；

（七）其他应当载明的事项。

现场笔录和清单由当事人、见证人和执法人员签名或者盖章，当事人不在现场或者当事人、见证人拒绝签名或者盖章的，应当在笔录中予以注明。

第十六条　查封可以采取下列方式：

（一）查封动产的，应当在该动产上加贴封条或者采取其他足以公示查封的适当方式；

（二）查封已登记的不动产、特定动产及其他财产权的，应当张贴封条或者公告，并通知有关登记机关办理查封登记手续；

（三）查封未登记的不动产、特定动产及其他财产权的，应当张贴封条或者公告，并告知法定权属登记机关；

（四）查封重要证据的，应当加贴封条或者采取其他足以公示查封的适当方式；

（五）其他合法的方式。

第十七条　冻结、查封的期限为6个月。因特殊原因需要延长的，应当在冻结、查封期满前10日内办理继续冻结、查封手续。每次继续冻结、查封期限最长不超过6个月。

逾期未办理继续冻结、查封手续的，视为自动撤销冻结、查封。

第十八条　冻结证券，其金额应当以冻结实施日前一交易日收市后的市值计算。

冻结证券时，中国证券监督管理委员会及其派出机构可以明确被冻结的证券是否限制卖出。

限制证券卖出的，由证券公司或者证券登记结算机构协助执行冻结。冻结期间，证券持有人可以提出出售部分或者全部被冻结证券的请求，经申请部门审查认为确有必要的，可以解除卖出限制，并监督证券持有人依法出售，同时将所得资金转入相关资金账户予以冻结。

不限制证券卖出的，由证券公司等控制资金账户的单位协助执行冻结。冻结期间,证券持有人可以依法出售部分或者全部被冻结的证券,同时将所得资金转入相关资金账户予以冻结。

证券公司协助执行冻结的,应当于当日将冻结信息发送证券登记结算机构。

证券被冻结后,不得进行转托管或转指定,不得设定抵押、质押等权利,不得进行非交易过户,不得进行重复冻结。

第十九条 有下列情形之一的,经中国证券监督管理委员会主要负责人批准,应当及时解除冻结、查封措施:

(一)已经完成调查、处罚的;

(二)经查证,确实与案件无关的;

(三)当事人提供相应担保的;

(四)其他应当及时解除冻结、查封的情形。

第二十条 冻结、查封财产的数额应当与违法行为的情节或者行政处罚决定的金额相适应。

第二十一条 案件调查结束后,当事人的违法行为涉嫌犯罪需要移送公安机关的,应当将冻结、查封的证据、材料一并移送。

第二十二条 当事人逾期不履行处罚决定的,中国证券监督管理委员会可以依法申请人民法院强制执行冻结、查封的涉案财产。

第二十三条 解除冻结、查封参照实施冻结、查封程序办理。

第二十四条 当事人对冻结、查封决定不服的,可以依法向中国证券监督管理委员会申请行政复议。

行政复议期间,冻结、查封措施不停止执行,但是有下列情形之一的,可以停止执行:

(一)实施部门认为需要停止执行并批准的;

(二)当事人申请停止执行并批准的;

(三)法律、法规规定应当停止执行的。

第二十五条 未按规定程序实施冻结、查封,给当事人的合法财产造成重大损失的,依法给予赔偿;对直接负责的主管人员和直接责任人员给予行政处分;构成犯罪的,依法追究刑事责任。

第二十六条 当事人和协助执行单位拒绝、阻碍中国证券监督管理委员会执法人员实施冻结、查封措施,未使用暴力、威胁方法的,依法给予治安管理处罚;构成犯罪的,依法追究刑事责任。

第二十七条 本办法由中国证券监督管理委员会负责解释。

第二十八条 本办法自2006年1月1日起施行。

《中国证券监督管理委员会限制证券买卖实施办法》(中国证券监督管理委员会令第45号,2007年5月18日起实施)

第一条 为维护证券市场正常秩序,保护投资者合法权益,有效打击证券违法行为,依据《中华人民共和国证券法》第一百八十条第七项,制订本办法。

第二条 限制证券买卖是指中国证券监督管理委员会(以下简称中国证监会)在调查操纵证券市场、内幕交易等重大证券违法行为时,对被调查事件当事人受限账户的证券买卖行为采取的限制措施。

限制证券买卖措施由中国证监会调查部门(以下简称调查部门)具体实施。

第三条 受限账户包括被调查事件当事人及其实际控制的资金账户、证券账户和与当事人有关的其他账户。

与当事人有关的其他账户包括:

(一)有资金往来的;

(二)资金存取人为相同人员或机构的;

(三)交易代理人为相同人员或机构的;

(四)有转托管或交叉指定关系的;

(五)有抵押关系的;

(六)受同一监管协议控制的;

(七)下挂同一个或多个股东账户的;

(八)属同一控制人控制的;

(九)调查部门通过调查认定的其他情况。

第四条 限制证券买卖措施包括:

(一)不得买入指定交易品种,但允许卖出;

(二)不得卖出指定交易品种,但允许买入;

(三)不得买入和卖出指定交易品种;

(四)不得办理转托管或撤销指定交易;

(五)调查部门认为应采取的其他限制措施。

第五条 调查部门限制证券买卖的时间不得超过15个交易日。案情复杂的,经批准可延长15个交易日。

第六条 调查部门实施本措施,应当制作《限制/解除限制证券买卖申请书》,经法律部门审核,报中国证监会主要负责人批准。

第七条 《限制/解除限制证券买卖申请书》应当载明以下事项：

（一）案由；

（二）受限账户的基本情况；

（三）采取限制/解除限制措施的原因；

（四）采取限制/解除限制措施的法律依据；

（五）限制措施的主要内容，包括受限账户名称、代码、限制品种、限制方式和限制期限。

同时，应当附带下列材料：

（一）证明调查部门正在对被调查事件当事人的证券违法行为进行调查的材料；

（二）证明受限账户基本情况的材料；

（三）证明受限账户符合本办法第三条规定的材料；

（四）调查部门认为受限账户符合采取限制/解除限制措施的原因的证据。

《限制/解除限制证券买卖申请书》应当经调查部门主要负责人签字批准、加盖公章。

第八条 实施限制证券买卖措施，调查部门应当向证券交易所、证券登记结算公司、证券经营机构等协助实施限制证券买卖的机构发出《限制/解除限制证券买卖通知书》。

第九条 《限制/解除限制证券买卖通知书》应当载明以下事项：

（一）实施依据；

（二）受限账户；

（三）限制方式；

（四）限制品种；

（五）限制期限；

（六）协助执行单位。

第十条 协助实施限制证券买卖的机构应当按要求及时、有效地执行限制措施。限制期满，应及时解除。

第十一条 调查部门应将实施限制证券买卖措施的情况通知当事人或托管受限账户的证券经营机构。

当事人有权申请复议。复议期间，限制证券买卖措施不停止执行。

第十二条 限制期限届满前，需解除限制证券买卖措施的，经中国证监会主要负责人批准，可予以解除。

第十三条 根据需要,有关部门可对限制证券买卖情况予以公告。

第十四条 协助实施限制证券买卖的机构未按要求及时、有效地执行限制措施,依有关法规追究责任。

第十五条 调查部门未按规定程序实施限制证券买卖措施的,将依法追究责任。

第十六条 本办法自公布之日起施行。

相关规范性文件条文

《最高人民法院 最高人民检察院 公安部 中国证监会关于查询、冻结、扣划证券和证券交易结算资金有关问题的通知》(自2008年3月1日起实施)

一、人民法院、人民检察院、公安机关在办理案件过程中,按照法定权限需要通过证券登记结算机构或者证券公司查询、冻结、扣划证券和证券交易结算资金的,证券登记结算机构或者证券公司应当依法予以协助。

二、人民法院要求证券登记结算机构或者证券公司协助查询、冻结、扣划证券和证券交易结算资金,人民检察院、公安机关要求证券登记结算机构或者证券公司协助查询、冻结证券和证券交易结算资金时,有关执法人员应当依法出具相关证件和有效法律文书。

执法人员证件齐全、手续完备的,证券登记结算机构或者证券公司应当签收有关法律文书并协助办理有关事项。

拒绝签收人民法院生效法律文书的,可以留置送达。

三、人民法院、人民检察院、公安机关可以依法向证券登记结算机构查询客户和证券公司的证券账户、证券交收账户和资金交收账户内已完成清算交收程序的余额、余额变动、开户资料等内容。

人民法院、人民检察院、公安机关可以依法向证券公司查询客户的证券账户和资金账户、证券交收账户和资金交收账户内的余额、余额变动、证券及资金流向、开户资料等内容。

查询自然人账户的,应当提供自然人姓名和身份证件号码;查询法人账户的,应当提供法人名称和营业执照或者法人注册登记证书号码。

证券登记结算机构或者证券公司应当出具书面查询结果并加盖业务专用章。查询机关对查询结果有疑问时,证券登记结算机构、证券公司在必要时应当进行书面解释并加盖业务专用章。

四、人民法院、人民检察院、公安机关按照法定权限冻结、扣划相关证券、资金时，应当明确拟冻结、扣划证券、资金所在的账户名称、账户号码、冻结期限，所冻结、扣划证券的名称、数量或者资金的数额。扣划时，还应当明确拟划入的账户名称、账号。

冻结证券和交易结算资金时，应当明确冻结的范围是否及于孳息。

本通知规定的以证券登记结算机构名义建立的各类专门清算交收账户不得整体冻结。

五、证券登记结算机构依法按照业务规则收取并存放于专门清算交收账户内的下列证券，不得冻结、扣划：

（一）证券登记结算机构设立的证券集中交收账户、专用清偿账户、专用处置账户内的证券；

（二）证券公司（此处删掉六字）在证券登记结算机构开设的客户证券交收账户、自营证券交收账户和证券处置账户内的证券。

六、证券登记结算机构依法按照业务规则收取并存放于专门清算交收账户内的下列资金，不得冻结、扣划：

（一）证券登记结算机构设立的资金集中交收账户、专用清偿账户内的资金；

（二）证券登记结算机构依法收取的证券结算风险基金和结算互保金；

（三）证券登记结算机构在银行开设的结算备付金专用存款账户和新股发行验资专户内的资金，以及证券登记结算机构为新股发行网下申购配售对象开立的网下申购资金账户内的资金；

（四）证券公司在证券登记结算机构开设的客户资金交收账户内的资金；

（五）证券公司在证券登记结算机构开设的自营资金交收账户内最低限额自营结算备付金及根据成交结果确定的应付资金。

七、证券登记结算机构依法按照业务规则要求证券公司等结算参与人、投资者或者发行人提供的回购质押券、价差担保物、行权担保物、履约担保物等担保物，在交收完成之前，不得冻结、扣划。

八、证券公司在银行开立的自营资金账户内的资金可以冻结、扣划。

九、在证券公司托管的证券的冻结、扣划，既可以在托管的证券公司办理，也可以在证券登记结算机构办理。不同的执法机关同一交易日分别在证券公司、证券登记结算机构对同一笔证券办理冻结、扣划手续的，证券公司协助办理的为在先冻结、扣划。

冻结、扣划未在证券公司或者其他托管机构托管的证券或者证券公司自营证券的，由证券登记结算机构协助办理。

十、证券登记结算机构受理冻结、扣划要求后，应当在受理日对应的交收日交收程序完成后根据交收结果协助冻结、扣划。

证券公司受理冻结、扣划要求后，应当立即停止证券交易，冻结时已经下单但尚未搓合成功的应当采取撤单措施。冻结后，根据成交结果确定的用于交收的应付证券和应付资金可以进行正常交收。在交收程序完成后，对于剩余部分可以扣划。同时，证券公司应当根据成交结果计算出同等数额的应收资金或者应收证券交由执法机关冻结或者扣划。

十一、已被人民法院、人民检察院、公安机关冻结的证券或证券交易结算资金，其他人民法院、人民检察院、公安机关或者同一机关因不同案件可以进行轮候冻结。冻结解除的，登记在先的轮候冻结自动生效。

轮候冻结生效后，协助冻结的证券登记结算机构或者证券公[illegible]当书面通知做出该轮候冻结的机关。

十二、冻结证券的期限不得超过二年，冻结交易结算资金的期限不得超过六个月。

需要延长冻结期限的，应当在冻结期限届满前办理续行冻结手续，每次续行冻结的期限不得超过前款规定的期限。

十三、不同的人民法院、人民检察院、公安机关对同一笔证券或者交易结算资金要求冻结、扣划或者轮候冻结时，证券登记结算机构或者证券公司应当按照送达协助冻结、扣划通知书的先后顺序办理协助事项。

十四、要求冻结、扣划的人民法院、人民检察院、公安机关之间，因冻结、扣划事项发生争议的，要求冻结、扣划的机关应当自行协商解决。协商不成的，由其共同上级机关决定；没有共同上级机关的，由其各自的上级机关协商解决。

在争议解决之前，协助冻结的证券登记结算机构或者证券公司应当按照争议机关所送达法律文书载明的最大标的范围对争议标的进行控制。

十五、依法应当予以协助而拒绝协助，或者向当事人通风报信，或者与当事人通谋转移、隐匿财产的，对有关的证券登记结算机构或者证券公司和直接责任人应当依法进行制裁。

十六、以前规定与本通知规定内容不一致的，以本通知为准。

十七、本通知中所规定的证券登记结算机构，是指中国证券登记结算有限责任公司及其分公司。

《最高人民法院关于证券监督管理机构申请人民法院冻结资金账户、证券账户的若干规定》（2005年4月29日起实施）

一、关于人民法院内部分工。人民法院，收到证券监督管理机构冻结资金账户、证券账户的申请，由立案庭登记后及时移交行政审判庭审查，由行政审判庭作出是否受理的裁定。人民法院裁定冻结资金账户、证券账户的，由行政审判庭执行。

二、关于费用的收取。人民法院受理申请冻结资金账户、证券账户案件，每件收取一万元以下受理费。冻结期满后需要继续冻结的，不再收取受理费。采取冻结措施的实际费用由申请人承担。

《中国证监会委托上海、深圳证券交易所实施案件调查试点工作规[illegible]自2015年1月9日起施行）

第一条 为了加强证券期货市场稽查执法力量，规范委托调查行为，维护公开、公平、公正的市场秩序，维护投资者特别是中小投资者合法权益，促进资本市场健康发展，根据《中华人民共和国证券法》、《中华人民共和国证券投资基金法》、《中华人民共和国行政处罚法》、《期货交易管理条例》等有关法律、行政法规，制定本规定。

第二条 中国证监会及其派出机构负责证券期货市场违法案件的调查工作，中国证监会依法委托上海、深圳证券交易所（以下简称交易所）实施部分案件的调查取证。

第三条 中国证监会委托交易所对部分涉嫌欺诈发行、内幕交易、操纵市场、虚假陈述等违法行为，实施调查取证；采用一事一委托的方式，委托交易所对涉嫌重大、新型、跨市场等特定违法行为，实施调查取证。

第四条 交易所在委托的范围内，应当以中国证监会的名义，依照《中华人民共和国证券法》、《中华人民共和国证券投资基金法》、《中华人民共和国行政处罚法》、《期货交易管理条例》等法律、行政法规和中国证监会相关规定实施案件调查；调查终结，将证据等案件材料移交中国证监会稽查执法部门或其指定的派出机构复核后，由中国证监会或其授权的派出机构依照法定程序对调查结果进行审查、作出决定。交易所受托实施案件调查，有权采取《中华人民共和国证券法》、《中华人民共和国证券投资基金法》、《期货交易管理条例》等法律、行政法规规定的措施，但需要采取查封、冻结、封存等与行政处罚权有关的行政强制措施的，应当报请中国证监会稽查执法部门依法办理。

第五条　交易所应当设立专门的部门从事受托案件调查，其工作人员经培训、考试考核合格，取得中国证监会统一颁发的行政执法证件后，方可上岗从事案件调查工作。

第六条　交易所应当自行完成受委托的案件调查事项，不得将受委托事项再委托给其他组织或者个人。

第七条　中国证监会依法对交易所及其工作人员实施案件调查进行监督和指导，并对委托行为的后果承担法律责任。

第八条　交易所未根据委托实施案件调查，或者超越委托范围、权限、期限实施案件调查的，中国证监会责令改正；情节严重的，撤销委托，并依法对直接负责的主管人员和其他直接责任人员给予行政处分。交易所的工作人员执行案件调查任务，滥用职权、徇私舞弊、玩忽职守、泄露秘密，或者有违反法律、行政法规、中国证监会规定的其他情形，造成严重后果的，依法给予处分。

交易所或者其工作人员在受托实施案件调查时，因违法违规行为侵害被调查单位和个人的合法权益而造成损害的，依法承担赔偿责任；构成犯罪的，依法追究刑事责任。

第九条　本规定自2015年1月9日起施行。

第一百八十一条　【监督检查与调查】国务院证券监督管理机构依法履行职责，进行监督检查或者调查，其监督检查、调查的人员不得少于二人，并应当出示合法证件和监督检查、调查通知书。监督检查、调查的人员少于二人或者未出示合法证件和监督检查、调查通知书的，被检查、调查的单位有权拒绝。

第一百八十二条　【证券监督管理机构工作人员的业务】国务院证券监督管理机构工作人员必须忠于职守，依法办事，公正廉洁，不得利用职务便利牟取不正当利益，不得泄露所知悉的有关单位和个人的商业秘密。

第一百八十三条　【被检查、调查的单位和个人的配合义务】国务院证券监督管理机构依法履行职责，被检查、调查的单位和个人应当配合，如实提供有关文件和资料，不得拒绝、阻碍和隐瞒。

第一百八十四条 【信息公开】国务院证券监督管理机构依法制定的规章、规则和监督管理工作制度应当公开。

国务院证券监督管理机构依据调查结果，对证券违法行为作出的处罚决定，应当公开。

第一百八十五条 【监管信息共享】国务院证券监督管理机构应当与国务院其他金融监督管理机构建立监督管理信息共享机制。

国务院证券监督管理机构依法履行职责，进行监督检查或者调查时，有关部门应当予以配合。

第一百八十六条 【案件移送司法】国务院证券监督管理机构依法履行职责，发现证券违法行为涉嫌犯罪的，应当将案件移送司法机关处理。

第一百八十七条 【不得在被监管的机构中任职】国务院证券监督管理机构的人员不得在被监管的机构中任职。

第十一章 法律责任

第一百八十八条 【非法公开发行证券】未经法定机关核准，擅自公开或者变相公开发行证券的，责令停止发行，退还所募资金并加算银行同期存款利息，处以非法所募资金金额百分之一以上百分之五以下的罚款；对擅自公开或者变相公开发行证券设立的公司，由依法履行监督管理职责的机构或者部门会同县级以上地方人民政府予以取缔。对直接负责的主管人员和其他直接责任人员给予警告，并处以三万元以上三十万元以下的罚款。

相关法律条文

《中华人民共和国刑法》（2015 年 8 月 29 日修正）

第一百七十九条 未经国家有关主管部门批准，擅自发行股票或者公司、企业债券，数额巨大、后果严重或者有其他严重情节的，构成擅自发行股票、公司、企业债券罪。

相关行政法规条文

《国务院办公厅关于严厉打击非法发行股票和非法经营证券业务有关问题的通知》(国办发〔2006〕99号)

近年来,非法发行股票和非法经营证券业务(以下简称非法证券活动)在我国部分地区时有发生,个别地区甚至出现蔓延势头,严重危害社会稳定和金融安全。为贯彻落实公司法和证券法有关规定,维护证券市场正常秩序和广大投资者的合法权益,经国务院同意,现就严厉打击非法证券活动有关问题通知如下:

一、提高认识,统一思想,坚决遏制非法证券活动蔓延势头

非法证券活动具有手段隐蔽、欺骗性强、蔓延速度快、易反复等特点,涉及人数众多,投资者多为退休人员、下岗职工等困难群众,容易引发群体事件。当前,非法证券活动的主要形式为:一是编造公司即将在境内外上市或股票发行获得政府部门批准等虚假信息,诱骗社会公众购买所谓"原始股";二是非法中介机构以"投资咨询机构""产权经纪公司""外国资本公司或投资公司驻华代表处"的名义,未经法定机关批准,向社会公众非法买卖或代理买卖未上市公司股票;三是不法分子以证券投资为名,以高额回报为诱饵,诈骗群众钱财。

地方各级人民政府、国务院有关部门要进一步统一思想,高度重视,充分认识非法证券活动的危害性,增强政治责任感。要完善打击非法证券活动的政策法规和联合执法机制,查处一批大案要案,依法追究有关人员的责任,建立健全防范和打击非法证券活动的长效机制,从根本上遏制非法证券活动蔓延势头。

二、明确分工,加强配合,形成打击非法证券活动的执法合力

为加强组织领导,由证监会牵头,公安部、工商总局、银监会并邀请高法院、高检院等有关单位参加,成立打击非法证券活动协调小组,负责打击非法证券活动的组织协调、政策解释、性质认定等工作。协调小组办公室设在证监会。证监会要组织专门机构和得力人员,明确职责,加强沟通,与相关部门和省级人民政府建立反应灵敏、配合密切、应对有力的工作机制。

非法证券活动查处和善后处理工作按属地原则由各省、自治区、直辖市及计划单列市人民政府负责。非法证券活动经证监会及其派出机构认定后,省级人民政府要负责做好本地区案件查处和处置善后工作。涉及多个省(区、市)的,由公司注册地的省级人民政府牵头负责,相关省(区、市)要予以积极支持配合。发现涉嫌犯罪的,应及时移送公安机关立案查处,并依法追究刑事责任。未构成犯罪的,由证券监管部门、工商行政管理部门根据各自职责依法作出行政处罚。

地方各级人民政府要高度重视,统筹安排,周密部署,建立起群众举报、媒体监督、日常监管和及时查处相结合的非法证券活动防范和预警机制,制订风险处置预案。对近年来案件多发的地区,有关地方人民政府要迅速开展查处、取缔工作,果断处置,集中查处一批典型案件并公开报道,震慑犯罪分子,教育人民群众,维护社会稳定。

三、明确政策界限,依法进行监管

(一)严禁擅自公开发行股票。向不特定对象发行股票或向特定对象发行股票后股东累计超过200人的,为公开发行,应依法报经证监会核准。未经核准擅自发行的,属于非法发行股票。

(二)严禁变相公开发行股票。向特定对象发行股票后股东累计不超过200人的,为非公开发行。非公开发行股票及其股权转让,不得采用广告、公告、广播、电话、传真、信函、推介会、说明会、网络、短信、公开劝诱等公开方式或变相公开方式向社会公众发行。严禁任何公司股东自行或委托他人以公开方式向社会公众转让股票。向特定对象转让股票,未依法报经证监会核准的,转让后,公司股东累计不得超过200人。

(三)严禁非法经营证券业务。股票承销、经纪(代理买卖)、证券投资咨询等证券业务由证监会依法批准设立的证券机构经营,未经证监会批准,其他任何机构和个人不得经营证券业务。

违反上述三项规定的,应坚决予以取缔,并依法追究法律责任。

相关规范性文件规定

《最高人民法院、最高人民检察院、公安部、证监会关于整治非法证券活动有关问题的通知》(证监发〔2008〕1号)

一、统一思想,高度重视非法证券类案件办理工作

非法证券活动是一种典型的涉众型的违法犯罪活动,严重干扰正常的经济金融秩序,破坏社会和谐与稳定。从近期办理的一些案件看,非法证券活动具有以下特征:一是按照最高人民检察院、公安部《关于经济犯罪案件追诉标准的规定》(公发〔2001〕11号),绝大多数非法证券活动都涉嫌犯罪。二是花样不断翻新,隐蔽性强,欺骗性大,仿效性高。三是案件涉及地域广,涉案金额大,涉及人员多,同时资产易被转移，证据易被销毁，人员易潜逃，案件办理难度大。四是不少案件涉及到境外资本市场，办理该类案件政策性强，专业水平要求高。五是投资者多为离退休人员、下岗职工等困难群众，承受能力差，极易引发群体事件。各有关部门要进一步统一思想，高度重视，充分认识此类违法犯罪活动的严重性、危害性，增强政治责任感，密切分工协作，提高工作效率，及时查处一批大案要案，维护法律法规权威，维护社会公平正义，维护投资者的合法权益。

二、明确法律政策界限，依法打击非法证券活动

（一）关于公司及其股东向社会公众擅自转让股票行为的性质认定。《证券法》第十条第三款规定："非公开发行证券，不得采用广告、公开劝诱和变相公开方式。"国办发99号文规定："严禁任何公司股东自行或委托他人以公开方式向社会公众转让股票。向特定对象转让股票，未依法报经证监会核准的，转让后，公司股东累计不得超过200人。"公司、公司股东违反上述规定，擅自向社会公众转让股票，应当追究其擅自发行股票的责任。公司与其股东合谋，实施上述行为的，公司与其股东共同承担责任。

（二）关于擅自发行证券的责任追究。未经依法核准，擅自发行证券，涉嫌犯罪的，依照《刑法》第一百七十九条之规定，以擅自发行股票、公司、企业债券罪追究刑事责任。未经依法核准，以发行证券为幌子，实施非法证券活动，涉嫌犯罪的，依照《刑法》第一百七十六条、第一百九十二条等规定，以非法吸收公众存款罪、集资诈骗罪等罪名追究刑事责任。未构成犯罪的，依照《证券法》和有关法律的规定给予行政处罚。

（三）关于非法经营证券业务的责任追究。任何单位和个人经营证券业务，必须经证监会批准。未经批准的，属于非法经营证券业务，应予以取缔；涉嫌犯罪的，依照《刑法》第二百二十五条之规定，以非法经营罪追究刑事责任。对于中介机构非法代理买卖非上市公司股票，涉嫌犯罪的，应当依照《刑法》第二百二十五条之规定，以非法经营罪追究刑事责任；所代理的非上市公司涉嫌擅自发行股票，构成犯罪的，应当依照《刑法》第一百七十九条之规定，以擅自发行股票罪追究刑事责任。非上市公司和中介机构共谋擅自发行股票，构成犯罪的，以擅自发行股票罪的共犯论处。未构成犯罪的，依照《证券法》和有关法律的规定给予行政处罚。

（四）关于非法证券活动性质的认定。非法证券活动是否涉嫌犯罪，由公安机关、司法机关认定。公安机关、司法机关认为需要有关行政主管机关进行性质认定的，行政主管机关应当出具认定意见。对因案情复杂、意见分歧，需要进行协调的，协调小组应当根据办案部门的要求，组织有关单位进行研究解决。

（五）关于修订后的《证券法》与修订前的《证券法》中针对擅自发行股票和非法经营证券业务规定的衔接。修订后的《证券法》与修订前的《证券法》针对擅自发行股票和非法经营证券业务的规定是一致的，是相互衔接的，因此在修订后的《证券法》实施之前发生的擅自发行股票和非法经营证券业务行为，也应予以追究。

（六）关于非法证券活动受害人的救济途径。根据1998年3月25日《国务院办公厅转发证监会关于清理整顿场外非法股票交易方案的通知》（国办发〔1998〕10号）的规定，最高人民法院于1998年12月4日发布了《关于中止审理、中止执行涉及场外非法股票交易经济纠纷案件的通知》（法〔1998〕145号），目的是为配合国家当时解决STAQ、NET交易系统发生的问题，而非针对目前非法证券活动所产生的纠纷。如果非法证券活动构成犯罪，被害人应当通过公安、司法机关刑事追赃程序追偿；如果非法证券活动仅是一般违法行为而没有构成犯罪，当事人符合民事诉讼法规定的起诉条件的，可以通过民事诉讼程序请求赔偿。

相关裁判摘要

2010年第9期《中华人民共和国最高人民法院公报》刊登的**"上海市浦东新区人民检察院诉上海安基生物科技股份有限公司、郑戈擅自发行股票案"**的判决认为，非上市股份有限公司为筹集经营资金，在未经证券监管部门批准的情况下，委托中介机构向不特定社会公众转让公司股东的股权，其行为属于未经批准擅自发行股票的行为，数额巨大、后果严重或者有其他严重情节的，应当以擅自发行股票罪定罪处罚。相关裁判摘要如下：

依据《中华人民共和国公司法》和《中华人民共和国证券法》的规定，股份公司的股权表现形式就是股票，也包括未上市股份公司的股权。因此，这里的"发行股票"包括未上市公司转让股权。据此，判断行为人的行为是否构成擅自发行股票罪，应从以下几个方面分析：

一、发行股票行为是否经国家有关主管部门批准

我国法律、法规及相关政策对非上市股份公司的股权能否转让、如何转让,有三个阶段的限制性规定。

第一阶段,1998年到2002年为严令禁止。1998年国务院《转发证监会关于清理整顿场外非法股票交易方案的通知》、2003年证监会《关于处理非法代理买卖未上市公司股票有关问题的紧急通知》、2004年《关于进一步打击以证券期货投资为名进行违法犯罪活动的紧急通知》均明确禁止非上市公司从事股权交易,除进行股权整体转让外,严禁代理和买卖非上市公司股票。

第二阶段,2003年到2006年为托管引导。其间,一些城市相继开展股权登记托管业务。2003年初,上海成立股权托管中心与上海联合产权交易所。2005年初,上海市发布《关于进一步规范本市发起设立股份有限公司审批、登记和备案相关事项的通知》,要求国有股权必须到上海联合产权交易所交易、到托管中心登记,对于私有股权采取自愿进场交易原则,依法禁止场外擅自交易。

第三阶段,2006年至今为明确规范。《中华人民共和国证券法》规定,向不特定对象或向特定对象累计超过200人发行证券,属于公开发行证券。公开发行证券,必须经国务院证券监管机构或国务院授权的部门核准。2006年年底,国务院办公厅发布的《关于严厉打击非法发行股票和非法经营证券业务有关问题的通知》规定,第一,严禁擅自公开发行股票,向不特定对象发行股票或向特定对象发行股票后股东累计超过200人的,为公开发行,应依法报经证监会核准。第二,严禁变相公开发行股票。非公开发行股票及其股权转让,不得采用广告、公告、广播、电话、传真、信函、推介会、说明会、网络、短信、公开劝诱等公开方式或变相公开方式向社会公众发行。严禁任何公司股东自行或委托他人以公开方式向社会公众转让股票。

综上,国家一直禁止擅自进行非上市公司的股权交易。本案中,被告单位安基公司与被告人郑戈在2001年至2007年8月期间,连续不间断地擅自向社会公众转让股权,其行为违反上述规定,系在未经有关主管部门批准的情况下实施发行股票行为。

二、有无实施发行股票的行为

根据本案事实,被告单位安基公司与被告人郑戈擅自向社会公众转让股权的行为,属于国务院办公厅《关于严厉打击非法发行股票和非法经营证券业务有关问题的通知》所严禁的行为，应当认定为刑法第一百七十九条规定的“擅自发行股票、公司、企业债券”的行为。

1. 受让人属于不特定对象。区分特定对象与不特定对象，应当结合投资者的选择程序、承担风险能力与人数等因素综合分析。通常情况下，出让方委托中介机构面向社会公众采用推广会等方式进行宣传，随后筛选出合适的投资人，审查投资人的资产价值与申报财产内容的真实性、是否具备识别并承担风险能力等内容，明确提示投资风险，有明确的人数和资金总量的限制。对于符合上述条件的，应当认定为属于特定对象。相反，对于不设定任何标准和人数条件，不考察投资人的具体情况，只要出资即予以接纳的情况，应当认为属于不特定对象。本案中，被告单位安基公司委托中介公司与个人，随机向上海及浙江宁波等地的居民进行推销，不审查财产状况且没有人数限制，应当认定为向不特定对象转让股权。

2. 转让股权的价格具有不确定性。合法的转让股权应由第三方对公司财务状况进行审计，结合审计结论、运营情况、公司拟上市后的预增利润等综合因素，由出让方确定统一合理的出让价格，报证券监管部门批准备案后向全社会公布。本案中，转让股权价格未经过任何审计、批准备案、公开的程序，仅由被告人郑戈与中介公司商定，按照注册资本 3400 万元确定为 3400 万股，据审计报告显示，每股转让价格从 1.5 元到 4.2 元不等，包括 12 种不同价格。这充分说明涉案股权转让价格具有极大的随意性和不确定性。

3. 采用公开的形式转让股权。判断公开与非公开方式的标准，是信息沟通渠道是否畅通。非公开发行是指基于相互信任与意思自治原则，双方能够交流获取真实有效的信息，无需借助第三方力量来传递信息达到沟通目的。而公开发行由于面向社会公众且信息不对称，出让方需要借助中介力量，利用广告、公告、广播、电话、推介会、说明会、网络等方式传递信息，以达到吸引投资人获取资金的目的。本案中，被告单位安基公司与被告人郑戈委托多家中介公司与个人，先采用随机拨打电话的方式，以提供理财帮助为名邀请不特定对象到中介公司，后由业务员介绍并推销股权，对于犹豫不决的客户，业务员反复打电话以动员劝诱。故可以认定涉案股权转让形式属于公开发行。

4. 转让股权的运作模式不合规。由于涉及社会公众权益，转让股权必须接受多方面的监管，要求运作模式必须合法规范，包括中介机构的主体资格、签订合同的内容、披露信息的要求、财务情况公开、区分收费账户与公司账户、按约履行权利义务等等。本案中，被告单位安基公司与被告人郑戈转让股权没有详细工作计划，没有披露公司的详细财务状况，没有委托固定有资质的中介机构，没有签订规范的服务合同，在2002年到2007年8月间，被告方频繁地更换中介公司与个人，这种运作模式完全不符合规范。

5. 募集资金全部用于经营活动和支付中介费用。实践中，存在利用擅自发行股票的方法取得资金以实施集资诈骗的情况发生，这种集资诈骗罪与擅自发行股票罪的主要区别在于主观上是否具有非法占有的目的。集资诈骗罪是以非法占有为目的，行为人发行股票只是诈骗财产的一种手段，在取得钱款后往往出现携款逃跑、挥霍滥用、抽逃转移资金、隐匿销毁账目等情况。擅自发行股票罪的主观方面则是为了非法募集生产经营资金，不具备非法占有的目的。本案中，被告单位安基公司募集资金1109万元均存入公司账户，有400万元支付中介代理费，另有600余万元用于公司的生产经营活动，包括租用厂房、购买设备、支付工资、研发费用等等，且公司财务账册中未反映有挪用抽逃等不正常现象发生，仅仅由于客观上经营不善导致钱款不能返还，不能认定主观上具有非法占有目的。

根据最高人民法院、最高人民检察院、公安部、证监会《关于整治非法证券活动有关问题的通知》的规定，公司、公司股东违反规定擅自向社会公众转让股票，应当追究擅自发行股票罪的责任。根据最高人民检察院、公安部《关于经济犯罪案件追诉标准的规定》的规定，未经国家有关主管部门批准，擅自发行股票涉嫌下列情形之一的，应予追诉：数额在50万以上的、不能及时清偿或者清退的、造成恶劣影响的。这是对于擅自发行股票罪的情节要件规定，本案符合此项规定。

此外，本案中部分受让人到股权托管中心托管并到工商部门备案的情节不影响犯罪的认定。根据证监会(2001)5号文《关于未上市股份公司股权托管问题的意见》的规定，未上市股份公司股权托管问题，成因复杂，涉及面广，清理规范工作主要由地方政府负责。在这一政策指引下，许多地方政府都以行政规章的形式要求对非上市公司的股权进行集中托管，据此，上海市发布《关于进一步规范本市发起设立股份有限公司审批、登记和备案相关事项的通知》，在此背景之下，上海股权托管中心应运而生。依据股权托管中心提供的资料显示，其是专业从事非上市股份公司股权集中托管、过户、查询、分红等业务的股权托管登记服务机构，为非上市股份公司股权规范有序流动提供服务平台，其主要职能分三类，股权托管、登记与服务功能。托管中心仅负责为股权转让双方办理过户登记手续，并向受让人发放托管卡，记载有股权名称、双方姓名、证件信息、转让份额、托管账号等信息，受让人凭托管卡号和账户密码，可以查询到个人持股情况及托管中心提供的公司相关信息。本案中，有157名受让人在购买股权后曾到股权托管中心进行登记领取托管卡，并被列入被告单位安基公司的股东名册且在工商部门备案。安基公司确认这157人具有公司股东的身份，但是，由于安基公司一直处于药物研发阶段，没有经营和销售行为，没有盈利分红，没有因重大事项召开过股东大会，因此这部分人没有参与公司经营管理和决策，实质上他们未能享受股东权利和履行股东义务。从全案情况分析，到托管中心登记的157人和未登记的106人，他们购买股权的动机和目的是完全一致的，由于安基公司谎称将在美国纳斯达克上市股票能获得巨大利润，并承诺如果不能上市将原价回购股票，使得全部受让人轻信这些言语且相信投资能够保本，他们投资购买股权的主观目的是希望通过投资换取未来的利润。托管中心作为第三方组织，对于股权转让行为只负责登记备案，并没有审核及监督义务，托管登记的形式，仅证实双方确有股权转让行为，但不能证明股权转让行为本身的合法与否。因此这一情节不影响本案的定性。

综上，被告单位安基公司违反国家政策及相关法律规定，未经证券监管部门的批准，委托他人以公开方式向不特定社会公众发行股票，情节严重，被告人郑戈系安基公司直接负责的主管人员，其行为均已构成擅自发行股票罪。公诉机关指控的罪名成立，被告单位、被告人及辩护人的辩护理由不成立，不予采纳。被告单位与被告人均有自首情节，依法从轻处罚。对被告人应予数罪并罚。据此，上海市浦东新区人民法院依照刑法第一百第一百七十九条、第六十七条、第六十九条、第七十条、第五十三条、第六十四条之规定，于2009年9月24日判决如下：

一、被告单位安基公司犯擅自发行股票罪，判处罚金人民币三十万元；

二、被告人郑戈犯擅自发行股票罪，判处有期徒刑二年，维持(2008)

> 六刑初字第82号刑事判决对郑戈判处的有期徒刑四年,决定执行有期徒刑五年六个月;
>
> 三、违法所得予以追缴。①

第一百八十九条　【骗取发行核准的法律责任】发行人不符合发行条件,以欺骗手段骗取发行核准,尚未发行证券的,处以三十万元以上六十万元以下的罚款;已经发行证券的,处以非法所募资金金额百分之一以上百分之五以下的罚款。对直接负责的主管人员和其他直接责任人员处以三万元以上三十万元以下的罚款。

发行人的控股股东、实际控制人指使从事前款违法行为的,依照前款的规定处罚。

第一百九十条　【违法承销的法律责任】证券公司承销或者代理买卖未经核准擅自公开发行的证券的,责令停止承销或者代理买卖,没收违法所得,并处以违法所得一倍以上五倍以下的罚款;没有违法所得或者违法所得不足三十万元的,处以三十万元以上六十万元以下的罚款。给投资者造成损失的,应当与发行人承担连带赔偿责任。对直接负责的主管人员和其他直接责任人员给予警告,撤销任职资格或者证券从业资格,并处以三万元以上三十万元以下的罚款。

第一百九十一条　【违法承销的法律责任】证券公司承销证券,有下列行为之一的,责令改正,给予警告,没收违法所得,可以并处三十万元以上六十万元以下的罚款;情节严重的,暂停或者撤销相关业务许可。给其他证券承销机构或者投资者造成损失的,依法承担赔偿责任。对直接负责的主管人员和其他直接责任人员给予警告,可以并处三万元以上三十万元以下的罚款;情节严重的,撤销任职资格或者证券从业资格:

(一)进行虚假的或者误导投资者的广告或者其他宣传推介活动;

(二)以不正当竞争手段招揽承销业务;

(三)其他违反证券承销业务规定的行为。

---

①　宣判后,被告单位安基公司与被告人郑戈均未上诉,公诉机关未抗诉,一审判决已经生效。

第一百九十二条 【保荐人虚假陈述的行政责任】保荐人出具有虚假记载、误导性陈述或者重大遗漏的保荐书，或者不履行其他法定职责的，责令改正，给予警告，没收业务收入，并处以业务收入一倍以上五倍以下的罚款；情节严重的，暂停或者撤销相关业务许可。对直接负责的主管人员和其他直接责任人员给予警告，并处以三万元以上三十万元以下的罚款；情节严重的，撤销任职资格或者证券从业资格。

第一百九十三条 【发行人虚假陈述的行政责任】发行人、上市公司或者其他信息披露义务人未按照规定披露信息，或者所披露的信息有虚假记载、误导性陈述或者重大遗漏的，责令改正，给予警告，并处以三十万元以上六十万元以下的罚款。对直接负责的主管人员和其他直接责任人员给予警告，并处以三万元以上三十万元以下的罚款。

发行人、上市公司或者其他信息披露义务人未按照规定报送有关报告，或者报送的报告有虚假记载、误导性陈述或者重大遗漏的，责令改正，给予警告，并处以三十万元以上六十万元以下的罚款。对直接负责的主管人员和其他直接责任人员给予警告，并处以三万元以上三十万元以下的罚款。

发行人、上市公司或者其他信息披露义务人的控股股东、实际控制人指使从事前两款违法行为的，依照前两款的规定处罚。

相关规范性文件条文

《最高人民法院印发〈关于审理证券行政处罚案件证据若干问题的座谈会纪要〉的通知》(2011年7月13日 法〔2011〕225号)

关于上市公司信息披露违法责任人的证明问题，根据证券法第六十八条规定，上市公司董事、监事、高级管理人员对上市公司信息披露的真实性、准确性和完整性应当承担较其他人员更严格的法定保证责任。人民法院在审理证券法第一百九十三条违反信息披露义务行政处罚案件时，涉及到对直接负责的主管人员和其他直接责任人员处罚的，应当区分证券法第六十八条规定的人员和该范围之外其他人员的不同责任标准与证明方式。

监管机构根据证券法第六十八条、第一百九十三条规定，结合上市公司董事、监事、高级管理人员与信息披露违法行为之间履行职责的关

> 联程度，认定其为直接负责的主管人员或者其他直接责任人员并给予处罚，被处罚人不服提起诉讼的，应当提供其对该信息披露行为已尽忠实、勤勉义务等证据。
>
> 对上市公司董事、监事、高级管理人员之外的人员，监管机构认定其为上市公司信息披露违法行为直接负责的主管人员或者其他直接责任人员并给予处罚的，应当证明被处罚人具有下列情形之一：（一）实际履行董事、监事和高级管理人员的职责，并与信息披露违法行为存在直接关联；（二）组织、参与、实施信息披露违法行为或直接导致信息披露违法。

第一百九十四条 【擅自改变募集资金用途的法律责任】发行人、上市公司擅自改变公开发行证券所募集资金的用途的，责令改正，对直接负责的主管人员和其他直接责任人员给予警告，并处以三万元以上三十万元以下的罚款。

发行人、上市公司的控股股东、实际控制人指使从事前款违法行为的，给予警告，并处以三十万元以上六十万元以下的罚款。对直接负责的主管人员和其他直接责任人员依照前款的规定处罚。

第一百九十五条 【短线交易的法律责任】上市公司的董事、监事、高级管理人员、持有上市公司股份百分之五以上的股东，违反本法第四十七条的规定买卖本公司股票的，给予警告，可以并处三万元以上十万元以下的罚款。

第一百九十六条 【非法开设证券交易场所的法律责任】非法开设证券交易场所的，由县级以上人民政府予以取缔，没收违法所得，并处以违法所得一倍以上五倍以下的罚款；没有违法所得或者违法所得不足十万元的，处以十万元以上五十万元以下的罚款。对直接负责的主管人员和其他直接责任人员给予警告，并处以三万元以上三十万元以下的罚款。

第一百九十七条 【非法经营证券业务的法律责任】未经批准，擅自设立证券公司或者非法经营证券业务的，由证券监督管理机构予以取缔，没收违法所得，并处以违法所得一倍以上五倍以下的罚款；没有违法所得或者违法所得不足三十万元的，处以三十万元以上六十万元以下的罚款。对直接负责的主管人员和其他直接责任人员给予警告,并处以三万元以上三十万元以下的罚款。

第一百九十八条 【聘任不具有任职资格、证券从业资格的人员的法律责任】违反本法规定,聘任不具有任职资格、证券从业资格的人员的,由证券监督管理机构责令改正,给予警告,可以并处十万元以上三十万元以下的罚款;对直接负责的主管人员给予警告,可以并处三万元以上十万元以下的罚款。

第一百九十九条 【违法买卖股票的法律责任】法律、行政法规规定禁止参与股票交易的人员,直接或者以化名、借他人名义持有、买卖股票的,责令依法处理非法持有的股票,没收违法所得,并处以买卖股票等值以下的罚款;属于国家工作人员的,还应当依法给予行政处分。

相关行政处罚决定书摘要

"中国证监会行政处罚决定书(山东神光咨询服务有限责任公司)"(〔2005〕36号)对证券投资咨询机构的从业人员违反规定买卖本咨询机构提供服务的上市公司股票的行为作出了行政处罚。相关行政处罚决定书摘要如下:

经查,1995年6月5日,孙成刚开立了股票账户A123568832。2004年4月6日,安源实业股份有限公司(以下称安源股份)2003年年报披露,孙成刚上述股票账户中持有该公司22.07万股流通股,根据持股数量是该公司排名第十位的股东。上述股票账户于2000年12月21日起指定在海通证券股份有限公司上海崂山西路证券营业部进行交易,2004年5月18日该账户撤销指定交易。经查,该账户在2000年12月21日至2002年3月25日挂于孙成刚配偶王艳红资金账户下,2002年3月26日至2004年5月18日挂于孙成刚岳母滕德英资金账户下。自2002年3月25日至2004年4月22日,孙成刚股票账户除安源股份外,还买卖了其他81只股票,共计进行了831笔交易,盈利1,992,110.42元。违法行为发生时,孙成刚系山东神光咨询服务有限责任公司的大股东、执行董事和首席分析师。

孙成刚的行为违反了《证券、期货投资咨询管理暂行办法》第二十四条"证券、期货投资咨询机构及其投资咨询人员,不得从事下列活动:……

（四）为自己买卖股票及具有股票性质、功能的证券以及期货……（六）法律、法规、规章所禁止的其他证券、期货欺诈行为”、《证券法》第三十七条第一款“证券交易所、证券公司、证券登记结算机构从业人员、证券监督管理机构工作人员和法律、行政法规禁止参与股票交易的其他人员，在任期或者法定限期内，不得直接或者以化名、借他人名义持有、买卖股票，也不得收受他人赠送的股票”、《证券法》第一百五十九条“证券投资咨询机构的从业人员不得从事下列行为：……（三）买卖本咨询机构提供服务的上市公司股票”的规定，构成了《证券法》第一百八十条“法律、行政法规规定禁止参与股票交易的人员，直接或者以化名、借他人名义持有、买卖股票”的行为。①

由于孙成刚的违法行为受到本会的行政处罚，根据《证券、期货投资咨询管理暂行办法》第三十三条“证券、期货投资咨询机构有下列行为之一的，由地方证管办（证监会）处一万元以上，五万元以下的罚款；情节严重的，地方证管办（证监会）应当向中国证监会报告，由中国证监会作出暂停或者撤销其业务资格的处罚：……（四）本机构证券、期货投资咨询人员违反本办法规定，受到证券监管部门行政处罚的”之规定，本会决定对山东神光咨询服务有限责任公司处以五万元的罚款。

第二百条　【诱骗投资者买卖证券的法律责任】证券交易所、证券公司、证券登记结算机构、证券服务机构的从业人员或者证券业协会的工作人员，故意提供虚假资料，隐匿、伪造、篡改或者毁损交易记录，诱骗投资者买卖证券的，撤销证券从业资格，并处以三万元以上十万元以下的罚款；属于国家工作人员的，还应当依法给予行政处分。

相关法律条文

《刑法》（2015年8月29日修正）

第一百八十一条　【编造并传播证券、期货交易虚假信息罪；诱骗投资者买卖证券、期货合约罪】编造并且传播影响证券、期货交易的虚假信息，扰乱证券、期货交易市场，造成严重后果的，处五年以下有期徒刑或者拘役，并处或者单处一万元以上十万元以下罚金。

① 本行政处罚决定书中的《证券法》是指2005年10月修改前的《证券法》。

证券交易所、期货交易所、证券公司、期货经纪公司的从业人员，证券业协会、期货业协会或者证券期货监督管理部门的工作人员，故意提供虚假信息或者伪造、变造、销毁交易记录，诱骗投资者买卖证券、期货合约，造成严重后果的，处五年以下有期徒刑或者拘役，并处或者单处一万元以上十万元以下罚金；情节特别恶劣的，处五年以上十年以下有期徒刑，并处二万元以上二十万元以下罚金。

第二百零一条 【证券服务机构和人员违法买卖股票的法律责任】为股票的发行、上市、交易出具审计报告、资产评估报告或者法律意见书等文件的证券服务机构和人员，违反本法第四十五条的规定买卖股票的，责令依法处理非法持有的股票，没收违法所得，并处以买卖股票等值以下的罚款。

第二百零二条 【内幕交易的行政责任】证券交易内幕信息的知情人或者非法获取内幕信息的人，在涉及证券的发行、交易或者其他对证券的价格有重大影响的信息公开前，买卖该证券，或者泄露该信息，或者建议他人买卖该证券的，责令依法处理非法持有的证券，没收违法所得，并处以违法所得一倍以上五倍以下的罚款；没有违法所得或者违法所得不足三万元的，处以三万元以上六十万元以下的罚款。单位从事内幕交易的，还应当对直接负责的主管人员和其他直接责任人员给予警告，并处以三万元以上三十万元以下的罚款。证券监督管理机构工作人员进行内幕交易的，从重处罚。

相关规范性文件条文

《最高人民法院印发〈关于审理证券行政处罚案件证据若干问题的座谈会纪要〉的通知》(2011年7月13日 法〔2011〕225号)

监管机构提供的证据能够证明以下情形之一，且被处罚人不能作出合理说明或者提供证据排除其存在利用内幕信息从事相关证券交易活动的，人民法院可以确认被诉处罚决定认定的内幕交易行为成立：(一)证券法第七十四条规定的证券交易内幕信息知情人，进行了与该内幕信息有关的证券交易活动；(二)证券法第七十四条规定的内幕信息知情人的配偶、父母、子女以及其他有密切关系的人，其证券交易活动与该内幕信息基本吻合；(三)因履行工作职责知悉上述内幕信息并进行了与该信息有关的证券交易活动；(四)非法获取内幕信息，并进行了与该内幕信息有关的证券交易活动；(五)内幕信息公开前与内幕信息知情人或知晓该内幕信息的人联络、接触，其证券交易活动与内幕信息高度吻合。

第二百零三条 【操纵市场的行政责任】违反本法规定，操纵证券市场的，责令依法处理非法持有的证券，没收违法所得，并处以违法所得一倍以上五倍以下的罚款；没有违法所得或者违法所得不足三十万元的，处以三十万元以上三百万元以下的罚款。单位操纵证券市场的，还应当对直接负责的主管人员和其他直接责任人员给予警告，并处以十万元以上六十万元以下的罚款。

第二百零四条 【在限制转让期限内买卖证券的法律责任】违反法律规定，在限制转让期限内买卖证券的，责令改正，给予警告，并处以买卖证券等值以下的罚款。对直接负责的主管人员和其他直接责任人员给予警告，并处以三万元以上三十万元以下的罚款。

第二百零五条 【违法融资融券的法律责任】证券公司违反本法规定，为客户买卖证券提供融资融券的，没收违法所得，暂停或者撤销相关业务许可，并处以非法融资融券等值以下的罚款。对直接负责的主管人员和其他直接责任人员给予警告，撤销任职资格或者证券从业资格，并处以三万元以上三十万元以下的罚款。

第二百零六条 【编造、传播虚假信息的法律责任】违反本法第七十八条第一款、第三款的规定，扰乱证券市场的，由证券监督管理机构责令改正，没收违法所得，并处以违法所得一倍以上五倍以下的罚款；没有违法所得或者违法所得不足三万元的，处以三万元以上二十万元以下的罚款。

第二百零七条 【虚假陈述、信息误导的法律责任】违反本法第七十八条第二款的规定，在证券交易活动中作出虚假陈述或者信息误导的，责令改正，处以三万元以上二十万元以下的罚款；属于国家工作人员的，还应当依法给予行政处分。

第二百零八条 【法人以他人名义设立账户或者利用他人账户买卖证券的法律责任】违反本法规定,法人以他人名义设立账户或者利用他人账户买卖证券的,责令改正,没收违法所得,并处以违法所得一倍以上五倍以下的罚款;没有违法所得或者违法所得不足三万元的,处以三万元以上三十万元以下的罚款。对直接负责的主管人员和其他直接责任人员给予警告,并处以三万元以上十万元以下的罚款。

证券公司为前款规定的违法行为提供自己或者他人的证券交易账户的,除依照前款的规定处罚外,还应当撤销直接负责的主管人员和其他直接责任人员的任职资格或者证券从业资格。

第二百零九条 【证券自营业务违法的法律责任】证券公司违反本法规定,假借他人名义或者以个人名义从事证券自营业务的,责令改正,没收违法所得,并处以违法所得一倍以上五倍以下的罚款;没有违法所得或者违法所得不足三十万元的,处以三十万元以上六十万元以下的罚款;情节严重的,暂停或者撤销证券自营业务许可。对直接负责的主管人员和其他直接责任人员给予警告,撤销任职资格或者证券从业资格,并处以三万元以上十万元以下的罚款。

第二百一十条 【证券公司违背客户的委托应承担的责任】证券公司违背客户的委托买卖证券、办理交易事项,或者违背客户真实意思表示,办理交易以外的其他事项的,责令改正,处以一万元以上十万元以下的罚款。给客户造成损失的,依法承担赔偿责任。

相关裁判摘要

2001年第5期《中华人民共和国最高人民法院公报》刊登的**"王高武诉云集路证券营业部股票纠纷案"**的判决认为,证券公司在经办代理业务的过程中违规操作,违背客户委托,应承担赔偿责任。相关裁判摘要如下:

华夏证券有限公司武汉分公司宜昌云集路营业路(以下简称云集路营业部)作为王高武的指定代理商,负有保障王高武账户股票及资金安全的义务。云集路营业部在经办代理业务的过程中违规操作,未经严格审查并履行相关手续,对王高武账户轻率办理清密、大额取款预约

> 及取款业务，致王高武账户股票被卖、资金被取走，在没有充分证据证实"是王高武所为"或"是王高武委托他人所为"的情况下，应当赔偿王高武被取走的资金，并按同期银行存款利率年息2.25%承担利息损失。同时，对王高武因处理该纠纷的误工费及相关差旅费损失，云集路营业部也应酌情赔偿。

第二百一十一条　【挪用客户的资金或者证券、擅自为客户买卖证券的法律责任】证券公司、证券登记结算机构挪用客户的资金或者证券，或者未经客户的委托，擅自为客户买卖证券的，责令改正，没收违法所得，并处以违法所得一倍以上五倍以下的罚款；没有违法所得或者违法所得不足十万元的，处以十万元以上六十万元以下的罚款；情节严重的，责令关闭或者撤销相关业务许可。对直接负责的主管人员和其他直接责任人员给予警告，撤销任职资格或者证券从业资格，并处以三万元以上三十万元以下的罚款。

第二百一十二条　【经纪业务违法的法律责任】证券公司办理经纪业务，接受客户的全权委托买卖证券的，或者证券公司对客户买卖证券的收益或者赔偿证券买卖的损失作出承诺的，责令改正，没收违法所得，并处以五万元以上二十万元以下的罚款，可以暂停或者撤销相关业务许可。对直接负责的主管人员和其他直接责任人员给予警告，并处以三万元以上十万元以下的罚款，可以撤销任职资格或者证券从业资格。

第二百一十三条　【收购人违法收购的法律责任】收购人未按照本法规定履行上市公司收购的公告、发出收购要约等义务的，责令改正，给予警告，并处以十万元以上三十万元以下的罚款；在改正前，收购人对其收购或者通过协议、其他安排与他人共同收购的股份不得行使表决权。对直接负责的主管人员和其他直接责任人员给予警告，并处以三万元以上三十万元以下的罚款。

第二百一十四条　【收购人及其控股股东违法收购的法律责任】收购人或者收购人的控股股东，利用上市公司收购，损害被收购公司及其股东的合法权益的，责令改正，给予警告；情节严重的，并处以十万元以上六十万元以下的罚款。给被收购公司及其股东造成损失的，依法承担赔偿责任。对直接负责的主管人员和其他直接责任人员给予警告，并处以三万元以上三十万元以下的罚款。

第二百一十五条　【私下接受客户委托买卖证券的法律责任】证券公司及其从业人员违反本法规定，私下接受客户委托买卖证券的，责令改正，给予警告，没收违法所得，并处以违法所得一倍以上五倍以下的罚款；没有违法所得或者违法所得不足十万元的，处以十万元以上三十万元以下的罚款。

第二百一十六条　【未经批准经营非上市证券的交易的法律责任】证券公司违反规定，未经批准经营非上市证券的交易的，责令改正，没收违法所得，并处以违法所得一倍以上五倍以下的罚款。

第二百一十七条　【证券公司违法停业的法律责任】证券公司成立后，无正当理由超过三个月未开始营业的，或者开业后自行停业连续三个月以上的，由公司登记机关吊销其公司营业执照。

第二百一十八条　【证券公司重大事项违法的法律责任】证券公司违反本法第一百二十九条的规定，擅自设立、收购、撤销分支机构，或者合并、分立、停业、解散、破产，或者在境外设立、收购、参股证券经营机构的，责令改正，没收违法所得，并处以违法所得一倍以上五倍以下的罚款；没有违法所得或者违法所得不足十万元的，处以十万元以上六十万元以下的罚款。对直接负责的主管人员给予警告，并处以三万元以上十万元以下的罚款。

证券公司违反本法第一百二十九条的规定，擅自变更有关事项的，责令改正，并处以十万元以上三十万元以下的罚款。对直接负责的主管人员给予警告，并处以五万元以下的罚款。

第二百一十九条　【超出业务许可范围经营证券业务的法律责任】证券公司违反本法规定，超出业务许可范围经营证券业务的，责令改正，没收违法所得，并处以违法所得一倍以上五倍以下的罚款；没有违法所得或者违法所得不足三十万元的，处以三十万元以上六十万元以下罚款；情节严重的，责令关闭。对直接负责的主管人员和其他直接责任人员给予警告，撤销任职资格或者证券从业资格，并处以三万元以上十万元以下的罚款。

第二百二十条 【混合操作证券业务的法律责任】 证券公司对其证券经纪业务、证券承销业务、证券自营业务、证券资产管理业务，不依法分开办理，混合操作的，责令改正，没收违法所得，并处以三十万元以上六十万元以下的罚款；情节严重的，撤销相关业务许可。对直接负责的主管人员和其他直接责任人员给予警告，并处以三万元以上十万元以下的罚款；情节严重的，撤销任职资格或者证券从业资格。

第二百二十一条 【骗取证券业务许可的法律责任】 提交虚假证明文件或者采取其他欺诈手段隐瞒重要事实骗取证券业务许可的，或者证券公司在证券交易中有严重违法行为，不再具备经营资格的，由证券监督管理机构撤销证券业务许可。

第二百二十二条 【报送信息违法的法律责任】 证券公司或者其股东、实际控制人违反规定，拒不向证券监督管理机构报送或者提供经营管理信息和资料，或者报送、提供的经营管理信息和资料有虚假记载、误导性陈述或者重大遗漏的，责令改正，给予警告，并处以三万元以上三十万元以下的罚款，可以暂停或者撤销证券公司相关业务许可。对直接负责的主管人员和其他直接责任人员，给予警告，并处以三万元以下的罚款，可以撤销任职资格或者证券从业资格。

证券公司为其股东或者股东的关联人提供融资或者担保的，责令改正，给予警告，并处以十万元以上三十万元以下的罚款。对直接负责的主管人员和其他直接责任人员，处以三万元以上十万元以下的罚款。股东有过错的，在按照要求改正前，国务院证券监督管理机构可以限制其股东权利；拒不改正的，可以责令其转让所持证券公司股权。

第二百二十三条 【证券服务机构虚假陈述的法律责任】 证券服务机构未勤勉尽责，所制作、出具的文件有虚假记载、误导性陈述或者重大遗漏的，责令改正，没收业务收入，暂停或者撤销证券服务业务许可，并处以业务收入一倍以上五倍以下的罚款。对直接负责的主管人员和其他直接责任人员给予警告，撤销证券从业资格，并处以三万元以上十万元以下的罚款。

第二百二十四条 【违法发行、承销公司债券的法律责任】 违反本法规定,发行、承销公司债券的,由国务院授权的部门依照本法有关规定予以处罚。

第二百二十五条 【资料保持违法的法律责任】上市公司、证券公司、证券交易所、证券登记结算机构、证券服务机构,未按照有关规定保存有关文件和资料的,责令改正,给予警告,并处以三万元以上三十万元以下的罚款;隐匿、伪造、篡改或者毁损有关文件和资料的,给予警告,并处以三十万元以上六十万元以下的罚款。

第二百二十六条 【擅自设立证券登记结算机构的法律责任】未经国务院证券监督管理机构批准,擅自设立证券登记结算机构的,由证券监督管理机构予以取缔,没收违法所得,并处以违法所得一倍以上五倍以下的罚款。

投资咨询机构、财务顾问机构、资信评级机构、资产评估机构、会计师事务所未经批准,擅自从事证券服务业务的,责令改正,没收违法所得,并处以违法所得一倍以上五倍以下的罚款。

证券登记结算机构、证券服务机构违反本法规定或者依法制定的业务规则的,由证券监督管理机构责令改正,没收违法所得,并处以违法所得一倍以上五倍以下的罚款;没有违法所得或者违法所得不足十万元的,处以十万元以上三十万元以下的罚款;情节严重的,责令关闭或者撤销证券服务业务许可。

第二百二十七条 【不依法履行职责的法律责任】国务院证券监督管理机构或者国务院授权的部门有下列情形之一的,对直接负责的主管人员和其他直接责任人员,依法给予行政处分:

(一)对不符合本法规定的发行证券、设立证券公司等申请予以核准、批准的;

(二)违反规定采取本法第一百八十条规定的现场检查、调查取证、查询、冻结或者查封等措施的;

(三)违反规定对有关机构和人员实施行政处罚的;

(四)其他不依法履行职责的行为。

第二百二十八条 【渎职的法律责任】证券监督管理机构的工作人员和发行审核委员会的组成人员,不履行本法规定的职责,滥用职权、玩忽职守,利用职务便利牟取不正当利益,或者泄露所知悉的有关单位和个人的商业秘密的,依法追究法律责任。

第二百二十九条 【违法同意上市申请的法律责任】证券交易所对不符合本法规定条件的证券上市申请予以审核同意的,给予警告,没收业务收入,并处以业务收入一倍以上五倍以下的罚款。对直接负责的主管人员和其他直接责任人员给予警告,并处以三万元以上三十万元以下的罚款。

第二百三十条 【治安管理】拒绝、阻碍证券监督管理机构及其工作人员依法行使监督检查、调查职权未使用暴力、威胁方法的,依法给予治安管理处罚。

第二百三十一条 【刑事责任】违反本法规定,构成犯罪的,依法追究刑事责任。

第二百三十二条 【民事赔偿优先】违反本法规定,应当承担民事赔偿责任和缴纳罚款、罚金,其财产不足以同时支付时,先承担民事赔偿责任。

第二百三十三条 【证券市场禁入】违反法律、行政法规或者国务院证券监督管理机构的有关规定,情节严重的,国务院证券监督管理机构可以对有关责任人员采取证券市场禁入的措施。

前款所称证券市场禁入,是指在一定期限内直至终身不得从事证券业务或者不得担任上市公司董事、监事、高级管理人员的制度。

相关行政规章条文

《证券市场禁入规定》(2006年3月7日中国证券监督管理委员会第173次主席办公会议审议通过,自2006年7月10日起施行)

第一条 为了维护证券市场秩序,保护投资者合法权益和社会公众利益,促进证券市场健康稳定发展,根据《中华人民共和国证券法》等法律、行政法规,制定本规定。

第二条 中国证券监督管理委员会(以下简称中国证监会)对违反法律、行政法规或者中国证监会有关规定的有关责任人员采取证券市场禁入措施,以事实为依据,遵循公开、公平、公正的原则。

第三条 下列人员违反法律、行政法规或者中国证监会有关规定，情节严重的，中国证监会可以根据情节严重的程度，采取证券市场禁入措施：

（一）发行人、上市公司、非上市公众公司的董事、监事、高级管理人员，其他信息披露义务人或者其他信息披露义务人的董事、监事、高级管理人员；

（二）发行人、上市公司、非上市公众公司的控股股东、实际控制人，或者发行人、上市公司、非上市公众公司控股股东、实际控制人的董事、监事、高级管理人员；

（三）证券公司的董事、监事、高级管理人员及其内设业务部门负责人、分支机构负责人或者其他证券从业人员；

（四）证券公司的控股股东、实际控制人或者证券公司控股股东、实际控制人的董事、监事、高级管理人员；

（五）证券服务机构的董事、监事、高级管理人员等从事证券服务业务的人员和证券服务机构的实际控制人或者证券服务机构实际控制人的董事、监事、高级管理人员；

（六）证券投资基金管理人、证券投资基金托管人的董事、监事、高级管理人员及其内设业务部门、分支机构负责人或者其他证券投资基金从业人员；

（七）中国证监会认定的其他违反法律、行政法规或者中国证监会有关规定的有关责任人员。

第四条 被中国证监会采取证券市场禁入措施的人员，在禁入期间内，除不得继续在原机构从事证券业务或者担任原上市公司、非上市公众公司董事、监事、高级管理人员职务外，也不得在其他任何机构中从事证券业务或者担任其他上市公司、非上市公众公司董事、监事、高级管理人员职务。

被采取证券市场禁入措施的人员，应当在收到中国证监会作出的证券市场禁入决定后立即停止从事证券业务或者停止履行上市公司、非上市公众公司董事、监事、高级管理人员职务，并由其所在机构按规定的程序解除其被禁止担任的职务。

第五条 违反法律、行政法规或者中国证监会有关规定，情节严重的，可以对有关责任人员采取3至5年的证券市场禁入措施；行为恶劣、严重扰乱证券市场秩序、严重损害投资者利益或者在重大违法活动中起主要作用等情节较为严重的，可以对有关责任人员采取5至10年的证券市场禁入措施；有下列情形之一的，可以对有关责任人员采取终身的证券市场禁入措施：

（一）严重违反法律、行政法规或者中国证监会有关规定，构成犯罪的；

（二）从事保荐、承销、资产管理、融资融券等证券业务及其他证券服务业务，负有法定职责的人员，故意不履行法律、行政法规或者中国证监会规定的义务，并造成特别严重后果的；

（三）违反法律、行政法规或者中国证监会有关规定，采取隐瞒、编造重要事实等特别恶劣手段，或者涉案数额特别巨大的；

（四）违反法律、行政法规或者中国证监会有关规定，从事欺诈发行、内幕交易、操纵市场等违法行为，严重扰乱证券、期货市场秩序并造成严重社会影响，或者获取违法所得等不当利益数额特别巨大，或者致使投资者利益遭受特别严重损害的；

（五）违反法律、行政法规或者中国证监会有关规定，情节严重，应当采取证券市场禁入措施，且存在故意出具虚假重要证据，隐瞒、毁损重要证据等阻碍、抗拒证券监督管理机构及其工作人员依法行使监督检查、调查职权行为的；

（六）因违反法律、行政法规或者中国证监会有关规定，5年内被中国证监会给予除警告之外的行政处罚3次以上，或者5年内曾经被采取证券市场禁入措施的；

（七）组织、策划、领导或者实施重大违反法律、行政法规或者中国证监会有关规定的活动的；

（八）其他违反法律、行政法规或者中国证监会有关规定，情节特别严重的。

第六条　违反法律、行政法规或者中国证监会有关规定，情节严重的，可以单独对有关责任人员采取证券市场禁入措施，或者一并依法进行行政处罚；涉嫌犯罪的，依法移送公安机关、人民检察院，并可同时采取证券市场禁入措施。

第七条　有下列情形之一的，可以对有关责任人员从轻、减轻或者免予采取证券市场禁入措施：

（一）主动消除或者减轻违法行为危害后果的；

（二）配合查处违法行为有立功表现的；

（三）受他人指使、胁迫有违法行为，且能主动交待违法行为的；

（四）其他可以从轻、减轻或者免予采取证券市场禁入措施的。

第八条 共同违反法律、行政法规或者中国证监会有关规定，需要采取证券市场禁入措施的，对负次要责任的人员，可以比照负主要责任的人员，适当从轻、减轻或者免予采取证券市场禁入措施。

第九条 中国证监会采取证券市场禁入措施前，应当告知当事人采取证券市场禁入措施的事实、理由及依据，并告知当事人有陈述、申辩和要求举行听证的权利。

第十条 被采取证券市场禁入措施者因同一违法行为同时被认定有罪或者进行行政处罚的，如果对其所作有罪认定或行政处罚决定被依法撤销或者变更，并因此影响证券市场禁入措施的事实基础或者合法性、适当性的，依法撤销或者变更证券市场禁入措施。

第十一条 被中国证监会采取证券市场禁入措施的人员，中国证监会将通过中国证监会网站或指定媒体向社会公布，并记入被认定为证券市场禁入者的诚信档案。

第十二条 中国证监会依法宣布个人或者单位的直接责任人员为期货市场禁止进入者的，可以参照本规定执行。

第十三条 本规定自2006年7月10日起施行。1997年3月3日中国证监会发布施行的《证券市场禁入暂行规定》（证监〔1997〕7号）同时废止。

“中国证监会市场禁入决定书（孔德永、赵薇、黄有龙）”（〔2018〕7号）认定对孔德永、黄有龙、赵薇分别采取5年证券市场禁入措施，在禁入期间内，不得从事证券业务或者担任上市公司、非上市公众公司董事、监事、高级管理人员职务。相关市场禁入决定书摘要如下：

当事人：

孔德永，时任浙江万好万家文化股份有限公司（以下简称万家文化，现已更名为浙江祥源文化股份有限公司）董事长、实际控制人，万家文化控股股东万好万家集团有限公司（以下简称万家集团）董事长。

赵薇，女，西藏龙薇文化传媒有限公司（以下简称龙薇传媒）执行董事兼总经理，拥有香港临时居留权、新加坡永久居留权。

黄有龙，男，新加坡籍，赵薇配偶，经常居住地：香港。

经查明，当事人存在以下违法事实：

一、万家文化控股权转让事项经过

2016年12月23日，万家集团与龙薇传媒签订《万好万家集团有限公司与西藏龙薇文化传媒有限公司之股份转让协议》(以下简称《股份转让协议》),向龙薇传媒转让其持有的18,500万股万家文化无限售条件流通股,占万家文化已发行股份的29.135%。本次交易完成后,龙薇传媒将成为万家文化的控股股东。股份转让价款合计305,990万元,龙薇传媒分四笔向万家集团支付,股份转让协议签署之日起3个工作日内支付第一笔25,000万元;股份转让协议签署之日起30个工作日内支付第二笔120,000万元;股份过户完成之日起30个工作日内支付第三笔120,000万元;股份过户完成之日起180日内支付第四笔40,990万元。收购资金全部来源于龙薇传媒自有或自筹资金。

2016年12月27日,万家文化公告控股权转让事项。

2016年12月29日,万家文化公告收到上海证券交易所(以下简称上交所)《关于对浙江万好万家文化股份有限公司权益变动信息披露相关事项的问询函》。

2017年1月12日,龙薇传媒通过万家文化公告披露对上交所问询函的回复:关于资金来源,本次收购所需资金305,990万元全部为自筹资金,其中股东自有资金6000万元,已于2016年12月26日支付。向西藏银必信资产管理有限公司(以下简称银必信)借款150,000万元,借款额度有效期为该借款协议签订之日起三个月,借款年化利率10%,担保措施为赵薇个人信用担保,银必信已于2016年12月26日发放19,000万元。向金融机构质押融资剩余的149,990万元,金融机构股票质押融资目前正在金融机构审批流程中,融资年利率6%左右,担保措施为质押本次收购的上市公司股份,金融机构股票质押融资审批流程预计于2017年1月31日前完成。若龙薇传媒未能及时足额取得金融机构股票质押融资,龙薇传媒将积极与万家集团进行沟通以使本次交易顺利完成,同时继续寻求其他金融机构股票质押融资。

2017年2月13日,万家集团与龙薇传媒签署《关于股份转让协议之补充协议》,将转让给龙薇传媒的股份总数由原先的18,500万股调整为3200万股,转让总价款调整为52,928万元,股份转让比例降至5.0396%,调整后的股份转让方案将不会造成上市公司的实际控制人变更。同日,万家文化公告收到上交所《关于浙江万好万家文化股份有限公司控股股东股权转让相关事项的问询函》。

2017年2月14日,万家文化公告上述补充协议签署情况。

2017年2月16日,万家文化、万家集团、龙薇传媒以及各中介对上交所问询函做出回复:《股份转让协议》签订之后,龙薇传媒立即就本项目融资事宜开始与A银行某支行展开谈判协商,双方于2016年12月29日达成初步融资方案。因本项目融资金额较大,故需上报A银行总行进行审批。2017年1月20日,龙薇传媒接到A银行电话通知,本项目融资方案最终未获批准。此后,龙薇传媒立即与其他银行进行多次沟通,希望就本项目开展融资合作,但陆续收到其他银行口头反馈,均明确答复无法完成审批。因此,龙薇传媒判断无法按期完成融资计划。

2017年3月28日,万家文化公告《浙江万好万家文化股份有限公司关于控股股东股份转让进展公告》,称"截至目前,龙薇传媒未提供股份过户所需文件,也未派人前来配合办理股份过户手续,故尚未完成相关股份过户手续。"

2017年3月29日,万家文化公告收到上交所《关于浙江万好万家文化股份有限公司控股股东股权转让进展事项的问询函》。

2017年4月1日,万家文化对问询函作出回复:龙薇传媒表示在补充协议有效期内,万家文化收到了中国证监会《调查通知书》,由于标的公司(万家文化)正被立案调查,结果无法预知,交易存在无法预测的法律风险,龙薇传媒认为交易的客观情况已经发生变化,就补充协议是否继续履行需要与万家集团协商处理,因此未能按照协议约定办理相关股份过户手续。2017年3月29日,龙薇传媒与万家集团协商一致,双方同意终止本次交易,并于2017年3月31日签署《关于股份转让协议和补充协议之解除协议》(以下简称《解除协议》)。根据《解除协议》约定,原龙薇传媒与万家集团签署的《股份转让协议》和《关于股份转让协议之补充协议》解除,即万家集团不再向龙薇传媒转让任何标的股份,并将前期已收取的部分股份转让款返还给龙薇传媒,龙薇传媒不再向万家集团支付任何股份转让协议款,双方互不追究违约责任。

二、在控股权转让过程中,龙薇传媒通过万家文化在2017年1月12日、2017年2月16日公告中披露的信息存在虚假记载、误导性陈述及重大遗漏

(一)龙薇传媒在自身境内资金准备不足,相关金融机构融资尚待审批,存在极大不确定性的情况下,以空壳公司收购上市公司,且贸然予以公告,对市场和投资者产生严重误导

龙薇传媒于2016年11月2日成立,注册资本200万元,尚未实缴到位,未开展实际经营活动,总资产、净资产、营业收入、净利润都为零。

公司设立的主要目的在于从事国内文化方面的并购。2016年12月8日，龙薇传媒控股股东赵薇的配偶黄有龙及其代表赵政、龙薇传媒财务顾问恒泰长财证券有限责任公司（以下简称恒泰长财）副总经理靳某在杭州约见万家集团实际控制人孔德永，就本次股份转让事宜开始接触，当面沟通关于协议收购万家集团所持万家文化部分股份并获得万家文化控制权的意向。2016年12月23日，龙薇传媒与万家集团签订《股份转让协议》，收购万家文化29.135%的股份。

本次收购共需资金305,990万元，收购方案中，龙薇传媒自有资金6000万元，剩余资金均为借入，杠杆比例高达51倍。在《股份转让协议》签订后，龙薇传媒才与相关银行商谈融资，而该银行的融资款项需经总行审批流程，能否最终审批通过尚存在不确定性。

龙薇传媒在本次收购前一个月成立，期间未进行资金的充分筹备，在境内可支付资金有限、金融机构拟融入资金缺乏充分准备的情况下，采取高杠杆收购方式，签订股权转让协议。在履行能力、履行结果不确切，收购行为真实性、准确性不能保证的情况下，贸然公布收购信息。其行为因其名人效应等因素叠加，严重误导市场及投资者，引发市场和媒体的高度关注，致使万家文化股价大幅波动，严重扰乱了正常的市场秩序。

（二）龙薇传媒关于筹资计划和安排的信息披露存在虚假记载、重大遗漏

2016年12月9日，赵政根据黄有龙的指派与银必信的实际控制人秦某联系，告知秦某，黄有龙与孔德永谈妥拟收购万家文化控股权，作价30.6亿元，需要向银必信借入15亿元，秦某要求银必信的借款需要有金融机构的资金配套。赵政表示，如果金融机构的贷款在第二笔资金支付期限前审批下来的话，龙薇传媒将优先使用成本低的资金（金融机构的资金）。

经孔德永、万家集团财务总监王某中介绍，中信银行杭州分行拟为龙薇传媒提供融资服务。2016年12月29日，中信银行杭州分行的代表与龙薇传媒的代表洽谈融资方案。当天，经双方洽谈，中信银行杭州分行拟按照30亿元融资方案上报审批。

2017年1月12日，龙薇传媒通过万家文化在给上交所问询函的回复中称，其30.6亿元股权转让款全部为自筹资金，其中股东自有资金6000万元；向银必信借款15亿元，还款期限为3年，借款利率为年化利率

10%；向金融机构质押融资剩余149,990万元，金融机构股票质押融资目前正在金融机构审批流程中。上述公告中关于筹资计划和安排的内容存在虚假记载、重大遗漏：

第一，龙薇传媒在2017年1月12日的问询函回复中称向金融机构质押融资149,990万元，披露融资金额与中信银行融资方案中拟向龙薇传媒提供融资30亿元的实际情况不符。根据中信银行杭州分行相关人员提供的方案及询问笔录，龙薇传媒与中信银行杭州分行洽谈融资金额后，约定上报审批最高额度为30亿元的融资方案，中信银行内部实际申报方案中的融资金额也是不超过30亿元。

第二，龙薇传媒在2017年1月12日的问询函回复中披露的款项支付方式为确定的步骤、确定的金额，未完整披露款项支付方式将随金融机构的审批情况进行调整的情况。证据显示，若中信银行质押融资方案获审批通过，向金融机构借入资金将覆盖除股东自有资金出资的6000万元以外的所有股权转让款，无须再使用银必信的资金。如果能够部分质押融资成功，也将优先使用金融机构融入资金，缺口资金再向银必信借入。

第三，龙薇传媒未在公告中明确金融机构融资存在的巨大不确定性，存在重大遗漏。根据中信银行杭州分行的融资方案，龙薇传媒向中信银行融资款项中的第二笔以及第三笔发放额度取决于万家文化股价情况。

（三）龙薇传媒未及时披露与金融机构未达成融资合作的情况

2017年1月12日，龙薇传媒通过万家文化在给上交所问询函的回复中称，金融机构股票质押融资审批流程预计于2017年1月31日前完成。证据显示，2017年1月23日，万家集团、龙薇传媒已知晓其向中信银行杭州分行的融资计划未通过中信银行总行审批。截至2017年1月31日，龙薇传媒并没有与任何金融机构达成融资合作。

根据《上市公司信息披露管理办法》（证监会令第40号）第三十二条的规定，“上市公司披露重大事件后，已披露的重大事件出现可能对上市公司证券及其衍生品种交易价格产生较大影响的进展或者变化的，应当及时披露进展或者变化情况、可能产生的影响”。无法从金融机构获取股票质押融资的事项对龙薇传媒收购万家文化控股权存在重要影响，但龙薇传媒未及时通知万家文化，披露重大事件的进展、变化情况及可能产生的影响。

（四）龙薇传媒对无法按期完成融资计划原因的披露存在重大遗漏

根据万家文化2017年1月12日的公告，“向银必信借入资金剩余款项发放时间预计为第二笔股份转让款支付前3个工作日，实际发放时间预计不晚于2017年2月7日”。根据银必信实际控制人秦某询问笔录，银必信在2017年2月7日无法借给龙薇传媒12亿元，即银必信在第二笔股权转让款支付期限截止时，没有准备好足够的资金。

万家文化2017年2月16日公告：“2017年1月20日，龙薇传媒接到A银行电话通知，本项目融资方案最终未获批准。此后，龙薇传媒立即与其他银行进行多次沟通，希望就本项目开展融资合作，但陆续收到其他银行口头反馈，均明确答复无法完成审批。因此，龙薇传媒判断无法按期完成融资计划。经沟通，西藏银必信愿意按照已经签订的协议履行借款承诺，且已经在本次收购第一次付款阶段提供了首笔19,000万元借款。”

龙薇传媒在2017年2月16日通过万家文化披露的公告中将无法按期完成融资计划归因于金融机构融资审批失败，未披露在应支付第二笔股权转让款时，银必信未准备足够资金的事实，存在重大遗漏。

（五）龙薇传媒关于积极促使本次控股权转让交易顺利完成的信息披露存在虚假记载、误导性陈述

2017年1月12日，龙薇传媒通过万家文化在给上交所问询函的回复中称，“若龙薇传媒未能及时足额取得金融机构股票质押融资，龙薇传媒将积极与万家集团进行沟通以使本次交易顺利完成，同时继续寻求其他金融机构股票质押融资”。

证据显示，在中信银行审批失败之后，龙薇传媒未积极与万家集团沟通，没有再联系过其他金融机构寻求融资，信息披露存在虚假记载、误导性陈述。根据孔德永询问笔录，在中信银行融资审批失败后，龙薇传媒方面没有与万家集团方面积极沟通，2017年2月7日，黄有龙派代表赵政直接与孔德永商谈终止收购控股权事项。同时黄有龙、赵政等人的询问笔录也表示，在中信银行融资方案未获审批后，龙薇传媒无人再联系过其他金融机构。

综上，龙薇传媒在2017年2月16日公告中称“立即与其他银行进行多次沟通”存在虚假记载；在2017年1月12日公告中称“将积极与万家集团进行沟通以使本次交易顺利完成”，存在误导性陈述。

三、万家文化控股权转让事项的严重影响

涉案期间,万家文化2016年11月28日停牌,停牌时万家文化股价为18.83元。2017年1月12日复牌后,万家文化连续两个交易日涨停,第三、第四个交易日继续收涨,最高涨至25.00元,涨幅高达32.77%。2017年2月8日,万家文化再次停牌,停牌时股价为20.13元,停牌期间公告股东股份转让比例由29.135%变更为5.0396%。2017年2月16日复牌,当日股价下跌8.49%,第二个交易日下跌6.89%。2017年4月1日(休市),万家文化公告《解除协议》,次一交易日股价下跌2.39%,后续该股持续下跌。2017年6月2日,万家文化股价跌至最低点8.85元。截至2017年7月21日,万家文化收盘价为9.03元,较2017年1月17日股价最高点25元下跌63.88%,较2016年11月28日首次停牌前股价下跌45.20%。

龙薇传媒注册资金200万元,于成立后一个多月即拟收购境内市值达100亿元上市公司(控股权转让谈判时)29.135%的股份,收购方案中自有资金6000万元,其余均为借入资金,杠杆比例高达51倍。在本次控股权转让过程中,龙薇传媒未进行资金的充分筹备,在境内可支付资金有限的情况下,运用高杠杆收购境内上市公司,在股权转让协议签署后才着手寻求金融机构融资。2016年12月23日至2017年4月1日,短时间内,控股权转让事项不断变更,由控股权转让变更为5%股权转让,后又完全终止股权转让,且双方不追究任何违约责任。

上述行为造成万家文化股价大幅波动,引起市场和媒体高度关注,严重影响了市场秩序,损害了中小投资者的信心,影响了市场的公平、公正、公开。

以上事实,有询问笔录、万家文化公告、《股份转让协议书》《关于股份转让协议之补充协议》、情况说明、银行资金划转流水、光盘等证据证明,足以认定。

《上市公司收购管理办法》(证监会令第108号)第三条第二款规定,“上市公司的收购及相关股份权益变动活动中的信息披露义务人,应当充分披露其在上市公司中的权益及变动情况,依法严格履行报告、公告和其他法定义务”。龙薇传媒作为本次万家文化股份权益变动活动中的信息披露义务人,分别于2017年1月12日,2017年2月16日通过万家文化对上交所问询函发布回复公告,公告的信息存在虚假记载、误导性陈述、重大遗漏及披露不及时,违反了《上市公司收购管理办法》

第三条第三款“信息披露义务人报告、公告的信息必须真实、准确、完整，不得有虚假记载、误导性陈述或者重大遗漏”的规定，也违反了《上市公司信息披露管理办法》第二条“信息披露义务人应当真实、准确、完整、及时地披露信息，不得有虚假记载、误导性陈述或者重大遗漏”和第六十一条“信息披露义务人未在规定期限内履行信息披露义务，或者所披露的信息有虚假记载、误导性陈述或重大遗漏”的规定，构成《证券法》第一百九十三条第一款所述“发行人、上市公司或者其他信息披露义务人未按照规定披露信息，或者所披露的信息有虚假记载、误导性陈述或者重大遗漏”的行为。黄有龙作为龙薇传媒的代表，组织、策划、指派相关人员具体实施本次控股权转让事项，实际与万家集团实际控制人孔德永进行控股权转让谈判，决策收购万家文化控股权，并指派人员进行融资安排、信息披露。龙薇传媒法定代表人赵薇，在配偶黄有龙告知其收购万家文化控股权事项后，表示同意，知晓并支持收购控股权事项，在《股份转让协议》《关于股份转让协议之补充协议》等文件上签字，在中信银行查询个人征信报告时提供资料协助，在公告发布前看过信息披露内容。赵政受黄有龙指派，代表龙薇传媒负责本次控股权收购事项，参与收购谈判、寻找资金、组织回复上交所问询函，并实际进行后续股份转让比例变更和解除协议的谈判。综上，对龙薇传媒上述行为直接负责的主管人员为黄有龙、赵薇，其他直接责任人员为赵政。

上市公司万家文化作为法定信息披露义务人，分别于2017年1月12日，2017年2月16日对上交所问询函发布回复公告，公告的信息存在虚假记载、误导性陈述、重大遗漏及披露不及时。万家文化及其责任人员的上述行为违反了《证券法》第六十三条、第六十八条的规定，构成《证券法》第一百九十三条第一款所述的行为。万家文化董事长孔德永全程组织、策划并参与控股权转让、融资过程、股权转让的变更等事项，是对万家文化上述行为直接负责的主管人员。

当事人提出如下申辩意见，请求免予处罚：

（一）龙薇传媒、黄有龙、赵薇、赵政及其代理人的申辩理由

1. 龙薇传媒提出，两份回复公告不存在信息披露违法情形，不应予以行政处罚。

第一，对于第一项违法事实，龙薇传媒认为：一是公司的成立时间、是否开展经营活动、资金筹备情况、股份转让交易的杠杆率等问题，均属于交易主体自身的商业考量因素，不影响收购行为的合法性、真实性

和合理性，不应成为认定龙薇传媒信息披露违法的考量因素。二是《行政处罚事先告知书》（以下简称《告知书》）关于龙薇传媒“贸然公告”的指责不能成立。根据《证券法》第九十四条的规定，以协议的方式收购上市公司时，达成协议后，收购人必须在三日内书面报告，并予公告。因此，公告收购信息是依法履行公告义务的行为。三是公告后上市公司的股价波动是正常的市场反应。《告知书》认为龙薇传媒贸然公布收购信息，并因名人效应等因素叠加，严重误导市场和投资者，严重扰乱了正常的市场秩序与事实不符。

第二，对于第二项违法事实，龙薇传媒认为：一是关于“拟向金融机构质押融资149,990万元”的说明，是根据当时能够回复的、相对确定的事实情况，对本次收购所需资金中的一部分资金来源如实进行概况说明。龙薇传媒作回复时并不知道中信银行内部上报请示中30亿元的金额，且中信银行融资方案具有极大的不确定性和可调整性。二是涉案股份转让款的支付方式是确定的，“动态调整”的计划和安排没有事实依据。三是龙薇传媒在相关公告中对于金融机构融资款项存在的不确定性，作出了明确的风险提示。中信银行的内部融资方案不能作为龙薇传媒信息披露的依据。

第三，对于第三项违法事实，龙薇传媒认为：一是回复公告中记载的2017年1月31日，仅是龙薇传媒“预计”的金融机构融资审批完成的日期，不是确定的事项，不构成承诺。龙薇传媒对金融机构审批能否完成进行了充分的风险提示，投资者不会对该“预计”日期产生过大的信赖，龙薇传媒没有对此进行进一步披露的义务。二是《告知书》推定龙薇传媒2017年1月31日无法取得金融机构融资对收购有重大影响，但事实上龙薇传媒当时还在积极联系其他金融机构融资，且其仍有充足的期限筹资。三是龙薇传媒与金融机构未达成融资合作，不会对本次收购的进展产生重大影响，不具备应予信息披露的重大性要求，龙薇传媒没有披露该信息的义务。四是万家文化作为信息披露义务主体，已先于龙薇传媒知晓与相关金融机构未达成融资合作的信息，如未及时披露重大信息与龙薇传媒无关。

第四，对于第四项违法事实，龙薇传媒认为：一是金融机构融资方案未获批准是无法按期完成融资计划的主要原因，系属龙薇传媒主观判断的范畴。只要龙薇传媒如实对自身的商业判断进行了披露，就不构成信息披露违法。二是龙薇传媒没有充分依据认定银必信在2017年

2月7日前无法提供借款，无法对此予以公告。三是在龙薇传媒已与万家集团签署《关于股份转让协议之补充协议》、将股份收购比例调整为5.0396%、且不需要银必信后续借款的情况下，银必信的资金情况并不影响投资者的投资判断，即使未公告，也不构成重大遗漏。

第五，对于第五项违法事实，龙薇传媒认为：一是龙薇传媒在中信银行融资方案审批失败后亦与万家集团进行过积极沟通。二是回复公告中所述"将积极与万家集团进行沟通以使本次交易顺利完成"是指根据交易客观情况沟通交易如何继续推进，而并非是指无论在何种情形均要无条件地"积极沟通"完成既定交易。三是《告知书》以公告之后的情况来认定龙薇传媒2017年1月12日公告时陈述的信息不真实，依法不能成立。龙薇传媒公告当时的意愿真实，并未作出不完整、不准确的陈述。四是在中信银行融资方案审批失败后，龙薇传媒与其他金融机构进行了多次沟通以继续寻求融资。五是在涉案《股份转让协议》已发生变更的情况下，龙薇传媒是否与其他金融机构进行过沟通的信息不会影响投资者的判断，即使信息披露存在瑕疵，也不构成信息披露违法。

第六，相关披露文件系经财务顾问恒泰长财起草并审核，并经上交所审阅、指导完成，符合上交所的相关要求。

第七，关于市场影响，龙薇传媒认为，万家文化在收购期间的股价受到收购事项本身及公司其他事项的多重影响，系证券市场的正常反应。涉案两份回复公告未对万家文化股价造成严重影响，未影响证券市场及投资者判断。

第八，关于法律适用，龙薇传媒认为，《告知书》依据《证券法》第一百九十三条的规定对龙薇传媒处罚，适用法律错误。一是《告知书》涉及的信息披露行为，因其涉及的信息不具有"重大性"，系应由交易所日常监管的行为，故不构成违法。二是龙薇传媒作为收购人，不应适用《证券法》第一百九十三条处罚，收购人并不属于"其他信息披露义务人"范畴。

2. 黄有龙除提出与龙薇传媒一致的申辩意见外还提出：

第一，参与收购的初衷和目的是促进艺术事业和文化产业的长期、协同发展，而不是谋求短期利益。第二，参与交易的行为是善意、诚信、合法的，最终的失败是多种因素作用的结果。第三，《告知书》混淆了不同主体、行为及其法律责任，适用法律错误。第四，已尽到审慎义务，没有过错,且没有虚假陈述的动机、目的和必要。第五,龙薇传媒的信息披露不构成“情节严重”的情形,不应被采取市场禁入措施。

3. 赵薇除提出与龙薇传媒一致的申辩意见外还提出:

第一,没有参与龙薇传媒就上交所询问回复事宜,并非龙薇传媒就上交所询问回复事宜的直接负责的主管人员。第二,本人不是上市公司的“董监高”,虽然为龙薇传媒的股东、执行董事、经理及法定代表人,但对龙薇传媒披露的信息不负有法定保证责任,监管机关应负举证义务。第三,《告知书》指责“名人效应”“严重误导市场和投资者、致使万家文化股价大幅波动、严重扰乱正常市场秩序”的因素没有依据。第四,不存在违反法律、行政法规或者中国证监会有关规定且情节严重的行为,不应被采取市场禁入措施。

(二)万家文化、孔德永及其代理人的申辩理由

第一,《告知书》未查证、说明和告知申辩人所存在的违法事实,违反了《行政处罚法》第四条、第三十条、第三十一条的规定,程序违法,法律适用错误。

第二,万家文化不是信息披露义务人,仅是龙薇传媒履行法定信息披露义务的通道,仅负有按照目前监管要求和行业公认的标准,在形式检查后“原汁原味”地代为公告。按照《上市公司收购管理办法》的规定,该等信息披露是否真实、准确、完整的义务由收购方负责,涉案违法事实与上市公司无关。

第三,万家文化已经由于本次信息披露违法行为遭受巨大损失,其直接结果是导致中小投资者和其他股东的利益受损失,若再对其进行处罚,将直接导致中小投资者的二次伤害。

经复核,我会认为,本案违法事实清楚、证据充分,当事人的上述申辩理由不能成立:

(一)对于第一项违法事实。我会认为,龙薇传媒的成立时间、是否开展经营活动、资金筹备情况、股份转让交易的杠杆率等客观事实,是全面客观反映整个案件违法行为性质及其严重性的重要组成部分,是考量本案信息披露违法情节及影响的重要因素。

第一,上市公司收购行为是资本市场中必须依法监管的交易活动,而不是单纯的收购方与被收购方之间的商业考量或商业判断,该行为涉及公共利益和市场秩序的范畴,涉及资本市场上市公司信息披露监管制度,直接关系到市场资源的有效配置和投资者权益,关系到《公司

法》《证券法》等法律法规的有效实施，关系到证券市场的平稳有序运行。收购人在严格遵守相关法律法规的同时，要自觉履行《公司法》第五条规定的“公司从事经营活动，必须遵守法律、行政法规，遵守社会公德、商业道德，诚实守信，接受政府和社会公众的监督，承担社会责任”的义务，而且要恪守《证券法》第三条关于“必须实行公开、公平、公正的原则”，第四条关于遵守诚实信用原则，第五条关于禁止欺诈的规定，不允许任何人以任何方式借“意思自治”“契约自由”为名误导投资者，破坏证券市场秩序。

第二，龙薇传媒对其资金实力的描述具有误导性。在 2016 年 12 月 26 日《浙江万好万家文化股份有限公司详式权益变动报告书》中，龙薇传媒披露了其控股股东、实际控制人所控制的核心企业和核心关联企业等情况；在 2017 年 1 月 12 日万家文化回复公告中，龙薇传媒披露，“龙薇传媒实际控制人赵薇女士及其配偶黄有龙先生投资的金宝宝控股……等多家上市公司股权，截至 2016 年 12 月 31 日，上述股票市值约 45.22 亿元……上述相关资产总价值约 56.63 亿元，2016 年投资收回的现金流约 12.56 亿元港币”。此外，听证中龙薇传媒申辩，龙薇传媒股东具有较强的资产实力，境内外家庭资产超过 50 亿元，有足够的还款能力。但在实际收购过程中，龙薇传媒是一家刚成立一个多月的公司，注册资金尚未实缴到位，收购方案中自有资金只有 6000 万元，大部分收购资金系向金融机构借款，而且部分是用拟收购上市公司的股份向金融机构作质押融资。金融机构融资未审批通过时，龙薇传媒并未动用其强调的“还款能力”来继续推进收购，而是称其资产大部分在境外而停止收购，而资产在境外这一客观情况是显然能够提前预知的。因此，龙薇传媒强调的“家庭资产”“还款能力”加上其名人效应，实际上对市场和投资者产生了严重误导。

第三，龙薇传媒收购行为有悖常理。在 2016 年 12 月 23 日至 2017 年 4 月 1 日不到 4 个月时间内，转让事项一波三折，由控股权转让变更为 5.0396% 股权转让，后又变更为完全终止股权转让，双方不追究任何违约责任，这种商业行为显然有悖常理，并且客观上造成了万家文化股价的大幅波动。

综上，龙薇传媒以空壳公司收购上市公司，自身境内资金准备不足，相关金融机构融资尚待审批，存在极大不确定性的情况下，贸然予以公告，对市场和投资者产生严重误导，严重扰乱了正常的市场秩序。

（二）对于第二项违法事实。我会认为，第一，当事人询问笔录相互印证，足以证明龙薇传媒方面知悉中信银行不超过30亿元的融资金额。赵政在询问笔录中表示，“关于总金额我们就是希望越多越好，因为他们成本低，但是最后能借多少还是要看股价的。12月29日见面之前，中信银行通过王某中发给我过一个方案，表示保底22亿元能够借，如果股价涨起来，到27元的时候，最高能批到30亿元”。龙薇传媒方面与银行联系融资事宜的王某飞在询问笔录中表示，“中信银行来的时候带了一份方案过来的。……我们说15亿元是我们的底线，能多贷点最好，银行说贷多少要看股价……但15亿元肯定能批下来的，他们会按30亿元的融资方案往上报。”孔德永的询问笔录中提到，“王某中跟我说，中信银行想做这笔业务，安排的额度是30亿。当天我就发微信给赵政说了这个情况……”黄有龙询问笔录中也表示，“中信银行借30亿元这个金额我是后来知道的”。此外，中信银行杨某薇关于中信银行融资金额的说明与上述情况一致。综上，龙薇传媒申辩其不知道银行融资金额不超过30亿元的方案明显与事实不符。同时，龙薇传媒有关人员与拟融资银行接洽并深入讨论融资方案，却称不知晓银行的拟融资金额，明显有悖常理。

第二，赵政在询问笔录中承认龙薇传媒会优先使用银行的资金，“银必信的资金是授信，根据我们的需求来使用，不一定要用或者全部用。我们肯定用成本低的资金”。同时，黄有龙在询问笔录中也表示，“赵政他们希望30亿元全部由银行提供，这样成本能下来……如果银行同意提供30亿元，赵政他们会把银必信15亿元还掉”。并且，龙薇传媒与银必信签署的协议是借款额度授权协议，是一种授信性质的框架协议，如《借款协议》1.1借款额度中约定“甲方对乙方出借资金总额度为不高于人民币拾五亿元”，即龙薇传媒向银必信的借款并非已经实际借入，而是一种借款额度协议，龙薇传媒也可以不使用银必信的资金。综上，龙薇传媒未完整披露款项支付方式可能存在的变数，存在重大遗漏。

（三）对于第三项违法事实。我会认为，第一，金融机构融资审批失败对本案收购能否顺利推进有重大影响，属于《上市公司信息披露管理办法》第三十二条所规定的，对重大事件产生较大影响的变化，应及时披露。龙薇传媒在2017年1月12日回复公告中记载的“预计”时间2017年1月31日，已对市场和投资者构成预期，一旦不能如期实现，应当及时披露,进一步提示风险。在万家文化公告中已明确金融机构融资的失败使本次收购无法完成,龙薇传媒2017年1月31日无法取得金融机构融资对收购成败至关重要。因此,相关主体对此事项应当进行持续跟踪披露,一次性风险提示不能免除阶段性信息披露义务。

第二,龙薇传媒与万家集团为两个不同的主体,没有证据证明双方签订任何委托协议,万家集团联系金融机构不能当然理解成"龙薇传媒在积极联系金融机构"。听证会上,龙薇传媒举证,万家集团方面王某中和孔德永在2017年1月31日后继续联系金融机构的事实,不能等同于是龙薇传媒方面在继续寻求金融机构融资。并且,继续寻求资金也不能构成不及时披露"金融机构融资未审批通过"的免责理由。

第三,龙薇传媒不能因万家文化知悉金融机构融资失败事项而免除其信息披露责任。万家文化为法定信息披露义务人,龙薇传媒为涉案股份收购事项的信息披露义务人,没有证据可以证明龙薇传媒关于金融机构融资失败事项向万家文化发出任何信息披露通知或出具相关函件。万家集团或万家文化知晓龙薇传媒与相关金融机构未达成融资合作的信息,并不构成龙薇传媒可以不履行信息披露义务的理由。

(四)对于第四项违法事实。我会认为,第一,万家文化2017年1月12日公告"向银必信借入资金剩余款项……实际发放时间预计不晚于2017年2月7日",但截至2017年2月7日银必信并未如约提供融资款项,证明其事实上并未准备足够的资金。龙薇传媒对这一重大事项未充分关注并及时披露。在2017年2月16日公告中强调"西藏银必信愿意按照已经签订的协议履行借款承诺"的情况下,仍然未披露银必信未准备足够的资金,未如约提供融资款项,构成信息披露违法。上交所问询函中"前期已有融资意愿的融资机构"并非单指中信银行,银必信也是前期已有融资意愿的融资机构,因此银必信未如约提供融资的情况需要披露。鉴此,龙薇传媒"无法按期完成融资计划的原因"中除金融机构融资失败之外,也应对银必信未提供借款的详细情况进行充分披露。

第二,申辩意见所述股份收购比例调整为5.0396%且不需要银必信后续借款的情况,与《告知书》所述此部分事实无关,不构成不依法履行信息披露义务的免责理由。

(五)对于第五项违法事实。我会认为,第一,万家集团相关人员联系金融机构不能简单等同于龙薇传媒"立即与其他银行进行多次沟通"。

万家集团与龙薇传媒为两个独立的主体,万家集团多方寻求融资不能等同于龙薇传媒积极寻求融资。证据显示,负责本次收购与金融机构联系的人为万家集团王某中。黄有龙在询问笔录中表示,“中信银行是孔德永这边找的,我们这边没有找过任何银行,包括深圳的银行。自始至终,银行方面都是孔德永联系的,我和赵政都没联系过银行……在赵政去杭州和孔德永谈上飞机前(股份转让变更为5%前),我和赵政说不要做了……至于后面取消收购,我觉得这个事情没办法做了,就不做了……孔德永让我们留5%的股权,我其实真不想要,但出于信用,我最后还是同意了……我们从来没有想过用自有资金进行收购”。此外,黄有龙和赵政在询问笔录中均明确表示,在中信银行融资失败后,自己没有再与任何金融机构联系过。综上,我会认定,公告中“立即与其他银行进行多次沟通”存在虚假记载。

第二,对于当事人所提“《告知书》是用龙薇传媒后续实际的态度反观公告中的表述,认为公告存在误导性陈述”。《告知书》认为2017年1月12日的回复公告中“将积极与万家集团进行沟通以使本次交易顺利完成”的表述让投资者对龙薇传媒完成收购产生了强烈预期,而根据后续龙薇传媒的表现,2017年2月8日赵政受黄有龙指派直接与孔德永谈判终止收购、黄有龙勉强接受收购5.0396%的方案、最终完全终止收购等,全然看不出龙薇传媒有“积极”促使本次交易顺利完成的意愿。因此,我会认定公告中“将积极与万家集团进行沟通以使本次交易顺利完成”存在误导性陈述,并无不当。

(六)关于聘请恒泰长财作为财务顾问,并经上交所审阅。我会认为,龙薇传媒与万家文化是信息披露义务人,应当保证所披露信息的真实、准确、完整、及时,中介机构的核查、自律组织的审查并不能免除信息披露义务人的主体责任。

(七)在案事实、证据足以认定本案情节严重。综合本案的违法事实、证据,涉案违法行为客观上造成了万家文化股价的大幅波动。在本决定书第三部分已对本次控股权转让事项的严重影响予以详细阐述。当事人所提“股价影响是多方面的、与涉案回函无关”没有客观事实和证据支撑,依法不能成立。

(八)关于法律适用。《证券法》第一百九十三条规定了发行人、上市公司及其他信息披露义务人的信息披露义务。信息披露义务主体所披露的信息不仅止于法定信息,主动或被动披露的信息也应当真实、准确、完整、及时。依据《上市公司收购管理办法》，龙薇传媒作为收购人属于信息披露义务人，属于《证券法》"其他信息披露义务人"的范畴，依法适用《证券法》第一百九十三条。

（九）关于黄有龙、赵薇的法律责任。我会认为，第一，在案事实和证据足以表明，黄有龙组织、策划、指派相关人员具体实施本次控股权转让事项，实际与孔德永进行控股权转让谈判，决策收购万家文化控股权，并指派人员进行融资安排、信息披露，知悉并决策本次收购的进展情况，了解两份回复公告所涉内容。

第二，赵薇作为龙薇传媒控股股东、实际控制人、法定代表人，在《股份转让协议》《借款协议》上签字，为公告以及银行融资方案提供个人资产情况、个人征信查询。赵政在询问笔录中表示，"收购事项的进展情况她（赵薇）是知道的……两次材料我们在公告之前都发给过黄有龙看过，他同意的，赵薇也知道的"。因此，我会认定赵薇为龙薇传媒涉案违法行为的直接负责的主管人员，并无不妥。

综上，上述人员对龙薇传媒的信息披露违法行为应当担责。

（十）关于万家文化的法律责任。第一，《告知书》所阐明的违法事实是有机联系的整体，第二部分已明确列示了本案两方责任主体的违法事实，即收购方龙薇传媒和上市公司万家文化信息披露违法的事实。

第二，万家文化分别于2017年1月12日、2017年2月16日做出两份回复公告，两份公告第一部分即明确声明："本公司董事会及全体董事保证本公告内容不存在任何虚假记载、误导性陈述或者重大遗漏，并对其内容的真实性、准确性和完整性承担个别及连带责任。"同时，万家文化在2017年1月12日、2017年2月16日公告中分别记载，"本公司立即按照贵部要求对问询函中所涉及问题逐一进行核实。根据相关各方提供的资料及说明，本公司对问询函涉及的有关问题回复如下……""公司、万家集团、龙薇传媒以及各中介就问询函中提及的问题进行了认真核查，做出了以下回复……"上述可见，上市公司在回复公告中明确载明其对所涉问题"逐一进行核实"，并"进行了认真的核查"。因此，对于公告中存在的信息披露违法行为，万家文化应当担责。

第三，《证券法》第六十三条明确规定，"发行人、上市公司依法披露的信息，必须真实、准确、完整，不得有虚假记载、误导性陈述或者重大遗漏"。上市公司是法定信息披露义务人，对所披露的信息应承担法定的严格保证责任。资本市场是信息主导的市场，上市公司必须严格按照《证券法》的规定，保证所披露的信息真实、准确、完整、及时，才能保证市场公开、公平、公正的有效落实。上市公司有条件、也有义务对其他信息披露义务人所提供的信息进行认真核查。不管信息产生的源头是否为上市公司，信息的披露必须通过上市公司去发布。因此，上市公司的信息披露义务不止于形式审查、“原汁原味”的披露，必须对其他信息披露义务人所提供的信息进行审慎核查。若如万家文化代理人所言，上市公司只是一个信息披露通道，不审核所披露信息的真实性、准确性、完整性，对所发布信息不负任何责任，则《证券法》对于上市公司信息披露的相关规定将形同虚设，投资者也无法信任上市公司。

第四，根据万家文化董事会秘书詹某伟、万家集团财务总监王某中的询问笔录，公告由恒泰长财起草初稿，发到微信群里，由相关人员复核。同时，根据相关手机取证微信记录，万家文化项目微信群涉及七人，主要包括孔德永、万家集团财务总监王某中、万家文化董事会秘书詹某伟、赵政等人，其中，詹某伟作为万家文化的代表方，知悉并全程参与问询函回复的内容审核、文字表述调整等。例如，在2017年1月4日的微信记录中，詹某伟表示，“关键是资金安排计划要达到足以让一般人信服的程度，相信确有着落。我们现在的写法还达不到这种程度……关键是资金安排计划要确定”。综合本案事实和证据，万家文化董事长孔德永全程组织、策划并参与控股权转让、融资过程、股权转让的变更等事项；万家文化董事会秘书詹某伟代表万家文化，对信息披露相关事宜与涉案相关各方接洽。上市公司万家文化在知悉融资方案、进展情况且参与涉案两份回复公告制作的前提下，完全有条件、有义务审核、督促其他信息披露义务人严格依法真实、准确、完整、及时地披露相关信息。因此，对涉案的信息披露违法，万家文化应当依法承担责任。

（十一）关于孔德永的法律责任。万家文化董事长孔德永全程组织、策划并参与控股权转让、融资过程、股权转让的变更等事项，是对万家文化上述行为直接负责的主管人员。孔德永为龙薇传媒联系金融机构寻求融资服务，并将中信银行杭州分行介绍给龙薇传媒，孔德永知晓中信银行内部审批方案，知晓中信银行融资审批失败事项，且孔德永在万家文化项目微信群中，与相关各方详细讨论并策划回复所涉内容、文字表述等。因此，孔德永作为万家文化的董事长，是对万家文化涉案违法行为直接负责的主管人员。

根据《证券法》第二百三十三条和《证券市场禁入规定》(证监会令第115号)第三条、第五条、第六条的规定,我会决定:对孔德永、黄有龙、赵薇分别采取5年证券市场禁入措施,自我会宣布决定之日起,在禁入期间内,不得从事证券业务或者担任上市公司、非上市公众公司董事、监事、高级管理人员职务。

第二百三十四条　【罚没所得入国库】依照本法收缴的罚款和没收的违法所得,全部上缴国库。

第二百三十五条　【复议与诉讼】当事人对证券监督管理机构或者国务院授权的部门的处罚决定不服的,可以依法申请行政复议,或者依法直接向人民法院提起诉讼。

相关法律条文

《中华人民共和国行政诉讼法》(2017年6月27日第二次修正)

第一章　总　　则

第一条　为保证人民法院公正、及时审理行政案件,解决行政争议,保护公民、法人和其他组织的合法权益,监督行政机关依法行使职权,根据宪法,制定本法。

第二条　公民、法人或者其他组织认为行政机关和行政机关工作人员的行政行为侵犯其合法权益,有权依照本法向人民法院提起诉讼。

前款所称行政行为,包括法律、法规、规章授权的组织作出的行政行为。

第三条　人民法院应当保障公民、法人和其他组织的起诉权利,对应当受理的行政案件依法受理。

行政机关及其工作人员不得干预、阻碍人民法院受理行政案件。

被诉行政机关负责人应当出庭应诉。不能出庭的,应当委托行政机关相应的工作人员出庭。

第四条　人民法院依法对行政案件独立行使审判权,不受行政机关、社会团体和个人的干涉。

人民法院设行政审判庭,审理行政案件。

第五条　人民法院审理行政案件,以事实为根据,以法律为准绳。

第六条　人民法院审理行政案件,对行政行为是否合法进行审查。

第七条 人民法院审理行政案件,依法实行合议、回避、公开审判和两审终审制度。

第八条 当事人在行政诉讼中的法律地位平等。

第九条 各民族公民都有用本民族语言、文字进行行政诉讼的权利。

在少数民族聚居或者多民族共同居住的地区,人民法院应当用当地民族通用的语言、文字进行审理和发布法律文书。

人民法院应当对不通晓当地民族通用的语言、文字的诉讼参与人提供翻译。

第十条 当事人在行政诉讼中有权进行辩论。

第十一条 人民检察院有权对行政诉讼实行法律监督。

第二章 受案范围

第十二条 人民法院受理公民、法人或者其他组织提起的下列诉讼:

(一)对行政拘留、暂扣或者吊销许可证和执照、责令停产停业、没收违法所得、没收非法财物、罚款、警告等行政处罚不服的;

(二)对限制人身自由或者对财产的查封、扣押、冻结等行政强制措施和行政强制执行不服的;

(三)申请行政许可,行政机关拒绝或者在法定期限内不予答复,或者对行政机关作出的有关行政许可的其他决定不服的;

(四)对行政机关作出的关于确认土地、矿藏、水流、森林、山岭、草原、荒地、滩涂、海域等自然资源的所有权或者使用权的决定不服的;

(五)对征收、征用决定及其补偿决定不服的;

(六)申请行政机关履行保护人身权、财产权等合法权益的法定职责,行政机关拒绝履行或者不予答复的;

(七)认为行政机关侵犯其经营自主权或者农村土地承包经营权、农村土地经营权的;

(八)认为行政机关滥用行政权力排除或者限制竞争的;

(九)认为行政机关违法集资、摊派费用或者违法要求履行其他义务的;

(十)认为行政机关没有依法支付抚恤金、最低生活保障待遇或者社会保险待遇的;

(十一)认为行政机关不依法履行、未按照约定履行或者违法变更、解除政府特许经营协议、土地房屋征收补偿协议等协议的;

（十二）认为行政机关侵犯其他人身权、财产权等合法权益的。

除前款规定外，人民法院受理法律、法规规定可以提起诉讼的其他行政案件。

第十三条 人民法院不受理公民、法人或者其他组织对下列事项提起的诉讼：

（一）国防、外交等国家行为；

（二）行政法规、规章或者行政机关制定、发布的具有普遍约束力的决定、命令；

（三）行政机关对行政机关工作人员的奖惩、任免等决定；

（四）法律规定由行政机关最终裁决的行政行为。

第三章 管 辖

第十四条 基层人民法院管辖第一审行政案件。

第十五条 中级人民法院管辖下列第一审行政案件：

（一）对国务院部门或者县级以上地方人民政府所作的行政行为提起诉讼的案件；

（二）海关处理的案件；

（三）本辖区内重大、复杂的案件；

（四）其他法律规定由中级人民法院管辖的案件。

第十六条 高级人民法院管辖本辖区内重大、复杂的第一审行政案件。

第十七条 最高人民法院管辖全国范围内重大、复杂的第一审行政案件。

第十八条 行政案件由最初作出行政行为的行政机关所在地人民法院管辖。经复议的案件，也可以由复议机关所在地人民法院管辖。

经最高人民法院批准，高级人民法院可以根据审判工作的实际情况，确定若干人民法院跨行政区域管辖行政案件。

第十九条 对限制人身自由的行政强制措施不服提起的诉讼，由被告所在地或者原告所在地人民法院管辖。

第二十条 因不动产提起的行政诉讼，由不动产所在地人民法院管辖。

第二十一条 两个以上人民法院都有管辖权的案件，原告可以选择其中一个人民法院提起诉讼。原告向两个以上有管辖权的人民法院提起诉讼的，由最先立案的人民法院管辖。

第二十二条 人民法院发现受理的案件不属于本院管辖的，应当移送有管辖权的人民法院，受移送的人民法院应当受理。受移送的人民法院认为受移送的案件按照规定不属于本院管辖的，应当报请上级人民法院指定管辖，不得再自行移送。

第二十三条 有管辖权的人民法院由于特殊原因不能行使管辖权的，由上级人民法院指定管辖。

人民法院对管辖权发生争议，由争议双方协商解决。协商不成的，报它们的共同上级人民法院指定管辖。

第二十四条 上级人民法院有权审理下级人民法院管辖的第一审行政案件。

下级人民法院对其管辖的第一审行政案件，认为需要由上级人民法院审理或者指定管辖的，可以报请上级人民法院决定。

第四章 诉讼参加人

第二十五条 行政行为的相对人以及其他与行政行为有利害关系的公民、法人或者其他组织，有权提起诉讼。

有权提起诉讼的公民死亡，其近亲属可以提起诉讼。

有权提起诉讼的法人或者其他组织终止，承受其权利的法人或者其他组织可以提起诉讼。

人民检察院在履行职责中发现生态环境和资源保护、食品药品安全、国有财产保护、国有土地使用权出让等领域负有监督管理职责的行政机关违法行使职权或者不作为，致使国家利益或者社会公共利益受到侵害的，应当向行政机关提出检察建议，督促其依法履行职责。行政机关不依法履行职责的，人民检察院依法向人民法院提起诉讼。

第二十六条 公民、法人或者其他组织直接向人民法院提起诉讼的，作出行政行为的行政机关是被告。

经复议的案件，复议机关决定维持原行政行为的，作出原行政行为的行政机关和复议机关是共同被告；复议机关改变原行政行为的，复议机关是被告。

复议机关在法定期限内未作出复议决定，公民、法人或者其他组织起诉原行政行为的，作出原行政行为的行政机关是被告；起诉复议机关不作为的，复议机关是被告。

两个以上行政机关作出同一行政行为的，共同作出行政行为的行政机关是共同被告。

行政机关委托的组织所作的行政行为,委托的行政机关是被告。

行政机关被撤销或者职权变更的,继续行使其职权的行政机关是被告。

第二十七条 当事人一方或者双方为二人以上,因同一行政行为发生的行政案件,或者因同类行政行为发生的行政案件、人民法院认为可以合并审理并经当事人同意的,为共同诉讼。

第二十八条 当事人一方人数众多的共同诉讼,可以由当事人推选代表人进行诉讼。代表人的诉讼行为对其所代表的当事人发生效力,但代表人变更、放弃诉讼请求或者承认对方当事人的诉讼请求,应当经被代表的当事人同意。

第二十九条 公民、法人或者其他组织同被诉行政行为有利害关系但没有提起诉讼,或者同案件处理结果有利害关系的,可以作为第三人申请参加诉讼,或者由人民法院通知参加诉讼。

人民法院判决第三人承担义务或者减损第三人权益的,第三人有权依法提起上诉。

第三十条 没有诉讼行为能力的公民,由其法定代理人代为诉讼。法定代理人互相推诿代理责任的,由人民法院指定其中一人代为诉讼。

第三十一条 当事人、法定代理人,可以委托一至二人作为诉讼代理人。

下列人员可以被委托为诉讼代理人:

(一)律师、基层法律服务工作者;

(二)当事人的近亲属或者工作人员;

(三)当事人所在社区、单位以及有关社会团体推荐的公民。

第三十二条 代理诉讼的律师,有权按照规定查阅、复制本案有关材料,有权向有关组织和公民调查,收集与本案有关的证据。对涉及国家秘密、商业秘密和个人隐私的材料,应当依照法律规定保密。

当事人和其他诉讼代理人有权按照规定查阅、复制本案庭审材料,但涉及国家秘密、商业秘密和个人隐私的内容除外。

第五章 证 据

第三十三条 证据包括:

(一)书证;

(二)物证;

(三)视听资料;

（四）电子数据；

（五）证人证言；

（六）当事人的陈述；

（七）鉴定意见；

（八）勘验笔录、现场笔录。

以上证据经法庭审查属实，才能作为认定案件事实的根据。

第三十四条 被告对作出的行政行为负有举证责任，应当提供作出该行政行为的证据和所依据的规范性文件。

被告不提供或者无正当理由逾期提供证据，视为没有相应证据。但是，被诉行政行为涉及第三人合法权益，第三人提供证据的除外。

第三十五条 在诉讼过程中，被告及其诉讼代理人不得自行向原告、第三人和证人收集证据。

第三十六条 被告在作出行政行为时已经收集了证据，但因不可抗力等正当事由不能提供的，经人民法院准许，可以延期提供。

原告或者第三人提出了其在行政处理程序中没有提出的理由或者证据的，经人民法院准许，被告可以补充证据。

第三十七条 原告可以提供证明行政行为违法的证据。原告提供的证据不成立的，不免除被告的举证责任。

第三十八条 在起诉被告不履行法定职责的案件中，原告应当提供其向被告提出申请的证据。但有下列情形之一的除外：

（一）被告应当依职权主动履行法定职责的；

（二）原告因正当理由不能提供证据的。

在行政赔偿、补偿的案件中，原告应当对行政行为造成的损害提供证据。因被告的原因导致原告无法举证的，由被告承担举证责任。

第三十九条 人民法院有权要求当事人提供或者补充证据。

第四十条 人民法院有权向有关行政机关以及其他组织、公民调取证据。但是，不得为证明行政行为的合法性调取被告作出行政行为时未收集的证据。

第四十一条 与本案有关的下列证据，原告或者第三人不能自行收集的，可以申请人民法院调取：

（一）由国家机关保存而须由人民法院调取的证据；

（二）涉及国家秘密、商业秘密和个人隐私的证据；

（三）确因客观原因不能自行收集的其他证据。

第四十二条　在证据可能灭失或者以后难以取得的情况下，诉讼参加人可以向人民法院申请保全证据，人民法院也可以主动采取保全措施。

第四十三条　证据应当在法庭上出示，并由当事人互相质证。对涉及国家秘密、商业秘密和个人隐私的证据，不得在公开开庭时出示。

人民法院应当按照法定程序，全面、客观地审查核实证据。对未采纳的证据应当在裁判文书中说明理由。

以非法手段取得的证据，不得作为认定案件事实的根据。

第六章　起诉和受理

第四十四条　对属于人民法院受案范围的行政案件，公民、法人或者其他组织可以先向行政机关申请复议，对复议决定不服的，再向人民法院提起诉讼；也可以直接向人民法院提起诉讼。

法律、法规规定应当先向行政机关申请复议，对复议决定不服再向人民法院提起诉讼的，依照法律、法规的规定。

第四十五条　公民、法人或者其他组织不服复议决定的，可以在收到复议决定书之日起十五日内向人民法院提起诉讼。复议机关逾期不作决定的，申请人可以在复议期满之日起十五日内向人民法院提起诉讼。法律另有规定的除外。

第四十六条　公民、法人或者其他组织直接向人民法院提起诉讼的，应当自知道或者应当知道作出行政行为之日起六个月内提出。法律另有规定的除外。

因不动产提起诉讼的案件自行政行为作出之日起超过二十年，其他案件自行政行为作出之日起超过五年提起诉讼的，人民法院不予受理。

第四十七条　公民、法人或者其他组织申请行政机关履行保护其人身权、财产权等合法权益的法定职责，行政机关在接到申请之日起两个月内不履行的，公民、法人或者其他组织可以向人民法院提起诉讼。法律、法规对行政机关履行职责的期限另有规定的，从其规定。

公民、法人或者其他组织在紧急情况下请求行政机关履行保护其人身权、财产权等合法权益的法定职责，行政机关不履行的，提起诉讼不受前款规定期限的限制。

第四十八条　公民、法人或者其他组织因不可抗力或者其他不属于其自身的原因耽误起诉期限的，被耽误的时间不计算在起诉期限内。

公民、法人或者其他组织因前款规定以外的其他特殊情况耽误起诉期限的，在障碍消除后十日内，可以申请延长期限，是否准许由人民法院决定。

第四十九条 提起诉讼应当符合下列条件：

（一）原告是符合本法第二十五条规定的公民、法人或者其他组织；

（二）有明确的被告；

（三）有具体的诉讼请求和事实根据；

（四）属于人民法院受案范围和受诉人民法院管辖。

第五十条 起诉应当向人民法院递交起诉状，并按照被告人数提出副本。

书写起诉状确有困难的，可以口头起诉，由人民法院记入笔录，出具注明日期的书面凭证，并告知对方当事人。

第五十一条 人民法院在接到起诉状时对符合本法规定的起诉条件的，应当登记立案。

对当场不能判定是否符合本法规定的起诉条件的，应当接收起诉状，出具注明收到日期的书面凭证，并在七日内决定是否立案。不符合起诉条件的，作出不予立案的裁定。裁定书应当载明不予立案的理由。原告对裁定不服的，可以提起上诉。

起诉状内容欠缺或者有其他错误的，应当给予指导和释明，并一次性告知当事人需要补正的内容。不得未经指导和释明即以起诉不符合条件为由不接收起诉状。

对于不接收起诉状、接收起诉状后不出具书面凭证，以及不一次性告知当事人需要补正的起诉状内容的，当事人可以向上级人民法院投诉，上级人民法院应当责令改正，并对直接负责的主管人员和其他直接责任人员依法给予处分。

第五十二条 人民法院既不立案，又不作出不予立案裁定的，当事人可以向上一级人民法院起诉。上一级人民法院认为符合起诉条件的，应当立案、审理，也可以指定其他下级人民法院立案、审理。

第五十三条 公民、法人或者其他组织认为行政行为所依据的国务院部门和地方人民政府及其部门制定的规范性文件不合法，在对行政行为提起诉讼时，可以一并请求对该规范性文件进行审查。

前款规定的规范性文件不含规章。

第七章　审理和判决

第一节　一般规定

第五十四条　人民法院公开审理行政案件，但涉及国家秘密、个人隐私和法律另有规定的除外。

涉及商业秘密的案件，当事人申请不公开审理的，可以不公开审理。

第五十五条　当事人认为审判人员与本案有利害关系或者有其他关系可能影响公正审判，有权申请审判人员回避。

审判人员认为自己与本案有利害关系或者有其他关系，应当申请回避。

前两款规定，适用于书记员、翻译人员、鉴定人、勘验人。

院长担任审判长时的回避，由审判委员会决定；审判人员的回避，由院长决定；其他人员的回避，由审判长决定。当事人对决定不服的，可以申请复议一次。

第五十六条　诉讼期间，不停止行政行为的执行。但有下列情形之一的，裁定停止执行：

（一）被告认为需要停止执行的；

（二）原告或者利害关系人申请停止执行，人民法院认为该行政行为的执行会造成难以弥补的损失，并且停止执行不损害国家利益、社会公共利益的；

（三）人民法院认为该行政行为的执行会给国家利益、社会公共利益造成重大损害的；

（四）法律、法规规定停止执行的。

当事人对停止执行或者不停止执行的裁定不服的，可以申请复议一次。

第五十七条　人民法院对起诉行政机关没有依法支付抚恤金、最低生活保障金和工伤、医疗社会保险金的案件，权利义务关系明确、不先予执行将严重影响原告生活的，可以根据原告的申请，裁定先予执行。

当事人对先予执行裁定不服的，可以申请复议一次。复议期间不停止裁定的执行。

第五十八条　经人民法院传票传唤，原告无正当理由拒不到庭，或者未经法庭许可中途退庭的，可以按照撤诉处理；被告无正当理由拒不到庭，或者未经法庭许可中途退庭的，可以缺席判决。

第五十九条 诉讼参与人或者其他人有下列行为之一的,人民法院可以根据情节轻重,予以训诫、责令具结悔过或者处一万元以下的罚款、十五日以下的拘留;构成犯罪的,依法追究刑事责任:

(一)有义务协助调查、执行的人,对人民法院的协助调查决定、协助执行通知书,无故推拖、拒绝或者妨碍调查、执行的;

(二)伪造、隐藏、毁灭证据或者提供虚假证明材料,妨碍人民法院审理案件的;

(三)指使、贿买、胁迫他人作伪证或者威胁、阻止证人作证的;

(四)隐藏、转移、变卖、毁损已被查封、扣押、冻结的财产的;

(五)以欺骗、胁迫等非法手段使原告撤诉的;

(六)以暴力、威胁或者其他方法阻碍人民法院工作人员执行职务,或者以哄闹、冲击法庭等方法扰乱人民法院工作秩序的;

(七)对人民法院审判人员或者其他工作人员、诉讼参与人、协助调查和执行的人员恐吓、侮辱、诽谤、诬陷、殴打、围攻或者打击报复的。

人民法院对有前款规定的行为之一的单位,可以对其主要负责人或者直接责任人员依照前款规定予以罚款、拘留;构成犯罪的,依法追究刑事责任。

罚款、拘留须经人民法院院长批准。当事人不服的,可以向上一级人民法院申请复议一次。复议期间不停止执行。

第六十条 人民法院审理行政案件,不适用调解。但是,行政赔偿、补偿以及行政机关行使法律、法规规定的自由裁量权的案件可以调解。

调解应当遵循自愿、合法原则,不得损害国家利益、社会公共利益和他人合法权益。

第六十一条 在涉及行政许可、登记、征收、征用和行政机关对民事争议所作的裁决的行政诉讼中,当事人申请一并解决相关民事争议的,人民法院可以一并审理。

在行政诉讼中,人民法院认为行政案件的审理需以民事诉讼的裁判为依据的,可以裁定中止行政诉讼。

第六十二条 人民法院对行政案件宣告判决或者裁定前,原告申请撤诉的,或者被告改变其所作的行政行为,原告同意并申请撤诉的,是否准许,由人民法院裁定。

第六十三条　人民法院审理行政案件，以法律和行政法规、地方性法规为依据。地方性法规适用于本行政区域内发生的行政案件。

人民法院审理民族自治地方的行政案件，并以该民族自治地方的自治条例和单行条例为依据。

人民法院审理行政案件，参照规章。

第六十四条　人民法院在审理行政案件中，经审查认为本法第五十三条规定的规范性文件不合法的，不作为认定行政行为合法的依据，并向制定机关提出处理建议。

第六十五条　人民法院应当公开发生法律效力的判决书、裁定书，供公众查阅，但涉及国家秘密、商业秘密和个人隐私的内容除外。

第六十六条　人民法院在审理行政案件中，认为行政机关的主管人员、直接责任人员违法违纪的，应当将有关材料移送监察机关、该行政机关或者其上一级行政机关；认为有犯罪行为的，应当将有关材料移送公安、检察机关。

人民法院对被告经传票传唤无正当理由拒不到庭，或者未经法庭许可中途退庭的，可以将被告拒不到庭或者中途退庭的情况予以公告，并可以向监察机关或者被告的上一级行政机关提出依法给予其主要负责人或者直接责任人员处分的司法建议。

第二节　第一审普通程序

第六十七条　人民法院应当在立案之日起五日内，将起诉状副本发送被告。被告应当在收到起诉状副本之日起十五日内向人民法院提交作出行政行为的证据和所依据的规范性文件，并提出答辩状。人民法院应当在收到答辩状之日起五日内，将答辩状副本发送原告。

被告不提出答辩状的，不影响人民法院审理。

第六十八条　人民法院审理行政案件，由审判员组成合议庭，或者由审判员、陪审员组成合议庭。合议庭的成员，应当是三人以上的单数。

第六十九条　行政行为证据确凿，适用法律、法规正确，符合法定程序的，或者原告申请被告履行法定职责或者给付义务理由不成立的，人民法院判决驳回原告的诉讼请求。

第七十条　行政行为有下列情形之一的，人民法院判决撤销或者部分撤销，并可以判决被告重新作出行政行为：

（一）主要证据不足的；

（二）适用法律、法规错误的；

（三）违反法定程序的；

（四）超越职权的；

（五）滥用职权的；

（六）明显不当的。

第七十一条 人民法院判决被告重新作出行政行为的，被告不得以同一的事实和理由作出与原行政行为基本相同的行政行为。

第七十二条 人民法院经过审理，查明被告不履行法定职责的，判决被告在一定期限内履行。

第七十三条 人民法院经过审理，查明被告依法负有给付义务的，判决被告履行给付义务。

第七十四条 行政行为有下列情形之一的，人民法院判决确认违法，但不撤销行政行为：

（一）行政行为依法应当撤销，但撤销会给国家利益、社会公共利益造成重大损害的；

（二）行政行为程序轻微违法，但对原告权利不产生实际影响的。

行政行为有下列情形之一，不需要撤销或者判决履行的，人民法院判决确认违法：

（一）行政行为违法，但不具有可撤销内容的；

（二）被告改变原违法行政行为，原告仍要求确认原行政行为违法的；

（三）被告不履行或者拖延履行法定职责，判决履行没有意义的。

第七十五条 行政行为有实施主体不具有行政主体资格或者没有依据等重大且明显违法情形，原告申请确认行政行为无效的，人民法院判决确认无效。

第七十六条 人民法院判决确认违法或者无效的，可以同时判决责令被告采取补救措施；给原告造成损失的，依法判决被告承担赔偿责任。

第七十七条 行政处罚明显不当，或者其他行政行为涉及对款额的确定、认定确有错误的，人民法院可以判决变更。

人民法院判决变更，不得加重原告的义务或者减损原告的权益。但利害关系人同为原告，且诉讼请求相反的除外。

第七十八条　被告不依法履行、未按照约定履行或者违法变更、解除本法第十二条第一款第十一项规定的协议的，人民法院判决被告承担继续履行、采取补救措施或者赔偿损失等责任。

被告变更、解除本法第十二条第一款第十一项规定的协议合法，但未依法给予补偿的，人民法院判决给予补偿。

第七十九条　复议机关与作出原行政行为的行政机关为共同被告的案件，人民法院应当对复议决定和原行政行为一并作出裁判。

第八十条　人民法院对公开审理和不公开审理的案件，一律公开宣告判决。

当庭宣判的，应当在十日内发送判决书；定期宣判的，宣判后立即发给判决书。

宣告判决时，必须告知当事人上诉权利、上诉期限和上诉的人民法院。

第八十一条　人民法院应当在立案之日起六个月内作出第一审判决。有特殊情况需要延长的，由高级人民法院批准，高级人民法院审理第一审案件需要延长的，由最高人民法院批准。

第三节　简易程序

第八十二条　人民法院审理下列第一审行政案件，认为事实清楚、权利义务关系明确、争议不大的，可以适用简易程序：

（一）被诉行政行为是依法当场作出的；

（二）案件涉及款额二千元以下的；

（三）属于政府信息公开案件的。

除前款规定以外的第一审行政案件，当事人各方同意适用简易程序的，可以适用简易程序。

发回重审、按照审判监督程序再审的案件不适用简易程序。

第八十三条　适用简易程序审理的行政案件，由审判员一人独任审理，并应当在立案之日起四十五日内审结。

第八十四条　人民法院在审理过程中，发现案件不宜适用简易程序的，裁定转为普通程序。

第四节　第二审程序

第八十五条　当事人不服人民法院第一审判决的，有权在判决书送达之日起十五日内向上一级人民法院提起上诉。当事人不服人民法院第一审裁定的，有权在裁定书送达之日起十日内向上一级人民法院提起上诉。逾期不提起上诉的,人民法院的第一审判决或者裁定发生法律效力。

第八十六条 人民法院对上诉案件,应当组成合议庭,开庭审理。经过阅卷、调查和询问当事人,对没有提出新的事实、证据或者理由,合议庭认为不需要开庭审理的,也可以不开庭审理。

第八十七条 人民法院审理上诉案件,应当对原审人民法院的判决、裁定和被诉行政行为进行全面审查。

第八十八条 人民法院审理上诉案件,应当在收到上诉状之日起三个月内作出终审判决。有特殊情况需要延长的,由高级人民法院批准,高级人民法院审理上诉案件需要延长的,由最高人民法院批准。

第八十九条 人民法院审理上诉案件,按照下列情形,分别处理:

(一)原判决、裁定认定事实清楚,适用法律、法规正确的,判决或者裁定驳回上诉,维持原判决、裁定;

(二)原判决、裁定认定事实错误或者适用法律、法规错误的,依法改判、撤销或者变更;

(三)原判决认定基本事实不清、证据不足的,发回原审人民法院重审,或者查清事实后改判;

(四)原判决遗漏当事人或者违法缺席判决等严重违反法定程序的,裁定撤销原判决,发回原审人民法院重审。

原审人民法院对发回重审的案件作出判决后,当事人提起上诉的,第二审人民法院不得再次发回重审。

人民法院审理上诉案件,需要改变原审判决的,应当同时对被诉行政行为作出判决。

第五节 审判监督程序

第九十条 当事人对已经发生法律效力的判决、裁定,认为确有错误的,可以向上一级人民法院申请再审,但判决、裁定不停止执行。

第九十一条 当事人的申请符合下列情形之一的,人民法院应当再审:

(一)不予立案或者驳回起诉确有错误的;

(二)有新的证据,足以推翻原判决、裁定的;

(三)原判决、裁定认定事实的主要证据不足、未经质证或者系伪造的;

(四)原判决、裁定适用法律、法规确有错误的;

（五）违反法律规定的诉讼程序，可能影响公正审判的；

（六）原判决、裁定遗漏诉讼请求的；

（七）据以作出原判决、裁定的法律文书被撤销或者变更的；

（八）审判人员在审理该案件时有贪污受贿、徇私舞弊、枉法裁判行为的。

第九十二条 各级人民法院院长对本院已经发生法律效力的判决、裁定，发现有本法第九十一条规定情形之一，或者发现调解违反自愿原则或者调解书内容违法，认为需要再审的，应当提交审判委员会讨论决定。

最高人民法院对地方各级人民法院已经发生法律效力的判决、裁定，上级人民法院对下级人民法院已经发生法律效力的判决、裁定，发现有本法第九十一条规定情形之一，或者发现调解违反自愿原则或者调解书内容违法的，有权提审或者指令下级人民法院再审。

第九十三条 最高人民检察院对各级人民法院已经发生法律效力的判决、裁定，上级人民检察院对下级人民法院已经发生法律效力的判决、裁定，发现有本法第九十一条规定情形之一，或者发现调解书损害国家利益、社会公共利益的，应当提出抗诉。

地方各级人民检察院对同级人民法院已经发生法律效力的判决、裁定，发现有本法第九十一条规定情形之一，或者发现调解书损害国家利益、社会公共利益的，可以向同级人民法院提出检察建议，并报上级人民检察院备案；也可以提请上级人民检察院向同级人民法院提出抗诉。

各级人民检察院对审判监督程序以外的其他审判程序中审判人员的违法行为，有权向同级人民法院提出检察建议。

第八章 执 行

第九十四条 当事人必须履行人民法院发生法律效力的判决、裁定、调解书。

第九十五条 公民、法人或者其他组织拒绝履行判决、裁定、调解书的，行政机关或者第三人可以向第一审人民法院申请强制执行，或者由行政机关依法强制执行。

第九十六条 行政机关拒绝履行判决、裁定、调解书的，第一审人民法院可以采取下列措施：

（一）对应当归还的罚款或者应当给付的款额，通知银行从该行政机关的账户内划拨；

（二）在规定期限内不履行的，从期满之日起，对该行政机关负责人按日处五十元至一百元的罚款；

（三）将行政机关拒绝履行的情况予以公告；

（四）向监察机关或者该行政机关的上一级行政机关提出司法建议。接受司法建议的机关，根据有关规定进行处理，并将处理情况告知人民法院；

（五）拒不履行判决、裁定、调解书，社会影响恶劣的，可以对该行政机关直接负责的主管人员和其他直接责任人员予以拘留；情节严重，构成犯罪的，依法追究刑事责任。

第九十七条 公民、法人或者其他组织对行政行为在法定期限内不提起诉讼又不履行的，行政机关可以申请人民法院强制执行，或者依法强制执行。

第九章 涉外行政诉讼

第九十八条 外国人、无国籍人、外国组织在中华人民共和国进行行政诉讼，适用本法。法律另有规定的除外。

第九十九条 外国人、无国籍人、外国组织在中华人民共和国进行行政诉讼，同中华人民共和国公民、组织有同等的诉讼权利和义务。

外国法院对中华人民共和国公民、组织的行政诉讼权利加以限制的，人民法院对该国公民、组织的行政诉讼权利，实行对等原则。

第一百条 外国人、无国籍人、外国组织在中华人民共和国进行行政诉讼，委托律师代理诉讼的，应当委托中华人民共和国律师机构的律师。

第十章 附　　则

第一百零一条 人民法院审理行政案件，关于期间、送达、财产保全、开庭审理、调解、中止诉讼、终结诉讼、简易程序、执行等，以及人民检察院对行政案件受理、审理、裁判、执行的监督，本法没有规定的，适用《中华人民共和国民事诉讼法》的相关规定。

第一百零二条 人民法院审理行政案件，应当收取诉讼费用。诉讼费用由败诉方承担，双方都有责任的由双方分担。收取诉讼费用的具体办法另行规定。

第一百零三条 本法自1990年10月1日起施行。

《中华人民共和国行政复议法》(自1999年10月1日起施行)

第一章 总 则

第一条 为了防止和纠正违法的或者不当的具体行政行为,保护公民、法人和其他组织的合法权益,保障和监督行政机关依法行使职权,根据宪法,制定本法。

第二条 公民、法人或者其他组织认为具体行政行为侵犯其合法权益,向行政机关提出行政复议申请,行政机关受理行政复议申请、作出行政复议决定,适用本法。

第三条 依照本法履行行政复议职责的行政机关是行政复议机关。行政复议机关负责法制工作的机构具体办理行政复议事项,履行下列职责:

(一)受理行政复议申请;

(二)向有关组织和人员调查取证,查阅文件和资料;

(三)审查申请行政复议的具体行政行为是否合法与适当,拟订行政复议决定;

(四)处理或者转送对本法第七条所列有关规定的审查申请;

(五)对行政机关违反本法规定的行为依照规定的权限和程序提出处理建议;

(六)办理因不服行政复议决定提起行政诉讼的应诉事项;

(七)法律、法规规定的其他职责。

第四条 行政复议机关履行行政复议职责,应当遵循合法、公正、公开、及时、便民的原则,坚持有错必纠,保障法律、法规的正确实施。

第五条 公民、法人或者其他组织对行政复议决定不服的,可以依照行政诉讼法的规定向人民法院提起行政诉讼,但是法律规定行政复议决定为最终裁决的除外。

第二章 行政复议范围

第六条 有下列情形之一的,公民、法人或者其他组织可以依照本法申请行政复议:

(一)对行政机关作出的警告、罚款、没收违法所得、没收非法财物、责令停产停业、暂扣或者吊销许可证、暂扣或者吊销执照、行政拘留等行政处罚决定不服的;

(二)对行政机关作出的限制人身自由或者查封、扣押、冻结财产等行政强制措施决定不服的;

（三）对行政机关作出的有关许可证、执照、资质证、资格证等证书变更、中止、撤销的决定不服的；

（四）对行政机关作出的关于确认土地、矿藏、水流、森林、山岭、草原、荒地、滩涂、海域等自然资源的所有权或者使用权的决定不服的；

（五）认为行政机关侵犯合法的经营自主权的；

（六）认为行政机关变更或者废止农业承包合同，侵犯其合法权益的；

（七）认为行政机关违法集资、征收财物、摊派费用或者违法要求履行其他义务的；

（八）认为符合法定条件，申请行政机关颁发许可证、执照、资质证、资格证等证书，或者申请行政机关审批、登记有关事项，行政机关没有依法办理的；

（九）申请行政机关履行保护人身权利、财产权利、受教育权利的法定职责，行政机关没有依法履行的；

（十）申请行政机关依法发放抚恤金、社会保险金或者最低生活保障费，行政机关没有依法发放的；

（十一）认为行政机关的其他具体行政行为侵犯其合法权益的。

第七条 公民、法人或者其他组织认为行政机关的具体行政行为所依据的下列规定不合法，在对具体行政行为申请行政复议时，可以一并向行政复议机关提出对该规定的审查申请：

（一）国务院部门的规定；

（二）县级以上地方各级人民政府及其工作部门的规定；

（三）乡、镇人民政府的规定。

前款所列规定不含国务院部、委员会规章和地方人民政府规章。规章的审查依照法律、行政法规办理。

第八条 不服行政机关作出的行政处分或者其他人事处理决定的，依照有关法律、行政法规的规定提出申诉。

不服行政机关对民事纠纷作出的调解或者其他处理，依法申请仲裁或者向人民法院提起诉讼。

第三章 行政复议申请

第九条 公民、法人或者其他组织认为具体行政行为侵犯其合法权益的，可以自知道该具体行政行为之日起六十日内提出行政复议申请；但是法律规定的申请期限超过六十日的除外。

因不可抗力或者其他正当理由耽误法定申请期限的,申请期限自障碍消除之日起继续计算。

第十条 依照本法申请行政复议的公民、法人或者其他组织是申请人。

有权申请行政复议的公民死亡的,其近亲属可以申请行政复议。有权申请行政复议的公民为无民事行为能力人或者限制民事行为能力人的,其法定代理人可以代为申请行政复议。有权申请行政复议的法人或者其他组织终止的,承受其权利的法人或者其他组织可以申请行政复议。

同申请行政复议的具体行政行为有利害关系的其他公民、法人或者其他组织,可以作为第三人参加行政复议。

公民、法人或者其他组织对行政机关的具体行政行为不服申请行政复议的,作出具体行政行为的行政机关是被申请人。

申请人、第三人可以委托代理人代为参加行政复议。

第十一条 申请人申请行政复议,可以书面申请,也可以口头申请;口头申请的,行政复议机关应当当场记录申请人的基本情况、行政复议请求、申请行政复议的主要事实、理由和时间。

第十二条 对县级以上地方各级人民政府工作部门的具体行政行为不服的,由申请人选择,可以向该部门的本级人民政府申请行政复议,也可以向上一级主管部门申请行政复议。

对海关、金融、国税、外汇管理等实行垂直领导的行政机关和国家安全机关的具体行政行为不服的,向上一级主管部门申请行政复议。

第十三条 对地方各级人民政府的具体行政行为不服的,向上一级地方人民政府申请行政复议。

对省、自治区人民政府依法设立的派出机关所属的县级地方人民政府的具体行政行为不服的,向该派出机关申请行政复议。

第十四条 对国务院部门或者省、自治区、直辖市人民政府的具体行政行为不服的,向作出该具体行政行为的国务院部门或者省、自治区、直辖市人民政府申请行政复议。对行政复议决定不服的,可以向人民法院提起行政诉讼;也可以向国务院申请裁决,国务院依照本法的规定作出最终裁决。

第十五条 对本法第十二条、第十三条、第十四条规定以外的其他行政机关、组织的具体行政行为不服的,按照下列规定申请行政复议:

（一）对县级以上地方人民政府依法设立的派出机关的具体行政行为不服的，向设立该派出机关的人民政府申请行政复议；

（二）对政府工作部门依法设立的派出机构依照法律、法规或者规章规定，以自己的名义作出的具体行政行为不服的，向设立该派出机构的部门或者该部门的本级地方人民政府申请行政复议；

（三）对法律、法规授权的组织的具体行政行为不服的，分别向直接管理该组织的地方人民政府、地方人民政府工作部门或者国务院部门申请行政复议；

（四）对两个或者两个以上行政机关以共同的名义作出的具体行政行为不服的，向其共同上一级行政机关申请行政复议；

（五）对被撤销的行政机关在撤销前所作出的具体行政行为不服的，向继续行使其职权的行政机关的上一级行政机关申请行政复议。

有前款所列情形之一的，申请人也可以向具体行政行为发生地的县级地方人民政府提出行政复议申请，由接受申请的县级地方人民政府依照本法第十八条的规定办理。

第十六条 公民、法人或者其他组织申请行政复议，行政复议机关已经依法受理的，或者法律、法规规定应当先向行政复议机关申请行政复议、对行政复议决定不服再向人民法院提起行政诉讼的，在法定行政复议期限内不得向人民法院提起行政诉讼。

公民、法人或者其他组织向人民法院提起行政诉讼，人民法院已经依法受理的，不得申请行政复议。

第四章 行政复议受理

第十七条 行政复议机关收到行政复议申请后，应当在五日内进行审查，对不符合本法规定的行政复议申请，决定不予受理，并书面告知申请人；对符合本法规定，但是不属于本机关受理的行政复议申请，应当告知申请人向有关行政复议机关提出。

除前款规定外，行政复议申请自行政复议机关负责法制工作的机构收到之日起即为受理。

第十八条 依照本法第十五条第二款的规定接受行政复议申请的县级地方人民政府，对依照本法第十五条第一款的规定属于其他行政复议机关受理的行政复议申请，应当自接到该行政复议申请之日起七日内，转送有关行政复议机关，并告知申请人。接受转送的行政复议机关应当依照本法第十七条的规定办理。

第十九条　法律、法规规定应当先向行政复议机关申请行政复议、对行政复议决定不服再向人民法院提起行政诉讼的，行政复议机关决定不予受理或者受理后超过行政复议期限不作答复的，公民、法人或者其他组织可以自收到不予受理决定书之日起或者行政复议期满之日起十五日内，依法向人民法院提起行政诉讼。

第二十条　公民、法人或者其他组织依法提出行政复议申请，行政复议机关无正当理由不予受理的，上级行政机关应当责令其受理；必要时，上级行政机关也可以直接受理。

第二十一条　行政复议期间具体行政行为不停止执行；但是，有下列情形之一的，可以停止执行：

（一）被申请人认为需要停止执行的；

（二）行政复议机关认为需要停止执行的；

（三）申请人申请停止执行，行政复议机关认为其要求合理，决定停止执行的；

（四）法律规定停止执行的。

第五章　行政复议决定

第二十二条　行政复议原则上采取书面审查的办法，但是申请人提出要求或者行政复议机关负责法制工作的机构认为有必要时，可以向有关组织和人员调查情况，听取申请人、被申请人和第三人的意见。

第二十三条　行政复议机关负责法制工作的机构应当自行政复议申请受理之日起七日内，将行政复议申请书副本或者行政复议申请笔录复印件发送被申请人。被申请人应当自收到申请书副本或者申请笔录复印件之日起十日内，提出书面答复，并提交当初作出具体行政行为的证据、依据和其他有关材料。

申请人、第三人可以查阅被申请人提出的书面答复、作出具体行政行为的证据、依据和其他有关材料，除涉及国家秘密、商业秘密或者个人隐私外，行政复议机关不得拒绝。

第二十四条　在行政复议过程中，被申请人不得自行向申请人和其他有关组织或者个人收集证据。

第二十五条　行政复议决定作出前，申请人要求撤回行政复议申请的，经说明理由，可以撤回；撤回行政复议申请的，行政复议终止。

第二十六条　申请人在申请行政复议时，一并提出对本法第七条所列有关规定的审查申请的，行政复议机关对该规定有权处理的，应当在三十日内依法处理;无权处理的,应当在七日内按照法定程序转送有权处理的行政机关依法处理,有权处理的行政机关应当在六十日内依法处理。处理期间,中止对具体行政行为的审查。

第二十七条 行政复议机关在对被申请人作出的具体行政行为进行审查时,认为其依据不合法,本机关有权处理的,应当在三十日内依法处理;无权处理的,应当在七日内按照法定程序转送有权处理的国家机关依法处理。处理期间,中止对具体行政行为的审查。

第二十八条 行政复议机关负责法制工作的机构应当对被申请人作出的具体行政行为进行审查,提出意见,经行政复议机关的负责人同意或者集体讨论通过后,按照下列规定作出行政复议决定:

(一)具体行政行为认定事实清楚,证据确凿,适用依据正确,程序合法,内容适当的,决定维持;

(二)被申请人不履行法定职责的,决定其在一定期限内履行;

(三)具体行政行为有下列情形之一的,决定撤销、变更或者确认该具体行政行为违法;决定撤销或者确认该具体行政行为违法的,可以责令被申请人在一定期限内重新作出具体行政行为:

1. 主要事实不清、证据不足的;

2. 适用依据错误的;

3. 违反法定程序的;

4. 超越或者滥用职权的;

5. 具体行政行为明显不当的。

(四)被申请人不按照本法第二十三条的规定提出书面答复、提交当初作出具体行政行为的证据、依据和其他有关材料的,视为该具体行政行为没有证据、依据,决定撤销该具体行政行为。

行政复议机关责令被申请人重新作出具体行政行为的,被申请人不得以同一的事实和理由作出与原具体行政行为相同或者基本相同的具体行政行为。

第二十九条 申请人在申请行政复议时可以一并提出行政赔偿请求,行政复议机关对符合国家赔偿法的有关规定应当给予赔偿的,在决定撤销、变更具体行政行为或者确认具体行政行为违法时,应当同时决定被申请人依法给予赔偿。

申请人在申请行政复议时没有提出行政赔偿请求的,行政复议机关在依法决定撤销或者变更罚款,撤销违法集资、没收财物、征收财物、摊派费用以及对财产的查封、扣押、冻结等具体行政行为时,应当同时责令被申请人返还财产,解除对财产的查封、扣押、冻结措施,或者赔偿相应的价款。

第三十条　公民、法人或者其他组织认为行政机关的具体行政行为侵犯其已经依法取得的土地、矿藏、水流、森林、山岭、草原、荒地、滩涂、海域等自然资源的所有权或者使用权的,应当先申请行政复议;对行政复议决定不服的,可以依法向人民法院提起行政诉讼。

根据国务院或者省、自治区、直辖市人民政府对行政区划的勘定、调整或者征用土地的决定,省、自治区、直辖市人民政府确认土地、矿藏、水流、森林、山岭、草原、荒地、滩涂、海域等自然资源的所有权或者使用权的行政复议决定为最终裁决。

第三十一条　行政复议机关应当自受理申请之日起六十日内作出行政复议决定;但是法律规定的行政复议期限少于六十日的除外。情况复杂,不能在规定期限内作出行政复议决定的,经行政复议机关的负责人批准,可以适当延长,并告知申请人和被申请人;但是延长期限最多不超过三十日。

行政复议机关作出行政复议决定,应当制作行政复议决定书,并加盖印章。

行政复议决定书一经送达,即发生法律效力。

第三十二条　被申请人应当履行行政复议决定。

被申请人不履行或者无正当理由拖延履行行政复议决定的,行政复议机关或者有关上级行政机关应当责令其限期履行。

第三十三条　申请人逾期不起诉又不履行行政复议决定的,或者不履行最终裁决的行政复议决定的,按照下列规定分别处理:

(一)维持具体行政行为的行政复议决定,由作出具体行政行为的行政机关依法强制执行,或者申请人民法院强制执行;

(二)变更具体行政行为的行政复议决定,由行政复议机关依法强制执行,或者申请人民法院强制执行。

第六章　法律责任

第三十四条　行政复议机关违反本法规定,无正当理由不予受理依法提出的行政复议申请或者不按照规定转送行政复议申请的,或者在法定期限内不作出行政复议决定的,对直接负责的主管人员和其他直接责任人员依法给予警告、记过、记大过的行政处分;经责令受理仍不受理或者不按照规定转送行政复议申请,造成严重后果的,依法给予降级、撤职、开除的行政处分。

第三十五条 行政复议机关工作人员在行政复议活动中,徇私舞弊或者有其他渎职、失职行为的,依法给予警告、记过、记大过的行政处分;情节严重的,依法给予降级、撤职、开除的行政处分;构成犯罪的,依法追究刑事责任。

第三十六条 被申请人违反本法规定,不提出书面答复或者不提交作出具体行政行为的证据、依据和其他有关材料,或者阻挠、变相阻挠公民、法人或者其他组织依法申请行政复议的,对直接负责的主管人员和其他直接责任人员依法给予警告、记过、记大过的行政处分;进行报复陷害的,依法给予降级、撤职、开除的行政处分;构成犯罪的,依法追究刑事责任。

第三十七条 被申请人不履行或者无正当理由拖延履行行政复议决定的,对直接负责的主管人员和其他直接责任人员依法给予警告、记过、记大过的行政处分;经责令履行仍拒不履行的,依法给予降级、撤职、开除的行政处分。

第三十八条 行政复议机关负责法制工作的机构发现有无正当理由不予受理行政复议申请、不按照规定期限作出行政复议决定、徇私舞弊、对申请人打击报复或者不履行行政复议决定等情形的,应当向有关行政机关提出建议,有关行政机关应当依照本法和有关法律、行政法规的规定作出处理。

第七章 附 则

第三十九条 行政复议机关受理行政复议申请,不得向申请人收取任何费用。行政复议活动所需经费,应当列入本机关的行政经费,由本级财政予以保障。

第四十条 行政复议期间的计算和行政复议文书的送达,依照民事诉讼法关于期间、送达的规定执行。

本法关于行政复议期间有关"五日"、"七日"的规定是指工作日,不含节假日。

第四十一条 外国人、无国籍人、外国组织在中华人民共和国境内申请行政复议,适用本法。

第四十二条 本法施行前公布的法律有关行政复议的规定与本法的规定不一致的,以本法的规定为准。

第四十三条 本法自1999年10月1日起施行。1990年12月24日国务院发布、1994年10月9日国务院修订发布的《行政复议条例》同时废止。

相关行政规章条文

《中国证券监督管理委员会行政复议办法》(中国证券监督管理委员会令第67号,自2010年7月1日起施行)

第一章 总 则

第一条 为了保护公民、法人或者其他组织的合法权益,保障和监督中国证券监督管理委员会(以下简称中国证监会)依法行使监管职权,进一步发挥行政复议制度在解决证券期货行政争议中的作用,不断提高证券期货监督管理机构的依法行政水平,根据《中华人民共和国行政复议法》(以下简称《行政复议法》)、《中华人民共和国证券法》、《中华人民共和国行政复议法实施条例》(以下简称《行政复议法实施条例》)等法律、行政法规,制定本办法。

第二条 公民、法人或者其他组织认为中国证监会或其派出机构、授权组织的具体行政行为侵犯其合法权益的,依照《行政复议法》、《行政复议法实施条例》和本办法的规定向中国证监会申请行政复议。

中国证监会作为行政复议机关,受理行政复议申请,对被申请行政复议的具体行政行为进行审查并作出决定。

对中国证监会具体行政行为不服申请原级行政复议的,原承办具体行政行为有关事项的部门或者机构(以下简称原承办部门)负责向行政复议机构作出答复。

对中国证监会派出机构或者授权组织的具体行政行为不服申请行政复议的,由派出机构或者授权组织负责向行政复议机构作出答复。

第三条 中国证监会负责法制工作的机构作为行政复议机构具体办理行政复议事项,除应当依照《行政复议法》第三条、《行政复议法实施条例》第三条的规定履行职责外,还应当履行下列职责:

(一)组织行政复议听证;

(二)根据需要提请召开行政复议委员会工作会议;

(三)提出审查意见;

(四)办理行政复议和解、组织行政复议调解等事项;

(五)指导派出机构的行政应诉工作;

（六）法律、行政法规规定的其他职责。

第四条 专职行政复议人员应当具备以下条件：

（一）正直诚实，品行良好；

（二）受过法律专业教育；

（三）从事证券期货业工作2年以上或者取得法律、会计等专业资格；

（四）法律、行政法规规定的其他条件。

第五条 中国证监会设立行政复议委员会，审查重大复杂行政复议案件。

重大行政应诉案件，可以提交行政复议委员会进行讨论。

第六条 中国证监会通过适当的形式，公布中国证监会管辖的行政复议案件受理范围、受理条件、行政复议申请书样式、行政复议案件审理程序，以及接受行政复议申请书的地址、传真号码等事项。

第二章 行政复议范围

第七条 公民、法人或者其他组织对中国证监会或其派出机构、授权组织作出的具体行政行为不服，有下列情形之一的，可以向中国证监会申请行政复议：

（一）对中国证监会或其派出机构作出的警告、罚款、没收违法所得、责令关闭、撤销任职资格或者证券从业资格、暂停或者撤销业务许可、吊销业务许可证等行政处罚决定不服的；

（二）对中国证监会或其派出机构作出的证券、期货市场禁入决定不服的；

（三）对中国证监会或其派出机构作出的冻结、查封、限制交易等行政强制措施不服的；

（四）对中国证监会或其派出机构作出的限制业务活动、限期撤销境内分支机构、限制分配红利、限制转让财产、责令限制股东行使股东权利以及责令更换董事、监事、高级管理人员或者限制其权利等行政监管措施不服的；

（五）认为中国证监会或其派出机构、授权组织侵犯其合法的经营自主权的；

（六）认为符合法定条件，申请办理证券、期货行政许可事项，中国证监会或其派出机构没有依法办理的；

（七）认为中国证监会或其派出机构在政府信息公开工作中的具体行政行为侵犯其合法权益的；

（八）认为中国证监会或其派出机构、授权组织的其他具体行政行为侵犯其合法权益的。

第八条　中国证监会或其派出机构、授权组织的下列行为不属于行政复议申请的范围：

（一）中国证监会或其派出机构、授权组织对其工作人员作出的行政处分以及其他人事处理决定；

（二）中国证监会或其派出机构、授权组织对证券、期货民事争议所作的调解行为；

（三）由中国证监会或其派出机构作出的行政调解和行政和解行为；

（四）不具有强制力的证券、期货行政指导行为；

（五）中国证监会或其派出机构对公民、法人或者其他组织提起申诉的重复处理行为；

（六）证券、期货交易所或证券、期货业协会依据自律规则，对公民、法人或者其他组织作出的决定；

（七）对公民、法人或者其他组织的权利义务不产生实际影响的行为。

第三章　行政复议申请

第九条　依照《行政复议法》、《行政复议法实施条例》以及本办法提起行政复议申请的公民、法人或者其他组织是行政复议的申请人。

第十条　依据《行政复议法实施条例》第七条的规定申请行政复议的，申请人应当同时向行政复议机构提交股份制企业的股东大会、股东代表大会、董事会作出的申请行政复议的决议和授权委托书。

第十一条　向行政复议机构申请作为第三人参加行政复议的，应当证明其与被审查的具体行政行为有利害关系。

经行政复议机构审查同意或者认为第三人有必要参加行政复议的，行政复议机构可以书面通知第三人。

第三人不参加行政复议，不影响行政复议案件的审理。

第十二条　申请人、第三人委托代理人向行政复议机构提交的授权委托书应当载明下列事项：

（一）委托人姓名或者名称，委托人为法人或者其他组织的，还应当载明法定代表人或者主要负责人的姓名、职务；

（二）代理人姓名、身份证号码、工作单位、通讯地址、邮政编码及电话等联系方式；

（三）委托事项和代理期间；

（四）代理人代为提起、变更、撤回行政复议申请、参加行政复议调解、达成行政复议和解、参加行政复议听证、递交证据材料、收受行政复议法律文书等代理权限；

（五）委托日期及委托人签字或者盖章。

提交授权委托书，应当提供委托人和代理人身份证明，以律师身份代理参加行政复议的，还应当提供律师执业证明文件。

第十三条 申请人对中国证监会或其派出机构、授权组织的具体行政行为不服申请行政复议的，作出该具体行政行为的中国证监会或其派出机构、授权组织是被申请人。

中国证监会或其派出机构委托其他组织作出具体行政行为的，中国证监会或其派出机构是被申请人。

第十四条 申请人对两个以上派出机构或授权组织共同作出的具体行政行为不服申请行政复议的，共同作出具体行政行为的机构或组织是共同被申请人。

第十五条 派出机构或者其他组织依照法律、行政法规、规章规定，报经中国证监会批准作出具体行政行为的，中国证监会是被申请人。

第四章 行政复议受理

第十六条 对符合《行政复议法实施条例》第十八条、第二十八条的规定，属于行政复议机关受理的行政复议申请，自行政复议机构收到之日起即为受理。

行政复议机构收到行政复议申请的日期，属于申请人当面递交的，由行政复议机构经办人在申请书上注明收到日期，并且由递交人签字确认；属于直接从邮递渠道收取或者其他单位、部门转来的，由行政复议机构签收确认；属于申请人以传真方式提交的，以行政复议机构接收传真之日为准。

第十七条 依照《行政复议法实施条例》第二十九条的规定，行政复议机构可以自收到该行政复议申请之日起5日内书面通知申请人补正，有下列情形之一的，属于行政复议申请材料不齐全或者表述不清楚：

（一）未依照《行政复议法实施条例》第十九条第（一）项的规定提供申请人基本情况；

（二）无申请人身份证明文件；

（三）无明确的被申请人；

（四）行政复议请求不具体、不明确；

（五）委托代理申请复议的手续不全或者权限不明确；

（六）未依照《行政复议法实施条例》第二十一条的规定提供证明材料；

（七）其他行政复议申请材料不齐全或者表述不清楚的情形。

申请人收到补正通知后，无正当理由逾期不补正的，视为放弃行政复议申请。

第十八条　申请人采取传真方式提出行政复议申请的，行政复议机构可以要求申请人依照《行政复议法实施条例》第二十九条、本办法第十七条的规定补充提交申请材料的原件。

第十九条　行政复议申请材料不齐全或者表述不清楚，或者采取传真方式提出行政复议申请，行政复议机构书面通知申请人补正或者提交原件的，受理的审查期限应当自收到补正后的行政复议申请材料或者原件之日起算。

第二十条　下列情形不视为申请行政复议，行政复议机构可以告知申请人处理结果或者转由其他机构处理并告知申请人：

（一）对中国证监会工作人员的个人违法违纪行为进行举报、控告的；

（二）不涉及中国证监会具体行政行为，只对中国证监会规章或者规范性文件有异议的；

（三）对行政处罚认定的事实、适用的依据、处罚种类、处罚幅度及处罚程序等没有异议，仅因经济困难，请求减、免、缓缴罚款的；

（四）请求解答法律、行政法规、规章的；

（五）其他以行政复议申请名义，进行信访投诉的情形。

第五章　行政复议审理

第一节　行政复议答复

第二十一条　行政复议机构应当自受理行政复议申请之日起7日内，将行政复议答复通知书、行政复议申请书副本或者行政复议申请笔录复印件以及申请人提交的证据、有关材料的副本发送被申请人或者原承办部门。

第二十二条 被申请人或者原承办部门应当自收到申请书副本或者申请笔录复印件之日起10日内，向行政复议机构提交行政复议答复意见书，并同时提交当初作出具体行政行为的全部证据、依据和其他有关材料。

行政复议答复意见书应当载明下列内容：

（一）被申请人当初作出具体行政行为时所认定的事实、证据及适用的法律、行政法规、规章及规范性文件，对有关事实的陈述应当注明相应的证据及证据的来源；

（二）对申请人行政复议申请中陈述的事实和理由逐条进行答辩并进行相应的举证；

（三）对有关具体行政行为建议维持、变更、撤销或者确认违法，建议驳回行政复议申请，进行行政复议调解等结论；

（四）作出书面答复的时间。

被申请人或者原承办部门应当按照行政执法案卷的要求提交单独装订的行政复议答复证据案卷，并明确申请人、第三人可以查阅的案卷材料范围。

第二节 行政复议审理

第二十三条 一般行政复议案件，由行政复议机构负责审查并提出复议意见；重大复杂的行政复议案件，由行政复议机构提请行政复议委员会进行审查，由行政复议委员会提出复议意见。

行政复议机构审查复议案件，必须有2名以上行政复议人员共同进行。行政复议委员会通过委员会工作会议审查行政复议案件。行政复议委员会的组成和工作规则另行规定。

第二十四条 案件审理人员或者出席会议的复议委员与本案有利害关系或者有其他关系可能影响公正审理行政复议案件的，应当进行回避。

第二十五条 对于案件事实复杂、申请人与被申请人就同一认定事实提交的证据不一致或者行政复议机构认为必要的，行政复议机构可以依照《行政复议法实施条例》第三十四条的规定向有关组织和人员调查取证。

行政复议机构采用询问方式进行调查取证的，应当制作询问笔录，由被调查单位和人员签字或者盖章确认。

第二十六条 行政复议机关提供必要的条件，方便申请人、第三人查阅有关材料。

申请人、第三人查阅有关材料应当遵守下列规定：

（一）申请人、第三人向行政复议机构提出书面阅卷请求，阅卷不得违反相关保密的规定；

（二）申请人、第三人应当按照指定的时间、地点和阅卷范围进行查阅；

（三）查阅时，申请人、第三人应当出示身份证件；

（四）申请人、第三人可以摘抄查阅材料的内容；

（五）申请人、第三人不得有涂改、替换、毁损、隐匿查阅的材料等行为。

申请人、第三人违反前款第（五）项的，行政复议机构应当立即终止其查阅。情节严重的，依法移送公安机关处理。

第三节 行政复议听证

第二十七条 申请人、被申请人或者原承办部门对案件事实争议较大或者案件重大复杂的，行政复议机构可以采取听证的方式审理。

被申请人在作出原具体行政行为时，已经采取听证方式的或者采取书面审查可以查明事实、证据的，行政复议机构不再采取听证方式审理。

第二十八条 行政复议机构决定举行听证的，按照下列程序和要求进行：

（一）行政复议机构应当将听证的时间、地点、具体要求等事项提前3日通知有关当事人；

（二）行政复议听证人员为不得少于3人的单数，由行政复议机构负责人确定，并且指定其中1人为听证主持人；

（三）举行听证时，被申请人或者原承办部门的工作人员应当提供行政复议答复意见书以及相应的证据、依据，申请人、第三人可以提出证据，并进行申辩和质证；

（四）听证应当制作笔录，听证笔录应当交听证参加人确认无误后签字或者盖章。

第六章 行政复议决定

第二十九条 行政复议机关对行政复议机构或者行政复议委员会提出的复议意见进行审查，经行政复议机关的负责人同意或者集体讨论通过后，依法作出行政复议决定。

第三十条 依照《行政复议法》第三十一条的规定，有下列情况之一的，可以视为案件情况复杂，经行政复议机关的负责人批准，行政复议期限可以适当延长，但是延长期限最多不超过30日：

（一）需要举行行政复议听证的；

（二）申请人、第三人提出新的事实、理由或者证据需进一步调查核实的；

（三）申请人与被申请人进行和解或者行政复议机构进行调解的；

（四）情况复杂，不能在规定期限内作出行政复议决定的其他情况。

延长复议期限，应当制作决定延期通知书，告知有关当事人。

第三十一条 行政复议机关作出行政复议决定，应当制作行政复议决定书，送达申请人和第三人，抄送被申请人。

行政复议决定书应当载明下列内容：

（一）申请人、第三人基本情况：自然人姓名、性别、工作单位及职务（原工作单位及职务）、住址；法人或者其他组织的名称、地址、法定代表人或者主要负责人的姓名、职务；

（二）被申请人名称、地址；

（三）申请人申请复议的请求、事实和理由；

（四）被申请人答复的事实、理由、证据和依据；

（五）行政复议认定的事实和相应的证据；

（六）作出行政复议决定的具体理由和法律依据；

（七）行政复议决定的结论；

（八）行政复议决定的救济途径；

（九）作出行政复议决定的日期。

行政复议决定书应当加盖行政复议机关的印章。

第三十二条 行政复议决定书一经送达，即发生法律效力。行政复议机关可以通过中国证监会门户网站、中国证监会公告等方式公布生效的行政复议决定书。

第七章 行政复议和解和调解

第三十三条 经被申请人同意，原承办部门、派出机构或者授权组织和申请人可以依照《行政复议法实施条例》第四十条的规定在作出行政复议决定之前自愿达成和解，并向行政复议机构提交书面和解协议。

和解协议应当载明行政复议请求、事实、理由、和解的条件和达成和解的结果。

和解协议应当由申请人和被申请人或者原承办部门签字或者盖章。

第三十四条　行政复议机构应当对申请人和作出具体行政行为的机构提交的和解协议进行备案。和解确属双方真实意思表示，和解内容不损害社会公共利益和他人合法权益的，行政复议机构应当准许和解，终止行政复议案件的审理。

在行政复议期间内未达成和解协议的，行政复议机关应当及时作出行政复议决定。

第三十五条　经行政复议机构准许和解的，申请人和被申请人应当履行和解协议。

第三十六条　有下列情形之一的，行政复议机关可以进行调解：

（一）公民、法人或者其他组织对中国证监会行使自由裁量权作出的具体行政行为不服申请行政复议的；

（二）行政赔偿或者行政补偿纠纷。

第三十七条　调解应当符合以下要求：

（一）查明案件事实，充分尊重申请人和被申请人的意愿；

（二）调解应当按照自愿、合法的原则，调解结果不得损害国家利益、社会公共利益或者他人合法权益。

第三十八条　申请人和被申请人经调解达成协议的，行政复议机关应当制作行政复议调解书。行政复议调解书应当载明下列内容：

（一）申请人基本情况：自然人姓名、性别、工作单位及职务（原工作单位及职务）、住址；法人或者其他组织的名称、地址、法定代表人或者主要负责人的姓名、职务；

（二）被申请人名称、地址；

（三）申请人申请行政复议的请求、事实和理由；

（四）被申请人答复的事实、理由、证据和依据；

（五）进行调解的基本情况；

（六）调解协议的主要内容和调解结果；

（七）申请人、被申请人履行调解书的义务；

（八）日期。

行政复议调解书应当加盖行政复议专用章。行政复议调解书经申请人、被申请人签字或者盖章，即具有法律效力。申请人和被申请人应当履行生效的行政复议调解书。

第八章 行政复议指导和监督

第三十九条 行政复议机关在行政复议期间发现相关行政行为违法或者需要做好善后工作等情况的，可以向被申请人或者原承办部门制作行政复议意见书，并抄报中国证监会监察部门。

行政复议意见书由行政复议机构具体承办，应当包括具体行政行为存在的问题、认定事实、理由和依据、整改意见等。

被申请人或者原承办部门应当自收到行政复议意见书之日起60日内将纠正相关行政违法行为、改进执法工作或者做好善后工作的情况报告行政复议机构。

对突出问题不予整改导致重复违法的，行政复议机关要予以通报。

第四十条 行政复议机构在行政复议期间发现法律、行政法规、规章的实施中带有普遍性的问题，可以向有关立法机关或其他有关行政机关提出完善立法的建议。

行政复议建议书应包括法律、行政法规、规章等存在的问题，相关事实、理由和依据、工作建议等。

第四十一条 中国证监会应当建立行政复议统计报告制度，定期对行政复议、行政应诉案件情况进行分析、研究，总结工作中的经验及不足，提出改进意见。

第四十二条 行政复议人员应当每年参加至少2次行政复议机构或者中国证监会业务部门组织的监管业务培训，提高行政复议人员的专业素质。

业务培训包括以下内容：

（一）行政复议及行政应诉业务培训；

（二）证券期货案件调查、审理等业务培训；

（三）证券期货日常监管及创新业务培训；

（四）涉及证券期货市场监管的政治、经济理论培训等。

第四十三条 行政复议机构对于在办理行政复议、行政应诉案件过程中成绩显著的单位和个人，可以提请中国证监会依照有关规定给予表彰和奖励。

第九章 附 则

第四十四条 行政复议机关在受理、审查、决定行政复议申请过程中，可使用行政复议专用章。在中国证监会行政复议活动中，行政复议专用章和行政复议机关的印章具有同等法律效力。

第四十五条 外国人、无国籍人、外国组织在中华人民共和国境内向中国证监会申请行政复议,适用本办法。

第四十六条 本办法自2010年7月1日起施行。2002年11月25日发布的《中国证券监督管理委员会行政复议办法》(中国证券监督管理委员会令第13号)同时废止。

相关规范性文件条文

最高人民法院《关于审理证券行政处罚案件证据若干问题的座谈会纪要》(2011年7月13日 法〔2011〕225号)

一、关于证券行政处罚案件的举证问题

会议认为,监管机构根据行政诉讼法第三十二条、最高人民法院《关于行政诉讼证据若干问题的规定》第一条的规定,对作出的被诉行政处罚决定承担举证责任。人民法院在审理证券行政处罚案件时,也应当考虑到部分类型的证券违法行为的特殊性,由监管机构承担主要违法事实的证明责任,通过推定的方式适当向原告、第三人转移部分特定事实的证明责任。

监管机构在听证程序中书面明确告知行政相对人享有提供排除其涉嫌违法行为证据的权利,行政相对人能够提供但无正当理由拒不提供,后又在诉讼中提供的,人民法院一般不予采纳。行政处罚相对人在行政程序中未提供但有正当理由,在诉讼中依照最高人民法院《关于行政诉讼证据若干问题的规定》提供的证据,人民法院应当采纳。

监管机构除依法向人民法院提供据以作出被诉行政处罚决定的证据和依据外,还应当提交原告、第三人在行政程序中提供的证据材料。

二、关于电子数据证据

会议认为,证券交易和信息传递电子化、网络化、无线化等特点决定电子交易信息、网络IP地址、通讯记录、电子邮件等电子数据证据在证券行政案件中至关重要。但由于电子数据证据具有载体多样,复制简单、容易被删改和伪造等特点,对电子数据证据的证据形式要求和审核认定应较其他证据方法更为严格。根据行政诉讼法第三十一条第一款第(三)项的规定,最高人民法院《关于行政诉讼证据若干问题的规定》第十二条、第六十四条的规定,当事人可以向人民法院提供电子数据证据证明待证事实,相关电子数据证据应当符合下列要求:

（一）无法提取电子数据原始载体或者提取确有困难的，可以提供电子数据复制件，但必须附有不能或者难以提取原始载体的原因、复制过程以及原始载体存放地点或者电子数据网络地址的说明，并由复制件制作人和原始电子数据持有人签名或者盖章，或者以公证等其他有效形式证明电子数据与原始载体的一致性和完整性。

（二）收集电子数据应当依法制作笔录，详细记载取证的参与人员、技术方法、步骤和过程，记录收集对象的事项名称、内容、规格、类别以及时间、地点等，或者将收集电子数据的过程拍照或录像。

（三）收集的电子数据应当使用光盘或者其他数字存储介质备份。监管机构为取证人时，应当妥善保存至少一份封存状态的电子数据备份件，并随案移送，以备法庭质证和认证使用。

（四）提供通过技术手段恢复或者破解的与案件有关的光盘或者其他数字存储介质、电子设备中被删除的数据、隐藏或者加密的电子数据，必须附有恢复或破解对象、过程、方法和结果的专业说明。对方当事人对该专业说明持异议，并且有证据表明上述方式获取的电子数据存在篡改、剪裁、删除和添加等不真实情况的，可以向人民法院申请鉴定，人民法院应予准许。

三、关于专业意见

会议认为，对被诉行政处罚决定涉及的专门性问题，当事人可以向人民法院提供其聘请的专业机构、特定行业专家出具的统计分析意见和规则解释意见；人民法院认为有必要的，也可以聘请相关专业机构、专家出具意见。

专业意见应当在法庭上出示，并经庭审质证。当事人可以申请人民法院通知出具相关意见的专业人员出庭说明，人民法院也可以通知专业人员出庭说明。专业意见之间相互矛盾的，人民法院可以组织专业人员进行对质。

人民法院应当根据案件的具体情况，从以下方面审核认定上述专业意见：（一）专业机构或者专家是否与本案有利害关系；（二）专业机构或者专家是否具有合法资质；（三）专业机构或者专家所得出的意见是否超出指定的范围，形式是否规范，内容是否完整，结论是否明确；（四）行政程序中形成的专业意见是否告知对方当事人，并听取对方当事人的质辩意见。

第十二章　附　　则

第二百三十六条　【新旧法衔接】本法施行前依照行政法规已批准在证券交易所上市交易的证券继续依法进行交易。

本法施行前依照行政法规和国务院金融行政管理部门的规定经批准设立的证券经营机构，不完全符合本法规定的，应当在规定的限期内达到本法规定的要求。具体实施办法，由国务院另行规定。

第二百三十七条　【审核费用】发行人申请核准公开发行股票、公司债券，应当按照规定缴纳审核费用。

第二百三十八条　【境外上市】境内企业直接或者间接到境外发行证券或者将其证券在境外上市交易，必须经国务院证券监督管理机构依照国务院的规定批准。

相关行政法规条文

《国务院关于股份有限公司境外募集股份及上市的特别规定》(中华人民共和国国务院令第160号，自1994年8月4日起施行)

第二条　股份有限公司经国务院证券委员会批准，可以向境外特定的、非特定的投资人募集股份，其股票可以在境外上市。

本规定所称境外上市，是指股份有限公司向境外投资人发行的股票，在境外公开的证券交易场所流通转让。

第三条　股份有限公司向境外投资人募集并在境外上市的股份(以下简称境外上市外资股)，采取记名股票形式，以人民币标明面值，以外币认购。

境外上市外资股在境外上市，可以采取境外存股证形式或者股票的其他派生形式。

第四条　国务院证券委员会或者其监督管理执行机构中国证券监督管理委员会，可以与境外证券监督管理机构达成谅解、协议，对股份有限公司向境外投资人募集股份并在境外上市及相关活动进行合作监督管理。

第五条　股份有限公司向境外投资人募集股份并在境外上市，应当按照国务院证券委员会的要求提出书面申请并附有关材料，报经国务院证券委员会批准。

第七条 向境外投资人募集股份并在境外上市的股份有限公司(以下简称公司)向境内投资人发行的股份(以下简称内资股),采取记名股票形式。

第八条 经国务院证券委员会批准的公司发行境外上市外资股和内资股的计划,公司董事会可以作出分别发行的实施安排。

公司依照前款规定分别发行境外上市外资股和内资股的计划,可以自国务院证券委员会批准之日起15个月内分别实施。

第九条 公司在发行计划确定的股份总数内,分别发行境外上市外资股和内资股的,应当分别一次募足;有特殊情况不能一次募足的,经国务院证券委员会批准,也可以分次发行。

第十条 公司发行计划确定的股份未募足的,不得在该发行计划外发行新股。公司需要调整发行计划的,由股东大会作出决议,经国务院授权的公司审批部门核准后,报国务院证券委员会审批。

公司增资发行境外上市外资股与前一次发行股份的间隔期间,可以少于12个月。

第十一条 公司在发行计划确定的股份总数内发行境外上市外资股,经国务院证券委员会批准,可以与包销商在包销协议中约定,在包销数额之外预留不超过该次拟募集境外上市外资股数额15%的股份。预留股份的发行,视为该次发行的一部分。

第十二条 公司分别发行境外上市外资股和内资股的计划,应当在公司各次募集股份的招股说明材料中全面、详尽披露。对已经批准并披露的发行计划进行调整的,必须重新披露。

第十三条 国务院证券委员会会同国务院授权的公司审批部门,可以对公司章程必备条款作出规定。

公司章程应当载明公司章程必备条款所要求的内容;公司不得擅自修改或者删除公司章程中有关公司章程必备条款的内容。

第十四条 公司应当在公司章程中载明公司的营业期限。公司的营业期限,可以为永久存续。

第十五条 公司章程对公司及其股东、董事、监事、经理和其他高级管理人员具有约束力。

公司及其股东、董事、监事、经理和其他高级管理人员均可以依据公司章程主张权利,提出仲裁或者提起诉讼。

本条第一款、第二款所称其他高级管理人员包括公司财务负责人、董事会秘书和公司章程规定的其他人员。

第十六条　依法持有境外上市外资股、其姓名或者名称登记在公司的股东名册上的境外投资人,为公司的境外上市外资股股东。

境外上市外资股的权益拥有人可以依照境外上市外资股股东名册正本存放地或者境外上市地的法律规定,将其股份登记在股份的名义持有人名下。

境外上市外资股股东名册为证明境外上市外资股股东持有公司股份的充分证据;但是有相反证据的除外。

第十七条　依据本规定第四条所指的谅解、协议,公司可以将境外上市外资股股东名册正本存放在境外,委托境外代理机构管理;公司应当将境外代理机构制作的境外上市外资股股东名册的副本备置于公司的住所。受委托的境外代理机构应当随时保证境外上市外资股股东名册正本、副本的一致性。

第十八条　境外上市外资股股东名册正本的更正需要依据司法裁定作出的,可以由名册正本存放地有管辖权的法院裁定。

第十九条　境外上市外资股股东遗失股票,申请补发的,可以依照境外上市外资股股东名册正本存放地的法律、证券交易场所规则或者其他有关规定处理。

第二十条　公司召开股东大会,应当于会议召开45日前发出书面通知,将会议拟审议的事项以及会议日期和地点告知所有在册股东。

拟出席股东大会的股东应当于会议召开20日前,将出席会议的书面回复送达公司。

书面通知和书面回复的具体形式由公司在公司章程中作出规定。

第二十一条　公司召开股东大会年会,持有公司有表决权的股份5%以上的股东有权以书面形式向公司提出新的提案,公司应当将提案中属于股东大会职责范围内的事项,列入该次会议的议程。

第二十二条　公司根据股东大会召开前20日时收到的书面回复,计算拟出席会议的股东所代表的有表决权的股份数。拟出席会议的股东所代表的有表决权的股份数达到公司有表决权的股份总数1/2的,公司可以召开股东大会;达不到的,公司应当于5日内将会议拟审议的事项、会议日期和地点以公告形式再次通知股东,经公告通知,公司可以召开股东大会。

第二十七条 公司向境外上市外资股股东支付股利以及其他款项，以人民币计价和宣布，以外币支付。公司所筹集的外币资本金的结汇和公司向股东支付股利以及其他款项所需的外币，按照国家有关外汇管理的规定办理。

公司章程规定由其他机构代为兑换外币并付给股东的，可以依照公司章程的规定办理。

第二十九条 境外上市外资股股东与公司之间，境外上市外资股股东与公司董事、监事和经理之间，境外上市外资股股东与内资股股东之间发生的与公司章程规定的内容以及公司其他事务有关的争议，依照公司章程规定的解决方式处理。

解决前款所述争议，适用中华人民共和国法律。

相关规范性文件条文

《境内企业申请到香港主板上市审批与监管指引》（证监发行字〔1999〕126号，自1999年9月6日起实施）

为确保境内企业到香港主板上市有序进行，凡符合本指引所列条件的国有企业、集体企业及其他所有制形式的企业，在依法设立股份有限公司后，均可自愿由上市保荐人代表其向中国证券监督管理委员会（以下简称"证监会"）提交申请，证监会依法按程序审批，成熟一家，批准一家。

一、境内企业申请到香港主板上市的条件

（一）经省级人民政府或国家经贸委批准、依法设立并规范运作的股份有限公司（以下简称"公司"）；

（二）公司及其主要发起人符合国家有关法规和政策，在最近二年内没有重大违法违规行为；

（三）符合香港主板上市规则规定的条件；

（四）上市保荐人认为公司具备发行上市可行性并依照规定承担保荐责任；

（五）国家科技部认证的高新技术企业优先批准。

二、境内企业申请到香港主板上市须向证监会提交的文件

境内企业申请到香港主板上市须向证监会提交下列文件：

（一）公司申请报告。内容应包括：公司沿革及业务概况、股本结构、筹资用途及经营风险分析、业务发展目标、筹资成本分析等；

（二）上市保荐人对公司发行上市可行性出具的分析意见及承销意向报告；

（三）公司设立批准文件；

（四）具有证券从业资格的境内律师事务所就公司及其主要发起人是否符合国家有关法规和政策以及在最近二年内是否有重大违法违规行为出具的法律意见书（参照《公开发行股票公司信息披露的内容与格式准则第六号〈法律意见书的内容与格式〉》制作）；

（五）会计师事务所对公司按照中国会计准则、股份有限公司会计制度编制和按照国际会计准则调整的会计报表出具的审计报告；

（六）凡有国有股权的公司，须出具国有资产管理部门关于国有股权管理的批复文件；

（七）较完备的招股说明书；

（八）证监会要求的其他文件。

三、境内企业申请到香港主板上市的审批程序

（一）在向香港联交所提交上市申请3个月前，保荐人须代表公司向证监会提交本指引第二部分（一）至（三）项文件（一式四份，其中一份为原件），同时抄报有关省级人民政府和国务院有关部门。如有关政府部门对公司的申请有异议，可自收到公司申请文件起15个工作日内将意见书面通知证监会。

（二）证监会就公司是否符合国家产业政策、利用外资政策以及其他有关规定会商国家经贸委。

（三）经初步审核，证监会发行监管部自收到公司的上述申请文件之日起20个工作日内，就是否同意正式受理其申请函告公司，抄送财政部、外经贸部和外汇局；不同意受理的，说明理由。

（四）证监会同意正式受理其申请的公司，须向证监会提交本指引第二部分（四）至（八）项文件（一式二份，其中一份为原件）；申请文件齐备，经审核合规，而且在正式受理期间外经贸部、外汇局和财政部（如涉及国有股权）等部门未提出书面反对意见的，证监会在10个工作日内予以批准；不予批准的，说明理由。经批准后，公司方可向香港联交所提交主板上市申请。

四、上市后监管事宜

公司在香港主板上市后，证监会将根据监管合作备忘录及与香港证监会签署的补充条款的要求进行监管。

五、其他有关事宜

(一)香港联交所认可的主板上市保荐人方可担任境内企业到主板上市的保荐人。如保荐人有违规行为或其他不适当行为,证监会可视情节轻重,决定是否受理该保荐人代表公司提出的上市申请。

(二)证监会同意正式受理其申请的公司,须在境内外中介机构确定后,将有关机构名单报证监会备案。

(三)公司须在上市后15个工作日内,将与本次发行上市有关的公开信息披露文件及发行上市情况总结报证监会备案。

(四)公司须遵守国家外汇管理的有关规定。

《H股"全流通"试点业务实施细则(试行)》(中国证券登记结算有限责任公司 深圳证券交易2018年4月20日发布并实施)

第一章 总 则

第一条 为了规范H股上市公司非境外上市股份在香港股票市场流通(以下简称H股"全流通")试点相关业务,根据《中华人民共和国证券法》《证券登记结算管理办法》等法律、行政法规、部门规章、规范性文件,以及中国证券登记结算有限责任公司(以下简称中国结算)和深圳证券交易所(以下简称深交所)相关业务规则,制定本细则。

第二条 获中国证监会批准参加H股"全流通"试点的H股上市公司(以下简称试点公司)在完成相应信息披露后,将参加H股"全流通"试点的相关股份(以下简称H股"全流通"试点股份)由中国结算跨境转登记至香港股份登记机构,成为可在香港联合证券交易所(以下简称联交所)上市流通的股份。

试点公司应获得持有H股"全流通"试点股份的自然人和机构(以下简称投资者)授权,代理投资者委托中国结算成为相关证券的名义持有人并办理相关业务。中国结算作为名义持有人将该部分证券存管于香港中央结算有限公司(以下简称香港结算),并向投资者提供名义持有人服务。

试点公司应当采取有效方式将H股"全流通"试点股份登记存管和交易结算在内的相关事项安排告知投资者,包括但不限于中国结算名义持有试点股份的安排、交易委托与指令传递的方式、参与的境内证券公司和境外代理券商等。

第三条 参与H股"全流通"试点业务的境内证券公司(以下简称

境内证券公司）为投资者提供H股“全流通”试点股份交易委托指令发送、成交回报接收等相关服务，并作为境内结算参与人与中国结算办理相关清算交收事宜。境内证券公司应当向投资者充分揭示H股“全流通”试点期间相关业务风险，并与投资者签订委托协议，明确双方的权利和义务。

第四条　投资者使用H股“全流通”专用账户，通过境内证券公司提交H股“全流通”试点股份的卖出委托指令，相关股份通过中国结算在境外代理券商开立的证券交易账户卖出。交易达成后，境外代理券商与中国结算、中国结算与境内结算参与人、境内结算参与人与投资者之间分别进行结算。

H股“全流通”专用账户只能卖出，不得买入。

第五条　深交所授权深圳证券通信有限公司（以下简称深证通），提供境内证券公司与境外代理券商之间的H股“全流通”试点股份卖出委托指令和成交回报传递，及相关H股实时行情转发等服务。

境内证券公司、境外代理券商参与H股“全流通”试点业务，应当符合深证通的相关技术标准及要求，并与深证通签订技术服务协议。

第六条　H股“全流通”试点业务涉及的账户安排、跨境转登记、存管和持有明细维护、交易委托与指令传递、结算等相关业务，适用本细则。本细则未作规定的，参照中国结算、深交所其他业务规则办理。

第二章　账户安排

第七条　中国结算在香港结算开立证券账户，用于记录名义持有的证券和与境外代理券商进行证券交收。中国结算在境外代理券商开立证券交易账户，用于委托境外代理券商交易。

第八条　试点公司接受投资者委托，按照中国结算相关规定向中国结算申请为投资者设立H股“全流通”专用账户，用于初始记录和维护投资者的证券持有明细数据。

第三章　跨境转登记

第九条　H股上市公司在H股“全流通”试点申请获得中国证监会批准后，应向中国结算申请注销相应的非境外上市股份。全部非境外上市股份获批H股“全流通”试点的，试点公司应按照中国结算相关规定申请办理H股上市公司非境外上市股份退出登记。

若H股“全流通”试点资格随公司境外上市再融资或首次公开发行申请一并获批，则所涉股份属境外上市股份，无需向中国结算申请非境外上市股份的初始登记，注销登记或退出登记等。

第十条 H股上市公司应当按照香港市场要求，在联交所、香港股份登记机构等机构履行手续，完成相关股份登记。

第十一条 H股"全流通"试点股份在完成跨境转登记成为境外上市股份后，不得再转回成为非境外上市股份。

第四章 存管和持有明细维护

第十二条 中国结算作为名义持有人，将投资者持有的证券以中国结算名义存管在香港结算，通过香港结算行使对证券发行人的权利。

投资者以中国结算名义持有的证券，以香港结算(代理人)的名义登记于联交所上市公司的股东名册。

第十三条 试点公司根据中国结算相关规定，向中国结算提供投资者H股"全流通"专用账户信息和持有数据等，委托中国结算初始记录并维护相关投资者的证券持有明细记录。

第十四条 中国结算的证券持有记录，是投资者享有该证券权益的合法证明。

投资者不能要求存入或提取纸面股票，不能要求办理股份的跨境转托管，中国证监会另有规定的除外。

试点期间，中国结算不提供质押登记服务。

第十五条 中国结算根据H股"全流通"业务的交收结果办理相应证券的持有明细变更。

第十六条 投资者因继承、离婚、法人资格丧失、向基金会捐赠及经国家有权机关批准等情形涉及的非交易过户业务，以及协助执法，参照中国结算相关业务规则办理。

第五章 交易委托与指令传递

第十七条 深证通在深交所和联交所的共同交易日(以下简称H股"全流通"交易日)，提供H股"全流通"试点股份卖出委托指令传递等服务。

投资者可在H股"全流通"交易日的9:30至11:30、13:00至15:00，提交卖出委托指令。其间，卖出委托未成交部分可以撤销。

第十八条 投资者应当使用H股"全流通"专用账户，通过境内证券公司提交卖出委托指令，经由深证通传递至境外代理券商。

境外代理券商依据深证通传递的卖出委托指令，使用中国结算在境外代理券商开立的证券交易账户，按照联交所规则在香港股票市场进行证券交易。

第十九条　境内证券公司接受投资者卖出委托，应当确认投资者持有相应H股"全流通"试点股份。

第二十条　境内证券公司应当采取有效措施，妥善保存客户委托记录、交易记录等文件资料，防止出现遗失、损毁、伪造、篡改等情况，保存期限不得少于二十年。

境内证券公司应当对客户信息资料保密，法律、行政法规、部门规章、规范性文件另有规定的除外。

第六章　清算交收

第二十一条　中国结算根据境外代理券商提供的清算数据，完成与境外代理券商的证券交付和资金收取，并将相应境外交收资金划回境内。试点期间，中国结算可使用其现有的境内或境外港币专用存款账户执行资金划拨。

第二十二条　中国结算根据境外代理券商提供的清算数据，和各境内结算参与人上传或中国结算按业务规则产生的非交易数据，完成H股"全流通"试点业务的境内交收。

证券和资金结算实行分级结算原则。

中国结算负责办理与境内结算参与人之间证券和资金的清算交收，境内结算参与人应当就交易达成时确定由其承担的交收义务对中国结算履行最终交收责任。境内结算参与人负责办理与投资者之间证券和资金的清算交收。

境内结算参与人与投资者之间的证券划付，应当委托中国结算办理。

第二十三条　H股"全流通"试点相关业务以港币为结算币种。

第二十四条　境内结算参与人和境外代理券商应当开立H股"全流通"结算备付金账户，用于H股"全流通"试点业务的资金结算。试点期间，境内结算参与人和境外代理券商可使用现有结算备付金账户。

第二十五条　T日日终，中国结算根据境外代理券商传送的当日成交明细，向境内结算参与人分送成交明细数据。

T+1日，中国结算根据境外代理券商向中国结算传送含各类税费的T日交易清算明细，与境外代理券商通过香港结算中央结算及交收系统进行预对盘处理。

第二十六条　T+2日上午，中国结算与境外代理券商以实时货银对付方式完成券资交收。

T+2日16:00,中国结算完成与境内结算参与人之间的资金交收和投资者股份明细的变更。

T+2日为港股交收日,如遇非A股交易日,则与境内结算参与人的交收处理及数据发送顺延至其后的A股及港股首个共同交易日。

第二十七条 H股"全流通"试点业务的交收日历安排,由中国结算结合香港结算的交收日历等因素确定并提前公布。

香港结算因风球、黑色暴雨天气等原因,临时作出特殊交收安排的,中国结算视情况进行处理并及时通知境外代理券商及境内结算参与人。

第七章 名义持有人服务

第二十八条 中国结算通过境内结算参与人为投资者提供名义持有人服务,包括送股、投票等。

第二十九条 中国结算办理送股业务,根据香港结算派发权益证券到账时间,在收到权益证券当日或次日进行业务处理,相应权益证券于处理日的次一H股"全流通"交易日可上市交易,投资者可卖首日均较香港股票市场晚一H股"全流通"交易日。

中国结算对H股"全流通"专用账户中小于1股的零碎权益证券进行舍尾处理。中国结算从香港结算获得的权益证券总数大于H股"全流通"专用账户舍尾取整后的总数的,按照精确算法分配差额部分。

第三十条 中国结算办理投票业务,汇总申报期内H股"全流通"试点投资者投票意愿后,向香港结算提交。投资者可以选择电子投票或现场投票。

第八章 风险管理

第三十一条 境内证券公司及境外代理券商应当依据本细则的规定,做好H股"全流通"试点业务的日常业务管理,制定完善的风控制度和应急处理预案。

第三十二条 境内结算参与人和境外代理券商应当开立H股"全流通"结算保证金账户,用于存放应缴纳的结算保证金。试点期间,境内结算参与人和境外代理券商可使用现有结算保证金账户。

第三十三条 参与H股"全流通"试点业务的境内结算参与人应以结算备付金账户为单位向中国结算缴纳50万港币初始保证金。保证金按季度调整,缴纳上限为100万港币。试点期间与B股业务、B转H业务的结算保证金合并计算。

第三十四条　境外代理券商应向中国结算缴纳结算保证金及担保资金。具体缴纳标准，由中国结算与境外代理券商协议约定。

第三十五条　境外代理券商于交收时点交收资金不足的，中国结算可动用其担保资金完成交收。资金仍不足的，构成资金交收违约，中国结算有权采取延迟交付及其他风险管理措施保障投资者的权益。

第三十六条　境外代理券商应做好H股“全流通”试点股份卖出交易的前端监控。如出现投资者卖空，境外代理券商须按香港市场程序进行补购等业务处理。因境外代理券商前端监控失败等原因导致的投资者卖空，境外代理券商应承担因此产生的价差与罚息。

第三十七条　境内结算参与人在办理证券和资金清算交收等业务过程中违反本细则的，中国结算可以参照《中国证券登记结算有限责任公司结算参与人管理规则》相关规定，对其采取相应监管措施。

第三十八条　境内证券公司在发送投资者卖出委托指令，以及提供其他相关服务过程中违反本细则的，深交所可以参照《深圳证券交易所会员管理规则》相关规定，对其采取相应监管措施。

第三十九条　中国结算与境外代理券商就H股“全流通”试点业务涉及的日常业务流程、技术系统对接、风控资金缴纳、违约风险管理、应急处理等内容签订协议。

第四十条　因不可抗力、意外事件、技术故障等突发性事件导致或可能导致部分或者全部H股“全流通”试点业务不能正常进行的，中国结算和深交所可以决定暂停部分或者全部H股“全流通”试点业务，向市场公告并及时向证监会报告。

第四十一条　因不可抗力、意外事件、技术故障等突发性事件，以及中国结算、深交所、深证通采取相关应对措施造成的损失，中国结算、深交所、深证通不承担责任。

第九章　附　　则

第四十二条　本细则下列用语的含义是：

精确算法，是指在对投资者专用账户获得的证券舍尾取整后，对其不足1股/份的部分，按照小数点后尾数由大到小排序（尾数相同的，由电子结算系统随机排列），依次登记为1股/份，直至中国结算从香港结算获得的证券数量等于投资者专用账户获得的证券数量之和。

T日，即H股“全流通”的交易日。T+N日，是指H股“全流通”交易日后第N个港股交收日。

第四十三条 H股“全流通”试点相关税收安排按照国家税务机关规定执行，业务收费按相关单位规定收取。

第四十四条 本细则的制定和修改须报中国证监会批准。

第四十五条 本细则由中国结算和深交所负责解释。

第四十六条 本细则自发布之日起施行。

第二百三十九条 【境内上市外资股(B股)】 境内公司股票以外币认购和交易的，具体办法由国务院另行规定。

第二百四十条 【施行日期】 本法自2006年1月1日起施行。

相关法律法规、司法解释与文件目录

(一)法律目录

1.《中华人民共和国公司法》(2018 年 10 月 26 日第四次修正并实施)

2.《中华人民共和国证券投资基金法》(2015 年 4 月 24 日修订)

3.《中华人民共和国保险法》(2015 年 4 月 24 日第三次修正)

4.《中华人民共和国行政诉讼法》(2017 年 6 月 27 日第二次修正)

5.《中华人民共和国行政复议法》(自 1999 年 10 月 1 日起施行)

6.《中华人民共和国刑法》(2015 年 8 月 29 日修正)

7.《中华人民共和国银行业监督管理法》(2006 年 10 月 31 日修正)

(二)行政法规目录

1.《期货交易管理条例》(2017 年 3 月 1 日修订)

2.《证券公司监督管理条例》(2014 年 7 月 29 日修订)

3.《证券、期货投资咨询管理暂行办法》(经国务院批准,证券委发布,证委发〔1997〕96 号,自 1998 年 4 月 1 日起施行)

4.《国务院关于股份有限公司境外募集股份及上市的特别规定》(中华人民共和国国务院令第 160 号,自 1994 年 8 月 4 日起施行)

5.《国务院办公厅关于严厉打击非法发行股票和非法经营证券业务有关问题的通知》(国办发〔2006〕99 号)

6.《国务院关于全国中小企业股份转让系统有关问题的决定》(国发〔2013〕49 号,2013 年 12 月 13 日)

(三)行政规章目录

1.《证券发行与承销管理办法》(2018 年 6 月 15 日修订)

2.《证券期货投资者适当性管理办法》(中国证券监督管理委员会令第 1305 号,自 2017 年 7 月 1 日起施行)

3.《证券期货市场诚信监督管理办法》(中国证券监督管理委员会令第 139 号,自 2018 年 7 月 1 日起施行)

4.《证券发行上市保荐业务管理办法》(2017 年 12 月 7 日修订)

5.《首次公开发行股票并上市管理办法》(2018 年 6 月 6 日修订并施行)

6.《首次公开发行股票并在创业板上市管理办法》(自 2016 年 1 月 1 日起施行)

7.《上市公司证券发行管理办法》(自 2006 年 5 月 8 日起施行)

8.《创业板上市公司证券发行管理暂行办法》(2014 年 2 月 11 日起施行)

9.《优先股试点管理办法》(2014 年 3 月 21 日起实施)

10.《公司债券发行与交易管理办法》(中国证券监督管理委员会令第 113 号,2015 年 1 月 15 日起施行)

11.《中国证券监督管理委员会发行审核委员会办法》(2017 年 7 月 7 日起施行)

12.《非上市公众公司监督管理办法》(中国证券监督管理委员会令第 85 号,自 2013 年 1 月 1 日起施行)

13.《全国中小企业股份转让系统有限责任公司管理暂行办法》(中国证券监督管理委员会令第 89 号,2013 年 1 月 31 日起施行)

14.《上市公司信息披露管理办法》(中国证券监督管理委员会令第 40 号,自 2007 年 1 月 30 日起施行)

15.《上市公司重大资产重组管理办法》(中国证券监督管理委员会令第 53 号,2008 年 5 月 18 日起施行)

16.《上市公司收购管理办法》(2014 年 10 月 23 日修订)

17.《证券交易所管理办法》(中国证券监督管理委员会令第 136 号,自 2018 年 1 月 1 日起施行)

18.《证券投资者保护基金管理办法》(中国证券监督管理委员会令第 124 号,2016 年修订,自 2016 年 6 月 1 日起施行)

19.《证券公司融资融券业务管理办法》(中国证券监督管理委员会令第 117 号,2015 年 7 月 1 日起实施)

20.《证券市场资信评级业务管理暂行办法》(中国证券监督管理委员会令第 50 号,自 2007 年 9 月 1 日起施行)

21.《行政和解试点实施办法》(中国证券监督管理委员会令 114 号,自 2015 年 3 月 29 日起施行)

22.《中国证券监督管理委员会冻结、查封实施办法》(中国证券监督管理委员会令71号,2011年5月23日修订)

23.《中国证券监督管理委员会限制证券买卖实施办法》(中国证券监督管理委员会令第45号,2007年5月18日起实施)

24.《中国证券监督管理委员会行政复议办法》(中国证券监督管理委员会令第67号,自2010年7月1日起施行)

25.《证券市场禁入规定》(2006年3月7日中国证券监督管理委员会第173次主席办公会议审议通过,自2006年7月10日起施行)

26.《中国证券监督管理委员会行政许可实施程序规定》(自2018年4月23日起施行)

27.《中国证券监督管理委员会行政处罚听证规则》(中国证券监督管理委员会令119号,2015年12月4日起施行)

28.《中国证监会委托上海、深圳证券交易所实施案件调查试点工作规定》(自2015年1月9日起施行)

29.《中国证监会派出机构监管职责规定》(自2015年12月1日起施行)

30.《存托凭证发行与交易管理办法(试行)》(中国证券监督管理委员会令第143号,自2018年6月6日起施行)

(四)司法解释目录

1.《最高人民法院关于审理证券市场因虚假陈述引发的民事赔偿案件的若干规定》(自2003年2月1日起施行)

2.《最高人民法院、最高人民检察院关于办理内幕交易、泄露内幕信息刑事案件具体应用法律若干问题的解释》(法释〔2012〕6号,2012年6月1日起施行)

3.《最高人民法院关于对与证券交易所监管职能相关的诉讼案件管辖与受理问题的规定》(法释〔2005〕1号,自2005年1月31日起施行)

4.《最高人民法院关于审理涉及会计师事务所在审计业务活动中民事侵权赔偿案件的若干规定》(法释〔2007〕12号,自2007年6月15日起施行)

5.《最高人民法院关于证券监督管理机构申请人民法院冻结资金账户、证券账户的若干规定》(2005年4月29日起实施)

（五）其他规范性文件目录

1.《国务院办公厅转发证监会关于开展创新企业境内发行股票或存托凭证试点若干意见的通知》（国办发〔2018〕21号）

2.《地方政府一般债券发行管理暂行办法》（财库〔2015〕64号，2015年3月12日起实施）

3.《中国证监会关于支持绿色债券发展的指导意见》（中国证券监督管理委员会公告〔2017〕6号，自2017年3月2日起实施）

4.《中国证券监督管理委员会股票发行审核委员会工作细则》（证监发〔2006〕51号，自2006年5月18日起实施）

5. 中国证监会《上市公司股东、董监高减持股份的若干规定》（中国证券监督管理委员会公告〔2017〕9号，2017年5月26日起实施）

6.《关于规范上市公司信息披露及相关各方行为的通知》（证监公司字〔2007〕128号，2007年8月15日）

7.《证券投资顾问业务暂行规定》（中国证券监督管理委员会公告〔2010〕27号，自2011年1月1日起施行）

8.《中国证券业协会章程》（2017年6月17日第六次会员大会修订通过，2017年6月28日民政部核准生效）

9.《中国证监会发行审核工作预约接待办法》（中国证券监督管理委员会公告〔2017〕2号，自2017年1月14日起施行）

10.《关于进一步规范发行审核权力运行的若干意见》（中国证券监督管理委员会公告〔2015〕27号，自2015年11月24日起施行）

11.《关于加强发行审核工作人员履职回避管理的规定》（中国证券监督管理委员会公告〔2017〕1号，2017年1月14日起实施）

12.《试点创新企业境内发行股票或存托凭证并上市监管工作实施办法》（中国证券监督管理委员会公告〔2018〕13号，自2018年6月6日起施行）

13.《中国证监会科技创新咨询委员会工作规则（试行）》（中国证券监督管理委员会公告〔2018〕16号，自2018年6月6日起施行）

14.《中国证券监督管理委员会证券市场内幕交易行为认定指引（试行）》（证监稽查字〔2007〕1号，2007年3月27日起实施）

15. 最高人民法院、最高人民检察院、公安部、证监会《关于整治非法证券活动有关问题的通知》（证监发〔2008〕1号）

16.《境内企业申请到香港主板上市审批与监管指引》(证监发行字〔1999〕126 号,自 1999 年 9 月 6 日起实施)

17.《最高人民法院最高人民检察院公安部中国证监会关于查询、冻结、扣划证券和证券交易结算资金有关问题的通知》(自 2008 年 3 月 1 日起实施)

18. 最高人民法院《关于审理证券行政处罚案件证据若干问题的座谈会纪要》(2011 年 7 月 13 日法〔2011〕225 号)

19. 最高人民法院 最高人民检察院 公安部 中国证监会《关于办理证券期货违法犯罪案件工作若干问题的意见》(2011 年 4 月 27 日证监发〔2011〕30 号)

20.《中国证监会关于开展创新创业公司债券试点的指导意见》(中国证券监督管理委员会公告〔2017〕10 号,自 2017 年 7 月 4 日起实施)

21.《发行监管问答——募集资金运用信息披露》(2014 年 3 月 21 日)

22.《发行监管问答——关于首次公开发行股票预先披露等问题》(2017 年 12 月 6 日修订)

23.《资信评级机构从事证券市场资信评级业务行政许可审核问答(一)》(2016 年 5 月 13 日,证监会公司债券监管部)

24.《资信评级机构从事证券市场资信评级业务行政许可审核问答(二)》(2016 年 5 月 20 日,证监会公司债券监管部)

25.《上海证券交易所上市公司募集资金管理办法(2013 年修订)》(上证公字〔2013〕13 号,2013 年 3 月 29 日起实施)

26.《上海证券交易所股票上市规则》(2018 年 12 月修订)

27.《深圳证券交易所股票上市规则》(2018 年 11 月修订)

28.《深圳证券交易所创业板股票上市规则》(2018 年修订)

29.《上海证券交易所上市公司股东及董事、监事、高级管理人员减持股份实施细则》(上证发〔2017〕24 号,2017 年 5 月 27 日起实施)

30.《上海证券交易所上市公司创业投资基金股东减持股份实施细则》(上证发〔2018〕9 号,自 2018 年 6 月 2 日起施行)

31.《上海证券交易所证券上市审核实施细则》(2013 年 12 月 27 日起实施)

32.《H股“全流通”试点业务实施细则(试行)》(中国证券登记结算有限责任公司　深圳证券交易2018年4月20日发布并实施)

33.《中国证券监督管理委员会江苏监管局回函》(2015年5月14日)。

相关案例目录

(一)最高人民法院公报案例目录

1.“陈伟诉广东省机场管理集团公司、广州白云国际机场股份有限公司、上海证券交易所侵权纠纷案”(《中华人民共和国最高人民法院公报》2008年第12期),第251、298、454页。

2.“申银万国证券股份有限公司诉上海国宏置业有限公司财产权属纠纷案”(《中华人民共和国最高人民法院公报》2010年第3期),第73页。

3.“陈丽华等23名投资人诉大庆联谊公司、申银证券公司虚假陈述侵权赔偿纠纷案”(《中华人民共和国最高人民法院公报》2005年第11期),第336页。

4.“江苏省南通市人民检察院诉刘宝春、陈巧玲内幕交易案”(《中华人民共和国最高人民法院公报》2013年第1期),第357页。

5.“邢立强诉上海证券交易所权证交易侵权纠纷案”(《中华人民共和国最高人民法院公报》2010年第7期),第455页。

6.“天同证券有限责任公司清算组与恒丰银行股份有限公司、恒丰银行股份有限公司济南分行、恒丰银行股份有限公司烟台青年路支行返还扣划结算资金纠纷案”(《中华人民共和国最高人民法院公报》2008年第7期),第469页。

7.“中国人寿保险公司成都分公司诉华隆公司等证券侵权纠纷案”(《中华人民共和国最高人民法院公报》2005年第8期),第475页。

8.“湘财证券有限责任公司与中国光大银行长沙新华支行、第三人湖南省平安轻化科技实业有限公司借款合同代位权纠纷案”(《中华人民共和国最高人民法院公报》2007年第1期),第491页。

9.“张春英与中国工商银行股份有限公司昌吉回族自治州分行、新疆证券有限责任公司、杨桃、张伟民财产损害赔偿纠纷案”(《中华人民共和国最高人民法院公报》2013年第2期),第492页。

10.“上海市浦东新区人民检察院诉上海安基生物科技股份有限

公司、郑戈擅自发行股票案”(《中华人民共和国最高人民法院公报》2010年第9期),第558页。

11.“王高武诉云集路证券营业部股票纠纷案”(《中华人民共和国最高人民法院公报》2001年第5期),第570页。

(二)其他法院裁判文书目录

1.“朱乔春与中国证券监督管理委员会一审行政判决书”[北京市第一中级人民法院行政判决书(2017)京01行初235号],第2页。

2.“朱乔春与中国证券监督管理委员会二审行政判决书”[北京市高级人民法院行政判决书(2017)京行终4337号],第3页。

3.“魏纪中与北京金棕榈影视广告有限公司证券纠纷一审民事判决书”[北京市朝阳区人民法院民事判决书(2017)京0105民初32172号],第84页。

4.“陈烈生与华泰证券股份有限公司苏州现代大道证券营业部证券认购纠纷案”[苏州工业园区人民法院民事判决书(2017)苏0591民初4292号],第87页。

5.“中国建设银行股份公司陕西省分行与西安市莲湖区农村信用合作联社委托理财合同纠纷二审民事判决书”[陕西省高级人民法院民事判决书(2014)陕民二终字第00085号],第91页。

6.“胡冰与中国证券监督管理委员会其他二审行政判决书”[北京市高级人民法院行政判决书(2016)京行终5336号],第117页。

7.“泉州市泉港区春回大地电子科技有限公司与中国证券监督管理委员会二审行政裁定书”[北京市高级人民法院行政裁定书(2017)京行终4078号],第216页。

8.“张海石与海通证券股份有限公司股票交易纠纷一案一审民事判决书”[黑龙江省大庆市让胡路区人民法院民事判决书(2015)让商初字第599号],第252页。

9.“赵学志与天津晖若投资有限公司、俞春庚证券纠纷一审民事判决书”[天津市滨海新区人民法院民事判决书(2016)津0116民初5号],第270、360页。

10.“张涛与海润光伏科技股份有限公司证券虚假陈述责任纠纷二审民事判决书”[江苏省高级人民法院民事判决书(2017)苏民终1571号],第338页。

22. “陈斌与中国证券监督管理委员会二审行政判决书”[北京市高级人民法院行政判决书(2017)京行终2183号],第401页。

23. “第一创业证券股份有限公司上海巨野路证券营业部等诉黄喆财产损害赔偿纠纷一案二审民事判决书”[上海市第一中级人民法院民事判决书(2015)沪一中民六(商)终字第406号],第408页。

24. “郝茹莎、万向信托有限公司信托纠纷再审审查与审判监督民事裁定书”[中华人民共和国最高人民法院民事裁定书(2017)最高法民申3856号],第413、489页。

25. “张宇与南京建信资产管理有限公司、张涛等合同纠纷二审民事判决书”[江苏省南京市中级人民法院民事判决书(2017)苏01民终5942号],第415页。

26. “庄丹明与中国证券监督管理委员会一审行政判决书”[北京市第一中级人民法院行政判决书(2016)京01行初866号],第442页。

27. “黄志伟诉安信证券股份有限公司阳江安宁路证券营业部、安信证券股份有限公司客户交易结算资金纠纷一审民事判决书”[阳江市江城区人民法院民事判决书(2014)阳城法民二初字第135号],第472页。

28. “陈琪午与方正证券股份有限公司湘潭韶山中路证券营业部、中国建设银行股份有限公司湘潭市分行财产损害赔偿纠纷案”[湖南省湘潭市雨湖区人民法院民事判决书(2013)雨法民一初字第342号],第474页。

29. “张旭诉招商证券股份有限公司上海浦东新区浦东南路证券营业部证券纠纷一审民事判决书”[上海市浦东新区人民法院民事判决书(2017)沪0115民初33817号],第487页。

30. “上诉人姚晓梅与被上诉人华泰证券股份有限公司、华泰证券股份有限公司南京鱼市街证券营业部财产损害赔偿纠纷一案的民事判决书”[江苏省南京市中级人民法院民事判决书(2015)宁商终字第1193号],第490页。

31. “郑宇与上海证券交易所再审行政裁定书”[中华人民共和国最高人民法院行政裁定书(2016)最高法行申1468号],第447、453页。

(三)行政处罚决定书目录

358 页。

12.“中国证监会行政处罚决定书(潘海深)”(〔2008〕12 号),第 361 页。

13.“中国证监会行政处罚决定书(光大证券股份有限公司、徐浩明、杨赤忠等 5 名责任人)”(〔2013〕59 号),第 363 页。

14.“中国证券监督管理委员会海南监管局行政处罚决定书(林立、杨小桃)”(〔2018〕1 号),第 373 页。

15.“中国证监会行政处罚决定书(夏雄伟)”(〔2009〕26 号),第 375 页。

16.“中国证监会行政处罚决定书(王雄英)”(〔2014〕29 号),第 376 页。

17.“中国证监会行政处罚决定书(周建明)”(〔2007〕35 号),第 385 页。

18.“中国证监会行政处罚决定书(汪建中)”(〔2008〕42 号),第 386 页。

19.“中国证监会行政处罚决定书(鲜言)”(〔2017〕29 号),第 389 页。

20.“中国证监会行政处罚决定书[蝶彩资产管理(上海)有限公司、谢风华、阙文斌]”(〔2017〕80 号),第 393 页。

21.“中国证监会行政处罚决定书(成都每日经济新闻报社有限公司、李智)”(〔2016〕114 号),第 403 页。

22.“中国证监会行政处罚决定书[李辉、中融汇智金融服务(上海)有限公司]”(〔2016〕113 号),第 406 页。

23.“中国证监会行政处罚决定书(江阴市汇金铜业有限公司、赵凤娣)”(〔2014〕23 号),第 412 页。

24.“中国证监会行政处罚决定书(沈昌宇)”(〔2009〕28 号),第 441 页。

25.“中国证监会行政处罚决定书(李德胜、丁彦森)”(〔2014〕18 号),第 513 页。

26.“中国证监会行政处罚决定书(杭州恒生网络技术服务有限公司、刘曙峰、官晓岚)”(〔2016〕123 号),第 457 页。

27.“中国证监会行政处罚决定书(山东神光咨询服务有限责任公

(四)市场禁入决定书目录

图书在版编目(CIP)数据

证券法一本通：中华人民共和国证券法总成／邢会强编著. -- 北京：法律出版社，2019
ISBN 978－7－5197－3369－8

Ⅰ. ①证… Ⅱ. ①邢… Ⅲ. ①证券法－基本知识－中国 Ⅳ. ①D922.287.4

中国版本图书馆 CIP 数据核字(2019)第 063916 号

证券法一本通
——中华人民共和国证券法总成
ZHENGQUANFA YIBENTONG
—ZHONGHUA RENMIN GONGHEGUO ZHENGQUANFA ZONGCHENG

邢会强 编著

责任编辑 屈 瑶
装帧设计 李 瞻

出版 法律出版社
总发行 中国法律图书有限公司
经销 新华书店
印刷 三河市龙大印装有限公司
责任校对 王沁陶
责任印制 陶 松
编辑统筹 学术・对外出版分社
开本 A5
印张 21
字数 670 千
版本 2019 年 6 月第 1 版
印次 2019 年 6 月第 1 次印刷

法律出版社／北京市丰台区莲花池西里 7 号(100073)
网址／www.lawpress.com.cn
投稿邮箱／info@lawpress.com.cn
举报维权邮箱／jbwq@lawpress.com.cn
销售热线／010－83938336
咨询电话／010－63939796

中国法律图书有限公司／北京市丰台区莲花池西里 7 号(100073)
全国各地中法图分、子公司销售电话：
统一销售客服／400－660－6393
第一法律书店／010－83938334/8335
西安分公司／029－85330678
重庆分公司／023－67453036
上海分公司／021－62071639/1636
深圳分公司／0755－83072995

书号：ISBN 978－7－5197－3369－8
定价：58.00 元

物权法一本通

2017 年 9 月
程啸　编著　　定价：48 元
ISBN：978-7-5197-1216-7

著作权法一本通

2018 年 7 月版
王迁　主编　　定价：35 元
ISBN：978-7-5197-2271-5

证据法一本通

2018 年 9 月
张卫平　编著　　定价：58 元
ISBN：978-7-5197-2424-5

民事执行一本通

2018 年 11 月版
张卫平　韩波　主编　　定价：58 元
ISBN：978-7-5197-2535-8

继承法一本通

2019 年 3 月
杨立新　王毅纯　编著　定价：48元
ISBN：978-7-5197-2992-9

证券法一本通

2019 年 6 月
邢会强　编著　定价：58元
ISBN：978-7-5197-3369-8

"一本通"系列即将推出：

- 《劳动法一本通》　王全兴
- 《婚姻家庭法一本通》　程　啸
- 《合同法一本通》（第三版）　程　啸